新 闻 与 传 播 学 译 丛

传播理论导引

分析与应用 —— 第6版 ——

[美] 理查德·韦斯特　林恩·H.特纳 / 著

刘海龙　于瀛 / 译

INTRODUCING
COMMUNICATION THEORY
Analysis and Application (6e)

Richard West
Lynn H. Turner

中国人民大学出版社
·北京·

"新闻与传播学译丛"
出版说明

中华民族历来有海纳百川的宽阔胸怀，她在创造灿烂文明的同时，不断吸纳整个人类文明的精华，滋养、壮大和发展自己。当前，全球化使得人类文明之间的相互交流和影响进一步加强，互动效应更为明显。以世界眼光和开放的视野，引介世界各国的优秀哲学社会科学成果，服务于我国的社会主义现代化建设，是新中国出版工作的优良传统，也是中国当代出版工作者的重要使命。

在我们生活于其中的这个"地球村"，信息传播技术飞速发展，日新月异，传媒在人们的社会生活中已经并将继续占据极其重要的地位。中国新闻与传播业在技术层面上用极短的时间走完了西方几近成熟的新闻传播界上百年走过的路程。然而，中国的新闻与传播学教育和研究仍存在诸多盲点。要建设世界一流的大学、一流的学科，不仅要在硬件上与国际接轨，还要在软件、教育上与国际接轨，这已成为摆在我们面前的迫切的时代任务。

"新闻与传播学译丛"的创设，立意在接续前辈学人传译外国新闻学与传播学经典的事业，以一定的规模为我们的学术界与思想界以及业界人士、为我们的师生理解和借鉴新闻与传播学的精华，提供基本的养料，以便于站在前人的肩膀上作进一步的探究，而不必长期在黑暗中自行摸索。

译丛涵盖学术著作及经典教材读本。学术著作兼顾大师经典与学术前沿。所谓经典，采取观点上兼容并包、国别上多多涵盖、重在填补空白的标准，重在推介20世纪前期和中期新闻学的开创性著作和传播学的奠基性著作，也适当地关注产生广泛学术影响的新经典。所谓前沿，意在寻求当下研究中国问题所需要关注的研究对象、范式、理论、方法，有的放矢地寻找对中国的研究具有启发意义的典范作品。与我国新闻传播学专业所开设的必修课、选修课相配套，教材读本适合新闻与传播学专业教学使用，可作为重要的教学参考书以开阔师生的视野。

总之，我们希望本译丛能起到承前启后的作用。承前，就是在前辈新闻传播译介的基础上，拓宽加深。启后，是希望这些成果能够为中国的新闻传播研究提供新的思路与方法，促进中国的本土新闻传播研究。

中国人民大学出版社

中国的变化节奏实在太快，一不留神就沧海变桑田。从1978年施拉姆创立的传播学被引进中国开始，大概到2000年前后，是国内传播学教材写作的高峰。那个时候各个学校讲授传播学、研究传播学的主力教师，几乎都会写一本教材。以至于有不少学者感叹，内容重复的传播理论入门教材太多，原创研究太少，尤其是外文发表太少。但是现在写这篇译者前言时，我才突然发现，这几年新问世的传播理论导论教材（包括翻译版）好像少了很多，有影响的中文传播理论教材更是屈指可数。

一

20世纪70年代末国内社会科学恢复后，像社会学这样的老牌学科都在补课重建，新闻学与传播学就更不必说。那个时候，教材常常是反映学科建设和学者学术水平的重要标志，一名学者一辈子撰写一本经典教材就算功德圆满，论文和专著似乎还不如教材分量重，一般讲师和副教授都不敢奢望能独自撰写教材。在这个认知下，各种传播学概论和与其他学科嫁接而发明的"××传播学"迎来井喷式发展。数量一多，低水平重复与泥沙俱下也就不足为奇。

但是进入新世纪后，各高校为应对被视为头等大事的学科评估，根据评估标准调整了职称晋级或计算研究成果的政策，过去受重视的教材撰写突然变成了原创性不强的"编著"，自然被忽视。研究成果计算方法还影响了教材的编写方式。过去重视教材，常常是德高望重的知名学者率领一批精兵强将集体编写，但是现在除了主编能算个编著的成果（不过编著的"工分"可能比不上发篇A刊论文），其余人基本算白干。于是在多个因素的作用下，不到二十年就出现了传播学由唯教材建设走到忽视教材建设的极端现象。

原创传播学教材不太景气，翻译教材也越发冷清。2000 年左右传播学教材翻译也迎来高峰，华夏出版社、中国人民大学出版社、清华大学出版社和北京大学出版社等都翻译出版了成套的传播学教材，但是近年来这类教材的翻译出版也跌入谷底。除了哲学和文学等少数几个学科的翻译还算研究成果外，在大部分学科里译作算不上正经研究成果，所以翻译教材在现有的评估体系中就成为双重无用的工作。再加上在建设中国学科体系和学术话语的具体操作中，一些人机械地理解学术话语权概念，错误地将中国学术话语权与学习世界先进文化对立起来，优秀传播教材的翻译出版和使用就更受冷落。

但是，我们现在的中文原创传播学教材是否完全可以满足教学需要？目前看来，在本科教学中这本《传播理论导引：分析与应用》还是有着不可替代的作用。其中一个很重要的原因是它比较全面地兼顾了各个领域的传播研究，涵盖自我传播、人际传播、组织传播、大众传播、修辞学、跨文化传播、媒介环境学、文化研究等的基础核心理论，其广度和前沿性是目前国内大部分传播学教材还没法达到的。

中文原创传播学教材的视野狭窄有其历史原因。1978 年中国改革开放引进传播学时，并不像 20 世纪前半叶那样由社会学、政治学和心理学主导，而是在新闻学下面展开。这恐怕和 20 世纪 40 年代由施拉姆建立的美国"传播学"最初放在新闻系下面有一定关系。国内的新闻学者最早注意到传播学在新闻系的兴起，因此新闻学顺理成章地成为传播学的引介学科。此外，新闻是个大众传播现象，这也导致了中国传播研究一直以来更关注大众传播，而对其他领域关注不够。当媒介技术转型，大众传播与其他传播形态相融合时，传播理论教学与研究从思维方式到理论资源都显得有些捉襟见肘。

当然，传统的传播学关注大众传播还有一个更深层的原因，那就是传播研究与 19 世纪末 20 世纪初以来新登场的大众报纸、电影、广播等大众传播媒介的巨大影响有直接联系。这些现象导致人们开始意识到传播的威力，"传播"的概念逐渐成为人们日常谈论的对象。研究者们对大众传播的寻根溯源，让古已有之但互不相关的各种传播现象，如新闻出版、修辞术、宣传、说服、集体心理、传言、公众意见、人际交往、传教、商品推销、心理治疗、通灵术、诠释学等，围绕着"传播"概念集结在一起。所以思想史的发展逻辑并不是线性的，而是先出现大众传播的概念，再出现像人际传播、群体传播、组织传播等概念。但是这也造成了另一个在很长一段时间里被忽略的问题：我们不知不觉地站在大众传播的视角和标准来观察和评估传播，这可能屏蔽了我们对传播其他维度的理解和探索。

媒介技术的发展使我们突然意识到，以传播信息（或者符号、表征）为主要目标的大众传播不过是人类传播历史发展中的一个插曲或者是一个特殊阶段。在人类历史的绝大部分时间里，媒介以及相应的活动（有些甚至不被称为传播）还有其他目的，比如知识储存与分配、导航、追踪、建立关系和组织社会、记录与计算、行使权力等。在今天看来，以大众传播为参照系来思考传播，确实是一叶障目不见泰山。

此外，因为技术的变革过于激烈，原有知识体系也面临着范式革命，传统视角的传播研究陷入失语。这时，以传统知识体系为内容的教材解释不了现实，新的知识体系尚未成熟到足以形成教材，这种青黄不接的现象可能也是国内外传播理论教材出版陷入低谷的一个原因。传播技术的断裂式革命导致忽视传播技术的传播理论教材失语，这倒是一个颇具戏剧性的现象。

在中国，以大众传播的框架思考传播还有其特殊原因。一是长期的封建帝国强调令出中央，信息的上情下达更受重视，类似大众传播的从中心向边缘扩散的传播模式根深蒂固。二是近代以来中国精英将救亡图存与国家独立作为己任，重视宣传与启蒙，新闻媒体被看成宣传动员与教育国民的工具，因此作为宣传的大众传播（或作为政治传播的大众传播）因为效率更高，符合政治需要，比其他传播类型更受重视。

以上诸多因素加在一起，导致早期翻译引进的传播理论教材，如《传播理论：起源、方法与应用》《大众传播模式论》《大众传播学诸论》和后来引进的《大众传播效果研究的里程碑》《大众传播理论：基础、争鸣与未来》《麦奎尔大众传播理论》《大众媒介与社会》等，都更偏重大众传播。最早引进且影响一直不减的施拉姆等撰写的通识普及读物《传播学概论》也不例外，其中虽然涉及其他传播类型，但却以大众传播为参照系讨论其他传播。除了引进的经验学派外，注重传播体制和权力问题的批判学派也更关注大众传播，强化了这一倾向。

反映到中国本土的教材中，诞生于芝加哥大学社会学系和哥伦比亚大学社会学系的"大众传播社会学"（the sociology of mass communication）成为核心理论，宣传与新闻等大众传播现象成为案例讨论对象。比重视大众传播、忽视其他传播类型的问题更严重的是，因为许多教材并没有明确地说明课程的定位是大众传播理论，这就让传播理论的学习者产生了一种错误印象，以为这就是传播理论的全部，错失了了解传播学其他重要领域的机会，也错失了运用传播理论解决现实问题的机会。

不过引进教材中也有少数例外，如《人类传播理论》《传播理论导引》《生活中的传播》和《初识传播学》等。它们均兼顾了从自我传播到大众传播的各个领域，将大众传播理论只视为不同传播语境中的一个。

李特约翰的《人类传播理论》是本经典教材，先后出版过两个中文版，还出版过英文影印版。这本教材涉及的理论非常繁多，以克雷格提出的传播理论七大传统为经，以传播者、信息、谈话、关系、群体、组织、媒介、文化等语境为纬，结构严谨，每个理论都介绍得比较简略，但是寥寥数笔却常常有画龙点睛、融会贯通之效，故而适合对传播理论有一定了解的进阶读者。韦斯特与特纳的《传播理论导引》同格里芬的《初识传播学》在体例和结构上非常相似，都是针对初学者的入门教材。这两本教材放弃了《人类传播理论》这种面面俱到的体系化教材的写法，让学生通过了解每种语境下的几个核心理论，窥一斑而见全豹，对庞大的传播理论体系有一个初步的感性认识。这种体例采用模块式知识结构，每章重点介绍一个理论，学习者可以从任何一章进入，教师也可根据自己的课程安排进行组合，大大方便了教学。

《人类传播理论》偏重建构知识体系，略于单个理论的介绍，服务高阶研究者；《传播理论导引》和《初识传播学》则放弃抽象的体系建构，让初学者了解具体一个理论的来龙去脉，能迅速上手。用个不恰当的比喻，前者就像是学《文心雕龙》或中国古代文学史，后者则像是直接读《古文观止》。孰优孰劣，每人有不同的选择。鉴于如今社交媒体和短视频条件下学生的文字阅读能力和抽象思维能力都在退化，我个人倒是推荐传播学"小白"从后一种门径而入，然后拾级而上阅读前者。

还有一本朱莉娅·伍德的《生活中的传播》也不再局限于大众传播理论，它的体例居于上述两种教材之间，具有传统教材的体系化结构，但是又没有那么难懂。伍德是美国研究人际传播和家庭传播的知名学者，但是这本教材在中国的影响不太大，可能与其特点不够鲜明和更新不及时有关。

三

《初识传播学》和《传播理论导引》虽然高度相似，但也有一些差异。从英文版出版时间来看，《初识传播学》更早一些，《传播理论导引》明显从前者借鉴了很多写法，比如体例、整体的结构安排、开篇小故事等都比较相似。《初识传播学》文字更精练一些，写作也更具个性，还经常借电影来介绍传播理论。这本教材在美国的名气更大，展江教授的译文又为中文版增色不少，不过《传播理论导引》经过不断打磨，似乎有后出转精的趋势。

首先，《传播理论导引》的作者有年龄优势，还在保持更新，目前该中文版译自 2018 年的第 6 版。而中文《初识传播学》译自 2008 年的第 7 版。近些年新媒介对经典理论的挑战比较大，新近的教科书在介绍理论在新媒体时代的发展方面更具优势。其次，《传播理论导引》虽然采用的是标准的教科书写法，个性不够鲜明，但是作者就就业业，提供了分列于"术语解释""学生之声""大众媒体中的理论""理论速览""学以致用"等栏目下的大量学习资源。这些贴心的总结对初学者比较友好，读起来不累。再次，《传播理论导引》每个理论介绍的篇幅比较长，写得比较细致，有大量图表，初学者更容易理解。最后，因为两位作者都从事人际传播和家庭传播的研究，所以《传播理论导引》更强调理论在日常生活中的应用。这对于前面提到的过于注重大众传播和政治传播的中国传播学来说，是一种必要的矫正；对于学习者来说，也更容易在日常生活中找到共鸣与实用机会。

说起这本书的更新速度，还有一个插曲。2014 年底中国人民大学出版社的编辑找到我，说想引进《传播理论导引》第 5 版（2014），之前我翻译了本书的第 2 版，所以还想由我负责。版权问题确定后，2015 年夏天我找了硕士生曲俊燕试译了两个全新章节，2015 年底我将这两章初稿校译完毕并翻译了前两章，但是 2016 年因为事务繁忙，这本书其他章节的翻译就搁下了，到 2017 年底才重新开始。结果翻译工作刚进行不久就传来消息，2018 年本书将出第 6 版。之前新译和重译的几章又有变化。于是翻译工作又停了下来，到 2019 年新版的版权问题落实后才重新开始。为了加快速度，这次我找了北京外国语大学毕业的博士生于瀛协助。她在第 2 版译文的基础上对照第 6 版英文增加的内容进行补充，译出初稿，2020 年末我又对照英文再修改校订一遍，2021 年初正式交稿。我们和编辑在整个过程中都悬着一颗心，会不会突然又冒出一个新版？从好的方面看，这种不安感大大提高了工作效率。

对照第 5 版和第 6 版，可以看出两位作者确实下了功夫修改，不仅增加了新的章节，还更新了研究成果和参考文献，甚至很多案例和故事也彻底更新。第 6 版新加入的社会信息处理理论也已经成为经典理论，它探讨的是以计算机为中介传播的条件下人际交流的变与不变。该理论的重点在于通过传播建立亲密关系的特征不会变化，同时也说明身体缺席并不会影响传播质量和关系的建立，甚至在某些方面还会促进关系的建立。尽管作者们并没有提到，不过这个理论对于今天的虚拟现实技术和"元宇宙"的社会应用倒是颇有启发。议程设置理论的资格就更老了，我猜测在以前版本中它的缺席可能缘于其原始假说除了数据验证外，没有对议程设置的内在机制给予有说服力的理论解释。经过 50 多年的发展，该假说发展出三个不同层次的议程设置，并通过"导向需求"对内在机制做了差强人意的说明，终于修成正果，被本书收入。

前面提到过，本书的修订增加了许多新媒体技术条件下理论发展的内容，并且在讨论题里增加了"技术探索"，以探讨技术对理论的影响，尽可能地回应现实。《传播理论导引》将人的社会交往、关系与社会结构作为考察的中心，不像以大众传播为中心的传播理论教材容易犯从大众媒介的角度看新媒介的错误，避免了仅仅从信息传播效果和影响的角度来理解传播。

新版从最早只介绍麦克卢汉媒介理论扩展到了对媒介环境理论的介绍，已经对传播技术有所重视，但是总体来看，本书作为标准的教材，对传播与媒介的理解还是比较保守，基本还停留在经验学派的信息论的媒介观层面。正如前面提到的，对传播和媒介的理解如果仅仅关注信息及其影响、符号及其意义的层面，局限于人类历史长河中新近出现的大众传播，就会忽略在此之前传播与人类的多维关系和在此之后地平线上出现的新型媒介技术的巨大潜力。新媒介技术正在纠正大众传播对信息与符号维度的偏向，恢复传播与媒介本身的多样的意义。比如不仅要关注信息与意义，还可以像麦克卢汉那样打破信息与物质、能量的区分，关注物质、病毒、能量、礼物等的传播与流动，把身体、地理、城市、交通、货币、后勤系统、平台等都看成媒介，除了关注媒介的信息传播功能外，还可以关注其知识分配、导航、追踪、组织、记录与计算、行使权力等功能。我把建立在这种传播观基础之上的研究称为"新传播研究"，以区别于主要关注信息与符号的传统传播研究。关于这个问题，近年来国内学者也有诸多讨论，具体可以参阅中国人民大学出版社近年来出版的"解析中国新闻传播学"系列丛书。

四

2007 年，我翻译完成的《传播理论导引》第 2 版问世后，收到了许多研究者和读者的肯定和意见，尤其是陈力丹老师在多个场合予以推介，之后又预告新版的中译本即将推出，如今终于可以兑现他的预告了。

翻译第 2 版时是在 2004 年，书中的很多新术语让翻译颇费周折，当时遍查文献和互联网也没有找到标准译法，有一些地方的翻译我一直不满意。所幸后来展江老师翻译的《初识传播学》为一些理论的名称提供了更恰当的译法，这次有几个理论的名称借鉴了展老师的翻译，特此表示感谢！也希望更多的研究者和读者提出意见，为一些过去介绍较少的理论找到更贴切的标准译法。

前面已经提到，我的两位学生于瀛和曲俊燕为本书的修订做了不同程度的贡献，如果没有她们的帮助，英文第 7 版赶在第 6 版中译本出版前推出的"噩梦"也许会成真。同时要感谢中国人民大学出版社的三位编辑，没有瞿江虹的积极推动，可能就不会有这个中文版，汤慧芸、谢旋的细心编辑纠正了我们的一些低级错误，让译文更准确。

最后，祝愿读者们和学习者们在本书的导引下，轻松地走近传播学。

刘海龙

2022 年 2 月 16 日

作者简介 >>>>>>

理查德·韦斯特　波士顿爱默生学院传播研究系教授。理查德在伊利诺伊州立大学获得文学学士和硕士学位，在俄亥俄大学获得博士学位。理查德自 1984 年开始任教，教学和研究兴趣广泛，包括家庭多样性和师生传播。他从研究生时期开始教授传播理论，以讲座形式面向超过 200 人授课。理查德曾获得伊利诺伊州立大学和俄亥俄大学传播领域杰出校友奖。他是多本传播期刊的编辑委员会成员。理查德还曾获得美国东部传播学会（Eastern Communication Association，ECA）颁发的杰出服务奖，他在该组织担任研究员，并曾在 2008 年担任主席。

林恩·H. 特纳　威斯康星州密尔沃基市马凯特大学传播研究系教授。林恩在伊利诺伊大学获得文学学士学位，在西北大学获得博士学位。她自 1985 年开始在马凯特大学迪德里希传播学院教授本科生与研究生的传播理论与研究方法课。在来马凯特大学之前，她曾在艾奥瓦州立大学以及艾奥瓦州两所高中任教。她的研究兴趣包括人际传播、家庭传播以及性别传播。她曾获得多个奖项，其中包括马凯特大学传播学院卓越奖。她与帕特里夏·沙利文合著的《从边缘到中心：当代女性与政治传播》（*From the Margins to the Center：Contemporary Women and Political Communication*）曾获

得传播、语言与性别研究组织颁发的年度图书奖。林恩还曾担任美国中部传播学会主席。

　　理查德和林恩合作完成了传播领域的数十篇论文和文章。此外，二人还曾多次共同担任《家庭传播杂志》（*Journal of Family Communication*）的特约编辑，关注家庭多样性。他们还合著过几本书，包括《性别与传播》（*Gender and Communication*）、《家庭传播的视角》（*Perspectives on Family Communication*）、《人际传播》（*IPC*）以及《理解人际传播：在瞬息万变的时代做出选择》（*Understanding Interpersonal Communication：Making Choices in Changing Times*）。二人共同编辑了《家庭传播资料集》（*Family Communication Sourcebook*，Sage，2006；获得美国传播学会杰出图书奖）和《家庭传播手册》（*The Handbook of Family Communication*）。除此之外，两人都曾获得伯纳德·J. 布鲁梅尔家庭传播杰出学术与研究奖。最后，两人都曾获得担任美国传播学会会长（林恩于 2011 年；理查德于 2012 年）的殊荣，该学会是"世界范围内促进传播研究与教育的历史最悠久且规模最大的组织"。

前言

PREFACE

传播理论导引（第6版）

在推出《传播理论导引：分析与应用》第 6 版之际，想到本书所取得的巨大 成功，我们依然十分激动。前五版说明传播理论课程充满活力，教师们深谙理论思维的重要性，讲授者和学生都很喜欢我们整本书前后一致的内容组织方式。

本书对传播理论在我们生活中的运用，做了实用、有趣并且具有针对性的探索。本教材主要面向的是那些对传播理论所知甚少，甚至完全不具备传播理论背景的学生。我们最初之所以要写这本书，是因为我们觉得，学生需要了解理论化如何帮助我们理解自我、我们的经历、关系、媒介、环境和文化。此外，写作本书的另一个原因是我们认为学生需要一本将理论与他们的生活直接联系在一起的教材。我们觉得有些书低估了学生，忽视了理论的重要性，也有些书相对本科生的水平而言过于超前。在本书中，我们还集中力量达到以下几个目标：

- 帮助学生熟悉那些可能在传播学科遇到的重要理论中的原理和核心概念。
- 通过具体、清晰的方式，去除理论的神秘感。
- 帮助学生理解理论、传播及应用之间的相互作用。
- 向学生介绍研究的程序，并帮助他们了解理论在该过程中的作用。
- 帮助学生更为系统地、批判地思考问题。

本书的第 6 版保留了以前版本的重点内容，用通俗、有趣且连贯的方式介绍传播理论。我们认为，通过大量切实可行的例子，清晰、直接地解析理论，最有助于学习者理解。我们希望学习者通过阅读本书，能够学到传播理论的基本知识，并且爱上传播理论。

传播研究中的理论既来自传播领域，也来自其他领域。这一跨学科的导向也体现在本书所选择的这些理论之中。本书不仅包含传播学者的独特贡献，还包含源自其他领域的理论，比如心理学、社会学、生物学、教育学、商学和哲学。传播学者乐于接纳许多学科的同人们提出的观念和原则。当然，在本书中理论家们都支持传播的应用、影响和内在价值。

18　　换句话说，虽然理论来自各个学术领域，但是它们和传播的相关性仍然是我们首要考虑的因素，我们在每个理论章节都阐明了这种相关性。我们不认为自己有资格替理论家们发言；但是我们从他们的学术成果中提取精华，希望能够呈现并赞美他们辛勤的研究工作。我们的总体目标是用新的表述方式呈现他们的思想，并且通过实例阐明他们的理论，方便学习者应用它们分析传播行为。

　　本书两个作者加在一起有60多年的传播理论教学经验，在此过程中获益匪浅。我们把从教时从学生那里学到的一切都应用于《传播理论导引：分析与应用》。我们依然要感谢我们的学生和同事，他们的建议和评价对本书最新版产生了很大影响。

 ## 传播理论教学的挑战

　　传播理论课程的讲授者可能会遇到一些其他课程不具备的挑战。

　　传播理论教学的第一个挑战是，许多学生认为理论遥远、抽象而晦涩，因此教师必须克服理论这些潜在的负面含义。课堂上学生的年龄、社会经济、文化及语言背景不同，负面感受可能会被放大。为了应对这一挑战，《传播理论导引：分析与应用》提供了易读且实用的指南，在内容中融入实例，以直截了当的方式提取理论的精华，展现理论的优雅。此外，本书采取渐进式的理论学习，设身处地提供适宜的学习节奏。

　　传播理论教学的第二个挑战涉及对研究的先入之见，即学习者可能会觉得学术研究困难重重，遥不可及。本书要告诉学习者的是，他们已然具备研究者该具备的许多特质，比如好奇和野心。学生们会惊喜地发现，他们的日常行动都依循着许多"个人理论"。学习者一旦开始修正他们对研究的误解，就能理解本书中的原则、概念和理论。

　　传播理论教学的第三个挑战是，要以简明易懂的方式展现复杂理论，同时避免将理论过程过度简化。为了解决这一问题，讲授者往往展示一个理论的骨架，再以个性化的材料填充其中缺失的部分。《传播理论导引：分析与应用》提供了各种各样引人入胜的实例与应用，反映了课堂上的人口统计学差异，从而为这种教学方式提供帮助。

　　最后的挑战涉及理论的起源与当今的学生。显然，在这个科技时代，学生们渴望找到一种"技术视角"看待传播理论。尽管许多理论诞生于几十年前，但我们在每章都展示了代表理论-技术框架的最新研究。此外，我们还在每章中添加了技术性问题，进一步提升学生对材料的兴趣。

 ## 新版内容的主要变化

　　第6版在理论章节的内容和各种辅助学习工具上都有比较大的变化。每一章节都做出了更新，以反映最新近的思想。尤其是以下章节变动较大：

第2章（思考传播学：传统与语境）包括了七种传播语境下的最新学术成果。

第3章（思考理论与研究）内容全部重新组织，以反映影响理论发展的量化和质化思维方法。

第4章（象征性互动理论）也已经全部重新组织，将象征性互动理论的假设与主题区分开。

第8章（不确定性减少理论）内容有很大变动，对该理论相关的公理和定理做了更全面的呈现。

第12章（传播隐私管理理论）有了较大的结构调整。此外，详细讨论了用于制定隐私规则的标准的新信息。

第14章（群体思维）囊括了关于美国航空航天局和《军队举报人保护法》的新信息，以及它们与群体思维的关联。

第15章（结构化理论）提供了与社会整合相关的警世故事的最新思考。

第20章（叙事范式）描述了与讲故事有关的新的研究与实践。

第21章（议程设置理论）重组议程设置的三个层面并重新进行概念化。

第22章（沉默的螺旋理论）使用大麻合法化的例子探讨舆论的影响力与渗透力。

第24章（培养理论）增加了大量内容以探讨技术与"大众媒介的故事讲述"对个体的影响。

第25章（文化研究）使用密歇根州弗林特市水危机和婚姻平等作为案例，论证与该理论相关的几个议题与主题。

第29章（失声群体理论）简要介绍以男性为中心的计算机术语中的性骚扰历史，以此为例说明与失声群体理论相关的几个概念。

本书特色

为了完成我们的目标，应对传播理论教学的挑战，我们在第6版中引入了以下一些特别专题和学习辅助工具：

● 第一部分，搭建舞台：传播、理论和研究。本书前三章的目的仍然是帮助学习者们为接下来的理论学习打下一个坚实的基础。

这些准备工作对于了解理论家如何进行概念化并检验理论十分重要。第1章和第2章介绍传播的定义以及考察理论的框架。我们提供了通常情况下对理论进行归类和讨论的几个传统和语境。第3章概述了理论与研究之间的关系。这种讨论对理论课而言十分重要，也是学生选学其他课程的跳板。此外，我们还为学生提供了一个包含多个项目的评估模板，以评估后续各章中的理论。

20

> "本书前三章的目的仍然是帮助学习者们为接下来的理论学习打下一个坚实的基础。这些准备工作对于了解理论家如何进行概念化并检验理论十分重要。"

● **第二部分，理论与理论思考。** 更新所有理论的介绍。每个理论独立成章，为学习者提供通俗易懂、全面透彻的介绍，同时让讲授者拥有灵活空间。考虑到我们从上一版得到的反馈，我们保留了第5版的所有理论。新版对每个理论的介绍更加全面、前沿且实用。如前所述，很多情况下我们提供了最新信息，以说明文化和/或技术对某一特定理论产生的影响，一些相关讨论与案例颇具说服力。

● **单元简介。** 第二部分的理论章节被分为6个单元。我们在各单元开始的部分对各组理论进行介绍。简介向学生解释了我们对理论的选择，提供理论的语境并让学生有一定基础，从而发现理论之间的联系。

● **开篇小故事。** 每章开始部分会有一个延伸的小故事，它贯穿整个章节，说明理论概念和主张。教师和学生认为这些小故事是对复杂材料的重要应用，对此我们很高兴。这些故事/案例能够帮助学生理解传播理论如何在普通人的日常生活中发挥作用。开篇故事有助于理解理论要点。此外，每个故事的现实生活基调能够吸引学生领会某一特定理论的实用性。

● **用结构化的方式介绍每一理论。** 每个理论章节都有固定的形式，以一则故事开篇，接下来是引言、对理论假设的概述、对核心概念的说明以及评价（使用第一部分确立的标准）。这种统一结构让学生感到前后一致，确保理论得到均衡的呈现，同时方便在后续的学习体验中回看信息。这一模式避免了其他出版资源中常见的"意识流"问题，在教师与学生之间广受好评。

> 每个理论章节都有固定的形式，以一则故事开篇，接下来是引言、对理论假设的概述、对核心概念的说明以及评价（使用第一部分确立的标准）。这种统一结构让学生感到前后一致，确保理论得到均衡的呈现，同时方便在后续的学习体验中回看信息。

● **学生之声。** 每章出现的这些方框展示了应届生和复读生对特定概念或理论议题的评论。这些评论摘自我们之前授课的班级日志，反映了我们所探讨的话题的实用性，同时显示了理论议题与学生生活的联系。就某种意义而言，这一栏目阐明了理论的实用价值，以及理论规律如何应用于我们日常生活的体验之中。

● **大众媒体中的理论。** 我们将通过考察大众媒体的报道，进一步向学生介绍多种理论与理论概念的应用。我们使用来自不同渠道的报道与文章作为示例，对理论的不同部分加以说明，包括《福布斯》、《今日美国》、《卫报》（英国）、《芝加哥论坛报》、《纽约时报》等等。

● **用于理论评估的可视化模板。** 在每章总结部分列出理论评价标准（见第3章）。此外，阐明理论的语境、学术传统（基于罗伯特·克雷格的分类）以及获得知识的方式。

● **理论速览。** 为了让学生快速、简要地理解某一理论，我们在每个理论章节开始部分添加了这个专栏。学生可以在阅读这一章节之前先浏览这些简要的说明与概述，从而对后续内容有大致的了解。

● **后记←关联问题。** 本书的最后一部分对各种理论进行整合，从而揭示理论之间的关联。我们相信理论是跨语境的。为此，我们向学生提出有关理论交叉点的问题。举例来说，为了从两条理论主线理解"决策过程"，学生们需要比较这一概念在群体思维和结构化理论中的含义和用法。

● 图表与漫画。为了加强概念的组织性与内容的视觉呈现，我们在全书多处插入了图表。此外，我们还加入了漫画，为学生提供了另一种引人入胜的阅读选择。许多章节都有视觉辅助元素供学生思考，帮助他们理解材料。这些视觉元素让学生对理论的概念组织有更清晰的认识，同时为擅长以视觉方式回看信息的学生提供支持。

● 页边术语表。^① 页边术语表贯穿全章，以便学生快速了解陌生的术语及其含义。

● 书末术语表。学生们曾表示，希望我们能在书末列出所有关键概念的定义。该术语表方便学生查阅本书包含的所有关键概念的定义。

除上述特色之外，新版《传播理论导引：分析与应用》还新增加了以下一些内容：

● 全新的量化与质化研究。我们对第 3 章中的信息进行重组，使之更易于学生理解。我们首先探讨量化研究方法，然后是质化研究方法。我们还在每个理论章节的总结部分做出评价，指出该理论主要的研究框架是质化的还是量化的，抑或兼而有之。

● 全新的学以致用栏目。我们在这一栏目中介绍对本章信息的进一步应用。我们选取理论的一两项结论，说明特定论断在现实生活中的应用。我们通过这一栏目兑现我们的承诺，即提高理论的实用价值。

● 全新的社会重大议题与著名人士。为了向学生提供有说服力、有记忆点的案例，我们尽量使用时新的话题与知名的新闻人物来说明观点。婚姻平等、社交媒体、医用大麻、吹哨行为（whistle-blowing）、实习、礼貌等主题贯穿全书，黑人的命也是命（Black Live Matters）、气候变化、世界难民危机等重要的全球性议题也穿插其中，并在恰当处使用奥兹医生、萨曼莎·比、玛娅·安吉鲁、吉米·法伦、菲尔医生、玛莎·斯图尔特等文化名人的例子。尽管我们从未"傻瓜化"理论材料，但我们觉得对于学生而言，阅读一些比较时新、尚未过时的案例十分重要。

● 全新的技术探索。每章结尾都有若干讨论题以及一个探究理论与技术关系的新问题。我们要求学生讨论某一理论与推特（Twitter）、Instagram、脸书（Facebook）、领英（LinkedIn）等社交媒体之间的相互作用。

● 新增添八则漫画。^② 这些漫画提供了理论内容之外的轻松时刻。

● 新收录 200 余条参考文献。列入的诸多新研究成果、文章和专著能帮助学生理解理论或理论议题，尤其反映了传播研究的爆炸式增长。同时，我们采取 APA 格式（传播领域接受的写作格式），方便学生获取某条引文，从而看到理论的相关性与时效性。我们也适当提供网站链接，可以随时获取其中的信息。

---

① 原书为页边术语表，译文由于版式将页边术语表放入文中。——编者注
② 由于漫画版权问题，本书未将原书所有漫画收入。——编者注

● 全新的理论思考。在每章开始部分直接引用一位或几位理论家的表述，突出本章内容的精髓。这些引文也是进一步向理论家的思想致敬。

Connect

《传播理论导引：分析与应用》第 6 版现已在麦格劳-希尔教育公司的综合任务与评估平台 Connect 上线。Connect 还为新版提供 SmartBook，从而带来了首个被证实能够提高学生成绩与学习效率的灵活阅读体验。Connect 亦已上线本书涉及的所有网站与辅助内容，具体如下：

● 每章的教师手册，包括基础理论课程的通用教学指南，季度与学期课程的教学大纲样例，章节概要以及课堂活动。

● 完整的多项选择试题库，测试学生对每章核心概念与观点的理解。

● 供教师在课堂上使用的课程幻灯片。

结构

第一部分"搭建舞台：传播、理论和研究"为第二部分的具体理论提供概念基础。第 1 章以介绍该领域并描述传播过程开场。第 2 章介绍了形塑传播领域的主要传统和语境。在这章中，我们聚焦于罗伯特·克雷格在思考传播理论路径上的指南，然后介绍传播的主要语境，这些语境形塑了全美大多数学术环境中的传播研究。第 3 章探索理论与研究之间的交叉。在这章中，我们帮助学生理解理论的本质与特征，并探讨研究的过程与指引传播研究的视角。该章的目标是揭示理论与研究的关联，学生在阅读单独的章节时应将二者结合起来加以思考。第 3 章还列出了评判理论、引导学生评估后续理论章节的评价标准。

在第一部分的基础上，第二部分"理论与理论思考"以每个理论一章的篇幅向学生简要介绍 27 个不同理论。其中许多理论跨域了不同的传播语境。举例来说，关系的辩证法理论既可以放在组织语境也可以放在人际语境中加以理解和应用。不过，为了便于理解，我们还是根据理论的侧重点将其划分为以下六个部分：自我与讯息，关系发展，群体、团队与组织，公众，媒体，以及文化与多样性。这种划分方式与第 1 章介绍的语境一致。

可供选择的理论太多，因此对我们而言，决定选入哪些理论并非易事。在选择过程中，我们大致遵循以下四个标准：（1）是否是本领域内的重要理论；（2）是否反映了本领域的学科交叉性；（3）在本领域当前思想的语境中是否重要；（4）本书入选理论的先驱性与时代性是否可以达到平衡。此外，我们也敏感地意识到，对不同学派的理论要兼容并蓄。我们知道有很多理论未能尽收书中，但我们相信，本书的大量理论最终能够为传播理论这一充满挑战与价值的领域提供一份重要的入门指南。

 ## 致谢

本书能够问世，除了作者之外，也离不开其他人的努力，一些对本书提供过帮助的人甚至可能不知道我们为何向他们致谢。我们想感谢所有在我们完成这个大项目的过程中帮助过我们的人。首先，许多教授和学生曾来信提供重要的说明和案例。

其次，我们是站在其他理论家的肩膀上的，本书收入了他们的研究成果。感谢他们创造性的思想，让我们能够理解并开始预测传播过程的复杂性。我们尽力捕捉他们的洞见和判断并进行转化，帮助学生理论入门。

此外，我们多年来与传播理论课上的学生以及同事的讨论也反映在我们的见解之中。本书的多个部分是基于我们两所学校学生的观点的。学生以直接或间接的方式对本书贡献良多。

写作教科书的作者都明白，一本书的诞生离不开编辑与制作团队的才华与付出。他们以各种方式赋予我们的词句以生命，我们要向他们致以最深的感谢与敬意：

杰米·拉菲雷拉，品牌经理。

贾斯敏·斯塔顿，编辑协调员。

丽萨·布鲁弗洛特，内容项目经理。

德安娜·道斯纳，内容授权专员。

最后，艾琳·古恩德尔斯博格和索米亚·B. 负责本书的策划编辑工作。我们感谢她们两位以及整个 ansrsource 策划团队。

理查德想感谢他的母亲，这是他在每本书中的惯例。感谢她一直以来关注生命中重要的事物：家庭、喜悦和灵性。感谢她带来的持续的积极影响。理查德还想感谢他的同伴克里斯，克里斯知道要在什么时候帮他消除紧张，变得放松。

林恩想感谢她的家人：她丈夫泰德，她女儿斯皮兹纳格尔一家——塞布丽娜、比利、索菲和威尔，她继女基索一家——莱拉、拉斯、佐伊和迪伦，继子费尔德舍一家——泰得、萨莉、艾丽和卢卡斯，感谢他们在传播理论与实践上提供的宝贵经验。除此之外，她非常感谢她哥哥一家，以及整个大家庭的所有成员，他们在这个项目的推进过程中曾提供大大小小的帮助。林恩永远感谢她亲爱的父母，记忆中他们总是支持、鼓励她的学术事业和兴趣爱好，支撑着她完成每一个项目。朋友和同事也给了她很大支持，在学术与传播理论方面向她传授了很多宝贵经验。她还想感谢马凯特大学为她提供了充满支持、鼓励的氛围，以及研究上的帮助。

　　同时，理查德和林恩要特别感谢霍莉·艾伦。霍莉是威立（Wiley）的资深编辑，1994年她是第一个看好我们的人。她劝我们考虑写教科书，其中第一本正是《家庭传播的视角》（*Perspectives on Family Communication*，已经由麦格劳-希尔公司出版到第 6 版）。因为霍莉，我们才开始了写作这项事业，而时至今日，我们已经在教科书写作上取得了各种成就，霍莉依然是我们的灵感源泉。谢谢你，霍莉！永远。

　　最后，我们要感谢文稿评阅人，他们用自己的时间与专业知识确保我们对他人观点的诠释不偏离轨道。感谢他们细心的阅读与精辟的建议，在很多方面拓展、理清了我们的思考。在过去的几版中，以下评阅人对本书产生了很大影响，他们的意见与建议增强了本书的实用性。

第 6 版

格雷格·G. 阿姆菲尔德，新墨西哥州立大学	丽萨·赫伯特，路易斯安那州立大学
克里斯汀·阿姆斯特朗，北安普顿社区学院	刘娟，韦恩州立大学
肖恩·卡什曼，费佛尔大学	吉米·曼宁，北伊利诺伊大学
J. 迪安·法默，坎贝尔大学	利比·麦格隆，哥伦布州立社区学院
贾维特·格蕾斯·海斯，加州州立大学富勒顿分校	罗伯特·威廉·韦伊，休斯敦大学市中心分校

第 5 版

迈克尔·巴伯里奇，纽约州立大学奥尔巴尼分校	安娜·劳拉·简斯玛，加州大学圣巴巴拉分校
玛莎·J. 豪恩，休斯敦大学	苏珊·贾布尔，圣迭哥州立大学
布莱恩·堀上，索尔兹伯里大学	凯利·琼斯，皮特社区学院

第 4 版

瑞贝卡·杜姆劳，东卡罗来纳大学	安娜·劳拉·简斯玛，加州大学圣巴巴拉分校
爱德华·T. 冯克豪斯，北卡罗来纳州立大学	安·M. 尼科特拉，马里兰大学
斯科特·盖斯特，博林格林州立大学	马克·齐格勒，佛罗里达州立大学

第 3 版

兰德尔·S. 蔡斯，盐湖城社区学院	克莱斯·伊根，索尔兹伯里大学
凯瑟琳·高尔文，西北大学	丽塔·L. 拉霍伊-吉尔克里斯特，维诺纳州立大学
里德·马卡姆，盐湖城社区学院	

第 2 版

苏·巴恩斯，福特汉姆大学	马修·麦卡利斯特，弗吉尼亚理工大学
杰克·巴斯哈特，肯塔基大学	珍妮特·斯库皮恩，匹兹堡大学
杰米·伯恩，米勒斯维尔大学	琼·史密斯，南犹他大学
托马斯·菲利，纽约州立大学杰纳苏分校	凯蒂·维斯，西康涅狄格州立大学
艾米·哈伯德，夏威夷大学马诺阿分校	凯文·赖特，孟菲斯大学

第 1 版

约翰·R. 鲍德温，伊利诺伊州立大学	黛布拉·马兹洛夫，圣托马斯大学
霍莉·H. 博格纳，克利夫兰州立大学	伊丽莎白·M. 珀斯，特拉华大学
谢丽尔·鲍恩，维拉诺瓦大学	琳达·M. 普莱格尔，阿肯色大学
卡姆·布拉默，马歇尔大学	玛丽·安·伦茨，中密歇根大学
杰弗里·D. 布兰德，北达科他州立大学	帕特里夏·洛克威尔，西南路易斯安那大学
兰迪·K. 迪隆，西南密苏里州立大学	黛博拉·史密斯-豪威尔，内布拉斯加大学
肯特·德拉蒙德，怀俄明大学	丹尼丝·所罗门，威斯康星大学
詹姆斯·吉尔克里斯特，西密歇根大学	塔米·斯普瑞，圣克劳德州立大学
劳拉·詹斯玛，加州大学圣巴巴拉分校	瑞贝卡·W. 塔尔迪，路易斯维尔大学
马德琳·M. 基阿维尼，加州州立大学奇科分校	拉尔夫·汤普森，康奈尔大学
乔安·基顿，堪萨斯大学	

简要目录

目　录

第二部分　理论与理论思考

单元1　自我与讯息

单元 2　关系发展

第 8 章

不确定性减少理论 / 115

第 9 章

社会交换理论 / 131

第 10 章

社会渗透理论 / 144

第 11 章

关系的辩证法理论 / 158

单元 6　文化与多样性

搭建舞台：
传播、理论和研究

你可能从来没有意识到，我们每天的决策、（社交）媒体消费和各种关系都可以用传播理论加以解释并因此受益。传播理论有助于我们理解他人及其所在社群、媒体以及我们与家庭、朋友、室友、同事和伙伴的关系。或许最重要的是，传播理论有助于更好地理解我们自己。

我们对传播理论的讨论由摩根和亚历克斯的故事开始。他们被随机分到了同一个房间，成为室友，两个人在"入住日"相遇于斯科特公寓。他们都很紧张，由于在脸书上查看过彼此的主页，发过电子邮件并打过几次电话，所以互相之间已经相当了解。他们一见面就聊开了。开学后的几周，他们一起去咖啡馆，相互之间的了解更加深入。他们花了很多时间谈论各自的家庭和朋友，交流各自对人生另一半的憧憬。他们都喜欢看电视，尤其是"真人秀"，因为他们喜欢看其他人在危急时刻如何反应。几周后，摩根和亚历克斯的关系越发亲近。他们开始平衡自己与对方交往的需求和个人独处的需求。由于他们的时间安排正好冲突，有失就必有得。最后，两人成为非常好的朋友。

为了说明传播理论在摩根和亚历克斯的生活中所起的诸多作用，我们先考察一下故事中的几个重要之处，看看哪些理论有助于我们理解摩根和亚历克斯的行为。首先，这两个室友的故事支持了不确定性减少理论的研究（见第8章），因为他们需要降低对彼此的不确定性。其次，他们也要向对方坦露一些自己的个人信息，凸显了社会渗透理论（见第10章）的中心观点。再次，他们发现彼此都喜欢看电视，并用它来观察他人如何做出人生选择，这正是使用与满足理论（见第23章）的主旨。平衡共同相处与保持隐私两种需求，其中就包含了关系的辩证法理论（见第11章）的观点。摩根和亚历克斯还交换个人的故事，讲故事正是叙事范式（见第20章）的核心问题。加在一起，至少有5个理论可以帮助我们理解这对室友的经验。

前三章是讨论其后各个传播理论的重要基础。这三章将介绍传播及传播理论的一般知识。为了让你对传播学有所了解，第1章介绍了我们对传播的定义、传播的主要模式以及包括传播伦理在内的其他重要问题。第2章详细讨论了传播研究的不同传统及传播的语境，这是阅读本书其余部分的重要框架。第3章帮助你了解理论与研究的关系。在这一章，我们还向你提供了评估和理解每个理论所必需的标准。这一章除了提供评估理论的重要标准外，还包括了一个检验理论价值的模型。在接下来每章的结尾部分，我们都会回到这几条标准，这样你可以用同一套标准方法阐释不同的理论。

第1章
思考传播：定义、模型和伦理

我认为，我们都习惯于以某种特定的方式观察我们正在做的事，不消多时，就养成了一种"习得性无能"，无法以其他方式观察事物。

——玛丽·霍克默思·尼科尔斯（Marie Hochmuth Nichols）

博伦夫妇

吉米·博伦和安吉·博伦结婚已经近30年了，有三个孩子。孩子们早就搬出去独自生活。但是最近24岁的儿子艾迪所在公司临时裁员，他不得不回家待业另找工作。

起初，父母对艾迪回来住感到高兴。父亲看到儿子回家住，既不难为情也不见外，而是感到十分骄傲。母亲也很高兴地帮助艾迪做一些家务，比如洗衣服和做饭。艾迪还教会了吉米和安吉如何在网上给朋友发信息，并且建了一个家庭网站。他父母也因为家里住了个"科技通"而异常高兴。

但是因为艾迪回家的美好时光很快就结束了。艾迪每天早上都把笔记本电脑带上早餐桌，破坏了博伦夫妇曾经平静的早餐。吉米和安吉在晚间的散步也因为艾迪的经常加入而变得情况复杂起来。他们晚上入睡后，还会听到艾迪打电话，有时一直说到凌晨1点。当艾迪的父母想表达不满和失望时，他们又立刻意识到艾迪现在的困境。他

们不想让他更加心烦意乱。虽然博伦夫妇很爱他们的儿子，但是他们想找一个合适的方式告诉艾迪，他们希望他找个工作，离开这里。他们只想要安静、隐私和自由，而他们的儿子破坏了这一切。虽然他们也不愿意产生这种想法，但这就是现实。

他们考虑过许多不同的方式和艾迪说明这一想法。为了引起话题，他们甚至想过给艾迪发一些本地公寓出租信息的网页链接。最近，这对夫妇对现状的不满不断加剧。一天，他们散步很长时间归来后，发现艾迪倒在沙发上——他刚从一个朋友的聚会上回来，醉醺醺的。当吉米和安吉批评他的行为时，艾迪大嚷道："别再给我上课了。你们难道没有想过为什么其他孩子不给你们打电话吗？因为你们不知道什么时候适可而止！听着，我现在头很疼，不想再听你们这帮家伙说话！"吉米呵斥道："从我家滚出去。现在就滚！"艾迪走了，把门狠狠地摔在他的身后。安吉朝窗外凝视，不知道是否还能再听到儿子的音讯。

传播的价值曾得到以下人士的赞美，他们中有哲学家（"要么保持沉默，要么说些比沉默更有价值的东西"——毕达哥拉斯）、作家["恰当的用词和接近恰当的用词之间的差别，好似闪电与萤火虫之辉（lightning and lightning bug）的差别"——马克·吐温]、表演艺术家（"家庭中的任何问题，不管是大是小，往往始于失败的沟

通"——艾玛·汤普森）、商业领袖（"写作是保存记录和记下细节的绝佳工具，但谈话可以催生想法"——T. 布恩·皮肯斯）、励志演讲者（"你沟通的质量等于你生活的质量"——托尼·罗宾斯），甚至脱口秀节目主持人（"连接始于良好的沟通"——奥普拉）。流传最久的表述之一，可能是来自一部 1967 年的电影 [《铁窗喋血》（*Cool Hand Luke*）] 中的那句："我们这里的问题是沟通失败"（What we have here is a failure to communication）。后来这句话在诸多场景中得到引用，例如电影《马达加斯加》（*Madagascar*），枪炮与玫瑰乐队的歌曲《内战》（Civil War），以及《海军罪案调查处》（*NCIS*）和《欢乐一家亲》（*Frasier*）两部电视剧。显然，西方社会各界几乎都认为传播在人类关系中发挥着重要的作用。

从根本上讲，传播的基础是我们相互理解的能力。虽然我们的传播可能模棱两可（"我从未想过会收到你的礼物"），但基本的和核心的目的还是理解。我们的日常活动中充满着与他人的交谈。但是，正如在博伦家的故事中看到的那样，即使关系亲密的人之间也很难表达他们的想法。

美国人十分重视有效传播沟通的能力。企业也承认传播的重要性。2013 年，美国国家安全管理协会（nsms. us/？s＝communication & submit＝Search）的报告称，员工和管理者能否清晰地传播，并尽量避免使用专业术语，将影响到工业生产安全。的确，整个安全行业也明确声称："风险管理者必须首先是个优秀的传播者。"医疗卫生领域也十分关注传播的价值。有趣的是，早在 20 世纪 60 年代末，医患传播就已经是研究的话题了（Korsch, Gozzi, & Francis, 1968）。最近的研究文献显示，医患传播对于患者的康复十分重要。最后，在课堂教学的问题上，研究者（如 Bolkan & Goodboy, 2011；Titsworth et al., 2015）得出这样的结论：是否获得积极肯定的反馈将影响到学

生的学习效果。在像脸书这样的社交网站上，处于恋爱之中的个体报告说他们会使用传播（技术），通过对方个人主页"状态更新"检查其忠诚度与忠实度（usatodayeducate. com/staging/index. php/campuslife/the-bytes-and-the-bees-love-can-transcend-anything-even-facebook）。可以肯定地说，大量证据强调了这一事实：在我们的社会里，传播是一个必不可少的、无处不在的、具有重大影响的行为。

作为传播学的学习研究者，你们的独特任务是开发自己有效传播的潜力。为了做到这一点，你们必须大致了解传播过程，尤其是传播理论在生活中的应用。例如在一天中，我们需要有效地与各类人交谈，他们包括教师、政府官员、推销员、家人、朋友、汽车修理工和医疗人员。

每天的生活中充满了传播的机会。然而，我们需要了解为什么以及如何向他人传播。比如，为什么两个处于恋爱中的人会既感到需要在一起又想保持独立？

为什么有些女性在与男性交谈中会感到被忽视或被轻视？为什么语言常常会影响他人的思想？媒体如何影响人们的行为？社交媒体在何种程度上对人与人之间的沟通产生影响？在我们的社会中，传播理论为何如此重要，为何必须被了解，其根本原因正在于上述问题及许多类似问题。

定义传播

我们的第一个任务是对传播这个词下个一般性定义。给传播下定义非常困难。凯瑟琳·米勒（Miller, 2005）专门提到过这一困境，她说："关于传播的定义汗牛充栋并且发生过根本性改变。"（p. 3）萨拉·特伦霍姆（Trenholm, 1991）注意到，虽然人们对传播现象的研究已经有好几个世纪，但并不意味着它已经被解释清楚了。事实上，特伦霍姆形象而风趣地说明了定义这个术语的困境。她指出："传播已经成为某种

'大皮箱'式的术语。就像一件行李箱，里面塞了过多各式怪异的观念和意义。虽然其中的一些定义比较贴切，结果却造成我们的概念皮箱重得谁也拎不动。我们经常忽略了这一事实。"(p. 4)

我们应该意识到，关于传播的定义有好几十种——这源自传播学科的复杂性与丰富性。假设由两个不同的教师来讲这门课，每个人用自己独特的方式来呈现材料，两个课堂的学生们就会以独特的方式理解传播理论，最后他们会以两个令人兴奋但却迥异的思路研究同一个题目。

这种各执一词的情况也会出现在传播的定义上。学者们从自己的角度观察人类现象（这一问题我们会在下一章深入研究）。

当他们试图向其他人解释这些现象时，他们会建立自己的研究边界。传播学者们以不同的方式诠释传播，因为他们抱着不同的学术价值观。在做了以上解释限定之后，我们提出如下关于"传播"的定义，以保证我们在同一个方向前进。**传播**就是个体使用象征符号，确定和诠释周围环境中的意义的社会过程（Communication is a social process in which individuals employ symbols to establish and interpret meaning in their environment）。鉴于传播技术在当代社会中扮演着重要角色，在下面的讨论中我们也将有介质的传播的特点包括在内。记住这一点后，让我们来界定上述观点中的五个关键概念：社会的、过程、象征符号、意义和环境（见图1-1）。

传 播	就是个体使用象征符号，确定和诠释周围环境中的意义的社会过程
社会的	它是这样一种观念，认为人和互动都是传播过程的一部分
过 程	进行中的、动态的、没有终结的事情

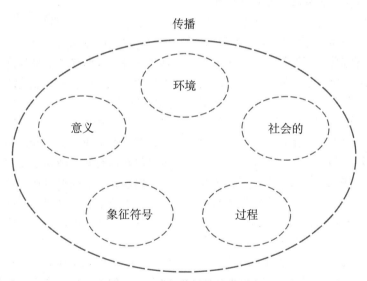

图1-1 定义传播的关键概念

我们认为传播是一个社会过程。当我们把传播诠释为**"社会的"**时，意味着它涉及两个及以上的人和互动，不论它是面对面的还是在线的。传播至少需要包括两个人，即传播者和接收者。两个人都是传播过程必不

可少的部分。当说传播具有社会性的时候，它涉及复数的人以不同的目的、动机和能力进行互动。说传播是一个**过程**，意味着它是持续进行的，没有终点。传播同时是动态的、复杂的和不断变化的。从这个角度看传

播，我们强调的是其制造意义的动态性与活力。因此，传播没有确定的开始和结束。

比如，虽然可以将博伦夫妇告知儿子必须离开家作为结束，但是他们与儿子的讨论以及关于儿子的讨论在儿子离开后仍然会继续。同样，我们过去与他人的传播将会被储存在他们的心里，影响他们与我们的对话。

传播的过程性同时意味着对话的开始和结束之间会发生很多事。一旦讨论开始，我们可以在不同的地方终止它。这一点可以从室友、夫妻和兄弟姐妹间经常发生的冲突中得到印证。虽然对话可能以绝对的和强硬的语言开始，但冲突的解决通常以妥协收场。所有这一切可能就发生在几分钟之内。

个人的和文化的变化也会影响传播。以兄弟姐妹间的对话为例，20 世纪 50 年代的对话和今天的对话就有很大的差异。早几十年，兄弟姐妹之间很少讨论父母垂危或是赡养日渐年迈的父母的需求。现今却常常听到孩子们谈及疗养院、家庭医疗保健甚至葬礼安排。20 世纪 50 年代，人们还处于战后的欢欣之中：第二次世界大战之后，夫妻重聚，婴儿潮拉开帷幕。而如今，美国在世界各地持续驻军，美国人很少体会到曾经的欢欣。对于很多人而言，局势的紧张、不确定性以及生命的凋零实在难以逃避。你会发现，感知和感受会发生变化，这种变化可能会持续很长一段时间。

你们中的一些人可能会提出，要是传播过程如此变动不居并具有独特性，那么我们几乎不可能对它进行研究。然而，C. 阿瑟·范里尔（VanLear，1996）提出，由于传播过程具有如此明显的动态性，因此研究者和理论家应该研究较长时段中表现出的传播规律。他总结道："我们如果可以从大量的案例中发现规律，就可以把它们'推广'到其他未被观察的个案上。"（p.36）或者，像保罗·沃兹拉维克、珍妮特·比文、唐·杰克逊（Watzlawick，Beavin，& Jackson，1967）建议的那样，传播事件之间的

相互联系至关重要并且无处不在。因此，我们有可能对动态的传播过程进行研究。

为了有助于形象地思考这一过程，你可以尝试想象有一种东西连绵不断，各个点不重复，并且不具有可逆性。弗兰克·丹斯（Dance，1967）用螺旋来描述传播过程（见图 1-2）。他认为，传播的经验具有累积性，会受到过去的影响。

他注意到当下的经验肯定会影响一个人的将来，所以他强调一种非线性的过程观。因此，传播可以被认为是一个随时间变化并且不断相互作用的过程。

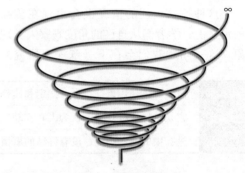

图 1-2　传播过程的螺旋

与我们的传播定义相关的第三个概念是象征符号。**象征符号**是强制性的标签或对现象的表征。词语是对概念和事物的象征，比如"爱"这个字代表着爱的观念，"椅子"代表着我们坐的东西。标签可能具有多义性，既可能是语言的，也可能是非语言的，既可能在面对面的情境下使用，也可能通过一定的媒介。象征符号在一定的群体内具有共同的意义，但是在群体外可能无法被理解。从这个意义上说，它的使用通常是强制性的（武断的）。比如，许多大学生知道"preregistration is closed"即"预注册已关闭"这个句子是什么意思，而校园外的人可能就不知道它的意思。此外，既有**具体的象征符号**（代表着某种具体物质的象征符号），还有**抽象的象征符号**（代表着某种想法或观念的象征符号）。

甚至是无害的推特符号——井字符（#），也会对政治产生影响。比如，塔玛拉·

象征符号	给某个现象所贴上的强制性的标签
具体的象征符号	代表着某种具体物质的象征符号
抽象的象征符号	代表着某种想法或观念的象征符号

斯莫尔（Small，2011）认为，政治领域的深度政治报道和讨论正在迅速减少。相反，对浓缩的 140 字节的推文的搜索取代了有时被称为"病毒式政治"（viral politics）的调查和质问（Penney，2014）。因此，井字符实际上代表的是原来报纸和杂志上的几百字的故事。

除了过程和象征符号以外，意义是我们定义传播的中心。**意义**是人们从讯息中提取出的东西。在传播过程中，讯息可以具有一个以上的意义，甚至具有多层次的意义。在缺乏共享意义的前提下，我们几乎无法用同样的语言交流或理解同一个事件。朱迪思·

马丁和托马斯·中山（Martin & Nakayama，2013）指出，意义具有文化的后果：

> 总统乔治·W. 布什（George W. Bush）准备对伊拉克发动战争时，将这场战争称为一场"圣战"（crusade）。这一用词在伊斯兰世界引起了强烈反弹，因为它让人想起将近 1 000 年前的十字军东征那段历史……布什总统或许并非故意将入侵伊拉克建构为针对穆斯林的一场宗教战争，但十字军东征的历史却可能使其他人产生那样的感受。（p.70）

意义	人们从讯息中提取出的东西

显然，并非所有的意义都可以共享，人们不是总知道其他人要说什么。在这些情况下，我们必须有能力解释、重复和澄清。

8 比如，如果博伦夫妇想让艾迪搬出去，他们可能需要做更多的解释，尽管他们的本意只是想要一些他们自己的"空间"。艾迪可能会觉得，"需要空间"只是让自己每周在外面待两晚。此外，他的父母也要考虑哪种沟通"方式"最为合适。他们可能会觉得，为了让他们的儿子离家，有话直说是最好的方式。或者，他们也可能觉得如此直白的沟通并非改变艾迪行为的最有效策略。不

管吉米·博伦和安吉·博伦如何传达他们的意愿，如果不能共享同样的意义，这家人就很难把讯息传递给彼此。

我们关于传播的定义中最后一个关键概念是环境。**环境**是传播发生的情境或语境。环境包括许多基本组成部分，如时间、地点、时代背景、关系、传受双方的文化背景。思考一下你在重要社会议题上的信仰和价值，例如婚姻平等、安乐死和美国的移民问题，你就能明白环境的影响。如果你对上述某个议题有亲身经历，你的观点就很可能受到自己感知的影响。

环境	传播发生的情境或语境

环境也可能是间接的。这意味着传播可能在技术的帮助下发生。我们所有人都曾经在有中介的环境中进行过传播活动，比如通

过电子邮件、网络聊天室或社交网站。这些中介环境必然会影响传受双方，因为处于电子关系中的人们（通常）不能观察到对方的

眼神、听到对方的声音或看到对方的身体动作（然而 Skype 可能是一个例外）。很显然，

许多年来，随着传播理论的不断发展，中介环境受到了大量关注。

学生之声

贾内尔

　　课上对环境的讨论很有趣。我甚至都没法说出每天会接触多少种不同的物理环境。我在一个非营利组织工作，所以总是出入于各种办公室。我们的办公室坐落于一个五层建筑的第三层。虽然空间不大，但是我们乐在其中。有时我得去新装修的、看起来造价不菲的办公室。尽管如此，不少职员看起来非常焦虑！此外，我需要到人们的家中拜访，人们布置家居环境的方式可以说是千差万别。而且我还没说到我怎样使用邮件及其他各种中介环境呢。这简直难以置信！

理解的模式：作为行为、互动和交流的传播

　　传播理论研究者们创造了模式，**模式**是对传播过程中各元素间复杂关系的简化表达，它有助于我们形象地理解复杂的过程。模式帮助我们将传播过程的基本要素编织在一起。虽然有许多传播模式，但这里我们只讨论三个最突出的。在讨论这些模式及其背后的研究取向时，我们希望同时说明许多年来传播现象是通过何种方式被概念化的。

作为行为的传播：线性模式

　　1949 年，贝尔实验室的科学家和麻省理工学院的教授克劳德·香农（Claude Shannon）以及斯隆基金会的项目顾问沃伦·韦弗（Warren Weaver）将传播描述为线性过程。他们关注的是无线电和电话技术，想要建立一个可以解释信息是如何通过不同信道的模型。这一研究导致了**传播的线性模式**（linear model of communication）的提出。

　　如图 1-3 所示，这一研究人类传播的取向由几个关键要素组成。**信源**（source）或称为讯息的传送者，向**信宿**（receiver）即讯息的接收者发出**讯息**（message）。信宿从讯息中获得意义。上述传播活动发生在**信道**（channel）中，这是传播的通路。信道经常和视觉、触觉、嗅觉及听觉等联系在一起。你看到室友时，使用视觉信道；你拥抱父母时，使用触觉信道。

模式	对传播过程中各元素间复杂关系的简化表达
传播的线性模式	把传播看成是讯息通过信道从信源传向信宿的单向传递的看法
信源	讯息的发出者和传送者
讯息	互动中所使用的词语、声音、动作或姿态
信宿	讯息的接收者
信道	传播的通路

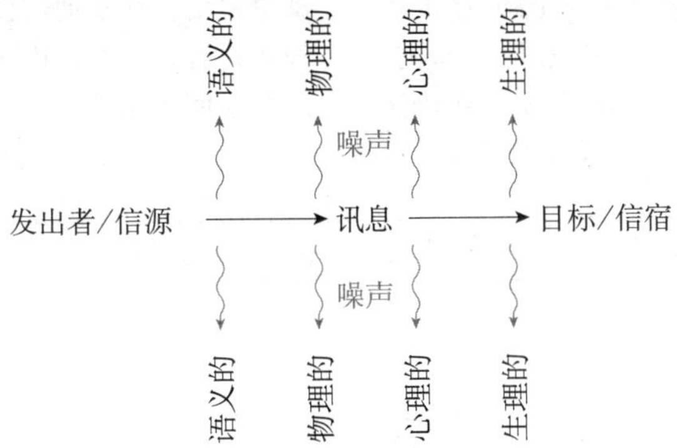

图 1-3　传播的线性模式

传播中还会出现**噪声**（noise），它是除了信源有意传播之外的一切东西。噪声可以分为四类。**语义噪声**（semantic noise）包括俚语、专业术语或个人及群体使用的特殊语言。比如，詹妮弗接到了她的眼科医生的诊断报告，医生的信里有这样一些短语，例如"ocular neuritis""dilated funduscopic examination"和"papillary conjunctival changes"。这些就是语义噪声，因为在医疗群体以外，这些短语意义有限（或没有意义）。**物理噪声**或**外部噪声**（physical or external noise）存在于接收者之外。**心理噪声**（psychological noise）指的是传播者对他人或讯息的偏见、偏向和既有倾向。为了说明这两种噪声，假设你在听参加政治集会的人讲话。听你不支持的政客的观点时，你可能会体验到心理噪声，同时你也会体验到物理噪声，因为旁边的人在抗议该政客的出席。**生理噪声**（physiological noise）指的是传播过程中生物学方面的影响。如果你或说话者生病、疲劳或饥饿，生理噪声就会存在。

噪声	不是由信源发出的在信道中发生的讯息变形
语义噪声	语言对讯息接收的影响
物理噪声（外部噪声）	身体对讯息接收的影响
心理噪声	认知对讯息接收的影响
生理噪声	讯息接收过程中生物学方面的影响

虽然对传播过程的这种看法在许多年前备受推崇，但是这一模式具有以下几个不足。第一，这一模式假设传播过程中只有一条讯息。我们可以发现，在许多情况下，我们会同时发出数条讯息。第二，就像我们前面提到过的，传播并没有一个固定的开始和结束。香农和韦弗模式的假设过于机械。此外，认为传播只是一个人说另一个人听，把复杂的传播过程过度简单化了。听者并不是被动的，我们在和其他人热烈争论时都能理解这一点。很显然，传播并不是单向的，也没有清晰明确的中间和结尾（Anderson & Ross, 2002）。

作为互动的传播：互动模式

传播的线性模式暗示，一个人要么是传送者，要么是接收者。这将传播过程的参与者理解得太狭隘了。因此，威尔伯·施拉姆（Schramm, 1954）提出，我们还需要考虑传送者和接收者的关系。他提出了**传播的互**

动模式，强调传播者之间的双向传播过程（见图 1 - 4）。换句话说，传播是双向的，即从传送者到接收者，又从接收者到传送者。这种循环模式暗示，传播无始无终。互动论说明，在互动过程中，一个人既可以扮演传送者，也可以扮演接收者，但是不能同时扮演两个角色。

传播的互动模式 认为传播是通过反馈把传受双方联系在一起的意义共享

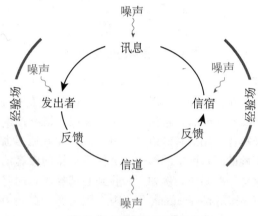

图 1 - 4 传播的互动模式

传播的互动模式中一个关键的要素是**反馈**（feedback），或曰对讯息的反应。反馈可以是语言的，也可以是非语言的，可以是有意图的，也可以是无意图的。反馈有助于传播者知道他们的讯息是否被接收，以及能被理解多少。在互动模式中，反馈发生在讯息被接收之后，而不在讯息的传送过程之中。

反馈 信宿对信源进行的传播，说明信宿是否理解（意义）

为了说明反馈的特点和传播的互动模式，我们再回到本章开头提到的博伦一家的例子。当艾迪的父母发现他醉卧在沙发上时，他们告诉艾迪他们对他所作所为的感想。他们强烈的抗议促使艾迪与父母发生争吵，后者告诉艾迪立刻离开他们家。这一系列互动显示，艾迪及其父母之间的传播具有交替性。他们看到他的行为，然后对其做出反馈，艾迪听到他们的讯息，做出反应，接下来父亲发出了最后的讯息，让他的儿子离开。我们还可以进一步推论下去，艾迪摔门也是互动行为中的反馈。

互动模式的最后一个特征是**共享的经验场**（field of experience），即一个人的文化与精力如何影响他向其他人传播的能力。传播过程中的每个人都会把自己独特的经验场带入其中，这些经验经常影响人们之间的传播。比如，当两个人走到一起并开始约会时，他们不可避免地会把他们的经验场带入到关系中。其中一人可能来自有几个兄弟姐妹的大家庭，另一个可能是独生子女。这些经验（以及其他经验）肯定会影响这两个走到一起的人，而且很可能会影响他们如何维持彼此之间的关系。

共享的经验场 传播过程中传受双方在文化、经验和遗传方面的重合之处

和线性论一样，互动模式也面临着批评。互动模式暗示，在传播时，一个人扮演传送者，另一人扮演接收者。然而正如你所经历过的，人们在一次独立的传播中既是传送者也是接收者。

12　但是对互动模式的批评主要集中于反馈问题，互动论假设两个人在说与听，却不同时发生。如果互动过程中发出非语言信息，会发生什么？微笑、皱眉或仅仅是从对话中脱身，这些情况时有发生。比如，在母女的互动中，母亲在训斥女儿的过程中，同时在"解读"女儿的非语言行为。她是在笑？还是在生气？她是否还在听母亲讲话？所有这些行为必然会促使母亲调整她发出的讯息。这些批评和矛盾促进了第三种传播模式的发展。

作为交流的传播：交流模式

传播的交流模式（the transactional model of communication, Barnlund, 1970；Frymier, 2005；Wilmot, 1987）强调，在传播过程中讯息的传送与接收同步发生（见图 1-5）。说传播是交流，意味着这一过程是一种合作，传受双方都对传播的影响与效果负有责任。在线性模式中，意义从一个人传向另一个人。在互动模式中，意义通过传者和受者之间的反馈得以传递。在交流模式中，人们建立共享的意义。此外，人们在交流过程中说了什么，很大程度上受到他们过去经验的影响。比如谈到高校的事情，一个大学生可能有很多事情要对高中高年级的学生说，因为大学生很了解高校和校园。而一个大学高年级学生对大学的看法毫无疑问会与大学二年级的学生完全不同，很大程度上因为他过去具有不同的经验。

传播的交流模式	把传播看成是同时发出讯息和接收讯息的观点

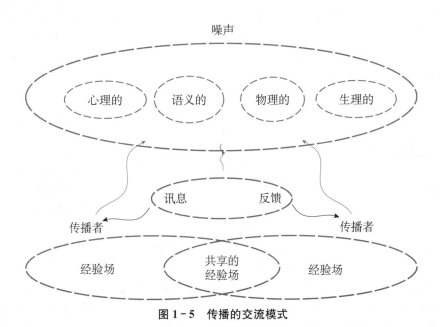

图 1-5　传播的交流模式

13　传播的交流模式要求我们认识到一条讯息对另一条讯息的影响。一条讯息建立在过去的讯息之上，因此传播要素间相互依赖，牵一发而动全身。另外，交流模式假设，我们同时发送和接收讯息，我们既留意一则讯息的语言部分，也留意其非语言部分。

在某种意义上，传播者对意义进行协调。比如，如果一个朋友询问你的家庭背景，你可能会使用一些你朋友听不懂的私人词汇。在你说的过程中，你的朋友会做个鬼脸，表示他听不懂你的话。结果你很可能又回过头来解释你的用词，然后再继续说下去。这个例子说明，两个人都在传播过程中扮演着积极的角色。在像这样的交流过程中，非语言传播和语言讯息传播同等重要。

之前我们提到过互动模式中经验场的功能。在交流模式中，经验场同样存在，但是存在重叠。也就是说，A 和 B 拥有的经验场不是相互独立的，而是重合的（见图 1-5）。这对于理解传播过程非常重要，因为它说明理解是一个主动的过程。也就是说，当传播发生时，个人之间必须具有共享的意义。比如，我们刚才提到了两个童年生活各异的人，互动模式暗示，他们对各自的背景有了相互理解之后才能走到一起。然而交流模式认为，每个人除了理解外，还应把对方的经验场与自己的经验场合为一体。比如说，朱丽安仅仅知道保罗以前坐过牢是不够的。交流论认为，她必须想办法用心体会他的过去。这一事件会影响他们目前的关系吗？如何影响？如果不会影响关系，朱丽安如何与保罗谈这个问题？在意义理解方面，交流模式要比互动模式更进一步。它提出了交互性，或者说意义共享。

未来的传播模式

随着我们进一步深入 21 世纪，我们不得不问这样一个问题：上面这些模式足够用来思考人类传播吗？我们知道，传播模型都是不完整的，也无法适用于所有情况（McQuail & Windhal，2015）。答案相当复杂。第一，举例来说，新的社交网站（social networking sites，SNS）蓬勃发展以及它们对传播的影响，要求传播模型将关于技术的讨论融入其中。第二，考虑到社交网络过剩，这种融入必须谨慎。在过去的几年中，社交网站的流量呈指数式增长，75％的成年网络用户使用社交网站（http：//www.pewinternet.org/fact-sheets/social-networking-fact-sheet）——在 2005 年，这一数字是7％。这些网站的多样——从脸书到领英再到 Instagram——意味着单一模型并不现实。我们将在本书的多个章节探讨技术的问题，介绍理论家如何看待技术对传播过程的影响。

我们可以设想一种传播模型，将社交网站既作为信源也作为信道纳入其中。我们希望学者可以开始理解诸如快照聊天（Snapchat）这样的平台的交流本质，在该平台上，一条讯息会在发送十秒之后自动删除。

显然，香农、韦弗、施拉姆和巴恩伦德都不可能预见到这样的技术。我们确信，在不远的将来，会有很多研究探究技术对传播过程的影响。

现在你已经对我们如何定义传播有了一个基本的了解，我们把传播的基本要素简单地用几个传播模式勾勒出来。在你读本书和理解其他理论时，可以再回过头来品味这个定义。可能你会在不同的传播理论中，看到对传播的不同解释。但是需要注意的是，任何理论在讨论人类行为时都会给自己设定边界，因此他们也会根据自己的观点来定义传播。我们写本书的目的之一，就是希望你读过本书之后，能够融会贯通地理解不同的理论观点中对传播功能的表述。

目前为止，我们已经检视了传播过程并仔细考察了与之相连的复杂性。我们指出了几种主要的传播模型，试图阐明这一领域的发展与成熟。下面我们将探索每一传播事件中的一个必要而重要的组成部分：伦理。

伦理与传播

在根据真实故事改编的电影《惊爆内幕》（*The Insider*）中，主角杰弗瑞·威甘德（Jeffrey Wigand）曾是烟草科学家，他违反合约，曝光了一名香烟生产商在所有香烟中添加致瘾原料的行为。这部电影将威甘德塑造为一个有良知的人，他想要将该公司及其不道德的行为告知公众。威甘德确信，救人是唯一能做的正确的事，他的行动与信仰一致，他实践了自己的伦理标准。

本节中，我们将讨论**伦理**，即行为中对正确与错误的感知。伦理是道德决策的一种（May，2013），是与非的决定受到社会规则和法律的影响。举例来说，尽管一些人可能会认为威甘德的所作所为值得称赞，但也有人会注意到，威甘德签署禁止他披露公司机密的合同时，对所发生的一切显然是知情的。此外，如果想到威甘德在披露此事之前已经大赚一笔，那么伦理的阴暗面就显而易见了。美国建立在一定的道德标准之上，这些标准对许多情境和关系来说十分重要。因为伦理标准会随着历史阶段、环境、对话以及涉入其中的人一起变动，所以伦理有时会变得难以理解。由于社会的标准随时间而改变，伦理也在变化。有许多因素会影响伦理标准。让我们先来简要探讨一下与文化制度相关的伦理议题，也可以从别处看到对伦理更全面的解释（参考 MacKinnon，2012）。

乔治·切尼、德巴施·曼施、史蒂夫·梅以及埃琳·奥尔蒂斯（Cheney，Munshi，May，& Ortiz，2010）曾做如下判断："传播学既是一门学科（discipline），也是一门'跨学科'（interdiscipline），或者说作为一个领域（field），很适合在推进伦理探讨中发挥特殊的作用。这是因为，这一领域提供了大量适于检视伦理问题的概念和原则。"（p. 1）在这部分讨论中，他们的观点会不断回响。

在这里，我们首先考虑为何要理解伦理，然后解释与社会相关的伦理，最后解释伦理与传播理论的关系。你思考这一信息时，要记得，伦理决断是基于文化的。也就是说，我们在一个社会中认为符合伦理的、正确的，到了另一个社会，未必具有共享的价值。

15　　举例来说，尽管博伦一家的困境能在很多美国人的心中引起共鸣，但你应该知道，在许多文化中，儿子搬回家住是一件很不错的事，

根本不会产生博伦一家正在经历的问题。

为什么研究伦理呢？ 可以简单以另一个问题来回应：为什么不研究它呢？伦理渗透于社会各阶层，跨越性别、种族、性认同以及精神/宗教皈依。换句话说，我们无法逃脱生活中的伦理原则。伦理几乎在我们每一次决策中都发挥作用。道德发展是人类发展的一部分，在我们不断成长直至成人的过程中，我们的道德准则不断发生变化。伦理将社会推向更高水平的正直和真理。伊莱恩·恩格尔哈特（Englehardt，2001）这样认为，"我们不能'发明'我们自己的伦理系统"（p. 2）。这意味着我们通常是遵从既有的道德文化准则的。此外，肯·安德森（Andersen，2003）则表示，如果没有对伦理价值的理解和表达，社会将会陷入不利局面。他说："我认为，违反传播伦理规范正是造成人们心理不适从而使他们退出公民文化的重要因素，不管这种公民文化是专业的、社团的还是政治领域的。"（p. 14）

从传播的角度来看，只要讯息对他人产生影响，伦理问题就会出现。比如，你告诉教授，自己没有办法按时提交论文是因为一个家人生病了，而事实上你的家人并未生病，这其中就包含伦理问题。如果你把同事的创意展示给老板，仿佛这个创意是自己的，想一下这其中涉及的伦理问题。思考下述行为会有怎样的伦理后果：跟某人多次约会却有意隐瞒自己曾犯下重罪，或者是将别人的而非自己的照片发在默契网（Match. com）上，又或者在推特上发布捏造的事件。电视也会产生伦理后果。举例来说，电视能否一边在促进种族宽容与和谐，一边以带有成见的、冒犯的方式表现某些文化群体？下面我们将列举出一些其伦理标准经常成为讨论对象的机构。工商业、宗教、娱乐产业、高等教育、医药卫生、政治和科学技术只是诸多经常产生伦理问题的领域中的几个，经常受到是否传播真实信息的质疑（见表 1-1）。

| **伦理** | 行为中对正确与错误的感知 |

工商业

在所有文化机构当中，"美国商界"（corporate America）或许是最受伦理争议的。大公司中不合伦理的行为已经达到了前所未见的比例。事实上，正是其中的很多丑闻催生了 2011 年与 2012 年的"占领华尔街"运动，也导致了原本名不见经传的美国佛蒙特州参议员伯尼·桑德斯（Bernie Sanders）在 2016 年的崛起。

由于企业痴迷于维护自身声誉（Carroll, 2015），它们曾努力隐藏成本，采取创新性会计操作，实施会计诈骗，以及过多的其他违背伦理的行为。有很多例子，比如世界银行前行长为自己的长期伙伴升职加薪；世界通信公司在发现 110 亿美元的账目"疏漏"之后宣布破产；大众汽车，世界最大的汽车制造商，承认在美国与欧洲操纵了柴油机排放测试；安然公司虚报收入，隐瞒数十亿债务，同时为主管人员加薪；阿德尔菲亚通信公司的创始人及其两个儿子实施银行和证券欺诈，导致公司走向灭亡；波音的财务总监错误聘用了一名政府退休官员——此前他曾与后者谈过合同；在麦道夫①投资证券丑闻中，麦道夫从近 4 500 位客户那里骗取了近 640 亿美元。可悲的是，所有这些事都发生在十年内。商业丑闻数量尤其多。但随着企业伦理声明以及要求企业对公众负责、提高会计操作透明度并对投资人更加负责的国会立法的出现，大多数企业已经开始提升自身的伦理标准。当然，要彻底消除长久以来的不信任，还有很长的路要走。

表 1-1 美国的伦理问题示例

领域	伦理问题举隅
工商业	如果公司无法盈利，首席执行官可以加薪吗？
宗教	教会应该允许牧师对即将结婚的伴侣提供建议吗？
娱乐产业	电影中的暴力场面会导致社会暴力增多吗？
高等教育	学生所交的学费能否用于资助校园政治团体？
医药卫生	制药公司是否应该对试验的药品负责？
政治	政治候选人是否应该对民众许下承诺？
科学技术	谁能监控以儿童为目标受众的网站？

宗教与信仰

无论是东方还是西方的传统道德中都强调伦理。比如，道教认为人不是孤立存在的，所以移情与内省可以导向真理。对于佛教徒来说，遵守道德意味着一个人说话要戒恶语、不两舌、不妄语、戒嗔恚、不绮语。从西方来看，许多伦理问题源自古希腊文明。亚里士多德首次提出了中庸原则（the Golden Mean）。他认为道德的善处于两个极端之间，或曰中庸，这是理性社会的基础。比如，当博伦夫妇决定告诉他们的儿子，他是个不受欢迎的人时，他们的中庸立场应该像下面这样：

极端	中庸	极端
说谎	真实的意见	隐瞒一切

犹太教和基督教也以伦理问题作为其中心。事实上，有专门讨论宗教与伦理问题的线上刊物（pbs.org/wnet/religionandethics/current/headlines.html）。基督教建立在正确范例的基础之上，即应该按照上帝的规则生活，为他人树立典范。然而，一些人认为，这种道德准则并非宗教所独有。对于那

---

① 因金融诈骗而被判刑的金融家麦道夫全名为伯纳德·麦道夫（Bernard L. Madoff）。——译者注

些不信仰宗教的人来说，平等、正义、努力建立良好的关系，这样的世俗价值观也同样重要。对于信仰宗教的人来说，如果不遵守宗教价值观与教导，也可能导致道德困境。比如，认为天主教牧师可以结婚的人们，就很难把该价值与禁止牧师结婚的教会法律相协调。

尽管宗教机构努力维持伦理，但是在过去的一些年里它们还是遭遇了一系列的伦理挑战。圣事执行者频繁招妓，神父患有恋童癖，教会领袖吸毒，教会居民与本堂牧师维持不道德性关系……这些只是几十起引起公愤的宗教丑闻中的其中几个。幸运的是，许多宗教团体正在做出清晰的正当行为伦理声明，并明确违反伦理的后果。

娱乐产业

在娱乐产业里，传播与伦理问题也是一个经常被提及的话题。一提到好莱坞，经常就会出现类似的问题：好莱坞是在反映社会还是在改变社会？对这个问题有许多不同的看法，其中有三种最为常见。第一种观点认为，好莱坞有责任表现不道德的社会中道德的一面，电影应该帮助人们逃避现实困难，而不是解决它们。第二种观点认为，好莱坞应该创作更多没有暴力和色情的电影，以使所有家庭成员都可以一起观看。但不幸的是，批评者提出，像《人皮客栈》（*Hostel*）、《杀死比尔》（*Kill Bill*）、《罪恶之城》（*Sin City*）、《异教徒》（*The Wicker Man*）和《狂暴巨兽》（*Rampage*）这样的影片只会强化青年观众的暴力倾向。第三种观点认为，好莱坞经营演艺产业，因此拍电影就是为了赚钱。无论你是否同意以上的某一种观点，娱乐产业都会继续反映并影响美国的道德风气。可能一些人会认为，好莱坞主导关于伦理的任何讨论，这本身就是一个伦理问题。

高等教育

第三个经常被指控有伦理问题的领域是高等教育。几乎所有的美国高校都开设伦理导论课，有许多学校还将其列为必修课。

尽管如此，许多学校自身却丧失了道德感。例如，高校在汇报其校园犯罪统计时就面临着道德选择。虽然根据《珍妮·克莱瑞法案》（Jeanne Clery Act，以 1986 年遭到谋杀的理海大学学生命名），大学必须举报校园犯罪，但是一些大学却担心这样会损害自身声誉。因此，犯罪被"情境化"了（"我们学校位于大城市，这里到处都是犯罪"或者"我们学校地处乡村，我们可能存在着一些问题，但还是相对安全的"）。而在后勤层面，另一个道德选择是学校对入学人数的申报，因为这关系到政策和财政支持。学校经常会报告，和许多年前相比入学人数有所增加，而实际上校方只是换了一种新的统计方式而已。2012 年，埃默里大学（此前还有克莱蒙特·麦肯纳学院、贝勒大学、爱纳大学及其他许多高等教育机构）因为被发现操纵和篡改了出版物（例如《美国新闻与世界报道》）为大学排名时使用的评级数据而登上了头版头条。卷入此类操作的机构，其诚信往往会受到质疑（Ramsey & Wesley, 2015）。一些人明显认为，尽管大学有"高等"教育之名，许多大学却在面临道德选择时刷新了道德"低点"。

医药卫生

第四个与传播伦理相关的领域是医药卫生。随着科学技术的进步对文化的影响越来越大，生物伦理问题已经成为餐桌上的话题。医生协助下的安乐死问题是医药卫生成为伦理争论中心的典型事例。一些人认为，是否延续生命是一个人的自由，无论是由病人自己执行还是由他的医生执行都一样。另一些人则认为，社会有权介入这一决定。

医疗决定不仅出现在病床前，也能成为公众争论的话题。晚期堕胎、克隆人、服用强化药物的运动员、医用大麻、死囚器官使用以及安乐死等议题揭示了伦理、政治与医疗之间的相互交织。这些话题在我们的社会中得到了充分回响，有很多专业杂志、网站和出版物专门探讨伦理与医疗问题的接合。

美国法律、医学与伦理学会（The American Society of Law，Medicine and Ethics）就是专门探讨道德决策的组织之一（www.aslme.org）。

大众媒体中的理论·伦理与卫生保健

霍华德·布罗迪（Howard Brody）在《新英格兰医学杂志》（*New England Journal of Medicine*，被引用最多的医学杂志之一）上展开了发生在医药界的新的伦理探讨。布罗迪医生举证说明，卫生保健支出中的 30% 都是"浪费"。他认为这种浪费或者说"无用的干预、无用的检查和有害的治疗"，过于常见。"非有益药物"的使用正在成为医学常规，使他忧心。布罗迪认为，如果希望医学能够应对健康相关问题，就必须要有一套"配给护理与避免浪费的伦理标准"。布罗迪表示，内科医生并未优先注意医疗护理中的浪费，而这种忽视导致了更高的医疗支出。他也坦言，尽管这场伦理讨论显然有一些政治含义，但是为了"保护……病人不受损害"承担起这一课题是内科医生的职责所在。

资料来源：Brody，H.（2012）. From an ethics of rationing to an ethics of waste avoidance. *New England Journal of Medicine*，366，1949–1951.

政治

19 很难绕开政治去讨论伦理问题。这两者常被视为水火不容。我们生在一个愤世嫉俗的时代，民调持续显示，公众对政治领袖的观感比他们对纳税的观感还差。与政治相关的丑闻涉及说客、竞选筹资、不忠、欺骗、利益冲突、遮掩、贿赂、阴谋、逃税……自有政治以来，政治丑闻就常常见诸报端。然而过去几年中，政治丑闻的数量似乎增加了。美国中央情报局局长因为婚外情辞职，美国总统受到 20 位女性的性骚扰指控，政治候选人在脸书上发布充满恶意的帖子……这份清单可以一直列下去。

尽管州政府和联邦政府都为建立伦理委员会和监督咨询委员会做出了努力，然而与政治相关的伦理问题可能永远不会彻底消失。尽管我们中的许多人希望抱着乐观的态度，设想我们正在培养遵守伦理道德的新一代政治领袖，有些人却不这么乐观。不过，有一些非营利组织——诸如公共利益研究集团（Public Interest Research Group，PIRG）与政府问责项目（the Government Accountability Project）——专门揭发政府及其领导人的道德缺陷，还有美国政府伦理办公室（the U.S. Office of Government Ethics）这样恰如其名的政府办公室，我们或许有理由对未来多一点信心。

科学技术

在今天，科学技术成为许多伦理论争的中心（Van Manen，2015）。以美国宪法第一修正案作为武器，言论自由的拥护者认为互联网不应被审查。言论自由的鼓吹者强调，什么是不适宜的内容，其标准因人而异，因此事前审查是武断的和随意的。例如，美国最高法院判决，在互联网上发布"虚拟的"（virtual）儿童色情图片①不违法。因为注意到《儿童色情保护法》过于宽泛，美国最高法院认为查禁用电脑加工的青少年图像没

---

① 所谓"虚拟的"儿童色情图片，是表现儿童性行为或性暗示的图片，它们不是用真人制作的，而是使用电脑技术制作出来的。——译者注

有法律依据。除此之外，像全球用户超过十亿的脸书这类社交网站也很容易存在伦理问题。什么信息算是过分呢？青少年泄露自己的住处、过度暴露家庭经济状况的博客文章、潜在雇主在社交媒体上搜寻应聘用户的行为……这些只是网络世界典型的伦理挑战中的几个。

随着美国对技术愈加依赖，伦理问题将继续浮现。线上谎报个人身份、下载受版权保护的材料、邀请年轻人浏览充满暴力与仇恨的网站、在线观看死刑，这是潜在的技术道德困境的一些例子。

一些补充

传播与伦理之间的关系非常错综复杂。公共话语需要责任（Torcello，2016）。我们希望政治领袖对我们说实话，精神领袖能够为我们以身作则。但是我们也知道，并不是所有选举产生的公职人员都诚实，也不是所有的宗教领袖都能够成为我们的精神榜样。组织尤其容易遇到伦理困境。比如，告密或者说揭发公司中具有不道德嫌疑的行为，就是一个永恒的话题。虽然一些人会把告密看成一个有勇气的行为，在道德上无可厚非，但另一些人会认为它是对信任的损害。这种对告密行为的不同看法，通常取决于人们把告密者看成一个对他人不满而谋求升迁的人，还是把告密者看成一个真诚地为公司利益着想的人。不道德的行为很难获得人们的持续信任。

接收者一方也存在伦理问题。作为一个听者（或读者），我们有责任公平地对待其他人的观点。这一态度也对本书的这些传播理论适用。罗布·安德森和韦罗妮卡·罗斯（Anderson & Ross，2002）提出了在阅读传播理论时应该考虑的六个重要的伦理原则，具体如下：

（1）不要固守己见，对他人的观点保持开放。

（2）即使可能会被他人认为是错误的，也不要害怕去尝试表达新的观点，并且邀请他人一起来验证这些观点。

（3）接受人们对现实的多元理解，这些差异都是合理的，特别是在不同的文化语境中。

（4）随时准备检验所有暂时成立的知识。

（5）学会容忍多义性，但是不能宽容自相矛盾。

（6）使用个人经验和日常实际经验评估所学的知识。（p.15）

除了这些建议外，我们还要加上以下一点：如果一个理论开始的时候很难理解，不要不懂装懂。重新认真研究一遍对该理论的解释，以便更加明确理论家的意图。

你可能会觉得挑战这些理论还没有经验或没有做好准备。但是，我们所提供的这些理论是为了给你评论、应用和评价的，我们希望你也能对它们提出问题。虽然我们可能更愿意看到所有的理论都具有开放性并包容多元的思考方式，但现实情况是，理论的建构总是受到一定的文化、人性、时间、环境和理论资源的限制。作为传播理论的学习者和研究者，你必须试图提出一些有难度的问题，探索难解的领域。

学生之声

曼迪

我一直认为道德是与他人沟通时最重要的部分。不管是在工作场所还是在学校，我都认为我们需要依照道德标准行事。我们需要知道，对他人说谎在绝大多数情况下都不合理。我们需要知道，如果不努力从他人的视角理解他们，我们就可能永远无法明白他们想表达的意思。媒体也应该讲道德。它们不能想发布什么就发布什么，而无须为之负责。我想底线可能是，如果我们努力关怀他人、努力理解他们的感受、尽最大可能保持诚实，我们就走在合乎道德的道路上。

理解传播理论的价值

21 　　尽管整章中已经间接提及，但我们在这里还是想强调一下传播理论在所有人生活中的重要性。你们中的许多人可能还没有立即意识到这一话题的价值。因此，我们想要带你们一窥传播理论的意义。要记住通过传播理论，你可以理解生活中的各种议题（例如离婚、求职面试、你的自我概念）。在你阅读、理解每一章的内容时，你很可能会对传播理论的重要性产生自己的认识。换句话说，你很可能会形成自己用于理解人类行为的理论视角。我们鼓励你在探索这一令人兴奋的领域时保持开放的心态。

理解传播理论能培养批判性思维能力

　　你从学习传播理论得到的一项重要价值是关于批判性思维能力的。毫无疑问，在你阅读并反思本书中的理论时，你需要带着批判意识思考一些问题。学习如何将理论应用于自己的生活，认识理论的研究潜能并理解某一理论如何发展，这些都是你在本课程中需要做的。除此之外，理解传播会帮助你掌握一些技能。如果每个经历离婚的好莱坞明星都读过本书第 11 章（关系的辩证法理论），可能就会更好地理解关系中的拉锯。读读群体思维（见第 14 章），全球政府的各个决策群体人员或许可以成为更高效的组内成员。甚至励志演说家也可以在亚里士多德的话（修辞术，见第 18 章）中收获价值。不过尽管有这些技能，就像塔帕斯·雷（Ray，2012）说的那样，许多理论和传播研究传统都带有西方文化偏见，所以我们在一般层面应用理论时需要谨慎。这要求你培养自己的批判性思维能力——这些技能将对你的工作、处理人际关系以及接触媒体有所助益。

理解传播理论能帮助你认识到理论的广度与深度

　　除了培养批判性思维能力，学习传播理论还将帮助你领略跨越多个学科的研究的丰富性。无论你当前的学术专业是什么，本书所包含的理论都基于那些在思想方面充满好奇心的男男女女的思考、写作与研究，而他们从诸多学科的研究中汲取了养分。比如，当你阅读关系的辩证法相关内容（见第 11 章）时，你会发现其中很多原则源自哲学。群体思维理论（见第 14 章）起源于外交政策决策过程。传播适应理论（见第 28 章）中的很多原则来源于文化人类学。而面子-协商理论（见第 27 章）受到了社会学研究的影响。在你攻读某个学位时，记住，你所学的大部分内容是理论化思考的结果，这种思考本质上往往是跨学科的。

理解传播理论有助于理解个人生活经历

22 　　理解传播理论也能帮助你理解自己的生活经历。本书中几乎没有哪个理论与你或是你周围人的生活没有任何关系。传播理论有助于你理解人们、媒介和事件，并帮助你回答重要的问题。你是否曾经困惑于有些男人说话时跟有些女人不太一样？阅读失声群体理论（见第 29 章）很有可能会帮助你理解为什么会出现这种情况。媒体是否助长了暴力社会？培养理论（见第 24 章）可能会帮助你回答这个问题。技术在社会中扮演什么角色？媒介环境理论（见第 26 章）回答了这个问题。而如果有人与你聊天时站得太近会发生什么？预期违背理论（见第 7 章）探索并解释了这类行为。你们中的一些人在刚开始学习这门课程时，可能认为传播理论在你的生活中价值有限。随着学习的深入，你会发现，有了传播理论的帮助，你能更好地理解自己的生活和经历。

传播理论培养自我意识

　　到现在为止，我们发现学习传播理论会培养你的批判性思维能力，帮你认识到跨越不同领域的研究的价值，并帮助你了解你周围的世界。学习传播理论的最后一个原因涉及很可能是你生活中最重要的领域——你自己。了解你是谁，你如何在社会中发挥作用，你能够对他人产生的影响，你受到媒体的影响的程度，你在不同情境下的举止，以及什么促使着你做决定……这些只是本书中的理论可能或显或隐地讨论到的领域中的几个。我们不是建议你以自己为中心去判断一个理论是否具有相关性，而是说理论与你——你的思想、价值、行为和背景——直接相关。举例来说，社会渗透理论（见第10 章）将帮助你思考自我表露在你的关系中的价值。象征性互动理论（见第 4 章）将帮助你思考周围各种符号的意义。然而，这些不是"自助式的"传播理论；它们无法为复杂的问题提供简单的答案。你将接触到会帮助你理解自我与周围环境的理论。

对你而言，你即将踏上的这条教育之路可能是陌生的。我们希望你坚持不懈地探明传播理论的复杂性。这一旅途很可能不同以往，富于挑战，让你时而感到疲惫，但它将永远适用于你的生活。

总结

在这一章，我们介绍了传播的过程。我们提出了传播的定义并介绍了传播过程的多重要素。此外，我们还提出了三种主要的传播模式：线性模式、互动模式和交流模式。我们讨论了伦理及其与传播理论的关系。最后，我们列举了几个理由，解释了为什么对你而言学习传播理论是重要的。

你可能已经了解了传播的过程，并且能够对其复杂性有所感觉。接下来，你将一边

阅读本书的理论，一边从不同的视角来看待传播现象。你会获得许多有价值的信息，可以更好地理解人类行为，并且学会从新的角度来思考社会。我们将在第 2 章继续这一过程，对传播学科的历史做一个简单的回顾，同时对传播发生的语境做一个概括性的介绍。

讨论题

技术探索：我们认为技术很可能会影响到未来的传播模式。基于你对社交媒体平台的使用，建构一个传播模型，将技术对面对面传播的影响纳入其中。

1. 什么导致了艾迪·博伦和他的父母产生争执？你认为艾迪和他的父母曾经尝试过用道德的方式来解决这一问题吗？为什么？

2. 你认为所有的口误、失言和无意的非语言行为都能被看作传播吗？为什么？你能用什么实例证明你的观点？

3. 根据你的理解，解释一下为什么线性模式能够在许多年前十分流行。用现在的社会事件说明交流模式的优点。

4. 讨论从不同的学科视角看待传播理论具有什么价值。

5. 最近有没有发生过传播中伦理选择的事件？如果有且得到了解决，是如何做到的？

6. 为什么会存在这么多关于传播的定义？

7. 讨论不同家庭成员何以拥有不同的经验场。

第 2 章
思考传播学：传统和语境

> 按照我对理论的理解，理论是一种话语。
>
> ——罗伯特·T. 克雷格（Robert T. Craig）

珍妮·亚马托和李·亚马托
（Jenny and Lee Yamato①）

作为一个单亲妈妈的女儿，18 岁的李·亚马托深知生活的艰难。她是珍妮·亚马托的独生女，后者是日裔美国人，丈夫几年前因心脏病过世。珍妮和女儿生活在名为拉康（Lacon）的南部农村小镇。作为一个单亲妈妈，珍妮压力很大，还经常成为种族主义者取笑的对象。珍妮是一个女侍者，她知道上大学对于她和女儿来说都是一条理想的出路。她省吃俭用，为了多赚些钱，有几个月还在儿童图书馆工作。珍妮知道李会从大学获得经济援助，但她希望自己能够供她唯一的孩子上大学。

当李即将高中毕业时，她知道自己不久以后就会离开家乡去一所公立大学。但不幸的是，距离拉康最近的学校也在 200 英里之外。对于离家就学，李怀着复杂的感情。一方面，可以摆脱小镇的闲言碎语让她感到高兴，但是另一方面，她知道这意味着母亲将一个人生活。李认为，让母亲独自生活是对她极大的打击。但是，她仍然意识到，学业是第一要务。为了考取兽医学校，她必须把学习放到第一位。但是一想到母亲，这一决定又变得非常困难，这会使第一年的高校生活非常难熬。

对于李的离去，珍妮也同样感到两难。当丈夫过世的时候，她根本想象不到自己能独立抚养 13 岁的女儿。其实，考虑到单亲妈妈不是很受尊重，珍妮的处境就更难以忍受了。但是，她的坚韧与决心终于得到回报，女儿能够上大学让她感到无比骄傲。但是和女儿一样，珍妮也对李的离开非常难过。她感到好像是最好的朋友将要离自己而去，她不能想象没有女儿的生活将会怎样。虽然她们可以通过电话交谈，但是这不能代替拥抱、欢笑和回忆。

在李离家的那天，珍妮给了她一盒巧克力饼干、一些花生酱纸杯蛋糕（这是李的最爱）、一本李和她去亚利桑那露营的影集以及一个鞋盒——鞋盒里是她和丈夫在热恋期间写给彼此的情书。珍妮希望李一看到这些信，就会想起她以及父亲的音容笑貌。当李读到第一封信时，她抱着母亲，泪流满面。最后，李坐上了车。车慢慢地开走，把她的家和唯一的好朋友留在身后。

---

① Yamato 原意为"大和人、日本人"。这一刻板印象式的名称，是作者在前言中提到的"显示文化多样性"的表现。——译者注

25　　传播这一学科十分广阔，其深度则体现于李·亚马托与珍妮·亚马托这样的美国人的日常生活。她们之间显然十分亲密的关系，如今正面临着家庭发展过程中一个常见的、往往令人伤感的节点：升入大学。二人开始适应远距离新型关系的同时，沟通的重要程度发生了变化。贝塔米·多布金与罗杰·佩斯（Dobkin & Pace, 2006）认为，"传播有塑造认同、关系、环境与文化的潜能"（p. 6）。亚马托母女如果认识到沟通对她们的关系所能产生的全部影响，一定愿意

继续进行沟通。让我们从认识传播领域的七大传统开始我们对传播学的讨论。接下来，我们将会考察传播发生的不同情境。这两个进路引领全章。前者（七大传统）本质上是理论的，而后者（其中情境）更偏向实践。对此，我们会在接下来的内容中逐点解释。

　　第 1 章为理解什么是传播和传播过程的复杂性奠定了基础。在这一章，我们通过交代看待传播学的两种主要方式，进一步阐明传播的意义。

学生之声

翠希

　　说实话，回家过感恩节的时候，我都不确定要怎么跟父母解释我的传播学专业。他们完全搞不懂我为什么要学这个！跟他们聊了传播学是什么（以及它不是什么！）之后，我觉得他们看到我找到了自己觉得有意义的专业，很为我开心。我知道理解传播会让我更容易找到工作，但同时我也纯粹喜爱这一领域的广阔。我觉得自己已经成功说服了几名室友改换专业！

传播学的七个传统

　　罗伯特·克雷格（Craig, 1999；Craig & Muller, 2007）概述传播理论的方式颇具思想性，帮助人们"以传播的方式理解他们自己、他们的社会以及他们的文化"（Garcia-Jimenez & Graig, 2010, p. 430）。克雷格认为传播理论是一个庞杂的研究领域，为此，他提供了一些分类来帮助人们对其进行理解。克雷格和马勒指出，很难对传播理论做简单的理解，因为这一领域存在许多不同的研究风格。因此，一个理解传播理论的分类系统可以帮助我们应对理解理论时遇到的挑战。

　　克雷格将以下框架称为"传统"，以此强调理论的发展不是自然而然发生的。事实上，传播的理论化是一个深思熟虑、引26 人入胜而富于创新的历时性过程。正如克雷格和马勒（Craig & Muller, 2007）所指出的，"理论家创造新的思想以解决他们在

某一传统的现存思想中发现的问题"（p. xiv）。并且，尽管传统意味着遵循历史偏好，但克雷格和马勒很快指出，传统本身时常改变，且同传播一样，处于动态之中。此外，他们提醒道，许多理论不容易归类："即使一个理论反叛其传统、抛弃其主要部分，它依然可能明显从属于这一传统。"（p. xiv）所以，让我们来看一下克雷格（Craig, 1999）提出的传播理论七大传统。为了尊重每个传统的完整性，同时避免囊括与本章这一部分不相关的细节，我们将概述每个传统。如果你想了解更多的细节，我们鼓励你查阅克雷格的研究。对传统的概述见图 2-1。

修辞学传统

　　修辞学传统的核心是克雷格所说的谈话的"实用艺术"。这一传统表明，人们关注公共演讲和公开发言及其在社会中的作用。在许多西方国家，修辞理论尤其受到重视，因为它可以帮助我们了解演讲的作用以

图 2-1 传播理论的传统

呼如何影响或动摇我们？在让他人接受我们的观点时，个人实例起到什么作用？面向一大群人演说对这群人的见解或行为有什么影响？或者，修辞学传统在何种程度上挑战了人们的共同信念，即修辞应该是"仅仅告知真相而不是战略性调整讯息以适应受众"（Craig，2007，p.73）。这类问题不容易回答，却是我们思考从修辞学的视角观察传播理论的价值和历史意义时需要考虑的。

符号学传统

简言之，**符号学**（semiotics）是对符号（sign）的研究。符号是社会生活的一部分，代表着其他事物。孩子们嬉笑跑闹是玩耍的符号。左手无名指上的戒指是已婚人士的符号。一个成年人在殡仪馆哭泣是悲伤的符号。这些符号中最常见的是"词语"或我们通常认为的语言使用。根据符号学传统，我们使用同一种语言时，就获得了意义。如第1章所述，人们达成传播交流时，带着不同的经验域以及赋予这些经验的价值。语言学先驱 I. A. 理查兹（Richards，1936）认为，词语具有任意性，不具备内在意义。因此，实现意义的共享比最初想象的更为困难，尤其是当一个人使用的语言没有被另一个人承认或重视的时候。

及我们如何提升公共演讲的效果。这一传统还包括在得出个人观点之前先认真思考不同观点的能力。修辞学传统的实用性依旧吸引着研究人员、理论家和实践者。

修辞学传统必然包含与语言和受众相关的元素。例如，亨利·奥尔福德（Alford，2016）讨论了许多同性婚姻面临的语言上的挑战。一些夫妇希望回避丈夫与妻子的"异性恋霸权"（heteronormotive）本质而选择更独特的称谓，比如"媳夫"（hers-bands）、"丈妇"（wusbands），甚至"支持人员"（support staff）。这一传统还包括关于受众诉求的讨论。举例来说，受众会对情感作何反应？语言的力量在何种程度上促使人们采取情绪化的果断行动？大众媒体的呼

符号学	对符号的研究

符号学认为，那些我们认为是"自然而然""显而易见"的公共话语，其实需要被放在语境中加以考虑。也就是说，我们的价值观和信仰结构往往是代际传承的结果（某个传统）。数年前的"假定事实"，在当下可能已经是另外一副样子了。符号学不认为词有正确的含义；事实上，词会随着使用它们的人的变化而变化。例如，想一下在 20 世纪 40 年代、六七十年代、90 年代和今天使用"战争"与"和平"这两个词。举例来说，如果有人在其中一场战争中失去了一名家庭成员，还有一个人经常抗议战争，这两

个词就可能会有多重含义。再想一下短语"单身父母"。20 世纪 50 年代的时候，它还没有在社会中产生深刻的共鸣。然而，随着时间推移，离婚率飙升，婚姻不再是一个"默认"选项，单身妈妈（例如珍妮·亚马托）或单身爸爸现在已经司空见惯了。

现象学传统

让我们探索一下**现象学**这一术语。它是一个源自哲学领域的概念。现象学是对日常生活和活动的个人诠释。

现象学	对日常生活和活动的个人诠释

克雷格（Craig，2007）认为，现象学传统的标志是作为"对他者性的体验"（p.79）的传播。这意味着一个人试图消除对话中的偏见以获得本真性。许多现象学家认为，不应该让个体的信念系统影响正在进行的对话。正如你可能想到的那样，这相当具有挑战性，或者如同克雷格所说，是实际上不可能的事。比如，想想许多人与其他观点不同或来自不同背景的人交流时遇到的挑战。克雷格指出，许多现象学观点特别适用于处理涉及多样性、认同、阶级、性倾向与宗教的问题。

控制论传统

作为信息科学的传播最初是由香农和韦弗提出的，这两位学者与我们在第 1 章中讨论的线性模型有关。回想一下，这个模型的根本缺陷在于，人类传播并不如线性模型所示那么简单。不过，香农和韦弗的贡献在于，他们将噪声纳入传播过程之中。控制论特别关注传播过程中的噪声等问题。不止于此，控制论强调我们收到的反馈不可预测，试图以此揭示信息含义的复杂性。

通过提倡控制论的进路，传播理论家们正在接受一种广阔的传播视野。正如克雷格（Craig，2007）所说："作为传播者，重要的是超越我们个人的视角，从更宽泛的、系统的角度看待传播过程，对于个体无法控制的系统性结果，不将其责任归之于个体。"（p.82）换句话说，控制论传统要求我们明白，传播不仅仅是信息处理，也是个体在信息处理的过程中带着不同的能力进入传播情境之中。受控制论影响的研究领域包括博弈论、心理学、建筑学和人工智能（Ashby，2015）。

社会心理学传统

坚持社会心理学传统的人秉持原因-结果模型。也就是说，按照这种考察传播理论

的视角，某人的行为受到其他事物的影响——心理学家称其为"变量"。克雷格（Craig，2007）认为这一传统背后的假设是，传播模式因人而异。社会心理学家负责揭开这些模式中变量的关系。

卡尔·霍夫兰（Carl Hovland）是社会心理学传统的早期倡导者。他是耶鲁大学的心理学家，研究态度转变，考察长期和短期记忆对个人态度及信念的影响程度。20 世纪 50 年代——早在个人电脑问世之前——霍夫兰也是第一个做计算机模拟和学习过程实验的人。他的工作以及其他社会心理学家的工作重视实验研究，试图理解因果关系。这一传统在建立传播理论时处处强调人类行为的科学证据。

社会文化传统

社会文化传统的本质可以这样概括："我们与他人的日常互动在很大程度上取决于既存的、共享的文化模式与社会结构。"（Craig，2007，p.84）社会文化传统的核心观点是，个体从属于更大的群体，后者有独特的互动规则与模式。从这一传统出发进行理论化，意味着承认世界上存在着各种各样的人，并对其保持敏感。理论家不应出于本能或故意将人们"分类"而不考虑其个人认同。

社会文化理论家主张放弃以"你/我"或"我们/他们"的二元对立去理解人类。相反，呼吁共同创造社会秩序/现实是更值得考虑的目标。人们传播，同时也生产、维护、修复和改造现实（Carey，1989）。对话和互动的特点是必须理解克雷格（Craig，2007）所说的"声音"（p.84）——在日常对话中随处可见的个人化的观点。

批判传统

关注不公、压迫、权力和语言宰制的人可能会自视为批判理论家。批判社会秩序以

及影响该秩序的结构或个体是批判理论的核心。因反抗社会秩序而最具盛名的批判理论家是哲学家、政治经济学家、革命家卡尔·马克思（Karl Marx）。马克思认为，社会中的权力为那些并不真正关心工人阶级的机构所把持。在《共产党宣言》一书中，马克思和弗里德里希·恩格斯（Marx & Engels，1848）认为，想要理解一个社会的历史，最好的方式就是考察其中的阶级斗争。

批判理论家关注语言及其如何造成社会中的不平衡和权力差异。批判理论家还认为，对左右社会的前提假设进行公开质疑是合法的。在这样做的过程中，传播者揭露了引导他们决策和行动的信念和价值观。正如本章开始珍妮·亚马托和李·亚马托的故事所示，作为一个单身母亲，珍妮觉得自己永远无法像其他类型的家庭一样，获得同样水平的尊重。为了理解珍妮的经历，批判理论家将试图揭示一个社会如何定义自由、平等和理性——克雷格（Craig，2007）指出的三个特质。何人或何事是社会秩序的主要力量？一个人如何实现表达个人意愿的自由？这些问题和许多其他问题都是批判传统的核心。

小结

这个讨论为你提供了一种看待传播领域

的结构的方法。正如你会发现的，传播理论不是在真空中产生的。学者们带着特定的立场进入理论建设过程，其中一些立场会影响他们构建和改进理论的方向。前述诸传统的根源在于传播，在向你介绍各种理论时，我们会逐一考虑这些传统。正如我们前面所提到的，理论并不总是那么"纯净"，因此，在这一过程中会有一些传统的融合。

在这一背景下，我们现在希望探索一个思考传播理论的更实用的框架。我们把注意力转向产生研究及理论的各种传播语境或环境。

传播学的七个语境

为了使传播学和传播过程更加容易理解与掌握，我们现在看看传播的各种语境。什么是语境？**语境**（contexts）就是传播发生的环境。语境为研究者和理论者分析现象提供了背景和参照，同时也使我们的研究更加清晰。我们对语境的讨论主要集中于**情境语境**（situational contexts）。认为语境建立在情境的基础上，意味着传播过程受一些因素的限制，比如说，参加的人数、互动者的空间、反馈的强度以及可以使用的渠道。

语境	传播发生的环境
情境语境	受到在场人数、反馈、传播者之间的空间等因素限制的环境

前面我们提到过，传播学为我们提供了多样的研究机会。同时，这也成为一个再棘手不过的问题，即使是传播学者也经常感慨他们的选择太多。但是，大家对基本的传播语境也有一些共同的看法。事实上，大多数传播系就是按照这七个语境来设立的：自我（intrapersonal）、人际（interpersonal）、小群体（small group）、组织（organizational）、公众/修辞（public/rhetorical）、大众/媒体（mass/media）和文化（cultural）（见图 2-2）。但需要注意，全美各大学和学院的传播系也并不都是这么划分的。比如一些学校的传播系可能把大众传播包括在其中，而另一些学校则可能成立独立的大众传播系。一些学校设立的人际传播系可能会把上面所有的语境都包括在内。这种多样性再次凸显了这一学科的渗透性和交叉性，对不同语境的划分并不绝对。

30

语境		某些研究和理论关注点
自我传播 向自我进行的传播		印象的形成和决策；象征符号与意义； 观察与归因；自我（ego）卷入与说服
人际传播 面对面传播	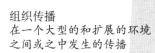	关系（感情）维持策略；关系亲密性； 关系控制；人际吸引
小群体传播 一群人中发生的传播	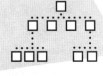	社会性别与群体领导；群体的弱点；群体 与故事；群体决策；任务中的难题
组织传播 在一个大型的和扩展的环境 之间或之中发生的传播		组织的等级制度与权力；文化与组织生活； 员工精神面貌、意见与员工满意度
公众/修辞传播 向一大群听众（观众）传播		传播恐惧；有效传达；演讲与文本批评； 以伦理为内容的演讲；通俗文化（大众文 化）分析
大众/媒体传播 通过中介向广大的受众进行 传播		媒体使用；电视节目的影响；电视与价 值观；媒体和需求满足
文化传播 在不同的文化背景成员之间和 之中传播		文化和规则设定；文化与焦虑；霸权； 民族优越感

图 2-2 传播的语境

自我传播

当你评价本书中的理论时，记住，一个理论可能会关注个人如何看待自己的行为。这种思维的根源在于自我传播。自我传播理论家经常研究认知在人类行为中的作用。**自我传播**（intrapersonal communication，或译为人内传播、内向自传）是向自我进行的传播。它是一种内心的对话，而且在有他人在场的情况下也可以发生。自我传播就是你脑子里的所思所想，即便是你和其他人在一起时。自我传播的发生频率比其他

传播形式要高，我们每天多次进行自我传播。与其他传播形式相比，这一传播形式的另一个独特之处是它包括你大脑中进行的想象、感知、白日梦和思考决策。自我传播远远不止于自言自语，它还包括你对他人行为的归因。

比如，一个雇主想知道雇员为什么每天上班迟到并且衣冠不整。雇主可能会认为这是因为一些家庭问题。而实际上，这名员工可能为了挣他的孩子上大学的学费在打第二份工。我们都会有内部的对话，这些内心的声音会因人而异。

31

自我传播	向自我进行的传播

自我传播与其他传播形式的差异还表现在它会对思考者自己进行归因。人们具有自我评价的能力。从自己的体型到工作能力，人们经常进行自我归因。在很多情况下，你都曾严肃地思考过你的长处和短处。比如你难道没有发现自己可能是一个优秀的家长，但不是一个统计学的优秀学生吗？是不是有时候你会觉得自己是一个可以信任的朋友但是却不被你的家人信任呢？

虽然一些人会认为，与自己说话有些奇怪，但是弗吉尼娅·萨梯尔（Satir，1988）认为，这些内部的对话有助于个人增强**自尊**（self-esteem）——人们对自己的正面评价程度。自我传播常常很难进行，它需要个人接受自己的所作所为，直面自己的恐惧和焦虑。照镜子不仅让人高兴，同时也会让人害怕。当然，镜子也会让映像变形。例如珍妮·亚马托可能会认为，一旦女儿负笈远行，她的世界就结束了。然而，在现实中，大多数家长适应了这一"损失"。作为一个单身母亲，珍妮可能认为，没有李自己就无法生活。但是一旦李离开，珍妮可能又会发现自己一个人生活得更有动力。

自我传播研究主要关注个人认知、符号与意图。为此，该领域的研究者探究了针对特定行为和事件的态度，包括约会（McEwan & Guerrero, 2012）、怀疑与觉察（Kim & Levine, 2011）、母女关系（Arroyo & Andersen, 2016）、压力（Wright, 2012）、沉默（Bisel & Arterburn, 2012）、喜爱（Goodboy & Bolkan, 2011）以及企业管理人员的动机（Millhous, 2014）。

自尊	个人对自己的正面评价的程度

我们对自我传播的讨论主要集中在自我在传播过程中所扮演的角色上。回想一下第 1 章的内容，当个人向自己进行传播时，这一过程可能是有意向的，也可能是无意向的。自我传播是个人传播行为的核心。不能认识自己，就无法认识别人。

人际传播

最初，**人际传播**（interpersonal communication）指的是人们之间面对面的传播。现在普遍认为，人际传播包含技术的视角（例如相亲网站等）。你在本书后面看到的理论中有几个就是从人际传播中发展起来的。这一领域有大量研究与理论，可能是所有语境中最具有发展潜力的一个。如何建立关系、维持关系和结束关系是人际语境中主要研究的问题。

人际传播	人们之间面对面的传播

研究者和理论家之所以要研究关系，原因之一是关系具有复杂性和多样性。比如，你会发现目前你正处在许多类关系之中，包括医患关系、师生关系、亲子关系、上下级关系等。这些关系的互动过程需要传播者最大限度地使用多种渠道（视觉、听觉、触觉、嗅觉）。在这一语境中，这些渠道同时进行互动。比如，孩子会尖叫着要妈妈，当她哄他时，她会抚摸他，看他的眼睛，听着他的呜咽逐渐消失。

人际语境本身还包含许多相关的语境。人际传播研究者研究家庭关系（Koerner，2015；Turner & West, 2015）、朋友关系（Chen & Nakazawa, 2012）、长期婚姻关系（Hughes & Dickson, 2006）、医患关系（Gordon & Street, 2016）和组织-公众关系

33 （Ifert-Johnson & Acquavella，2012）。此外，研究者还对许多与上述关系相关的现象和主题感兴趣（比如，风险、权力、戏弄、闲言碎语、喜爱、吸引、感情等）。

研究者还研究人际传播与大众媒体、组织和课堂的关系（Frymier & Houser，2002），以及社交媒体（脸书）和电子邮件在建立及维持关系中所起到的作用（Lee，Choudhry，Wu，Matlin，Brennan，& Shrank，2016）。最后，还有一些关系我们目前研究得还不够，包括男女同性恋关系、同居关系以及脸书友谊和网络关系，它们也在迅速成为传播领域的研究话题（Bryant & Marmo，2012；Croom，Gross，Rosen，& Rosen，2016；Muraco & Fredriksen-Goldsen，2011；Willoughby，Carroll，& Busby，2012）。正如你所看到的，在人际传播语境下，研究者进行了许多多样化的和令人激动的工作，关系及在关系中发生的一切对研究者具有广泛的吸引力。

小群体传播

第三个传播语境是小群体或小组（small group or team）。小群体是一定数量的共同工作的具有共同目标的人。小群体研究关注的对象与人际语境下的关系和家庭群体不同，它更关注任务群体（task groups）。以小群体为焦点的传播理论往往关注小群体的动态性质，包括群体角色、边界和信任。

在多少人可以构成小群体的问题上，研究者们存在不同看法。一些学者认为小群体的理想人数是 5~7 人，另一些学者则对成员数量的上限没有做出规定。但是大多数人同意，一个小群体要存在，至少需要 3 个人（Poole，2007；Schultz，1996）。为了讨论方便，**小群体传播**被定义为至少三人之间的传播。

小群体传播	至少三人之间的传播

群体的人数并不那么重要，重要的是人数所产生的影响。人越多，建立人际关系的机会也就越多。这可能会影响到小群体是否能够坚持他们的目标，以及群体成员是否对自己的情况感到满意（Shaw，1981）。一个经典的研究（Kephart，1950）发现，随着群体规模的增大，关系的数量也有惊人的增加。在一个三人小群体里，可能存在的关系数是 6；在一个七人群体里，可能存在的关系数是 966。如果群体成员的数量太多，就有形成小集团的倾向（Kesebir，2012）。然而从另一个角度看，群体成员的增加也会给原来的小群体带来过去所不具有的资源。

凝聚力	传播者之间的团结程度

人们会受到他人存在的影响。比如，一些小群体非常具有**凝聚力**（cohesive），或者说具有高度的团结精神和共同的义务。这种凝聚力会影响群体功能的效果与效率。此外，小群体语境还可以使个人有机会接触多种看问题的角度。也就是说，在自我传播的语境中，个人只能从他自己的角度看问题；在人际语境中，看问题的视角有所增加。在小群体语境下，更多的人可以为群体的目标做出贡献。在解决问题的群体或完成任务的群体里，多种看问题的视角具有优势。这种多种视角的交换会带来**增效作用**（synergy），这解释了为什么和单个人相比，小群体能更有效地达成目标。

34

在小群体行为中，网络与角色行为（networking and role behavior）是两个最重要的组成部分。**网络**是信息流动的传播通道。小群体的网络回答以下问题：谁对谁，按照什么秩序进行传播？不同的小群体，互动的模式有很大差异。比如，在一些小群体中，每个行动都有领导，而在另一些小群体中，成员之间可能就不存在领导与被领导关系。小群体语境由扮演不同**角色**——群体成员的地位及其与群体的关系——的个人组成。这些角色各不相同，包括任务领导、被动的旁观者、积极的倾听者、记录者等。

增效作用	小群体中多种视角的交织
网　络	信息流动的传播通道
角　色	成员的地位及其与群体的关系

在结束小群体的讨论之前，需要指出的是，就像人际传播语境一样，对小群体的研究也涉及很多各不相同的领域。研究者研究小群体中的会议管理（Rogelberg, Rhoades-Shanock, & Scott, 2012）、情商（Tajeddin, Safayeni, Connelly, & Tasa, 2012）、公立学校教室里的流言蜚语（Jaworski & Coupland, 2005）、冲突（Gross, Guerrero, & Alberts, 2004）、创造力（Martins & Shalley, 2011）和文化多样性（Zhang & Huai, 2016）。目前许多研究和理论都强调了这样一个事实：小群体的存在满足了人类非常重要的需要（Adams & Galanes, 2015）。

在小群体中工作是目前社会生活的现实。很多时候，不管我们走到哪里，总摆脱不掉各种类型的小群体。从兴趣小组、任务小组到精神支持小组，小群体的经验无处不在。学生不在小群体中工作，几乎就拿不到学位。从学习小组到发表小组，你会觉得小群体的活动随处可见。公司管理人员特别喜欢用项目小组来解决问题。一些家庭每周或每月都会搞家庭聚会，大家可以一起讨论诸如度假、兄弟姐妹相争以及宵禁之类的话题。

尽管我们对技术的依赖越来越大，美国仍会继续依靠团队和小群体所发挥的作用。事实上，技术已经以远程办公和网络会议的形式介入群体体验之中。不过，可能是因为我们是传播领域的学者，或者是因为我们以多种方式理解关系发展，我们觉得人与人之间的接触永远不会过时。电脑会死机，电子邮箱会被冻结，手机会耗尽电量，而人们却可以继续在小群体中活动和传播。

组织传播

有必要对小群体传播与组织传播做一个区分。**组织传播**（organizational communication）指在大型的、扩展的环境中和环境间进行的传播。这种传播形式与小群体传播完全不同，因为组织传播必然伴随着人际传播（上司与下属之间的对话）、公众演讲的机会（公司领导的发言）、小群体传播（任务小组准备报告）和有中介的传播（内部的备忘录、电子邮件、视频会议）。因此，组织是由群体组成的群体。组织传播理论通常涉及组织的功能设计（functionality），包括它的环境气氛、规则和人员。

35

组织传播	在大型的、扩展的环境中和环境间进行的传播

组织传播与其他传播方式最大的不同，是大多数组织具有明确界定的等级制度。**等级制度**（hierarchy）是一种把事物和个人按照一定上下级顺序排列的组织原则。比如在图 2-3 中，我们可以看到在许多高校里存在的等级制度。你的学校是否也按照同样的

等级制度运作？凯瑟琳·米勒（Miller，2015）指出，组织本质上具有等级制度的传统，人们对于组织的结构、价值和劳动分工有近乎统一的观念。组织之所以特殊，是因为大多数传播是在高度结构化的情境下发

生的，角色的扮演通常是专业化的和可预测的。雇员与雇主在命令链条上的位置十分明确。与人际语境不同，在组织传播中，有许多传播形态可以代替面对面的互动，例如使用备忘录、电子邮件和远程会议。

等级制度　　表现级别的组织原则

组织传播的独特之处还表现在这一领域的研究与理论上。目前许多组织传播理论都源于 20 世纪 20 年代中期到 30 年代早期的一系列研究。这些以**霍桑实验**（Haw-thorne experiments）闻名的研究对现代理论

影响深远，因为它们首次从人际关系的角度研究组织（Jung & Lee，2015）。研究者们对芝加哥郊外的西部电气公司霍桑工厂进行了研究，他们一开始感兴趣的是光照条件对工人生产效率的影响。有趣的是，研究结

霍桑实验　　发现改善生产环境时生产效率也会提高的一系列研究

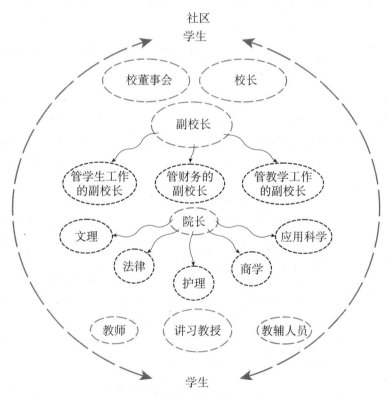

图 2-3　高等教育中的等级制度示例

36　果发现不仅环境条件会影响工人的生产效率，与其他工人和管理人员的人际关系也会影响产量。这些研究中提出的结论之一如

下：应该把组织看成社会存在；为了提高生产速度，管理者必须考虑工人的态度与感觉。这些研究第一次把人的因素加入非人性

化的工厂世界之中（Roethlisberger & Dickson，1939）。

虽然从人际关系的角度进行研究获得了许多研究和理论的关注，但是目前还存在许多其他的组织研究角度，包括文化系统和科学化管理。此外，今天的组织（传播）理论与研究还提出了许多更为多样化的问题，包括挑战者号遇难（Gouran，Hirokawa，& Martz，1986）、工作上的不确定性（Waldeck，Seibold，& Flanagin，2004）、告密（Miceli，Near，Rehg，& Van Scotter，2012）、流言（Berbary，2012）、工作培训（Waldron & Lavitt，2000）、性骚扰（McDonald & Charlesworth，2016）和工作场所的霸凌（Akella，2016）。此外，和其他语境一样，组织的伦理和种族文化也得到了重视（Jenkins & Dillon，2012）。

这些讨论中最重要的一点是，像其他语境一样，组织语境也是一个内容丰富的研究传统。霍桑实验对工作中人类行为的研究，使得今天的研究者和理论家们可以进一步提出他们对组织及组织生活研究的新思路。

公众/修辞传播

第五个语境是**公众传播**（public communication），即一个人向一大群人散播信息。这并不是一个全新的语境，很早以前就有了演讲并一直延续到今天。托尼·罗宾斯①、狄巴克·乔布拉（Deepak Chopra）、苏茜·欧曼（Suze Orman）、比尔·盖茨（Bill Gates）和波诺②这几个公众人物是当代比较受欢迎的公众演说者。

公众传播	一个人向其他许多人（受众）散播信息

在公众演讲时，演说者通常有三个基本的目标：告知、娱乐和说服。后者——说服——是修辞传播的核心。许多说服的原理——包括受众分析、演说者可信性及语言与非语言的讯息传达——是说服过程的必要组成部分。回想一下自己的演讲经历，你会惊讶地发现，实际上你已经在不自觉地遵循源于古希腊和古罗马时代的修辞策略。人们对如何进行说服的研究已经超过了2 500年。

有效的公众演讲需要遵循过去提出的修辞原则，此前我们已经讨论过这个话题。为了讨论方便，我们将**修辞**（rhetoric）定义为说话者发现可行的说服他的听众的能力。这一定义在许多年前由亚里士多德提出。修辞被描述成一种将说者与听者结合在一起的艺术（Hart，1997）。修辞学的研究范围很广，可以包括演讲文本、总统就职演说以及对文化主题和问题的修辞学分析。修辞学研究分析的对象包括 YouTube 上的西班牙青年男女同性恋（Acevedo-Callejas，2015）、莎拉·佩林（Sarah Palin）的脸书帖子（Lawrence & Schafer，2012）、尼克松总统针对越南问题的演讲（Drury，2016）和废奴主义者弗雷德里克·道格拉斯（Selby，2000）。在第18章，我们将对修辞展开更详细的讨论。

修辞	演讲者可采用的说服方式

---

① 托尼·罗宾斯（Tony Robbins），生活及事业咨询师，出版了大量的书籍和音像制品，并且曾经向全球500强的企业家、运动员以及其他一些名人甚至三届美国总统提供咨询。——译者注
② 波诺（Bono），英国著名摇滚乐队 U2 的主唱，除了制作音乐外还活跃在政治领域和慈善领域。——译者注

学生之声

布拉德利

大家都说人们能够克服传播恐惧。我必须承认，最初我并不相信这一点。后来有一次，我需要在课上发表演讲（课上有大约 100 名学生）。我当时在竞选学生议会职位，教授问我是否愿意简短说几句。当时我特别紧张！我一边走到教室前面，一边手心出汗，膝盖发软。然而讲了一会儿之后，我渐渐慢了下来，看到听众中有很多友善的脸庞。演讲结束时，我如释重负，但我确实很大程度上克服了焦虑。

在公众/修辞传播中，一个吸引了许多研究兴趣的领域是**传播恐惧**（communication apprehension，CA），即对当众演说的恐惧的普遍感知。在传播领域试图解释演说焦虑的挑战时，**詹姆斯·麦克罗斯基**（James McCroskey）和弗吉尼娅·里士满（Virginia Richmond）近年来所做的开拓性的、有价值的研究大有助益。也许你还记得，不同语境之间的界限通常并非泾渭分明。传播恐惧的研究就是一个边界模糊的例子。虽然传播恐惧主要是公共演讲研究

的关注对象，但也涉及自我传播的问题。此外，人们还研究了在不同人群中的传播恐惧，包括学生运动员（Stockstill & Roach，2007）、药剂学本科生（Nayeem，Khan，& Mehta，2015）、雇员（Russ，2012）、恋爱中的人（Theiss & Solomon，2006）以及跨文化群体（Hsu，2004）。不止于此，研究者还提出了许多降低传播焦虑的方法。显然，公众演讲语境不仅关注理论，还关注技巧，并且包括与其他语境相重合的研究。

传播恐惧	对当众演说的普遍恐惧或焦虑

大众/媒体传播

第六个语境是大众传播语境，它的目标是大量的受众。首先，我们需要对几个概念进行界定。**大众媒体**（mass media）指传送大量讯息的渠道或传送方式。大众媒体包括报纸、影像、CD 光盘、电脑、电视、广播等。**大众传播**（mass communication）指通过这些传播渠道向大量受众进行的传播。因此，大众传播语境包括渠道和受众。虽然传

统意义上大众媒体指报纸、影像、CD 光盘和广播，但是我们也把讨论扩展到**新媒体**（new media），它包括与电脑相关的技术。这一传播技术包括如下几项：互联网，其中有电子邮件、博客与短信；社交网站对传播产生的影响（脸书和领英）；手机的使用；高清电视。为了讨论的方便，我们把大众传播定义为那种通过多种传播渠道向大量受众进行的传播。因此，大众传播语境同时包括渠道和受众。

大众媒体	传送大量讯息的渠道或传送方式
大众传播	通过多种传播渠道向大量受众进行的传播（例如，广播、互联网、电视等）
新媒体	与电脑相关的技术

和前面的每个语境一样，大众传播也具有特殊性。首先，大众传播语境允许传送者和接收者都可以实施控制。像报纸编辑或电

视播出者这样的信源可以决定传送什么信息，接收者可以决定读什么、听什么、看什么。假设你是一个广告商，在电视中花很多

钱插入了一条维纳斯·威廉姆斯（Venus Williams）与塞蕾娜·威廉姆斯（Serena Williams）出演的广告。你在威廉姆斯姐妹身上花了很多钱，就像赌博一样，你不知道她们的出演是否会对销售产生影响，你必须等待销售数据。你可以控制选择谁在广告中出现，但是观众也可以控制他们看什么以及买什么。

　　一些理论家如斯图尔特·霍尔（Stuart Hall）认为，大众媒体总是在为精英的利益服务，特别是大企业和跨国公司，这些机构投入大量资金进行大众传播调查。然而，也有许多研究并不是由企业赞助的，这反映了大众传播的研究者正在变得更加多元化。许多题目在大众媒体的框架下得到研究，包括电视黄金时段的性镜头（Eyal & Finnerty，2007）、线上相亲网站（Kang & Hoffman，2011）、《黑客帝国》（The Matrix）的主人公（Stroud，2001）、《女子监狱》（Orange is the New Black）中的种族歧视意识形态（Enck & Morrissey，2015）、电子邮件（Turnage，2007）、祖辈的个人网站（Harwood，2000）以及对《每日秀》（The Daily Show）和《扣扣熊报告》（The Colbert Report）的分析（Hmielowski，Holbert，& Lee，2011）。如你所见，大众传播研究的议程十分多样。

　　当我们进行这些介绍的时候，恐怕这些结论就已经过时。实际上，技术瞬息万变，我们引用的一些技术已成明日黄花！大众传播正在迅速地变化，我们今天承诺的巨大进步，一般来说明天就会过时（例如，由于其他网站的诞生，MySpace 价值缩水数十亿，甚至青少年在脸书和推特上的发帖数也下降了，因为他们担心自己的帖子会对以后的人生产生负面影响）。因为大众媒体无处不在、触手可及，媒介理论必须面对媒体对传播过程的影响。一些研究者（如 Turkle，2015）认为，电脑帮助我们（重新）定义感知自我的方式。这一改变必然会对传播过程产生影响。此外，虽然许多家庭和企业可以成为新技术的用户，但是在资源富有者和贫困者之间的鸿沟始终存在。因此，传播理论家将来应该重新思考，他们提出的理论是否具有普遍性。

文化传播

　　我们将要研究的最后一个语境是跨文化传播。开始之前，我们必须先定义我们所说的文化。文化的定义有很多。从我们的角度来看，**文化**（culture）可以被视为"意义的共同体和共享的本地知识"（community of meaning and a shared body of local knowledge）（Gonzalez，Houston，& Chen，2000，p.5）。因此，**文化传播**（cultural communication）指的是具有不同文化背景的个体之间的传播。这些个体不一定来自不同的国家。在一个多元化的国家里，比如美国，我们可以在一个州、一个社区甚至一个街区里经历文化传播。在这个社会里，这种现象向来十分常见，比如看见两个来自不同文化背景的人正在交谈。大城市里尤其容易见到两个来自不同共文化的成员进行传播。**共文化**（co-cultures）是由这样一些个人组成的群体，他们来自同一个更大的文化，但是他们却围绕着民族、种族、性取向、宗教信仰等统一的或个人的身份认同，创造了属于自己的机会。共文化这个词目前在学术圈内得到了广泛的接受，代替了次文化（subculture）的概念，因为后者似乎含有一个文化对另一个文化的支配。

39

文　化	拥有共享的知识的意义共同体
文化传播	具有不同共文化背景的个体之间的传播
共文化	属于同一个更大的文化并可以按照不同的认同（例如种族、性别、年龄等）划分个体

文化传播是一个有重要历史意义的学术语境，它的起源只能追溯到 20 世纪 50 年代（Leeds-Hurwitz, 1990）。然而，从那时起就涌现出许多激动人心的成果。这个研究领域的成长，归功于全球市场（越来越多的美国公司在海外进行商业活动）的扩大。此外，科技的应用、人口的流动以及为了增进相互文化理解做出的实实在在的努力，使得人们对这个语境的兴趣越来越浓，关于这一语境的对话也愈加频繁。在《民权法案》签署 50 多年后的今天，某些对话依然不是件易事。一些文化事件促进了 21 世纪的文化对话（例如参议员巴拉克·奥巴马当选为美国总统），但是这些对话依然面临着诸多挑战，因为并不是每个人都已经参与到这些对话之中。

文化语境与其他的语境有如下几点不同。首先，正如你所看到的，只有这个语境特别提到了文化。虽然其他的语境比如组织语境也包括了民族和种族文化的研究，但是这些研究不居于中心地位，它们只是研究文化对组织所产生的效果。然而在文化语境里，研究者和理论家有意识地探索来自不同共文化的人们之间的互动与事件。其次，对跨文化传播语境的研究意味着研究者自然而然地接受了这样一个事实，即人类的行为是建立在文化之上的。换句话说，文化结构决定着我们如何行动。

为了对文化传播研究的研究方式与思维方式有一个感性认识，我们可以看一下这些研究题目："联结社群声音：从拉丁美洲的/种族批判理论的视角研究一项环境公正倡议"（Anguiano, Milstein, De Larkin, Chen, & Sandoval, 2012）、"美洲原住民文化与通过幽默进行传播"（Shutiva, 2015）、"家庭认同的话语协商：一项对收养中国儿童的美国家庭的研究"（Suter, 2008）、"当密西西比中国人交谈时"以及"一起成长：互联网、文化知识与泰语姓名"（Korn, 2015）。

虽然这一研究产生于不同的文化视角，但是需要注意的是，我们所知道的知识以及我们的思维方式都是西方思维模式的产物。也就是说，我们中的许多人是透过欧洲（美国）的透镜在解释事件和行为的（Asante, 1987）。冈萨雷斯和陈（Gonzalez & Chen, 2015）指出，在研究文化和传播时，重要的是在研究领域中"引入体验"（invite experience）（p. 3）。许多文化传播理论和研究都包含了这种努力。这一语境令我们有机会研究过去不太受关注的领域。随着美国变得更加多元，研究文化与文化群体大有可为。

整合诸语境

在讨论这七个语境时，我们同时向你介绍了大众传播领域的基本划分方式。这七个子类可以帮助我们更清晰、更有针对性地讨论传播过程。当然，这一划分方式并不完美，可能你在讨论中也注意到了，这些子类之间经常重叠。比如，当人们加入某个在线癌症互助小组时，他们的传播方式至少符合以下四种语境的条件：自我传播、人际传播、小群体传播和大众传播。因此，需要提醒大家注意的是，不要把这些子类看成是相互排斥和截然不同的东西。

最后，正如前面提到的，技术同样渗透到每一个语境中，传播也因此受到影响。换句话说，一个或多个语境受到了技术的影响。例如，对线上相亲网站现象，不是只能从中介化视角（mediated lens）进行研究，它是一个既涉及自我传播（例如关于上线的个人决策）又涉及人际传播（两个人之间的传播）的话题。

事实上，当你回顾这些理论时，你应该问自己，是否可以提出有关技术影响的重要问题。而且，尽管技术在我们的生活中随处可见，有时它的影响却没有得到讨论。正如南希·贝姆和她的同事（Baym et al., 2012）所言，需要有合法的理由来证明将技术和新媒体纳入研究的合理性。他们指出，研究者和理论家需要将研究传播技术的需求合理化，解释现象比探索现象重要得多。

40

大众媒体中的理论·脸书成瘾

　　一篇网络文章指出了许多传播专业学生应该理解但往往忽略的事情：脸书成瘾。这篇文章首先承认这样一个事实，即社交网站（social networking sites，SNS）具有价值，因为它能将人们同其他人联结在一起，包括朋友、亲戚和同事。而且在所有社交网站中，脸书可以说是人们在线活动最多的地方。然而，这篇文章也得出结论，正因为脸书如此热门，人们实际上饱受脸书成瘾（Facebook Addition Disorder，FAD）之苦。这种上瘾或许看似微不足道，甚至十分滑稽，但这篇文章既列出了成瘾的迹象，也提供了避免上瘾的技巧。一个人脸书成瘾的迹象如下：（1）在该网站花费大量时间；（2）网站使用受限时的焦虑与压力迹象；（3）减少娱乐活动；（4）以虚拟约会取代真实约会；（5）结交假朋友；（6）完全上瘾（例如，给宠物创建脸书页面，要求朋友通过脸书联系你，等等）。克服脸书成瘾的方法如下：（1）认识到可能会上瘾；（2）留出不浏览脸书的时间；（3）分配一定时间专门用于使用脸书（短暂的时间）；（4）如果成瘾变得太严重，准备删除脸书。因为人们很容易被脸书吸引，在上面一花就是几个小时，这篇文章的内容引起了全球用户（和非用户）的共鸣。

　　资料来源：http://www.adweek.com/socialtimes/facebook-addiction-disorder-the-6-symptoms-of-f-a-d/61408. Retrieved February 20，2016.

总结

41　　本章提供了一个帮助你理解传播领域的框架。我们从探索传播理论的七大传统开始，这七大传统包含了你将在本书中读到的理论。这些传统包括修辞学、符号学、现象学、控制论、社会心理学、社会文化和批判传统。接下来，我们讨论了传播的主要语境：自我、人际、小群体、组织、公众/修辞、大众/媒体和文化。当你了解到不同的理论时，你会发现许多理论属于其中的一种，也有一些理论会横跨几个传统和语境。

　　现在你应该对传播学的独特性有了一定的了解。当你学完以下几章有关理论建构的章节后，你将学会进一步把传播过程与理论程序联系起来。开头的这几章基础知识会为你理解本书接下来的各个理论奠定重要的基础。

讨论题

　　技术探索：我们已经提醒大家，在学习各种传播理论时，不要假设技术总是一个需要研究的、具备相关性的话题。首先，讨论一下过度关注技术会带来什么挑战和陷阱。接下来，将你的答案应用于本章概述的各种语境。

　　1. 李·亚马托和珍妮·亚马托的经验与我们本章中提到的几个语境有关？用你自己的语言，在剩下的语境中，继续完成这个故事。说明她们的经验与这些语境有何联系。

　　2. 在传播领域的七个传统中，哪个对你最有吸引力？为什么？

　　3. 哪个传播语境对你最有吸引力？为什么？除了教材提到的例子外，你还能举出什么样的例子说明这一语境？

　　4. 根据你的经验，如果要你再增加一个新的传播语境，那会是什么？你如何向其他人解释这个语境？你会用什么例子说明这个语境？

　　5. 你如何用一张图来说明不同传播传统之间的交叠？

　　6. 政治是如何影响各个传播语境的？

　　7. 如果要求你对某种传统和某种语境做出区分，在你回答时，指导你思考的是什么？

第3章
思考理论与研究

没有什么比一个好的理论更实用。

——库尔特·勒温（Kurt Lewin）

罗兰达·纳什

罗兰达·纳什下班之后匆忙赶往教室。她总是似乎要迟到。自从决定和安东离婚并从怀俄明州的谢里丹搬到芝加哥之后，她就一直心神不宁。她非常肯定地认为安东最终会甩了她并同意离婚。结束这段关系以后，她觉得自己无法再相信任何男人。与此同时，为了毕业，她还有整整6个学分要修，另外她还得努力保住在芝加哥找到的新工作。除了完成学业以外，罗兰达每周还得为她的老师史蒂文斯博士工作30个小时。史蒂文斯博士正在检验传播适应理论（communication accommodation theory），这一理论关注人们何时、如何让自己的传播方式听起来与他们的谈话对象很相似（一个调适过程）。根据这一理论，当某人想获得其他人的支持时，他有很大可能去模仿对方的言谈。史蒂文斯想要观察组织情境中的传播适应。史蒂文斯教授给了罗兰达一个录音机，派她到两个不同的组织中去录制下级和管理人员之间在自然条件下的谈话。

罗兰达觉得捕捉在自然条件下的交谈非常困难。虽然史蒂文斯为她争取到了录制组织中谈话的许可，但是有些人认得罗兰达，一发现她在场，说话就会非常小心。此外，在这两个组织中工作的黑人不太多，罗兰达穿过走廊时会有一种非常引人注意的感觉。但是她对此已经习惯。在她听课的许多大学课堂里，她是唯一的非裔美国女性。她希望去芝加哥后这种情况能有所好转。

现在，罗兰达只有录制到足够数量的令史蒂文斯博士满意的谈话，才能回家完成她的英语作业。史蒂文斯其实并没有说她需要完成多少个谈话。罗兰达希望10个就够了。这是她5天录音工作的所有成果。史蒂文斯博士上周曾经提到，当罗兰达完成录音后，她有可能还得回到那两个组织，对录音里涉及的那些人做跟踪采访。罗兰达不知道自己能否胜任这个工作。

在工作与个人生活中，罗兰达都对复杂的传播互动进行了理论化和研究。虽然不是每个人都以研究为生，但人们常常自己琢磨或者互相询问，我们怎样才能停止无休无尽的争吵？为什么我们有时能够成功沟通，而其他时候却做不到？我们怎样才能成为更好的沟通者？社交媒体使我们团结还是分裂？我们可以用理论来回答这类问题，因为正如罗伯特·克雷格和海迪·马勒（Craig & Muller, 2007）所言，"理论化是日常获取意义与解决问题过程的正式化"（p. ix）。理论让我们知道组织（以及个人）如何处理危机和进行沟通（Liska, Petrun, Sellnow, & Seeger, 2012）。此外，当我们进行观察并与理论做比较时，我们就是在做研究。理论和研究密不可分。保罗·雷诺兹（Reynolds, 2015）指出，一些研究者从理论入手（先理论后研究），而另一些则从研究开始（先研究后理论），但是所有的研究者都需要考虑这两者。

本书讨论的理论都是专业研究者使用的，但是我们在日常生活中也像研究者一样思考问题，使用清晰的理论帮助我们理解前面提到的那些问题。弗里茨·海德（Heider, 1958）把日常生活中这些用理论的方式思考问题的互动者称作"天真的心理学家"（naïve psychologists），或隐性理论家（implicit theorists）。每当我们对面临的问题做出解答时（比如我们自我暗示，我们真正在反抗的是权力与控制，而不是客厅的墙要刷成什么颜色），我们使用的就是理论的思维方式。

有时，隐性理论家与专业理论家的思维方式存在着相同之处。首先，正如我们刚才提到的，他们具有相似之处，因为他们都试图通过观察苦苦思考所遇到的问题，并且都在寻找这些问题的答案。两者都建立了某种标准，判断什么是可以接受的答案。比如说，当伊利搞不清楚为什么他的室友总是喋喋不休让他感到不舒服时，他就会为答案设定以下标准：这个答案要能应用于所有传播语境（如电话、面对面等）；这个答案能够具有解释效力（伊利不能接受类似这样的答案，比如他的室友来自另一个星球，这个星球的人比地球人更珍视说话的机会）。当伊利（和社会科学家）发现了一个满足他们标准的答案时，他们从中抽象出一般的原理，并把它应用到相似的其他情境中。如果伊利得出结论——他的室友感到不安全，说话可以掩饰他的不安全感，那么当他遇到其他话多的人时，他就会明白，他们也有不安全感。我们将在本章稍后的部分继续讨论隐性理论家的概念。

在上述这些过程中，日常的传播者遵循着社会科学家所提出的基本步骤。但是，这两者之间也存在差异。首先，社会科学家会系统地检验理论，而非科学家则选择性地检验它们。伊利只观察他认识的人，而社会科学家会试图观察从总体中用某种方法系统地抽取出来的样本。其次，伊利会接受那些与他的结论（不安全感与说话之间的联系）相一致的证据，倾向于忽略与之矛盾的证据。研究者的检验则会更加严格，会同时考虑不一致的信息，创造出修正后的理论。

在本章中，我们以你作为一名隐性理论家所知道的为基础，通过提供以下内容为你阅读本书中的理论做好准备：（1）对理论的定义，将理论这一术语与知识传统联系起来并解释假设如何影响理论化过程；（2）对研究过程的概述。

学生之声

玛蒂娜

我们刚开始聊到"隐性理论家"时，我觉得有点奇怪。我笃定自己不是一个理论家，不管是不是隐性的！然后我开始记录自己在日常生活中是如何像理论家一样思考的。很神奇的是，许多次我自己创造一个理论，然后试着检验它。这种情况在工作中很常见。当有升职机会时，我仔细观察办公室的"高层"做了什么，他们对我的工作作何反应。我发展出一种"理论"，即身居高位的男性需要把我当成他们的女儿，而女性则希望我以平等的姿态展现自己。所以，当我向男性展示自己的工作时，我更加恭敬，并征求他们的建议。我对女性则从来不这样。当我获得升职时，我发现我的理论是正确的！

定义理论：这个词语的内涵是什么

一般来说，**理论**是有助于我们理解某个现象的抽象的概念系统，这个系统说明这些概念之间的联系。史蒂文·利特尔约翰和卡伦·福斯（Littlejohn & Foss, 2011①）提出，这一抽象系统来自系统的观察。唐纳德·斯塔克斯和迈克尔·萨尔文（Stacks & Salwen, 2014）认为，理论"就像一张探索未知地带的地图"（p. 4）。乔纳森·H. 特纳（Turner, 1986）把理论定义为"一个能使我们解释事件为什么发生以及如何发生的观念的提出过程"（p. 5）。这一定义主要强调的是理论的思维特点，而没有关注这一思维过程的产物。威廉·多尔蒂及其同事（Doherty, Boss, LaRossa, Schumm, & Steinmetz, 1993）对特纳的定义进行了扩展，对理论的过程及产物均有所涉及："理论化就是为了理解某个现象，系统地用公式阐明并组织某种思想。理论就是在此过程中出现的一系列相互联系的思想。"（p. 20）在这个定义里，作者们想更具有包容性。他们没有使用特纳的"解释"一词，因为理论的目标不仅仅是解释，这一点我们将在本章后面讨论。

理论	帮助我们理解某个现象的概念及其关系的抽象系统

在上述简单讨论中，你可能已经注意到，不同的理论家定义理论的方式多少都有些不一样。找到一个普遍接受的——如果真的存在这种可能性的话——关于理论的定义非常困难。之所以给理论下定义很难，其中的一个原因是理论的划分与分类多种多样。在这里，我们将通过考察理论的组成部分和目标，完善我们的定义。

当你努力理解本书中的理论和不同的理论视角时，要知道还存在"欧洲中心主义的文化偏见"（Eurocentric cultural bias）的问题（Craig, 2013, p. 42）。"世界各地的传播研究一直以来依赖西方的理论与方法，传播理论的全球话语仍过于单调"（p. 43），我们需要以这样的框架理解我们当前的讨论。明确这一必要的担忧之后，我们现在将注意力转向通过理论的组成部分和不同目标来定义理论。

理论的组成部分

想要理解作为整体的理论，我们必须了解理论的组成部分。理论由几个关键的部分组成，其中最重要的两个部分被称为概念和关系。**概念**（concepts）是给理论中最重要的元素贴标签时使用的词语或术语。我们将讨论的一些理论中的概念包括凝聚力（群体思维）、不协调（认知不协调理论）、自我（象征性互动理论）和场景（戏剧理论）。你可以看到，其中一些理论就以它的关键概念来命名，当然并不是所有情况下都是如此。

概念	为理论中最重要的组成部分赋予的标签

概念通常有特殊的界定，在某个理论中有特殊的用法，要将它与我们日常谈话中对该词语的定义加以区分。比如，培养分析（见第 24 章）中所使用的"培养"（cultivation）的概念特指媒体（尤其是电视）在媒体消费者头脑中所制造的社会实在的图像。

---

① 该书即《传播理论》（第 7 版），清华大学出版社出版过原文影印版和中译本。之前中国社会科学出版社出版过根据该书的第 5 版翻译的中译本。——译者注

这个术语的用法与你在花园里锄地或者发展某种兴趣、技能或友情完全不同。为理论中所使用的概念提供一个清晰的定义总是理论家的任务。

概念既可能是抽象的也可能是具体的。**抽象的（唯名的）概念**（nominal concepts）是那些无法观察的事物，比如民主或爱情。

具体的概念（real concepts）可以观察，比如文字消息或空间距离。我们在本章后面的内容中将会讨论，当研究者在研究中使用概念时，他们必须把抽象的概念和具体的概念都转换成我们可以观察的具体的事物。具体的概念的转换要比抽象的概念容易一些。

抽象的（唯名的）概念	无法直接观察的概念
具体的概念	可以直接观察的概念

关系（relationships）指的是理论中概念的结合方式。例如，在第 1 章我们介绍了有关传播过程的三种不同的模式。在每个模式中，概念非常相似，不同的是基本概念间的关系。在第一个模式中，第一个概念同第二个概念的关系是线性的，第二个概念与第三个概念也是线性的，以此类推。在第二个模式中，所标明的关系是互动的或双向的。第三个模式显示的是相互影响的（交流的）关系，其中所有的概念都同时相互影响。

关系	理论中概念相互关联的方式

理论的目标

我们也可以通过理解理论的目标从而明确理论的定义。泛泛而言，理论的目标包括解释、理解、预测和改变社会。因为概念及其关系在理论中有专门的表述，所以我们可以解释（罗兰达和安东的婚姻为何走向了终结）。因为采用了理论的思维方式，所以我们可以理解（罗兰达对男性的不信任）。此外，因为理论可以暗示事物发展的规律，所以我们能够预测（罗兰达将如何应对她遇到的其他男性）。最后通过理论的探索，我们可以有效地改变社会或拥有改变社会的力量（比如改变婚姻制度，更完整地赋予双方自主权）。

虽然一些理论家想要达到上述所有目标，但是大多数人只能针对其中的一个。修辞理论、一些媒介理论和许多人际传播理论主要提供解释与理解。另一些理论（如传统的说服和组织理论）则关注预测。还有一些理论（如一些女性主义和其他批判理论）的中心目标是改变社会的结构。这意味着影响社会变革，而不仅仅是改善个人的生活。想要理解两者之间的区别，就要考虑一下，有关冲突管理的理论可以帮助人们理解如何能够更加富有建设性地参与冲突，这可以使他们的生活更加丰富。但是，这对更为根本的导致冲突的结构来说毫无影响。

理论帮助我们回答传播经验中的"为什么"和"如何"的问题。从这一点你可以看到，虽然经验是具体的而理论是抽象的，但是经验与理论密切相联。

在前面的讨论中，我们认为理论是帮助研究者解读具体经验与观察的透镜。珍妮特·耶比（Yerby, 1995）把理论看成是"我们用来解释看到的实在的故事"（p. 362）。这一思路促使我们思考，学者在研究中为什么选择某一种理论（或透镜），而没有选择另一种。考察学者在开始研究之前选取的认知方法，会得到这一问题的答案。

获取知识的方法：我们如何看待（并谈论）世界

学者（例如 Treadwell，2016；White & Klein，2008；Zhou & Sloan，2015）讨论了研究者如何思考和谈论这个世界。这些学者中的大多数确定了三种总体的方法，即实证的或经验的、诠释的以及批判的。我们将在下面针对每一种方法展开讨论，但是请记住，因为希望读者对每一种方法都能有全面的认识，我们的介绍十分详细。然而，大多数研究者并不是对我们所提供的所有细节都持赞同态度（Stacks & Salwen，2014）。

实证主义或经验主义的取向

实证主义或经验主义的取向（The Positivistic, or Empirical Approach）的前提假设是客观真理是可以被发现的，发现这些真理的求知过程可以是或至少部分是价值中立的。这一研究传统提倡自然科学的方法，其目标是建立适用于人类互动的普遍规律。坚持这一学术传统的研究者力求客观，致力于控制（control）或引导理论中的重要概念。换句话说，当研究者进行观察时，他会仔细地控制环境结构，以保证只有一个关键元素变化，这可以保证其对这个元素得出相对确定的结论。正如莱斯利·巴克斯特与唐·布雷思韦特（Baxter & Braithwaite，2008）所指出的，采取经验主义取向的研究者的任务是"从理论演绎出可检验的假设"（p.7）。换句话说，实证主义取向遵循雷诺兹（Reynolds，2015）所说的先理论后研究的模式。格雷厄姆·博迪和苏珊·琼斯（Bodie & Jones，2012）展示了这一过程，因为他们进行了一项经验研究，检验三种不同的支持性传播（supportive communication）理论模型中的哪一个能够最好地解释他们得到的结果。

实证主义或经验主义的取向	假设存在客观的实在和价值中立的研究取向
控制	对理论中重要概念的支配

诠释学取向

诠释学取向（The Interpretive Approach）把真理看成是主观的、由参与者共同创造的东西。很显然，研究者本人也是参与者之一。这一研究传统不太强调客观性，因为彻底的客观性被认为是不可能的。然而，这并不意味着该研究传统完全依赖当事者所说的一切，而放弃研究者的外部判断。诠释学研究者认为，传播研究涉及价值。研究者需要意识到自己的价值观，并向读者清晰地表述出来，因为价值观自然渗透于研究之中。比起控制变量和可推广性，这些研究者更关心的是对研究对象进行充分的描写。对描写的丰富度的强调，使诠释主义研究者将大量注意力放在参与者的表达上，并大量引用他们的观点（deSousa，2011）。对于诠释主义研究者而言，理论最好是从研究者与受访者共享的并且/或者从受访者处听来的观察与经历之中归纳得出的。我们应该注意到，许多实证主义学者主张价值无涉在思考中的重要性，但是他们中的大多数也承认，传播研究者能（无意中）以许多方式影响研究。这通常被称为后实证主义。

诠释学取向	把真理看成是主观的，并且强调研究对象应该参与到研究过程之中的研究取向

批判的取向

批判的取向（The Critical Approach）认为，对知识的理解与权力紧密相关。批判取向的学者认为，掌握权力的人把知识变成保持现状的工具。因此，掌权者总是努力维护自己的权力，要让少数质疑权力分配以及掌权者的所谓真理的人保持沉默。女性主义者、马克思主义者，还有许多其他的研究者属于这一传统。对于批判研究者来说，重要的是改变现状，解决权力分配中的不平等，让大家听到权力结构中被压制的声音。肯特·

小野（Ono，2011）发现，批判理论"往往诞生于女性、有色人种、性少数（LGBTQ）群体成员的日常生活体验"（p.9）。克劳迪娅·安圭拉诺及其同事（Anguiano，Milstein，De Larkin，Chen，& Sandoval，2012）为小野的论断提供了一个具体的例子。他们使用拉丁/批判种族理论考察了环境方面的不平等。他们想要围绕环境公平推动拉丁裔美国人行动主义，并试图以他们的研究"将理论知识转化为实践策略，服务于更好的政策制定"（p.137）。

批判的取向	强调研究者有责任改变不平等的现状的研究取向

一些批判理论家，其中比较著名的像斯图尔特·霍尔（Hall，1981）（他的思想我们将在第 21 章专门介绍）认为，权力分配的不平等不一定总是掌权者有意识采取的策略。相反，意识形态，即"为我们表征、解释、理解或'弄懂'社会存在提供思维框架的图像、概念和前提条件"（p.31），经常是无意中被"生产和再生产的"。例如，出售某些商品时使用的带有男性气质的形象，

就是这种无意识的生产。当广告商看到这种方式取得巨大成功时，他们就会继续制造带有这些形象的广告。因此，带有男性气质的形象就会充斥社会。而且，掌权者虽然对如何维持其权力感兴趣，但是他们并没有意识到这么做压制了那些少数群体的声音。表 3-1 可以帮助你直观理解这三种取向。

表 3-1　获取知识的三种取向

	实证的	诠释的	批判的
目标	解释世界	探索世界的相对性	改变世界
研究者的卷入度	抽离	卷入	卷入
理论的应用	对很多相似案例进行概括	阐明个案	批评特定的一组个案

获取知识的取向：提出哪些关于世界的问题

围绕着实在的性质（研究者称之为**本体论**）、我们如何获得知识（被称为**认识论**）、什么事情值得知道（或被研究者称为**价值论**）三方面的问题，上述三种获取知识的取向给出了不同的答案，我们简要讨论。

本体论	关于实在的性质是什么的问题
认识论	关于我们如何获得知识的问题
价值论	关于什么事情值得知道的问题

本体论是对存在与非存在的研究，或者换句话说，是对实在的研究。"本体论"这个词来自希腊语，意思是有关存在的科学或关于存在的一般规律。帕特·阿尼森（Arneson，2009c）认为本体论是"对人的本质的研究，影响了我们对人类传播理论化的背景的理解"（p.697）。这个定义强调，本体论为我们提供了一个关于世界的确定的图像，以及它的基本特征由什么构成。它之所以被称为第一哲学，是因为如果现实的性质不能确定，就无法进行哲学思考。本体论问题经常围绕着人的自由意志有多强展开。从实证取向看世界的研究者认为，一般规律支配着人类的互动。因此他们也相信，人们的行为并没有太多选择的自由——人是可以预测的，因为他们遵循着人类行为的规律，这种规律很大程度上决定了他们的行为。一名研究者的职责在于揭示现实中已然存在的东西。这种看法和带有诠释主义倾向的研究者不同，后者承认人们可以自由选择，认为研究者的职责在于与参与者共同创造现实。最后，批判理论研究者在他们希望改变的权力结构中，既看到选择也看到限制。

围绕着认识论展开的问题主要关注我们如何能够知道，何为与本体论密切相关的知识。认识论考察"人类知识的本质、范围与局限"（Arneson，2009b，350）。研究者对世界、真理和人性的看法，必然会影响到他们认为应该怎样了解这些事物。本章开始的例子中史蒂文斯博士采用的方法（实证的、诠释的或批判的）会影响罗兰达收集信息的方式，这是一种认识论上的选择。举例来说，如果史蒂文斯博士是一个实证主义者，她在研究时设置的控制措施就会比我们在开篇的案例研究中所描述的更多。此外，观察的数量不会缺乏计划或取决于罗兰达的日程。史蒂文斯博士会计算出她需要多少个对话来支撑她的统计数据，从而检验地位与传播适应之间的关系。如果史蒂文斯博士按照诠释主义传统操作，她不会满足于自己分析这些对话。她可能会邀请参与者阅读他

们的谈话记录，这样他们就可以告诉她，自己是否试图适应他们的同伴。史蒂文斯可能会对参与者的解释感兴趣：为什么他们在工作场所与上级或下级交谈时改变（或没有改变）言语模式。如果史蒂文斯博士采取批判取向，她可能会在研究中提出以下问题中的一些：不同社会地位的职员之间的关系，是如何在传播中建构的？趋同行为在不同社会地位的人那里是否存在差异？除了职业以外，是否还有其他地位差异会影响传播适应？如何改变现有的权力结构以改善我们在工作场观察到的不平等？

最后一系列问题关注价值在理论与研究中的地位。经验主义在价值论上的立场是，科学必须价值中立（value free）。然而，大多数研究者并不接受这一极端立场，他们比较接受的观点是在研究过程中存在一些以价值观形式出现的主观性（Merrigan & Huston，2014）。事实上，研究与理论建构是带有价值观的行为，因为特定话题的选择以及研究该话题的方法往往受到价值观的影响。问题不在于理论和研究中是否应该存在价值观，而是它们应该如何存在。

这里我们简单地列举这一争论中与获取知识的三种取向相对应的三个立场（见表3-2），即在研究中尽量避免价值观的影响（经验的），意识到价值观如何影响整个研究过程（诠释的），提倡价值观应该与学术工作紧密地结合在一起（批判的）。第一种立场认为，研究过程由许多阶段组成，价值观可以存在于其中的一些阶段，但是在其他一些阶段中不应该存在。例如，研究的理论选择过程会受到研究者价值观的影响。学者选择那些他们相信可以准确描述世界的透镜来观察所研究的问题。因此，一些研究者选择的理论框架与自由选择的本体论相一致，而其他人则选择更"类似规律的"（lawlike）与决定论的框架。但是，在他们检验这些理论时（验证阶段），他们必须清除"那些与科学活动无关的多余的价值观"

（Popper，1976，p. 97）。你可以看到，在这 种立场中价值观的作用非常有限。

表 3-2　三种获取知识的取向提供的答案

	经验的	诠释的	批判的
本体论	非自由选择	自由选择	受到权力限制的选择
认识论	理论先行，控制研究	研究先行，共同创造研究	评判权力，寻求变革
价值论	降低价值观的影响	承认价值观的存在	提倡价值观

第二种立场认为，在理论化和研究的任何一个部分都不可能清除价值观的影响。事实上，一些价值观深深地嵌入研究者的文化，研究者甚至根本意识不到它们的存在。比如桑德拉·贝姆（Bem，1993）认为，对男女差异的研究就受到当时存在的偏见的影响。许多女性主义学者提出，社会科学本身就受到男性偏见的影响（Harding，1987）。一些非洲裔美国学者提出了类似的意见，认为欧洲裔美国人的偏见在社会科学研究中大量存在（Dixon，2015）。托马斯·中山和罗伯特·克里泽克（Nakayama & Krizek，1995）指出，传播学研究经常将白人作为默认的种族。因此，欧洲裔美国人所具有的价值观和前提假设从未得到突出、质疑或者说明，这种状况就这么一直存在于学术研究之中（Gunaratne，2010）。三池贤孝（Miike，2007）更进一步提倡使用亚洲中心的（Asiancentric，意思是根植于亚洲思维方式）而非欧洲中心的（Eurocentric）理论。

最后一种立场认为，价值观不仅不可避免，而且在研究过程中值得提倡。从本章一开始，我们提出理论的目标包括改变社会。那些持有这种目标的人被称为批判理论家。批判理论家提倡把理论和研究工作看成是政治行为，号召学者改变社会现状。因此，学者必须致力于改变现实而不是单单说明现实（见表 3-2）。

获取知识的取向：我们如何建构理论

研究者创造理论的时候，会受到我们刚刚讨论过的问题的指引，即他们获取关于事物的知识的一般取向（经验的、诠释的或批判的）以及在真理与实在、信息搜集与价值（本体论、认识论与价值论）等问题上的答案。此外，他们有一些创造理论的指导原则。我们将回顾三个传统的指导原则，即覆盖律（covering law）、规则（rules）和系统（systems）。覆盖律的取向与规则的取向代表着两个极端，而系统取向则提供了中间立场。需要注意的是，很少有学者会采取我们这里描述的极端立场，但是这些立场构成了研究者确定自己对传播问题的看法时采用的基本判断标准。

覆盖律取向（covering law approach）用覆盖律来解释现实世界中的事件。这些学者相信，传播行为是由可预测和可归纳的力量控制的。而在本体论另一极端的**规则取向**（rules approach）则认为，传播行为是由规则控制的，而不是规律。规则取向与覆盖律取向的不同之处在于研究者承认，人们有可能自由地改变自己的决定，可以做出非理性的行为，可以赋予其行为以特殊的意义，而且可以改变规则。它们的差异归结到一点，就是关于选择的问题。覆盖律模型通过寻找那些决定选择（通常是**果**）的前提条件（通常是**因**）来解释人类的选择行为。而规则模型则认为遵守规则是规则遵守者选择的结果，与前提条件或覆盖律取向所说的因果逻辑没有必然的关系。

覆盖律取向	一项创造理论的指导原则，认为理论应遵循普世的、一成不变的普遍规律
规则取向	一项创造理论的指导原则，将人的选择纳入解释之中
因	决定果的前提条件
果	在一定前提条件下必然出现的情况
系统取向	一项创造理论的指导原则，承认人的选择与相关系统的限制

　　第三种观点**系统取向**（systems approach）接受了规则取向的一些观点，但它同时也认为，人们的自由意志可能受到他们所在系统的限制。此外，这一取向承认，要达到覆盖律取向所要求的目标——关于人类传播行为的规律是不变的和普遍的——是不可能的。系统取向提出的假设要比覆盖律取向提出的假设更容易证明（Monge，1973）。我们接下来将更细致地讨论这三种取向，它们的主要内容见表 3-3。

表 3-3　传播理论建构的指导原则

取向	描述/示例
覆盖律	覆盖律取向的理论家认为，两个或多个事件和客体之间存在固定的联系。示例：只要琳达一讲话，鲍勃就会打断她；这是一种规律式的陈述，表达了琳达与鲍勃之间的联系。这些陈述一般用"如果-那么"的方式表达。
规则	规则取向的理论家认为，人类的许多行为是自由选择的结果。人们选择社会规则，控制他们的互动。示例：在同事的互动中，他们的谈话大多受到礼节、交互发言等规则的指导。
系统	系统取向的人认为，人类的行为是系统的一部分。示例：家庭并不是个别成员的简单相加，而是家庭关系的系统。这有助于说明家庭内部传播方式以及家庭与整个社会之间的关系的复杂性。

覆盖律取向

52　　这一术语最初由威廉·德雷（Dray，1957）提出，这位历史学家把覆盖律定义为"解释只有普遍适用，才算成功，也只有这样，才算成功"（p. 1）。一些覆盖律的解释指说明所有的 X 都是 Y 的覆盖律。这些规律不受时间、空间的限制。然而，随着新的信息的涌现，即使是规律也要做出修正。覆盖律的解释不一定总是因果判断，它们也可以表达共存关系。只有在一个人的自我表露导致与之有一定关系的同伴也进行自我表露时，因果关系才成立。表达共存关系的断言仅表达两个事物同时发生，即当一个人自我表露时另一个人也自我表露，但它并不断言第一个人的自我表露导致第二个人的自我表露。很可能是礼尚往来的社会规范导致第二个人的自我表露，也可能这两个自我表露都是由环境引起的（一个都是熟人的香烟缭绕的酒吧或喝得比平时多）。

　　覆盖律的重要特点是它提出了条件明确的陈述，并且允许在这些条件的限制下提出不同层次的**假设**（hypotheses），即可检验的对关系的预测。此外，因为这个系统是演绎的，所以永远不可能对理论做出完全的确认。假设中总会有未经检验的个案。

假设	由理论中得出的可检验的对某种关系的预测

大多数社会科学家认为，我们刚刚描述的这种覆盖律已经过时（Bostrom，2004）。现今，大多数研究者意识到，这种普遍法则不切实际。取而代之的是，研究者可能会寻求"或然律"（probabilistic laws），即我们能以一定可能性进行预测的陈述。例如，伯杰（Berger，1977）以眼睛颜色为例，提出"当一个男性和一个女性生下许多孩子时，我们可以按照某种概率预测，他们的孩子中有多少双眼睛是某种颜色的。但是，我们却无法预测某个小孩的眼睛一定是什么颜色"（p. 10）。

总的来说，覆盖律取向要求研究者寻找人类传播中类似规律的普遍概括和固定模式。这些类似规律的概括可能受到文化的限制或者与文化有着另外一些复杂的关系。覆盖律提出了一种发现规律的方式，其目的是对现象做出完全的解释。规律有效地支配着现象中的关系。

规则取向

这一取向假设人们的行为一般是受意向和目的指导的，很可能是主动行动（acting）而不是被支配（being acted upon）。我们可能会受到之前自己或他人做出的选择或文化、社会条件的限制，但我们是有意识的、积极的决策者。不仅如此，人类的行为可以被划分为以下两类：刺激-反应式的行为［术语叫**运动**（movements）］和有意图的选择后做出的反应［术语叫**行动**（actions）］（Cushman & Pearce，1977）。坚持规则论的理论家提出，理论家主要应该研究的是行动。

运动	刺激-反应式的行为
行动	在有意图的选择后做出的反应

规则论从一个社群或文化的里面向外看，试图理解人们如何调整与他人之间的互动（Shimanoff，1980）。规则并不要求人们必须做出某个行动，规则是人们在特定环境下行动时所使用的标准和规范（Cushman & Cahn，1985）。例如，两个人相遇时，他们通常不会一开始就非常亲密地进行交流。但是，这是一个大家认同的起点，如果这两个人觉得彼此之间的关系有进一步发展的可能，他们就会变得越来越亲密。与其他人见面的过程由规则来指导，但是这些规则很少被双方明确地说出来，大家心照不宣。唐·库什曼和巴尼特·皮尔斯（Cushman & Pearce，1977）认为，如果关系向前发展，指导互动的规则就会发生变化。因此，规则是指导互动的重要基准。表 3-4 说明规则是如何指导年龄相仿、地位相似的美国人初次见面的。

表 3-4　年龄相仿、地位相似的美国人初次见面的规则

在初次见面的第一个 15 分钟里：	在第二个 15 分钟里：
必须讲礼貌。 互相询问有关人口统计学方面的情况。 说话长度大致相等。 尽量避免打断别人的谈话和讨论。	必须讲礼貌。 可以讨论喜欢的和不喜欢的事物。 一个人可以比另一个人说得多一些，但是要避免过于霸道。 可以允许更多的打断，但是要避免过于霸道。

一些研究者（Lull，1982；Bulck, Custers, & Nelissen，2016；Wolf, Meyer, & White，1982）使用以规则为基础的理论框架研究家庭的电视收视行为。詹姆斯·勒尔

（Lull，1982）区分了三种家庭收看电视的规则。第一种是**习惯性规则**（habitual rules），这种规则没有协商余地，一般由家庭中的权威人物制定。当罗杰和玛丽告诉他们的孩子，所有的作业必须经过其中一人检查过关后晚上才能看电视时，这样，他们就建立了一个习惯性规则。

可变的规则（parametric rules）也是由家庭中的权威人物建立的，但是与习惯性规则相比，有一定的商量余地。比如，玛什家有一个规则，看电视时，只有在播广告的时候才可以随便说话。但是，当其中一个成员有让人兴奋的话题时，他们也可以在节目播出过程中进行交谈。

习惯性规则	通常由权威人物设定的没有协商余地的规则
可变的规则	由权威人物设定但有一些商量余地的规则
战术性规则	用来达成个人或个人之间目的的未明确说明的规则

最后，勒尔还区分出了**战术性规则**（tactical rules），即为了达到个人或个人之间的目的，作为手段而使用的规则。比如，如果罗布和杰里米在一起看电视而罗布喜欢杰里米，他可能会转到杰里米最喜欢的节目，尽管他并不愿意看这个节目。罗布遵守了战术性规则，以保持和同伴之间的和谐关系。

总之，规则取向要求研究者去发现在特定传播语境下的支配规则，并围绕这些规则建立理论。规则取向认为理论的目的在于对特定的传播情境做出圆满的解释。这个理论一般会首先提出支配某个情境的几类规则，然后讨论这些规则和影响这些规则的特定条件之间的联系。

系统取向

传播的系统思维方式源自一般系统理论（General Systems Theory，GST），这一理论不仅是关于一般系统的理论——"从恒温器到计算机导弹制导，从变形虫到家庭"（Whitchurch & Constantine，1993，p. 325）——也是进行理论建构的程序。系统思维之所以吸引了传播研究者的注意，是因为它把焦点从个人转向整个家庭、小群体或组织。这一转变改变了学者们关于传播的概念，帮助他们从全新的角度思考群体中的经验和互动。此外，系统思维用更现实的假设替代了覆盖律中严格的前提假设。系统理论家（Monge，1973；

Stroh，2015）认同这样一个规则："没有普遍适用的人类传播规律"（p. 9）。系统的思维方式必须具有系统性，不提出具有普遍性的结论，不依靠归纳推理，把逻辑和经验分开，允许对同一现象做出不同的解释，允许进行部分的解释（Monge，1973）。

系统思维有几个基本特征，分别是整体性、相互依赖性、等级性、边界、校验/反馈和等效性。我们将逐一做简略介绍。

整体性　整体性（wholeness）是系统取向最基本的概念。这种思维方式认为，孤立地研究系统的组成部分并不能获得对系统的全面理解。要理解系统，必须把它看成是一个整体。以一对夫妇为例，整体性就意味着研究他们之间的互动要比只研究妻子或丈夫单人的动机或陈述更有收获。

相互依赖性　因为系统的元素之间相互联系，所以它们表现出**相互依赖性**（interdependence）。这意味着系统成员的行为对系统产生影响，所有的系统成员也会受到系统转换和系统变化的影响。弗吉尼娅·萨梯尔（Satir，1988）为了说明这一原理在家庭中的应用，把家庭比作汽车。我们可以预料，当上了年纪的父母卖掉家庭住宅搬到一栋小公寓去住时，他们的决定会影响所有子女。

等级性　所有的系统都有层次或**次级系统**（subsystems），所有的系统都嵌在其他的系统或**上级系统**（suprasystems）中。

所以，系统具有**等级性**（hierarchy），即复杂的组织形式。每个次级系统都可以独立于整个系统发挥功能，但是其中每一个都是整体不可缺少的一部分。次级系统一般会随着时间转换或变化，但是它们也可能变得极度封闭，结合成排他性的联合体。例如，如果父母中的一人向儿子吐露很多秘密，而另一人与女儿中的一个经常沟通，那么家庭里就形成两个小团体，使得互动更加复杂与麻烦。这一特征在图 3-1 中有所说明。

边界 在刚才关于等级性的讨论中我们已经提到，系统的复杂性表现在系统建立了自己周边以及其中子系统的**边界**（boundaries）。因为人类系统是一个开放系统（它不可能完全控制进出这个系统的一切事物），所以这些边界具有一定的渗透性：它们具有**开放性**（openness）。因此，虽然通用机器公司（General Motors）在俄亥俄州工厂的管理人员希望他们的员工不知道密歇根州工厂的罢工，但是他们不能阻止信息和传播越过组织系统的边界。并且，按道理，技术通常会影响任何人类系统的边界。

整体性	系统论的一个基本特征，它认为系统不是个别部分的简单相加
相互依赖性	系统论的特征之一，它认为系统组成部分相互影响
等级性	系统论的特征之一，认为系统由多个层次组成
次级系统	系统中较低的层次
上级系统	系统中较高的层次
边界	系统论的特征之一，认为系统建立了一些指明外部边界的结构
开放性	承认所有人类系统的边界具有或多或少的可渗透性

55

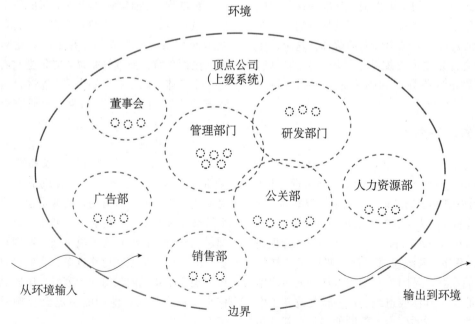

图 3-1 顶点公司（Acme Corporation）的上级系统、系统和次级系统

校验/反馈 所有的系统都需要在一定的范围内保持稳定性和持久性（Watzlawick, Beavin, & Jackson, 1967）。**校验**（calibration）或曰检查，以及接下来为了改

变或保持系统的**反馈**（feedback），就可以把这种变化控制在一定的程度之内。恒温器可以对这一过程做出形象的说明。室内温度一般设定为一定的数值，比如华氏 65 度。恒温器就会使温度保持在华氏 65 度上下。因此，如果温度设定在华氏 65 度而气温在上下华氏 3 度浮动的话，什么也不会发生。如果温度下降到华氏 62 度以下，热度就会增加；如果温度上升到华氏 68 度以上，火炉就会关闭。用这种方法，暖气系统就会保持稳定。然而，如果房屋的条件有所变化（比如把阁楼的门窗全部关上），恒温器就需要重新校验，或者为适应变化设定为低一些的温度。在封闭的条件下，房屋温度设定在华氏 63 度会让人感觉舒服一些。

改变标准（把温度从华氏 65 度调到华氏 63 度）是通过反馈实现的。在系统思维中，如果导致改变（改变恒温器设定），反馈就是正的；如果保持现状（恒温器保持华氏 65 度），反馈就是负的。如果系统发生变化，就叫作**形态适应**（morphogenic），如果系统保持现状，就叫作**保持平衡**（homeostatic）。

等效性　开放系统可以通过不同的手段达到同样的目标，这叫作**等效性**（equifinality）（von Bertalanffy, 1968）。这一原理在人类群体中有两方面的应用。首先，一个群体可以通过不同的途径实现其目标。例如，一个经理想提高产量，他可以提高工资、用解雇来威胁工人、雇用咨询人员或综合使用这几种做法。这个经理有几种方式达到其目标。其次，等效性还暗示不同的群体可以通过多种途径达到相同的目标。例如，PK 电脑系统公司可以通过非正式的组织文化来实现盈利，而西部通信公司要求在工作场所要正式一些，同样也能实现盈利。

<table>
<tr><td>校验</td><td>系统理论认为系统会定期检查所有行为是否处于允许的范围之内，并且对系统进行调整</td></tr>
<tr><td>反馈</td><td>校验后进行的过程，会造成系统发生改变的信息</td></tr>
<tr><td>形态适应</td><td>系统重新校验或改变时发生的过程</td></tr>
<tr><td>保持平衡</td><td>描述不发生变化的稳定系统的术语</td></tr>
<tr><td>等效性</td><td>系统论的特征之一，认为系统可以通过不同的手段达到同样的目标</td></tr>
</table>

总之，系统取向要求研究者对传播行为做出整体的解释。系统的元理论在建构理论模型时把现象作为一个整体，同时承认各种外部资源会对它产生影响。

评估理论

阅读本书中的理论时，你需要一些标准来判断它们的价值、作用和有效性。传播理论不应被视为"好的"或"坏的"（Dainton & Zelley, 2014）。所有的理论都有独特的优势与缺陷，因此在全面理解一个理论的所有部分之前，我们不应该对任何理论不屑一顾或全盘接受。大多数人认为在评估传播理论时，以下标准是十分有用的指标，它们分别是范围、逻辑一致、简洁、实用、可检验、启发性和时间的考验。我们将一个一个地做简单的讨论。

范围　范围（scope）指一个理论所涉及的传播行为的广度。这与我们此前讨论过的普遍程度概念有些类似。边界是一条理论范围的分界线。虽然理论应该尽可能地解释传播行为，但是需要一个明确的界限来说明其适用范围。一些理论的适用范围可能会随着时间发生变化。我们将在第 8 章讨论的不确定性减少理论（URT）最初只适用于陌生人的初次见面。这说明在某种程度上，该理论的适用范围很有限。然而，虽然初次见面的时间很短，但是人的一生中要花大量的时

间与不认识的人会面和交谈。因此，仔细分析起来，这个理论的适用范围比看上去要更广一些。

逻辑一致　简单地说，理论应该合理并且具有内在的**逻辑一致**（logical consistency），即清晰和不自相矛盾。理论的结论必须与理论的假设保持一致。逻辑一致意味着该理论前后一致而不自相矛盾，既不提出两个彼此矛盾的论点，又不超出其假设设定的界限。

简洁　简洁（parsimony）指的是理论所提供的解释的简单程度。在解释某个现象时，理论中所包含的概念数量要尽可能少，只要能满足要求即可。如果一个理论能使用一个概念对某人的传播行为提供满意的解释［例如预期违背（expectation violations）］，那就比不得不使用许多概念更加实用。但是因为传播理论和社会行为理论要解释的现象十分复杂，所以它们自己也会变得很复杂。简洁要求在不牺牲完整性的前提下，做到简单易懂。

实用　实用（utility）这一标准指的是理论的有用性或实践价值。一个好的理论具有实用性，是因为它向我们解释了传播和人类行为是什么样的。它让我们理解了过去感到模糊的传播元素。它把信息碎片编织在一起，得出一个我们过去未能看见的图案。实用标准在很大程度上问的是这样一个问题："能够应用到真实世界吗？"

57

范围	评估理论的标准之一，指理论所涉及的传播行为的广度
逻辑一致	评估理论的标准之一，指理论陈述的内在逻辑性
简洁	评估理论的标准之一，指理论所提供的解释要尽量简单
实用	评估理论的标准之一，指的是理论的实用价值或实际价值

可检验　可检验（testability）指的是我们检查理论是否精确的能力。可检验标准的最大问题是理论核心概念的精确性。例如，我们将在第 9 章讨论社会交换理论，该理论通过成本与回报的概念来预测行为。该理论预测，人们会实施他们认为有回报的行为而回避那些他们认为会吃亏的行为。然而，这两个概念的定义是循环的。人们反复去做一件事，就证明它有回报；而人们避免去做某件事，就是因为成本太高。你可以看到，要对社会交换理论的核心预测进行检验十分困难。

启发性　启发性（heurism）指的是该理论所激发的研究与新思想的数量。一个理论如果能促进我们对事物的理解和新的研究，就可以被认为是好的理论。虽然不是所有的理论都会产生大量的研究，但是一个有影响力的理论会促成一些研究的产生。比如，我们将在第 25 章讨论的文化研究，它来自许多不同的领域，并且促进了英语、人类学、社会心理学和传播学的研究。

时间的考验　最后一个标准是**时间的考验**（test of time）。理论在提出很长一段时间后才能被应用。这些理论是在激励新的研究，还是已经因为过时而被抛弃？判断一个理论是否经受住了时间的考验经常是武断的。比如，如果一个理论在 20 世纪 70 年代被提出并检验，但是 10 年来一直沉睡在文献堆里，最近却重新在研究中被提及，这个理论经受住时间的考验了吗？这一判断标准常常是主观的。此外，这并不是一个评价新理论的标准（表 3-5 回顾了刚刚讨论过的七个标准）。

表 3 - 5　评估传播理论的标准

标准	考虑的问题
范围	理论的解释边界在哪里？
逻辑一致	理论的主张与它的假设一致吗？理论的原则是否彼此矛盾？
简洁	理论有没有尽可能简洁地解释所要考察的现象？
实用	理论有用或切合实际吗？
可检验	理论能被证伪吗？
启发性	理论是否能广泛应用于研究、激发关于传播的新的思考？
时间的考验	理论在传播研究中应用了多久？

这些标准作为评估理论的普遍标准已经有一段时间了，但不断变化的传播环境可能需要我们对这一清单做出增补或修改。

可检验	评估理论的标准之一，指我们检验理论准确性的能力
启发性	评估理论的标准之一，指该理论所激发的研究与新思想的数量
时间的考验	评估理论的标准之一，指理论被持续接受的时间

学生之声

雷

阅读本章之前，我从未想过我能评估理论。理论似乎是一种既定事实。比较理论的优劣是很有趣的。我想这就是研究者争论的原因所在。争论并不在于事实——事实的区别或许没有那么大——而在于谁的理论对事实提供了更好的解释。一些评判标准能帮助我们评估理论。但我觉得即便是有了这些评判标准，不同范式的研究者之间也难以达成共识。如果一个人相信绝对真理的存在，而另一个人认为每个人都可以有他自己的真理，那么他们很难以同样的方式看待事物。

研究过程

58

任何对传播理论的介绍都必然包括对研究过程的讨论。你已经知道这两个过程——理论构建和研究进程——是独一无二的。不过，我们需要帮助你们对研究过程有些了解，让你们在讨论每一个理论时有可以参考的基础。

本章开篇的例子中，我们说明了理论和研究过程是如何相互关联的，所以现在我们就来看看研究过程。我们的讨论必然会很短；你们中的许多人将会用一门课专门学习研究方法，所以在这里我们只是想让你们知道理论与研究密不可分。虽然我们在传播研究中可以深入许多不同领域，但我们关注的是研究者所做的客观（量化）和主观（质化）的努力。

传播研究与科学的方法

历史上传播理论的概念化一直与量化思维有关。也就是说，你读到的许多理论都源于实验以及与这些研究相关的特性。我们将简要讨论与这一研究取向相关的几个主题。你如果想进一步了解量化传播研究，就应该浏览一些其他信息（例如，Wrench, Thomas-Maddox, Richmond, & McCroskey, 2015）。在本章开头，史蒂文斯博士的

59 研究展示了先理论后研究的过程。罗兰达的记录被用来检验传播适应理论对工作场所交流行为的预测。这种被称作**科学的方法**（scientific method）的传统程序遵循着**演绎的逻辑**（deductive logic），因为史蒂文斯从一般（理论）转向特殊个案（在两个工作场所收集的实际谈话）。如果史蒂文斯使用的

是**归纳的逻辑**（inductive logic），她就得要求罗兰达录下更多的谈话。在数据收集完成之前，史蒂文斯要避免对她将会发现什么做出假设和猜想。接下来，她和罗兰达收听磁带，找出一些可以解释磁带内容的规律。最后，史蒂文斯可以根据她的观察提出一般的结论。

科学的方法	研究的传统方法，为了检验理论的原理所进行的受控观察和分析
演绎的逻辑	由一般（理论）到特殊（观察）
归纳的逻辑	由特殊（观察）到一般（理论）

当史蒂文斯基于传播适应理论提出了工作场所中工人和管理人员具有某种适应性的假设，接下来她必须把所有的概念**操作化**（operationalize）。这意味着她需要专门说明她将如何测量这些研究中非常重要的概念。在这个过程中，史蒂文斯把理论中抽象的概念转换成具体的可以观察和测量的变量。例如，在这个理论框架中，身份差异是一个关键的概念，因此史蒂文斯特地告诉罗兰达如何测量它。在这个例子中，测量的变量是工作中的职务。罗兰达必须知道她所观察的每个人的职务，将它们放到史蒂文斯所给的职务分类表中，表中的所有职务被分成"上级"和"下级"两类。这看上去是一个直接把地位概念操作化的方式，但是这并不完美，还存在不能被操作化的时候。例如，一个在公司里工作很多年的下层雇员可能会比刚到公司还不熟悉公司文化的中层雇员具有更高的地位。而且，女性经理们经

常提出，她们无法获得职务所赋予的地位。你们还可以发现更复杂、更抽象的概念，像爱情和亲近感可能会比职务地位更难被操作化。

在量化研究和传统科学模型中，接下来的步骤是把罗兰达派到两个组织中**观察**并收集**数据**（在这里是谈话和职务）。当罗兰达把磁带拿回来后，史蒂文斯博士会对谈话内容**编码**，再次使用与理论相关的不同概念的操作性定义。某些种类的数据不需要复杂的编码就可以进行分析。比如，如果史蒂文斯博士把地位操作化地定义为收入，并用问卷调查的形式让被调查者填写他们的工资级别，那么这些数据就不需要使用传播适应研究中所使用的那种编码类型。收入种类可以按照数量连续划分。同时，谈话可以被反复收听，以决定某句话是对对方前一句话的会聚还是背离。

操作化	使抽象的概念变得可以测量和观察
观察	对感兴趣的语境进行集中检验，可能受到假设和（或）所研究问题的指引
数据	研究者为了回答调查中提出的问题以及（或者）检验假设所收集的原始材料
编码	对原始数据按照一定的分类系统进行转换

虽然一些研究者严格地按照假设检验的方式进行研究，另一些研究者严格地按照

产生理论的方式进行研究，但实际上大多数人会在这两者间往复。此外，华莱士

（Wallace，1983）认为研究分为两类：纯粹研究和应用研究（见图 3-2）。在**纯粹研究**（pure research）中，研究者的目标是产生知识。他们的兴趣是检验或产生理论，既是为了研究本身，也是为了发展我们在这个领域的知识。在**应用研究**（applied research）中，研究者希望通过他们或其他人产生的知识，解决特定的问题。图 3-2 显示出这两类研究在目标和过程方面的联系。

纯粹研究	为了产生知识而进行的研究
应用研究	为了解决实际问题或制定政策而进行的研究

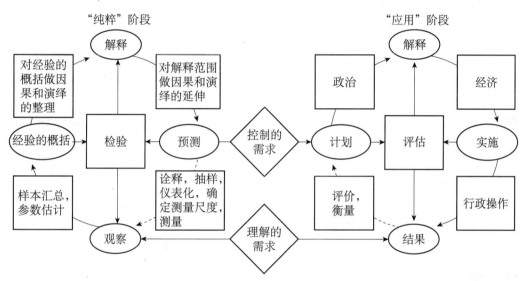

图 3-2　科学分析的程序

在史蒂文斯博士的例子中，我们可以看到她从事的是纯粹研究。不过，如果某组织雇用史蒂文斯博士进行咨询以提高员工士气，她的研究就是应用的。理论与实践彼此交织，纯粹的与应用的研究也不是彼此无关的过程。在图 3-2 中，两类研究之间的箭头显示了这种相互关系。缺少任何一类研究，剩下的那类研究都将在真空中进行（Pettey，Bracken，& Pask，2016）。让我们更深入地探讨一下传播研究中的质化视角。

传播研究与质化取向

与量化设计类似，关于质化传播研究，也有很多可写的。事实上，传播领域有一本期刊专门致力于探讨这一话题［《传播质化研究报告》（*Qualitative Research Reports in Communication*）］。因此，我们必须长话短说，集中探讨一些该取向下可以采用的不同的方法，因为我们知道你可以在其他地方找到更多的信息（例如，Silverman，2016）。我们没有将与质化研究有关的众多方法全部描述出来，而是聚焦于这类研究的主要特征。这样一来，你就能知道某一特定的传播研究如何受到质化思维的影响。我们探讨以下四个不同的特征：语境化的（context-situated）、归纳的（inductive）、涌现的（emergent）以及以研究对象为中心的（privilegecentered）。

当我们说质化研究取决于语境的时候，我们想说的是，就像我们在第 2 章所指出的，被研究的个体必须处于日常真实情境中，被置于特定的时间、空间与地点中。质化研究者相信，客观性无法实现

（不像量化研究者相信能做到客观）。例如，玛拉如果对研究同住者之间的冲突感兴趣，就会找住在一起的人交谈，并且，为了理解他们的冲突，她必须去理解自然发生的冲突，而不能预先假定任何测量方法与标准。在理解的过程中，玛拉必须考虑冲突发生的时间、原因、地点与对象。换句话说，她必须结合语境考察冲突。

此前我们已经提到过定性研究的归纳特征。例如，研究者通过质化视角，将个别的观察资料整理到一起，得出关于人类行为的一般性断言。但在此过程中，研究者会尽最大努力尊重参与者的声音，即便是在试图得出结论的时候也是如此。让我们再次使用玛拉的例子。假设她采访了 15 个与他人住在一起的人，发现大部分冲突的源头是财务问题，可以得出一条结论（"同住者支出的公平问题"），但她还是会把针对财务问题的独特的回答记述下来。她会使用这些数据/回答，得出被研究者的想法或主张。

质化研究的第三个特征是涌现性。当我们说研究具备涌现性，就意味着提出的问题必须是对情境的反应。同样，这是一个有机的过程，研究者必须觉察到受访者的反应，并且正确处理。所以，玛拉如果发现她的一个受访者决定详细描述他父母为他支付大学学费的经历，就需要提醒他聚焦于冲突问题，但同时在她分析结果时，也需要想到回答者曾经跑题。

研究对象优先这一理念，在很多质化研究中根深蒂固。以研究对象为中心意味着可以以漫谈的形式回答问题，缩减研究者与参与者之间任何的权力差异。你能够看出，这一特征某种程度上适用于其他所有特征，但把它强调出来依然十分重要。收集到的信息是真实的吗？所以，当玛拉听同住者们谈论他们的冲突时，她不应该看表给出时间限制，应该避免告诉参与者"聚焦于问题本身"，而且她必须把他们回答的所有维度考虑在内。这样一来，她就满足了质化研究时常追寻的真实性。

学生之声

亚历桑德丽亚

我的叔叔从伊拉克服役归来，我很清楚他患上了创伤后应激障碍（PTSD）。我想研究一下那些在"前线"的军人，以及重返家园之后他们的人际关系发生了什么。我的叔叔婶婶现在总是争吵，而他离家之前，他们从不大嚷大叫！我知道用统计学来研究这个是很蠢的，我更愿意去"研究他的心声"，去了解他经历了什么，以及他是否觉得服役给自己造成了一些"问题"。

62　　以上四个特征是质化研究人员考虑的诸多特征中的几个。我们希望当你回顾每个理论的时候，你能明白很多理论都源于我们解释过的几种特征。

关于量化与质化研究，让我们再多讨论几点。在进行量化研究时，专业研究者与隐性研究者之间的一个重要区别在于两个术语的定义：信度和效度（reliability and validity）。如果你能在不同时间得到相同的结果，研究者就说某事物具有**信度**。举例来说，如果罗兰达在两年内访问那些组织，而她在那里的观察又得出了与现在相同的结果，她的观察就是可信的。你能想象到很多原因导致信度不易实现。比如，如果其中一个组织经历了很大的人员调整，判断信度就成了一个难题。隐性研究者经常在没有验证信度的情况下就假定自己的观察是可信的。信度很重要，但对经验研究过 63

大众媒体中的理论·解释维基百科的性别沟

2011 年 2 月《纽约时报》(网络版) 在"辩论室"页面抛出了下述问题:"维基百科里的女人们去哪了?"导言中提到,尽管维基百科有超过 350 万英文词条,并且宣称对所有人开放编辑,词条贡献者中的女性却不足 15%。下面有八条帖文试图回答维基百科上为什么存在性别沟。答案取决于发帖者的理论视角。比如,苏珊·赫林认为,不同的传播风格或许可以解释这种失衡。她评论道:"一个常见的刻板印象是,人们相信男人知道更多的'硬事实'(hard facts)。"但是当赫林检验这一刻板印象时,她发现学术界的女性在线上讨论论坛所留下的事实性留言略多于学术界的男性。她发现,"男人倾向于将自己的观点断言为'事实',而女人则倾向于以建议、提议和其他非断言性行为来表达信息性留言"。赫林总结,维基百科不鼓励女性的风格,而是偏向于更加男人的、事实断言的风格。

约瑟夫·雷格尔认为,针对女性的微妙的歧视,造成了女性在维基百科上的低参与度,这种歧视常见于一个将黑客与土包形象和好辩风格绑定在一起的文化中。此外,雷格尔还注意到,维基百科的开放性为厌女症开了绿灯,使女性受到排斥。其他人的解释是,造成维基百科缺少女性参与的,更多是权力而非性别。另一些人则提出,女性可能对为了"被听见"而斗争并不感兴趣。泰丽·奥达认为,因为与男性相比,女性的空闲时间更少,她们可能不想耗费时间在维基百科上发帖。

资料来源:nytimes.com/roomfordebate2011/02/02/where-are-the-women-in-wikipedia/trolls-and-other-nuisances.

程而言,效度却更为关键。这是因为,即使是无效的观察也能表现出信度,但是反过来却不成立了。为了从研究中得出有用的结论,观察必须同时具备信度与效度。**效度**指的是,观察方法实际捕捉到了它本应捕捉的。例如,史蒂文斯博士对传播适应感兴趣,所以为了了解具体情况,她让罗兰达去工作场所的大厅听人们交谈。如果人们在罗兰达可以录音的地方交谈很多,那么这些观察可能能够测量出她所关注的概念。但是,如果罗兰达录下了很多对于传播适应概念而言无足轻重的日常问候怎么办?如果史蒂文斯博士得出人们不会根据地位适应传播行为的结论,她的结论是正确的吗?如果很多调适行为发生在罗兰达没有去的非公开场合,这个结论可能就是错误的。在那种情况下,这一测量方法(录下大厅中的谈话)就是无效的,因为它没有捕捉到研究者感兴趣的现象。专业研究人员重视并努力论证他们的观察的效度。隐性研究者则不怎么考虑效度问题,除非他们以某种方式发现自己的推论是建立在一个错误的概念之上的。

信度	一项观察的稳定性与可预测性
效度	观察的真值

质化研究(Schwandt,Lincoln,& Guba,2007)应用不同的标准评估研究的价值与严谨性。特别是以下四个方面:可信性(credibility)、可迁移性(transferability)、可靠性(dependability)与可证实性(con-firmability)。可信性标准要求研究参与者(研究对象)评估研究结果的合法性。举例来说,如果一项关于歧视的研究采访"黑人的命也是命"运动的成员,只有参与了这项研究的成员才能为研究提供可信度。可迁移

性是指一项研究的结果能被推广到其他情境或背景的程度。质化研究者倾向于避免在他们的研究发现中使用"信度"一词，因为他们经常发现，两次测量同一事物不可能得出相同的结果。因此，他们往往认为可靠性是更合适的说法；研究者需要解释人类行为的动态性及其持续变化。最后，如果研究能被他人确证，它就是可证实的。当然，确证研究的原始目的是挑战原来的研究或对其进行修正。关于质化研究中是否应该存在一套不同的期望，学界尚未达成共识，但是知道并非所有学者在研究中都有相同的想法和行为，是有价值的。

总的来说，隐性研究者和专业研究者的研究过程是类似的，但专业研究者对研究过程的每个环节都更加严谨。二者都是基于自己的发现得出结论的，而且最终二者对于研究程序合理性的论证都能让人信服。我们如果相信结果是基于符合标准（可信且有效）的观察以及谨慎的逻辑推理，就会接受这些研究结果。

64　　我们简要讨论了理解人类行为的主要方法。无论是采用量化取向还是质化取向，研究过程中都有很大的创新空间。你阅读和理解本书中的理论时，会感受到这一点。

总结

本章介绍了理论和研究的概念，并讨论了它们对考察传播行为的实用性。我们提供了理论的初步定义，并探索了理论的一些目标。我们讨论了理论的框架，或者说三种认识取向，即经验的、诠释的以及批判的。每一种取向对真理（本体论）、收集信息（认识论）以及价值（价值论）的

回答都有所不同。此外，我们还探讨了如何使用三种不同的指导原则来创造理论，这三种原则是覆盖律、系统和规则。我们提供了一系列标准来评估不同的理论。我们简要解释了研究过程，讨论了归纳法（扎根理论）、演绎法（科学方法），并概述了传播研究中的质化思维。当我们试图理解传播时，我们借助理论将研究提供的信息组织起来。

讨论题

技术探索：想象一项研究，探索自恋倾向与推特之间的关系。请描述量化研究者和质化研究者会如何对这一话题展开研究。

1. 你认为理论可以怎样帮助我们理解一个组织中下属与上司之间的传播行为？举例回答。

2. 列举一些你在日常生活中像理论家一样思考的例子。

3. 演绎的逻辑与归纳的逻辑之间的区别是什么？举例说明你对演绎和归纳的日常使用。

4. 你把传播行为看成是受覆盖律支配的、受系统支配的还是受规则支配的？为什么？

5. 一个研究者的世界观实际上如何影响研究过程？请具体回答。

6. 批判的理论与实证或人文的理论之间的区别是什么？我们以获取知识的方法为标准为一个理论归类，从中我们学到了什么？

7. 你觉得什么因素决定了一个理论本质上应该是量化的还是质化的？

理论与理论思考

单元1 自我与讯息

对于我们的生活来说，获得意义至关重要。如果我们不能理解他人，他人也不能理解我们，那么谈话寸步难行。理解讯息与共同生产是传播过程的全部。因此，意义对我们提出了要求，要求我们评估自己的思考，并且准备好评估他人对我们发出的讯息的理解。通过与他人谈话，我们可以更好地理解自我，更明确地理解我们所传递与接收的讯息。

我们如何获取意义成为本部分所有理论的起点，我们将这一部分称为"自我与讯息"。在人际传播的意义制造过程中，有四个理论最引人注目。象征性互动理论探索了自我和我们生活的社会之间的互动。象征性互动论者认为，人们根据他们赋予他人或事件的意义而行动。意义协调管理理论关注的也是意义的获得，但是这个理论更进一步指出，人们将会使用一系列个人规则来尝试理解社会情境。认知不协调理论关注的同样是个人管理意义的能力，以及人们彼此之间观念冲突造成的不适感。预期违背理论研究的是一个特殊情况，即当一个人违背我们的预期时会发生什么。该理论认为，我们将会判断这一违背是好的还是坏的，并在谈话中采取相应的行动。

这些自我与讯息的理论，讨论的是人们如何做出明确的理解的问题。在与他人谈话之前、谈话过程中和谈话之后，我们处理大脑中的东西从而确定意义。在你学习这些理论的时候，你会遇到许多重要的课题，如社会对态度的影响、传播的可信度、决策、交谈规则、吸引和喜爱。

第4章
象征性互动理论[①]

> 只有自我拥有心灵，也就是说，认知，即便是最简单的意识表达，都只
> 属于自我。
>
> ——乔治·赫伯特·米德（George Herbert Mead）

罗杰·托马斯

罗杰·托马斯对着镜子拉了拉领带。他最后瞥了一眼自己的整体形象，感觉自己看起来很专业。他对新工作有些紧张，同时也很兴奋。他刚从位于内布拉斯加州奥马哈市的卡尔顿技术学院工程系毕业，在休斯敦找到了一份非常好的工作。他的生活因此有了很大变化，甚至是翻天覆地的变化。他在内布拉斯加州出生并长大。在找工作面试以前，他从来没有去过比奥马哈还大的城市。但是现在他居然住在休斯敦！这一切来得太突然了，罗杰几乎有些眩晕。

罗杰的忧虑主要因为他是家里的第一个大学毕业生。从记事时起，他周围的家人都是农民。虽然他喜欢工程技术，成绩也非常优秀，但还是为离开农场开始全新的生活感到有些不知所措。离家这么远，没有人可以帮他分担这些忧虑。在卡尔顿技术学院的时候，他一感到压力太大，就会回家看望家人。通常这会使他感觉好一些。他还记得在卡尔顿技术学院第一年的某一天突然有一种不适应和难受的感觉，对大学生应该做什么感到茫然。周末他回到家，回到熟悉的地方，家人不停地给他打气。周一回到学校

时，他又重新恢复了自信。

虽然罗杰的父母没有上过大学，但是他们尊重教育，并不停地向罗杰灌输这种思想。他们为他和他今天的成就感到骄傲。他们还告诉罗杰，弟弟正以他为榜样。这给了罗杰很大的信心，他喜欢这种带着家人的期望开拓新领域的感觉。每次回家的时候，他喜欢看到父母平静而安详的样子。在完成了自己的工作时，他们表现出让罗杰美慕的平静与和谐。一看到他们，他总会有重新认识自我的感觉。

罗杰现在只能把这些熟悉的形象藏在心底，因为他必须独自面对新的办公环境。但即便只是想想自己的家人，他也会感到一丝力量。到办公室时，他带着微笑。办公室工作人员也热情地向他打招呼，并把他带到会议室。他在那里等待其他的新员工。到上午9时5分，人都到齐了，老板进来讲话。当老板说话时，罗杰抬头看看周围的同事。

一共有10个新员工，他们之间差异很大。罗杰比其中最年轻的都要小至少5岁。他一想到自己可能是这些人中最没有经验的一个时，就有些许危机感。他试着让自己平静下来。他想起父母以他为荣，弟弟多么崇拜自己。他还想到自己最喜欢的一位老师曾说过，自己是他在卡尔顿技术学院教过的

---

① 本理论基于乔治·赫伯特·米德的研究。

最好的工程系学生之一。这些给了罗杰很大帮助，当老板讲完话后，他觉得已经准备好面对工作的挑战了。中间休息时，他甚至鼓起勇气和其中一个新同事交谈。他介绍了自己，并且发现和对方相比自己并不是最缺乏经验的。海伦·安德伍德说她过去住在得克萨斯州的一个农场小镇上，她在当地的政府工作过。工作了几年后，她决定返回学校读书拿学位。能遇上来自农场的同事，罗杰非常惊讶。海伦告诉罗杰，她很惊讶他是卡尔顿技术学院毕业的。她知道那是一所很著名的学校，而且它的实习计划被认为是美国最好的。罗杰回答说自己很幸运能上那所大学，而且很喜欢他的实习工作，在那期间他学到了很多东西。海伦说，她对新公司的工作有些紧张。罗杰笑了笑，点点头。

这一席谈话让他对前面的困难的看法有所改变。虽然海伦已经 40 多岁了，但是他们有很多共同之处，而且他们在公司的处境相同。罗杰认为他们将会成为朋友。

当罗杰在为第一天上班做准备时，当他和老板、新同事说话时，他正处于不停的象征性交换之中。象征性互动理论的创始人乔治·赫伯特·米德为人类使用象征符号①的能力所吸引。他提出，人们根据特定情境中产生的象征性意义来行动。人们日常使用语言和象征符号与他人沟通。象征符号是象征性互动理论的核心，象征性互动理论（Symbolic Interaction Theory，SI）的中心问题是象征符号（语言或非语言符码）和象征符号使用者的互动之间的关系。洛丽·西卡弗斯和莫妮卡·米勒（Sicafuse & Miller，2010）认为，在社会交往中人们一般不会直接对刺激做出反应，而是对刺激的象征性表征做出反应，后者的意义则通过与他人的互动协商获得。

拉尔夫·拉罗萨和唐纳德·C. 雷泽斯（LaRossa & Reitzes，1993）提出，象征性互动理论"本质上……提供了一个帮助我们理解人类如何与他人共同创造符号世界，这个世界又如何反过来影响人类行为的理论框架"（p.136）。拉罗萨和雷泽斯认识到，米德主张个人和社会之间相互影响。事实上，象征性互动理论成为一座连接关注个人的理论和关注社会力量的理论的桥梁。这是因为米德把个人看成是社会语境中主动的、具有反思性的参与者。达娜·伯科威茨和琳达·利斯卡·贝尔格雷夫（Berkowitz & Belgrave，2010）赞同并使用象征性互动理论来构建他们的研究，考察佛罗里达州南部的变装皇后如何接受自己的边缘地位，并将其变成一种赋权。

虽然米德在其学术生涯中几乎没有发表什么作品，但是在他去世后，他的学生根据他的讲课内容编了一本书。这本书就是《心灵、自我与社会》（*Mind, Self, and Society*，1934），它构成了象征性互动理论的基础。有趣的是，"象征性互动"这个名称并不是米德创造的。事实上，他的学生赫伯特·布鲁默（Herbert Blumer）创造了这个概念，但很显然是米德的工作揭开了这场理论运动的序幕。布鲁默也在 1969 年出版了自己关于象征性互动理论的论文集。

由于米德对传播与社会交往的强调，象征性互动理论的思想对传播学研究影响极大（例如，Harrigan, Dieter, Leinwohl, & Marrin, 2015；Lucas & Steimel, 2009；Poe, 2012）。传播学者发现，象征性互动理论是一个可应用于多种传播情境的灵活框架。例如，帕梅拉·坡（Peo, 2012）使用象征性互动理论作为探究老年人如何接收

① Symbol（symbolic）有象征和符号两层意思（因此也有人将象征性互动理论译为"符号互动论"）。前一个意思比较抽象，后一个意思比较实在。米德在使用中偏向于前者。本书一般名词 symbol 译为"象征（符号）"，形容词 symbolic 译为"象征性的"。——译者注

健康讯息的框架；帕特里西娅·布克（Book，1996）研究了家庭对讨论死亡问题时的叙述能力产生的影响；除此之外，丹尼尔·弗林特（Flint，2006）发现这一理论在理解市场营销方面的用处，简·费恩拜克（Fernback，2007）研究了线上社会网络，布拉登·里普（Leap，2015）探讨了国家野生动物保护区与象征性互动理论的关系，马修·洛夫兰与迪莉娅·波佩斯库（Loveland & Popescu，2011）对理论进行了延伸，探讨了关于民主的线上商议。

一些研究者也提出，象征性互动理论是一个理论集合（community of theories），而不只是一个理论。许多理论工作者认为象征性互动理论有芝加哥学派和艾奥瓦学派两个主要分支。为了理解这两个分支以及象征性互动理论的总体观点，我们简要回顾一下该理论发展的历史。

象征性互动理论的历史

象征性互动理论的学术先驱是 20 世纪早期的实用主义者，比如约翰·杜威（John Dewey）和威廉·詹姆士（William James）。实用主义者相信，实在（reality）是变动的，这在当时并不是一个被大多数人接受的思想。换句话说，他们的本体论假设与很多其他的一流知识分子不同。实用主义者提出了涌现的社会结构（an emerging social structure）的观念，而且他们坚持认为，意义是通过互动创造的。他们都是社会活动家，将科学视为增加知识和改良社会的方法。

艾奥瓦大学和芝加哥大学都聘用了赞同实用主义者观点的学者，象征性互动理论就诞生于这两个学校。艾奥瓦大学的曼福德·库恩（Manford Kuhn）及其弟子的主要工作是捍卫原始的象征性互动理论思想，同时也对这个理论做出了贡献。艾奥瓦学派还提出了一些看待自我的新方法，但是人们认为他们的研究比较古怪。因此，象征性互

动理论的主要原理和发展都源于芝加哥学派。

当时乔治·赫伯特·米德及其朋友约翰·杜威都是芝加哥大学的教授。米德研究过哲学和社会科学，他讲授的思想成为芝加哥学派的核心。作为一个广受尊敬和欢迎的教师，米德对芝加哥学派的形成起到了关键作用，这一学派的社会理论强调传播对生活和社会交往的重要性。

这两个学派的主要分歧点是方法论（或认识论）。米德及其弟子赫伯特·布鲁默认为，对人的研究不能使用和其他研究一样的方法。他们提倡使用案例研究、历史研究和不定向访谈。艾奥瓦学派则在研究中采用更为定量化的方法。库恩相信，象征性互动理论的概念可以操作化、定量化和检验。为了达到这个目的，库恩开发出一种名为自我态度的 20 个陈述检验的问卷。参加 20 个陈述检验的被调查者需要填写 20 个空格以回答这样一个问题：我是谁？库恩在艾奥瓦大学的一些同事因为对这种有关自我的看法不满，脱离了这个群体，成立了"新"艾奥瓦学派。卡尔·库奇（Carl Couch）就是这个新学派的领导人之一。尽管库奇及其合作者依旧认可量化取向，但是他们开始通过交谈的录像来研究互动行为，而不是简单地研究从 20 个陈述检验中获得的信息。库奇的创新性研究"使很多人将艾奥瓦学派区分为'新''旧'两支，以代表库恩与库奇在该时期各自产生的影响"（Carter & Fuller，2015，p. 4）。

米德的理论的基础是将行为看成实践（Fink，2015）。当然，除了上述主要的思想流派，还有一些其他变体。许多理论对人类互动行为的侧重点略有不同，但是与象征性互动理论的中心概念相去不远。虽然有这么多不同的思想，但是米德的核心概念在大多数象征性互动理论的解释中相对而言仍然大致相同。因此，我们将介绍这些由米德提出、布鲁默详细阐述的基本假设和关键概念。

理论速览·象征性互动理论

人们根据他们赋予人、事、物的意义采取行动。这些意义是在人们与他人沟通（人际语境）和自我对话（个人内部语境）时所使用的语言或者个人思维活动之中产生的。语言使人们发展出自我意识，并与社群中的其他人互动。

象征性互动理论的主题与前提假设

象征性互动理论建立在有关自我及其与社会的关系的思考之上。因为需要解释的内容涉及面很大，我们希望花些时间详细讨论一下该理论的主题，在讨论过程中介绍构成这个理论的主要假设。

以下三个前提假设框定了象征性互动理论（Carter & Fuller，2015；LaRossa & Rietzes，1993）：

● 个体通过传播过程构建意义。

● 自我概念是行为的动因。

● 个体与社会之间存在着一种特殊的关系。

其中的每个前提假设都可以为象征性互动理论的不同结论提供论证。我们讨论一下每个前提假设以及与之相关的主题。

象征性互动理论认为，因为意义不是任何事物或思想本身固有的，所以个人通过传播过程建构意义。意义要由人创造。事实上，根据象征性互动理论，互动的目标是创造共享的意义。这一点十分重要，因为如果没有共享的意义，传播将变得极其困难，甚至根本不可能发生。假设你在和一个朋友谈话时，你需要费劲地解释你所使用的每个词的特殊意义，你的朋友也向你做同样的事，传播就很难顺利进行。当然，有时我们想当然地认为我们或者交谈的对象对意义有一致的看法，但是后来却发现我们错了（"我刚才说的是让你尽快做好准备。""我在 1 小时内尽可能快地做好准备了呀。""但我的意思是你得在 15 分钟内做好准备。""可是你并没那么说啊！"）。然而一般情况下，我们

可以认为人们在交谈中拥有共享的意义。

从这一前提假设衍生出三个结论（LaRossa & Rietzes，1993）：

● 人们根据他人对自己的意义决定如何对他人采取行为。

● 意义是人们在互动中创造的。

● 意义在解释中得到修正。

人们根据他人对自己的意义决定如何对他人采取行为 这个假设说明了行为是刺激者与反应者交互进行刺激与反应的产物。像赫伯特·布鲁默这样的象征性互动理论者，他们关心的是行为背后的意义。他们用社会心理学和社会学来解释行为，寻找意义。因此，当象征性互动理论的研究者研究罗杰·托马斯（来自我们的开篇小故事）的行为时，他们可以看到罗杰根据影响他的社会力量来创造意义。比如，罗杰通过使用被普遍接受的看法解释他所看到的东西，从而赋予新的工作经验以意义。当他注意同事的年龄时，他相信他们会比他更有经验，因为在美国，我们往往把年龄等同于经验。此外，象征性互动理论的研究者关心的是罗杰赋予新认识的同事海伦的意义（比如，他非常兴奋，并相信他们会成为朋友）。

意义是人们在互动中创造的 米德强调意义的主体间性（intersubjective basis of meaning）。根据米德的看法，只有当人们分享在互动中交换的关于象征符号的共同解释时，意义才会存在。布鲁默（Blumer，1969）解释说，关于意义的起源有三种看法。第一种看法认为意义是物体本身固有的。布鲁默认为："因此，显而易见，椅子的意义就是椅子本身所具有的……也就是说，意义是物体自己发出的，因此并没有一个意义的形成过程；我们需要做的就是从事

物中识别出意义。"(pp. 3 - 4)

关于意义起源的第二种看法认为："个人把自己心目中某个事物的意义赋予了这个事物。"(Blumer，1969，p. 4) 这种看法支持了这样一个流行的观念，那就是意义来自人，而不是事物。从这个角度出发，只要把个人制造意义的心理元素分离出来，就可以解释什么是意义。

米德的理论采用了关于意义起源的第三种看法，这种看法与许多传播研究者一致，它认为意义产生于人们之间。意义是一个"社会产物"或者说意义是"通过人们互动时的定义活动产生和形成的"(Blumer，1969，p. 5)。因此，如果罗杰和海伦没有共享的语言，没有关于所交换象征的内涵与外延的一致意见，他们在谈话中就不会产生共享的意义。此外，罗杰和海伦制造的意义还产生于他们的这种特殊关系之中。一项研究考察了警察如何象征性地建构他们的工作的意义（Innes，2002），通过展示警察如何面向公众以及在组织内部谈论谋杀案阐明了这一假设。

意义在解释中得到修正　布鲁默指出，这一解释过程分为两个阶段。首先，行动者确定一个具有意义的事物。布鲁默提出，不同于心理过程的是，这一过程让人们通过传播保持

一致。因此，当罗杰早上准备好要去上班时，他向自己进行传播，回忆那些对他来说有意义的地点。然后，行动者选择、检查并在他们所在的语境中进行意义转化。在交谈的时候，罗杰倾听海伦对那些他认为有意义的地点做出的评价。此外，在他的解释过程中，罗杰使用的是被一定文化普遍接受的共享的社会意义。因此，罗杰和海伦可以相对容易地交谈，因为他们都来自相同的共文化。

第二个前提假设关注的是**自我概念**（self-concept）的重要性，即人们对自己的相对稳定的一系列感知。当罗杰（或其他社会行动者）提出"我是谁"的问题时，这个答案就涉及自我概念。罗杰对自己外形、角色、才能、感情状态、价值观、社会技能和缺陷、智力等方面的认知构成了他的自我概念。对于象征性互动理论来说，这个概念至关重要。此外，象征性互动理论还关心人们是如何建立自我概念的。象征性互动理论把个体看成一个主动的自我，他不断地与他人进行互动（见图 4-1）。根据拉罗萨和雷泽斯（LaRossa & Reitzes，1993）的研究，这一主题暗示了以下两个结论：

● 个人在与他人的互动中建立自我概念。

● 自我概念为行为提供重要的动机。

自我概念	人们对自己的相对稳定的一系列感知

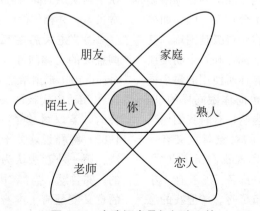

图 4-1　自我概念是如何建立的

74　**个人在与他人的互动中建立自我概念**
这个假设认为，只有通过与他人的接触，我们才会获得自我的认识。人们的自我概念不是与生俱来的，而是人们通过互动逐渐学习的。根据象征性互动理论，婴儿没有自我的概念。在 1 岁时，儿童开始把自己与环境区分开来。这是最早建立的自我概念。米德的理论提出，接下来，儿童在学习语言、对他人做出反应、内化自己接收的反馈中，继续进行这一过程。罗杰的自我概念是他与父母、老师和同事的接触之中逐渐形成的。他们与罗杰的互动告诉他自己是谁。格兰伯格（Granberg，2011）指出，在减肥带来身份认同改变这一例子中，减肥成功并保持住体重是不够的。只有直到与他人的互动确认了新的身份认同，认同的改变才能生效。

自我概念为行为提供重要的动机　信仰、价值观、感觉以及对自我的评价影响行为，这是该理论的中心概念。米德提出，因为人类具有自我，所以他们就有了自我互动的机制。这一机制被用来引导行为和行动。另外值得注意的是，米德把自我看成是一个过程，而不是一个结构。自我迫使人们去建构他们的行动和反应，而不仅仅是表达它们。例如，如果你感觉自己在传播理论的学习方面具有很强的能力，那么很可能这门课你真的学得不错。事实上，很可能你对所有的课程都充满自信。这一过程通常被称为**自我实现的预言**（self-fulfilling prophecy），也就是说自我预期导致个人按照该预期已经实现 75 为前提采取行动。当罗杰想起老师表扬他的工程设计能力时，他就对自己在新岗位上的工作做了一个自我实现的预言。

自我实现的预言	一个有关你的预测，会导致你按照预测的方式行动从而使其变成现实

早晨始于"你好！"这句热情的问候，一天下来就只剩一个点头，到最后我甚至连目光接触都不想有。

最后一个前提假设是关于个人自由和社会限制之间的关系。象征性互动主义者认为，个体与社会之间存在着一种特殊的关系。米德和布鲁默在这一问题上采取了中间立场。他们既强调社会过程的秩序，也强调社会过程的变化。作为一个综合性的社会理论，象征性互动理论认为，社会结构性因素与个人因素都会对行为产生影响（Andersen & Taylor，2016）。个体的思想和行为会受到社会因素与过程、共享意义与象征符号以及个人能动性与自我动机的影响（Mead，1934）。唐纳德·雷泽斯和他的同事（Reitzes，DePadilla，Sterk，& Elifson，2010）认为，象征性互动理论既承认个体也承认社会的重要性，这种中间立场为他们提供了研究人们如何戒烟的整体性框架，该框架通过"吸烟者身份认同"将社会因素与个人因素整合在一起。

有关这个前提假设的结论如下：

● 个人和群体受到文化和社会过程的影响。

● 社会结构通过社会互动发挥作用。

个人和群体受到文化和社会过程的影响 这一假设承认，社会规范限制了个人的行为。例如，当罗杰为新工作的第一天做准备时，他选了一套海军蓝西装、白色牛津衬衣和一条蓝色条纹勃艮第领带。虽然他更喜欢的风格是牛仔裤加法兰绒衬衣，但是他选择了与工作环境更搭配的衣服。此外，文化还会对我们评价自我概念时的行为和态度产生强烈的影响。在美国，认为自己过分自信的人会对自己的这一特点感到自豪，并对自我概念非常满意。这是因为美国是一个个人主义文化至上的国家，推崇自信和个人主

义。但是许多亚洲国家的文化更推崇合作和社群，集体高于个人。因此，自我感觉过分自信的亚洲人会对这种自我概念感到羞愧。

例如，玛丽·罗芙丝（Roffers，2002）发现，对于她班上的苗族（Hmong）学生来说，要完成学校布置的制作个人主页的工作十分困难。他们解释说他们的文化不允许向他人谈论自己，把自己的信息放到网站上是不合适的。相反，珍妮·戴维斯（Davis，2010）发现美国人很喜欢建立个人网站，因为这让他们在自我呈现（self-presentation）的协商过程中获得控制权。

社会结构通过社会互动发挥作用 这个假设对上一个假设的立场做了一些调和。象征性互动理论对社会结构不可改变的观点提出了质疑，同时提出个人可以改变社会情境。例如，美国许多工作单位有"便装星期五"（casual Fridays）的规定，在这一天员工可以穿便装上班，而不是社会惯例默认的职业装。通过这种方式，互动的参与者修改了限制他们行动的结构。换句话说，象征性互动理论的研究者相信，人拥有选择的自由。在我们的开篇小故事里，罗杰选择把自己介绍给海伦。他不是在自己不可控制的外力下被迫这么做的。通过选择，罗杰行使了自主权，表明他不完全受文化或情境的限制。

学生之声

弗朗西斯科

我喜欢工作场所的便装星期五这个例子。我开始现在这份工作的时候，发现有很多规则很难遵守。起初，我感觉自己好像会受到工作中既有结构的限制。但后来我开始与人们交谈，我们做了一些改变，让我工作起来的感觉好了许多。因此我认为象征性互动理论的假设是正确的。因为社会规则的存在，人们会受到一些限制，但是人们也拥有自由意志，可以改变一些规则。如果不是我有能力改变事物，我可能早就辞职了——当然那也是我的选择。

关键概念

在前面我们提到过，集米德思想之大成

的那本书叫作《心灵、自我与社会》。这本书的书名指出了象征性互动理论的三个关键概念。我们将分别介绍这些概念，并说明其他的重要概念与这三个基本概念的关系。

很显然,这三个概念彼此之间有所重合。

心灵

米德把**心灵**(mind)定义为使用具有共同社会意义的象征符号的能力。米德认为,个人必须通过与他人的互动才能建立心灵。婴儿只有学习了语言,才能真正地与他人互动。**语言**(language)是为了表达思想和感情,按照一定模式组织的共享的口语和非口语象征系统。语言离不开米德所说的**意指性象征**(significant symbols),即引发多数人产生同样意义的象征符号。让我们以婴儿为例说明意指性象征的概念。当家长发出声音或和小孩说话时,婴儿会有反应,但是他却不能理解家长使用的那些单词的意义。当他学会语言之后,婴儿就会交换共享的或意指性的象征,可以预测他人会对他所使用的象征做出何种反应。

心灵	使用具有共同社会意义的象征符号的能力
语言	共享的口语和非口语象征系统
意指性象征	其意义得到多数人普遍认可的象征符号

通过使用语言和与他人进行互动,我们发展起了米德称之为"心灵"的东西,这为我们理解外部社会的运作创造了一个内在的环境。因此,心灵也可以描述为人对社会的内化。但是,心灵不仅仅单向地依赖于社会。米德认为,二者之间具有相互依赖的关系。心灵反映和创造了社会世界。人们学习语言,一方面学习了约束自身的社会规则和文化规范,另一方面也学会了通过互动影响和改变社会世界。当儿童学会说话后,他们就知道说"请"和"谢谢你",知道了它们在文化中是礼貌的标志。但是他们也能创造出独特的、个人化的方式来表达礼貌,比如说"mayberry"和"yes you",这成为特定关系中可以接受的习惯用语。

与心灵概念密切相连的是**思想**(thought),米德用它来代表自我交谈。在我们的开篇小故事里,当罗杰为新工作做准备时,他回顾了之前的经历。他想起了家庭的榜样和鼓励,回忆起了最喜爱的老师,他告诉自己一定会成功地征服这个挑战。通过这些自我交谈,罗杰找出了他所面对的新环境的意义。米德认为,如果没有社会刺激和与他人的互动,人们就无法进行自我内部交谈或进行思想。

思想	自我内部进行的交谈

根据米德的理论,人们通过思想完成的最重要的活动是**角色扮演**(role taking),它指的是通过象征性的想象把自我变成他人的自我。这一过程也被称为角度转换,因为它要求一个人悬置自己的思考角度,从想象中的另一个人的角度来看问题。比如,如果海伦在与罗杰会面之后再次想起罗杰,想象着他肯定会感觉自己是个新手并且比大多数员工年轻许多,那她就在进行角色扮演。当我们试着想象另一个人会如何看待某件事时,或者当我们想象别人会怎么做时,我们就在进行角色扮演。米德认为,角色扮演是一个有助于我们更清楚地认识自我的象征性行为,甚至还可以使我们建立起设身处地地为他人着想的能力。

角色扮演	站在他人的角度想问题的能力

自我

米德把**自我**（self）定义为通过他人的角度反思我们自己的能力。从这个定义可以看出，米德不相信自我来自个人内部或仅仅是自己对个人的思考。对于米德来说，自我来自一种独特的角色扮演，也就是想象我们如何从他人的角度看自己。米德借用了社会学家查尔斯·库利（Charles Cooley）于1912年提出的概念，将上述现象称为**镜中我**（looking-glass self），即我们从他人的注视中看到自我的能力。库利（Cooley, 1972）认为镜中我与以下三个过程有关：（1）我们想象自己怎样出现在他人面前；（2）我们想象他人对我们做出何种评价；

（3）我们对这些自我感觉感到痛苦或自豪。我们从他人对待、看待我们的方式和给我们贴的标签中了解自己。例如，瑞秋曾经参加过环艾奥瓦自行车大赛，她用三速自行车骑完了523英里的赛程，从艾奥瓦州的这一端一直到另一端。这次骑行需要一周时间，但是才过了三天她就感觉自己一分钟也蹬不动了。正在她想放弃的时候，一名男选手骑到她的边上说："你骑在这辆三速自行车上看上去真棒。你太伟大了！加油！"接着他就骑走了。这名男选手对她的称赞（给她贴上的标签）让她一扫疲惫，让她看到自己已经取得了如此大的成就，让她感觉与众不同，并对自己更加充满信心。

自我	想象中的他人对我们的看法
镜中我	像他人一样看待自我的能力

T*I*P

学以致用·象征性互动理论

理论主张：个体通过与他人的互动发展出自我概念。

实际意义：因为布里安娜在课堂、曲棍球场和教堂唱诗班一直受到对她能力的称赞，所以她认为自己能够应对遇到的任何挑战。

其他研究者（例如，Gilovich & Keltner, 2015; Ishida, 2016; Zhao, 2016）把镜中我视为反射性评价（reflected appraisals），即人们对他人如何看待自己的感知。乔安妮·考夫曼和凯瑟琳·约翰逊（Kaufman & Johnson, 2004）使用反射性评价的概念来探究男女同性恋者如何发展并管理他们的身份认同。她们认为象征性互动理论作为理解身份认同建构的框架，远优于分析同性恋身份认同形成时常用的阶段模型。考夫曼和约翰逊发现，经历过（关于同性身份的）正面反射性评价的同性恋者，比起那些经历了负面反射性评价的人，更容易形成他

们的身份认同。

米德关于镜中我的观念暗示，标签对自我概念和行为有着强大的影响。这种力量代表第二类自我实现的预言。在本章的开头，我们提到了自我实现的预言是影响个人行为的自我预期。比如，罗杰不停地对自己说他会在新工作中取得成功，接着就像他已经真的成功一样行动。

最后，这些行为本身很可能使他真正获得成功。同样的原理，负面的自我暗示也会让失败的预期一语成谶。第二种由标签产生的自我实现的预言叫作**皮格马利翁效应**（Pygmalion effect），它指的是对他人的预期

支配着某人的行动。

皮格马利翁效应	他人的预期导致我们真的像预期中那样成功或失败

这个名称来自关于皮格马利翁的神话，《窈窕淑女》（*My Fair Lady*）就是根据这个故事改编的。[①] 在《窈窕淑女》里，女主角伊丽莎曾说过，上流贵妇和贫穷的卖花姑娘之间的差别不是由她的行为造成的，而是由其他人对她的看法和行为造成的。这一现象在罗伯特·罗森塔尔和莉诺·雅各布森（Rosenthal & Jacobson，1968）的经典研究中得到了验证。在研究中，罗森塔尔和雅各布森告诉小学老师们，他们班上有 20% 的学生是天才儿童。但实际上这些所谓的"天才"儿童的名字只是从名单中随机抽取的。8 个月后，这些学生在 IQ 测验中的得分明显高于其他学生。罗森塔尔和雅各布森得出结论：这是由老师们对这些"天才"儿童的预期（以及由这些预期产生的行为）造成的。

米德在关于自我的理论中提出，通过语言，人们既可以成为自己的主体，也可以成为自己的客体。作为主体，我们行动；作为客体，我们观察自己的行动。米德把主体的自我或积极的自我，称为**主我**（I）；而把客体的自我或被观察的自我，称为**客我**（Me）。主我是自发的、冲动的、具有创造性的，而客我则更具有反思性和社会意识。主我可能想整晚出去参加晚会，而客我则小心谨慎，意识到应该完成家庭作业，而不是去参加晚会。米德把自我看作主我与客我的结合过程。

主我	自发的、冲动的、具有创造性的自我
客我	具有反思性和社会意识的自我

社会

米德认为，互动是在变动的社会结构中进行的，我们将后者称为文化或社会。个人从出生开始就处于既有的社会环境之中。米德把**社会**（society）定义为人类制造的社会关系网。个人通过自己主动选择的行为参与社会。因此，在社会的影响下，个人不断调整自己的行为以适应这些相互联系、环环相扣的行为系统。社会先于个人存在，但是个人也会通过与他人相互协调的行为创造和影响社会（Bern-Klug，2009；Forte，2004）。

社会由个人组成，米德谈到了社会影响心灵和自我的两个部分。米德所说的**特定的他者**（particular others）指的是社会中对我们来说非常重要的个体。这些人一般是家庭成员、朋友、同事和上级。我们从特定的他者那里获得社会接受感，获得自我。当罗杰想起他的父母对他的看法，他就在从特定的他者那里获得自我的意义。特定的他者的身份和语境影响我们的社会认同感和对自我的感受。一部分特定的他者的期望经常与另一部分特定的他者的期望发生冲突。例如，如果罗杰的家庭希望他努力工作，但是他的朋友却想让他去参加晚会不要理会工作，那么他将经历一场冲突。

概化的他者（generalized others）指的

---

① 《窈窕淑女》的故事取材于英国作家萧伯纳（Bernard Shaw）的作品《皮格马利翁》，讲述语言学教授希金斯如何将一个满是乡下口音的卖花女伊丽莎在短期内训练成为一个操着贵族口音、出没于上流社会的千金小姐。片中饰演卖花女的是奥黛丽·赫本（Audrey Hepburn）。本片在第 37 届（1965 年）奥斯卡奖评选中夺得最佳影片、最佳导演、最佳男主角等 8 项大奖。——译者注

是社会群体或整个文化的观点和看法。这是由社会给予我们的，"概化的他者的态度就是整个社会群体的态度"（Mead，1934，p.154）。概化的他者向我们提供角色、规则的信息和社会群体共享的态度。概化的他者

还告诉我们其他人会如何对待我们，以及普遍的社会期望是什么。这些感觉影响社会意识的形成。概化的他者能够有助于平息由特定的他者群体产生的冲突。

社会	人类创造并对其做出反应的社会关系网
特定的他者	对我们而言十分重要的个体
概化的他者	整个社会群体的态度

整合、批评和总结

象征性互动理论是一个有着 80 多年历史的具有强大解释力的理解框架。该理论主要源于质化研究，尽管最近的应用本质上是量化的。它为我们提供了适用于各种语境的

对人类传播行为的深刻洞察。毫无疑问，象征性互动理论发展良好，它产生于对自我的角色的讨论，在发展的过程中还加入了对社会中的自我的讨论。但是，这个理论也并不是完美无缺的。当你思考米德的理论时，考虑以下三个方面的评估：范围、实用以及可检验。

整合

传播传统	**修辞学** | **符号学** | **现象学** | 控制论 | 社会心理学 | 社会文化 | 批判
传播语境	**自我** | **人际** | 小群体 | 组织 | 公众/修辞 | 大众/媒体 | 文化
获得知识的方法	实证的/经验的 | **诠释的/阐释的** | 批判的

批评

评价标准	**范围** | 逻辑一致 | 简洁 | **实用** | **可检验** | 启发性 | 时间的考验

范围

对象征性互动理论的批评主要来自以下几个方面：它过于宽泛，过于重视个人行为，忽略了其他重要的变量，而且它不可证伪。下面我们简单地看看这些批评。

一些批评者（例如，Van Krieken，Habibis，Smith，Hutchins，Martin，& Maton，2014）不满于象征性互动理论应用面太广，以至于没什么用。这些批评主要关注理论评价标准中的范围标准。这些批评认为，这一理论涵盖范围太广，以至于无法充分解释某一特定的意义生产过程或传播行为。能解释

多种人类行为的理论固然有用，但当一个理论声称可以解释一切事物，它就过于模糊且难以应用了。这正是对该理论的批评：它想做的太多，其范围需要细化。作为对上述批评的回应，象征性互动理论的支持者解释说，象征性互动理论并不是一个统一的理论，而是一个可以为许多具体的理论提供支持的框架。

实用

批评的第二个方面涉及理论的实用性。象征性互动理论被指责为用处不大，原因有两个（Charmaz，2014）。首先，它过多关

注个体；其次，它忽略了一些能使解释更为全面所需的重要概念。就前一方面而言，批评者发现该理论强调个体对现实的创造能力，但忽略了一点——人们实际生活的世界并不是由他们自己创造的。如果行动者把某个情境定义为真实的，象征性互动理论者就认为它是真实的。然而欧文·戈夫曼（Goffman，1974）认为，这种看法虽然正确，但忽略了物理的真实。比如，如果罗杰和他的父母认为，他是一个优秀的工程师，他在新公司里做得不错，那么这对他们来说就是真实的。但是，这种看法可能没有意识到这样一个事实，罗杰的老板认为他的能力不够并解雇了他。其他人反驳说，他们试图站在选择的自由和外部的限制两个极端之间（Sicafuse & Miller，2010）。他们承认限制的合理性，但是也强调共享意义的重要性。

与此相关的建议是，该理论忽略了另外一些重要的概念，比如说感情和自尊。批评者提出，它并没有解释人类互动中的感情维度。此外，批评者还指出，象征性互动理论讨论了我们如何建立自我概念，但是却没有谈到我们如何评价自我。这些缺陷使得该理论在解释自我时没有多大用处。关于没有关注人类生活的感情方面的问题，象征性互动理论的支持者反驳说，虽然米德没有强调这些方面，但是这个理论本身可以包容感情问题。事实上，一些研究者已经开始把象征性互动理论应用到感情问题上并取得了成功。例如，詹姆斯·福特、安妮·巴雷特和玛丽·坎贝尔（Forte, Barrett, & Campbell，1996）使用象征性互动理论研究了悲伤。他们研究了社会互动论在评价和介入丧亲群体（bereavement group）中的应用。这些研究者认为，象征性互动理论是一个非常有用的模型。至于说到自尊，象征性互动理论的支持者承认，这是理论中没有关注的一点。但是他们也指出，这并不是理论的缺陷，它只是没有被米德包括在研究的范围之内。

可检验

关于可检验性，评论者认为，该理论广泛的适用范围使其概念模糊不清。如果这么多核心概念都是抽象的（无法直接观察），要检验理论就非常困难。同样，对这一批评的回应是，米德的理论是总体的框架，而非单一的理论。在从象征性互动理论衍生而来的其他理论中，例如角色理论，概念的界定更为清晰，并且可以被证伪，满足了可检验性标准。

总结

象征性互动理论并不是十全十美的，但仍是一个长盛不衰的理论。它可以在多种语境中应用，并且在不断完善和发展之中。此外，它是解释社会互动行为的最好的概念工具之一，它的核心思想为本书所讨论的许多理论提供了基础。因此，由于象征性互动理论激发了如此多的理论思考，它已经在很大程度上成功地完成了理论应该达到的目标。

讨论题

技术探索：象征性互动理论主张，我们通过与他人的互动了解自己。特别是库利的镜中我概念认为，我们从他人的注视中，看到反射的自我。如果这种"注视"是以计算机为中介的，这会如何（或者会不会）影响到这一理论呢？如果我们与他人的互动是在诸如脸书这样的社交媒体网站上完成的，我们还能以这一理论所主张的方式了解自己吗？这一理论会怎样（或者会不会）做出必要的改变来适应这些新型的互动呢？

1. 罗杰·托马斯对于休斯敦的新工作的最初反应是什么？这些反应与他对自我的认识有什么具体的联系？

2. 你如何看待米德提出的如果没有互动就没有自我的观点？一个由狼养大的人会没有自我的感觉吗？为什么？

3. 在你的人生中，是不是曾经发生过自我认识的巨大改变？如果有的话，是什么导致了这一变化？它对你的人生产生了什么影响？

4. 你是否同意米德对语言是共享的象征系统的强调？我们能够与一个使用完全不同的语言的人进行互动吗？为什么？

5. 对象征性互动理论的一个批评是，它过于强调个人的行动，而没有充分强调那些个人无能为力的限制。你如何看待这一批评？

6. 自我实现的预言和皮格马利翁效应这两个概念之间有何区别？二者有哪些相似之处？

7. 你是否同意，米德的理论范围太广，以至于无法算作真正的理论？请对你的回答作出说明。

第 5 章
意义协调管理理论①

我认为，我们个人生活和社会世界的质量与我们参与沟通的质量直接相关。

——巴尼特·皮尔斯（W. Barnett Pearce）

泰勒莫菲夫妇

大约两年前，杰西·泰勒决定不再忍受痛苦的婚姻，毅然离开丈夫，并且带走两个孩子——13 岁的梅根和 9 岁的梅丽莎。他们现在住在一间小公寓里，这个地方对于三个人来说太拥挤了。但是，因为不久就要和本·莫菲结婚，杰西认为不久以后她的居住状况就会发生变化。然而她的法务助理工作要求的工作时间很长，有时甚至一天要在办公室待上 12 个小时。因此，杰西的孩子在傍晚经常需要有人照顾。虽然杰西更愿意自己在家照看孩子，但是她知道不能指望前夫给的子女抚养费来维持生活，所以她得工作。她希望即将到来的婚姻会让她渡过经济难关和家庭难关。

本·莫菲的妻子一年多以前去世。他抚养着 4 岁的儿子帕特里克，但是他的母亲和两个姐姐帮了他很多忙。他是州骑警，所以经常接到不可预料的任务。当他离开帕特里克时，他觉得非常难过，好在他的家人在那里。他不知道什么时候会被叫去处理紧急事件，也不知道自己要工作多久。最近，他的姐姐有些怨言，本担心照看孩子会成为她们和他母亲的负担。本希望他与杰西的婚姻能减轻他对母亲和姐姐们的依赖。

一天晚上，本和杰西在讨论结婚计划时谈到未来的家庭。本对抚养三个孩子感到非常兴奋，而且希望看到他的儿子帕特里克有新的兄弟姐妹。但是杰西却对新的家庭成员进入孩子们的生活所造成的种种问题感到紧张。梅根和梅丽莎对即将出现的"混合"家庭感到不太高兴。他们和本已经在许多问题上产生过不同意见，包括电脑的使用和校外活动方面的问题。

本和杰西坐在壁炉前，坦诚地谈到这些困难、阻碍和挫折。他们知道，在几个月后这一切就将成为现实。本承认："首先，我得告诉你，我爱你，这是现在最重要的。我真心希望孩子们能够合得来——当然可能要经过一段时间的磨合。许多像咱们一样的家庭也是这么过来的。开始的时候很混乱，但是慢慢的一切就会井井有条。嘿，我们和别人没什么不同。"

杰西表示同意："是的，我知道我们不 是世界上第一个这么组合的家庭。而且我也知道一切会有办法解决。但是得到什么时候呢？在我们找到解决办法之前，我们能否真正保持冷静？调整需要时间。"她的话换来了本温暖的拥抱。

---

① 本理论基于 W. 巴尼特·皮尔斯和弗农·克罗农（Vernon Cronen）的研究。

许多人都把谈话看成理所当然的事。当一个人向另一个人说话时，他们经常按照预期的方式说话，按照既有的社会规范行事。为了理解交谈中发生了什么，W. 巴尼特·皮尔斯和弗农·克罗农提出了意义协调管理理论（Coordinated Management of Meaning，CMM）。对皮尔斯和克罗农而言，人们根据规则进行传播。我们在本章的后面还会谈到这点，规则不仅帮助我们与他人沟通，还帮助我们解释他人对我们传播了什么。例如，杰西·泰勒和本·莫菲就在开始建立将来支配他们新家互动的规则和模式。

在本书中，意义协调管理理论一般指个体是如何建立规则，创造和解释意义以及如何在交谈的意义协调中使用这些规则的。克罗农、皮尔斯和琳达·哈里斯（Cronen，Pearce，& Harris，1982）对意义协调管理理论做了如下概括："意义协调管理理论认为，个体通过控制讯息试图与他人保持协调一致。"（p. 68）需要注意的是，皮尔斯（Pearce，2007）简洁地强调了我们在第 1 章中确定的传播的交互性，他指出："意义协调管理理论欢迎这样的提问：在过去这段时间，'我们一起创造什么？'"（p. xi）皮尔斯相信"社会世界"（social world）的存在，显然，这一理论需要理解对"社会世界"的共同创造。最后，皮尔斯（Pearce，2012）指出："意义协调管理理论对我们也有影响；它会以建设性的方式改变我们思考和与他人交往的方式。"（p. 17）本章在讨论这一理论时，还会强调一系列与之相关的问题。

世界就是一个舞台

为了描述生活的经验，皮尔斯和克罗农（Pearce & Cronen，1980）提出了一个"没有导演的戏剧"（p. 120）的暗喻。他们认为，人生如戏，许多演员按照剧本行动，还有一些演员"各行其是地创造着不和谐的混乱"（p. 121）。皮尔斯（Pearce，1989）用下列生动的细节来描述这个暗喻：

把我们的世界想象成一个特殊的剧场。这里没有观众，每个人都"在台上"，每个人都是参加者。周围有许多道具，但是它们排列得并不整齐：舞台的某些角落随便堆放着戏服和家具；在一些地方，道具被安排成一个现代的办公室场景；但在另一些地方，它们看上去又像是中世纪的城堡……演员们经常在舞台上走来走去，在不经意间进入不同的场景，有的时候他们以导演自居，其他演员则会为某幕剧担任配角或群众演员。（p. 48）

理论家们认为，在这个戏梦人生中，没有指导全局的总导演，但是却有许多自封的导演，他们想让混乱得到控制。

谈话流是这场戏剧中重要的产品。互动者们导演着自己的戏剧，经常没有任何剧本，情节变得复杂难解。对许多人来说，他们如何产生意义就意味着他们能否有效地进行传播。还是用暗喻来说明，当演员们进入一个谈话场景时，他们根据过去的表演经验来获得意义。他们对戏剧的感知就是他们心目中的现实，但是直到演出开始后他们才知道自己在其中扮演什么角色。因此，演员们不停地与其他人协调着他们的剧本。

后来皮尔斯（Pearce，2007）重新思考了这个戏剧暗喻。他注意到自己对交谈的起伏流变以及对话的不可预测性考虑得不够充分。可以想象，交谈经常会陷入混乱。皮尔斯和克罗农指出，那些能够读懂他人剧本的人将会在交谈中保持前后一致；那些不能读懂他人剧本的人，就需要协调他们的意义。当然，即使是对谈话剧本取得共识也非常困难。例如杰西和本都同意家庭和谐至关重要，但是他们却在如何做到这一点上产生了分歧。正如皮尔斯（Pearce，1989）观察到的，人们可能会为他们按照什么剧本演出而发生争执，而且将一直争论下去。

这个关于创造性戏剧生产的概念与当时其他意义协调管理理论研究者提出的观点形成了鲜明的对比。早期对意义协调管理的讨论，主要是关于是否应该摆脱经验主义传统的问题，因为当时大多数理论建构都遵循经验主义原则。为了提出他们的理论，皮尔斯和克罗农求助于不同的学科，包括哲学（维特根斯坦）、心理学（詹姆士）和教育学（杜威）。此外，凯瑟琳·克里德、贝丝·费希尔-吉田和普拉西达·加列戈斯（Creede, Fisher-yoshida, & Gallegos, 2012）认为，意义协调管理理论的核心是下面的问题：我们一起正在创造什么？在进入这个理论的中心问题之前，我们首先看一下意义协调管理理论的三个前提假设。

理论速览·意义协调管理理论

　　人们在对话中通过我们发出和接收的讯息共同创造意义。在创造我们的社会世界的时候，我们运用多种规则建构并协调意义。也就是说，规则指导着人与人之间的沟通。意义协调管理理论关注个人及其所处的社会之间的关系。人们通过等级结构将一天中收到的成百上千条讯息的含义组织起来。

意义协调管理理论的前提假设

　　意义协调管理理论主要关注的是自我及自我与他人的关系，它解释了个体如何把意义赋予某个讯息。该理论的重要之处就在于它对个体及其与社会的关系给予了充分的重视（Philipsen, 1995）。让我们回到开头的那个关于戏剧的比喻，这就意味着所有的演员除了必须具有即兴创作的能力外——使用他们个体积累的演出经验——同时也要参考他们带上舞台的剧本。

　　因此，人类能够创造和解释意义。这里还有几个其他的假设：

- 人类生活在传播之中。
- 人类共同创造社会实在。
- 信息交流依赖于个人意义和人际意义。

　　意义协调管理理论的第一个假设说明了传播的中心地位，即人类生活在传播之中。乍一看，这个前提暗示了传播的某个独特之处，即人类栖息在传播的过程之中。正如第 1 章所说的，传播不只是谈话，而且是一个动态过程；根据意义协调管理理论，传播是创造和做事的一种方式。皮尔斯（Pearce, 1989）却指出："对于人类来说，传播的重要性不仅现在而且一直超出我们

的想象。"（p. 3）佩奇·马尔斯（Marrs, 2012）进一步强调了传播与意义协调管理之间的关系，认为传播是"人类社群的实质"，而意义协调管理是嵌入这些社群的话语的重要组成部分。最后，在意义协调管理理论中，克里斯蒂娜·奥利弗（Oliver, 2014）认为传播可以被视为一种"表演现象"（p. 273）。

　　我们生活在传播之中。为了坚持这一看法，皮尔斯摒弃了像我们在第 1 章介绍的线性模式那样的传播过程模式。意义协调管理理论者提出了相反的主张，他们相信，社会情境是由互动创造的。因为个体创造了交谈的现实，所以每个互动都具有独特性。意义协调管理理论者必须抛弃之前对传播者的成见。此外，意义协调管理理论者呼吁人们重新审视对传播的看法，因为"西方学术传统倾向于把传播看成是没有气味、没有色彩、没有味道的思考和表达工具"（Pearce, 1989, p. 17）。皮尔斯和克罗农提出，为了理解人类的行为，必须重新审视传播，在新的语境中理解传播。当研究者开始他们的重新定义之旅时，他们的起点是研究传播的结果，而不是传播过程中的行为和变量（Cronen, 1995a）。

　　为了说明这个假设，我们看一下开篇的小故事。虽然杰西和本相信他们已经尽可能

地把家庭合并的所有细节都考虑到了，但是在合并的过程中还是会有许多问题出现。家庭成员会创造属于他们的新的实在，而这些实在的基础就是传播。大家会针对知道的事情和不知道的事情不停地交谈。也就是说，家长和孩子会碰到意料之中和意料之外的快乐与悲伤。像很多处于他们这种情况的家庭一样，他们可能会误入此前从未考虑过的困境。由于这两个家庭的交谈规则不一样，因此会在许多重大问题的讨论中得出不同的结论。

意义协调管理理论的第二个假设是人类共同创造社会实在。虽然我们在前面提到过这个假设，这里还是值得再讨论一下。**社**

会建构主义相信人们在交谈中共同建构他们的社会现实。皮尔斯（Pearce，2007）在提倡社会建构的时候观点十分明确。他认为："有价值的问题是'我们正在共同创造什么''我们如何创造'以及'我们如何才能创造更好的社会世界'，而不是'你那么说是什么意思'"（pp. 30 - 31）这些社会世界需要对**社会实在**（social reality）的理解，后者指的是个体对意义和行动的理解与他的人际互动的符合程度。当两个人交谈时，每个人都具有从过去的社会实在中获得的交谈经验。但是因为两个人从不同的起点进入交谈，当下的交谈又会产生新的实在。这样，两个人就共同创造了新的社会实在。

社会建构主义	相信人们在交谈中共同建构他们的社会现实
社会实在	个体对意义和行动的理解与他的人际互动的符合程度

有些时候，这些传播经验配合得天衣无缝；但是有些时候，它们又相互抵牾。正如我们之前提到的以及格里·菲利普森（Philipsen，1995）总结的："许多互动并不是一尘不染而是邋邋遢遢，不是优雅动人，而是笨手笨脚。"（p. 19）开篇小故事里杰西和本的例子说明了这一假设。虽然杰西和本已经交往了很长时间，并且开始为婚礼做准备，但是意义协调管理理论者认为，他们将继续共同制造新的社会实在。比如，他们将

解决杰西的女儿不支持这个婚姻的问题。当杰西和本在壁炉前讨论这个问题时，不管谈论的方式如何，他们都创造了新的社会实在。可能会出现一些新情况——孩子们的支持、杰西的工作、孩子们的年龄、杰西的前夫等——杰西，本，或者两个人都会对今后的家庭组成产生新的看法。无论怎样，社会实在就是这两个具有不同经验的个体将要共享的现实。

学生之声

亚历杭德罗

我们就"生活"在传播之中，我能很容易理解这一观点。我环顾四周。我倾听。我交谈。我思考自己与其他人之间建立的模式，以及其他人与其他人之间建立的模式。我思考如何建构自己的传播实在。然后我开始部分了解到什么是意义协调管理。我们是"以传播为中心的"，即便我是从墨西哥来的，情况也是如此。我觉得传播是真真切切的，不管你生在哪里、长于何处。而且，我也喜欢意义协调管理理论把传播置于我们所有关系的中心。

意义协调管理理论的第三个假设与人们控制交谈的方式有关。具体而言，皮尔斯（Pearce，2012）总结说"传播关乎意义"（p. 4），而且在不同的互动之间，意义不断变化。

唐纳德·库什曼和戈登·怀廷（Cushman & Whiting，1972）在多年以前提出，信息的交流依赖个人意义和人际意义。**个人意义**（personal meaning）指的是个人在与他人互动的过程中，从个人独特的经验出发获得的意义。库什曼和怀廷提出，个人意义来自人们过去与他人交往的经验，并且"两个人不可能使用相似的方式解释同样的经验……他们也不可能使用相同的象征符号来表达这个经验"（p. 220）。个人意义有助于人们去发现。也就是说，不仅有助于我们发现关于我们自己的信息，同时还有助于我们发现有关他人的信息。

个人意义	个人在与他人互动的过程中，从个人独特的经验出发获得的意义

当两个人同意彼此的解释时，就可以说他们获得了**人际意义**（interpersonal meaning）。库什曼和怀廷（Cushman & Whiting，1972）提出，人际意义来自不同的情境，包括家庭、小群体和组织。他们提出，人际意义是由参与者共同建构的。获得人际意义可能要经过一定的时间，因为人与人之间的关系非常复杂，需要处理许多传播问题。例如，一个家庭某一天会面临财务问题，接下来是孩子的抚养问题，接下来还有老人的照顾问题。这些问题都需要家庭成员根据特殊的家庭情况进行独特的传播活动。

人际意义	互动的双方对彼此的解释所达成的一致意见

人们通过交谈获得个人意义和人际意义，这一过程经常是不假思索的。个人会发现，他们不可能一直执着于个人的意义而不向他人做出解释。库什曼和怀廷（Cushman & Whiting，1972）告诉我们，人际意义必须进行协商，只有这样意义的规则才能由"个人用法"变为"标准用法"。但是许多符号的意义是未被阐明的，这就使得某个特殊符号的意义共享变得非常困难。比如，假设一个研究艾滋病的医生与一组大学生讨论最新的药物疗法。当医生讨论艾滋病时，她必须用普通人的用语来表述，这样听者才会理解。但是，就算她真心实意地想不用专业术语，还是无法完全避免。尽管这个医生尽了全力，有些专业术语的意义还是不能用人人都理解的方式讲出来。

这三个假设构成了讨论意义协调管理理论的背景。正如这些假设指出的，这个理论主要关注的概念是传播、社会实在和意义。此外，如果要更好地理解这个理论，我们还需要详细地了解其他的问题。意义的分类就是其中之一。

意义结构的等级

你已经知道，传播的本质就是意义，而且"我们的生活充满意义，其中的一个挑战就是管理这些意义"（Pearce，2012，p. 4）因此，根据意义协调管理理论，人类把意义分成许多等级。因为这是该理论的核心特征，所以我们将详细地讨论这个问题。首先，我们了解一下这个判断中的意义是什么，接下来我们看看这个假设的理论框架。我们用图 5-1 表示意义的等级。

假设人们会组织意义，这意味着他们会对某个讯息的重要性做出评估。事实上，人们不停地受到刺激，为了进行传播活动，他们必须把这些刺激加以组织。这个思路对于意义协调管理理论来说非常重要。比如，伊恩周一清晨去新的工作岗位上班。这一天从早到晚，他会接触到许多讯息，既有公司关于病假的政策，也有关于加班费的规定，还有电脑终端安全维护工作的规定。伊恩必须整理数不清的讯息。当他结束一天的工作回

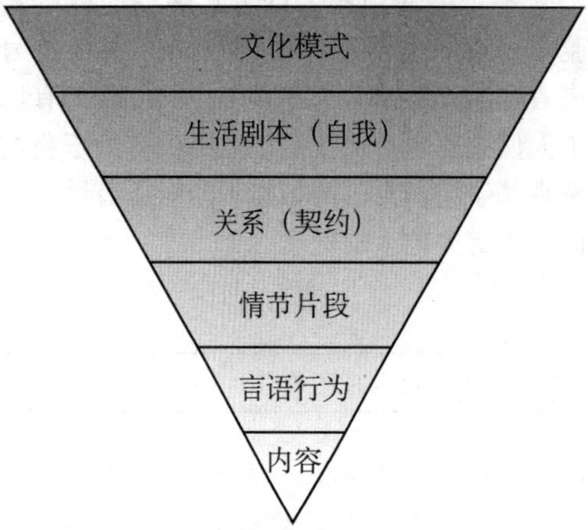

图 5-1 意义的等级

高级层次的意义可以帮助我们解释低级层次的意义。也就是说，每一个层次都包含在另一个层次中。此外，皮尔斯和克罗农（Pearce & Cronen, 1980）更愿意把这个等级看成是模式，而不是一个真正的排列系统。他们认为，所有的排列都是不合适的，因为人们在不同的层次上对意义进行解释。此外，伊琳·瓦瑟曼（Wassermann, 2012）援引意义的等级指出，传播同时发生于多个层次，个人创造的意义嵌入在等级结构中的每一层次上。因此，为了帮助我们理解意义的排序，意义协调管理理论家们提出了意义的等级。

到家时，他必须把这些讯息加以组织整理。在某种意义上，他必须把这一天接收的上百条讯息放到条理分明的框架里。

当人们与他人交谈时，他们所经历的组织过程与伊恩很相似。当人们相遇时，他们不仅必须处理他人发送给自己的讯息，还得处理自己发送给别人的讯息。这有助于人们全面地理解讯息中的意义。让我们看一看皮尔斯和克罗农（Pearce & Cronen, 1980）是如何说明这个意义管理过程的。

意义协调管理理论提出，意义可以分为六个层次：内容、言语行为、情节片段、关系、生活剧本和文化模式。在这些层次中，

内容

内容（content）层次是原始数据向意义转换的第一步。比如，当你在课堂上做笔记时，你把听到的符号根据其内容转换成某种意义。你可能把你听说的关于老板的信息归为第一类，把有关工作环境的信息归为第二类，把有关薪资标准的信息归为第三类。对于开篇小故事中提到的本·莫菲来说，"我爱你"这句话传递了本对杰西的反应，但是这句话的内容需要首先经历意义的内容阶段。我们可以把内容层次看成是缺乏语境的讯息（Pearce, Cronen, & Conklin, 1979）。

90

内容	原始数据向意义的转换

言语行为

在讨论意义的第二个层次时，皮尔斯（Pearce, 2007）把**言语行为**（speech acts）描述为"我们非常熟悉的一类事情，例如承诺、威胁、侮辱、推断、猜测和恭维"（p. 105）。

我们可以通过言说采取行动。言语行为传播了说话者的意向并指明一个特定的传播应该如何进行。以前面提到的本·莫菲为例，当本向杰西说"我爱你"的时候，这个短语不仅仅是传播一个判断。它是言语行为，所以这句话还带着感情语气（Austin, 1975）。

言语行为	通过说话而执行的行为（比如质疑、恭维和威胁）

此外，皮尔斯（Pearce, 1994）还提出："言语行为并不是物；它们是以意义的逻辑和交谈行为表现出来的完形（configu-rations），这些完形是共同建构的。"（p. 119）因此，我们应该意识到，两个人共同创造了言语行为的意义，这正是我们前面

在意义协调管理理论的前提假设中谈到的观点。一般来说，言语行为是由说者和听者根据他人的所作所为共同定义的。皮尔斯对此总结道："没有'犯罪者'就没有'受害者'。"（p.119）此外，在解释言语行为时，需要把关系的历史也联合起来考虑。如果看不到参与者之间的相互作用，我们就无法理解讯息的意义。需要指出的是，言语行为并不总是包含言语，皮尔斯也承认非语言传播的重要性。

情节片段

为了解释言语行为，皮尔斯和克罗农（Pearce & Cronen, 1980）讨论了**情节片段**（episodes），即有确定的开端、发展和结局的传播惯例（routines）。换句话说，情节片段描述了人们行动的语境。艾琳·斯坦（Stein, 2012）指出，情节片段可以很小如对话中能分辨的部分，也可以很大如人们的整个讨论。在这个层面上，我们开始体会到语境对意义的影响。情节片段千差万别——从载一个搭便车的人到跟你的医生讨论一项诊断，到与共事者关系暧昧，再到为了项目方向与同事争吵。皮尔斯（Pearce, 2007）认为，情节片段是"关联在一起组成故事"（p.132）的连续言语行为（sequences of speech acts）。传播交换中的个体对一个情节片段的划分可能不同。**情节划分**（punctuation）是指识别一个情节片段何时开始何时结束的过程。情节片段显示了互动如何被组织成有意义的模式。皮尔斯和康克林（Pearce & Conklin, 1979）明确指出："一致的交谈需要对情节划分做出一定程度的协调。"（p.78）但是，不同的情节划分意味着对情节片段的不同表达，因此创造了同一情节片段的"局内人视角"和"局外人视角"。例如，本·莫菲和杰西·泰勒之前讨论共同的未来时可能会有不同的情节划分。本可能会认为，孩子的问题最好是留到结婚后再处理，而杰西则认为应该先解决这个问题。因此，他们心目中接下来的剧情发展就部分地因为他们不同的情节划分而有所不同。皮尔斯（Pearce, 2005）认为，情节片段非常不精确，因为不同社会情境中的行动者会发现他们处在截然不同的情节之中。他还提到，文化是情节片段的基础，因为人们在互动中决定情节片段应该如何发展时，总是带有自己的文化期望。最后，一个社会单元（例如家庭）中的情节片段可以是高度结构化的，包括仪式、角色和规定的行为。

情节片段	有确定的开端、发展和结局的传播惯例
情节划分	识别一个情节片段何时开始何时结束的过程

关系

意义的第四个层面是**关系**，两个人借此辨别出双方关系的可能性与局限性。契约是指导方针，经常对行为做出规定。此外，契约——就像不断继续的关系——预示着未来。很少有人会花时间制定关系的发展方针，除非他们同时为将来着想。

皮尔斯（Pearce, 2007）拓展了我们传统的对关系的理解。除了朋友、伴侣和家庭成员之间的伙伴关系，他相信关系也可以包括"更大的、更非私人的关系，例如公司、城市、宗教以及网球俱乐部"（p.200）。他断言，在某种意义上，这些都是"相互关联的"，因为基因、语言以及地球引力作用于我们每一个人。这些合起来把我们关联在一起，不管我们是否愿意。

关系	两人之间的共识与理解

关系就像契约，它为态度和行为提供参照。此外，关系暗示着未来。如果不是关心他们共同的未来，没什么人会花时间梳理关系问题。

关系水平意味着关系边界，因为设定了态度与行为的范围。比如，双方应该如何发言，或什么是避而不谈的禁忌。皮尔斯和克罗农（Pearce & Cronen, 1980）认为，这些界线区分了"我们"和"他们"，或者遵守契约的人和不遵守契约的人。理论家们使用**陷入**（enmeshment）来描述人们把自己视为关系系统一分子的程度。皮尔斯（Pearce, 2012）进一步主张，陷入是指个体被他们传播的模式"吸引"的程度。他断言，人们陷入各种不同的社会体系之中，每个体系都由不同的逻辑与意义组成。

陷入	人们把自己视为关系系统一分子的程度

当两个人讨论难以解决的问题时，关系的重要价值就显现出来。例如，一旦莫菲和泰勒两家住到一起，肯定会出现一些难以通过讨论加以解决的问题。如果他们要融为真正的一家人，了解自己和其他人的关系边界和预期就变得十分重要。虽然对于这个家庭而言，未来充满未知数，但是只要懂得这些契约，他们就能有效地处理各种矛盾。

生活剧本

一系列过去的和现在的情节片段被称为**生活剧本**（life scripts）。可以把生活剧本想象成与你的自我感觉相关联的事物。你就是你，因为你已经经历的生活剧本与众不同。而且在生命历程中你如何看待自己会影响到你如何与他人沟通。我们可以想象，本·莫菲和杰西·泰勒的生活剧本就存在很大差异。他们过去的情节片段（经验）会影响他们对未来计划的制订。本来自一个充满支持和关爱的家庭，所以他期望和杰西之间的交谈应该包含更多养儿育女的情节。事实上，得益于本与他的血亲家庭（biological family）共同创造的过往情节，本的单身爸爸经历和他对父母身份的认知很可能更加顺利。但是杰西和她的前夫并没有这么稳固的关系。因此，过去让人灰心的情节会影响她现在与本的交流。此外，在与本的互动中，她的期望和本的期望会有极大的差异。但是，我们应该指出，生活剧本也包括两个人一起创造的那些情节片段。所以，一旦本和杰西开始共同创造他们的社会现实，他们就将共同创造生活剧本。

生活剧本	用来与他人进行意义协调管理的一系列过去的或现在的情节片段

文化模式

在讨论到文化模式时，皮尔斯和克罗农（Pearce & Cronen, 1980）提出，人们总是认同于特定文化中的某个特定群体。我们中的每一个人也会根据社会的真实价值采取行动，这些价值涉及性、种族、阶级和精神信仰等话题。**文化模式**（cultural patterns），或原型，可以被描述为"关于世界秩序以及与世界秩序的关系的整体图像"（Cronen & Pearce, 1981, p. 21）。也就是说，在解释意义时，个人与文化的关系非常重要。言语行为、情节片段和生活剧本都是在文化层面中得到理解的。当来自两个不同文化背景的人试图理解对方谈话的意义时，这显得尤为重要。例如，迈伦·拉斯蒂格和乔琳·凯斯特（Lustig & Koester, 2015）指出，美国文化提倡**个体主义**（individualism），即个人利益高于群体利益的观念。个体主义关注独立和自主。其他的文化（比如哥伦比亚、秘鲁和中国）强调**集体主义**（collectivism），即群体利益高于个人利益的观念。当代表这两种不同文化取向的人从各自的视角解释意义时，就会产生难题。因此，文化要求共享的意义和价值观。

文化模式	关于世界以及世界与个人的关系的图像
个体主义	个人的需求和价值高于群体的需求和价值（认同于我）
集体主义	一种文化价值，认为群体的需求和价值高于个人的需求和价值（认同于我们）

　　在与他人交谈的过程中，皮尔斯和克罗农提出的意义层次十分重要。然而需要注意的是，这个理论的目的不是建立一个真正的排列顺序，而是建立一个人们处理信息的模式。同时，需要记住的是，每个人的经历不同，他们的互动方式也会有所差异。因此，有些人的意义等级非常复杂，有些人的意义等级则比较简单。此外，一些人有能力解释复杂的意义，而另一些人对此则没那么精通。费希尔-吉田（Fisher-Yoshida，2012）简要概括了意义等级的实用性，她认为这一模型"反映了传播同时发生于多个层次，我们所制造的意义嵌入在之前和之后的语境之中"（p. 228）。意义的等级是能帮助我们理解如何协调和管理意义的重要框架。

魔圈和怪圈

　　前面提到的意义等级提出，低层次的意义可以反过来影响高层次的意义。皮尔斯和克罗农（Pearce & Cronen，1980）把这一过程称为反作用的**圆圈**（loop）。因为等级不可能一成不变，所以研究者提出，有些层次具有反作用。这一看法支持了他们关于传播的定义，他们认为，传播是一个无始无终、生生不息、不断变化的过程，我们曾在第 1 章讨论过这一话题。

圆圈	意义等级中的反作用

　　当圆圈与意义的等级保持一致时，皮尔斯和克罗农称之为**魔圈**（charmed loop）。当意义等级的一部分证实或支持另一部分的时候，就产生魔圈。此外，在整个圆圈之中，意义的规则是有一致共识的。图 5 - 2 展示了一个魔圈。请注意在这个圆圈中，存在着一致性，或者说相互印证。我们用下面的例子说明。你请了一位油漆工重新粉刷屋子的大门。你同意按照工作时间付酬，但是当你收到账单时，上面的价格吓了你一跳。你找油漆工对质，提出你观察到他很多时候"出工不出力"，你不准备按照账单上的价格支付报酬。油漆工也准备反驳你的意见。

魔圈	在圆圈的循环中意义的规则始终保持一致

　　前面这个油漆工和顾客之间的冲突就是一个魔圈。在这个例子里，情节或事件是你们对油漆的价格产生了分歧。因为你的生活剧本是以你的自我感觉为中心的，所以在这次冲突中你的生活剧本和你为了自己的利益起来抗争相一致。在这个例子中，如果从文化模式来看，油漆工和顾客分别从两个不同的视角来看待这个事情。油漆工想得到服务的回报，顾客想得到令人满意的服务。在这个小例子中，圆圈就像被施了魔法一样，因为意义等级中所有的层次（情节片段、生活剧本、文化模式等）都保持一致。换句话说，这个事件之所以有意义，是因为你不愿意付账单这个行为与你对自己的看

法保持一致，你对油漆工的传播方式也与人们对这种商业交换关系的文化期望保持一致（即你期待效率）。互动中的意义规则在整个圆圈中都得到了相互印证。

但是，经常也会出现这样的情况，某些情节片段与意义等级中较高的部分发生矛盾。皮尔斯和克罗农把这种情况称为**怪圈**（strange loop）。怪圈通常与自我传播一致，因为个体会围绕他们的自我毁灭行为进行一种内部对话。从根本上说，克里德等人（Creede，Fisher-Yoshida，& Gallegos，2012）

认为，怪圈是指人们在相反的模式之间循环时的某种"停滞体验"。我们用图 5-3 说明什么是怪圈。

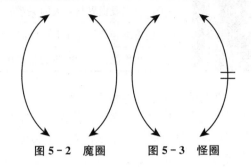

图 5-2　魔圈　　图 5-3　怪圈

怪圈	在圆圈的循环中，意义的规则发生了变化

为了解释怪圈，理论家们举出了一个酗酒者的例子，他想戒酒，但最后却以恢复酗酒而告终。我们把这个怪圈用图 5-4 表示。在这个怪圈中，充满着奇怪的逻辑。比如，酗酒者的生活剧本告诉他，他无法控制自己的饮酒行为，所以酗酒者不再喝酒。但是一旦他不再喝酒了，他又感觉一切都在控制之中，所以再次酗酒。在这个例子里，生活剧本就是这个人的酗酒嗜好，它在不同的情节片段中协调自己的意义（或酗酒行为）。这些情节片段都属于酗酒生活剧本的一部分。显然，这个怪圈还会不断重复，我们称之为恶性循环。

文化模式：对人们而言，控制自己的行为非常重要。

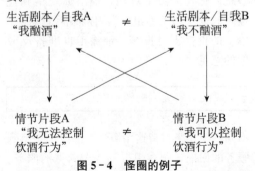

图 5-4　怪圈的例子

以此为背景，我们现在把关注点转移到协调上面，考察一下它在意义协调管理理论

中的含义。

意义协调管理：从讯息流中获得意义

在关于协调的讨论中，皮尔斯认为，理解协调最好的方法是观察人们日常的互动。在强调意义协调管理理论的第一个假设时，皮尔斯（Pearce，2007）得出以下结论："当有人提到'传播'的时候，'协调'可能不是你脑海里蹦出的第一个词，但或许它应该是。"（p. 83）

因为参与对话的人能力和天赋不同，所以经常会在协调方面出现问题。与他人的协调之所以困难，部分原因是他人也想和我们协调一致。当两个人试图从他们交谈的讯息流中获取意义时，**协调**（coordination）就开始了。两个人进行交谈，其结果有三种可能：他们达到了协调一致，他们没有达到协调一致，或达到了一定程度的协调一致（Philipsen，1995）。格里·菲利普森提醒我们，因为社会实在不会完美地保持一致，最有可能出现的结果是部分的协调。

协调	在处理讯息时理解其意义

接下来，我们以杰西·泰勒和本·莫菲为例，说明完全协调、不协调和部分协调。假设他们正在讨论即将到来的露营旅行：

本：现在我们需要开门见山地告诉女孩们。我们睡一个帐篷，孩子们睡一个帐篷，我看不出这里有什么问题。帕特里克可以和我们一起睡，如果他不太愿意跟女孩们睡的话。

杰西：我觉得你是对的。他和女孩们在一起可能会更快乐。

本：而且，她们喜欢他，这让我们松了口气。

杰西：这个周末一定会成为家庭成员联络感情的好机会。

在第一次家庭露营活动中如何处理孩子们的问题上，两个人获得了协调的意义。虽然每个人进入谈话时带着不同的经验，本和杰西还是创造了一个完整的意义情节片段。两个人最后达成了完美的协调。

但是，在讨论这种复杂的问题时，不一定总是这么顺利。比如下面这个情节片段：

本：现在我们需要开门见山地告诉女孩们。我们睡一个帐篷，孩子们睡一个帐篷，我看不出这里有什么问题。帕特里克可以和我们一起睡，如果他不太愿意跟女孩们睡的话。

杰西：我女儿不喜欢这样安排。你的意思是说我们的感觉比孩子们的感觉更重要吗？

本：我不是这个意思……

杰西：为什么你根本没有想过这个问题？这是我们的第一次集体旅行，不能把时间都花在解释为什么爸爸和妈妈需要隐私上面。

本：我想做的只是让孩子们知道妈妈和爸爸需要属于他们自己的空间。

杰西：那他们得自己处理自己的问题?! 听我说，我可能在这个问题上有点反应过激，但是……

本：对不起，我不该挑起这个问题。

你可以看到，这个情节片段与上一个情节片段截然不同。事实上，它说明本和杰西对彼此所说的内容具有不同的理解，这阻碍了协调的达成。

下面这组对话代表了意义协调管理的部分达成：

本：现在我们需要开门见山地告诉女孩们。我们睡一个帐篷，孩子们睡一个帐篷，我看不出这里有什么问题。帕特里克可以和我们一起睡，如果他不太愿意跟女孩们睡的话。

杰西：问题没有这么简单。这是我们一块儿出去过的第一个周末。

本：亲爱的，如果我们不找出正确的方式，那我们搬到一起后困难会更多。

杰西：但是孩子们正在试着适应这一切。把我们和他们分开可能会带来想象不到的痛苦。

本：那我们带个大帐篷，我们睡一边，孩子们睡另一边，怎么样？

杰西：那样应该能解决问题。

这对父母的对话以部分协调收场。两个人都对睡觉问题的折中解决感到满意。

影响协调过程的因素

协调会受到几个问题的影响，其中包括道德感和资源的可获得性。我们的社会世界本质上是道德场所，规定了我们采取行动应有的方式，以及为了自尊体面地生存所需要利用的资源。皮尔斯（Pearce, 2014）断言："我们只能从'内部'了解社会世界。"（p. 9）在这一小节，我们讨论道德和资源。

首先，协调需要个体考虑到更高的道德规则（Pearce, 1989）。许多像皮尔斯一样的意义协调管理理论者把道德理解为荣誉、尊严和个性。道德秩序涉及伦理，其实质是个体在谈话中表达伦理立场的机会。意义协调管理理论者认为，伦理是谈话流内在的组成部分。

每个人都把不同的道德规则带入交谈中，创造出完整的情节片段。皮尔斯认为，人们同时扮演着不同的角色，比如姐姐、母亲、恋人、学生、员工、朋友和公民。他认为，每一种角色都附带着不同的权利和责任，因人而异。但是如果谈话过程中的道德义务出现冲突，困难就会产生。例如，在一些文化中，男性被认为应该扮演决策者和家庭保护者的角色。这会与女性的义务产生冲突，并且会影响到他们交谈过程的协调。这种价值观的差异会贯穿于关系的始终。

其次，除了道德之外，协调还会受到个人资源获取能力的影响。当意义协调管理理论者说到**资源**时，他们指的是"人们用来使自己的世界充满意义的故事、形象、象征和制度"（Pearce，1989，p. 23）。资源还包括感知、记忆和帮助人们与他们的社会实在保持一致的概念。

资源	人们用以理解世界的故事、象征与形象

97　　当谈话过程中人们的资源不一致时，协调就受到挑战。为了更好地理解这个观念，让我们看一下洛伦和威尔的经验。作为一个在当地纺织品厂工作了 19 年的职工，洛伦受到了自己手下 7 个员工的尊敬。他没有大学学位，但是他对自己在工厂里的资历感到自豪，尽管该工厂几年前几乎倒闭。相反，威尔有大学学位，还是 MBA（工商管理硕士）。因为工厂希望给管理工作带来一些新的动力，所以雇用了具有管理能力的大学生，结果威尔成了洛伦所在部门的新上司。这一变化导致了激烈的争论，洛伦和威尔之间出现了很大的意见分歧。洛伦的资源——他对工厂历史的了解，与其他员工的关系，与他人共享的故事，他对公司目标的感知等——看上去比不上威尔的资源。威尔的资源非常有限，因为他不了解工厂的历史，但是他给这个工作带来了大学的教育背景，获得工厂中少数人的信任。因为彼此的资源无法兼容，洛伦和威尔在意义的协调上存在问题。

交谈的协调对于传播来说非常重要。有时候，与他人的协调非常简单，但是有时候这种协调又会相当困难。人们把不同的资源带入谈话，促使个人根据自己对意义的理解对他人做出反应。除了资源以外，协调还取决于交谈的规则。我们现在就看一下这些规则与意义协调管理理论有什么关系。

规则和无谓的重复模式

个人管理和协调意义的方法之一是使用规则。在本章开头我们提到过，意义协调管理理论在建构理论时采用的是规则论立场，意味着人们的对话中包含着行为模版。意义协调管理理论者认为，规则使人们具有选择的自由。对话中的规则一旦确定，互动双方在传播中将会获得足够共享的象征性框架（Cushman & Whiting，1972）。意义协调管理理论者提出，交谈中的规则使用所需要的不仅仅是使用规则的能力。互动参与者必须理解社会实在，并且把各自在这种情境下的行动规则加以协调。

规则必然与时间、地点、关系、自我概念、情节片段、文化以及一个语境中的其他要素相关（Murray，2012）。在理解规则的概念及其在意义协调管理理论中所处的位置时，你要记住，规则永远取决于语境，而语境是一个存在多个面向的环境。

意义协调管理理论中有两种规则：制度性规则和调节性规则。**制度性规则**（constitutive rules）指的是在特定的语境下应该如何解释某个行为。换句话说，制度性规则告诉我们哪种行为有意义。通过刚才描述的意义等级，我们知道，制度性规则告诉我们一个层次的意义如何解释另一个层次的意义。在这里，我们之所以可以理解另一个人的意图，是因为存在一定的制度性规则。比如，当你对室友、恋人、家人甚至同事说"我爱你"时，这句话会有不同的含义。在上述不同的关系中，我们采用了不同的规则，这意味着关系（契约）的类型和情节片段将决定讯息应该如何被理解。

第二种规则是调节性规则。制度性规则帮助人们解释意义，但它却不是人们行为的指导原则，而后者正是调节性规则的功能。**调节性规则**（regulative rules）指个体采取的一系列行动，它们说明交谈的发展方向。例如，有一些见新同事的调节性规则。你通常会做自我介绍，欢迎新同事来工作，并表示你愿意解答一些恰当的问题。

制度性规则	让行为有序，并且帮助我们理解该如何解释意义的规则
调节性规则	人们行为的指导原则

为了理解制度性规则和调节性规则的区别，我们来看一下这个情境。一对共同生活了 20 年的夫妇陷入了危机。妻子发现丈夫有外遇，必须马上决定应该采用什么样的制度性规则和调节性规则。她决定与丈夫沟通，因为制度性规则告诉她，对于他们的婚姻而言外遇是错误的。同时，她的丈夫也必须对这次谈话做出解释（制度性规则），而且要采取相应的行动（调节性规则）。当两个人讨论时（也是共同创造他们的社会实在），他们会最终发现对方的规则系统。虽然他们已经结婚 20 年，但这种情况还是第一次出现，所以他们可能不知道在这种情况下，什么是制度性规则，什么是调节性规则。

如果他们决定继续交谈，两个人就会发现对方的规则系统。当然，随着他们逐渐发现对方的规则，谈话的协调很可能会面临危机。每个人会使用不同的情节片段来说明这件事。他们不一定总是会对彼此采用的规则达成一致，但是至少他们可以理解谈话的内容。

如果这对夫妇的冲突继续持续下去，他们就会陷入克罗农、皮尔斯和琳达·斯内夫利（Cronen, Pearce, & Snavely, 1979）所说的无谓的重复模式。**无谓的重复模式**（unwanted repetitive patterns，URPs）是被冲突中的个体视为连续不断、重复发生的冲突性情节片段。

99 　　冲突模式中的个体感觉无力停止冲突（Murray，2012）。皮尔斯和同事研究了工作场所的敌对关系，并且指出虽然私下里每个工作者都真诚地想与人为善和提高效率，但是在公开场合的讨论中他们却充满敌意、以自我为中心。这种言语伤害行为用意义协调管理理论可以得到较好的解释。研究者解释说，无谓的重复之所以产生，是因为两个具有不同规则系统的个人按照某个结构来行动，这个结构使他们感到不得不采取某种不考虑后果的行为。这种现象可能看上去比较特别，但是皮尔斯提醒我们："处于无谓的重复模式中的人们……真诚地告诉我们，'我没有选择，我必须这么做'。"（p.39）试着这样考虑无谓的重复模式的概念："我们的沟通陷入了一种无益的反应模式。"（Coleman，Deutsch，& Marcus，2014，p.215）。

无谓的重复模式	在一定的关系中重复发生的、令人不快的冲突

大众媒体中的理论·家庭冲突作为一种无谓的重复模式

　　伊丽莎白·斯科特（Elizabeth Scott）在博客中写道，当家人聚在一起的时候（例如在节假日），通常每个人都想和睦相处。但现实是，尽管我们了解起冲突的人或者根源，家庭冲突仍然不断升级。斯科特提出了以下问题：我们决定跟家人团聚，明明知道这些互动很多时候会演变为冲突，这种情况多久发生一次？斯科特还颇为挑衅地问道："你是否曾经希望自己有一个配备了暂停、回放和静音按钮的人类遥控器？"斯科特采访了一位研究"以对话控制冲突"的专家，她的结论是，许多冲突都是反复发生在非常熟悉的人们之间的。并且，我们虽然想尽最大努力回避冲突，但是还是会在吵架的时候尽量争上风。我们陷入这些无谓的重复模式，是因为我们已经习惯如此，并且往往根本不知道自己已经饱受其害。斯科特写道，冲突专家认为利用选择节点很重要，即对话中语调上升或话题重构的节点。斯科特认为，这些"选择时机"很难把握，但能帮助我们避免做出非理性反应，也能帮助对方反思这一冲突情节片段是否有争吵的必要。

　　资料来源：Scott，E.（2010）. Family conflict resolution solutions, stress. about. com/od/familystress/a/Family-Conflict-Resolution-Solutions. htm.

　　为什么两个人会持续陷入无谓的重复模式？首先，他们可能觉得别无选择。也就是说，这对伴侣可能不具备摆脱冲突的能力。其次，这对伴侣可能对反复发生的冲突*100* 并无不适。他们了解彼此，知道在冲突情况下对方通常会怎样沟通。再次，一对情侣可能几乎是出于本能和默认，会不知不觉陷入这种模式。最后，一对情侣可能只是太疲惫了，没精力解决冲突。

整合、批评和总结

　　意义协调管理理论是少数几个明确地以传播为基础的理论之一。既有量化基础，也有质化基础。因为传播是这个理论的核心，所以许多学者都在他们的研究中使用这个理论。理论评价标准中的四个标准似乎与这里的讨论特别切题，即范围、简洁、实用和启发性。

整合

传播传统	修辞学｜符号学｜**现象学**｜控制论｜社会心理学｜**社会文化**｜批判
传播语境	**自我**｜**人际**｜小群体｜组织｜公众/修辞｜大众/媒体｜文化
获得知识的方法	实证的/经验的（早期研究）｜**诠释的/阐释的**（近期研究）｜批判的

批评

评价标准	范围｜逻辑一致｜**简洁**｜实用｜可检验｜**启发性**｜时间的考验

范围

尚不确定意义协调管理理论是否范围太广。一些传播学者（例如 Brenders，1987）认为该理论过于抽象，一些定义模糊不清。此外，布兰登斯认为皮尔斯和克罗农所支持的一些观点缺乏界定，亟待阐明。布兰登斯称，对个人语言系统的引入是有问题的，并且"没有解释意义的社会性"（p. 342）。最后，M. 斯科特·普尔（Poole，1983）在对意义协调管理理论的评论中提出，该理论可能存在问题，因为很难"在粗笔勾勒的同时，对不易处理的部位给予应有的关注"（p. 224）。

然而很多意义协调管理理论者认为，这样的批评没有考虑到该理论多年来的发展和修正（Barge & Pearce，2004）。皮尔斯（Pearce，1995）坦白地承认，在"意义协调管理理论研究的第一个阶段，（我们的文章）非常混乱……我们不能说我们是在使用社会科学的语言进行研究"（pp. 109 - 110）。因此，批评者应该注意理论的变化。随着理论家明确他们的理论目标，理论本身发生着变化。此外，克罗农（Cronen，1995b）也承认，早期的理论在概念方面存在着许多

问题。他指出，当时他和皮尔斯提出的意义的产生理论是让人迷惑的、"执迷不悟的"。但是理论家们相信，他们所做的只不过是开了一张错误的处方，并且不认为他们的理论会因为过去的一些错误判断而被抛弃。皮尔斯和克罗农还认为，那些针对理论的适用范围进行攻击的人应该用发展的眼光看待他们的理论。

简洁

或许该理论的适用范围确实很广，但它并非没有经过简洁性标准的检验。乍一看，人们可能会觉得该理论过于烦琐，因为"它最好被理解为一种世界观，一套开放的概念与模型"（Barge & Pearce，2004，p. 25）。然而，举例来说，通过简洁直观的方式看待对话，意义协调管理理论阐明了复杂的概念（相较于意义的等级），也使该理论成为一个高效、好用的模型。理论家们认为，"任何研究方法都可以应用于意义协调管理理论研究"（p. 25）。因此可以说，皮尔斯和克罗农对意义等级的阐释是一种简洁直观的看待对话的方式。所以即便是复杂烦琐的对话也可以被分析与理解。

学生之声

杰里米

假如我分析自己跟主管的最近一次对话，就会发现意义协调管理理论的很多概念都是适用的。首先，在意义等级方面，我是法裔加拿大人，他是日裔美国人。我们的对话必然会受到文化模式的影响。其次，我觉得自己是个好员工的生活脚本或者观念根深蒂固。我无法想象自己会因为工作懈怠被提醒。同时我认为在关系层面上我们之间界限分明。我知道作为我的主管，他不喜欢开玩笑，而我作为他的雇员，不喜欢不正经的讨论。我想这种等级可以应用于几乎任何对话。

实用

这一理论显然可以应用于个人及他们的对话，在观察人们如何获取意义、他们潜在的反复的冲突以及自我对传播过程的影响时有极强的实用性。意义协调管理理论是少数被理论家和意义协调管理理论研究者都认定为"实用理论"的传播理论之一（Creede, Fisher-Yoshida, & Gallegos, 2012）。事实上，皮尔斯自理论创立以来就一直关注其实用性（Pearce, 2012）。同样，他直接称意义协调管理理论为实用理论，并提出指导意义协调管理理论的问题是"我们如何创造更好的社会世界"（Pearce, 2007, p 45）。最后，皮尔斯注意到该理论沿着三个阶段发展，即"诠释的、批判的以及*实用的*（斜体为原文所加以示强调）"（p.52）。显然，意义协调管理理论具备实用性遗产。

启发性

102　　意义协调管理理论颇具启发性，涵盖多个不同的内容领域，包括考察跨国适应（Leinaweaver, 2012）、精神性（Pearce, 2012）、学生-教授关系（Murray, 2014）、难民（例如刚果人）社群（Hughes & Bisimwa, 2015）、电子聊天室（Moore & Mattson-Lauters, 2009）和指导关系（Parkes, 2011）。此外，研究者还结合该理论及其原则以理解卫生保健（Forsythe, 2012）、高中霸凌行为（DeWitt & DeWitt, 2012）、长老会（Hutcheson, 2012）、志愿工作（Creede, 2012）以及遭受了折磨与虐待的跨文化家庭（Montgomery, 2004）。

总结

很大程度上正是因为意义协调管理理论，我们才对个体之间如何共同创造意义有了更深入的理解。事实上，罗纳德·阿尼特（Arnett, 2014）认为，皮尔斯提供了传播研究中的一张"为时代导航的传播路线图"（p. 6）。此外，皮尔斯的思想和研究已经被整理并作为档案保存在美国菲奇堡州立大学，该大学提供意义协调管理资格证书。正如艾伦·霍姆格伦（Holmgren, 2004）所说，意义协调管理理论就像一把瑞士军刀，可以在多种场景下使用。这个理论帮助我们理解规则在社会情境中的重要性。意义协调管理理论，特别是皮尔斯的理论的优点在于，在这一理论的推动下，"他的学术研究与他从事的社会变革工作之间的边界变得不太分明"（Lannamann, 2014, p. 257）。显然，没什么人能否认，意义协调管理理论将传播置于人类体验的核心，并把传播锚定在话语的中心地位。

讨论题

技术探索：因为意义协调管理理论严重依赖人们为了获得意义协调他们的传播的能力，那么如果在面对面沟通时，某人开始给其他人发短信，意义会受到怎样的干扰呢？请对你预计会有的影响以及你的回答做出解释。

1. 泰勒和莫菲两家住到一起后，他们会经历哪些种类的协调？试着说出这个家庭可能会经历的阶段，并具体说明协调的情节。

2. 传播者不同的文化背景会如何影响意义协调管理？

3. 什么叫陷入？它与你家庭中的谈话之间存在什么关系？确定你能够正确地使用这些概念，并把它们应用到你的家庭环境中。

4. 下棋和打牌需要协调。讨论一下这些生活中的游戏需要什么样的协调。你可以脱开教材的框架，用一些具体的例子说明它们。

5. 在你与他人的交谈经验中，出现过哪些类型的破裂？请具体说明其语境、情境和谈话主题。

6. 请举出一个流行文化或你的人际关系中的怪圈，并加以解释。

7. 讨论意义协调管理理论的任何部分对于作为一名大学生的你而言有实用价值的具体方式。指出该理论对你有意义的部分，以及它可以被应用的理由。

第6章
认知不协调理论①

> 我更喜欢依赖我的记忆。我已经带着那记忆生活了很久。我已经习惯了它。如果我对任何事物进行重新整理或者扭曲，一定是为了满足我的个人利益。

——利昂·费斯廷格（Leon Festinger）

阿里·托雷斯

阿里·托雷斯翻着桌上的文件，向办公室的窗外看去。她对这份工作腻味透了。她刚进入印第安纳州盖里市的波多黎各社区联盟时非常兴奋。这份工作看上去实现了她的梦想。首先，这份工作让她有回报所在社区的机会——既是为了盖里，也是为了波多黎各社区。她在印第安纳州的盖里长大，很早就知道作为有色人种，特别是拉丁裔有色人种，要出人头地是多么困难。在这个城市里，拉丁裔是少数民族中的少数民族，要获得她现在的这个职位非常困难。但除此以外，阿里在成长的过程中获得了很多帮助。当她还在读高中时，一位非常友善的辅导员为她提供了很多帮助，而且建议她上大学。没有马丁内斯女士的鼓励，她根本不会想到要上大学，更不要说真正拿到学位。阿里现在大学毕业，她非常想做些事回报社会。因此，这份工作看上去十分理想。她有了回报社区的机会，同时也能发挥她公关专业的特长。

但是在联盟办公室工作的6个月里，阿里的全部工作无非是打字和跑腿。她感觉自己就像一个勤杂人员，没有机会做那些她认为重要的工作。事实上，她甚至开始怀疑这个联盟本身是不是在做有价值的事情。有时候她甚至会认为整个机构就是一个幌子，让政治家能够以它为例来证明他们已经为本市的拉丁裔市民做了许多工作。

她的同事似乎并不在意这些，他们整天也无所事事，所以阿里并没有从他们那里获得支持。而且她的上司的态度更是火上浇油。他是拉丁裔社区中受人尊敬的领袖，小时候她就知道他。当得知是与他一起工作时，她高兴得不得了。但是到目前为止，阿里发现他几乎不怎么工作。他很少来办公室，要是来的话也会花很多时间吃午餐和休息。他很少找阿里谈话，也从未给她指派过任何工作。

阿里感到极度失望。自己要么得孤军奋战找项目做，要么极有可能在8小时里无所事事。阿里决定辞去这份工作，去寻找一些让自己感觉更有用的事做，但是要放弃为社区做贡献的梦想对她来说又非常困难。刚开始工作时她充满希望。她希望说服基金会资助拉丁裔社区开展一个提供更多机会的项目。但具有讽刺意味的是，现在她发现要说服的人正是自己。是继续工作，还是离开？她处于矛盾之中。

---

① 本理论基于利昂·费斯廷格的研究。

阿里和一些朋友谈过,他们鼓励她做自己认为正确的事,如果想离开的话,就辞掉联盟的工作。这让她感到好受些,但是她怎么也忘不了刚开始工作时的美好记忆和希望。

假设你是阿里·托雷斯的朋友,想知道她对工作的看法。你注意到她一谈起工作就显得闷闷不乐,最近她甚至根本不提这个话题了。她对工作三缄其口与刚到联盟时热切地谈论自己的工作形成鲜明对比。你想直接问她为什么这样,但又对她能否对你坦白一切表示怀疑。你明白阿里不需要你操心。你也知道阿里对联盟怀有许多憧憬,如果她感到失望的话可能根本不愿意告诉你。现在你面临的最大问题是:只能依靠自己的猜测,无法证实你的判断。

你作为阿里的朋友面临的问题非常普遍,因为我们无法直接观察人们的态度,但是态度又被认为是人类行为的最佳指示灯(Knobloch-Westerwick & Meng,2009;O'Neill & Arendt,2008)。苏珊·菲斯克和谢利·泰勒(Fiske & Taylor,1984)认为:"无论是普通人还是专家,在对人类行为做解释时一直把态度放在非常显著的位置。"(p.341)因为态度如此重要,许多学者试图对态度的形成、影响和行为倾向做出说明。许多心理学家(比如 Rydell,Hugenberg,& McConnell,2006)提出,态度研究中最有影响的取向是认知不协调理论。

一致理论(consistency theories)一般认为,心灵在刺激与反应之间起调节作用。这些理论提出,当人们接收信息(刺激)时,心灵将它纳入之前其他的刺激模式中。如果新的刺激不符合之前的模式,或者说不一致,那么人们就会感到不适。比如,当阿里·托雷斯一方面想对上司表示尊重,另一方面又看到上司对工作漠不关心时,她就会感到这种不适。一致理论认为,在上述案例中存在**认知**(cognitions,即知道、相信、判断等的方式)的不平衡。

认知	知道、相信、判断和思想的方式

利昂·费斯廷格把这种不平衡的感觉称为**认知不协调**(cognitive dissonance)。当人们"发现他们所做的事情与他们所知道的不符,或者是听到的观点与他们已有的观点不一致时"(Festinger,1957,p.4),就会产生这种感觉。这个概念构成了费斯廷格的认知不协调理论(Cognitive Dissonance Theory,CDT)的核心。该理论提出,不协调造成的不适感会促使人们采取行动,减少不协调(见图 6-1)。正如罗杰·布朗(Brown,1965)提出的,这个理论的基本观点其实来自一个相当简单的原理:"认知不协调状态是一种心理不适状态,或者是促使人们恢复协调的紧张感。不协调就是不平衡(disequilibrium),协调就是平衡(equilibrium)。"(p.584)一些学者(例如,Chang,Solomon,& Westerfield,2016)认为,"当所讨论的信念与个体的自我概念相关时"(p.268),不协调的感觉就会特别剧烈。此外,布朗指出,这一理论允许两个元素之间有三种不同的关系。这些关系被称为协调、不协调以及不相关。

106

认知不协调	因为态度、思想或行为的不一致造成的不适感

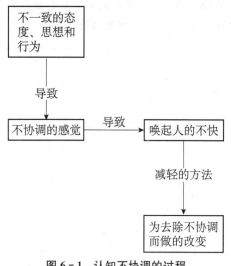

图 6-1 认知不协调的过程

当两个元素彼此保持平衡的时候，它们

之间就存在**协调关系**（consonant relationship）。比如，你认为健康和好身材是重要的目标，而你每周又进行 3~5 次的运动，那么你对健康的信念和你的行为就处于协调关系。如果阿里相信联盟对拉丁裔社区做出了重要贡献并且认为她的工作非常有意义，那么她就处于协调关系之中。**不协调关系**（dissonant relationship）意味着两个元素之间处于不平衡状态。一个坚定的天主教徒却认为妇女在堕胎问题上有自由选择权，那么这两个元素之间就存在不协调关系。[①] 在这个案例中，个人的宗教信仰与关于堕胎的政治信仰之间发生了冲突。在本章开始的故事中，阿里·托雷斯也在经历着不协调关系。

协调关系	两个元素彼此平衡
不协调关系	两个元素处于不平衡状态

当一个元素与另一个元素不发生任何关系时，就会出现**不相关关系**（irrelevant relationship）。比如，认为高速公路限速应该提高到每小时 65 英里和认为妇女在工作中应该享有平等权利之间就属于不相关关系。虽然这两种看法都赞成个人自由，但是两者之间没有关系。当信念处于协调或不相关关系时，就不会出现心理不适。但是，如果信念出现不协调，不适感就会随之产生。

不相关关系	两个元素之间不存在实质性关系

认知不协调理论之所以对传播研究非常重要，是因为费斯廷格断言，产生不适感的不协调会导致变化。在开篇小故事里曾提到，阿里·托雷斯对她的工作感到失望和不舒服。她最初认为自己有机会通过这份工作帮助他人的信念和之前对上司的高度尊敬与她目前的状态不协调。这个时候就是说服的最佳时机。该理论暗示，如果想说服他

人，就要把重点放在不协调上，同时提出的新行为会促成协调或平衡。

因此，认知不协调理论为传播研究者提供了一些有关说服的解释，也提供了制造说服性讯息的准则。此外，在说服他人或者想要努力减少自己的认知不平衡时，认知不协调还可能会导致传播行为。比如，当阿里和她的朋友们讨论她的决定时，她就在为了

107

---

① 美国公众在堕胎问题上存在着选择权和生命权两种不同的看法。前者认为堕胎应该是医生和病人之间的私事，可以允许妇女在没有外来干涉的情况下终止她所不希望的妊娠，不能用神职人员或政府官员的判断来取代妇女和医生的判断。此外，持激进选择权观点者认为，胚胎不是人，不能把胎儿的权利提高到妇女的权利之上，不能认为胎儿的利益比作为"容器"的母亲的利益更重要。持生命权观点者认为，婴儿的生命在他降临人世之前早已有之。他们根据一些医学资料提出，胎儿是一个活的个体，是一个人。他们还把堕胎看成是对美国的基本价值的威胁，这将导致一个失去了"家庭价值"的没有目标、没有信仰的社会。天主教徒一般持生命权观点。——译者注

减少不协调而寻求帮助。她与朋友的交谈和
自我说服的例子就是使用传播减少不协调

的过程（稍后我们会在本章谈到认知不协调
理论与说服之间的相互作用）。

大众媒体中的理论·定义不协调

丹尼尔·托马苏洛（Daniel Tomasulo）在他的博客"问问治疗师"中写道：得知兰斯·阿姆斯特朗（Lance Armstrong）不再反抗对他在自行车生涯中违规使用兴奋剂的指控，他经历了认知不协调。并且，作为结果，美国反兴奋剂中心投票决定对阿姆斯特朗终身禁赛，并取消了他创下的七项环法大赛冠军的纪录。托马苏洛提到，他曾经视阿姆斯特朗为真正的英雄，现在不得不重新调整自己对这位自行车选手的看法。现在在托马苏洛看来，阿姆斯特朗既是一个英雄，因为他加强了公众的抗癌意识，又是一个骗子，因为他似乎承认了自己的胜利依赖强化表现的兴奋剂的刺激。托马苏洛写道："我认为，兰斯·阿姆斯特朗既是一个幸存者，又是一个说谎者。他非常强大，也极为弱小。阿姆斯特朗是动力的源泉，也是耻辱和羞愧的源泉。他是英雄，也是恶棍。简而言之，他成为认知不协调的当代案例。"正如认知不协调理论所说，托马苏洛发现自己不得不调和他对阿姆斯特朗的不协调的看法，不然就会感到焦虑。

资料来源：Tomasulo, D. Lance Armstrong: Cognitive dissonance as a hero's journey ends, psychcentral. com/blog/archives/2012/08/25/lance-armstrong-cognitive-dissonance-as-a-heros-journey-ends/.

理论速览·认知不协调

人们会努力避免惹人不快的不协调经历——无法相容的观念和行为，或者两种无法相容的观念。在努力避免不协调的感觉时，人们会无视与自身观点相悖的观点，改变自己的观点从而与行为一致或者反之，并且/或者在做出一项艰难的决定之后寻求肯定。

认知不协调理论的前提假设

108

我们已经指出，认知不协调理论解释的是信念和行为如何改变态度。它的焦点是认知不协调的效果。我们的开篇小故事里涉及许多认知不协调理论的前提假设。该理论的基本假设有四个：

- 人类希望他们的信念、态度与行为是协调的。
- 不协调是由心理矛盾（psychological inconsistencies）产生的。
- 不协调是一种令人厌恶的状态，它促使人们采取能够产生适当效果的行动。
- 不协调导致人们产生想要达到协调及

消除不协调的动机。

第一个假设提出了一个有关人性与稳定性、协调性的模式。在我们第 8 章讨论不确定性减少理论时，你还会看到类似的人性理论。认知不协调理论提出，人们不喜欢面对思想和信念上的不协调，相反，人们寻求协调。这就是为什么阿里会因为她的工作感到不高兴，为自己的辞职感到闷闷不乐。她想寻求协调，但是她对工作的认知又导致她产生不协调。珍妮特·迈耶（Meyer, 2011）发现，人们后悔发送讯息的一个常见原因正与不协调有关。

第二个假设认为，这种矛盾和不一致对人们来说非常重要。这种矛盾并不是严格意义上的逻辑矛盾，而是指在认知心理上的矛盾（而不是逻辑上的矛盾）所唤起的认知不协调。例如，阿里·托雷斯的认知坚持认为"我想要为我的社区做贡献"，这与联盟并没有为社区做出很大贡献之间不会产生逻辑上的矛盾和不一致。这两种信念的逻辑并不相悖。但是，阿里仍然想为联盟做事和她认为联盟对印第安纳州盖里的拉丁裔社区根本没有什么帮助之间，是心理上的矛盾和不一致。也就是说，当阿里想帮助他人，但是又继续认为自己的联盟什么也没有做时，就会感到心理上的矛盾。同时让阿里感到有压力的是，一方面她有辞职的想法，另一方面她又恋恋不舍地希望能在这个职位上做出一些贡献。

第三个假设认为，当人们经历心理矛盾时，由此产生的不协调让人厌恶。因此，人们不愿意处于不协调的状态——这是一种让人很不舒服的状态。费斯廷格认为，不协调是一种会导致唤起特征的状态。自从费斯廷格最早提出这个理论以来，大量的研究支持了这个假设（例如，Foster & Misra，2013；Rydell，McConnell，& Mackie，2008）。一项研究（Elkin & Leippe，1986）发现，生理唤起（physiological arousal）与不协调之间存在一定的联系。认知不协调理论假设，阿里会因为她经历的心理不协调而产生不舒服的感觉。

最后一个假设认为，由不协调产生的唤起会促使人们回避产生矛盾的情境，朝着恢复不矛盾的情境努力。因此，这个理论所建构的人性图画是对认知矛盾的厌恶导致生理唤起，生理唤起导致人们寻求心理一致（见图 6-2）。

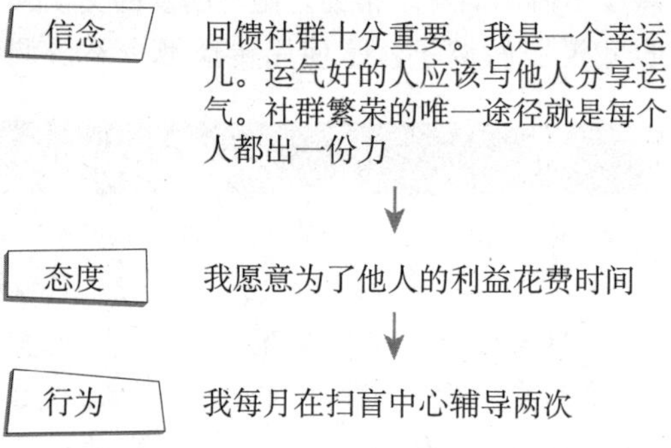

认知不协调的概念和过程

109   在理论的发展过程中，一些概念得到完

 信念   回馈社群十分重要。我是一个幸运儿。运气好的人应该与他人分享运气。社群繁荣的唯一途径就是每个人都出一份力

 态度   我愿意为了他人的利益花费时间

行为   我每月在扫盲中心辅导两次

图 6-2 信念、态度和行为的一致性

善，也增加了一些其他概念。比如，接下来的这个情节显示的场面就可能发生不协调：胡安认为夫妻之间的关系应该和谐（这是一个认知），但是他却经常和他的伴侣争吵（关于他的行为的冲突的认知），那么这个理论预测，胡安会感到紧张和不适。当认知不协调理论者试图预测胡安会经历多大的不适或不协调时，他们提出了许多概念，我们将会进一步讨论。

不协调量

第一个概念是**不协调量**（magnitude of dissonance），指的是一个人经历的不协调的数量。不协调量会决定人们可能采取的行动，以及他们为减少不协调采取的认知。这个理论可以把产生更多不协调的情境和产生较少不协调的情境区分开来。不协调和有益事件之间有时会存在一种特殊的关系。例如，在一项研究中，当人们以为自己要参加一项"令人不适的医学筛查"时，与那些没有参加资格的人相比，他们报告的对这项筛查的好感更少，尽管这项筛查对他们而言有医学价值（Ent & Gerend，2015）。

不协调量	不舒服感的数量

有三个因素会影响人们感到的不协调量 （Zimbardo，Ebbesen，& Maslach，1977）。

首先，**重要程度**（importance），即问题的显著性，它会影响不协调的程度。比如，胡安除了妻子以外，有许多朋友和社交活动，妻子对他来说不是特别重要，该理论预测他的不协调量就会少一些。但如果他发现自己的身份认同和社会互动中很多与妻子有关，那么不协调量就会更大。阿里·托雷斯也是一样。如果她在社区里做大量的义务工作，她的职业也不是她身份认同的主要来源，那么和她认为自己的职业对自己非常重要并且是她实现回报社区目标的主要方式相比，不协调就没有那么严重。

> **重要程度**　不协调量的决定因素之一，指问题的显著性

其次，不协调量受到**不协调率**（dissonance ratio）的影响，即受到认知不协调量与认知协调量的比例的影响。因为胡安经常与配偶争吵，所以他的许多认知可能与这个行为有关。其中一些认知与他的行为相协调，比如："把心里的真实想法说出来有好处"，"在和配偶生活中能够保持自己真实的个性非常重要"，"有时争吵可以用一种独特的方式让双方都看到问题所在"。但是他的另一些认知则可能与冲突行为不协调，比如："如果我们真的爱对方，我们就不会像这样争吵"，"如果我们把太多的时间花在吵架上，我们就永远不会快乐"，"我们总是为这些事争吵，永远解决不了任何事"，"我的父母从来不吵架——我们肯定对彼此不够关心"，"我原来想象中的状态不是这个样子"。因为胡安不协调的认知超过协调的认知，比例就是倒置的。因此，胡安可能会感到矛盾，结果导致不协调。如果比例比较平衡，胡安不协调的感觉就会少一些（Matz & Wood，2005）。

> **不协调率**　不协调量的决定因素之一，指认知不协调与认知协调的比值

最后，对不协调是否存在理性解释也会影响不协调量。**理性化**（rationale）指的是解释不协调存在原因时所使用的推理。如果能对矛盾理性化，那么不协调的感觉就会减小。比如，如果胡安和妻子刚搬家，或有变动，丢了工作，买了房子，或有其他导致紧张的经历，胡安就会把冲突归结为是紧张感造成的，只是暂时现象。在这种情况下，他所感到的不协调就会少得多。而如果他不能把他的行为理性化，不协调量就会比较大。

> **理性化**　不协调量的决定因素之一，指解释不协调存在原因时所使用的推理

应对不协调

虽然认知不协调理论解释说，可以通过改变行为和态度两种方法减少不协调，但是大多数研究集中在后者。因为许多矛盾都来自认知，所以这个理论提出，胡安有几种方法减少他的不协调。比如，胡安可以增加或减少认知元素以改变协调的认知和不协调的认知之间的比率。具体来说，这可能意味着增加一个事实，那就是他的朋友杰夫和唐也经常吵架，但是却很幸福；或者减少一些认知，即认为两人之间的关系并不总是充满了冲突。胡安还可能减少这些不协调认知的重要性。他可能会认为，孩子们并不太了解父母之间的关系，所以父母之间并不怎么吵架这一事实不能说明什么问题。胡安还可以找出一些信息来证明冲突和紧张有助于夫妻坦诚地交流。此外，他还可以曲解那些暗示冲突是不好的信息，认为那是不现实的、过于乐观的看法。总的来说，我们可以通过增强我们协调的信念、降低不协调信念的重要程度或改变我们的信念，从而表面上以某

种方式消除不协调。关于第三个选项，凯蒂·邓利维和马修·马丁（Dunleavy & Martin, 2010）发现，学生表示纠缠老师索要更好的成绩的行为是可以接受的，而老师则不然。研究者推测，学生可能通过改变他们对于纠缠行为造成的负面影响的信念，降低负面行为（纠缠老师）带来的不协调。而另一面，老师没有采取这样的行为，因此没有改变自己的信念的必要。

认知不协调和感知

当胡安开始使用上面那些策略改变自己的认知以减少不协调的时候，感知过程（perceptual processes）就开始起作用。具体来说，认知不协调理论与选择性接触、选择性注意、选择性解释和选择性记忆有关。因为这个理论预测，人们会避免增加不协调的信息。这些感知过程就具有逃避的效果。

选择性接触（selective exposure），即寻找那些还未出现的协调信息以帮助减少不协调。认知不协调理论预测，人们会避免增加不协调的信息，寻找与自己原有态度及行为相一致的信息。在冲突的关系中，胡安可能会寻找经常吵架但看上去很幸福的朋友的例子来安慰自己。

> **选择性接触** 通过寻找那些与现有信仰和行为相协调的信息以减少不协调的方法

选择性注意（selective attention）指的是当存在一致的信息时，人们会予以关注。人们在注意信息的时候会关注那些与他们的态度和信念相一致的信息，忽略那些让自己感到矛盾的信息。因此，阿里·托雷斯会选择阅读报纸上对联盟的正面报道而忽视负面报道。

> **选择性注意** 通过注意那些与现有信仰和行为相协调的信息以减少不协调的方法

选择性解释（selective interpretation）是对模糊的信息做出某种解释，让它与已有态度一致。通过选择性解释，大多数人会把朋友的态度解释得和自己一样，其一致性会超过真实情况（Berscheid & Walster, 1978）。人们使用选择性解释，回避潜在的不协调。

> **选择性解释** 通过对模糊的信息做出一定的解释，让它与已有的信仰和行为保持一致以减少不协调的方法

最后，**选择性记忆**（selective retention）指的是我们记忆和学习协调信息的能力大大超过记忆和学习不协调信息的能力。认知不协调理论预测，如果一对夫妇为假期去露营还是观光争吵的话，希望去露营的一方不会记得观光线路套餐的细节，而希望去观光的一方则不会记得许多关于露营的计划。如果胡安听过一个主题是冲突对亲密关系非常重要的讲座，他就会牢牢地记住他与妻子经常吵架的情境。同样，阿里会记住过去听到的有关联盟做过很多有益工作的新闻报道。

> **选择性记忆** 通过记忆那些与既有信仰和行为相协调的信息以减少不协调的方法

在选择性记忆的过程中，态度会影响记忆的组织形式（Lingle & Ostrom，1981）。当想到某个人曾经是你的老师时，你会记得她讲课和提出主题的能力、引发讨论兴趣的能力以及循循善诱帮助你完成作业的能力。但是，如果回忆同一个人时想到她是个演员，你就会回忆她塑造角色和引起你兴趣的能力。如果你对某人的态度倾向于把她看成是老师而不是演员，这就会影响你对这个人的记忆。

让我们这样总结前面的小节：当人们面 *112* 临认知不一致时，他们往往会希望达到认知协调。正如索恩和拉里西（Sohn & Lariscy，2015）所指出的，人们会选择性地注意与既有信念一致的信息。传播者也会"为不同的信息赋予不同的价值权重"（p. 239）。当这种心理平衡存在时，就产生了一种**证实性偏见**（confirmatory bias）。

证实性偏见	证实对现象的先入之见或解释的倾向

最低限度合理化

费斯廷格在理论中提出了一个有趣而反直觉的判断，这就是他称之为"最低限度合理化"的概念。**最低限度合理化**（minimal justification）① 指的是要使某人做出改变，只需要必要的极少的刺激。费斯廷格和他的同事卡尔史密斯通过一个非常著名的"1 美元和 20 美元"的实验，证明了最低限度合理化原理。费斯廷格和卡尔史密斯（Festinger & Carlsmith，1959）招募了一些斯坦福大学的男生，分配他们做一些枯燥的、重复的任务，包括把线筒按 12 个一组分类和把方形的木栓向右转 90 度。在做完一个小时的单调工作后，研究者请求大学生帮他们一个忙。研究者解释说，他们需要另

外一个人继续做这些工作，他们会付给他一些钱，让他告诉接待室的一名妇女，这份工作非常愉快。这名妇女实际上是一位研究助手，她会帮助研究者检验大学生是如何说服她的。为了让他们说服这名妇女，研究者给了一些大学生 1 美元的报酬，而另一些大学生做同样的工作却得到了 20 美元（请注意，这项研究是在 1959 年进行的，这两笔钱的购买力都比现在强。当时的 20 美元相当于现在的 60 美元的购买力）。费斯廷格和卡尔史密斯发现，参加实验的大学生的最终的态度有很大差异。那些为说服那个妇女接受 20 美元报酬的大学生说，他们真的认为这份工作非常枯燥，但是那些只拿到 1 美元的大学生却说，他们真的认为这份工作非常愉快。

最低限度合理化	只需要必要的极少的刺激就可以使他人服从

这个结果说明了最低限度合理化的概念。费斯廷格和卡尔史密斯提出，某人做一件自己不相信的事情却获得了很少的奖励会导致更多的不协调，但是因为做了同样的事情却获得了很多奖励，产生的不协调就会很少。如果人们因为欺骗别人获得了很多钱，那么他们会承认，他们是为了钱做坏事。但是如果他们因为欺骗只获得了 1 美

元，他们就没有一个现成的解释来让他们的态度和行为处于协调状态。为了减少他们的不协调，他们只好做一些改变以使认知保持协调。因此，他们就会改变自己对那份工作的看法，这样就能合理地说明，为什么他们会告诉接待室的妇女这份工作很有趣。现在他们相信，之所以他们会告诉她这份工作很有趣，是因为事实上它确实很有趣。

---

① 也称为不充分合理化（insufficient justification）。——译者注

最低限度合理化更注重改变态度而非改变行为，因为这一概念认为，通过给某人大量金钱让他去做某事，可以改变其行为。但是，想象一下，你的学校想说服学生，让他们不仅实际上参加志愿活动，还想参加更多的志愿活动。比如，如果学校的目标是让学生相信社会行动主义是一种价值，那么学校为了回报他们的志愿活动，可能会给参加者发件 T 恤，而不是给他们的课程成绩打 A。学生收到 T 恤之后大概不会觉得自己整个学期每周做十个小时的志愿工作就只是为了得到这件 T 恤，但是他们却可以说他们的志愿服务并不是只为了得到一个 A 的成绩。

认知不协调理论和说服

113　　费斯廷格后来的许多研究都集中在说服方面，特别是决策行为。大量的研究是关于决策后的认知不协调现象。一些学者研究了**购买者的懊悔**（buyer's remorse），它指的是人们在决定购买大宗商品后经常感觉到的不协调。其中一项研究调查了汽车购买中的购买者懊悔（Donnelly & Ivancevich，1970）。在他们的研究中，他们找到了一些已经签订购车合同正在等待交货的人。这些人被分成两组。研究者与其中一组人接触两次，让他们再次确定自己的购买决定是明智的。对于另一组人，研究者则在签订合同到汽车交货期间不与他们做任何接触。在不做接触的这一组中，有大约两倍的人取消了购车合同。这一发现支持了做出购买大宗商品的决策之后会产生不协调的理论。此外，这个研究还显示，向人们提供信息让他们相信自己的决定是明智的会减少不协调。这个发现说明了决策和控制不协调比率的重要性，关于不协调比率前面已经做过讨论。

购买者的懊悔	与购买行为相关的决策后不协调

学生之声
南希

　　我当然经历过购买者的懊悔。我想我可能就是按照认知不协调理论所预测的那样处理的。在我和我丈夫买下我们的第一栋房子时，我神经极度紧张，而我让自己平静下来的唯一方式就是想一想我们的其他选项多么糟糕，并花时间跟尼尔讨论这栋房子有多棒。我们说服自己相信我们做出了极好的选择。

另一项研究（Knox & Inkster，1968）在不同的环境中调查了决策后的后悔阶段。这一研究通过实验的方法，调查了人们在加拿大赛马中下 2 美元赌注前后的变化。研究者调查了下注者对自己下注的马获胜的信心。研究结果显示，和下赌注之前相比，下赌注之后人们对他们选的马获胜的信心有了明显增加。他们对这一现象的解释与认知不协调理论完全一致，因为他们推论，下注后人们会感到不协调。选中一匹马投注和觉得这匹马的缺点会阻碍它获胜之间出现不协调。要减少这种不协调，最简单的方法就是增加被选中马匹的吸引力，或者增加选择的信心。因此，按照理论的预测，诺克斯和英克斯特发现，在做决策之后赌博者会表现得更有信心。正如罗伯特·维克朗德和杰克·W. 布雷姆（Wicklund & Brehm，1976）指出的，当一个决策不能取消时，比如赌博，人们必须迅速地减少无法避免的不协调。

另一项研究（Brownstein, Read, & Simon, 2004）考察了赛马跑道上的认知不协调。参与者得到了赛马的相关信息，然后被要求评估每匹马赢得比赛的概率。调查对象在下注前三次评估马匹，在下注后再评估一次。正如认知不协调理论所预测的那样，研究者发现，114

在做出选择之后，对选中马匹的评分也提高了。

瓦尼·西蒙斯、莫妮卡·韦布和托马斯·布兰登（Simmons, Webb, & Brandon, 2004）研究认知不协调原则是否能帮助大学生戒烟。他们测试了基于该理论的实验性学习干预。144 名吸烟的大学生被要求制作关于吸烟风险或戒烟教育的视频，正如认知不协调理论所预测的那样，他们发现制作视频使戒烟的意愿增加了。

费斯廷格和两个同事在一项探索性个案研究中也调查了决策后的不协调（Festinger, Riecken, & Schachter, 1956）。费斯廷格和他的同事们在 20 世纪 50 年代加入了一个基地设在芝加哥的世界末日教（doomsday cult）。这个群体由一个中年男性和一个中年女性领导。研究者们把这个女性称为基奇（Keech）夫人，她声称从一个可以预言重大灾难的幽灵那里得到讯息，一场大洪水将毁灭这个世界。接下来这个幽灵告诉基奇夫人，这个组织的成员可以在洪水之前得到拯救。他们被告知，太空人会到来，并把信教者安全送到另一个星球。信教者开始为世界末日和离开这个世界做准备。离开的时间被定在一个午夜，这个组织聚集在基奇夫人家的客厅，等待着将把他们安全接走的太空飞船到来。时间一分一秒地过去了，很显然，没有人会来拯救信众。事实上，他们也没有必要被拯救，因为根本没有大洪水。一开始，由于每个人的极度不协调，这个组织一度处于分裂的边缘。但是这些组织成员的信仰如此坚定，以至于他们找到了其他方式来化解不协调。

组织成员用两种方式减少他们的不协调。首先，基奇夫人指出，这个幽灵又通过她给组织发出了一条新讯息，称他们的信仰导致上帝把世界从毁灭中拯救出来。因此，这个组织使用选择性解释，让新的信息通过选择性注意进入。其次，基奇夫人说她还收到另外一条讯息，让大家把这些情况告诉其他公众。这个组织马上又变得充满活力，减少了不协调，重新坚定了他们继续成为组织一员的决心。

一些研究者还研究了不协调和传播策略的关系。帕特里斯·布扎内尔和林恩·特纳（Buzzanell & Turner, 2003）研究了在过去 18 个月中，家庭主要经济来源失业后的家庭传播。布扎内尔和特纳采访了家庭成员，从而评估失业造成的传播问题。

布扎内尔和特纳发现，对于大多数家庭成员来说，失业确实造成了不协调，许多家庭成员使用三种策略来减少失业产生的不协调。首先，家庭成员使用普通的语气告诉研究者，失业后并没有发生真正的变化。其次，家庭成员有意突出积极的主题，弱化消极的主题。最后，家庭成员维持性别身份的建构，他们努力地证明，虽然男性失去了工作，但他仍是家庭中的男人。通过这三种策略，家庭成员一起减少了失业造成的不协调。

115

整合、批评和总结

虽然研究者们从 1957 年就开始使用和修正费斯廷格的理论，但是该理论的起源显然是量化研究，且今天的大多数研究依然采用实验法。虽然一些学者把它作为社会心理学的一项重要成就（Barrett, 2017），但是对它的批评主要涉及理论的实用与可检验。

整合

传播传统	修辞学 ｜ 符号学 ｜ 现象学 ｜ 控制论 ｜ **社会心理学** ｜ 社会文化 ｜ 批判
传播语境	**自我** ｜ 人际 ｜ 小群体 ｜ 组织 ｜ 公众/修辞 ｜ 大众/媒体 ｜ 文化
获得知识的方法	**实证的/经验的** ｜ 诠释的/阐释的 ｜ 批判的

批评

评价标准	范围 ｜ 逻辑一致 ｜ 简洁 ｜ **实用** ｜ 可检验 ｜ 启发性 ｜ 时间的考验

实用

对认知不协调理论的一个担忧是，批评者抱怨该理论不具备实用性，因为相较于认知不协调理论，其他的理论框架能更好地解释"1 美元和 20 美元"实验中发现的态度改变。欧文·贾尼斯和罗伯特·吉尔摩（Janis & Gilmore，1965）提出，当人们处于矛盾之中时，比如替自己不相信的观点辩护时，他们会寻找所有支持自己观点的论据，压制不利的论据。贾尼斯和吉尔摩称之为**带有偏见的扫描**（biased scanning）。这个带有偏见的扫描过程会让我们更容易接受新观点，比如改变某人认为线筒分类工作很枯燥的看法，使其认为那确实是一份有趣的工作。

带有偏见的扫描	在思考某个论点时，偏向某个态度而压制另一个态度

贾尼斯和吉尔摩（Janis & Gilmore，1965）提出，一个人在带有偏见的扫描中得到过分补偿时，就会产生怀疑和内疚。因此，这就可以解释为什么 20 美元的强烈刺激不会导致参加费斯廷格和卡尔史密斯（Festinger & Carlsmith's，1959）的实验的大学生产生态度变化。

其他研究者（Cooper & Fazio，1984）提出，最初的认知不协调理论中存在许多"概念不清"。一些研究者提出，不协调概念与自我概念或印象管理之间就很难区分。印象管理（impression management）指的是人们想让自己或他人觉得自己不错的行为。例如埃利奥特·阿伦森（Aronson，1969）认为，人们想让自己看上去更有理性。阿伦森还提出，在费斯廷格和卡尔史密斯（Festinger & Carlsmith's，1959）的实验中，如果"不协调存在，那是因为个人的行为与自己的自我概念产生不一致"（p. 27）。阿伦森断言，斯坦福大学的学生的不协调来自他们把自己视为正直而真诚的男人，而不是因为钱而骗人的人。

印象管理	一个替代认知不协调理论的理论，指的是人们想让自己或他人觉得自己不错的行为

我们前面讨论过帕特里斯·布扎内尔和林恩·特纳（Buzzanell & Turner，2003）对失业家庭中的传播的研究，我们可以把家庭成员使用的策略看成是印象管理而不是减少不协调。当父亲报告说失业后他们的家庭没有任何变化时，就像阿伦森提出的，他们可能只是通过理性的方式让自己的行为看上去更合理而已。

在前面的批评中，研究者们在究竟是什么认知状态起作用上产生了意见分歧，是不协调、带有偏见的扫描还是印象管理？达里尔·贝姆（Bem，1967）提出，最重要的中心概念不是何种类型的认知，而是行为。贝姆认为，不是认知不协调在改变人们，而是自我感知在起作用。简单而言，**自我感知**（self-perception）是人们像判断他人的态度一样通过观察他人的行为对自己的态度做出判断。贝姆的解释使得理论变得更加简单。

自我感知	一个替代认知不协调理论的理论，指的是通过观察他人的行为对自己的态度做出判断

在贝姆的理论中，没有必要考虑个人感觉到的认知不协调的程度。人们只需要观察他人的行为，就能推测出他人的态度是什么。比如，我不经常进行户外锻炼，但相信保持良好的身材和健康是重要的目标，并不一定意味着我必须真的相信户外锻炼对健康非常重要。以我们开篇小故事里的阿里·托雷斯为例，贝姆可能会反驳说，阿里在联盟工作的时间越长，就越可能相信她正在从事一份有价值的工作。根据贝姆的理论，如果阿里的朋友问她是否喜欢自己的工作，她可能会回答："我想我应该喜欢吧。我还在那儿工作呢。"

克劳德·斯蒂尔（Claude Steele）等人的研究（Steele，1988，2012；Steele，Spencer，& Lynch，1993）也为不协调效果提出了一个行为上的解释，即**自我确认**（self-affirma-tion）。但是与贝姆不同，斯蒂尔和他的同事认为，在自我确认理论里不协调是由威胁某人道德感的行为导致的。你可以看到，这一理论可以很好地解释阿里·托雷斯的处境。她的不适可能不是因为她有两种矛盾的信念，而是因为自己的工作不能做出任何重要贡献而看不起自己。

自我确认	一个替代认知不协调理论的理论，该理论认为不协调是由威胁某人道德感的行为产生的

另外一些学者相信，认知不协调理论总的来看非常有用，具有一定的解释力，但是需要做一些完善。比如维克朗德和布雷姆（Wicklund & Brehm，1976）提出，认知不协调理论在关于何种不协调会导致态度改变的条件表述上不够明确。他们认为，"选择"是理论中缺失的概念。维克朗德和布雷姆提出，当人们认为自己在不协调关系中具有选择余地时，他们会对关系做出改变。如果人们认为自己无力改变现状，那么他们就不会为不协调感到烦恼，他们很可能不会做出任何改变。以我们开篇小故事中的阿里·托雷斯为例，维克朗德和布雷姆可能会认为，根据她认为自己在这个问题上有多少选择，我们能够对她是否辞职做出预测。比如，如果因为家庭的责任，她必须待在盖里，或者她认为在盖里找新工作会很困难，认知不协调就不会导致她采取行动。相反，如果没有什么原因使她非留在盖里不可，或者说有大量的工作机会，同样的认知不协调就会促使她产生改变。

乔尔·库珀和杰夫·斯通（Cooper & Stone，2000）提出了另一个修改意见。他们指出，在 1 000 多个使用认知不协调理论进行的研究中，很少涉及作为一个群体成员的个人所经历的不协调。库珀和斯通认为，群体身份在人们如何感知不协调和如何减少不协调中起着重要作用。比如，他们发现，宗教信仰和政治群体等社会身份认同影响人们对不协调做出反应。与库珀和斯通的观点有些关联的是一项考察"精神不协调"以及人们如何志愿服务宗教团体的研究（McGuire，2010）。

其他批评者认为，认知不协调理论没有发挥应有的那么大用处，因为它没能完整解释人们如何以及何时会试图减少不协调。首先，有一个被称为"多种模式"的问题。这一问题存在的原因是，在一个产生不协调的情境下，有多种方式可以减少不协调。正如我们在本章前面讨论的，有几种方法可以获得更多的协调（例如改变你的想法或者进行选择性接触、注意、解释或者记忆）。该理论的缺陷是它不能精确预测。

其次，在个体差异问题上，这一理论的预测问题同样明显。人们对不协调的容忍度不同，而该理论没能具体说明如何将这一点　　纳入它的解释。

可检验

学者们指出的另一个不足与我们的可检验性标准有关。你可能还记得，可检验性指的是一个理论可以被证伪的可能性。和不能被证伪的理论相比，能被证伪的理论更具有解释力。研究者们指出，因为认知不协调理论提出不协调会使人们产生行动，当人们不行动时理论的支持者又会说，不是理论错了，而是不协调程度不够强烈。因此，这个理论很难被证明是错的。

118

虽然认知不协调理论存在不足，但是它还是让我们对态度、认知、感情和行为之间的关系有了更深入的洞察，同时它还提出了态度改变和说服的方法。社会认知的研究者和传播学者仍然在使用来自认知不协调理论的许多思想。正如史蒂文·利特尔约翰和卡伦·福斯（Littlejohn & Foss，2017）总结的，费斯廷格的理论不仅是最重要的协调理论，也是最重要的社会心理学理论之一。认知不协调理论是 1 000 多个研究的理论框架（Perloff，1993），它们中的许多研究支持了这个理论。此外，许多批评和解释对该理论进行了完善和修正。一些研究者（例如 Harmon-Jones，2009；Hoelzl，Pollai，& Kastner，2011）相信，这个理论经过不断完善，比如通过更深入地研究认知和把它与其他理论模型结合在一起，可以产生更丰硕的理论成果。

总结

认知不协调理论对我们理解认知及其与行为的关系做出了巨大的贡献。不协调概念在研究论文中仍然非常具有解释力，它为心理学、认知心理学、传播学和其他相关领域提供着研究资源。

讨论题

技术探索：当线上认识的人在线下面对面相会时，他们对彼此会产生不同的感觉，请用认知不协调理论解释发生了什么。

1. 请用适当的例子分别说明选择性注意、选择性接触、选择性解释和选择性记忆与认知不协调的关系。你认为在阿里·托雷斯的例子中应该如何应用这些概念及过程？

2. 列出你自己曾经有过的两种处于不相关关系的态度。列出你自己有过的两种处于协调关系的态度。你还有过彼此不协调的态度吗？如果有，你对它们做了什么？说明你的行为与认知不协调理论是否一致。

3. 你如何看待本章提到的认知不协调理论的可检验性问题？是否可以做一些修

改，把这个理论变成能够被检验的？

4. 假设你想让一些朋友改变他们酒驾的行为。你如何在说服朋友的过程中应用这个理论？

5. 你同意最低限度合理化的概念吗？举一些例子说明最低限度合理化在说服中的作用。

6. 你认为群体身份是如何影响不协调的？你认为它在不协调减少中扮演了什么角色？

7. 除了说服之外，你觉得认知不协调理论在传播领域还能有哪些其他的应用？

第7章
预期违背理论^①

① 本理论基于朱迪·伯贡的研究。

传播研究中最吸引我的一件事就是观察反直觉的事物，它们挑战了每个人秉持的、所有人都应该相信的最基本的不言而喻的道理。

——朱迪·伯贡（Judee Burgoon）

玛吉·卢索

在准备英格拉汉姆调查公司的面试时，玛吉·卢索充满信心，她觉得自己能回答任何问题。作为一个有三个小孩的44岁的母亲，她认为凭自己的生活经验就足以应付任何刁钻的问题。她曾是女童子军的团长，在中学的家长-教师联合会管理过财务，还兼职做执行助理。她认为这些经验会对回答面试的问题非常有帮助。

虽然自信十足，但是玛吉还是突然对与调查公司的人力资源部代表阿丽莎·穆勒见面感到紧张。当办公室助理告知穆勒女士准备见她时，玛吉来到阿丽莎的办公室，敲了敲门，然后走进房间。当她走到离大办公桌10英尺以外时，阿丽莎抬起头问道："你是卢索女士吗？"玛吉回答道："我就是。"阿丽莎接着说："好的。走近一些，坐下来，我们聊聊。"

当玛吉开始面试时，一种紧张感油然而生。她有一种预料不到的紧张感。阿丽莎可以感觉到玛吉很紧张，她问玛吉喝咖啡还是茶。"谢谢，不用了。"玛吉说。"那么，为什么不坐下？"阿丽莎问。

玛吉真的很想得到这份工作。她和丈夫为这次面试做过准备，昨天晚上他问了她各种问题。她不想失去得到这份工作的机会。

当两个人坐下来开始聊工作和职责时，玛吉的心里开始打鼓。为什么她会如此紧张？她也曾经面对过许多人，而且她自己对于这份工作很有经验。但是，玛吉还是非常紧张，好像胸中有头小鹿。

阿丽莎谈到了玛吉的工作责任以及向谁报告。当谈到这些内容时，阿丽莎开始在办公室里走来走去，并不时地斜靠在玛吉椅子前的办公桌上。阿丽莎还有许多不同的问题要问，而且想多听听玛吉的意见。她问玛吉最近看过什么精彩的电影没有。"噢，对不起，阿丽莎。"玛吉回答说，"我没有时间看电影。"

"我能猜到原因，"阿丽莎说，"你真是个大忙人。我非常惊讶你能同时做这么多事。你的孩子非常幸运。休息的时候你和家人做什么？"

"噢，谢谢，他们很好。我确实有闲下来的时候，我会试着花更多的时间与孩子们一起。"谈到她如何帮两个女儿卖女童子军小甜饼时，玛吉感到更放松了。接下来她谈到自己如何能够同时处理许多事情。

阿丽莎说："太好了！让我们再谈谈你如何处理工作最后期限的问题。"

很显然，随着谈话的进行，玛吉感到越来越适应。最后，她消除了紧张，而且为自己即将成为一名英格拉汉姆调查公司的职　员而感到高兴。

在任何传播中，非语言传播都是一个非常重要的部分。我们在交谈中所做的（或我们如何表达）要比我们说的话更重要（Knapp，Hall，& Horgan，2014）。为了理解非语言传播及其在谈话中对讯息的影响，朱迪·伯贡（Burgoon，1978）提出了预期违背理论（Expectancy Violations Theory，EVT）。从那时开始，伯贡和她的许多同事研究了各种讯息以及非语言传播对讯息产生的影响。伯贡（Burgoon，1994）在讨论非语言传播与讯息的关系时提出："非语言线索是讯息创造（产生）和解释（处理）中始终存在的重要组成部分。"（p.239）这个理论最初被称为"非语言的预期违背理论"。但是伯贡后来去掉了"非语言的"这个词，因为现在这个理论研究的问题已经不仅仅局限于非语言传播领域，这一点我们还将在本章后面略加讨论。但是不管怎样，从 20 世纪 70 年代晚期这个理论提出以来，预期违背理论已经成为研究非语言传播对行为影响的主要理论以及研究人们如何回应意料之外的传播的理论（Guerrero，2008）。

我们从本章开篇小故事中玛吉·卢索和阿丽莎·穆勒身上就能看到这个理论的内容。玛吉开始与面试官交谈的时候有一种紧张的感觉，她一开始与对方进行互动时，就对她们之间空间的变化感到不安。阿丽莎在面试过程中向玛吉靠近，使玛吉感到不舒服。但是，当谈话内容转向玛吉的孩子时，她就不再把阿丽莎与她的接近看成是对自己信心的威胁。

预期违背理论认为，人们对他人的非语言行为抱有预期。伯贡提出，在传播者之间，交谈距离如果发生预期以外的变化会造成生理唤起，经常还会产生模糊的意义。

对预期违背中所蕴含意义的解释，取决于"违背者"的受欢迎程度。回到我们的开篇小故事，在许多面试中，我们一般不会预期面试官斜靠在职位申请者面前的桌子上。当这种现象发生时，玛吉变得不自在。只有在阿丽莎开始和她聊电影时，玛吉才觉得自在一些。换句话说，她开始喜欢阿丽莎了。

到目前为止，我们所使用的非语言传播的例子主要都是关于距离的。伯贡（Burgoon，1978）在早期论述预期违背理论时，也把它作为非语言传播的特殊个案加以研究，称之为个人空间和人们预期的交谈距离。该理论最初概念化的时候，空间是一个核心概念。尽管该理论已经拓展到个人空间之外，但在了解这一理论的展开之前，帮助你理解伯贡最初的思想十分重要。此外，因为空间侵犯是该理论的主要特色，在深入了解这个理论之前，我们需要先了解一下不同的空间距离，这一点非常重要。

121

空间关系

对于个人空间使用的研究被称为**空间关系学**（proxemics）。空间关系学包括人们在交谈中如何使用空间以及对他人空间使用的感知。许多人都把传播中的空间关系当作理所当然的行为而不加关注，但是正如我们（West & Turner，2017）总结的，对空间的使用会对目标实现产生重要影响。空间的使用会影响意义和讯息，人们的空间使用很早以前就引起了学者的关注。伯贡最早提出的预期违背理论就是从研究人们对空间侵犯的解释开始的。

| 空间关系学 | 对于个人空间使用的研究 |

学以致用·预期违背理论

理论主张：理解各种空间关系学差异能帮助我们管理对他人行为的期待。

实际意义：杰西和卡拉是室友，但出生、成长于不同国家（杰西出生在委内瑞拉，卡拉出生在加拿大）。两个人生活在一间小宿舍里，很早就发现她们很难有私人空间。然而，每次外出时，两个人还是有不同的经历和预期。杰西通常不介意人们与她聊天时站得很近，卡拉会介意。即便是跟家人聊天的时候，卡拉也想同对待朋友和同班同学一样保持一定距离。杰西对距离没有预期，除非他们是初次见面，特别是对方可能是她想要约会的人。

伯贡（Burgoon，1978）的研究从这样一个假设开始，即人类有两种相互竞争的需求——与他人保持亲密关系，同时保持自己的个人空间。根据伯贡的解释，**个人空间**（personal space）可以被定义为"环绕在个人四周，用来定义个体与他人之间合适距离的、看不见的、面积各异的空间"（p. 130）。

伯贡和其他预期违背理论的研究者认为，人们既想与他人比较亲近，同时又想保持一定距离。对于我们大多数人来说，这是一个令人困惑但又是现实存在的两难选择。几乎没有人能够与世隔绝，但是人们很多时候也希望有自己的隐私。

个人空间	个人对空间和距离的不同使用

空间关系分区

伯贡的预期违背理论受到了人类学家爱德华·霍尔（Hall，1992，1996）开创性的经典研究的启发。通过对北美（主要是东北部）地区生活的人的研究，霍尔认为存在四个空间关系分区——亲密的、个人的、社会的和公共的——每个地带的使用会有特殊的理由。霍尔对适合每个地带的空间距离和行为进行了总结。我们把这些空间关系地带用图 7-1 来表示。

122

图 7-1 空间关系地带

亲密距离 这个地带包括发生在 0～18 英寸（约为 0～0.46 米）内的行为。霍尔（Hall，1966）指出，这些行为从抚摸（比如做爱）一直到能够观察个人的面部表情。

比如在这个**亲密距离**（intimate distance）的范围之内，低声耳语就能听得非常清楚。霍尔发现，当美国人发现自己与不亲密的人处于亲密距离时，他们常常试着创造不亲密的经验。你可以想一想在电梯里的情境。当电梯一层一层地移动时，人们经常把眼睛盯着天花板、按钮或者电梯门。霍尔发现了一个非常有趣的现象：许多人花了很大精力，让自己从亲密距离中转移出来。玛吉·卢索可能就会因为阿丽莎制造的亲密距离感到不自在。如果不是在面试的话，她可能会走开，让自己从这个情境中转移出来。需要着重指出的是，无论真正的目的是什么，侵犯个人空间都可能被视为性骚扰。因此，我们必须对各种亲密距离保持敏感。

亲密距离	0～18 英寸之间的非常亲近的区域，通常是为那些我们能分享个人情感的人保留的

个人距离 这个地带所包括的行为发生在 18 英寸到 4 英尺（约为 0.46～1.2 米）的范围之内。根据霍尔（Hall, 1966）的研究，在**个人距离**（personal distance）允许的行为中，近到可以握住他人的手，远到与他人保持一臂的距离。你可能会发现，大多数（如果不是所有的话）亲密的关系都处于个人距离地带中离你最近的这些区域里。个人距离一般适用于你的家人和朋友。最远的点——4 英尺——一般是为不太私人化的关系准备的，比如销售人员。霍尔指出，在个人距离地带，说话声音一般适中，可以察觉到对方的体温，也可以感觉到对方的呼吸和体味。

个人距离	18 英寸到 4 英尺的区域，留给家人和朋友使用

社会距离 社会距离（social distance）的空间关系在 4～12 英尺（约为 1.2～3.7 米）的范围内，这一距离内的行为包括在美国文化中的许多交谈行为，比如同事之间的交谈。霍尔（Hall, 1966）提出，社会距离中最近的距离一般留给非正式的社会环境，比如鸡尾酒会。虽然这个距离看上去稍有点远，但是霍尔提醒我们，在这类距离的最近点，我们仍然可以看清楚对方的皮肤和头发的纹路。最远的距离留给那些说话声音比较大的人。此外，远一点的距离被认为比近一点的距离更正式。社会距离中最远的距离可以允许人们一心多用。比如，接待员可以一边做自己的工作，一边与进来的陌生人交谈。因此，这个距离可以一边监视他人，一边完成自己的工作。

123

社会距离	4～12 英尺的区域，一般用于比较正式的交谈，比如同事之间的谈话

公共距离 12 英尺（约为 3.7 米）范围以外的区域被称作**公共距离**（public distance）。公共距离中最近的位置留给比较正式的讨论，比如课堂上教师和学生之间的讨论。公众人物一般处在最远的地方（大约 25 英尺，即 7.62 米或更远的距离）。你会发现，在这个范围内，很难看到面部表情，除非使用其他媒介（比如大屏幕投影）。以教师为例，在这个范围内最近的是课堂上的教师，而最远的则是演讲大厅里的教师。演员也使用公共距离进行演出。他们的动作和台词也要相应做一些夸张。当然，教师和演员只是使用公共距离的人中的两类而已。

公共距离	12 英尺以外的区域，用于非常正式的讨论，比如说课堂上老师和学生之间的讨论

领地占有

在结束对个人空间的讨论之前，我们还要研究另外一个问题**领地占有**（territoriality），也就是个人对一个地区或物体的所有权。我们经常会对要保护和防御的空间提出声明和主张。人们会修建篱笆，放上名牌或标志，说明这个空间属于自己（例如玛丽莎的房间、妈妈的车等等）。一共存在三种形式的领地，即基本领地、次级领地和公共领地（Altman，1975；Lyman，1990）。**基本领地**（primary territories）指的是个体排他性的领地。比如，一个人自己的工作室或电脑就是基本领地。事实上，许多人把自己的名字标注在基本领地上，进一步说明他们的占有权。**次级领地**（secondary territories）表明个人与某个地区或物体具有某种关系。次级领地不具有排他性，但是个体会觉得自己与该领地有某种关系。比如，许多研究生认为大学图书馆是他们的次级领地——尽管他们并不拥有这座建筑的所有权，但是他们经常在这个大楼里占有一席之地。**公共领地**（public territories）指的是没有个人从属关系的地点和物体，包括对所有人开放的场地，比如海滩、公园、电影院和公共交通场所。

领地占有	个人对一个地区或物体的所有权
基本领地	表明单个个体对地区或物体的排他性的占有
次级领地	表明个人与某个地区或物体具有某种关系
公共领地	表明对所有人开放的空间，包括沙滩和公园

领地占有经常伴随着禁止和反应（Knapp，Hall，& Horgan，2014）。也就是说，人们不仅会试图阻止你进入他们的领地，还会立刻宣称这片领地不容侵犯。一些帮会在社区做出标记，阻止其他帮会的人入侵他们的地盘。纳普等提出，在保卫某人领地的过程中，如果阻止进入没有生效，个人就会做出其他反应，包括身体唤起和认知唤起。总之，人们普遍采用四种基本方式保卫自己的领地：记号（标出我们的地盘）、标签（身份符号）、攻击性表示（显示出攻击的样子或行为）以及占有（第一个到达且停留的时间最长）（Knapp，1978）。

我们关于空间的详细介绍与预期违背理论之所以有关系，不是因为该理论来自空间关系学，而是因为它可以直接用于刚才讨论过的空间距离。预期违背理论假设，人们会对空间的侵犯做出反应。因此，我们对于行为的预期会随着距离而变化。也就是说，在谈话中，人们会希望他人处于自己所预期的地方。比如，以我们开篇小故事中的玛吉和阿丽莎为例。玛吉会对阿丽莎在面试中的行为有一定预期，阿丽莎也同样希望玛吉像自己预测的那样行动。阿丽莎同时也希望玛吉能够保持一种让人舒服的距离。她不希望玛吉冲进办公室，把她的公文包放到自己的办公桌上，拉一把椅子并排坐在自己身边。根据预期违背理论，如果玛吉的行为出乎意料，那么阿丽莎就会对她的行为做出负面评价。阿丽莎可能会更在意玛吉对预期的违背，而不会注意玛吉的工作能力。因此，霍尔提出的空间关系地带是解释他人行为时需要考虑的重要框架。

到此为止，我们向你介绍了个人空间与预期违背理论的关系。随着伯贡和其他预期违背理论支持者进一步阐明他们最初的发现和概念，该理论多年来不断发展。虽然我们在本章详细介绍了她的开创性理论，但我们也在适当的地方整合了该理论的新进展与修正。为了进一步说明这个理论，我们首先说明一下这个理论的基本假设，接下来讨论一些与该理论相关的问题。

124

理论速览·预期违背理论

预期违背理论主要关注非语言讯息的结构。它主张，当传播规范被违反时，这种违反可能受欢迎，也可能会招致反感，这取决于接收者对违规者的看法。违反而非遵从他人的预期是一种可以使用的策略。

预期违背理论的假设

预期违背理论关注的是在谈话过程中，如何从他人以及他人的行为中获得讯息。伯贡（Burgoon，2005）认为，该理论"因试图解决人类互动中的空间关系学的矛盾观点而诞生"（p.1）。此外，这个理论有三个前提假设：

- 预期驱使人类的互动。
- 对人类行为的预期是后天习得的。
- 人们会对非语言行为做出预测。

第一个假设说明，人们在与他人的互动中总是带着预期。换句话说，预期驱使人类的互动。**预期**（expectations）可以定义为在与他人交谈过程中，预测的和预先规定的认知和行为。因此，预期必须包括个体的非语言行为和语言行为。在早期的预期违背理论研究中伯贡（Burgoon，1978）提出，人们并不把他人的行为看成是随意的；相反，

人们对他人的思想和行为方式具有不同的预期。蒂姆·莱文及其同事（Levine et al.，2000）一起回顾了伯贡和她的同事的研究，认为预期是社会规范、刻板印象、道听途说以及传播者的气质共同产生的结果。以我们开篇小故事中的玛吉·卢索和阿丽莎·穆勒为例。如果你是一个面试官，你会盼望应聘者采用什么样的非语言行为和语言行为？许多主持面试的人肯定会预期对方表现出一定的自信，如热情的握手、流畅的问答、积极的倾听等。应聘者也希望在面试过程中与面试官保持一定的距离。许多美国人不希望他们不认识的人站得太近或太远。伯贡和其他预期违背理论研究者（例如，Kalman & Rafaeli，2012）认为，无论是在面试的场合还是在两个之前存在一定关系的人之间的讨论，人们在进入互动时总是对如何传递讯息及应该如何传递讯息有许多预期。图 7-2 列出了影响个人预期的一些条件。

预期	谈话中对思想和行为的预测或预先规定

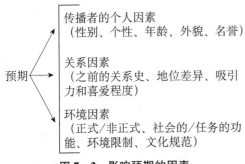

图 7-2　影响预期的因素

朱迪·伯贡和杰罗德·黑尔（Burgoon & Hale，1988）提出，共有两种预期，即互动前的预期和互动中的预期。**互动前的预**

期（pre-interactional expectations）包括传播者进入对话之前拥有的互动知识和技能。人们并不总是知道进入或维持对话需要什么条件。比如说一些交谈者可能非常喜欢争论，而另一些交谈者则极为被动。许多人并不预期在他们的对话中遇到这类极端行为。**互动中的预期**（interactional expectations）指的是个体进行互动的能力。大多数人预期与他人保持适当的交谈距离。此外，在与他人沟通时，他们还经常预期看到像长时间视线接触这样的倾听行为。在研究互动前的预期和互动中的预期时，这些行为以及其他许

图右侧页边：125

多行为非常重要。

互动前的预期	传播者参加互动前具有的知识和技能
互动中的预期	个体进行互动的能力

当然，根据传播者文化背景的不同，这些行为也会因人而异。此外，我们的预期是否得到满足经常还会受到我们所在的文化，以及我们是否把文化模式内化到谈话预期中等因素的影响。

这些影响因素把我们引向预期违背理论的第二个假设——人们不仅从文化中学习预期，还从文化中的个体那里学习预期。比如，美国文化告诉我们，师生关系更强调教师一这方。虽然在大多数高校中没有做出明确的规定，但是教师一般比学生享有更高的社会地位，因此在他们与学生的关系中存在某些预期。比如，我们预期教师在专业领域能够有渊博的知识，能够用清晰的方式向学生说明知识，当学生对某个问题不解时能够随时提供帮助。我们还预期教授能认出、承认并认可在课堂上分享自己思考的学生（Finn & Schrodt, 2012）。师生关系只不过是公民从文化中学习关系预期的一个例子。教师和学生之间的大多数讨论都在一定文化决定的如何交往的预期之中进行。许多不同的社会机构（如家庭、媒体、商业和工厂等）决定着应该遵循什么样的文化模式。这些一般的文化规则最后体现在个体的具体交谈之中。

处于一定文化中的个体也会对传播预期产生影响。伯贡和黑尔（Burgoon & Hale, 1988）评论说，对他人的了解、我们与他们的关系史以及我们的观察，这些差异也都值得重视。比如，阿丽莎·穆勒过去与应聘者的相处经验（关系史）会影响她如何感知互动以及她对应聘者的预期。此外，预期还受到观察的影响。比如某个家庭习惯于彼此之间距离很近，但是这个习惯并不适用于所有家庭。当遵循不同社会规范的人进行交谈时，就会发生许多有趣的事情。因为对交谈距离的预期因人而异，它可能会影响人们对互动的感知，或许还会引起其他后果。

学生之声

埃迪

我们在如何允许违背发生方面好像有很大不同。作为一个男同性恋者，我会评论身材好的女孩，甚至还摆弄过她们的头发，告诉她们发型时髦极了。在这些情况下，很多时候我都会听到同样的话："如果你是一个直男，绝对不会让你碰我。"我想，差别在于是否存在不恰当的感觉。

第三个假设涉及人们对非语言传播的预测。在本章的后面我们会提到，预期违背理论者已经把预期的概念应用于语言行为。不过，预期违背理论最初的表述专门针对非语言行为。为此，需要指出该理论的一个内在信念：人们会对他人的非语言行为做出预测。

在预期违背理论的后续著作中，朱迪·伯贡和约瑟夫·沃尔瑟（Burgoon & Walther, 1990）将对预期违背理论的最初的理解从个人空间拓展到其他非语言传播领域，包括触碰与姿势。他们认为，他人的吸引力会影响到对预期的评估。在对话中，人们不只是注意他人说的话。你会在本章学到，非语言行为会影响对话，并促使他人做出预测。

让我们用一个例子来进一步解释这个假设。设想在一个杂货店，一个你觉得很有魅力的人开始与你有直接的目光接触。一开始，你可能会觉得长时间的凝视有点奇怪。但是因为你被这个人吸引，最初的尴尬可能会慢慢变成满足。接下来你可能会开始猜测这个人对你感兴趣，因为你发现你们两人的身体距离拉近了。这个例子说明了你正在根据对方的非语言行为（例如，目光接触与个人空间）做出预测（例如，这个人喜欢你）。不过，在你开始相信你对魅力的自我投射之前，记住，你的反应可能受到了误导，或者根本就是错误的。尽管你很有把握，但是非语言行为往往含糊不清，可做多种解释（Knapp, Hall, & Horgan, 2014）。现在我们把注意力转向预期违背理论其他的概念与特征，即唤起、威胁阈限、违背效价以及传播者奖励效价。

唤起

伯贡最初认为，对预期的背离会产生一些后果。这些背离或违背具有伯贡（Burgoon, 1978）所说的"唤起价值"（arousal value, p. 133）。伯贡的意思是说，当一个人的预期被违背，这个人的兴趣或者注意就被唤起，他会使用一种特殊的机制来应对违背。**唤起**（arousal）会导致个体对背离投入更多的兴趣和注意力，对讯息的注意力降低，更加关注唤起的来源（Bachman & Guerrero, 2006; LaPoire & Burgoon, 1996）。伯贡和黑尔（Burgoon & Hale, 1988）后来把这种现象称为"精神警觉"或一种"导向性反应"，这时注意力会转向背离发生的原因。

唤起	当预期被违背时导致的兴趣或注意力的增加

唤起既可以是认知的，也可以是生理的。**认知唤起**（cognitive arousal）是对违背的警觉和定向。当我们产生认知唤起时，我们的直觉被强化。**生理唤起**（physical arousal）包括传播者在互动过程中表现出的行为，比如脱离令人不适的说话范围、调整某人的互动姿态等。大多数预期违背理论研究的都是认知唤起（通过自我报告的调查），很少有人专门研究生理唤起。一项关于生理唤起的具有启发性的研究是由贝丝·拉波尔和伯贡（LaPoire & Burgoon, 1996）进行的。他们请大学生参加一个实际的医疗面试。在互动中，研究者以 5 秒为单位，研究了在预期违背情况下他们的心率、皮肤温度和脉搏的变化。只有心率和脉搏的变化具有统计显著性。研究结果显示，当被调查者对违背产生认知唤起时，他们首先会出现心率降低和脉搏增加。但接下来，脉搏会下降。总之，当他人没有按照预期行为互动时就会引起我们的注意。唤起问题非常复杂，仍然是预期违背理论研究中有待发掘的部分。正如你看到的那样，当某人违背我们的预期时，唤起的不仅仅是认知。

认知唤起	由预期违背而引起的精神注意
生理唤起	由预期违背而导致的身体变化

威胁阈限

一旦产生唤起，威胁就会出现。与预期违背理论相关的第二个关键概念是**威胁阈**限（threat threshold），伯贡（Burgoon, 1978）把它定义为"造成互动者产生身体和生理不适感的距离范围"（p. 130）。也就是说，威胁阈限就是我们对距离预期遭到破坏的容忍度。伯贡提出："当某个距离被认为会产生威胁时，距离再近一些就被认为有更大的威胁，而距离再远一些则威胁更小一些。"（p. 134）在这种意义上，传播者把距离解释为另一个传播者对他们的威胁。虽然伯贡后来判断，威胁阈限未必与其他传播者有关，但当你试图理解违背效价和传播者奖励效价的相互作用时，考虑这一概念依然很重要。人们会对威胁进行奖励或惩罚。通过向研究喜爱和吸引的学者请教，伯贡得出了这个结论。这一研究认为，我们把较近的距离留给我们喜欢或者对我们有吸引力的人。

有些人不在意别人站得很近，因此他们的威胁阈限就比较高。但是，另外一些人会对人们站得太近感到很不舒服，他们的威胁阈限就比较低。比如，如果你被某个每天早上在星巴克都会遇见的人吸引，那么当他与你说话并靠近你时，你的威胁阈限就会很高。但是，在同一互动中，如果你发现这个人不是你愿意交往的类型，即使在谈话中，你也可能发觉自己的威胁阈限开始变小。一旦发生违背，我们就会对它做出解释。

威胁阈限	对距离预期遭到破坏的容忍度

违背效价

在本章中，我们一直在强调当人们与他人交谈时，他们具有一些预期。许多预期来自与他人交往的社会规范。然而，预期一旦被违背，许多人就会用效价来评估违背行为。**违背效价**（violation valence）指的是对违背预期的行为的评价。违背效价关注对预期的背离。

违背效价	对违背预期的行为的评价

违背效价需要对违背行为做出解释和评价（Burgoon & Hale, 1988）。传播者会对违背的意义做出解释，然后决定是否喜欢这个行为，这非常平常。比如，如果一位老师和你说话的时候距离很近，你会对这个行为是表达优越感还是威胁做出解释。或许你可能也会把它看成是积极的，你会认为老师在表示与你的特殊关系，那么你的违背效价就是正的。大多数考察违背行为的研究表明，违背很可能会对亲密关系产生负面影响（例如，Cohen, 2007）。

为了更好地理解违背效价，我们假想在同事之间存在两个情境。诺兰德和里科站在休息室里，诺兰德开始谈起早上和妻子的电话。当他谈到和妻子讨论去哪里度假时，诺兰德向里科靠近。因为违背了他对同事之间空间距离的预期，里科感觉很不舒服。换句话说，里科因为诺兰德的距离行为产生了消极的唤起。但是，如果是在一个不同的情境之下，可能就会产生不同的反应。假设诺兰德把里科叫到角落里，告诉他自己听说公司要在两个月之内裁员 20%。因为里科是刚进入公司的，他可能就会产生积极的唤起，并允许诺兰德侵入自己的个人空间。他很可能对诺兰德做出正面的评价，并允许这种违背发生。

违背行为被认为是积极的，上述结论会让我们感到困惑。但是，这种情况确实时有发生。比如，在求职面试时，有能力让面试官相信自己是不二人选的应聘者一般会获得成功。大多数求职面试都有固定的结构和约定俗成的正式程序。大多数应聘者按照面试的剧本行动，不违背任何人的预期。但是有的时候，应聘者会不遵守剧本的要求，他们违背了预期。虽然一些面试官会认为这些应聘者太过放肆，但另一些面试官（比如互联网行业的面试官）则会认为他们很有创造性、大胆、有创意。因此，虽然违背超出了面试的预期，却留下了好的印象。

传播者奖励效价

如果谈话中我们的预期得不到满足会发生什么？伯贡认为，当人们离开或背离预期时，这种背离是否被接受取决于它对他人的回报。让我们稍微详细地说明一下。伯贡、德博拉·科克尔和雷·科克尔（Burgoon, Coker, & Coker, 1986）提出，并不是所有的预期违背行为都必然导致负面的感知。研究者还进一步说明："当一个行为的意义比较模糊或可以做多种解释时，如果传播者提供的回报很高，其违背行为则会被赋予积极的意义，而如果传播者提供的回报很低，其违背行为则会被赋予消极的意义。"（p. 498）在传播过程中，传播者可以提供多种回报，包括微笑、点头、身体吸引、相似的态度、社会经济地位、可信性和能力。在我们的开篇小故事里，阿丽莎·穆勒问起玛吉的孩子，这种行为显然被看作回报，因为玛吉的紧张感立刻减少。伯贡认为，人们在交谈中既能提供奖励，也能提供惩罚；她还认为，人们能给互动带来积极的和消极的特征。她把这种情况称为**传播者奖励效价**（communicator reward valence）。

传播者奖励效价	传播者积极的和消极的特征之和以及所带来的回报和惩罚

伯贡认为，所谓奖励就是一系列令某个人更讨人喜欢的特征。伯贡（Burgoon, 2015）指出："与奖励效价更低的人相比，备受尊重的传播者，例如那些地位很高、享有专业声望、有购买力、身体有吸引力、与同伴相像或给予正面反馈的人，他们的非语言行为会被赋予更好的意义，不管这些行为是什么。"（p. 8）根据预期违背理论，对违背的解释常常取决于传播者及其价值观。比如阿丽莎在面试中的亲近虽然是违背预期的行为，但是玛吉·卢索可能把它看成是正面的行为。阿丽莎的行为之所以被认为是正面的，是因为其他的一些特征，比如她得体的行为方式和对玛吉的孩子的兴趣。

我们可以用这一假设来解释不同情境中的观看行为。在公交车里长时间地盯着某人看可能不是一个讨人喜欢的行为。但是如果把行为主体换成恋人，这个行为就令人感到高兴。如果宴会的主题发言人在发言时看着听众头上的地方，许多人就会因为缺乏视线接触而感到迷惑。但是如果陌生人在街头擦身而过，没有眼神接触就是意料之中的事。或者你可以设想一下你的上司或同事长时间地盯着你看，这意味着什么？最后，文化差异也会影响对视线接触的感知。如果一个妻子一边告诉丈夫自己很爱他，一边却避免视线接触，这肯定会和有视线接触时的评价不一样。但是，对行为的解释也会因文化而异。一些人（比如爱尔兰裔美国人）预期另一个人在说一些像"我爱你"之类非常私人的信息时，直接注视着他们。但是另一些人（比如日本裔美国人）则不会认为视线接触有这么重要。在上述这些环境中，对预期的观看行为的违背可能会因为我们对传播者的接受程度而产生不同的解释。

整合、批评和总结

预期违背理论是少数几个专门关注人们的预期以及他们对其他人的反应的理论之一。该理论自从 20 世纪 70 年代创立以来就明确遵循量化路径。该理论的假设和核心概念明确地说明了非语言讯息和传递过程的重要性。预期违背理论也使我们进一步理解了预期是如何影响谈话距离的。该理论揭示了传播者的心理活动和传播者在交谈过程中如何时时监控非语言（以及语言）行为。理论评价标准中的四个标准似乎与这里

130

的讨论特别切题，它们是范围、实用、可检　　验和启发性。

整合

传播传统	修辞学｜符号学｜现象学｜控制论｜**社会心理学**｜社会文化｜批判
传播语境	**自我**｜**人际**｜小群体｜组织｜公众/修辞｜大众/媒体｜文化
获得知识的方法	**实证的/经验的**｜诠释的/阐释的｜批判的

批评

评价标准	范围｜逻辑一致｜简洁｜**实用**｜**可检验**｜**启发性**｜时间的考验

学生之声

斯塔

　　谈论空间差异让我开始思考人们如何利用它。我记得有一次，我在棒球场买爆米花的时候，小贩凑得很近。付钱的时候我感觉他站得太近了。事实上，我会称（用霍尔的分类）他跟我的空间距离为"亲密"。不过说真的，我不是很介意。他很可爱，我是单身，而且我想我们都有点无聊！

范围

131　　乍一看该理论的范围好像太宽泛了，非语言传播是一个非常广的领域。但是伯贡的理论有其边界，因为她在最初建构理论的时候就是针对非语言传播中的一类——个人空间——进行概念化的。她调查并拓展了她的理论，包括了诸如注视等其他非语言行为，但是她最初的工作在研究范围方面还是非常明确的。

实用

　　预期违背理论的实用性显而易见。伯贡的理论对如何获得良好印象提出了建议，并探讨了空间侵犯的影响，后者是一个影响无数谈话的话题。特别是，在研究中应用预期违背理论的研究者已经考察了会对人们的生活产生影响的话题，不管是涉及关系挑战（Wright & Roloff，2015）还是手机使用（Miller-Ott & Kelly，2015）。这类研究表明，该理论已经满足了实用性标准。

可检验

　　一些学者（例如，Sparks & Greene，1992）批评了伯贡理论中的概念的清晰度，暗示其可检验性可能存在问题。斯帕克斯和格林提出，自我感知和唤起的测量不太合理。他们特别指出伯贡及其同事没能建立有效的观察测量指标，因此"只有研究的有效性得到说明，我们才能接受非语言测量指标的正确性"（Sparks & Greene，1992，p.468）。这些学术化的讨论看上去可能无关紧要，但需要注意的是，唤起是预期违背理论的关键概念。拉波尔和伯贡（LaPoire & Burgoon，1992）在回应这个批评时，首先声明斯帕克斯和格林并没有公平地反映伯贡研究中的目标。此外，拉波尔和伯贡（LaPoire & Burgoon，1996）反驳说，因为唤起是一个复杂和多层次的概念，所以他们定义唤起的方法仍然是有效的。

　　不过甚至伯贡（Burgoon，2015）都觉得该理论的可检验性值得关注。她特别指出，预期违背理论没有在大规模人口学群体中或者非西方文化中得到检验。尽管她相信不同的群体之间存在一致性，该理论可以应用，但还需要更多的研究。大体上，预期违背理论还是一个可检验的理论。在第 3 章里，我们提出可检验性要求一个理论有明确具体的概念。实际上，伯贡（Burgoon, 1978）是少数几个明确地对术语做出界定的理论家之一。在完善她的理论时，她也阐明了过去的模糊之处。这样一来，为未来研究者的操作和重复检验她的判断提供了很好的基础。

启发性

预期违背理论创立几十年来，诞生了大量相关研究。该理论已经被纳入横跨多个不同话题的大量研究中。举例来说，预期违背理论已经被纳入一系列重要而有趣的领域，包括政治幽默（Walther-Martin, 2015）、肥胖（Schyns, Roefs, Mulkens, & Jansen, 2016）和受害人影响陈述书（Lens, van Doorn, Pemberton, Lahlah, & Bogaerts, 2016）。使用该理论的研究还涉及着装与教师可信度（Sidelinger & Bolen, 2016）、人机互动（Burgoon et al., 2015）、约会关系中的谅解（Guerrero & Bachman, 2011）、媒介人物/名人（Cohen, 2010）以及婚姻互动（Schoebi, Perrez, & Bradbury, 2012）。洛里·麦格劳恩和克里斯蒂娜·诺瓦克（McGloin & Nowak, 2011）做了一项既有趣又有说服力的研究，考察使用化身（avatars）来测定消费者对特定产品的购买倾向。研究者成功证明，一个人对化身的可信度会有某种印象，对这些预期的违背会带来后果。

总结

预期违背理论十分重要，因为它提供了

一种将行为与认知联系在一起的思考方式。只有为数不多的传播理论能够帮我们更好地理解，我们既需要他人，也需要个人空间。该理论正是其中之一。因此，在传播学科中，伯贡的研究将会继续具有重要性与开创性。

讨论题

技术探索：唤起是预期违背理论中的一个重要成分。探索一下，当我们考察唤起的多面性时，会如何讨论博客。换句话说，在技术关系中，博客可以"唤起"吗？请解释为什么可以或不可以。

1. 除了距离行为之外，在玛吉和阿丽莎这样的面试情境中，还有什么其他的非语言行为？

2. 预期违背理论会在身体接触行为的研究和思考中给我们哪些启示？比如，这个理论会帮助我们理解适当的身体接触和不适当的身体接触之间的差异吗？请举例说明。

3. 举出一些你从文化中学习的非语言预期。讨论一下它们之间的异同。

4. 你认为在上司和员工的交谈中，唤起表现在哪些方面？请举出几个导致唤起的机制。

5. 假设你想研究预期违背理论在学校中的表现。你打算如何着手调查？请结合具体实际，举出一些研究预期的方法。

6. 请至少举出两个例子，说明传播者奖励效价和违背效价之间的区别。

7. 讨论预期违背理论的任一部分在面试中的应用。

单元2 关系发展

励志书的作者们每年会从这些教人如何建立、发展和保持人际关系的书中赚取上百万美元。但是令人失望的现实却是，在关系发展中没有"简易四步走"或者具体的公式。我们自己就可以检验这个道理，我们和朋友、家庭、伴侣、同事、宗教领袖及其他人的关系中充满着无法简单描述的变数，励志书没有对此提供充分的解释。当我们想到上百万人在这些书中寻找答案，而它们却毫无理论可言，也没有可靠的研究来支撑它们的判断的时候，这就变得非常重要了。

这就是为什么这组被称为"关系发展"的理论非常值得我们关注。学者们研究了各种类型的人际关系以及大量关系发展中的模式和过程，这些内容在这一部分都有体现。总之，这些理论说明了如何和为何建立并保持关系。

这一部分共有六个理论。不确定性减少理论提出，当陌生人相遇时，他们关注的是如何降低有关他人和双方关系的不确定性，不确定性的减少会导致关系的发展。社会交换理论认为，人们基于他们对关系的投入与回报的感知来维持关系。社会渗透理论研究了向他人透露个人信息会对关系的发展方向产生什么影响。随着关系的进一步发展，他们很可能会经历相互冲突的念头（例如，"我想更亲近，但也想保持独立"）。人们如何处理这些张力是关系的辩证法理论的核心问题。传

134

播隐私管理理论提出，处于一定关系中的人们会不停地在他们愿意与他人分享和不愿意与他人分享的思想和感情之间划定边界并加以管理。最后，社会信息处理理论研究人们如何通过以计算机为中介的传播开始和发展关系。该理论解释了关系如何依赖语言和时间的线索取得进展。

生活中的关系十分有趣、充满挑战、错综复杂，既让人愉快也让人筋疲力尽。我们介绍的这些理论有助于大家了解为什么我们要继续生活在他人的生活中，以及为什么他人要和我们在一起。学完这些理论后，你会熟悉许多相关的话题。你会读到不确定性、奖励、深度与广度、张力、隐私和动机。每个理论的重点都是传播如何影响这些话题。在你读下面的六个章节时，注意一下不同的理论对关系生活所做的思路各异的解释以及传播在我们的人际关系中扮演的核心角色。

第8章
不确定性减少理论①

在某种意义上，不确定性减少理论谈论的是人们在日常生活中为了适应不断变化的世界而进行的斗争。

——查尔斯·伯杰（Charles Berger）

伊迪·班克斯和马尔科姆·罗杰斯

伊迪·班克斯和马尔科姆·罗杰斯在城市大学上同一门哲学课。虽然他们在过去的三个月里，每周一三五都会在班上看到对方，但是到今天为止，两人还没有真正说过话。马尔科姆注意到了伊迪，觉得她很有魅力，但他想知道为什么她从来都不在课上发言。伊迪认为马尔科姆在课堂讨论中表达了一些很好的观点，而且他也很可爱！今天，当伊迪正要离开教室时，她注意到和朋友一起坐在角落的马尔科姆正盯着她看。尽管伊迪想过要认识马尔科姆，但因为一直被马尔科姆注视，伊迪觉得有些不舒服，所以她匆忙走出了教室，逃离了他的视线。

不幸的是，她的朋友玛吉在门口拦住了她，询问下周作业的事情，因此，伊迪和马尔科姆在门口相遇了。他们尴尬地停下脚步，然后充满不确定地向彼此微笑了一下。马尔科姆清了清嗓子说道："嗨！今天课堂上讲的东西挺酷的，不是吗?"伊迪耸了耸肩，也笑着回答："我不能确定自己是否真的听懂了。我是学工程学的，这只是我的选修课而已。有时我想，没准真应该选修保龄球课。"马尔科姆笑着说："我自己是传播专业的，但这门课与我们在传播课上讨论过的许多内容有关，所以我感觉还好。"两个人大笑了一会儿。接着，伊迪说"我得走了，下次见"，然后就匆忙离开了大厅。

马尔科姆在去下一个教室的路上，脑子里想着一大堆"如果"：如果他们还能再说话，如果伊迪是在捉弄他，如果她认为自己对她的专业太不尊重，如果她喜欢他，如果他喜欢她，如果他在乎……伊迪则因为第一次跟马尔科姆聊天时自己听起来像个白痴而懊恼不已。她问自己："我到底为什么要说我真应该选保龄球课？马尔科姆可能会觉得我是个蠢蛋！"但紧接着，她就开始疑惑，之前他为什么一直盯着自己看。有点奇怪，或许他是否觉得她是个傻瓜根本无所谓，没准她根本不想跟他成为朋友。伊迪自己叹了口气，心里十分困惑。

不确定性减少理论（Uncertainty Reduction Theory，URT）有时也被称为初次

---

① 本理论基于查尔斯·伯杰和理查德·卡拉布里兹（Richard Calabrese）的研究。

互动理论（Initial Interaction Theory），最早由查尔斯·伯杰和理查德·卡拉布里兹于1975 年提出。时至今日它依然是一个重要的理论，因为正如利安娜·克努布洛赫（Knobloch，2008）所说，"日常生活充满不确定性"（p. 133）。伯杰（Berger, 2016a）也明确指出："试图降低不确定性是贯穿广泛的人类事业的一项普遍而重要的活动。"（p. 1）。伯杰和卡拉布里兹提出这个理论来解释陌生人在第一次交谈时如何使用传播来降低人们之间的不确定性。伯杰和卡拉布里兹认为，当陌生人第一次相遇时，他们最关心的是如何从他们的传播中获得意义，提高可预测性。伯杰（Berger, 2011）对这一理论的评价如下：

> 该理论的主要假设是，当陌生人相遇时，他们对彼此态度、信念价值和潜在行为存在诸多不确定性。为了预测（有时候是解释）彼此的信念与行为以便做出传播选择，个体会通过获取彼此的信息来尽量降低不确定性（p. 215）。

我们在第 3 章讨论过，人们像一个隐性研究者一样行动。在不确定性减少理论中，伯杰和卡拉布里兹认为，作为天真的研究者，我们在初次见面时有预测和解释对方行为的动机。**预测**（prediction）可以被定义为在可能的范围内预知自己和对方行为的能力，对方的行为既包括他们自己的行为，也包括他们对我们可能采取的行为。**解释**（explanation）指的是在一定关系中试图对过去行动的意义进行说明。这两个概念——预测和解释——组成了不确定性减少理论的两个基本概念。

预测	预知自己及他人行为的能力
解释	阐释对方行为意义的能力

我们开篇小故事所举的例子就可以说明伯杰和卡拉布里兹关于人们初次打交道的理论。因为马尔科姆不了解伊迪，他不确定如何解释她对他的评论。他也不能确定下次他们遇见时会发生什么。对他们见面时说的话可以做许多不同的解释，因此马尔科姆的不确定性非常高。这正好与克劳德·E. 香农和沃伦·韦弗（Shannon & Weaver，1949）的理论一致，他们在信息论中提出，在某种情况下，只要各种可能性很多，并且它们发生的概率都差不多，就会存在不确定性。相反，当各种可能性很有限，而且/或者其中有一种可能性会经常发生，那么不确定性就会降低。比如，我们一般都能确定，要是我们向他人打招呼，他人一般也会向我们打招呼。伯杰和卡拉布里兹将香农和韦弗的研究作为不确定性减少理论的基础。

例如，特蕾莎在上课的第一天走进初级西班牙语教室，看到坐得最靠近门口的那个人对她微笑。对这一行为，特蕾莎有几种替代性解释。或许那个人很友善，想要了解她，或许只是在阳光下眯着眼睛，又或许是误以为自己认识特蕾莎。因为大学教室往往遵循着与人友善的常规，并且替代性解释为数不多，特蕾莎很可能会认为那个微笑是友好的欢迎，很容易降低她的不确定性。但是如果特蕾莎是去工作面试，发现跟她一起待在等待室的另一个候选者朝着她的方向瞥了一眼并微笑，替代性解释就多了起来，包括上面的所有可能，还有其他可能，例如这个人正在估量她作为竞争对手的实力，这个人觉得她竞争力很弱，这个人正试图让她放松警惕。替代性解释增加会导致不确定性增加，使特蕾莎试图降低它。伯杰和卡拉布里兹提出，传播是一个工具，通过它人们可以降低彼此之间的不确定性。不确定性的降低就会为人际关系的发展创造成熟的条件。

在伯杰和卡拉布里兹（Berger & Calabrese, 1975）提出他们的理论后，该理论又有了一些修正（Berger, 1979; Berger & Bradac, 1982）。这个理论的最新版本提出，在初次见面时，有两种不确定性，即认知不

137

确定性和行为不确定性。我们的认知指的是我们和他人拥有的信念与态度。因此，**认知不确定性**（cognitive uncertainty）指的是与信念和态度相关的不确定性。当马尔科姆不知道伊迪是否瞧不起他的专业、他自己是否很喜欢伊迪时，他所经历的就是认知不确定性。另一种不确定性是**行为不确定性**（behavioral uncertainty），指的是"在一定情境下对行为的预测程度"（Berger & Bradac，1982，p. 7）。因为我们的文化惯例是初次见面只进行短暂的交谈，伊迪和马尔科姆可能知道在这次简单交谈中如何行事。如果他们中的一人违背这个惯例，比如说不恰当地进行**自我表露**（self-disclosure，向他人透露关于自己的信息），或者完全不考虑对方的存在，行为的不确定性就会增加。在互动中，我们既可能产生认知不确定性，也可能产生行为不确定性，或者同时产生两种不确定性。

认知不确定性	与认知有关的不确定程度
行为不确定性	与行为有关的不确定程度
自我表露	向他人透露关于自己的讯息

此外，伯杰和卡拉布里兹（Berger & Calabrese，1975）提出，不确定性的降低既可以是一个预演（proactive）过程，也可以是一个回忆（retroactive）过程。如果一个人在实际与他人交往之前就开始思考传播中的选择，预演的不确定性就会减少。当伊迪想在教室门口躲着马尔科姆时，她就是在试图提前降低她的不确定性。如果马尔科姆早就计划好向伊迪打招呼，那么他也在进行预演。回忆的不确定性减少是相遇之后对行为的事后解释。因此，马尔科姆问自己伊迪说了什么、做了什么以及自己的反应就是回忆的过程。这同样适用于伊迪遇到马尔科姆之后的自言自语。

除了上述概念以外，伯杰和卡拉布里兹（Berger & Calabrese，1975）认为，不确定性还与另外七个来自传播学和关系发展的概念相关，它们分别是语言输出、非语言感情（比如高兴的腔调和向前倾斜的姿态）、信息搜寻（询问问题）、自我表露、相互表露、相似性及喜爱（liking）。每个概念都与不确定性相关。不确定性减少理论描述了初次见面时人际关系的复杂变化。这个理论被认为是传播学中原创理论的典型（Miller，1981），因为它使用的概念（诸如信息搜寻、自我表露）与传播行为研究密切相关。不确定性减少理论试图将传播作为人类行为的基石，因此该理论由许多人类行为和传播的假设构成。

138

理论速览·不确定性减少理论

陌生人相遇时，他们主要关注的是降低该情境下的不确定性，因为不确定让人不适。人们的不确定性可能发生在两个不同的层面：行为与认知。他们可能不确定应该如何行动（或者对方会如何行动），也可能不确定如何看待对方以及对方如何看待自己。高不确定性水平与多种语言和非语言行为相关。

不确定性减少理论的假设

我们在前面的章节已经提到，理论通常来自反映研究者世界观的前提假设。不确定性减少理论也不例外。下面这些假设支撑着这个理论：

●　人们在许多人际交往的场合会产生不

确定性，不确定性会产生认知压力。

● 当陌生人见面时，他们首先关心的是减少他们的不确定性或提高预测能力。

● 人际传播是一个渐进的过程，会经历数个阶段，它是降低不确定性的主要手段。

● 人们分享的信息数量和信息性质会随着时间而变化。

● 人们的行为是有规律的，是可以预测的。

我们将简短地讨论每个假设。第一个假设提出，在许多人际交往的场合，人们会感到不确定性。因为不同的场合存在不同的预期，所以我们可以得出结论，人们在与他人见面时会感到不确定甚至紧张。比如，想一下马尔科姆和伊迪的例子。虽然在环境中有大量提示可以帮助马尔科姆和伊迪理解他们的互动，但是也存在着许多复杂的因素。例如，马尔科姆注意到伊迪离开教室时十分匆忙。对这一行为，可以做出多种不同的解释。比如，另一个教室离这里很远，伊迪的风格就是喜欢风风火火，她想去卫生间，她觉得头晕想呼吸新鲜空气，她想避免在门口遇到马尔科姆，等等。面对这些选择，马尔科姆（或在这种情况下的任何人）很可能感觉不确定该如何解读伊迪的行为。正如伯杰和卡拉布里兹（Berger & Calabrese，1975）所说，"当人们无法理解他们所处的环境，他们通常会陷入焦虑"（p.106）。该理论假定，保持不确定性状态会浪费大量感情、令人冥思苦想而不得其解，人们不想有这样的经历。

不确定性减少理论的下一个假设提出，当陌生人相遇时，他们最关心的是两件事：减少不确定性，提高预测能力。乍看上去，这两个意思差不多，但是伯杰（Berger，1995）总结说："我们的交谈对象对最普通的讯息也会做出让人意想不到的反应。"（p.23）丹尼丝·豪纳尼·所罗门（Solomon，2015）强调了这一点："初次互动充

满未知，包括对方的个性和态度，对方会采取怎样的行为，对讯息作何反应，人们该如何表现自己，以及互动可能会朝着什么方向发展。"（p.1）不确定性减少理论认为，信息搜寻是降低不确定性以及获得某种可预测性的主要方法。信息搜寻经常会以提问题的形式出现，以增加可预测性。想想你上一次在人际环境下与某人初次相遇的情形。很可能那次互动中的大量时间都用来提问和回答了（例如，你来自哪里？你是什么专业的？你住在校园里吗？）。这个过程可能非常吸引人，许多人在无意识中就做了这些。杰茜卡·戴约和她的同事（Deyo, Walt, & Davis，2011）发现，在快速约会的语境下，参与者的行为遵循这一假设，尽管是以一种加速的方式。快速约会一开始就会被关于人口学信息的问题与回答轰炸。

不确定性减少理论的第三个假设认为，人际传播是一个可以分为许多阶段的发展过程，是人们降低不确定性的主要手段。根据伯杰和卡拉布里兹的研究，一般情况下，大多数人在互动时以**进入阶段**（entry phase）作为开始，这一阶段可以定义为陌生人之间互动的开始阶段。进入阶段以明确的和潜在的规则及规范为指导，比如当别人说"嗨！你好！"时，你也得做出友善的反应。接下来会进入第二个阶段，即**个人阶段**（personal phase），也就是互动者更自由地进行交流并表露更多个人信息的阶段。个人阶段在初次见面时可能发生，但是更可能出现在重复发生的互动中。第三个阶段叫**退出阶段**（exit phase），在这一阶段中，个人做出是否与互动对象在将来继续互动的决定。虽然不是所有人都会以同样的方式进入一个阶段或在同一个阶段停留相同的时间，但是伯杰和卡拉布里兹相信，可以用一个普遍的理论框架解释人际传播是如何影响和反映人际关系的发展的。

进入阶段	陌生人互动的开始阶段

个人阶段	当人们的交流变得更加自由和个人化之后所进入的阶段
退出阶段	人们决定是否继续交往的阶段

第四个假设强调的是时间的性质。它关注的也是人际传播是逐渐发展起来的这一事实。不确定性减少理论认为，第一次互动是关系发展过程中的关键一环。为了说明这个假设，我们来看一看丽塔的例子。丽塔在加入基督教女青年会（YWCA）之前花了几分钟出席了同性恋父母、家庭和朋友协会（Parents，Family，and Friends of Lesbians and Gays，PFLAG）的会议，这是她第一次参加这样的会议。当她看到另一个新成员丹向她做自我介绍并欢迎她加入这个群体时，丽塔感觉好一些了。当她们两个人谈起她们的焦虑和不确定性时，两个人都感到更加自信。当她们交谈时，丽塔和丹对这个支持性群体成员的不确定性有所降低。查尔斯·伯杰和凯西·凯勒曼（Berger & Kellermann，1994）认为，丽塔和丹都受到一定目标的驱使，因此会使用许多传播策略来获取社会信息。降低不确定性对丽塔和丹来说都十分关键。在本章后面部分，我们还将讨论这些策略。

最后一个假设提出，人们的行为可以通过规律来加以预测。回忆一下第 3 章提到的内容，理论家们在理论建构中有一些指导原则，普遍规律就是其中之一，它假定人类的行为受到像法律一样的一般原理的支配。虽然有个别例外，但是总的来说，人们会按照这些规律行事。普遍规律理论的目标是提出能够说明我们如何传播的规律。虽然自然界的某些方面会受到规律的支配，但是社会更加多变。这就是为什么社会科学中的普遍规律被称为"类规律"。虽然最后提出的是模式，但是这个模式并不像自然定律那样严格。尽管这样，把研究目标定为寻找类规律仍令人望而生畏。因此，像不确定性减少理论家这样的研究者，为了提出一个支配人类行为的规律，必须从那些一般人认可的常识入手。坚持普遍规律取向的研究者在理论建构时，一般从被假设为真理（或公理）的判断中得出结论（定理）。

不确定性减少理论的关键概念：公理和定理

与其他传播理论不同，不确定性减少理论包含了许多不同的原理与结论。伯杰（Berger，2015）和卡拉布里兹（Calabrese，1975）把其中的每一个都视为一个可以研究探索的领域。我们将在下面逐一探讨。

不确定性减少理论的公理

不确定性减少理论是一个公理式理论。这意味着伯杰和卡拉布里兹的起点是一系列公理（axioms），即从过去的研究和常识中得出的自明之理。这些公理或者研究者们所说的命题不需要证明。伯杰和卡拉布里兹的这种公理式的思维方式来自过去的研究者（Blalock，1969），他们认为因果关系应该用公理的形式加以阐述。公理是理论的核心，它们必须被接受为真实有效的，因为它们是理论中其他所有部分的基石。每一条公理都说明了不确定性（中心概念）和另一个概念的关系。不确定性减少理论建立在七条公理之上。为了更好地理解它们，我们以开篇小故事中伊迪和马尔科姆的例子来说明。

公理	从过去的研究和常识中得出的自明之理

公理 1：随着陌生人之间语言传播的增加，在这一关系中的每一个互动者的不确定

性都会降低。当不确定性进一步降低时，语言传播的数量还会进一步增加。（语言传播公理）

我们用伊迪和马尔科姆的情况来说明这个公理。这个理论认为，如果他们做更多交谈就会对彼此更加确定。而且当他们互相之间更加了解，他们就会交谈得更多。

公理 2：当非语言表达的亲密性增加时，初次互动的不确定性就会降低。此外，*141* 不确定性减少会导致非语言表达的亲密性增加。（非语言表达公理）

如果伊迪和马尔科姆热情地表达自己，他们就会对对方更加确定，这又会导致他们提高彼此非语言表达的亲密性。他们的面部表情会更丰富，或者延长视线接触的时间。此外，当他们开始感到更加放松时，还可能会像一般朋友那样触摸对方。

公理 3：高度的不确定性导致信息搜寻行为的增多。当不确定性减少后，信息搜寻行为也会减少。（信息搜寻公理）

这个公理是不确定性减少理论的观点中比较富有启发性的一个，我们还将再详细讨论它。它说明，只要伊迪对马尔科姆感到不确定，她就会提问或者使用其他的方式获得信息。她的确定性越高，搜寻信息的活动就会越少。同样的情况对马尔科姆也适用。

公理 4：在人际关系中，高度的不确定性会降低传播内容的亲密性。低不确定性产生高亲密性。

因为伊迪和马尔科姆之间的不确定性较高，所以他们只进行了没有自我表露的简短交谈。他们传播内容的亲密性较低。公理 4 认为，如果他们的不确定性继续降低，那么他们的传播内容就会更加亲密。

公理 5：高不确定性造成相互作用频率

提高。低不确定性造成相互作用频率降低。

根据不确定性减少理论，只要伊迪和马尔科姆对彼此的不确定性很高，他们就会模仿（mirror）对方的行为。举例来说，当伊迪向马尔科姆分享了她觉得这门课很难以及她主修工程学时，马尔科姆也表露了自己的专业和他可能也会觉得工程学很难学。这种即时的交换（我告诉你我从哪里来，你也告诉我你从哪里来）是初次见面的标志。人们交谈得越多，关系越密切，相互之间越信任，这种交换就只会偶尔发生。如果今天在沟通中我做的和你做的不对等，那么我很可能在下次交谈时加以弥补。因此，在我们的关系中，严格的交换为宽泛的交换所代替。

公理 6：人们之间的相似性会降低不确定性，相反，差异性会增加不确定性。

因为伊迪和马尔科姆都是城市大学的学生，所以他们之间的共同性会在某种程度上立即降低彼此之间的不确定性。但是他们 *142* 仍然有性别差异和专业差异，这些差异会提高他们之间的不确定程度。

公理 7：不确定程度的提高会降低喜爱程度，不确定程度的降低会提高喜爱程度。

随着伊迪和马尔科姆之间不确定性递减，一般来说他们彼此的喜爱程度就会提高。如果他们感到不确定性仍然很高，就不会非常喜欢对方。这条公理得到了一些直接经验的支持。在一项有关传播满意度与不确定性减少之间的关系的研究中，詹姆斯·纽利普和埃丽卡·格罗斯科夫（Neuliep & Grohskopf，2000）发现，在模拟面试中，如果彼此之间的不确定程度很低，扮演组织面试人员的一方就会对扮演应聘者的一方的感觉较好（很有可能会录用他们）。表 8-1 总结了七个公理之间的关系。

表 8-1　不确定性减少理论的公理

公理	主要概念	关系质量	相关概念
1	↑不确定性	负	↓语言传播
2	↑不确定性	负	↓非语言亲密表达

续前表

公理	主要概念	关系质量	相关概念
3	↑不确定性	正	↑信息搜寻
4	↑不确定性	负	↓传播的亲密程度
5	↑不确定性	正	↑交互性
6	↓不确定性	负	↑相似性
7	↑不确定性	负	↓喜爱

不确定性减少理论的定理

伯杰和卡拉布里兹把这七条公理尽可能地加以组合，得出了 21 条定理（见表 8-2）。**定理**是从公理中得出的理论陈述，也表明了两个概念之间的关系。比如，如果语言传播的量与不确定性之间存在负相关（公理 1），且不确定性与传播亲密程度之间存在负相关（公理 4），那么语言传播的量与亲密程度就是正相关的（定理 3）。你可以使用上面的演绎公式，通过公理组合得出其余 20 条定理。此外，你必须使用正负号的乘法法则。比如，如果两个变量与第三个变量的关系都是正的，那么它们两两之间的关系都是正的。如果一个变量和第三个变量的关系是正的，而第二个变量与第三个变量的关系是负的，那么它们彼此之间的关系就是负的。最后，如果前两个变量与第三个变量的关系都是负的，那么它们彼此之间的关系是正的。通过这个方法，不确定性减少理论就成为一个内容广泛的理论。

定理	从公理中得出的理论陈述，说明两个概念之间的联系

表 8-2　从不确定性减少理论的公理推论而得的定理

定理	主要概念	关系质量	相关概念
1	↑语言传播	正	↑非语言亲密表达
2	↑语言传播	负	↓信息搜寻
3	↑语言传播	正	↑传播的亲密程度
4	↑语言传播	负	↓交互性
5	↑语言传播	正	↑相似性
6	↑语言传播	正	↑喜爱
7	↑非语言亲密表达	负	↓信息搜寻
8	↑非语言亲密表达	正	↑传播的亲密程度
9	↑非语言亲密表达	负	↓交互性
10	↑非语言亲密表达	正	↑相似性
11	↑非语言亲密表达	正	↑喜爱
12	↑信息搜寻	负	↓传播的亲密程度
13	↑信息搜寻	正	↑交互性
14	↑信息搜寻	负	↓相似性
15	↑信息搜寻	负	↓喜爱
16	↑传播的亲密程度	负	↓交互性
17	↑传播的亲密程度	正	↑相似性
18	↑传播的亲密程度	正	↑喜爱

续前表

定理	主要概念	关系质量	相关概念
19	↑交互性	负	↓相似性
20	↑交互性	负	↓喜爱
21	↑相似性	正	↑喜爱

不确定性减少理论的发展

许多研究者检验了不确定性减少理论，在他们的研究中使用不确定性减少理论作为基本原理。此外，伯杰和一些同事根据研究发现仍在继续完善和发展着该理论。不确定性减少理论的发展和修改包括前提条件、策略、熟悉关系、社交媒体和语境等方面。

前提条件

伯杰（Berger，1979）提出，要产生降低不确定性的动机必须满足三个前提（先在）条件。第一个前提条件是其他人具有提供奖励或惩罚的潜力。如果伊迪在校园里是一个十分受欢迎、具有独特魅力的人，她的注意可能就会被马尔科姆看成是一种奖励。同样，如果她不理睬他，就会被看成是一种惩罚。如果马尔科姆认为伊迪是无趣和没有吸引力的人，或者她在学校里的名声不好，他就不会把她的注意视为奖励，把她的不理睬视为惩罚。因此，根据伯杰的理论，伊迪对马尔科姆越是有吸引力，那么他就越有消除不确定性的动机。

第二个前提条件是他人的行为与我们的预期不符。在伊迪和马尔科姆的例子中，社会常规可能认为注视是不礼貌的。当伊迪感觉到马尔科姆长时间注视她，这就与伊迪对其行为的预期不符，因此伯杰预测，她减少不确定性的欲望就会增加。

第三个前提条件是个人对未来双方互动的预期。马尔科姆知道本学期他将在课堂上继续见到伊迪。但是，因为他发现她是读工程专业的，所以他也可能将来躲着不见她。在第一种情况下，根据伯杰的理论可以推断，马尔科姆对提高可预测性的需求很高，因为他会经常看到伊迪；在第二种情况下，马尔科姆的需求级别很低，因为伊迪读另一个专业，这门课结束后他们可以避免再见面。

策略

第二个扩展的领域是策略。伯杰（Berger，2015）提出，人们为了减少不确定性会使用三种策略：被动策略、主动策略和互动策略。每种策略的核心都是实现从与我们交流的人那里获取"想要的信息"这一目标（p. 2）。首先是**被动策略**（passive strategy），这时一个人只是在暗中观察对方。当观察者间接地打听某人的信息时，采取的就是**主动策略**（active strategy）。比如一个人可能向第三方打听另一个人的信息。最后，当一个人与他人进行直接接触或面对面的互动，即进行自我表露、直接提问和使用其他战术进行交谈时，使用的就是**互动策略**（interactive strategy）。虽然这些策略对于降低不确定性非常重要，但是伯杰认为，某些行为比如不恰当地提出敏感的问题可能反而会增加不确定性，而不是降低不确定性，进而需要更多的降低不确定性的策略。卡米·科森科（Kosenko，2011）所做的一项研究为所有策略提供了支持，这项研究考察了成年跨性别者有关加强安全性爱的传播行为。在这项研究中，全部策略都在参与者的回答中有所显示。

被动策略 通过暗中观察减少不确定性

主动策略	通过间接的接触减少不确定性
互动策略	通过交谈减少不确定性

学生之声

麦克斯

　　阅读降低不确定性的策略时，我觉得它们很有道理。我确定，最初搬来这里上学时，我使用过所有策略。我在学会待了很久，只是观察每个人做什么。我记得我问过一个我高中时勉强认识的人，让他告诉我某个刚刚路过的、看上去很友善的人。当然，最后我鼓起勇气跟她说了话，在事情步入正轨之前，我们一起闲聊了很多次。

　　为了简单说明这些策略，我们还是以伊迪和马尔科姆为例。他们在课堂上暗中观察对方的行为采用的就是被动策略。马尔科姆观察伊迪对教授在课上讲的笑话作何反应时，使用了一种叫作**反应性搜索**（reactivity searching）的被动策略，即观察伊迪做某事。另一种被动策略叫作**解除抑制性搜索**（disinhibition searching），要求马尔科姆在课堂外更加非正式的场合观察伊迪抑制程度较低时的行为。其中一个人如果向朋友打听另一个人的情况，就将使用主动策略。他们在课后的交谈，就是在使用互动策略了解对方的情况以降低不确定性。

反应性搜索	一种被动策略，包括观察一个人做某事
解除抑制性搜索	一种被动策略，包括观察一个人在非正式环境中自然的或不受抑制的行为

　　塔拉·埃默斯和丹·卡纳里（Emmers & Canary，1996）提出，在建立关系的过程中人们还会使用另外一种策略。他们把这种策略叫作接受不确定性策略，它包括诸如相信对方的反应。埃默斯和卡纳里认为，在不完全确定会发生什么的情况下接受或信任对方，这是处理关系发展过程中的不确定性的一个切实可行的策略。

熟悉关系

　　当伯杰和卡拉布里兹构思他们的理论时，他们感兴趣的是描述陌生人的初次见面。他们给自己的理论范围划出了清晰而有限的边界。但是在接下来的时间里，这个理论被扩展到熟悉关系领域，比如上面说到的接受不确定性策略。伯杰（Berger，1982，1987）更新了他的理论。他提出，不确定性在关系中始终存在，因此和初次互动一样，在熟悉关系发展中也存在不确定性减少。伯杰和卡拉布里兹最初把不确定性减少理论限定在初次见面，上述结论扩展了这一理论的适用范围。

　　我们前面讨论的三个前提条件（奖惩的潜力、与预期不符和对未来互动的预期）让我们把注意力转向对熟悉关系中不确定性的考察。具体说来，我们会希望从交往中获得奖励——当然也会遭遇意外，也希望未来与期望交往的对象继续互动。

　　熟悉关系中的不确定性与初次见面的不确定性有所不同。它在关系中的功能是辩证的。也就是说，在熟悉关系中减少不确定性和增加不确定性充满着矛盾和紧张。伯杰和卡拉布里兹（Berger & Calabrese，1975）评论道："在到达某一点之前，不确定性减少可能是好事，但是彻底预测对方行为有时也会让人感到乏味。人际关系的乏味感不仅不是好事，或许反而是坏事。"(p. 101) 杰拉德·R. 米勒和马克·斯坦伯格（Miller & Steinberg，1975）曾提出过相似的看法。他们指出，当人们有安全感之后与有安全感之前相比，他们可能对不确定性的需求更大。这意味着当人们对他们的关系和对方开始感到确定时，不确定性带来的刺激成为人们想要的东西。纽利普和格罗斯科夫（Neuliep & Grohskopf，2000）一致认为，不确定性和其他传播变量之间的线性关系可能不会持续到初次互动阶段之后。

这里我们用一个例子来进一步说明确定性和不确定性之间的矛盾关系。在我们的开篇小故事里，伊迪和马尔科姆在课后首次接触。如果他们接下来通过交谈逐渐建立起某种关系，那么他们的关系就会产生某种可预测性，即因为一段时间的交往，两个人都能对对方的行为做出一定的预测。但是这些可预测性（确定性）在过了一段时间之后就会变得很乏味，他们会觉得彼此的关系总是老一套。在这个时候，对不确定性（或新奇感）的需求就会提高，两个人会在日常交往中做出一些改变以满足这一需求。然而利安娜·克努布洛赫和她的同事（Knobloch, Miller, Bond, & Monnone，2007）发现，婚姻中的不确定性令人不快，因为那会让伴侣对彼此之间的交谈的评价更为负面。

在男女约会过程中，不确定性与不确定性减少过程的表现与伯杰和卡拉布里兹在初次见面时提出的理论基本相似。一项研究（Mongeau, Jacobsen, & Donnerstein, 2007）发现，降低不确定性被认为是约会的首要目标。萨莉·普兰纳普及其同事的研究（Planalp, 1987；Planalp & Honeycutt, 1985；Planalp, Rutherford, & Honeycutt, 1988）发现约会中的情侣经常发现他们的不确定性增加了。出现这种情况时，人们会通过他们的传播行为减少不确定性。在一项对 46 对

已婚夫妇进行的研究中，林恩·特纳（Turner，1990）得出了相似的结论。因此，根据这些研究，我们并不能说一旦关系确定，不确定性就一定会消失。

另一个不确定性减少理论在关系发展领域扩展的例子来自马尔科姆·帕克斯和马拉·阿德尔曼（Parks & Adelman，1983）的研究。帕克斯和阿德尔曼研究了个人的社会网络（朋友和家庭成员）后指出，这些第三方网络是获得约会对象信息的重要来源。他们指出，网络中的"成员会对约会对象过去的行为和行为倾向做出评价。他们向当事人提供关于对方行为的现成的解释，或者帮助当事人印证自己的解释"(p. 57)。他们的结论是，约会者与所在的社会网络沟通得越多，他们的不确定性就会越低。此外，研究者还发现，人们的不确定性越低，他们与对方分手的可能性也越低。

在把理论扩展到既有关系的基础上，伯杰和古迪孔斯特（Berger & Gudykunst，1991）还在过去理论的基础上补充了八条公理和七条定理。正如我们说过的，这些新公理和新定理提出，如果浪漫关系中的一方与另一方的社会网络发生互动，对另一方的不确定性就越低，而那些不与对方社会网络发生关系的人，结果就相反。因此，与社会网络的互动越多，不确定性就会越小。

那些对不确定性减少理论在既有关系领域的应用感兴趣的研究者提出，处于这个阶段的人们所经历的不确定性与初次见面的人们所经历的不确定性有所不同。这种不确定性被称为**关系的不确定性**（relational uncertainty），它被定义为对关系的未来和现状缺乏确定性。伯杰（Berger，1987）在讨论这种新的不确定性时指出，它会破坏关系的稳定性。更新一些的研究（比如 Ficara & Mongeau, 2000；Knobloch & Soloman, 2003）提出，这种关系的不确定性与伯杰和卡拉布里兹最初提出的那种个体的不确定性有很大区别。关系的不确定性不同于个体的不确定

性，因为它的抽象程度更高（Knobloch &
Solomon，2003）。关系的不确定性有助于预
测关系中的一些其他行为，例如参与者如何

应对面子威胁（Knobloch, Satterlee, DiDo-
menico，2010）以及对背叛的传播性反应
（Levine, Kim, & Ferrara，2010）。

关系的不确定性	对关系的未来和现状缺乏确定性

玛丽安娜·丹顿和布鲁克斯·艾勒
（Dainton & Aylor，2001）研究了三种不同
的关系中的关系不确定性。这三种关系分
别是没有面对面互动的远距离关系、有少
许面对面互动的远距离关系、空间距离较
近的关系。研究者感兴趣的是在这三种关
系中关系的不确定性、嫉妒、关系维持、
信任是如何相互影响的。这是一项重要的
研究，因为我们知道，在大学生中有 25%
到 40% 的浪漫关系发生在空间距离较远的
两个人之间。

他们的发现与不确定性减少理论预测
的一样，关系中的不确定性越高，嫉妒、不
信任就越高，关系维持行为就越少。丹顿和
艾勒还发现了信任"是减少关系的不确定性
的有效方法"（Dainton & Aylor，2001，
p.183）的证据。此外，他们还发现，面对
面的互动对减少关系的不确定性来说至关
重要。在没有面对面互动的远距离关系中，
关系的不确定性要高很多。然而，在有面对
面互动的条件下，空间距离较近的人们和空
间距离较远的人们之间并没有明显的差异，
这一现象与不确定性减少理论的预测不太
一致。研究者总结说，这个问题对于将来的
不确定性减少理论研究来说是一个有希望
的方向。

社交媒体

不确定性减少理论扩展到的另一个领域
是社交媒体，例如，小阿尔特米奥·拉米雷
斯和约瑟夫·沃尔瑟（Ramirez & Walther，
2009）以及其他人（例如，Flanagin，2007；
Tidwell & Walther，2002）指出不确定性减
少理论可以应用于以计算机为中介的传播

（computer-mediated communication）。一些
研究（例如 May & Tenzek，2011）指出，
网络信息搜寻与不确定性减少理论描述的
前网络环境中的信息搜寻类似，包括之前讨
论过的被动策略、主动策略及互动策略。辛
西娅·帕尔米里、克里斯滕·普雷斯塔诺、
罗萨莉·甘德利、埃米莉·奥弗顿和张琴
（Palmieri, Prestano, Gandley, Overton, &
Zhang，2012）发现，脸书上的自我表露会
降低不确定性，这与不确定性减少理论的预
测一致。在另一项运用不确定性减少理论的
原理的研究中，李紫妍（Lee，2015）考察
了社交媒体如何影响受众对记者的感知。她
发现记者在社交媒体上的活动会影响受众
对他们的看法。她特别总结道，自我表露了
与个人生活相关的事物的记者，会受到正面
评价。然而，如果这些记者回复评论者，人
们就会认为他们没有那些不回复的记者
专业。

然而，拉米雷斯和沃尔瑟（Ramirez &
Walther，2009）发现，网络信息搜寻与面
对面信息搜寻之间存在显著区别。他们认
为，网络信息搜寻允许传播者"依次或同时
采取多种信息获取方法来降低不确定性"
（p.73）。此外，网络环境意味着信息来源可
能会在未经个人许可或不受控制的情况下
开始堆积。用谷歌搜索某人（或者用其他的
网络搜索引擎获取某人的信息）会得到很多
关于他们的信息，而他们可能甚至不知道这
些信息进入了公共领域。最后，拉米雷斯和
他的同事们（Ramirez, Walther, Burgoon, &
Sunnafrank，2002）指出，谷歌搜索是主动
信息搜寻策略的一个特殊案例，他们称之为
挖掘策略（extractive strategy）。

148

挖掘策略	一种主动的信息搜寻策略，包括通过网络搜索获取关于某人的信息

其他研究者（例如，Gibbs, Ellison, & Lai，2011）发现在线约会领域中，不确定性减少是人们关注的一个重要问题。他们进一步注意到在线表露（不同于线下表露）不一定会按照伯杰和卡拉布里兹（Berger & Calabrese，1975）所描述的对称方式发生（我先告诉你我从哪里来，然后作为回应，你告诉我你在哪里长大）。相反，网络信息搜寻行为可能会发生在听到某人的表露之前，或者与之同时，又或者在表露之后。举例来说，安德丽亚可以在网络连接的任一时间点用谷歌搜索马克的信息并使用挖掘策略。此外，吉布斯和她的同事认为，对于在线约会者而言，这种不对称的信息交换十分重要，因为网络诈骗的风险太高，加剧了对个人安全的担忧。不过，吉布斯及其同事发现在线约会者会使用大量互动策略，例如直接在线询问，这证实了不确定性减少理论的主张以及早期的研究（Antheunis, Valkenburg, & Peter，2010）。但吉布斯的 562 名受访者中三分之一都表示进行了多方信息验证（将一个人说的话与网络上或公开记录中有关他们的信息进行比对），这支持了网络环境会带来不同的信息搜寻策略的观点。

语境

回想一下我们第 2 章的讨论，不确定性减少理论已经在另外一个语境中得到广泛研究，这个语境即文化。研究表明，不确定性因文化而异。让我们来说明这种文化语境的应用。

威廉·古迪孔斯特（Gudykunst，1993，2005）把不确定性减少理论扩展和应用到文化语境。目前为止，我们的案例都显然与人际语境相关。古迪孔斯特（Gudykunst，1995）将伯杰和卡拉布里兹对不确定性减少理论的系统阐述拓展为一个专门研究文化的新理论，他称之为焦虑-不确定性管理理论（Anxiety-Uncertainty Management，AUM）。詹姆斯·纽利普（Neuliep，2015）认为，不确定是一种认知状态，而焦虑是一种情感（情绪）状态。这一扩展的焦虑-不确定性管理理论认为，"不管文化背景如何，很多人在与不同文化或不同种族的人交流或者预计要与他们交流时，都会感到焦虑，特别是初次相遇的时候"（p.7）。纽利普（Neuliep，2012）还认为，人们厌恶不确定的状态，这一主张也是不确定性减少理论的基本前提假设之一。

149

古迪孔斯特和西田（Gudykunst & Nishida，1986a）在高语境文化和低语境文化之间发现了不同。根据爱德华·T.霍尔（Hall，1977）的理论，**低语境文化**（low-context cultures）指意义在符码或讯息中明确表示出来的文化，比如美国、德国和瑞士的文化就是低语境文化。在这些文化中，推崇简单、直接的表达。听者只需要根据说者用词的字面意思就可以理解其意义。在**高语境文化**（high-context cultures）里，非语言讯息的作用更为重要，讯息中的许多意义来自语境或被传播者内化的经验和规则。日本、韩国和中国的文化是高语境文化的例子。这些文化推崇委婉的表达，为了理解通过非语言方式和文化背景暗示的意义，听者一般要忽略大多数明示的符码。

低语境文化	意义在符码或讯息中明确表示出来的文化，比如美国文化
高语境文化	讯息的意义来自语境或文化经验的文化，比如日本文化

通过使用低语境和高语境文化理论，古迪孔斯特和西田（Gudykunst & Nishida，

1986b）发现，在低语境文化中通过交往的频率可以预测不确定性的减少，但是在高语境文化中却没有同样的规律。研究者还发现，使用直接的沟通（提问）来降低不确定性一般发生在崇尚个人主义的文化中。在崇尚集体主义的文化中，一般使用更为间接的方式与不属于同一文化群体的人交流。根据这个研究，来自不同文化的人会使用不同的传播方式来减少他们的不确定性。

古迪孔斯特和米切尔·哈默（Gudykunst & Hammer，1987）还进行了另外一项检验不确定性减少理论和文化关系的研究。他们没有研究美国之外的文化，而是把目光投向非洲裔美国人。有趣的是，他们发现，不确定性减少理论并不适用于非洲裔美国人。研究发现，非洲裔美国人在向他人提问之后，

对他人的印象并没有变得更加确定，而且他们不为自己能够预测的人所吸引。因此，不确定性减少理论并不一定对所有文化社群适用。

和不确定性减少相似的另一个概念是**不确定性回避**（uncertainty avoidance），它指的是对模糊情境的回避和逃避（Hofstede，1991；Smith，2015）。换句话说，不确定性回避指的是人们对不确定性的容忍度。吉尔特·霍夫施泰德认为，回避不确定性的人们认为"差异就是危险"，而不回避不确定性的人们认为"差异就是有趣"（Hofstede，1991，p. 119）。古迪孔斯特和松本（Gudykunst & Matsumoto，1996）指出，许多文化在不确定性回避方面的表现是不同的，了解这些差异的存在可以帮助我们理解这些国家中的传播行为。

不确定性回避	试图逃避模糊的情境

研究者们已经开始将不确定性减少理论的原理应用于人际关系之外的其他语境，尽管还没有焦虑-不确定性管理理论那么完善。一个例子是迈克尔·博伊尔和他的同事（Boyle et al.，2004）的研究，考察美国人在"9·11"恐怖袭击之后的信息搜寻行为。博伊尔和他的研究合作者认为，"虽然不确定性减少理论主要应用于人际传播研究，但它的基本逻辑同样适用于大众传播研究"（p. 157）。除此之外，还有一些研究把不确定性减少理论中的原理应用在了工作场所语境中（Hargie，Tourish，& Wilson，2002；Morrison，2002）。

整合、批评和总结

不确定性减少理论吸引了来自不同学科的学者。我们的关系一开始往往是难以预料的，不确定性减少理论能帮助我们理解这些挑战。此外，伯杰（Berger，2016b）认为，"不确定性是门'大生意'"（p. x），这是因为，政府和非政府组织都会因为"管理者对不确定性深恶痛绝"（p. x）而花费数十亿美元。最后，该理论遵循量化传统，为研究经常被忽略的传播行为（不确定性）提供了一个经验的视角。

在理论发表十几年后，伯杰（Berger，1987）承认，在不确定性减少理论中"一些命题的有效性还有待证明"（p. 40）。其他的一些学者也同意这个看法。虽然不确定性减少理论引起了广泛的关注和研究，但是同时它也收到了很多批评意见。当你思考不确定性减少理论有多实用的时候，记住下面两个标准：实用与启发性。

150

151

整合

传播传统	修辞学｜符号学｜现象学｜控制论｜**社会心理学**｜社会文化｜批判
传播语境	**自我**｜**人际**｜小群体｜组织｜公众/修辞｜大众/媒体｜文化
获得知识的方法	**实证的/经验的**｜诠释的/阐释的｜批判的

批评

评价标准	范围｜逻辑一致｜简洁｜**实用**｜可检验｜**启发性**｜时间的考验

实用

一些研究者认为，该理论的主要前提假设有缺陷。迈克尔·森纳弗兰克（Sunnafrank, 1986）指出："人们初次见面时，更主要的目标是关系结果的最大化。"（p. 9）森纳弗兰克号召对不确定性减少理论做一些修改，在对初次见面进行理论描述时把结果预期考虑在内。这一概念被称为结果预期价值（predicted outcome value, POV）。以我们的开篇小故事为例，森纳弗兰克会提出反对意见，马尔科姆可能并不想知道伊迪会做什么以及为什么这么做，他更关心的是二者未来的关系能否带来最大的回报。事实上，森纳弗兰克认为，只有在马尔科姆首先对与伊迪的谈话结果做出预测后，不确定性减少理论才会起作用。刘纪娜（Yoo, 2009）的发现给反对不确定性减少理论的结果预期价值提供了经验支持。

伯杰（Berger, 1986）对森纳弗兰克的回应是：如果没有一定的认知，先降低对自己、对方和两人的关系的不确定性，就不能对结果做出预测。伯杰认为，不确定性减少不仅不受结果预期价值的影响，而且是结果预期价值的必要条件。此外，伯杰针对森纳弗兰克的批评还提出，对结果的预期只是减少不确定性的一种方法而已。因此，伯杰的结论是，与其说森纳弗兰克提出了取代不确定性减少理论的理论，不如说他扩展了不确定性减少理论的研究范围。

对不确定性减少理论的实用性的第二个批评和它的有效性有关。我们还记得，即使伯杰（Berger, 1987）自己也承认该理论在有效性方面存在问题。尽管如此，他并不打算放弃这个理论。但是一些更具怀疑精神的同事提出，公理型理论需要严格的逻辑结构，如果大厦的一块砖头有问题，那么整个理论就会受到怀疑。凯勒曼和雷诺兹（Kellermann & Reynolds, 1990）指出，公理 3——高不确定性导致信息搜寻行为增加——有问题。

152

大众媒体中的理论·不确定性还是结果预期价值（POV）

皮尔卡洛·瓦尔德索洛（Piercarlo Valdesolo）在《科学美国人》（*Scientific American*）网络版中写道，结果预期价值和不确定性减少可能有助于预测关系是否会从最初的相遇发展到更高水平。瓦尔德索洛回忆起他临近情人节开始恋爱时面临的困境。他写道，自己想不出该怎样与相处不久的恋人一起庆祝这个节日，他应该欲擒故纵，还是坦陈心迹？瓦尔德索洛发现他或许能从一项最近的研究中得到一些帮助。这项研究向女性展示了一些男性的资料，据称这些男性此前已经看过她们的脸书资料。这些女性被分为几组：一组被告知她们自己是这些男性浏览过所有资料后最喜欢的，一组被告知这些男性觉得她们平平无奇,第三组被告知这些男性要么最喜欢她们,要么觉得她们平平无奇。这些女性对那些捉摸不透的男性而不是那些她们以为最喜欢自己的男性反应最积极。瓦尔德索洛的评价是,只有"你的目标实际上喜欢你的时候,不确定性才起作用。事实上,人们越是在意不确定可能带来的负面结果(如活组织切片检查的结果是什么),他们对结果的感觉就越糟"。所以,如果结果预期价值为负,人们就会厌恶不确定性,但如果结果预期价值为正,人们就不会那么厌恶了。瓦尔德索洛说他真希望自己刚开始恋爱时就知道这些,但没关系,他还是成功地跟她结婚了。

资料来源:Valdesolo, P. A scientific dating insight:Create uncertainty-The aphrodisiac effect of not knowing how much they like you, scientificamerican. com/article. cfm? id = a-scientific-dating-insig&page=2.

他们对上千个学生的研究结果没有证明公理 3。相反,他们发现"是需要信息,而不是缺乏信息,促进了初次见面者搜寻信息"(p.71)。凯勒曼和雷诺兹指出,很多时候我们对他人的不确定感仅仅是因为我们对他人没有兴趣,我们没有通过信息搜寻消除不确定性的动机。因此,人们之所以进行传播,不是想消除不确定性,仅仅是因为他们相互关心,相互感兴趣,或二者兼具。戴尔·布拉舍斯(Brashers, 2001)也从不同的角度对公理 3 的有效性提出疑问。他以"后 9·11 焦虑"(Post-September 11 anxieties)说明,有时更多的信息反而会导致更大的不确定性。然而有趣的是,德尔·麦金尼和威廉·多纳吉(McKinney & Donaghy, 1993)在经验研究中却发现了支持公理 3 的证据,因此关于不确定性减少理论的实用性的争论无疑还将继续下去。

启发性

结合我们评价理论的标准,这一理论非常具有启发性。比如不确定性减少理论既被应用于小群体研究(Booth-Butterfield, Booth-Butterfield, & Koester, 1988),也被应用于大众传播研究(Perrault & Silk, 2015),还被应用于以计算机为中介的传播研究(Lundy & Drouin, 2016)。根据我们先前的讨论,不确定性减少理论显然已经被扩展到许多语境,这意味着它很有启发性。

<!-- 153 -->

学生之声

史蒂夫

我喜欢本章中讨论把该理论拓展到熟悉关系的那一节。我已经为同一个老板工作了四年,但跟她在一起时,有很多次我都感受到了该理论所说的那种不确定感。你会觉得,在为塔拉工作多年以后,我应该已经对她有所了解,但她仍然总是出乎我的意料。上周,她的态度彻底变了,我不太确定如何应对。几周以来,她一直告诉我,我们必须用远快于平时处理工作的速度完成一个项目。所以我一直在拼命完成。然而上周她却说我们可以慢慢来,而且根本没做任何解释。我立即使用了主动策略,开始问办公室里的其他人,看看自己能不能弄明白她在想什么。所以总的来说,我觉得这个理论应该拓展到熟悉关系,也应该应用到工作场合的关系。我的工作充满了不确定性!

总结

尽管不确定性减少理论引起了一些理论争议，它还是为传播学做出了重要的贡献。虽然这个理论更接近线性模式（回忆一下我们在第 1 章讨论过的模式），但是它还是激发了大量的评论和研究。它把传播放在了中心位置加以考虑。它标志着传播研究者开始用本学科自己的理论框架来进行研究，而不是只会从其他领域移植理论。

讨论题

技术探索：通过社交网站进行的传播对不确定性减少理论的实用性有什么影响？举例来说，在跟一个陌生人见面之前对他有很多了解（例如通过阅读这个人的脸书主页，或在推特上关注他），是否意味着不确定性减少理论的公理和定理不再成立？还是社交媒体只是提供了收集人们信息的新渠道，进一步支持了不确定性减少理论的主张？

1. 为什么类似伊迪和马尔科姆这样的初次见面对传播理论研究者来说非常重要？至少举出一个例子来支持你的观点。

2. 不确定性减少是使用传播活动增加我们解释和预测他人行为的能力。你觉得人们彼此互动的时候真的很在意解释和预测对方的行为吗？

3. 第一次与他人见面时，是否会出现提问导致更加不确定的情况？请举例说明。对他人的不确定性降低是否会导致你更加不喜欢某个人？描述一下这是如何发生的。

4. 你同意伯杰和卡拉布里兹关于人际关系发展过程的假设吗？他们认为，在关系发展中人们会使用传播来完成进入阶段、个人阶段和退出阶段，你是否同意这个看法？请举例说明。

5. 当两个人初次见面时，除了本章提到的因素以外，是否还需要其他条件？请具体举例说明。

6. 如果你有与伯杰和卡拉布里兹对话的机会，你会如何描述他们的理论在你的生活中的应用？在回答这个问题时，试着用这个理论解释你的生活中关系的不同方面或者不同的关系。

7. 研究跨文化传播时不确定性减少理论的实用性如何？在回答这一问题时，请将该理论应用于你当前生活中的任一方面或任一关系类型。

第9章
社会交换理论[①]

一个人的调整会影响到其他人必须做出调整，后者反过来又要求前者重新调整。

——约翰·蒂博（John Thibaut）和哈罗德·凯利（Harold Kelley）

梅雷迪斯·丹尼尔斯和娜塔莎·埃文斯

梅雷迪斯·丹尼尔斯和娜塔莎·埃文斯自从四年级一起担任（宿）舍长以来就成了好朋友。在同一所小学毕业后，她们一起到科林斯高中上学。在那里，她们不仅要应付大量的家庭作业，还会面临约会难题和高中生都会遇到的各种难题。此外，她们还遇到了种族问题，因为梅雷迪斯是欧洲裔美国人，而娜塔莎是非洲裔美国人。她们的家乡密西西比州的比洛克西的种族歧视传统成为她们友谊的阻碍。虽然比洛克西现在已经相当进步了，但是梅雷迪斯的祖父还是对她和娜塔莎交往感到不舒服。同样，娜塔莎的叔叔本杰明参加过20世纪60年代的民权大游行，他对白人也有成见。曾经有一段时间，本杰明还是黑人分离主义组织的成员。他也很难接受娜塔莎和梅雷迪斯的友谊。虽然家庭成员反对，但是这两个女孩却非常努力地维持她们的关系。

当娜塔莎和梅雷迪斯在一起的时候，她们经常产生一个疑问：为什么种族差异会成为一个问题呢？她们情同姐妹，甚至比她们见过的亲姐妹还要亲密。她们有着几乎一模一样的幽默感，经常能用愚蠢的样子或笑话让对方高兴起来。她们喜欢看同样的电影（恐怖片），在学校也上一样的课（英语和法语），甚至在对衣服（都喜欢宽松的裤子）和男朋友（都喜欢聪明的）的品位上也都一样。

然而在家里，她们经常不得不为她们的友谊辩护。梅雷迪斯的父母说，他们并不反对她们交往，但是如果梅雷迪斯成天和黑人男孩混在一起，参加那些只有两三个白人女孩参加的晚会，他们会很不开心。娜塔莎的父母对梅雷迪斯也没有什么不满。他们很喜欢她，并且理解她们的友谊。但是要是娜塔莎和白人男孩约会，他们则不太支持。娜塔莎的父母对自己的种族传统非常自豪，他们告诉所有的孩子在生活中保持他们自己的传统是多么重要。对他们来说，这意味着他们的家族必须站在非洲裔美国人阵营内，不能和其他种族的人约会和通婚。娜塔莎的表兄和一个日本人结婚了，整个家族都很难接受他们。

随着娜塔莎和梅雷迪斯升入高中，事情就变得更加麻烦。娜塔莎的父母要求她必须在毕业后就读一所具有深厚黑人传统的大

---

① 本理论基于约翰·蒂博和哈罗德·凯利的研究。

学。梅雷迪斯的家庭则希望她就读加利福尼亚州南部的一所很小的大学，因为她的父母都是这所学校的毕业生，而且他们家在这所学校周围有许多亲戚。但是娜塔莎和梅雷迪斯都想上同一所大学或者至少彼此距离不远的大学。此外，她们对于把所有的时间和精力花在讨论选择就读哪所大学上非常不满。这几乎浪费了她们的最后一年的高中生活。

但是当她们在一起时就会忘掉所有的不愉快，她们和平常一样开心，然而这些压力给她们的友谊投上了阴影。虽然她们试图不去考虑它们，但两个人都对未来十分担心。告诉对方自己的想法并不难，她们过去一直无话不说，但是梅雷迪斯和娜塔莎发现和对方交流上大学的事却非常困难，所以她们一直回避这个话题。两个人私下里都在担心接下来会发生什么以及没有了好朋友下一年该怎么过。

如果从社会交换理论的角度来看梅雷迪斯和娜塔莎的关系，可以预测两个人未来的关系肯定困难重重，因为对于目前两个人的关系来说，投入大于回报。社会交换理论（Social Exchange Theory，SET）的基本观点是，人们用经济学的概念来思考他们的关系。迈克尔·罗洛夫（Roloff，2015）的表述是，"人类的生存取决于获得所需资源的能力，个体以传播为工具协商交换行为并提供资源"（p.1）。**投入**（costs）是关系中具有消极价值的元素，比如一个人为了维持一段关系所花费的时间和精力，或者一个人不得不忍受的伴侣的缺点（例如伴侣喜欢在网络游戏上花时间）。在本章开篇的场景中，梅雷迪斯和娜塔莎在就读哪所大学问题上承受的压力就是她们的关系的投入。她们的关系总是造成各自家庭的冲突，这也是投入。**回报**（rewards）是关系中具有积极价值的元素。在梅雷迪斯和娜塔莎的例子里，她们在一起的快乐时光、彼此的忠诚以及相互之间的理解都是回报。

投入	关系中具有消极价值的元素
回报	关系中具有积极价值的元素

通常认为是乔治·霍曼斯（George Homans）将交换视角引入了人类行为。霍曼斯研究了小群体中的交换概念，之后又探索了人际关系中的交换概念（Trevino & Tilly，2016）。虽然我们在本章中介绍的一些内容可以应用于群体行为，但是我们将要深入讨论的理论的核心还是人们如何思考和培养与他人之间的关系。

社会交换理论认为，人们使用投入与回报来评估他们的关系（Roloff，2009；Stafford，2008）。所有的关系都需要当事人投入时间和精力。两个朋友会花一些时间在一起，他们必须这么做才能保持友谊，在这段时间他们不能做其他事情，因此花费的时间就是投入。有时朋友还会在你不方便的时候需要你的关心，那么投入就会加倍。比如，如果你必须完成一篇学期论文，但是你最好的朋友刚和男朋友分手，需要你的安慰，你就会明白友谊会让你以时间的形式付出一些东西。但是，关系也会给我们回报或者积极的东西。家庭、朋友和恋人会给我们归属感、支持和陪伴。一些朋友永远对我们敞开大门，让我们感觉他们永远陪伴在我们身边。朋友和家庭让我们远离孤独和封闭。朋友还向我们传授有用的经验。

社会交换理论认为，人们用关系中的回报减去投入来计算特定关系的价值（Monge & Contractor，2003）：

价值＝回报－投入

积极的关系就是那些结果为正的关系，也就是说关系的回报超过投入。如果价值为负（投入超过回报），对于参与者来说就是消极的关系。社会交换理论的内容还不止这些，它还预测关系的价值会影响其**结果**（outcome），即人们会继续一段关系还是结束它。积极的关系会持续下去，而消极的关系很可能被终止。

结果	人们会继续一段关系还是结束它

正如我们在这一章将要看到的，虽然实际的情况远比这个简单的公式复杂，但是它确实代表了交换理论的精髓。例如，约翰·蒂博和哈罗德·凯利（Thibaut & Kelley，1959）认为："从回报和投入的角度来看，只要一个关系能够让人充分满意，那么每个人都会主动地进入和保持这个关系。"（p. 37）正如罗纳德·萨巴特里和康斯坦斯·谢汉（Sabatelli & Shehan，1993）提出的，社会交换理论以市场的隐喻看待关系，在这里，获得利润是每个人的行动准则。然而，劳拉·斯塔福德（Stafford，2008）认为经济交换与社会交换有些不同：社会交换涉及与他人的联结；社会交换涉及信任，而非法定义务；社会交换更加灵活；而且社会交换很少涉及明晰的讨价还价。我们将在本章后面看到，一些研究者并不确定社会交换理论的主张是只在市场环境中生效，还是也可以描述人际交换过程。

我们刚才只是泛泛地谈了交换理论或者社会交换视角，这是因为社会交换理论提供了一个关于人类的总体性观点，并可能会为其他具体的理论所采纳，比如我们将在下一章讨论的社会渗透理论，而且关于社会交换的理论不止一个。迈克尔·罗洛夫（Roloff，1981，2015）讨论了五种社会交换理论。罗洛夫认为，这些理论具有一个共同点，即"人际关系的主要动力是促进双方个人利益的增加"（p. 14）。此外，罗洛夫指出，这些理论并不认为个人利益是一件坏事；相反，它们认为个人利益一旦被承认，将会促进关系发展。但是，罗洛夫也提出，这五个理论之间也有明显的差异，其中的一个原因是它们是由不同的学科提出的（比如，心理学、社会心理学和社会学）。在这里讨论这些社会交换理论的差异并不是我们的目的。我们将集中介绍其中最流行的一个理论，即约翰·蒂博和哈罗德·凯利（Thibaut & Kelley，1959）提出的相互依赖理论（Theory of Interdependence）。虽然约翰·蒂博和哈罗德·凯利称之为相互依赖理论，但是人们经常把它作为社会交换理论使用，因为它符合交换的理论框架（Roloff，2015）。

158

理论速览·社会交换理论

社会交换理论认为人际关系的主要动力是满足双方的自我利益。自我利益并不必然是不好的，可以帮助强化关系。人际交换与经济交换类似，人们会为他们的支出获得合理的回报感到满意。

社会交换理论的假设

所有的社会交换理论都建立在几个关于人性和关系特性的假设之上。其中有一些假设在你看过前面的介绍后可能就已经明白了。因为社会交换理论建立在经济交换的隐喻之上，所以许多假设都认为人们会把生活看成自由市场。此外，蒂博和凯利将理论建立在两个概念上，这两个概念一个关注个人本性，另一个描述两个人之间的社会关系。他们将其归纳为内驱力——某个内部动机——以理解个体，同时用博弈原理（gaming principles）来理解人际关系。因此，他们提出的假设也可以对应地分为两类。

社会交换理论中关于人性的假设如下：

- 人类追求回报，避免惩罚。
- 人类是理性的动物。
- 人类评价投入和回报的标准会因时间而异，也会因人而异。

社会交换理论关于关系特性的假设如下：

- 关系是相互依赖的。
- 关系是一个过程。

我们来依次看看这些假设。

关于人们追求回报避免惩罚的观点与内驱力降低理论是一致的（Roloff，1981）。这一观点假设，人们的行为是由内部驱动机制导致的。当人们感觉到这种驱动力时，他们就会产生降低它的动机。内驱力的降低会带来愉悦。如果张三感到口渴，他就会受到驱动，通过喝水来缓解这种感觉。这个过程带来回报，因此"获得回报，就意味着人体验了内驱力的降低或需要的满足"（Roloff，1981，p. 45）。这一假设有助于社会交换理论者理解为什么娜塔莎和梅雷迪斯喜欢在一起。她们需要理解和做伴，这种需要（或内驱力）通过两个人花时间在一起而得到满足（或降低）。

159 关于人性的第二个假设——人类是理性的动物——对于社会交换理论来说十分重要。这个理论的一个基本观念如下：在可能获得的信息范围之内，人们总是计算特定情境下的投入与回报，并以计算结果指导他们的行为。这里也包括没有回报的可能，这时人们会选择投入最小的行为。在娜塔莎和梅雷迪斯的例子里，因为压力和家庭的反对，要继续她们的友谊投入很大。但是，两个少女都认为，如果结束友谊，不再像过去9年里那样给对方支持和感情所造成的损失

会更大。

詹姆斯·怀特、戴维·克莱因和托德·马丁（White, Klein, & Martin, 2014）指出，假定人具有理性（rationality）并不等同于说人们会对自己的行为进行合理化（rationalization）。社会交换理论假定人类是理性动物，断言他们会利用理性思维做出决策。但合理化是"试图在（我们的）行为发生后，为这一行为提供一个显然合理的辩护"（p. 37）。因此，合理化是一种再造的尝试，为的是让一个决策在事后显得合理。等我们在本章末尾讨论针对社会交换理论的一些批评时，这个区别会变得很重要。

关于人性的第三个假设——人们评价投入和回报的标准会因时间而异，也会因人而异——意味着这个理论必须考虑现实的多样性。没有一个评价回报和投入的标准能够适用于所有人。因此，当娜塔莎的评价标准随着时间发生变化时，她可能对关系投入的判断渐渐高于梅雷迪斯（反之亦然）。然而，社会交换理论是一个类规律理论，我们在第3章讨论过这个问题，因为社会交换理论认为，虽然每个人对回报的定义不相同，但是第一个假设仍然对所有人都适用：我们总是想把利益最大化，把损失和投入最小化（Pascale & Primavera, 2016）。

我们在本章早些时候提到过，蒂博和凯利是从内驱力降低理论中得出这三个有关人性的假设的。他们在描述关系时，提出了一系列他们称之为博弈理论的原理。他们把用来说明关系特性方面第一个假设的经典博弈称为囚徒困境（见图 9-1）。这个博弈理论假设，两个囚徒因为一桩案件而被审问，但是拒绝认罪。他们被分别进行审问，面临两个选择：承认犯罪，或者坚持认为自己无罪。但使情况变得更加复杂的是，最后的判决结果并不只是由他们中的单个人决定。相反，每个囚徒的判决结果来自他们的反应的组合。描述他们的可能性选择的图形被称为 2×2 矩阵，因为他们中的每个人都有两种选择：招供或者不招供。 160

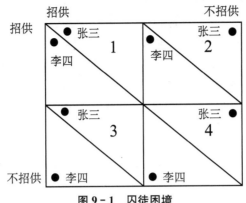

图 9-1 囚徒困境

如果假设其中的一个囚徒叫张三，另一个囚徒叫李四，那么他们的选择和判决结果有以下几种可能：

张三招供，李四招供＝两个人都被判死刑。

张三招供，李四不招供＝张三被判无罪释放，李四被判终身监禁。

张三不招供，李四招供＝李四被判无罪释放，张三被判终身监禁。

张三不招供，李四不招供＝两人都被判有期徒刑。

很显然，张三和李四的判决结果相互依赖。每个人的判决结果都依赖于张三和李四回答的关系，而不是其中某个人的回答。对于蒂博和凯利来说，这个概念处于中心位置，因此他们把自己的理论称为相互依赖理论，而不是社会交换理论或博弈理论。他们这么做的原因是想回避博弈理论中赢和输的概念，他们希望强调社会交换在相互依赖中的作用。尽管他们以囚徒困境为出发点，蒂博和凯利还是对社会关系感兴趣，正因如

此，我们可以把这些概念应用于像娜塔莎和梅雷迪斯这样的关系中。

当我们考虑娜塔莎和梅雷迪斯的情境时可以发现，如果梅雷迪斯决定断绝与娜塔莎的友谊，娜塔莎肯定会受到影响。同样，娜塔莎对关系投入和回报的决策也会影响梅雷迪斯的决策。因此，每当关系中的任何一个成员有所行动，另一人和她们的关系都会受到影响。在一项针对照顾老年亲属的家庭成员的研究中（Raschick & Ingersoll-Dayton，2004），研究者发现照顾者与被照顾者之间存在互相依赖关系。

蒂博和凯利关于关系特性的第二个假设是，关系是一个过程。通过这个假设，研究者们想说明的是时间和变化在关系中的重要性。具体来说，时间会影响交换，因为过去的经验指导对回报和投入的判断，而这个判断又会影响接下来的交换。例如，如果凯茜不喜欢上学，对老师的评价不高，但是当她上了一门超出预期的课时，她发现自己十分喜欢这个老师，那么

161

她与老师的关系和凯茜对未来关系的预期将会受到这个过程的影响。此外，过程的观念让我们把关系看成一个不断变化和发展的事物。

有了这些关于人性和关系特性的假设，我们接下来就可以研究一下这个理论的两个主要部分：评价关系和交换模式。

评价关系

我们在前面提到，社会交换理论要比我们起初提到的价值公式复杂得多。社会交换理论包括"关系的概念，以及双方都对彼此负有责任的某种共享义务概念"（Lavelle, Rupp, & Brockner, 2007, p. 845）。当人们根据价值的计算结果决定是否维持他们的关系时，另外一些问题就会浮出水面。蒂博和凯利的理论中最有趣的部分之一是他们对关系评价的解释，因为人们会根据自己对关系的评价决定维持关系还是离开。蒂博和凯利提出，这个评价建立在两种比较水准之上，即比较水准和替代比较水准。**比较水准**（comparison level, CL）指的是某人认为从某一关系中应该获得的回报数量以及要付出的代价数量。因此，梅雷迪斯对她们的友谊应该付出什么和得到什么有着主观的感觉。她的比较水准受到了过去的友谊、家人的建议和电视电影这样的流行文化中所表现的友谊的影响，后者会让她对自己目前的友谊有一种预期。

比较水准	某人认为从某一关系中应该获得的回报数量以及要付出的代价数量

因为比较水准是主观的，所以它因人而异。总的来说，个体的比较水准取决于过去对此类关系的经验。因为个体在相同类型的关系上具有不同的经历，因此个体具有不同的比较水准。比如，如果苏珊娜的朋友都要求她多倾听她们的心声、同情大家，那么她的比较水准就会把这些因素包括进去。如果安德鲁的朋友没有要求他多倾听他们的心声，那么他就不会把这个因素视为友谊的投入。但是，因为经常与同一个文化中的人互动，所以我们从大家都接触的流行文化中获得了许多共享的关系预期（Rawlins, 1992）。因而我们对于关系的预期会有许多相同之处，我们的比较水准也不会与其他人完全不同。

蒂博和凯利认为，我们对目前的关系是否满意取决于我们对比较水准中回报和投入的比较。如果目前的关系满足或者超过了我们的比较水准，这个理论预测，我们将对这个关系感到满意。但是人们有时也会结束满意的关系，维持不满意的关系。蒂博和凯利使用了第二个比较标准，**替代比较水准**（comparison level for alternatives, CLalt），来解释这种看似矛盾的现象。替代比较水准指的是"和其他替代性关系或不发生任何关系相比，某人愿意从某一关系中获得的最低水平的回报"（Roloff, 1981, p. 48）。换句话说，替代比较水准提供了与现实中的其他替代性关系做比较而对关系进行评价的标准（Dillow, Malachowski, Brann, & Weber, 2011）。例如，迈克尔·克雷默（Kramer, 2005）研究了人们对社区剧院的参与。他发现，生活的城镇只有一个社区剧院的人，与生活的城镇有其他选项的人相比，更可能满足于更少的回报。他认为这凸显了替代比较水准的重要性。

162

替代比较水准	在和其他的可能性相比较之后人们对关系的评估

替代比较水准衡量的不是满意度，而是稳定度。也就是说，替代比较水准预测的是梅雷迪斯是否会因为一些自己觉得更好的东西而放弃与娜塔莎的友谊，即使这段友谊

是令人满意的。如果我们用比较水准和替代比较水准深入地研究娜塔莎和梅雷迪斯的关系，我们可以发现，梅雷迪斯认为，她和娜塔莎的关系总体上令人满意。如果 1 分代表极差，10 分代表完美的话，她会给她们的关系打 8 分。这个 8 分就是她对她们关系结果的评估得分。如果梅雷迪斯对她们的友谊的期待或她的比较水准只有 6 分，那么她会对与娜塔莎的友谊感到满意。如果梅雷迪斯认为她去上大学及不与娜塔莎交往的得分是 3，而且她也没有比娜塔莎更要好的朋友可以交往，那么她的替代比较水准就会很低，她对与娜塔莎的友谊打出的 8 分远远超过这个分数，社会交换理论者预测，梅雷迪斯会想要维持与娜塔莎的友谊。

如果我们使用表 9-1 具体列出的算式计算这些数字，梅雷迪斯的结果是 8，高于她的比较水准（6），她的比较水准高于她的替代比较水准（3）。因此，她的情况符合表中的第 1 栏，这个理论预测她的关系状态令人满意且稳定。

表 9-1　关系结果、比较水准和替代比较水准对关系状态的影响

关系结果（Outcome）、比较水准（CL）、替代比较水准（CLalt）的相对数值	关系状态
Outcome＞CL＞CLalt	满意且稳定
Outcome＞CLalt＞CL	满意且稳定
CLalt＞CL＞Outcome	不满意且不稳定
CLalt＞Outcome＞CL	满意且不稳定
CL＞CLalt＞Outcome	不满意且不稳定
CL＞Outcome＞CLalt	不满意且稳定

资料来源：改编自罗洛夫（Roloff，1981，p. 48），重印得到了 Sage 出版公司的授权。

这种计算——虽然把关系变成一个数字可能有些不现实——说明了人们为什么要维持受虐待的关系。如果人们别无选择或者害怕孤独甚于害怕某个关系，社会交换理论预测他们将维持原来的关系。一些研究者在研究处于被虐待关系中的妇女的文章中使用这个理论来解释为什么妇女愿意和施暴的男性生活在一起（Walker，1984）。其他研究者（Cox & Kramer，1995）指出，组织中的管理者使用这些计算来帮助他们做出解雇员工的决策。毕晓普、斯科特、戈尔兹比和克罗潘扎诺（Bishop，Scott，Goldsby，& Cropanzano，2005）研究了员工如何利用社会交换来实现对工作的投入。表 9-1 总结了根据该理论预测的关系结果、比较水准、替代比较水准和关系状态的六种可能性的组合。

交换模式：行动中的社会交换理论

除了研究人们如何计算关系结果之外，蒂博和凯利还对人们如何根据关系模式调整他们的互动行为感兴趣。蒂博和凯利认为，人们的互动受到目标的指导。这和他们关于人类是理性动物的观点是一致的。根据蒂博和凯利的理论，人们会处于**行为序列**（behavioral sequences）——为了达到目标而进行的一系列行动——之中。这些序列是蒂博和凯利提出的社会交换理论的核心。正如他们所说，当人们处于行为序列时，在某种程度上依赖于关系的另一方。例如，如果一个人想玩金罗美牌（gin rummy）①，就需

① 可以两个人或多个人进行的罗美牌戏的一种玩法。一个玩家要赢就必须与他的所有牌相配，或者吃掉加起来只有 10 点或更少点数的所有不成对的牌以结束游戏。——译者注

要同伴的参与。这种相互依赖就产生了**权力**（power）的概念——一个人在关系结果上对另一个人的依赖。如果梅雷迪斯在关系回报上对娜塔莎的依赖更多，那么娜塔莎在关系中所拥有的权力就比梅雷迪斯大。一些研究者（Darr，2016）注意到，某些交换，例如送礼，会给送礼者来带权力和地位。还有研究者（Trussell & Lavrakas，2004）认为，在地位和权力开始下降之前，可能存在一个送礼的最佳数额。

行为序列	为了达到目标而进行的一系列行动
权力	一个人在关系结果上对另一个人的依赖

在蒂博和凯利的理论中有两种权力，即结局控制和行为控制。**结局控制**（fate control）是对另一方关系结果的控制能力。例如，假如梅雷迪斯与娜塔莎断交，她就会影响娜塔莎的结果。如果娜塔莎没有别的朋友可以代替梅雷迪斯，梅雷迪斯的行为对娜塔莎就具有结局控制。当然，前提条件是梅雷迪斯对两个人的关系漠不关心。如果她也在乎她们的友谊，那么断交也是对她自己的惩罚，这就使娜塔莎也对她们的关系具有一定的结局控制。

结局控制	控制另一方关系结果的能力

行为控制（behavior control）是一个人的行为变化可以导致另一个人的行为变化的权力。如果梅雷迪斯给娜塔莎打电话，后者可能会放下手上的任何工作和梅雷迪斯通话。如果娜塔莎在交谈中不说话了，梅雷迪斯将会改变她的反应行为。她也会停止讲话，或者会问娜塔莎是不是出什么事了。

行为控制	改变他人行为的权力

蒂博和凯利提出，根据权力的差异和权力运用的成本，人们会使用不同的交换模式。这些模式描述了行为或规范，它们指导人们如何为了将回报最大化和投入最小化而进行资源交易。蒂博和凯利为了说明人们的交换模式提出了三种矩阵，它们包括条件矩阵、实效矩阵和倾向矩阵。

条件矩阵（given matrix）代表影响选择和结果的外部因素（环境）和内部因素（每个互动者具有的特殊技能）的组合。当两个人进行交换时，条件会使一些选择比另一些选择变得更困难。例如娜塔莎和梅雷迪斯的家庭就是使她们的友谊变得困难重重的外部环境之一。金钱的短缺可能是条件矩阵中的另一个方面，它会使关系中的一些选择成为不可能。此外，条件矩阵还依赖于人们进行社会交换时所具有的技能。如果人们不会跳交际舞，那么他们就不大可能经常在一起跳舞。在某种程度上，条件矩阵代表着"你要处理的情况"。

条件矩阵	外部环境以及（或者）你的个人能力对你选择的限制

人们可能会受到条件矩阵的限制，但是并不会完全受制于它。他们可以将其转换为**实效矩阵**（effective matrix），"它是可供选择的行为以及（或者）行为后果的延伸，它最终将决定社会交换中的行为选择"（Roloff，1981，p.51）。如果一个男人不会

跳探戈，他可以上舞蹈课学习，把条件矩阵转换成实效矩阵。如果梅雷迪斯和娜塔莎认为家人对她们的友谊总是喋喋不休，她们可以和他们进行正面冲突，直到让家人回心转意；或者她们还可以在家里不再提此事，秘密交往以避开家人的反对。

实效矩阵	通过学习新的技能等方式改变你的条件矩阵以实现转变

最后一个矩阵是**倾向矩阵**（dispositional matrix），代表双方对交换方式的看法。如果梅雷迪斯和娜塔莎认为，不管来自家庭成员的外部干预多么大，朋友就应该不顾一切坚持在一起，这就会影响她们的倾向矩阵。一些人把交换看成竞争，这种看法将会反映在他们的倾向矩阵里。

倾向矩阵	你对关系的看法

蒂博和凯利提出，如果我们知道一个人具有什么倾向（倾向矩阵）以及他所面临的环境的性质（条件矩阵），那么我们就能预测这个人将做什么转变（实效矩阵）来影响社会交换。因此，如果我们知道娜塔莎希望朋友之间应该相互忠诚，还知道她的家人对她和梅雷迪斯做朋友的反对意见不是特别强烈，那么我们可以预测，娜塔莎会在家人面前帮梅雷迪斯辩护以改变他们的看法。如果她的家庭强烈地反对她们的交往，我们可以预测娜塔莎仅仅会继续维持与梅雷迪斯的友谊，而不会试着改变家人的看法。倾向矩阵指导着人们对条件矩阵的改变，这些改变又会影响实效矩阵，最终决定社会交换。

蒂博和凯利的理论并没有具体涉及传播行为，比如像自我表露，这是第 10 章介绍的社会渗透理论中的重要概念。但是他们对于三个矩阵的讨论中暗示，自我表露在社会交换中扮演着重要角色。正如罗洛夫（Roloff，1981）评论的：

> 自我表露似乎意味着以下两件事的传播：（1）个人的倾向；（2）在交换中将要采取的改变矩阵的方法（策略）。既然倾向影响策略，我们不妨认为，我们了解某人的倾向，就能准确地预料他会采取什么改变。（p. 77）

就像所有自我信息的透露一样，自我表露也有风险。它会向对方提供可以用来对付自己的信息。如果人们知道对方会对条件矩阵做什么改变，他们就会在社会交换中处于优势。比如，如果娜塔莎知道梅雷迪斯要解决某个问题必须有求于她，她就可以利用这个弱点在交换中向她勒索自己想要的东西。理解这些矩阵如何影响传播行为是传播学者们对社会交换理论感兴趣的一个主要的原因。

交换的结构

这些矩阵的交换会有几种形式，其中包括直接交换、间接交换和生产性交换（见图 9-2）。在**直接交换**（direct exchange）中，互惠行为只限于两个行动者之间。比如，布拉德帮父亲洗车，父亲允许他周六晚上用车，这种交换就是直接交换。一个社会行动者向对方提供一个有价值的东西，对方再投桃报李。像梅雷迪斯和娜塔莎这样的老朋友，她们不断地进行着直接交换。虽然不需要立刻回报对方，但是如果娜塔莎帮了梅雷迪斯一个忙，她知道梅雷迪斯最后肯定会以某种方式回报她。

直接交换	在交换中只有两个人之间交换投入和回报

间接交换（generalized exchange）是间接的互惠行为。一个人给对方好处，但是对方并不直接回报给这个人。比如有人从一个地区搬走，朋友和邻居会帮他装车。尽管这个人搬走了，周围其他人再搬家时他不会再帮助他们，但是他可以通过帮助自己将要入住地区的新邻居来进行回报。间接交换涉及社区或社会网络，而不仅限于我们前面讨论的娜塔莎和梅雷迪斯的那种两个人之间的关系。

最后，交换还可能是生产性的，意思是两个行动者为了共同获利必须同时付出。在直接交换或间接交换中，一个人是他人所提供价值的获益者。一个人接受，另一个人付出。但在**生产性交换**（productive exchange）中，两个人都会同时付出和获得收益。如果娜塔莎和梅雷迪斯在英语课上共同做一个项目，她们就在进行生产性交换。每个人都要完成一定的任务，并且共享她们的分数。

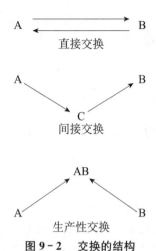

图 9-2 交换的结构

间接交换	交换的互惠活动不仅限于两个个体而是涉及社会网络
生产性交换	交换双方同时付出和获得收益的交换

166

大众媒体中的理论·社交媒体的投入与回报

社会交换理论用努力维持关系中投入和回报的等价这一隐喻来解释人们之间的关系。最近，美国国家公共电台的尼娜·格雷戈里（Nina Gregor）在《考虑所有技术》（*All Tech Considered*）中写道，以社交媒体网站为中介的人际关系可能也包含投入与回报的计算。格雷戈里采访了在加利福尼亚州长滩市参加 TED 论坛的几名专家，询问他们对网络隐私的看法。乌沙希迪股份有限公司技术总监戴维·科比亚（David Kobia）用社会交换理论的术语来组织他的答案。他指出，侵犯隐私的不仅仅是社交媒体，还有手机和一系列其他的技术设备。科比亚提出："就好像你正在散发'数据废气'一样：假设你能看见的话，它看起来就像一个围绕在你周围的数据晕环。就算是谷歌，就算你已经退出登录，他们收集到的关于你的信号的数量都……这是一场必败的战争。如果你要利用技术、一台 iPad、一部智能手机，这就是你要付出的代价。"《连线》（*Wired*）杂志的主编克里斯·安德森（Chris Anderson）指出，隐私是一个复杂的话题，就像社会交换一样，人们必须想清楚自己想放弃什么，又想得到什么。

资料来源：Gregory, N. New ways to think about online privacy, npr. org/blogs/alltechconsidered/2012/02/29/147669008/new-ways-to-think-about-online-privacy.

整合、批评和总结

社会交换理论催生了大量研究，被称为"社会心理学领域主要的理论视角之一"（Cook & Rice，2003，p.53）。社会交换理论根植于量化研究，这使它成为一个用来研究人际关系的经验驱动的框架。当你思考社会交换理论的时候，范围、实用、可检验及启发性标准很重要。

整合

传播传统	修辞学｜符号学｜现象学｜控制论｜**社会心理学**｜社会文化｜批判
传播语境	**自我**｜人际｜小群体｜组织｜公众/修辞｜大众/媒体｜文化
获得知识的方法	**实证的/经验的**｜诠释的/阐释的｜批判的

批评

评价标准	范围｜逻辑一致｜简洁｜**实用**｜**可检验**｜**启发性**｜时间的考验

范围

167

从范围的角度检视社会交换理论，一些批评者认为社会交换理论过于强调个人需求的满足，没有说明群体团结的重要性（England，1989）。这个批评把上面提到的一些问题组合在一起，提出"交换框架把孤立的自我看得太重要，以至于过于强调理性和个人利益"（Sabatelli & Shehan，1993，p.397）。因为把自我放在了第一位，自我之间的关系则被忽略和轻视。在某些方面，这种反对也有本体论上的考虑，但它同时认为理论的适用范围过于狭窄。社会交换理论个体仅仅视为独特的实体，而不关注个人作为群体成员的一面。因此，社会交换理论无法解释一些现象，例如那些将联结放在个体性之上的文化中的社会关系。

学生之声

布列塔尼

思考社会交换理论帮助我理解了我的朋友林赛和她的男朋友斯坦之间的关系。在我读到替代比较水准之前，我根本想不通她看上他什么了。后来我突然想到了。虽然我觉得林赛很棒，但是她的自尊心却很弱，而斯坦是她第一个真正意义上的男朋友。虽然她从来没说过，但我敢说她肯定觉得如果自己离开了斯坦，就找不到别的男朋友了。我们上的学校相当保守，而林赛是一个自由主义者。斯坦没有我们认识的大多数其他男生那么保守，所以我猜林赛是觉得她周围没有很多其他男生——因为她自尊心不强，也因为她的政治观点。既然我已经想得更明白一些了，我可能会试着跟林赛聊聊。她能找到比斯坦好得多的人，我希望她能看到这一点。

实用

实用性标准表明，该理论如果不能准确描绘人们的情况，就会被指责为不实用。真正的问题是，人类真的会那样计算吗（Zafirovski，2005）？社会交换理论对人类的认识受到了批评。在这个理论框架里，人类被看成是理性的计算者，用数学公式来描述他们的关系生活。许多人反对这种看待人类的方法，他们对人类在行为中或追求某种关系时能否真的理性地计算投入和产出表示怀疑。和许多理论一样，社会交换理论的假设中也包括了许多令部分学者表示怀疑的认知能力和行为（Berger & Roloff, 1980）。研究者们并没有明确地界定人们会对关系进行多少计算，但是显然，这些计算很可能会受到许多因素的影响而波动。首先，一些环境可能比其他环境让人们更为自觉。当娜塔莎和梅雷迪斯在决定就读哪所大学的问题上面临更大的压力时，她们对关系的考虑就会比过去更多。其次，个人差异也会影响人们如何处理信息。一些人会比其他人更自觉（Snyder, 1979）。当研究者们继续研究这个理论时，他们必须关注这些和其他与这种计算相关的因素。

168

此外，批评者们质疑，人们是否真的如社会交换理论所说的那样以个人利益为中心。史蒂夫·达克（Duck, 1994）提出，把市场的概念应用在理解关系上是对关系的错误理解。他认为，用市场交易的模式思考人际关系是错误的，人际关系和买房子、买车不同。这个意见与一个人的本体论假设有关，这一点我们在第 3 章讨论过。对于一些人来说，市场的类比是恰当的，但是对另一些人来说，这是不可容忍的。

可检验

对社会交换理论的一个常见批评是它无法检验。我们在第 3 章讨论过，评估理论的一个重要标准是它的可检验性和能否被证伪。社会交换理论的一个让人为难之处是它的中心概念——付出和回报——没有明确的界定。正如萨巴特里和谢汉（Sabatelli & Shehan, 1993）提到的：

> 在人们认为有价值的东西、人们认为有回报的东西和人们如何行动之间无法做出具有可操作性的区分。回报、价值和行动似乎在相互定义。因此，不可能找到一个例子证明人们的行动不

是为了获得回报。(p. 396)

当这个理论提出人们只做那些能够将回报最大化的事情并且认为人们做的是有回报的行为时，要把这两个概念分开，即使可能也将十分困难。这个问题涉及我们之前讨论过的合理化与理性的区别。只要社会交换理论用这种循环定义进行表述，它就是无法检验的，因此无法令人满意。但是，罗洛夫（Roloff, 1981）也观察到，在这个方面已经做了一些工作，一些研究在观察人们做什么之前先列出一个回报的项目列表，然后再根据人们的行为确定它是不是回报。埃德娜·福阿和尤里尔·福阿（Foa & Foa, 1974）开展了明确定义回报的工作。罗洛夫还提出，尽管存在这个问题，还是有大量的经验研究在使用社会交换理论。

启发性

支持社会交换理论的人指出，该理论具有启发性。许多不同领域的研究，话题从公司（Muthusamy & White, 2005）到看护（Timmer, Sedlar, & Urquiza, 2004），都利用了社会交换原理的架构。研究者还使用社会交换理论研究了恋爱关系（Frisby, Sidelinger & Booth-Butterfield, 2016）、戏剧小组（Kramer, 2005）和发微博（Liu, Min, Zhai, & Smyth, 2016）。此外，一些研究者（例如 DeHart, 2012）认为，社会交换理论可能会为研究训练人们表现出积极沟通提供一个实用的框架。除此之外，蒂博和凯利对互相依赖的强调与很多研究者对人际交往的看法是一致的。作为一种研究人类关系的理论，社会交换理论引起了许多学者的共鸣。

169

总结

尽管社会交换理论已经诞生了几十年，在一个不断变化的复杂社会中它依然具有相关性。该理论强调，人们需要评估他们的关系中的收益和风险，最终计算出关系的价

值。考虑到关系生活的不可预测性，我们很可能会看到未来许多年的研究还在使用这一理论。

讨论题

技术探索：我们在本章中提到，花费时间培养关系是许多关系中的投入成本。你认为人们一边面对面交谈一边发短信或使用其他电子设备的多任务行为能改变人们的具体投入吗？

1. 讨论梅雷迪斯和娜塔莎之间的条件矩阵、实效矩阵和倾向矩阵。

2. 请说明社会交换理论在可检验性上的问题。能否让社会交换理论的可检验程度变得更高一些？是否有可能把回报和投入用精确的可观察的方式加以量化？请举例说明你的答案。

3. 在你目前的关系中选择一个进行投入-产出分析，看看这个关系是达到、不能达到还是超过你的比较水准。用同样的方式分析你的替代比较水准。使用这个理论的分析是否有助于你更好地理解这个关系？

4. 社会交换理论如何解释人们的利他行为？如何看待人们在做这些事的时候似乎没有计较他们的回报？

5. 你是否曾经因为没有别的选择而维持某个关系？社会交换理论是如何解释这种行为的？请解释你的答案。

6. 你认为在囚徒困境里使用的那种博弈理论是否具有现实性？举一个例子证明或否定人类选择的 2×2 矩阵。

7. 你是否觉得社会交换理论过度局限于特定文化，不能解释非个体主义文化中的传播？

第 10 章
社会渗透理论①

> 沟通和表露亲密似乎是发展令人满意的人际关系的必要条件。
> ——欧文·奥尔特曼（Irwin Altman）和达尔马斯·泰勒（Dalmas Taylor）

詹森·拉萨尔

三年前，詹森·拉萨尔的妻子米兰达在一次车祸中丧生，留给詹森一对八岁大的双胞胎。妻子死后，詹森陷入了财务和感情危机。他既要交房租，又要还汽车贷款，还要满足孩子们的需要。在过去的三年里，詹森除了在本地的一家电影院当管理员外，还一直在社区里打着零工，因为管理员的收入太低。此外，詹森非常孤独。他很害羞，特别是在女性面前。只有在米兰达面前，他才不会紧张，他十分想念她。

詹森的姐姐凯拉经常叫詹森出来散散心。一天晚上，她请了一个临时保姆替詹森照顾孩子，把他接了出来。这个晚上对凯拉来说非常重要，因为她也邀请了自己的朋友伊莉斯·波特。伊莉斯·波特最近刚刚离婚。凯拉认为她和自己的弟弟会很合适。她希望伊莉斯幽默随和的性格能够吸引詹森。整个晚上，詹森和伊莉斯谈了很多，包括作

为单亲家长的感受、她的离婚以及各自抚养的两个孩子。他们的大多数时间是在跳舞和交谈中度过。分手前詹森和伊莉斯答应不久后再见。

在开车回家的路上，詹森忍不住想起了米兰达。他很孤独，三年来没有与任何一个成年人有过这样亲密的交流。回到家后，当他看见米兰达遇难前不久在迪士尼乐园拍的全家福，不由得悲从中来。他不太清楚现在和别人发展亲密的关系是否合适，但是他还是想了解伊莉斯的为人。他知道在未来的约会中肯定不可避免地会谈到米兰达，这样的话题让人十分难堪。虽然他应该向伊莉斯敞开胸怀，表达自己的真实感情，但是想到自己的处境，这似乎又非常困难。

他付了保姆的工钱，关上了大门，走进孩子们的房间，亲吻他们的额头。他坐在客厅里喝着茶，感觉自己似乎正在开始一段新鲜、刺激但又有些令人担忧的人生之旅。

当我们说自己与某人关系亲密时，我们往往认为别人能够准确理解我们的意思，但情况并非总是如此。人们对关系亲近或密切可能有不同的理解。

为了了解两个人关系的亲密程度，欧文·奥尔特曼和达尔马斯·泰勒（Altman & Taylor，1973）提出了社会渗透理论（Social Penetration Theory，SPT）。这两位

---

① 本理论基于欧文·奥尔特曼和达尔马斯·泰勒的研究。

研究者深入研究了不同类型的夫妇间的社会关系。他们的理论提出了一个关系发展模式，他们把它称为社会渗透。**社会渗透**（social penetration）指的是随着个体之间从表面化的沟通到亲密的沟通而经历的关系发展过程。根据奥尔特曼和泰勒的理论，亲密性不只表现在身体上，还包括智力上、感情上以及共同参加活动等方面（West & Turner，2017）。因此，社会渗透过程必然包括语言行为（我们的用词）、非语言行为（身体的姿势、微笑的程度等）和环境导向行为（传播者之间的距离、环境里的物品陈设等）。

社会渗透	指的是个体之间从表面化的沟通到亲密的沟通而经历的关系发展过程

奥尔特曼和泰勒认为，人际关系会因社会渗透的不同而产生巨大的差异。这个理论提出，类似从夫妻到上下级，从高尔夫球友到医患之间的不同的关系"对应着不同的亲密性交换和社会渗透度"（Altman & Taylor，1973，p. 3）。两位研究者提出，这些关系遵循着特殊的**轨迹**（trajectory），即亲密的发展路线。此外，他们还提出，关系发展有规律可循，具有可预测性。因为关系至关重要，并"处于我们人性（humanness）的核心"（Rogers & Escudero，2004，p. 3），社会渗透理论者试图阐明关系复杂性和可预测性为什么会同时存在。虽然许多个体可能已经建立了线上关系，但奥尔特曼和泰勒并没有在他们的著作中对这一新情况进行概念化。

轨迹	亲密的发展路线

本章开篇詹森·拉萨尔相亲的故事就说明了社会渗透理论的主要特点。詹森和伊莉斯互相了解的唯一方法就是面对面交谈，他们必须共享一些个人信息。当两个人的关系越来越亲密时，他们将从陌生人关系变成亲密关系。而且，每个人的人格都会影响到关系的未来发展方向。因此，詹森和伊莉斯的关系将会受到詹森的羞涩和伊莉斯的随和的影响。二者未来的关系还会受到其他许多因素的影响，我们将在这一章讨论这些因素。

对社会渗透理论的讨论始于20世纪六七十年代，这是一个在人际关系中推崇开门见山、直来直去策略的年代。但是多年以后，传播研究者和实践者发现，在关系技巧方面不同的文化对于直来直去的认可度已经发生了剧变，诸如巴里·法伯等（Farber, Shafron, Hamandi, Wald, & Nitzburgh, 2012）学者质疑，在关系发展中直来直去的技巧已经过时。因此，在读这一章时，需要注意的是，我们正在讨论的理论来自把自由言论看得非常宝贵的那一代人。但是，这个理论中的大多数内容今天仍然适用，因为我们的社会仍然把开放看作一个值得赞扬的性格。这一点只要看看奥兹医生（Dr. Oz）或菲尔医生（Dr. Phil）主持的日间电视脱口秀节目就能找到大量证据。

理论速览·社会渗透理论

人际关系以渐进的、可预测的方式发展。社会渗透理论者认为，自我表露是浅关系得以发展为亲密关系的主要方式。虽然自我表露能让关系变得更亲密，但它也会让某个人或更多人变得容易受到伤害。

为了开始我们的讨论，首先大致介绍一下社会渗透理论的几个前提假设。接下来再讨论促成该理论提出的研究，并针对渗透过程的阶段提供一个详细的例子。

社会渗透理论的假设

社会渗透理论［蒙格奥和亨宁森称之为"阶段理论"（Mongeau & Henningsen, 2008）］为许多传播学研究者所接受。该理论的吸引力部分来自它对关系发展的单刀直入的研究方式。虽然前面已经提到了一些假设，但是我们还是要看一下社会渗透理论的基本假设。具体如下：

- 关系会由不亲密向亲密发展。
- 关系发展具有系统性和可预测性。
- 关系发展也包括逐渐恶化和终止。
- 自我表露是关系发展的核心。

第一个假设认为人们之间的关系沟通由最初的表面化阶段向亲密阶段发展。在凯拉安排的相亲中，詹森和伊莉斯谈的一定都是与做单亲家长有关的琐事。他们可能会互相交流分身乏术的困难，但是他们不会谈到凌晨 3 点从噩梦中惊醒之后的绝望心情。他们的第一次交谈从表面上看可能无关紧要。但是正如詹森发现的，这样的谈话让每个人试探对方，为两个人关系发展迈出第一步提供了机会。毫无疑问，詹森会觉得有些尴尬，但是这很快就会过去。随着时间的流逝，两个人的关系可能变得亲密起来。

但并不是所有关系都会经历由不亲密到亲密的极端过程。事实上，许多关系会处于这两个极端之间。我们经常需要一个不温不火的亲密关系。比如，我们希望与同事保持一定距离，所以我们并不知道每天晚上她在家里做什么，或者她在银行里有多少钱。但是我们需要知道足够的个人信息，这样我们才能明白她能否胜任项目小组的工作。

社会渗透理论的第二个假设与可预测性有关。该理论认为，关系发展基本上循序渐进，具有可预测性。一些人可能很难理解这一点。但是不管怎么说，关系——就像传播过程——是动态的和不断变化的。不断变化的关系也遵循着某些可以被人接受的标准和发展模式。

为了更好地理解这个假设，我们还是以詹森·拉萨尔为例。即使我们并不完全了解他的处境，还是可以推测他想和伊莉斯发展关系，他必须处理好他对米兰达的感情。此外，他们的关系变得更加亲密之后，他不可避免地要不断地应付两个家庭如何合并的问题。我们还可以预测，一开始他们的关系进展速度会比较慢，因为詹森和伊莉斯都要调整自己的感觉和感情。

这些预测都来自该理论的第二个假设，即关系发展是以一种有序的和可预测的方式前进的。虽然我们不能确切地知道关系的未来发展方向，但是相对而言，社会渗透过程还是有规律可循的，可以预测。比如我们可以非常肯定，詹森和伊莉斯在一开始不会把对方介绍给自己家庭中的重要成员。我们还能预测，在他们之间没有交换更多的亲密信息之前，谁也不会宣称自己爱对方。尽管还有一些其他的事件和变量（时间、人格等）会影响关系发展的方向和方式，我们仍然能根据它们的变化做出相应的预测。正如奥尔特曼和泰勒（Altman & Taylor, 1973）总结的："人们似乎拥有十分敏感的调节装置，会小心谨慎地推进他们之间的关系。"（p. 8）

社会渗透理论的第三个假设是关系的发展，还包括逐渐恶化和终止。这个假设听上去有些奇怪。到目前为止，我们讨论的都是向着理想方向发展的关系。但是关系确实会向着相反的方向发展，或者叫**恶化**（depenetrate），这会导致关系的终止。比如伊莉斯可能对詹森的自我表露没有准备，可能希望他们的关系逐渐恶化并最后终止。

恶化	关系逐渐疏远

提到关系的恶化和瓦解，奥尔特曼和泰勒把这个过程比作倒着放电影。正如传播可以让关系双方走到一起变得更亲密一样，传播也可以让双方分道扬镳、形同陌路。如果沟通过程充满冲突并且冲突始终具有破坏性无法根本解决，关系就会退步，变得不那么亲密。社会渗透理论认为恶化和渗透过程一样，通常也具有系统性。

如果关系变得疏远，并不意味着它将自动破裂或终止。相反，许多人把关系恶化看作生活中司空见惯的事情，并且经常处于这种状态。有时关系会发生**越轨**（transgression），即对关系规则、惯例和预期的违背。这些越轨行为看起来似乎行不通，但有时却行得通。事实上，肖恩·霍兰（Horan，2012）指出，越轨行为可以对关系生活产生很大影响。我们在第 5 章讨论了伴侣之间不必要的重复冲突模式。我们注意到，多种不同类型的关系中都有重复发生的冲突，而伴侣往往学会了与冲突共存。或许你觉得冲突和关系越轨行为会不可避免地导致关系破裂，但疏远并不意味着关系必然会走向毁灭。

174

越轨	对关系规则、惯例和预期的违背

最后一个假设提出，自我表露是关系发展的核心。**自我表露**（self-disclosure）大致可以定义为有意地向他人透露有关自己的信息。一般来说，自我表露的信息都非常重要。比如，透露你喜欢弹钢琴并不是什么大不了的事，透露更私人的信息例如你是个虔诚的天主教徒或你出于医疗目的使用大麻，才会显著地影响关系发展。

自我表露	有意地向他人透露有关自己的信息

根据奥尔特曼和泰勒（Altman & Taylor, 1973）的研究，自我表露会导致非亲密关系发展成为亲密关系。这一过程使人们相互了解。自我表露会影响两个人之间当下和未来的关系，并且"被他人了解，这本身就具有满足感"（p.50）。在听到詹森透露自己对前妻的去世和希望继续约会的感受之后，伊莉斯会明白，他们未来的路上会有很多困难。同样，因为社会渗透需要"关系双方逐渐地相互了解和探索对方的自我"（p.15），伊莉斯也会表露自己的想法和感受。

学以致用·社会渗透理论

理论主张：具备同等"风险"水平的对等性往往能让人与人之间变得更加亲密。

实际意义：拉娜告诉她的室友瑞秋，她没钱继续上学了。瑞秋则坦言，如果不是她爸爸用家里的房子抵押贷款，她（也）不得不休学。瑞秋通过回应与拉娜同病相怜，两人的关系也因此变得更加亲密。

最后，我们还要指出，自我表露既可以是策略的，也可以是非策略的。也就是说，在一些关系中我们会事先计划好将对别人说什么；在另一些情境下，我们的自我表露

可能是自发的。自发的自我表露在社会中随处可见。事实上，研究者使用**"火车上的陌生人"**（stranger-on-the-train）（或飞机、公共汽车上的陌生人）现象来表示在公共场所向完全陌生的另一方透露自己的信息。准确来说，火车上的陌生人指的是在某些时刻，"与不知姓名的同座分享甚至最好的朋友都不知道的亲密细节"（Bareket-Bojmel & Shahar，2011，pp. 732 - 733）。在旅途中，你身边经常会坐着一个陌生人，他肯定会在一路上向你透露自己的个人信息。人际传播研究者们仍然在调查人们为什么会有这种行为。

火车上的陌生人	在公共场所向陌生人透露个人信息

把关系"层层剥开"：洋葱的比喻

175　　前面我们讨论过，向别人透露自己的信息非常重要，而且这一过程是下意识的。在社会渗透理论中，奥尔特曼和泰勒用洋葱结构来解释它们（见图 10 - 1）。他们把像詹森·拉萨尔这样的人比作一个洋葱，洋葱皮的层次（同心圆）代表人格的不同方面。最外面一层是个人的**公共形象**（public image），这个形象可以用肉眼直接看清。这是"公开可见的自我"，其中"储存的更深层次的私人信息有待被发掘"（Fox，2015，p. 6）。詹森的公共形象是一个 45 岁左右、有些秃顶的非洲裔美国人。伊莉斯·波特也是非洲裔美国人，留着短发，比詹森还要高。但是，当詹森向约会对象透露自己作为单身父亲的苦恼时，公共形象这一层就被揭去了。

公共形象	个人的最外面一层，他人可以直接看到

随着时间的流逝，詹森和伊莉斯肯定会开始透露人格的其他层面。比如，伊莉斯可能会透露自己也有单身母亲的焦虑。这种**对等性**（reciprocity）或者说一个人的坦率导致另一个人的坦率，是社会渗透理论的基本组成部分。事实上，研究者一直表明，如果一个人透露了个人信息，另一个人很可能会回报以敏感程度相似的信息（Acquisti, John, & Loewenstein，2012）。对等性在既有关系和新关系（比如詹森和伊莉斯）中都非常重要。此外，就线上关系而言，人们更倾向于在线上（例如脸书）向他人自我表露，而不是面对面表露（Palmieri, Prestano, Gandley, Overton, & Zhang，2012）。

176　　此外，一项针对美国大学生与加纳大学生的比较研究发现（Lin & Sackey，2015），加纳大学生更喜欢在脸书上自我表露，也比美国大学生更愿意通过脸书聊天和发送表露性讯息。

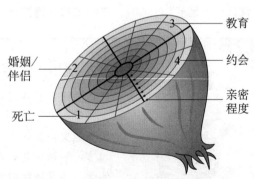

图 10 - 1　詹森·拉萨尔的社会渗透过程

对等性	因为对方的坦诚也回报以坦诚

在结束自我表露的讨论之前还应指出的是，可以从两个维度考察渗透：广度和深度。**广度**（breadth）指的是在一定关系中讨论的话题的数量。**广度时间**（breadth time）指的是关系双方在这些话题的传播中所花费的时间。**深度**（depth）指的是讨论时的亲密程度。在开始阶段，双方的广度和深度都很小。对于詹森·拉萨尔来说，在与伊莉斯的第一次约会中采取这样的方式是十分现实的。两个人很可能没有讨论许多话题，他们讨论的内容也缺乏亲密性。但是随着两个人的关系进一步发展，我们可以预测，讨论的话题范围会更大（更有广度），其中的一些还会具有相当的深度。

广度	在一定关系中讨论的话题的数量
广度时间	关系双方在讨论这些话题时花费的时间
深度	讨论时的亲密程度

关于自我表露的广度和深度，有几个重要的结论。首先，（洋葱）中心层的转移或变化产生的影响比外部或边缘层变化产生的影响更大。因为个人的公共形象或外层只代表其他人能够看到的事物，比较肤浅，如果这些外层产生变化的话，结果非常微小。比如，要是伊莉斯改变了发型，她与詹森的关系就不会受到多大影响，但是如果她改变对婚前性行为的看法，结果就不同了。

其次，交流的深度越大，人们就越容易产生脆弱感。假设詹森向伊莉斯透露自己的无能，例如在妻子去世两年以后还不能从悲伤中走出来的事实，当他把这些个人信息透露给伊莉斯时，她会有几种不同的反应。她可能会简单地说"哇"，然后转移话题；或者可能回答"那对你来说一定非常困难吧"，表达她的同情；第三种可能的反应是"我觉得这没有什么不妥，多数人在这个时候都需要一些帮助"。最后一种反应显示出更多的同情，甚至努力减少詹森可能产生的焦虑感。伊莉斯如何反应会影响到詹森是否觉得自己很脆弱，其中第三种反应可能最不容易让詹森产生这种感觉。

有关自我表露需要注意的一点是，应该谨慎地使用自我表露。虽然自我表露会使关系朝着亲密的方向发展，但是如果人们在交往的初期透露的个人信息太多，他们可能实际上会终止双方的关系，因为双方可能会对此缺乏准备。同样需要注意的是，信息是自我表露和交互过程中必不可少的元素。事实上，要理清信任与自我表露之间的关系非常困难，因为这两个概念紧密地联系在一起，难解难分（例如 Espinoza, Garcia-Fornes, & Sierra, 2012）。如果我们希望对方也进行同样的自我表露，我们必须试着获得对方的信任，同样，我们也需要信任他人。因此，自我表露应该谨慎和恰如其分。表 10-1 中列出了对自我表露的其他指导意见。

表 10-1　自我表露指南　　　*177*

问自己	建议
这个人对你很重要吗？	向那些已经与你建立个人关系的人透露关于你自己的重要信息。
自我表露是否有风险？	如果有较大的风险，不要轻易把关于你的重要信息透露给他人。评估一下透露信息的潜在风险。
自我表露的数量和类型是否合适？	弄清楚你表露的信息是太多还是太少。检查一下表露的时机。
自我表露与目前的情境是否相关？	通常我们在与别人的交往中并不会不断地自我表露。别把什么事都与他人共享。

续前表

问自己	建议
表露是否是相互的？	不平等的自我表露会造成不平衡的关系。先看看对方的回应。
表露的结果是否具有建设性？	如果不小心使用，自我表露可能会具有破坏性。在表露那些被认为可能造成伤害的信息时要慎之又慎。
是否可能存在文化误解？	在你向人们表露或人们向你表露的时候保持文化敏感。

社会交换：关系的代价与回报

社会渗透理论建立在多个关系发展相关理论的原理之上，其中就有社会交换理论（Thibaut & Kelley，1959）。我们在第 9 章讨论过，这类理论认为社会交换"产生一种保证在未来实现的但是又不具体规定的义务，因此对社会关系产生普遍的影响"（Blau，1964，p.140）。奥尔特曼和泰勒把他们的一些理论建立在社会交换过程之上，也就是发生在关系中的个体之间的资源交换。特别是回报与代价的概念和社会交换理论密切相关。

泰勒和奥尔特曼（Taylor & Altman，1987）提出，人际关系可以用回报和代价来表示。或许你可以回想起第 9 章的这些术语，不过还是让我们重述一下它们的含义。

回报是令关系中的一方产生满足、愉悦和满意的事件或行为，而代价则是那些产生消极感觉的事件或行为。很简单，如果在一定的关系中回报大于代价，那么个人就愿意保持这种关系。然而如果个人认为代价大于回报，那么关系很可能会被终止。比如，詹森·拉萨尔会通过评价交往的**回报/代价比**（reward/cost ratio）即关系中的积极经验和消极经验的比值，调整与伊莉斯关系的亲密程度。如果詹森认为他从与伊莉斯的交往中获得的快乐（生活上的关怀、支持性的玩笑等）超过痛苦（灰心、不安全感等），那么此时他会觉得比较满意。在计算回报/代价比时，他自己的预期和经验也必须考虑在内。泰勒和奥尔特曼指出："回报和代价始终与个人需求和社会需求的相互平衡密不可分。"（Taylor & Altman，1987，p.264）

178

回报/代价比	关系中的积极经验和消极经验的比值

为了更好地理解这一点，我们看一下泰勒和奥尔特曼得出的两个结论：（1）在关系建立初期回报和代价的影响要比在关系建立晚期的影响大；（2）回报/代价比为正的关系在有效处理冲突方面更加有利。我们接下来分别简单地逐一说明。

第一个结论认为，在开始阶段，人际经验比较少，这导致个人更加注意局部的回报或代价。因此，如果在关系建立初期伊莉斯愿意给詹森充分的个人空间，那么詹森会非常高兴。因为对詹森来说，立刻开始一段新的关系可能太突然，伊莉斯的耐心可能被视为重要的回报。但是，如果伊莉斯认为詹森一开始的犹豫不决是另有隐情，那么她可能

会认为他的犹豫不决是难以忍受的代价，由此希望早点结束他们之间的关系。

在第二个关于回报和代价的结论中，泰勒和奥尔特曼提出，在某些关系中，冲突可能会更容易处理。随着关系进一步推进，双方会产生许多分歧。经过许多年，夫妻已经习惯于用各种方法处理冲突，创造出独特的关系模式来解决今后的问题。对于比较牢固的关系来说，在处理冲突时双方的信任感会更强。此外，他们还不容易受到某一次冲突的影响，因为夫妻双方已经有了处理冲突的丰富经验。

总之，关系双方对回报和代价的评估会影响关系发展。如果双方认为回报大于代

179

价的话，那么继续交往的机会比较大。如果代价大于回报，那么该关系很可能会被终止。然而，需要注意的是，关系双方并不总会有相似的观点。一个人眼中的代价可能就是另一个人眼中的回报。

社会交换理论认为，关系中的双方都在计算关系是消极的（代价）还是积极的（回报）。根据社会交换的思路，当关系向前发展时，双方会对关系中的所有可能性（也包括关系之外的所有可能性）进行评估。这一评估非常重要，传播者会根据它决定是否愿意进行社会渗透。在下一节里，我们将讨论社会渗透的过程。

社会渗透过程的阶段

一个关系是否让人满意，这个判断不是立刻做出的。我们前面曾提到，社会渗透理论被视为一个"阶段"理论（Carpenter & Greene，2015）。此外，关系发展是一个系统的、循序渐进的过程，人们是否保持一定的关系的决定也不是迅速做出的。不一定所有的关系都要经过这些过程，浪漫关系就有可能不按照这一过程发展。为了说明在非浪漫关系中每个阶段如何发挥作用，我们先参考一个具体的例子。在我们接下来讨论每一个过程时都会引用这个例子来做说明。图 10 - 2 显示出了四个过程。

想一想卡门和布伦南之间的关系，这两个 21 岁的年轻人都决定大三时住在校外。两人在心理学课上见面之前并不认识对方，但都想住在校外，也都想申请加入一个女生联谊会。她们来自美国的不同地方：卡门来自洛杉矶，而布伦南在宾夕法尼亚州的乡下长大。她们的家庭组成也有所不同，卡门有三个兄弟姐妹，而布伦南是独生女。最后，卡门是家里第一个大学生，而布伦南是家里第三代大学生。她们只在课上见过面，现在要第一次共进早餐。

图 10 - 2　社会渗透的阶段

学生之声

肯德尔

我现在的浪漫关系经历了一些很容易预测的阶段。我们实际上是通过第三方介绍认识的。相识之后，我们花了几个月时间约会——在此过程中表露了很多私人信息。我是说，我这辈子从来没把告诉她的那些事告诉过其他任何人。两年之后，她显然比其他任何人都要了解我了。我们现在正在考虑"最终的承诺"（结婚），但在那之前，我们两个人都想先毕业。毕竟我没什么钱！

定向：一点一点地透露

互动的第一个阶段叫作**定向阶段**（orientation stage），发生在公共场所，只有少量的个人信息会透露给他人。在这个阶段，评论一般都是陈词滥调，非常表面化。人们一般按照社会可以接受的方式行动，非常谨慎地不去破坏任何社会预期。此外，在定向阶段个人会愉快地微笑，对人十分礼貌。在这个阶段，冲突通常会被回避掉（Carpenter & Greene，2015）。

定向阶段	社会渗透过程中仅仅表露少量个人信息的阶段

泰勒和奥尔特曼（Taylor & Altman，1987）提出，在定向阶段人们一般不做评价或批评。这些行为可能会被他人视为不得体，可能会威胁未来的交往。研究者认为，在这一阶段即使要对他人或事物做出评价，人们也会以非常委婉的方式提出。此外，双方都会主动地避免冲突，以便将来有机会更好地相处。

我们可以通过研究卡门和布伦南的对话进一步理解定向阶段：

> 卡门：我必须承认，我感觉有点怪怪的。我是说，我在课上认识你，但我还是有点紧张。不过我感觉还好，而且事情会变好的。

> 布伦南：没错。（尴尬的沉默）

> 卡门：但是，嘿，我们都喜欢打长柄曲棍球，没准我们还能组个队。希望我们都喜欢跑动带球……（布伦南打断了她）

> 布伦南：我喜欢学习……对不起，你先说。

> 卡门：不，你先说。

> 布伦南：我想说的是，希望我们能有机会去我家在湖边的房子。我喜欢在水边学习。如果天气暖和的话，我很想游游泳。但是这个夏天我没时间游泳，因为工作太辛苦。

> 卡门：你相信吗？我不会游泳。我曾尝试学过，但动作就是无法协调一致。

> 布伦南：嘿！我游得不错。如果有时间，我可以教你。

> 卡门：哈哈。如果我再继续吃这个，我肯定能浮起来了。

你可以看到，两个女性的谈话都很表面化又很正式，没有一个人给对方做评价。实际上，布伦南有机会告诉卡门，不会游泳是一件很奇怪的事，但是她选择了更具有支持性的说法。

试探性的感情交换：自我显现

在定向阶段，互动者非常小心，不透露太多的个人信息给对方。但是在**试探性的感情交换阶段**（exploratory affective exchange stage），随着个性逐渐得到充分展现，自我会进一步暴露在他人面前，过去属于私人的现在成为公共的。理论家们提出，这个阶段的关系相当于我们和一般熟人或一般邻居的关系。和其他阶段一样，这个阶段也包括语言行为和非语言行为。人们会使用一些表现关系特殊性的流行短语（catch phrase）。这时的沟通具有一定的自发性，因为人们更加放松，也不太担心自己会无意中说出令人觉得遗憾的话。此外，传播中会出现更多的身体接触行为和感情表达（比如面部表情）。泰勒和奥尔特曼告诉我们，许多关系就停留在这个阶段，不再前进。

试探性的感情交换阶段	社会渗透过程中将我们的个性展现给他人的阶段

为了对试探性的感情交换阶段有一个更清晰的认知，我们还是来看看卡门和布伦南的例子。这一次，两个室友已经一起生活了8周，对彼此的性格都有一定了解。两人正在申请加入女生联谊会，坐在公寓里谈论各自的申请经历，以下是她们之间的对话：

> 布伦南：好吧，卡门。我不知道我

们为什么要这么做。

> 卡门：我理解。有时候我也会觉得怪怪的，只是为了体验"姐妹情谊"就做这么多。但我们都知道，这个群体做了很多好事，我是说这些女孩都太酷了，她们不只关心她们自己。在我家，互相帮助是很重要的。我觉得正因如

此，我才喜欢这些女孩。

布伦南：我知道，但是我觉得一点意思都没有！我太累了，而且我……

卡门：拜托，布伦南，你能潇洒点吗？之前我们都愿意申请，你现在想退出的话，就退出吧。但有时候你真是太丧了。

布伦南：我不是在抱怨。不能只因为我说自己对申请有点犹豫就说我爱抱怨吧。我只是不确定这样做是随大流还是……

卡门：随便你。我知道我想申请，因为我需要一群可以信任、在我需要时能伸出援手的朋友。我希望你别想那么多。

很显然，布伦南和卡门开始对彼此感到更自由。事实上，卡门说的"潇洒点"（chill）

和"随便你"（whatever）就是泰勒和奥尔特曼所说的那种流行短语。此外，卡门慢慢地透露出更多关于她的家庭的个人信息，以及她对布伦南的抱怨的看法。布伦南反过来公开质疑申请过程的价值。她们的试探性的感情交换往往坦率、亲密而放松。

感情交换：义务与舒适感

这一阶段一般出现在很亲密的朋友和 *182*
情侣之间。**感情交换阶段**（affective exchange stage）包括那些更加"自由和随意"（Taylor & Altman, 1987, p. 259）的互动，因为这一阶段的沟通经常是自发的，决策速度很快，经常不必通盘考虑对整个关系的影响。感情交换阶段对彼此将承担更多义务，互动中双方的感觉也会更舒适。

感情交换阶段	社会渗透过程中更具自发性也更加放松的阶段

这一阶段包括各种微妙的关系，这使其十分独特：一个微笑可能会代替"我理解"这句话，一个亲密的注视可能会被翻译为"我们等会儿再谈它"。我们还可以发现个人使用**个性化的习惯用语**（personal idioms）（Hopper, Knapp, & Scott, 1981），这是一种通过个人化的单词、短语或行为表达亲密关系的方法。习惯用语——比如"honey"（蜜糖）或"bubbles"（泡泡）——对关系中的两个人来说有着独特的含义。戴维·阿特金斯和他的研究团队（Atkins et al.，2012）认为个性化的习惯用语是伴侣之间的私人

传播系统。这些习惯用语不同于刚才在试探性的感情交换阶段里谈到的流行短语，因为习惯用语是更加牢固的关系的表现，而流行用语在初次见面的任何时候都可能被使用。还需要补充的是，这一阶段与试探性的感情交换阶段一样，可能也包括一些批评意见。研究者们指出，这些批评意见、不友好和抱怨"可能并不会对整个关系造成威胁"（Altman & Taylor, 1973, p. 139）。虽然结果会造成亲密防线的破裂，但是大多数人还不至于如此脆弱。

个性化的习惯用语	在一定关系中使用的私人化的亲密的表达方式

回到我们的例子，卡门与布伦南已经在一起生活了 10 周。她们已经对彼此的特点有了较为充分的了解——和他人住在一起一般最后都会这样。她们的谈话集中在布伦南星期六晚上的约会上。

布伦南：我简直不能相信我竟然跟他一起待了一小时！我是说，我跟很多男生约会过，但他是最古怪的人之一！

卡门：布伦南，我看过几次你的约会。哈，还记得"杰克与豆茎"吗？嗯？

布伦南：嗯……我知道。嘿，至少他没带着猫约会！

卡门：我就知道你会这么说。但是，听着，那个男生挺好的……这年头可见不到什么绅士！

布伦南：是啊，真好奇你们在一起的时候他的四只猫为什么没抓你！

卡门：布伦南，我知道你喜欢什么样的男生。而且，确实，我们在这方面很不一样。我把事情放在自己心里，不会像你那样把所有心事写在脸上！怎么说呢，我远比你周到！

布伦南：我叫你"变色龙卡门"不是没原因的。

卡门：你可真好笑。

你可以感觉到，目前两人的关系明显很自在。奥尔特曼和泰勒会认为，两人十分了解彼此，愿意袒露自己的关系价值、对彼此约会经历的看法等等。她们的对话有一些摩擦，但也不至于让对方想结束对话。她们之间的芥蒂看起来并不深，两个人不会因为对方对自己的评论而感到不自在。此外，感情交换必然既包括积极的交换，也包括消极的交换。

稳定交换：坦诚相待和亲密性

第四个也是最后一个阶段是**稳定交换阶段**（stable exchange stage），指的是由高度的自发性和关系的独特性导致的自由地表达自己的想法、感觉和行为。在这一阶段，双方具有高度的亲密感和一致性。也就是说，两个人的行为有时会不约而同，双方都能够比较准确地评价和预测对方的行为。有的时候，双方还会就一些人和事相互打击取笑，但是这种打击是以一种友善的方式进行的。

稳定交换阶段	社会渗透过程中关系双方完全开放和自由的阶段

社会渗透理论认为，在这一阶段极少产生对传播意义的错误理解。原因十分简单，那就是双方都具有无数的机会来澄清之前不清楚的地方，并且开始建立属于个人的传播系统。奥尔特曼和泰勒认为，这会导致高效率的传播行为。在这个阶段，两个独立的个体会开始结成一体，因为他们已经开始剥掉自己的保护层（回想一下洋葱的比喻）。

我们还是回到卡门和布伦南的例子。目前是期末考试周，显然两个人都十分紧张。她们都意识到，这周不能因为不必要的冲突乱上加乱，而且这周之后她们将因为放假有一个月不能见面。我们可以从她们的交谈中明显地看到稳定交换阶段的特征：

卡门：所以，好吧，这周我们必须小心点，别互相发脾气。我有三场期末考试还有一篇论文要交。

布伦南：跟我说说。我有没有跟你说过，我父母告诉我，如果我的平均成绩达不到B，我就进入了"考察期"，他们就不会帮忙付我的学费了。

卡门：真的？我真希望有人能帮我付学费；我差点连申请费都负担不起。下学期我必须再找一份兼职工作。

布伦南：我知道自己很幸运。

卡门：是呀。不是每个人都会有父母帮忙。

布伦南：嘿，我可不会为了自己父母勤奋工作而道歉。

卡门：我没让你道歉。我也没跟你说过这些，但如果我连一项德尔塔奖学金都拿不到，这可能就是我在学校的最后一年了。

布伦南：那太荒唐了。别那么说。

卡门：我会继续学习的，除了现在，我也没办法思考别的什么。

处于稳定交换阶段的人们愿意把自己私密的部分暴露出来。显然，卡门和布伦南互相关心，表现出了不同程度的脆弱性。虽然我们前面的例子里暗示她们的关系中出现了

冲突，但是现在她们之间的关系正具有奥尔特曼和泰勒（Altman & Taylor，1973）所说

的**双重的独特性**（dyadic uniqueness），即两种差异巨大的关系特征（如幽默和讽刺）。

双重的独特性	相互矛盾的关系特征

我们在前面提到过，在向着亲密关系逐渐发展的过程中并不是一帆风顺的，可能出现高速发展时期，也可能出现减速慢行时期。此外，这些阶段并不能完全描述亲密的发展过程。还有许多其他的因素会产生影响，包括个人的背景、价值观甚至关系所在的环境。社会渗透过程就是一个付出与获取的过程，关系双方都不断地在个人的需求和关系的需求之间寻找平衡。

最后，与你将在本书中读到的大多数理论类似，奥尔特曼和泰勒在对理论进行概念化时，根本不可能预见到互联网。在回顾该理论的时候，想想这些阶段中难以避免的技术影响（我们将在第 11 章探究关系发展与网络传播之间的相互作用）。例如，众所周知，有些关系是在网上发展的，这种网络表露可以影响关系发展的路径。例如，推特用

语和标签会影响人与人之间的交谈（May-ty, Gupta, Goyall, & Mukherjee, 2015）。事实上，使用推特作为聊天平台是过去几年的研究特别关注的主题（例如，Rudra Chakraborty, Sethi, & Das, 2015）。想一想，如果技术被纳入社会渗透过程，那么这些阶段会受到怎样的影响。

整合、批评和总结

自从 40 多年前被人们接受以来，社会渗透理论至今仍然长盛不衰。奥尔特曼和泰勒提出了一个观察关系发展的颇具启发性的模式。多年来，该理论以经验为依据的结论吸引了研究者的注意。该理论起源于社会开放的时代。当你思考该理论及其价值时，请考虑以下标准：范围和启发性。

整合

传播传统	修辞学 | 符号学 | 现象学 | 控制论 | **社会心理学** | 社会文化 | 批判
传播语境	自我 | **人际** | 小群体 | 组织 | 公众/修辞 | 大众/媒体 | 文化
获得知识的方法	**实证的/经验的** | 诠释的/阐释的 | 批判的

批评

评价标准	范围 | 逻辑一致 | 简洁 | 实用 | 可检验 | **启发性** | 时间的考验

范围

社会渗透理论的适用范围广受关注。事实上，该理论的范围"使它整体上很难得到检验"（Mongeau & Henningsen, 2008, p.370）。比如，一些学者指出，对该理论的核心概念之一自我表露的解释可能太狭隘了。例如，蕾切尔·弗里思（Freeth, 2012）认为，影响自我表露的因素有许多

（例如，时机、关系亲密度等等），不仅仅是随不同的发展阶段而变化的向他人透露自己的需要。此外，自我表露是一个相当复杂的过程，有时会让人措手不及（Winzenburg, 2012）。

除此之外，马克·纳普、安妮塔·范格里斯提和约翰·库格林（Knapp, Vangelisti, & Coughlin, 2013）反对社会渗透理论将关系发展视为一个线性过程。他们认为关

系与其他关系嵌套在一起，这些关系反过来又会影响同伴之间的传播。因此，其他人也会影响关系发展的方向。此外，社会渗透理论的线性模式暗示，关系发展的逆向运行就是关系的退步（前面我们曾经提到过，奥尔特曼和泰勒把关系的逐渐恶化比喻成倒着放电影）。莱斯利·巴克斯特和埃琳·萨尔斯坦（Baxter & Sahlstein, 2000）主张，不能孤立地理解信息开放和封闭的概念，在一段关系中发生的远远不止自我表露。

事实上，奥尔特曼后来重新审视了社会渗透过程，并与泰勒一起修正了他最初的想法。奥尔特曼的解释是，应该把开放、自我表露同保密、自我封闭联系起来考虑（Altman, Vinsel, & Brown, 1981; Taylor & Altman, 1987）。在某种意义上，奥尔特曼提出的正是巴克斯特和蒙哥马利在关系的辩证法理论（见第 11 章）中阐明的观点。C. 阿瑟·范里尔（VanLear, 1991）强调了这一思想，据他总结，友谊和浪漫关系中都存在开放与封闭这两个相反的循环。开篇故事中的詹森·拉萨尔和伊莉斯·波特在关系发展过程中肯定会同时受到自我表露和自我封闭两种力量的左右。很有可能双方都共享了一些信息，又都在一些其他的问题上保持私密。

启发性

毫无疑问，社会渗透理论和自我表露的概念已经产出成千上万的研究。因此，社会渗透理论极具启发性。例如，研究者已经在不同人群中研究并论述了自我表露对多种关系的影响。家庭（Turner & West, 2017）、医师（Trahan & Goodrich, 2015）、酗酒者（Greenberg & Smith, 2015）以及教师（McKenna-Buchanan, Munz, & Rudnick, 2015）都曾是研究对象。除此之外，也有人研究过文化对渗透过程的影响（例如，Chen, 2006）。关系发展领域以及关系控制（Rogers & Escudero, 2004）、关系维护（Dindia, 2003）等相关领域的学者，从考察社会渗透的学术研究中汲取了很多思想。最后，学者们还研究了艾滋病现状（Catona, Greene, Magsamen-Conrad, & Carpenter, 2016）、博客（Tang & Wang 2012）、网络约会（Gibbs, Ellison, & Lai, 2011）以及它们与自我表露的关系。

186

学生之声

山姆

我们谈到了关系的交互性。我自己跟我男朋友的关系就有很多交互性。我们不断地把自己的不同方面透露给对方，也会聊自己对对方的自我表露的情感反应。与一个愿意回报同等亲密度的人谈恋爱，感觉非常奇妙。过去我的关系从来都没有交互性。我觉得现在遇到的这个人可以让我知道他对我所言所感的反应。

总结

尽管有一些批评，社会渗透理论仍然是考察关系发展的一个完整的理论，并引起了学界的兴趣。特别是，该理论引起了人际传播学者和那些对关系亲密度如何发展感兴趣的研究者的共鸣。关系发展有时令人疲惫，有时振奋人心，有时充满挑战，社会渗透理论能帮助人们理解这些挑战。

讨论题

技术探索：大多数社会渗透理论者和研究者都强调面对面的关系。然而，我们知道这是观察人际关系特别是自我表露的一个有限的视角。因此，请具体讨论交互性概念如何受到技术的影响。面对面与网络上的过程会有什么不同吗？

1. 如果詹森和伊莉斯的关系进一步发展，你觉得当他们彼此之间更加了解之后，他们会谈些什么话题？他们在向彼此透露个人信息时是否会有风险？请结合例子说明。

2. 在向他人进行自我表露时，哪些地方可能会产生问题？请用实例说明缺乏计划的自我表露和不恰当的自我表露会带来什么后果。

3. 在不同关系的发展中会有哪些相似的规律？请结合夫妻关系、朋友关系和亲子关系加以讨论。

4. 一些批评者指出，社会渗透理论过于重视自我表露。然而另一些人反对说，自我表露是大多数亲密关系的基础。对此你怎么认为？这两个观点能否调和？

5. 如果列出你的上一段浪漫关系的发展过程，它会与奥尔特曼和泰勒提出的顺序一样吗？它与社会渗透过程有什么相似之处？是否存在不同？请举例说明。

6. 请用社会渗透理论的原理解释你所经历过的同事关系。

7. 除了洋葱以外，你还能想到其他适用于社会渗透理论的比喻吗？

第11章
关系的辩证法理论①

从关系辩证法的视角来看……一个月之后，一年之后，五年之后，我们可能身处不同的地方，但是我们的观念还是会和现在的差不多。

——莱斯利·巴克斯特（Leslie Baxter）

埃莉诺·罗伯森和杰夫·梅都斯

埃莉诺·罗伯森和杰夫·梅都斯正在匆忙地收拾刚刚给朋友玛丽·贝丝过35岁生日聚会后留下的残局。他们都认为这个聚会非常成功，每个人都十分开心。他们高兴地谈论着朋友们——谁分手了，谁和谁在一起。

埃莉诺想起她和杰夫之间心有灵犀以及两个人一起度过的两年时光，不由得喜上眉梢。过去每当杰夫想和自己的朋友待在一起而不把所有时间留给她时，埃莉诺就很生气。现在她明白了为什么杰夫想和大家在一起。她也发现，她越是消除自己的占有欲和类似行为，杰夫就会和她越亲密。

杰夫走过来拥抱埃莉诺。他说："亲爱的，这真是个很棒的聚会。食物完美极了，我们的意大利主题的聚会很成功。谢谢你的帮助，令一切都那么顺利。玛丽·贝丝真的非常喜欢这个聚会，我能看出来。因为她会是我永远的朋友，这对我来说也非常有意义。"

埃莉诺笑着把杰夫推开。"我没做什么，亲爱的，"她对杰夫说，"你才是在厨房里忙里忙外的人。但是我很高兴贝丝能开心。我也很喜欢她。"

杰夫和埃莉诺清扫完房间后，开始讨论明天的安排。他们决定去金门公园野餐，然后可能去看一场电影——他们商量好等野餐之后看看当时的感觉，再决定看什么电影。这个计划听起来像一个快乐的星期天，但是如果公园野餐很有意思的话，他们也可能临时改变决定，不去看电影。

埃莉诺感到十分幸福，她想告诉杰夫自己是如何地爱他和需要他，但是她决定暂时不把这些心底深处的感觉告诉他。杰夫可能也明白她的感觉，然而她目前还不敢把她的所有感觉毫无保留地透露给他。这是完美的一天，她不想说一些可能会让杰夫想逃避的话破坏气氛。他们第一次一起外出时，她就反复地说她爱他。她发现自己现在多了点谨慎和自我保护，即使她现在比过去更爱杰夫。

当研究者考察埃莉诺和杰夫的故事时或许会认为，他们的关系正处于由一个阶段

---

① 本理论基于莱斯利·巴克斯特和芭芭拉·蒙哥马利（Barbara Montgomery）的研究。

向另一个阶段的过渡期。社会渗透理论（见第 10 章）的研究者可能会指出，杰夫和埃莉诺已经解决了早期的问题，现在两个人的关系比以往更加亲密。研究者还会指出，埃莉诺和杰夫之间的关系更加协调，冲突比以前减少，这是两个人走向关系更加亲密阶段的标志。但是，另一些研究者却会从完全不同的理论立场来看待埃莉诺和杰夫的故事，他们把这种视角称为关系的辩证法理论。

关系的辩证法理论（Relational Dialectics Theory，RDT）认为，关系无时无刻不处于矛盾的紧张状态（Baxter & Norwood，2016）。虽然听上去有些让人困惑和不解，但是坚持辩证立场的研究者认为，它准确地描述了人们生活的真实情况。人们并不总能解决思想中的矛盾因素，他们对关系的看法有时相互矛盾。比如，谚语中所说的"眼不见，心更念"（absence makes the heart grow fonder）可以与它的对立面"眼不见，心不烦"（out of sight，out of mind）同时并存。

莱斯利·巴克斯特和芭芭拉·蒙哥马利（Baxter & Montgomery，1996）写了《关系：对话与辩证法》（*Relating：Dialogues and Dialectics*）一书，虽然在该书出版的前几年两个人都写过关于这方面的文章，但是在该书中他们对这一理论做了最完整的表述。巴克斯特和蒙哥马利的研究直接受到米哈伊尔·巴赫金（Mikhail Bakhtin）的影响，这位俄罗斯哲学家提出了个人的对话理论。对于巴赫金而言，社会生活是一个众多声音的公开对话，它的核心是"在与他者的融合中同时产生的分化"①（Baxter，2004，p.1）。根据巴赫金的理论，自我只有以他人为背景才可能存在。巴赫金提出，只有通过与他人的交流，人类才能获得经验。而且正如巴克斯特（Baxter，2011）所说，在巴赫金看来，只有维持这种复调（两个不同的声音），关系的概念才得以存在。

巴赫金的思想启发了巴克斯特和蒙哥马利（Baxter & Montgomery，1996）从辩证的视角看待关系。为了更好地解释这个有关人类行为的视角，我们比较另外两个普通的研究取向：一元的取向和二元的取向。**一元的取向**（monologic approach）把矛盾看成是非此即彼、有你没我的关系（either/or relationships）。比如，一元论者会认为，杰夫和埃莉诺的关系要么亲密，要么疏远。换句话说，在一元的思维方式中，矛盾的双方相互排斥。当你走向一个极端时，你就远离了另一个极端。图 11-1 把这种观念用形象的方式呈现了出来。

一元的取向	把矛盾看成是非此即彼的理论框架

与之相反，**二元的取向**（dualistic approach）认为矛盾的双方互不相关，彼此之间没有什么联系。在我们提到的埃莉诺和杰夫的例子里，二元论者可能会分别地评估他们，对比其中每个人对另一个人的亲密程度。此外，二元主义还认为，在不同的时间用这些量表所评估的关系会存在差异（见图 11-1）。

二元的取向	把矛盾的双方看成互不相关、彼此之间没有什么联系的理论框架

不同的是，坚持**辩证法取向**（dialectic approach）的学者认为，在每个矛盾中，多个观点之间相互斗争。虽然一个矛盾涉及两个对立面，但是结果却超越了这些成对的极端。正如巴克斯特和蒙哥马利（Baxter & Montgomery，1996）所说："辩证法的思维

---

① 即巴赫金在论述陀思妥耶夫斯基小说时提出的双声与复调理论。——译者注

方式并不是要找到一个妥协和平衡的'皆大欢喜的中间点'，而是关注于混乱的、缺乏逻辑的、不一致的过程。"（p. 46）简言之，辩证思维用同时并存（both/and）取代非此即彼（either/or），承认人们在关系生活中想要多种（并且往往彼此矛盾）的目标。因此，关系的辩证法理论中，关系情境往往包含两种以上不同的元素（Baxter & Scharp，2015）。

辩证法取向	认为矛盾双方可以同时并存的理论框架

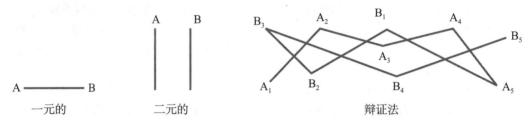

图 11 - 1　对关系中矛盾的一元的、二元的和辩证法的研究取向

在埃莉诺和杰夫的互动中，许多声音影响他们对关系的感觉，如他们对之前因为杰夫的朋友产生冲突的记忆，他们现在对两人关系的信心，他们对未来的担忧，他们与他人的友谊，等等。辩证法理论认为，在关系的矛盾中如果认为只存在一个或两个立场，那么这种看法是不精确的。莱斯利·巴克斯特和唐·布雷思韦特（Baxter & Braithewaite，2008）举了一个大学生的例子，这个学生说："好吧，我算是在跟他交往，但你知道，不是很认真的那种。"（p. 349）。这个例子展示了亲近与疏离这两种彼此矛盾的声音之间的意义斗争。

现在我们一起看看关系的辩证法理论的前提假设。

理论速览·关系的辩证法理论

　　关系的辩证法理论把关系生活描绘成持续的过程和运动。在关系存续的时间里，处于关系中的人们会持续感受到相互矛盾的欲望之间的撕扯。大体而言，对于相反的目标，人们希望能两者兼得，而非二选其一。例如，关系中的人们既想彼此联系又想保持独立，既想坦诚开放又想自我保护，在互动中既想有可预测性又想有自发性（spontaneity）。人们在关系中进行交流的时候，会试图调和这些彼此冲突的欲望，但却无法消除这种两者兼得的需求。

关系的辩证法理论的前提假设

关系的辩证法理论基于四个有关关系冲突的主要假设：

- 关系不是线性的。
- 关系的特征是变化。
- 矛盾是关系的基础。
- 传播的中心任务是组织和协调关系的矛盾。

这个理论中最重要的前提假设是第一个假设，即关系不是线性的。与此相反，关系是在矛盾的欲望之间来回动摇的。事实上，巴克斯特和蒙哥马利（Baxter & Montgomery，1996）认为，我们需要重新思考我们使用的语言以及我们关于关系的隐喻。他们指出，"关系发展"这个短语就含有某种线性运动或向前进展的意思，而事实上，关系并不朝着一个方向稳定发展。

关系的辩证法理论的第二个假设提出了发展或变动的观念，但是这里的发展并不必然意味着线性发展的过程。巴克斯特和蒙哥马利提出："关系的过程或变化……反映了在矛盾的作用之下关系随时间而发生的量变和质变。"（Baxter ＆ Montgomery，1996，p.52）因此，杰夫和埃莉诺现在和一年前有所不同。但是这种差异和双方的亲近与疏远这样的差异不同，并不是一个向着亲密的线性发展。

第三个假设强调，两个极端之间的矛盾或紧张状态始终存在，永远不会停止。人们虽然可以用不同的方式解决这些紧张和对立，但是它们还会在关系生活中不断出现。关系的辩证结构正是这种推和拉的体现。这种研究取向与其他关系理论的不同之处在于它认为动态的平衡是不合乎规律的，改变和转变才是这个理论中关系互动的标志（Carr ＆ Wang，2012；Semlak ＆ Pearson，2011）。

关系的辩证法理论的最后一个假设是关于传播的。具体地说，这个理论把传播放在了中心位置。正如巴克斯特和蒙哥马利（Baxter ＆ Montgomery，1996）提出的："从关系辩证法的角度来看，社会行动者通过传播实践使得支配他们关系的矛盾成为现实。矛盾因为社会行动者的传播行为被生产或再生产，从而成为社会实在。"（p.59）人们通过传播实践实现**辩证统一**（dialectical unity），以这种方式调和矛盾双方使之完满和令人满意（Harrigan ＆ Braithwaite，2010）。

辩证统一	人们利用传播来理解他们关系中的矛盾的方式

当杰夫因为聚会赞扬埃莉诺时，他就在表达感情并协商能否变得更亲密。当埃莉诺没有对杰夫说"我爱你"而是保持沉默时，她是在保护自己，让两个人之间保持一点距离。当埃莉诺和杰夫计划第二天的野餐时，他们讨论的是明天应该有多少事情是可以预测的，有多少事情是无法预测的。计划本来是为了提供可预测性，但是他们希望计划灵活一些，同时又想多一些率性而为。因此，杰夫和埃莉诺的传播实践包含了我们在这一章里讨论的三个主要的辩证法，即独立与联系、开放与保护以及新奇感与可预测性。

辩证法的核心概念

关系的辩证法理论以下面这些要素为基础：整体性、矛盾、变动和实践（Rawlins，2009）。**整体性**（totality）指的是在一定关系中人们相互依赖。这意味着在某个关系中，其中一个成员发生了什么事，另一个（些）成员也会受到影响。比如，如果杰夫升职，出差机会就会比以前更多，埃莉诺就得经常一个人在家。除了两个人的关系以外，她可能交更多的朋友来补充。那么当杰夫在家的时候，他也会受到影响。比方说他得见许多新朋友，并且他们会占用埃莉诺的时间。此外，整体性还意味着社会和文化环境会影响这一过程。关系中的传播"涉及多个个体的、人际的和社会的因素影响下的持续的相互联系和交流"（Rawlins，1992，p.7）。例如，埃莉诺和杰夫的关系就会受到他们的社会关系、所居住的圣弗朗西斯科这个地点以及他们所生活的历史时代的影响。

矛盾（contradiction）指的是对立——两个相抵触——的元素。因此，矛盾是辩证

整体性	承认一定关系中的人们相互依赖

191

取向的核心特征。辩证法是对立的结果。当埃莉诺想告诉杰夫她爱他时，同时也想保守这个秘密以保护自己，这时她就处于矛盾之中。**变动**（motion）指关系的本质是变化，以及关系随时间发生的变化。当埃莉诺想到两年前她和杰夫的关系和现在相比有天壤之别时，她就在经历关系变动。回忆一下你和某个人的关系，把你们现在的关系和你们初次见面的关系做个对比。毫无疑问，你也能看到关系的变动。

矛盾	辩证法取向的核心特征，指对立
变动	指关系的本质是变化

学生之声

海伦娜

我经常在和我姐姐丽萨的关系中感受到矛盾的撕扯。她是我最好的朋友，也是我最大的敌人。我们能为彼此做任何事，但同时她也是最能惹我生气让我伤心的人。再加上我们是双胞胎，独立与联系的概念对我而言十分重要。听到人们说我们长得太像或者他们分不清我们的时候，我感觉很难受。但是有一个双胞胎姐妹，有这样紧密的纽带，也有很棒的一面。辩证法理论简直是为我和我姐姐量身定制的。

192

最后，**实践**（praxis）指人是选择者。虽然我们不是在所有的情况下都可以完全自由地选择，还受到之前选择的影响，受到他人选择的影响，受到文化和社会条件的影响，但是我们还是有意识的和积极的选择者。例如，埃莉诺选择和杰夫在一起，这个选择对她可能做出的其他选择进行了限制。当杰夫的父母和兄弟姐妹与他们一起度假时，她必须与他们和睦相处。虽然她可能永远不会主动选择与他们一起过节，但是因为她爱杰夫，所以她必须和他们在一起。更基本的是，杰夫和埃莉诺没有办法选择自己生活的时间，但是文化只能影响一些选择。比如，如果他们生活在 20 世纪 50 年代，他们就不大可能未婚同居。实践也指人们在面对辩证的张力时做出的实际选择（Sahlstein, Maguire, & Timmerman, 2009）。

实践	指人类的选择能力

关系中的基本辩证关系

我们已经具体讨论了关系生活中的许多不同的辩证法。正如我们前面提到的，其中和关系联系最紧密的三个是独立与联系的辩证法、开放与保护的辩证法以及新奇感与可预测性的辩证法（Baxter, 1990）。其他的研究者也发现这些辩证法是关系生活中最普遍的。例如，较近的一项研究（Er-bert, 2000）调查了已婚夫妇是如何感知冲突中的关系辩证法的。研究发现，独立与联系、开放与保护被认为是最重要的矛盾，新奇感与可预测性在某些种类的冲突中也非常重要。

独立与联系

独立与联系（autonomy and connection）之间的辩证法指的是我们一方面想保持自主和自我，另一方面又想与他人保持亲密的关系。正如我们在埃莉诺和杰夫的故事中看到的那样，关系之中包括想与对方靠近和分离的冲突。杰夫对埃莉诺为聚会付出的一切赞不绝口，这让他感到自己与她更加亲近。但是，从某种意义上说，这个晚会的目的又是为了庆祝他与埃莉诺的分离①，杰夫有一

个像玛丽·贝丝这样的老朋友的事实显示了他的独立性。认为人们在关系中既追求独立又追求亲密，这是关系的辩证法理论的特色，也是它与其他很多考察关系的传播理论的不同之处。

独立与联系	非常重要的紧张关系，反映出我们既想靠近又想分离的相互冲突的欲望

比如，巴克斯特和蒙哥马利（Baxter & Montgomery，1996）认为，社会渗透理论（见第 10 章）和不确定性减少理论（见第 8 章）等其他理论对亲密关系提出了这样一个相对静态的解释：关系双方要么越走越近，要么越走越远。按照这个观点，似乎可以认为埃莉诺和杰夫的关系正在变得越来越亲密，因为他们分享着越来越多的经验和感

情。关系的辩证法理论认为，任何关系都存在着固有的矛盾，因此独立和亲密之间不断的相互作用对理解关系而言十分重要。因此，按照关系的辩证法理论，在整个关系中杰夫和埃莉诺都在亲密与保持距离之间来回移动。他们既不能被看成是在这两种需求中的某一种需求作用之下走得越来越近，同样也不能被看成是在另一种需求的作用下渐行渐远。

大众媒体中的理论·亲近与疏离之间的舞蹈

193

家庭治疗师唐·麦克曼努斯（Don MacMannus）和黛布拉·麦克曼努斯（Debra MacMannus）在他们的生活博客中讨论了人们对亲近和疏离的不同需求如何影响了亲密关系。他们称之为"亲密关系的持续舞蹈"，并认为亲近的关系包括持续不断的"相向又相离"的运动。二人提醒读者，正如关系的辩证法理论所说，不能用好坏来定义这种亲近和疏离，在亲密关系中两者缺一不可。如他们所言，人们需要互相陪伴，也需要个人时间，免得关系纽带过紧或过松。

资料来源：MacMannus，D.，& MacMannus，D. M. How's your family really doing? howsyourfamily.com/how-to-balance-closeness-and-distance-in-relationship/.

因为该理论的影响，传播学研究者开始对辩证的思维方式感兴趣。巴克斯特和蒙哥马利（Baxter & Montgomery，1996）讨论了夫妻私下里的传播编码，认为它们显示出关系中同时并存的联系与独立。比如绰号会用于取笑个人的一些事情，通常会突出一个人的个人特征（如矮子、酋长或甜姐）。但是，它们也显示出关系的亲近感，因为关系较远的朋友不会叫对方的昵称。叫别人的绰号时，我们的编码中既有个

性化的东西，又有亲近感。

开放与保护

关系生活中第二个无处不在的重要张力产生于开放与保护两种倾向。**开放与保护**（openness and protection）的辩证法集中反映了两种冲突的欲望，即一方面希望开放和解除所有防御，把个人信息透露给关系的另一方，但另一方面又希望在传播中做得有策

194

---

① 指的是此前埃莉诺独占欲很强，不愿让杰夫与朋友在一起；现在埃莉诺让步了，反而帮他的朋友搞聚会，鼓励他和朋友在一起。——译者注

略性一些，保护自己。在埃莉诺再三考虑应该向杰夫透露多少她的感受时，她就在表露与保持沉默之间或者说开放与保护之间进行激烈的思想斗争。

开放与保护	非常重要的紧张关系，反映了我们既想说出自己的秘密同时又想隐瞒秘密的相互冲突的欲望

辩证的观点认为坦诚和隐瞒可以同时并存。例如，莱斯利·巴克斯特和埃琳·萨尔斯坦（Baxter & Sahlstein, 2000）解释了八卦或小道消息如何既尊重开放性又尊重隐私，因为传播八卦者在表露他人的同时对自己的事三缄其口。佩奇·托勒和唐·布雷思韦特（Toller & Braithwaite, 2009）发现，经历过丧子之痛的人会使用策略，调整与配偶之间的开放与隐瞒。然而一种策略是，他们似乎把这两个极端调和在一起，使用开放的非语言方式，同时对自己的感受沉默不语。安杰拉·霍普-娜高和丁允珠（Hoppe-Nagao & Ting-Toomey，2002）发现

已婚夫妇会使用六种方式来管理开放与封闭之间的紧张关系：(1) 话题选择；(2) 时间区隔；(3) 回避；(4) 试探；(5) 反社会策略；(6) 欺骗。

话题选择包括把一些话题列为禁忌或禁止讨论，从而在保护隐私的同时确认在其他所有话题上可以开诚布公。时间区隔意味着划出特定的时间来谈论敏感话题。回避或试探是指从交谈中抽身而出还是向对方询问更多信息。喊叫、哭泣或噘嘴则是一些反社会传播的例子。欺骗包括对事实的轻微扭曲或省略，从而保持隐私并避免关系中的冲突。

学生之声
凯莉

我家里的辩证法显而易见。我妈妈有很严重的关节炎，需要有人在家中协助她。我爸爸自己一个人做不到，想要人帮忙。她需要独立，但也知道她和我爸爸两个人绝对应付不来——她需要依赖别人。这是我们正在经历的一种辩证法。

新奇感与可预测性

新奇感与可预测性（novelty and predictability）之间的辩证法指的是稳定带来的舒适感和变化带来的刺激感之间的冲突。辩证的观点看到了关系中确定性和不确定性的相互作用。杰夫和埃莉诺的计划行为就说明了这种相互作用。他们一起制订计划时，至少对他们自己和他们关系中两件事的

可预测性做出了决定。首先，他们制订计划本身就确定了他们的关系，因为计划就是一个关系行为。而且它还确立了一个行动路线，所以他们知道在不久的将来他们将要做什么。但是他们还是让这个计划具有一定的开放性，以便有一些创造性和新奇感。在制订星期天的计划过程中，埃莉诺和杰夫同时满足了按部就班和随心所欲两种需要。

195

新奇感与可预测性	非常重要的紧张关系，反映了我们既想稳定又想变化的相互冲突的欲望

语境的辩证法

我们刚才讨论的是**互动的辩证法**（interactional dialectics），因为它们都产生于关系本身——它们是关系双方互动的一部分（Rawlins，1992）。研究者们还讨论了影响

关系生活的其他辩证法。威廉·罗林斯（William Rawlins）把它们称为**语境的辩证法**（contextual dialectics），意思是它们来自一定文化中对关系的看法。

互动的辩证法	由传播导致和建构的紧张关系
语境的辩证法	由一定文化对关系的看法所导致的紧张关系

语境的辩证法产生于公众对于某个关系（比如朋友关系）的定义和在特定的关系中私下互动之间的矛盾。对于我们来说，虽然它不如互动的辩证法那么重要，但是这两个矛盾的因素确实会影响关系中的人际传播。**公共和私人的辩证法**（public and private dialectic）指的是两个领域——私人关系和公共生活——之间的张力。罗林斯发现，在公共领域，朋友关系处于一个比较边缘的位置。莉莲·鲁宾（Rubin，1998）也有同样的发现。鲁宾指出，公众会期望人们更喜欢亲戚而不是朋友，尽管个体可能会认为朋友比亲戚更重要。罗林斯指出，与其他关系相比较时，友情经常要做出牺牲，因为在大多数情况下友情得不到认可。埃莉诺和杰夫的同居关系也具有同样的边缘状态，因为和结婚相比它在法律上不能得到承认。

公共和私人的辩证法	由私人关系和公共生活所导致的语境的辩证法

罗林斯（Rawlins，1992）提出，因为亲密的朋友关系在公共领域处于边缘状态但在私下里却具有深厚的感情，所以这种友情会产生矛盾。罗林斯认为这种友情（或者其他无法得到认可的关系）产生的辩证结果就会产生他所说的一仆二主（double agency）。这个概念的意思是这些关系要同时满足公共和私人的两种功能。罗林斯发现，有时公共功能会限制私人功能。例如，那些在工作中产生友情的人就会得到消极的反馈，这些反馈来自对于他们来说很重要的人，他们把这种友谊看成是对他们关系的威胁。当杰夫和埃莉诺想进一步发展关系时，埃莉诺把杰夫的异性朋友当成是一种威胁。公众对友谊的看法和情人关系之间产生了矛盾。

对于政治人物来说，公共和私人的冲突更加明显。政治家生活在公共领域，但是他们也有自己的私人生活。辩证的思维方式告诉我们，私人关系和公共生活相互缠绕在一起。虽然这两个领域在某种程度上相互独立，但是在很多方面它们是交织在一起的。当然，我们已经看到，在约翰·爱德华兹（John Edwards）[①] 和阿诺德·施瓦辛格（Arnold Schwarzenegger）[②] 等人的例子中，政客私下的不正当行为被公之于众就是这种情形。

公共和私人的辩证法与现实和理想的辩证法之间也相互作用。在我们想到像《反斗小宝贝》（Leave It to Beaver）[③]这样的老式家庭情景喜剧（20 世纪五六十年代）时，

---

①　在约翰·爱德华兹，美国民主党前参议员，2006 年宣布角逐 2008 年总统选举的民主党候选人提名，因与女助手的婚外情不断发酵最终退选并遭起诉。——译者注

②　阿诺德·施瓦辛格，拥有奥地利、美国双重国籍的演员、政客、曾任美国加利福尼亚州第 38 任州长。2003 年州长补选期间遭遇 6 名女性的性骚扰指控，其后虽成功当选，但普遍认为性丑闻对其政治前途造成了巨大打击。——译者注

③　《反斗小宝贝》是美国 20 世纪 50 年代影响很大的电视剧，片中的克利弗家已成为美国中产阶级白人家庭的模范偶像。他们这一家属于那种理想的快乐家庭，包括一个亦友亦师的聪明父亲华德、高贵又能干的贤妻良母式的妈妈琼、在学校出尽风头的运动健将大儿子华利以及小儿子小毕。小毕是个平凡的 8 岁男孩，他总是努力让自己少惹麻烦，但是最后总会把事情搞得一团糟。——译者注

196 就会产生**现实和理想的辩证法**（real and ideal dialectic）所涉及的矛盾，即我们接收到了电视中的家庭是什么样的讯息，然后当我们再看看自己所在的家庭时，我们就会对现实家庭中的不如意感到不满。这两个形象之间的张力就构成了这一辩证关系。如果埃莉诺阅读了大量浪漫言情小说，书里都强调情侣之间应坦诚相待，那么在这种理想和她与杰夫的实际生活之间就会产生紧张感，因为在现实中他们虽然会分享一些信息，但却不是完全开放的。

现实和理想的辩证法	因为理想关系和现实关系的差异所导致的语境的辩证法

此外，这种辩证法还会把一个人的所有预期和现实的关系进行对比。一般说来，对于关系的预期总是不切实际和理想化的。友谊被认为是充满感情、忠诚和信任的。家庭则被描绘成苦海之中的港湾。情人会提供无条件的爱和支持。但是，我们知道人际关系并不总是令人愉快，和这些理想中的亮点相比，它们也有阴暗的一面。辩证法理论就是要试图解释人们如何处理这些矛盾。

最后，文化和环境的因素会影响这些成对的矛盾。在那些认为朋友与家庭成员同样重要的文化里（比如一些中东的文化），其中的矛盾就会与罗林斯描述的迥然不同，甚至有可能根本不存在。此外，社会规范和预期也会随时间而变化，辩证关系也会受到这些变化的影响。比如，欧内斯特·伯吉斯和哈维·洛克（Burgess & Locke，1953）区分了制度性的婚姻和伴侣式的婚姻之间的差异。在 20 世纪 50 年代以前，婚姻在人们的预期中是一种经济制度，它对种族的生存至关重要。但是在后来的美国，婚姻被视为一种爱情的关系，其中一方起到另一方密友的功能。理想和现实之间的矛盾会因为社会理想的变化而变化。制度性婚姻对关系的期待远低于现今的理想。表 11-1 对这些关系中的基本矛盾做了概括。

表 11-1 互动的和语境的辩证法

传统的互动的辩证法	语境的辩证法
独立-联系：需要独立的身份又需要彼此之间的纽带。	公共-私人：对比关系的公共与私人面向。
开放-保护：想要倾诉个人信息同时追求隐私。	现实-理想：将真实的关系与对该关系的幻想比较。
新奇感-可预测性：想要变化同时需要稳定。	

超越基本辩证关系

很多关系中都有我们刚刚讨论过的基本辩证关系张力，但越来越多的研究正在揭示额外的紧张关系，质疑独立与联系、开放与保护以及新奇感与可预测性是否存在于所有语境下的关系之中（Braithwaite & Baxter，1995）。

克里斯滕·诺伍德和莱斯利·巴克斯特（Norwood & Baxter，2011）在两项研究中考察了网络环境中关系的辩证法理论，发现在人们网上寻找那些愿意把孩子交给他人领养的生母的信件中，有四种不同的辩证关系。其他研究者（Pederson，2014）发现 *197* 关于宽恕的网络叙事有三组彼此对抗的话语：外向实践与内向过程、解放自我与解放他人以及长期过程与突然顿悟。

马内尔·戈因斯（Goins，2011）在对友谊的研究中发现，黑人女性朋友的聊天中存在的紧张关系与基本辩证关系完全不同，其中包括消费主义与储蓄，使用"得体"英语还是"不得体"英语，对自己的外表满意还是不满意，接受还是拒绝基于种族的他者性。罗林斯（Rawlins，1992）在他的研究中没有发现新奇感-可预测性辩证关系的证据。相反，他发现一种辩证关系，聚焦于评判与接受之间的张力。这一辩证关系产生于评判朋友的行为与简单地接受他们之间的张力。特德·佐恩（Zorn，1995）在研究工作场所的友谊时发现了三种基本辩证关系，但也发现了一些工作场所语境下特有的张力。

朱莉·阿普克、凯瑟琳·普洛普和温迪·扎巴娃·福特（Apker，Propp，& Ford，2005）注意到，应用关系的辩证法理论探索工作场所语境的研究相对较少。他们研究了在医疗保健团队中工作的护士，发现一些辩证关系与护士们如何就地位和身份认同进行协商有关。他们称这些辩证关系为角色辩证关系，因为谈到的是护士在医疗保健团队中既与医生平等又从属于医生时体会到的紧张关系。

迈克尔·克雷默（Kramer，2004）在考察人们对社区戏剧小组的参与时，提出了包括投入到戏剧小组与投入到其他生活、包容与指责（其他成员）等 11 种辩证关系张力。迈克拉·迈耶（Meyer，2003）考察了电视节目《恋爱时代》（*Dawson's Creek*）中两个角色之间的关系，在发现联系-独立这组辩证关系的同时，还发现了一组新的辩证关系——激活-组成性身份认同的形成（informing-constituting identity formation）[1]。关系语境不同，其中的辩证关系可能也不同；这些新的辩证关系存在于网络传播、友情、工作场所、社区小组以及电视节目中的友情中。或许族裔也会影响到研究者发现的辩证关系的种类。

而其他研究者（Baxter，Braithwaite，Golish，& Olson，2002；Bryant，2003；Toller，2005）研究了家庭中的疾病与死亡问题，同样发现了另外的辩证关系。他们发现对照顾阿尔茨海默病病人的家庭（Baxter，Braithwaite，Golish，& Olson，2002）、经历过父母之一亡故并组建新家庭的人（Bryant，2003）或者失去孩子的父母（Toller，2005）而言，在场-缺席这组辩证关系是值得考虑的重要因素。塔玛拉·戈利什和金伯利·鲍威尔（Golish & Powell，2003）进一步提出了一组辩证张力，即喜悦-悲伤。他们指出，经历早产的父母体会了喜悦和悲伤的矛盾情绪，需要找到处理这种矛盾的传播策略。一项针对重组家庭传播的研究（Baxter，Braithwaite，Bryant，& Wagner，2004）发现，对孩子而言十分重要的辩证关系，是父母之一还是父母双方掌控权威。孩子们会经历希望自己的生父/生母独揽权威和希望继父/继母能分享生父/生母的权威这两种想法之间的张力。同样是在重组家庭的语境中，其他研究者（Braithwaite，Toller，Daas，Durham，& Jones，2008）发现孩子们表达了控制与限制之间的辩证关系。表 11 - 2 列出了一些新的辩证法。

表 11 - 2　新的辩证法

互动的辩证法	出现的语境
评判-接受	友情
从属-平等	工作场所

---

[1]　在迈耶（Meyer，2003）的研究中，激活（informing）与组成（constituting）的区别在于，前者认为性取向是将一定的特征赋予个体的身份认同，后者则认为性取向组成了个体身份认同的核心部分。——译者注

续前表

互动的辩证法	出现的语境
群体-个人	社群群体
有条理的活动-突发的活动	社群群体
包容-排斥	社群群体
可接受的行为-不可接受的行为	社群群体
在场-缺席	家庭/重组家庭
喜悦-悲伤	家庭
激活-组成性认同	电视节目中的友情
父母一方-父母双方掌控权威	重组家庭
控制-限制	重组家庭

对矛盾的反应

　　虽然矛盾双方的紧张关系始终存在，但是人们希望努力解决它们。一些研究者（Jameson，2012）发现礼貌是管理辩证紧张关系的一种常见手段。巴克斯特（Baxter，1988）提出了达到这一目的的四个主要策略：轮换、分裂、选择和整合（见表 11-3）。

表 11-3　对矛盾的反应

反应	描述
轮换	在不同的时间选择不同的角色。比如小时候很亲密，但随着年龄增长逐渐疏远。
分裂	在不同的环境下选择不同的角色。比如在家里亲密，在工作中保持一定距离。
选择	选择其中一个角色，完全无视另一个角色的存在。比如只扮演非常亲密的家庭成员角色。
整合	把矛盾紧张关系中的对立面综合在一起。由三种次级策略构成。
中和	整合策略的一种方式，在对立面之间做出妥协。比如保持适当的亲密性。
排除	整合策略的一种方式，在一般模式中排除某些议题。比如除了性话题之外对所有话题开放。
重构	整合策略的一种方式，通过改变对立面使其不再冲突。比如决定通过保持一定的距离感来达到亲密。

　　轮换（cyclic alternation）策略指的是人们在某个时间选择矛盾的一方，但是在另一个时间选择矛盾的另一方。例如，姐妹们在很小的时候很难分开，处于辩证关系中亲密的这一极。但是随着进入青春期，她们更喜欢独立，追求独立性。成年后，如果她们住在一个地方，她们可能又会重新亲密起来。

　　分裂（segmentation）策略指的是在彼此独立的不同场合分别强调矛盾的不同方面。例如，如果夫妻在家庭经营事业里一起工作，那么他们可能在工作关系中强调可预测性，但是在家庭关系中则强调新奇感。第三个**选择**（selection）策略指的是在对立面中做出选择。一对夫妻选择在所有的时候都保持亲密关系而忽略他们对独立的需求，他们使用的就是选择策略。

轮换	对矛盾的紧张关系的解决方式之一，指的是随时间而改变
分裂	对矛盾的紧张关系的解决方式之一，指的是随环境而改变
选择	对矛盾的紧张关系的解决方式之一，指的是在对立面中优先选择其中的一个

最后，**整合**（integration）策略指的是对立面的综合。整合可以表现为三种形式：中和、排除和重构。**中和**（neutralizing）指的是对立面之间相互妥协。选择这个策略的人试图在对立面之间找到皆大欢喜的中间点。杰夫和埃莉诺可能会决定他们不会真的像埃莉诺喜欢的那样开放，但是也不会像杰夫想要的那么封闭。因此，他们之间形成了比较开放的关系。**排除**（disqualifying）通过把矛盾中的一些问题排除出去来达到缓和矛盾的作用。一个家庭的传播可以总体上保持开放，同时有一些不能讨论的禁忌。研究笔记说明了这些策略在存在虐待的夫妻之间和不存在虐待的夫妻之间的表现。**重构**（reframing）指的是对矛盾双方做出某种改变，使其看上去不再包含对立。朱莉娅·伍德（Julia Wood）及其同事讨论了夫妻如何在定义联系时加入差异性的元素以完成重构。因此，独立与联系被重新描述为是统一的而不是对立的。如果埃莉诺和杰夫认为他们之间的亲密也能同时起到让彼此保持独立的功能，那么他们的关系就重构了，或者说重新定义了亲密的含义。

整合	对矛盾的紧张关系的解决方式之一，指的是对立面的综合，共有三种表现形式
中和	整合的形式之一，指的是对立面之间相互妥协
排除	整合的形式之一，指的是从一般模式中排除某些问题
重构	整合的形式之一，指的是改变矛盾的双方

巴克斯特和蒙哥马利（Baxter & Montgomery，1996）回顾了处理矛盾冲突的上述技巧和其他的技巧。他们认为人们使用的任何技巧都有三个共同点：它们都是暂时的，会受到时间的影响，可能会因为无意的后果让事情变得更加复杂。接下来我们依次看看这三个特点。

根据巴克斯特和蒙哥马利的解释，暂时意味着人们为了解决关系中的某种矛盾所做的一切并不会改变矛盾的根本性质。例如，杰夫和埃莉诺为了缓和辩证的张力而各自做出让步，建立起比较开放的关系，但是他们无法改变他们关系中的这一事实，即开放与保护的问题仍将继续存在。

时间的影响指的是在处理辩证关系时，双方在沟通中的选择受到过去、现在和未来期望的影响。当杰夫赞扬埃莉诺为玛丽·贝丝的聚会所做的一切时，他这么做的原因是他们过去因为朋友问题产生过争吵，并且希望这些争执不再出现。在谈到用辩证的方法研究关系时，罗林斯（Rawlins，1992）评论说："构成朋友关系和影响朋友关系的矛盾在人的一生始终处于不断的变化之中。"（p.8）他还进一步提出，朋友之间不断地协调和解决他们的矛盾，这是辩证分析中的关键内容。他的结论是"使用辩证法的研究就是历史研究"（p.8），它与关系随时间推移而产生发展的过程有关。

最后，巴克斯特和蒙哥马利还指出，关系双方虽然会采取一定的策略缓解紧张关系，但是它不会像人们希望的那样得到根本解决。比如，我们上面提到过，夫妻在一起工作并使用分裂策略来解决矛盾的例子，他们可能会觉得已经解决了新奇感与可预测性之间的紧张，但是他们并不会感到满意，因为他们把大量的时间用在工作上，并没有在他们的关系中获得足够的新奇感。

整合、批评和总结

对辩证过程的思考为我们理解关系生活的理论框架增加了许多新的东西。首先，我们对关系当事人的意义建构问题有了更深入的思考。其次，我们可以抛弃静态的框架，强调变化和稳定之间的相互关系。我们不必在观察规律还是观察不确定性之间做出选择，因为我们承认两者在关系中可以同时并存。与此相似，辩证的思维方式指导人们去考察关系中个人之间的互动，同时把目光转到关系之外，考察关系中的成员与更大的社会系统和文化系统的相互作用。这种思路有助于我们关注权力问题和文化的多样性问题。

总的来说，学者们对于关系的辩证法理论的应用前景感到兴奋，他们对此的反应是积极的。关于研究的方法取径，巴克斯特和诺伍德（Baxter & Norwood，2016）认为："1996 年版的关系的辩证法理论既接受量化方法，又接受质化方法，2011 年的版本更倾向于后者。"巴克斯特和夏普（Baxter & Scharp，2015）还提出，目前该理论在批判研究中也得到了有效讨论。因此，三种获取知识的方式都与关系的辩证法理论有关。当你思考关系的辩证法理论时，你需要考虑简洁、实用以及启发性这三个评价标准。

整合

传播传统	修辞学｜符号学｜现象学｜控制论｜**社会心理学**｜社会文化｜批判
传播语境	自我｜**人际**｜小群体｜组织｜公众/修辞｜大众/媒体｜文化
获得知识的方法	**实证的/经验的**｜**诠释的/阐释的**｜**批判的**

批评

评价标准	范围｜逻辑一致｜**简洁**｜**实用**｜可检验｜**启发性**｜时间的考验

简洁

201

在简洁性方面，一些研究者质疑，是否所有的关系中都只有独立与联系、开放与保护、新奇感与可预测性这三对矛盾。在某些方面，关系的辩证法理论最初的概念只列出三种基本辩证关系，可能过于简洁。比如，我们引用的很多研究都提出了新的辩证关系。但是辩证紧张关系数量的激增，又引起了相反的担忧，担心该理论在简洁性方面的表现。无数新的辩证紧张关系给这一理论带来了问题。然而，这些新的紧张关系可能会帮助关系的辩证法理论对关系生活做出更全面的解释，不再需要一个简洁的模型。

实用

这个理论最具吸引力的地方可能就是和其他那些线性的关系理论相比，它能够更好地解释人们在关系中经历的那种摇摆不定的矛盾心理。大多数人会在关系之中经历那种起落不定的模式，有的在亲密问题上，有的在自我表露问题上，或者是其他的问题上。也就是说，关系并不仅仅沿着直线的模式发展。相反，就像我们所经历的那样，经常会出现矛盾双方并存的局面。辩证法为解释这种矛盾的感觉提供了非常具有说服力的答案，使得该理论可以满足实用性标准。

启发性

莱斯利·巴克斯特（Baxter，2006）认为，对于像关系的辩证法理论这样的理论而言，启发性是一个重要的评价标准，因为该理论的目标是揭示"复杂而模糊的意义创造过程"（p. 130）。因此，在用简洁标准对这一理论进行严格评判之前，我们需要先考察它在推动研究上的表现。在这方面该理论似乎相当成功。研究者考察了如何在多种不同的领域和语境中解释关系的辩证法理论，包括亲子关系（Scharp & Thomas，2016）、浪漫关系（Faulkner & Ruby，2015）、嗜酒者互诚协会成员（Thatcher，2011）、同居伴侣（Moore，Kienzle，& Flood，2015）、成年学生（O'Boyle，2014）、非自愿家庭关系（Carr & Wang，2012）等等。作为一个理论框架，关系的辩证法理论在如此多不同的人际语境中的持续应用佐证了该理论的启发性。

总结

巴克斯特和蒙哥马利（Baxter & Montgomery，1996）认为，辩证法不是一个传统理论，因为它没有提出任何公理和命题。相反，它描述了一些人们使用何种策略来处理他们关系中的主要矛盾的例子。缺乏预测力可能是因为该理论还是关系理论中一个较新的理论框架，但更可能是因为它的目标与众不同，即一个经验的或实证的理论寻求对传播现象做出预测和终极判断，而辩证法则是一个偏诠释的理论，从一个开放的、不断变动的角度看问题。巴克斯特和蒙哥马利在他们 1996 年合写的书中以一段他们之间的对话作为结尾，其中提到他们要提出的理论不是能够提供公理式结论的理论，而是一个能够鼓励对话的理论。他们同意，在某种程度上要动摇一致性和封闭性的文化需要很困难。

许多研究者同意，辩证法是研究关系生活中传播的一个令人十分激动的方法。尽管许多研究都使用了关系的辩证法理论，我们还是希望看到对这个理论做进一步完善，期待有更多的研究去检验它的前提假设。莱斯利·巴克斯特（Baxter，2011）强调了这种感觉，认为"发展一个理论的过程就像养育一个孩子"（p. 1）。本着这种心境，关系的辩证法理论继续着探索与研究的旅程。

学生之声

马丁

　　我相信辩证法是一个有用的理论，因为它确实帮我看清了我和我哥哥之间的关系。推-拉的概念说明了一切。我们年轻的时候水火不容。但我的确注意到，如果他离开了一段时间或者我只是没见到他，我就会开始想他。他一回来，我就又开始厌恶他。现在我们长大了，不能说我们还厌恶彼此，但如果走得太近还是会有负面的反应。但我们也不能离得太远，不然就太糟了。如果我们几天没说话了，我们中的一个一定会给另一个打电话，只是确认一下对方一切如常。我一直以为我们的关系很奇怪。了解到每个人在与他人的关系中都有同样的挣扎——既想要联系，又想要独立，这对我帮助很大。

讨论题

技术探索：假定传播研究正在考察一种新的辩证关系（线上-线下）。你认为这一张力会怎样体现于关系之中，又会带来什么？在你看来，人们能否使用现有的辩证关系策略（轮换、分裂等等）来处理这种辩证关系？还是需要发展出新的策略？

1. 除了本章讨论的这些辩证的张力以外，你还能从埃莉诺和杰夫的关系中发现其他的矛盾吗？

2. 你认为阶段理论和辩证法理论哪一个能够更好地解释关系？为什么？请举例说明。

3. 你认为如何利用传播来处理一段关系中相互冲突的欲望？关系的辩证法理论如何帮助我们理解传播行为？

4. 本章引用的一些文章涉及关系的辩证法理论在白种欧裔美国人之外的其他族

裔的应用。你认为文化与族裔对该理论有怎样的影响？或者你是否认为该理论的主张适用于特定文化？

5. 请举例说明使用轮换策略处理辩证关系的张力。

6. 请举例说明你能如何使用分裂策略解决辩证关系的张力。

7. 请举例说明你能如何使用整合策略解决辩证关系的张力。

第12章
传播隐私管理理论①

说还是不说，这是我们经常面对的情境，然而这一问题十分复杂。

——桑德拉·佩特罗尼奥（Sandra Petronio）

丽莎·珊德斯

丽莎·珊德斯知道，要在一整天的工作中不与其他任何人打交道非常困难。她冲进办公室，眼睛看着地，尽量避免卷入任何交谈之中。她很喜欢自己的工作，也热爱同事们，但令人苦恼的是总有人找她闲聊。可是今天她实在没有时间可以浪费。她一直使用大量的电子邮件来完成工作。她刚删掉了大约65封垃圾邮件，这确实是一个越来越严重的问题。更糟的是，她好像被加入了一个色情邮件的列表，不断地收到各种乌七八糟的邀请。她只能希望办公电脑里没有装监控软件看到她收到的这些色情信息。一想到这里，她隐约感到有些不自在。

她去休息室喝点咖啡。但是去休息室是一个错误的决定。约兰德和迈克尔也在那儿，他们想就公司决策层关于营销方面的改革问题征求她的意见。他们就这么一件事接着一件事地谈起来了，不一会儿三个人谈到约兰德担心下个月自己因为生小孩而休假的问题。虽然丽莎知道她必须回去工作了，但是她还是发觉自己很喜欢和他们谈话。

下班后，丽莎去中央大学的夜校上课，这样她将来会拿到学士文凭。她希望今年就能完成学业，她早就盯上经理的位置，她盼

望那个时候该职务能有空缺。在课间休息时，她见到了朋友唐格·班达，他也在拿学位。她向唐格坦白说，她觉得自己没有处理好工作、学习和个人生活之间的关系。这些困难始终如影随形地跟着她，而现在她觉得自己被打败了。她对自己与唐格谈话时如此动感情感到十分惊讶。唐格很够朋友，他耐心地听着，并以朋友式的拥抱给她支持。在倾吐完这些事之后，她觉得好些了。

下课后，丽莎回了家，打开了电话答录机。丽莎母亲的电话是例行的闲话，主要是关于家里的事。大多数内容是关于丽莎的嫂子玛高的。丽莎的母亲和玛高的关系不太好，她经常在电话里向她控述儿媳做的事情（或没有做的事情）。今天的内容是爱德的妻子带着孩子去度假了，丽莎的母亲将有两周见不到他们。正听着，室友阿曼达·托雷利回来了。

丽莎很喜欢阿曼达，而且她一个人肯定无法负担这间公寓，但是有时她觉得自己没有属于个人的时间。阿曼达的个性很强，东西堆得到处都是，以至于丽莎经常觉得屋子里很拥挤。阿曼达总是有很多话要说，今天晚上也不例外。阿曼达想告诉丽莎自己最近和男朋友约尔之间的冲突。阿曼达和约尔总是吵架。丽莎私下里认为阿曼达应该甩了这

---

① 本理论基于桑德拉·佩特罗尼奥的研究。

个家伙，但是她又意识到阿曼达喜欢扮演这种肥皂剧女主角式的角色，所以她忍着没有告诉阿曼达自己的真实想法。丽莎抓起一杯

红酒和一些饼干，坐在沙发上听着阿曼达最新版的悲惨故事。

丽莎在生活中遇到各种人——同事、同学、家庭成员、室友等——她在保密和表露之间不断地进行着复杂的协调。这一章要介绍的传播隐私管理理论（the Theory of Communication Privacy Management）会帮助我们理解和解释这个复杂的过程。桑德拉·佩特罗尼奥（Petronio，2002）指出，传播隐私管理理论是一个能够解释像丽莎生活中那些十分"日常"的问题的实用理论。很多研究者发现，是否告诉别人我们的想法是一个非常复杂的问题，但是它又是一个在日常生活中必须天天面对的问题（Venetis et al.，2012）。佩特罗尼奥（Petronio，2016）认为，传播隐私管理理论是一张帮助解释"人们就管理分享给他人的私人信息如何做出判断"的"路线图"（p.1）。

考察丽莎一天的经历，我们可以看到至少有五个地方她遇到了表露的问题：（1）她担心同事发现那些讨厌的色情电子邮件；（2）她在和同事交谈的时候没有告诉他们自己正在赶时间；（3）她向一个朋友倾诉自己没有处理好工作和个人生活的感觉；（4）她倾听自己母亲的语音留言中的抱怨；（5）她在听室友的自我信息表露时没有说出她对室友的男朋友的真实想法。

所有的这些例子都说明了传播隐私管理理论的结论，即决定表露还是保密并不是简单的事，而是一个持续的平衡行为。在丽莎遇到的所有情境里，表露和保密都有潜在的风险和回报。

丽莎还应该考虑在她做出决定之后可能会给对方带来的风险和回报。如果丽莎告诉阿曼达她认为她的男朋友是一个失败者，阿曼达会怎么想？个人信息的表露和保密行为不仅会对个人产生影响，还会对关系产生影响。丽莎向唐格倾诉自己的感受之后，他

们之间的关系会发生什么变化？这些对个人和关系的关注创造了佩特罗尼奥在传播隐私管理理论中所说的复杂的平衡过程。正如佩特罗尼奥（Petronio，2002）观察到的：

> 在一定的情境下，我们试图比较自己的需要和周围他人的需要。对我们而言，隐私十分重要，因为它把我们自己和他人区分开来。它会令我们觉得我们是个人信息的合法拥有者。在不恰当的时间把私人信息表露给不恰当的人，或者是表露得过多，或者是向他人做过多妥协，都含有风险。另一方面，表露还会带来丰富的回报……我们会……增加社会控制，使我们的看法变得合法化，与关系中的另一方更加亲密……保密和表露之间的平衡之所以非常有意义，是因为它在我们的关系管理中起到至关重要的作用。（pp.1-2）

因此，我们需要一个像传播隐私管理理论一样的理论来做其他理论没有做的事，即解释人们如何管理私人信息的表露和保密之间的关系的过程。

传播隐私管理理论和本书中其他理论的不同之处在于，它是一个最近才提出的比较新的理论。举例来说，想想我们本书第18 章将要讨论的亚里士多德的《修辞学》——我们将要介绍的关于公众演讲和说服的理论研究方法来自几千年前。当然，并不是本书的所有理论都拥有像亚里士多德的《修辞学》那样悠久的历史；但大多数理论的历史比传播隐私管理理论更久。这个理论的时新性因为两个原因而显得非常引人注目。首先一个令人兴奋的原因是它反映了目前传播学领域最新的思考。它显示了不断出现崭新的、新颖的思想解释传播行为中的

问题。能出现新的理论说明了传播学领域具有活力。如果你不想再从发霉的故纸堆里去研读那些过世的某个希腊人的理论的话，佩特罗尼奥的传播隐私管理理论向我们展示了我们这个时代理论的活力和水平。

新理论令人兴奋的第二个原因是传播隐私管理理论是专门针对传播现象提出的理论。这也显示了传播学的成熟与发展。可能你还记得，本书的其他一些理论来自传播学以外的领域。传播学研究者因为某个原因发现它们很有用，就把它们移植借用到传播学领域。例如，象征性互动理论（见第 4 章）来自社会学。认知不协调理论（见第 6 章）最早是在心理学领域提出的。传播研究者发现，这些理论和其他一些理论框架可以涵盖对传播行为的研究，所以十分有用。不过，以传播为中心的理论还是会更加有用。传播隐私管理理论正是在这一点上非常出色，它令研究者更加关注传播过程，特别是传播实践。

传播隐私管理理论的演化

虽然传播隐私管理理论的历史并不长，但是它仍然反映了该理论思想的发展过程。

30 多年前，佩特罗尼奥和她的同事发表了一些研究成果，提出了目前传播隐私管理理论中的部分原理（如，Petronio & Martin，1986；Petronio，Martin，& Littlefield，1984）。在这些研究中，研究者感兴趣的是人们如何选择指导表露行为的规则。他们发现，在判断什么时候开放、什么时候沉默的问题上，男性和女性的标准有所不同。（社会）性别差异的观念和信息表露受规则支配的思想现已成为传播隐私管理理论的一部分。

1991 年，佩特罗尼奥发表了论文，第一次试图对这个理论的所有原理进行总结。当时这篇论文（Petronio，1991）和她后来的理论总结（Peteronio，2002）有两点不同。第一，1991 年提出的理论在研究范围方面有一定的局限性。当时佩特罗尼奥称这个理论为**微观理论**（microtheory），因为它的应用范围被限定在夫妻之间的隐私管理上。我们下面会提到，现在该理论并没有这些限制，并试图解释婚姻之外的不同情境下的保密和表露。佩特罗尼奥现在把传播隐私管理理论称为**宏观理论**（macrotheory），因为它的应用范围涉及各种不同的人际关系，甚至连群体和组织中的人际关系也包括在内。

微观理论	应用范围有一定限制的理论
宏观理论	应用范围较大的理论

理论速览·传播隐私管理理论

关系中的表露需要管理公私边界。边界存在于一个人既想透露信息又想保持私密的感受之间。然而，关系发展中的表露不仅仅是向他人透露私人信息。边界的协商与协调是必要的。有关表露的决策需要密切监控。

第二个变化是理论名称的改动。1991年，佩特罗尼奥把这个理论命名为传播边界管理理论（the Theory of Communication Boundary Management）。当她发表对这个理论更完整的阐述时（Petronio，2002），她将这个理论的名称改为传播隐私管理理论。佩

特罗尼奥解释说，新名称更好地"反映了这个理论的重点是隐私的表露，虽然该理论用边界的隐喻来解释管理过程，但是名称的改动强调了该理论主要讨论的是隐私的表露"（Petronio，2002，p. 2）。佩特罗尼奥（Petronio，2004，2010，2016）预期（和希望）这个

理论能够在关系表露问题的实际应用过程中继续发展和进化。她 2004 年的文章的副标题是"请做好准备"（Please Stand By），表明该理论在继续发展，经验数据让她和其他人发现并纠正传播隐私管理理论的解释中存在的弱点，她的观点也变得越来越清晰。

传播隐私管理理论的前提假设

传播隐私管理理论建立在个人如何思考和传播以及有关人性的一些前提假设之上。首先，传播隐私管理理论在元理论上坚持了我们在第 3 章讨论过的规则和系统的取向。因此该理论对人性提出了三个假设：

- 人是决策者。
- 人既是规则的制定者，也是规则的遵守者。
- 人的选择和规则既取决于自我，也取决于他人。

关于第一个假设，佩特罗尼奥认为，传播隐私管理理论帮助人们更好地理解他们所做的决策，以及这些决策如何促进他们与他人的关系。举例来说，想想你如何决定告诉同事你收到一份评价，说你工作表现糟糕。决定是否表露这一个人的信息可能会对关系产生（长期的）后果。正如佩特罗尼奥和赖森（Petronio & Reierson，2009）所说，你享有信息"控制权"（p. 366），如果你决定把它表露给同事，它就变成你与同事"共有的"（p. 366）。第二个假设与第三个假设可以归为一组，因为二者都与规则有关。传播隐私管理理论者承认规则在我们的关系生活中扮演着至关重要的角色（关于该主题更详细的讨论，请参考第 3 章）。基于"心理计算"（mental calculus），规则告诉我们向他人表露什么又隐瞒什么。这种计算取决于多个领域，包括文化、社会性别和环境。本章稍后我们将探讨规则与传播隐私管理之间的关系。而现在，请记住"因为人们有持续管辖其私人信息的权利"（Petronio，2015，p. 3），他们就必然会援用规则来维持该权利。

传播隐私管理理论是一个辩证的理论，因为它关注的是向他人开放与维护隐私之间的内在张力。佩特罗尼奥（Petronio，2016）这样评价她的理论与关系的辩证法理论之间的交叉："将传播隐私管理建立在辩证法的框架内，可以捕捉人们日常生活中采用的深层的隐私信息的运作逻辑和管理方式，让人们更加深入地观察隐私管理。"（p. 2）也就是说，变化与矛盾的原理在我们的生活中发挥着重要的作用，我们对独立与社交性的需求影响着我们的隐私决策。

从整体上看，这些假设认为人类是积极的行动者，他们生活在一个自我与他人交织在一起的关系之中（见表 12 - 1）。相互交织是传播隐私管理理论的关键概念。不仅自我和他人卷入关系之中，表露与隐私的概念也交织在一起。正如佩特罗尼奥所说，只能在与表露的辩证关系中理解隐私。我们如果表露一切，就不会再有隐私的概念。反之，如果所有的信息都是私密的，表露的概念也就没有意义。只有放在一起，每个概念才能够被定义。

表 12 - 1　传播隐私管理理论基本假设一览

传播隐私管理理论	所有辩证理论
人类的选择	关系生活充满变化
人类制造的规则	矛盾是关系生活的基础
社会的考量	

传播隐私管理理论的关键概念和原理

正如我们提到的，传播隐私管理理论主要解释的是人们在表露隐私信息时的协商过程。所以我们的第一个任务是定义**隐私信息**（private information）。佩特罗尼奥（Petronio，2000）评论说，人们把隐私信息定义为那些对他们来说极为重要的事情的信息。因此，在一定的关系中传播隐私信息的过程就成为**隐私表露**（private disclosures）。

隐私信息	对个人至关重要的事物的信息
隐私表露	向他人传播隐私信息的过程

由于研究重点不再放到自我表露上，传播隐私管理理论在对表露的定义上与传统的关于开放性的研究（research on openness）（比如，Jourard，1971）以及社会渗透理论（见第 10 章）等其他理论分道扬镳。传播隐私管理理论对这个概念的定义有三点不同。首先，隐私表露比传统的自我表露在表述上更强调个人化的内容。传播隐私管理理论更强调表露内容中表现出的信任感或者隐私性。其次，传播隐私管理理论还研究人们在表露的过程中如何受到规则的影响。传播隐私管理理论关注分享和抑制隐私表露的规则性结构。最后，传播隐私管理理论并不仅仅关注自我表露。表露被看作一个

传播过程。正如佩特罗尼奥（Petronio，2002）所说："为了理解表露的深度和广度，传播隐私管理理论并不仅限于研究自我表露，它还扩展到多个层次的表露，包括自我和组织在内。"（p. 3）她明确表达："表露概念的定义更为动态，不仅限于自我。传播隐私管理理论也承认人们可以在没有表露的情况下允许他人接触他们的隐私信息。"（Petronio，2016，p. 5）

传播隐私管理理论通过五个基本假设来达成目标，它们分别是隐私信息所有权、隐私信息控制、隐私信息规则、隐私信息共同所有与保护以及隐私信息边界纠纷。我们将依次解释理论中的这些假设（见表 12 - 2）。

表 12 - 2　传播隐私管理的原理

原理 1：所有权	人们相信他们拥有关于自己的信息的所有权
原理 2：控制	人们建立边界控制他们的个人信息
原理 3：规则	人们根据规则系统分享和保留信息
原理 4：共同所有	根据连接、渗透性和所有权的规则，他人成为人们隐私信息的共同所有者
原理 5：纠纷	规则出问题或人们执行时出现错误时会导致纠纷

原理 1：隐私信息所有权

第一个原理断言，人们相信他们"拥有"关于自己的信息的所有权，可以随心所欲地进行管理。桑德拉·佩特罗尼奥（Petronio，2010）指出，这一所有权观念只是一种感知，因此可能并不总是符合事实。佩特罗尼奥提

到了她与杰夫·蔡尔德和朱迪·皮尔逊（Child，Pearson，& Petronio，2009）所做的一项研究，该研究关注的是表现出这种不一致的学生博主。虽然人们声称自己拥有隐私或是对个人信息的完整的所有权，但是网上的情况却常常与该主张截然相反。

大众媒体中的理论·青少年拥有自己的网络私人信息吗

在育儿博客 Motherlode 的一个词条中，吉莉恩·基南（Jillian Keenan）谈到，很庆幸自己处于叛逆期时博客还没有诞生，所以她妈妈没办法公开记录她的所作所为。基南十五岁的时候，有一次与她的妈妈爆发了激烈的争吵，她拔出一把刀对着妈妈说："这就是我现在所感受到的痛苦。我到底怎么做你才能理解？"然后她说自己紧接着"把刀尖扎到了自己的皮肤里，在手臂背面划了一道浅浅的口子"。现在她已经是一个成年人，她回想自己戏剧般的夸张行为和成长过程中犯过的其他的错，思考她是如何拥有那些关于自己

的信息的。她不确定今天的青少年是不是也是那样。基南承认，父母可能需要一个出口来发泄他们对孩子的失望和担心，但她总结道："把自己的痛苦广而告之是一回事，公开孩子的痛苦又是另外一回事。在网络时代，孩子们长大成人的过程中，应该在某种程度上享有隐私。如果我妈妈把我割伤自己手臂的那一刻公开，那会对我的未来造成无可估量的损害。"

鉴于互联网无处不在，拥有你自己的信息可能变得很难。

资料来源：Keenan, J. (2012). Thanks, Mom, for not telling the world I pulled a knife on you, parenting blogs. nytimes. com/2012/12/27/thanks-mom-for-not-telling-the-world-i-pulled-a-knife-on-you/? emc =etal.

原理 2：隐私信息控制

传播隐私管理理论的第二个原理建立在第一个原理之上。这两个原理的逻辑如下：因为我"拥有"关于我的私人信息，所以我可以选择如何控制这些信息。因此，开篇故事中的丽莎决定把自己在室友恋爱问题上的感受保密；她相信自己拥有这些信息，有权决定何时分享何时保留。佩特罗尼奥（Petronio, 2010）指出，控制水平可能从高到中再到低不等。例如，如果某件事是绝少人能知道的秘密，控制水平就很高。如果罗宾决定把乳腺癌的诊断只告诉她丈夫一个人，不告诉其余的家人和朋友，她对该信息的控制程度就很高。如果她决定再告诉一些人，她的控制水平就是中等，随着更多的人可以接触到该信息，罗宾的控制水平就很低。

这一原理引入了**隐私边界**（private boundaries）概念。传播隐私管理理论用边界（boundary）的隐喻来说明公共和私人之间存在着界限。在边界的这一边，人们不表露私人的信息；在边界的另一边，人们在与他人的社会关系中表露某些私人信息。一些研究表明，决定表露私人信息可能是一个有益的选择（Joseph & Afifi, 2010）；然而选择权属于表露者。人们可以在自己的控制范围内设置和更改个人信息的边界。

隐私边界	把私人信息和公共信息区分开的界限

边界可以根据各种因素有不同的设置，然而，其中一些因素并不完全处于一个人的控制之内。例如，年龄可能会影响边界的设置（见图 12-1）。美国的儿童的隐私边界比较小。随着儿童逐渐长大为青少年再到成年人，隐私感也随之成长，边界就会扩大。当人们进入老年，边界又开始缩小。此外，社会性别和文化可能会影响边界的划分。一项研究（Cho, Rivera-Sánchez, & Lim, 2009）显示，年龄、社会性别和国籍影响了人们的网络隐私观念。有个人主义文化背景的年长女性最关心网络隐私，并且在建立网络隐私边界方面做得最多。

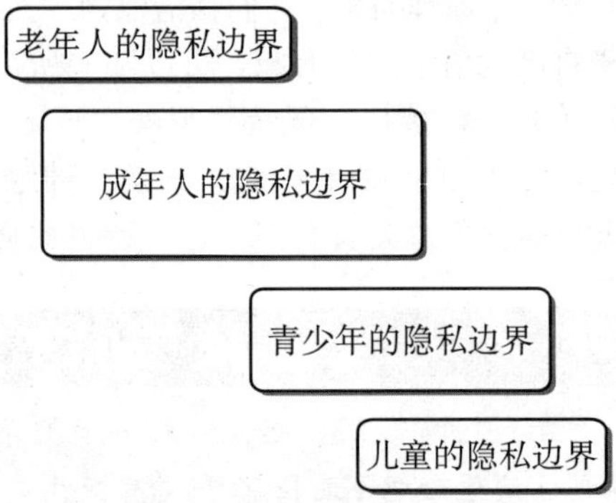

211

老年人的隐私边界

成年人的隐私边界

青少年的隐私边界

儿童的隐私边界

图 12-1　边界与生命历程

资料来源：Boundaries of Privacy: Dialectics of Disclosure by Sandra Petronio, the State University of New York Press, ©2002 State University of New York. All Rights Reserved.

原理 3：隐私信息规则

原理 3 与前两个原理有关。这一原理认为人们根据规则做出控制自己拥有的隐私信息的决策。佩特罗尼奥（Petronio，2013）认为，人们是他们拥有的信息的"唯一所有者"（p. 9）。隐私规则是传播隐私管理理论的根基，我们将展开讨论。隐私规则有两个关键因素：建立与属性。人们在决定表露还是隐藏私人信息时所使用的标准会影响**规则的建立**（rule development）。传播隐私管理理论（Petronio，2013，2015）指出，建立隐私规则有两个标准。这两个标准决定了是否允许另一个人接触信息，即核心标准与促变标准。佩特罗尼奥（Petronio，2015）将**核心标准**（core criteria）定义为那些"适应性更强且往往在后台运行"（p. 3）的标准，而**促变标准**（catalyst criteria）则是"隐私规则对必要的变化作出反应"（p. 3）的时机。

规则的建立	隐私规则特征的关键之一，描述了规则是如何被确立的
核心标准	影响人们可能使用的隐私规则类型的标准，指导隐私管理
促变标准	用来决定是否允许他人获取信息的标准，解释隐私规则的变更

在核心标准方面，传播隐私管理理论者认为，是否透露信息的决定受到文化等因素的影响。想一想文化（例如，社会性别、文化社群、性别认同等等）如何影响个体的隐私预期。因此，如果我们知道阿曼达是一个意大利裔美国人，我们就可以理解为什么在开篇小故事中阿曼达想要把一切告诉丽莎了，因为她所在的文化推崇开放和表达。

促变标准与隐私规则变更或需要做出改变的原因有关。佩特罗尼奥（Petronio，2015）解释说，有时人会对隐私规则的后果产生误判。她举了离婚父母的例子。假定这对夫妇决定向他们的孩子透露离婚的消息，知道已有研究显示，这一信息可能会给家庭带来压力。一旦这对夫妇发现他们的表露是有害的，他们就很可能会对此后的表露三思而行。佩特罗尼奥指出，表露的动机、表露的风险、地点所处的环境和涉及的关系都会促使隐私规则发生变化。

决策标准有助于解释规则的建立过程，后者是隐私规则的重要元素。隐私规则的第二个方面涉及**隐私规则的属性**（privacy rule attributes），即人们获得规则的方式和规则的特征。总的来说，该理论认为，人们通过社会化过程或与他人协商制定新规则而学习规则。

隐私规则的属性	隐私规则的一个关键因素，它描述了人们如何学习规则及规则的性质

例如，丽莎通过非正式的网络适应自己的公司，通过这些网络，她了解到花一些时间培养与同事的关系非常重要。组织经常把自己比喻成家庭，为员工组织许多社会活动，通过其他的方式让员工知道，亲密的关系是组织文化的重要部分。当这些学来的规则不适用或需要修改时，人们会相互合作建立新的规则。例如，如果公司要求员工必须彼此说明产品的损坏情况时，他们就会一起协商出应对的规则来。

原理 4：隐私信息共同所有与保护

第四个原理涉及隐私信息如何被共享，变为共同所有。在私人信息的共享过程中，围绕在它周围的边界就是**集体边界**（collective boundary），这时的信息不仅仅是自我的信息，它还属于关系中的所有成员。当私人信息仍然被个人保守没有表露，这时的边界是**个人边界**（personal boundary）（见图 12 - 2）。当丽莎和母亲谈起丽莎的嫂子时，这些信息属于两个人共同所有，她们都不会把这些话告诉玛高和丽莎的哥哥，她们创造了一条集体边界。当丽莎隐瞒自己对约尔——阿曼达的男友——的真实看法时，她的信息就有一条个人边界。

集体边界	围绕在多个人的隐私信息外围的边界
个人边界	围绕在某个人的隐私信息外围的边界

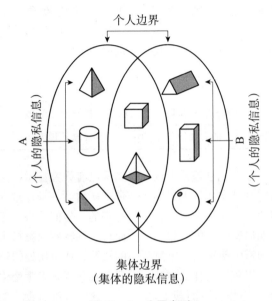

图 12 - 2　边界类型

资料来源：Boundaries of Privacy：Dialectics of Disclosure by Sandra Petronio，the State University of New York Press. ©2002 State University of New York. All Rights Reserved.

该原理的一个重要元素是**边界协调**（boundary coordination），它指的是我们如何管理与他人共同拥有的信息。比如，当丽莎和母亲谈起丽莎的嫂子玛高时，很显然这些信息必须要对玛高和丽莎的哥哥保密。边界协调是决策的过程，也是丽莎和母亲成为隐私信息共同拥有者的过程。

边界协调	隐私规则管理系统的过程之一，描述了我们如何管理共同拥有的隐私

佩特罗尼奥（Petronio，2010）认为边界共同所有权受到边界连接、边界所有权和边界渗透性的制约。**边界连接**（boundary linkage）指的是人们之间以边界联盟的形式产生的联系。例如当丽莎向唐格诉说个人信息时，他们的隐私边界就连接在了一起。内科医生必须与患者连接，因为医疗专业强调患者的信任感。如果你无意中听到一条本来不是给你听的隐私信息，从技术上来说你就与信息提供者联系上了；但是这个联系比较弱，因为你并不是信息的合法接收者。

边界连接	人们之间以边界联盟的形式产生的联系

213 **边界所有权**（boundary ownership）指的是因为共同拥有隐私信息而产生的权利和特权。为了使边界所有权精确地落实，规则必须清晰。例如，要是你的朋友告诉你他的隐私信息，你可以告诉其他人吗？（Mikucki-Enyart，2011）如果你的朋友明确地告诉你不要把他的秘密告诉别人，那么边界就非常清晰，没有不确定性。然而，如果他只是告诉你秘密却没有专门说明你能否告诉别人，你可能会对你的共同所有权感到没有把握。你会觉得自己不应该告诉别人，但是因为没有说明，你又会觉得不太确定。

边界所有权	因为共同拥有隐私信息而产生的权利和特权

但是边界是动态的，会随着时间变化被重新勘定。例如，瑞秋·诺顿 18 岁时，她的哥哥驾驶家里的车出了事故。她和哥哥一起出钱把车修好但却没有告诉父母。现在他们都是成年人了，所以可以把这次事故告诉父母了。因此，这个边界扩大到整个家庭。也可能出现边界的共同所有者对边界的问题没有达成一致的看法。本章故事中的阿曼达可能会认为，她对丽莎讲了自己和男朋友约尔的事后会把丽莎连接到边界里来，但是丽莎自己并不愿意被包括进来。

学生之声   214

艾莉亚

我知道我喜欢对很多信息保密。我就是以话题回避的方式与我爸爸相处的。我们对大多数事情的看法都不一致，如果让他知道了我全部的个人观念，他一定会没完没了地跟我争吵。保持边界很有用，我和我爸爸可以谈论天气、运动和我们的狗——这样相处挺棒的。

最后，边界协调通过**边界渗透性**（boundary permeability）来完成。边界渗透性指的是有多少信息能够穿越边界。当获得隐私信息的大门被关上时，我们说这个边界是**厚边界**（thick boundaries）；当大门敞开时，我们面对的是一个**薄边界**（thin boundaries）。

边界渗透性	有多少信息能够穿越边界
厚边界	关闭的边界，只允许少量信息或不允许任何信息通过
薄边界	开放的边界，允许所有的信息通过

原理 5：隐私信息边界纠纷

第五个原理涉及隐私规则出问题或人们执行出现错误时会发生什么。当边界协调的规则不清晰或者人们之间隐私管理的期待发生冲突时，就会出现**边界纠纷**（boundary turbulence）。边界协调并不总是一帆风顺的，人们会经历佩特罗尼奥所说的纠纷的冲突。例如，要是丽莎某个晚上拒绝听阿曼达的问题，她们就会发生冲突。如果你发现一个朋友把你告诉他并且让他保密的私人信息透露给其他人，边界纠纷就会接踵而来。传播隐私管理理论断定，当人们经历边界纠纷时，他们会试图做出调整，以便减少纠纷，达成一致。

边界纠纷	在边界期待和管理问题上产生的冲突

边界纠纷的产生可能有多种原因。一些情况下，纠纷是由佩特罗尼奥（Petronio，2010）所说的"模糊边界"产生的，即边界模糊不清。比如，一个同伴可以声称他不知道自己不应该透露信息。或者同伴之间可以对信息有不同的界定。恋爱关系中的一方可能觉得一个人有权知晓伴侣的全部过往，而另一方可能认为过往是隐私，可以不透露。不管怎样，当"隐私管理的期待未得到满足"（Petronio，2010，p. 182）的时候，纠纷就会接踵而至。

整合、批评和总结

传播隐私管理理论受到了传播学者和其他学科的学者的高度关注。这一理论似乎激起了共鸣，因为它的边界和边界规则指导着所有种类的关系中的所有行为。此外，研究者透过量化和质化的视角研究该理论及其假设与概念。当你思考传播隐私管理理论的优点时，会涉及评价理论的三个标准：逻辑一致、实用以及启发性。

整合

传播传统	修辞学｜符号学｜现象学｜控制论｜社会心理学｜**社会文化**｜批判
传播语境	自我｜**人际**｜小群体｜组织｜公众/修辞｜大众/媒体｜文化
获得知识的方法	**实证的/经验的**｜**诠释的/阐释的**｜批判的

批评

评价标准	范围｜**逻辑一致**｜简洁｜**实用**｜可检验｜**启发性**｜时间的考验

逻辑一致

佩特罗尼奥（Petronio，2002）曾经讨论过一个关于该理论的逻辑一致性的批评。一些批评者发现传播隐私管理理论对"辩证"一词的使用并不准确。这个批评源自巴克斯特和蒙哥马利（Baxter & Montgomery，1996）对一元的取向、二元的取向和辩证法取向的区分（见第 11 章）。根据上述区分，巴克斯特和蒙哥马利提出，传播隐私管理理论采取的是二元的取向，该理论把保密与表露视为两个相互独立、可以共存的事物。

学生之声

克利奥

这个理论让我想到的最大的议题之一就是医疗保健系统。我感觉这一领域有很多边界混乱。而且私密信息所有权的整个概念就是医疗保健领域的一大问题。我是说，他们真的保护隐私吗？此外，该理论也有助于解释我为什么不喜欢学校打电话告诉我有关儿子健康状况的事。我认为似乎不应该用电话通知我内森疾病发作。我知道他们不得不用打电话的方式，但我忘不了学校打电话告诉我这个消息时，我感觉多么孤独和没有人情味。那是我们第一次知道内森出问题了。因为他现在已经确诊了，我就一直跟学校保持联系。我认识了他学校的护理人员，现在和他们交谈感觉不那么难受了。

216 　佩特罗尼奥（Petronio，2002）在回应这个批评时指出，对该理论是二元论思维方式的指控可能来自传播隐私管理理论的早期版本中所使用的平衡和均衡（balance and equilibrium）这样的术语。佩特罗尼奥反驳说，传播隐私管理理论并不关注心理学意义上的平衡。"相反，传播隐私管理理论关注的是与他人的协调，它并不鼓吹表露和保密之间的最佳平衡。相反，本理论提出，保密和表露的界限随时在变，在特定的互动中，人们根据自己的愿望对保密与公开的程度做出判断。"（pp. 12 - 13）因此，佩特罗尼奥认为，把传播隐私管理理论称为辩证的理论是正确的。

实用

　传播管理理论极有实用前景。它对关系中不断经历的表露和保密的微妙协调过程做出了解释。此外，上述协调过程越是复杂，传播隐私管理理论越能提供深刻的洞见。我们需要传播隐私管理理论来解释在日常生活中由于技术进步造成的隐私侵犯。随着技术的发展，越来越多被我们认为是隐私的信息被公开，我们需要对这一趋势中的以规则为基础的管理系统做出解释。佩特罗尼奥（Petronio，2015）所言极是，她说："传播隐私管理理论的应用潜力不断增长。"（p. 7）

启发性

　传播隐私管理理论具有启发性，因为该理论作为框架，已经应用于不同的情境，包括浪漫关系（例如，Nichols，2012）、军人家庭（例如，Owlett, Richards, Wilson, De-Freese, & Roberts，2015）、学术广告（例如，Thompson, Petronio, & Braithwaite，2012）以及医疗保健（例如，Romo，2012；Petronio & Sargent，2011）。

　针对博客与脸书的传播隐私管理理论研究大有前景。杰夫·蔡尔德（例如，Child & Petronio，2011；Child & Starcher，2016；Child & Westermann，2013；Child, Petronio, Agyeman-Budu, & Westermann，2011）是学者中探索隐私概念及其与线上经历的关系的领军人物。对于那些对社交媒体平台与传播隐私管理之间的相互作用感兴趣的人来说，他的研究依然至关重要。传播隐私管理理论的启发性以及基于其他标准的评价都证明了该理论作为研究传播问题的理论框架的成功。

总结

　在我们继续理解向他人透露私密信息这一决定的过程中，传播隐私管理理论将是一个重要而有价值的参考对象。我们和他人之间的对话与关系十分复杂。为此，在我们 *217* 试图解开我们在生活中采取的许多不同传播实践的谜团之时，传播隐私管理理论为我们提供了一个实用的理论框架。

讨论题

　技术探索：传播隐私管理理论能解释网络互动中遇到的表露与保留隐私的尝试吗？你认为在线上环境中，隐私和隐私表露的概念有变化吗？当我们似乎愿意在线上以如此多的方式放弃自己的隐私时，这一概念还有意义吗？请解释你的答案。

　1. 使用传播隐私管理理论解释丽莎·珊德斯的案例。它能否帮助丽莎理解自己的处境？

　2. 过去十年里，应用传播隐私管理理论的研究越来越多，似乎意味着该理论经受住了时间的考验。你认为它能经受住时间的考验吗？请具体说出为什么能或为什么不能。

　3. 佩特罗尼奥在传播隐私管理理论中使用了什么样的取向（普遍规律、规则、系统或上述三者的组合）？请具体说明。

4. 传播隐私管理理论还可以用来研究哪些你感兴趣的话题？

5. 有批评说传播隐私管理理论使用了辩证法的概念，事实上却采取二元的路径研究隐私管理，你赞同佩特罗尼奥针对这一批评的辩护吗？请解释你的理由。

6. 请解释一下传播边界中的控制概念。你认为哪些环境中可能存在控制？请解释你的选择。

7. 举例说明边界纠纷如何影响传播隐私管理过程。

第13章
社会信息处理理论[①]

有时候，减少人际或社会情感交流是有益的。

——约瑟夫·沃尔瑟

科琳娜·艾布拉姆斯

科琳娜·艾布拉姆斯感到厌烦。她正在准备商业统计学的期中考试，需要休息一下。她觉得似乎再多做一题就要崩溃了。起身拿杯饮料时，她想起应上网查看一下"在一起网"（betogether.com）有没有新邮件。这是一个大学生中很受欢迎的约会网站，每当科琳娜和朋友相聚时，"在一起网"总能成为话题。那天晚上，科琳娜查看邮箱时，她注意到另一所大学的学生发来的一封邮件，主题是"Sault. Je m'ennuie"。科琳娜上谷歌搜了一下这句法语问候语（"你好，我感到厌烦"），并立即回复了他。读到马库斯的邮件（用英语写的），她很高兴。马库斯是加拿大人，和科琳娜一样也是大学生。她觉得，能休息五分钟，和一个也在上大学的人闲聊，是一件挺酷的事。

当她坐下来和她的加拿大邮件小伙伴聊天时，她很快意识到自己在聊一些非常私人的信息。她告诉他自己帮助室友平息了最近的一次袭击，她如何成为家里第一个上大学的孩子，以及如何在父母离婚之后和双方仍然是亲密的朋友。同样，马库斯坦言他

在一所技术专科学校上学，因为父母无法帮他交学费，他现在通过做业余模特勤工俭学。出于某种原因，她喜欢与马库斯的这种聊天方式。他看起来与众不同，既不评价她的言行，也不会冒失地刺探隐私。

在一个月的过程中，科琳娜和马库斯通过邮件、即时通信工具和短信继续联系。他们吃惊地发现双方如此相似。他们都喜欢乡村音乐，都有一大摞乡村音乐唱片。他们都喜欢看《连线》杂志。两人也讨论了彼此的家庭，谈到线上关系与通过酒吧、咖啡馆偶遇建立的关系有什么不同。虽然科琳娜聊天时很兴奋，但她并不愿意告诉马库斯自己在学校的成绩很差，以及自己还在试读期[②]的事实。对她来说，专注于积极的一面太重要了，尤其是她喜欢感受到马库斯与自己在很多方面相似的事实。在网上聊了几天后，科琳娜觉得马库斯简直好得不真实。马库斯看上去也对她十分倾心。他觉得，因为科琳娜的专业是商科，所以她很聪明，并且一毕业就会有工作。他对于自己在网上聊天的新成果感到出乎意料。显然，两个人在过去一周里分享了相当多的信息，然而他们甚至连面都没见过！

---

① 本理论基于约瑟夫·沃尔瑟的研究。

② 试读期（probation）：给予某一学生的检验期，让其在一定期间内提高不及格的成绩或改善不良行为。——译者注

最后，两人在脸书上加了好友，不久后，他们的一小部分朋友圈开始重合。他们发布自己的照片（她承认"他真的挺可爱的"；他想"哇，她都能上杂志了"）。这还仅仅是照片，两人建立起了一个反映个性的虚拟世界。一时兴起开始的社交联系六周之后开出建立在科技基础上的虚拟关系之花。

科琳娜还是忍不住去想，这一切仅仅是个幻想，还是能有进一步发展。她明白线上的聊天和见到真人是不同的——她和马库斯也多次调侃过此事。她也意识到，在电脑屏幕上，除了马库斯的脸，她甚至从未看到过其他信息。

片刻过后，科琳娜严肃地考虑要见一下这位熟悉的陌生人。但她又转念一想，也许保持这种线上关系就能满足她现在的需求——她还是不确定。她不断地想这是不是好得太不真实了。她真的从 400 英里外的另一个国家找到了一个灵魂伴侣吗？她还是无法相信，发生的这一切，仅仅是因为某天晚上复习中上了个网！

就像你在本书其他章节中读到的，关系的发展与保持的问题数十年来一直令研究者着迷。其实公平地说，人类关系的演变是传播领域研究得最充分的话题之一。本书这一单元的理论，事实上强调了人际关系理论的复杂性和刺激性。然而，很少有理论深入研究并集中关注社会关系在 21 世纪的新进展互联网对于全球庞大的关系网而言至关重要的进展。

观察近年来和现今的人际关系发展情况，我们需要考察技术的作用。几十年前，关系沿着可预见的轨道发展，一般按部就班地进行，甚至被规定必须如此。虽然存在一些变数，但关系的发展一般是这样进行的：我们当面遇到某个人，与之"约会"，之后将这个人介绍给我们的朋友和家人，最后他们结婚（更多关于"可预见的关系发展"的信息可参考第 10 章"社会渗透理论"）。对于一些人来说，这种途径可能仍然有意义。但对其他人来说，这听起来可能像 20 世纪 50 年代老电影里的桥段！毕竟，你可能会问，约会网站以及其他影响关系的技术又会带来哪些变化呢？

线上关系的发展是被称为"社会信息处理"（Social Information Processing, SIP）理论的核心问题。早在其他学者预见到互联网的巨大影响之前很久，约瑟夫·沃尔瑟（Walther, 1992, 1993, 2008, 2015）就提出了这个理论，讨论技术、关系和自我呈现之间的相互作用。对于沃尔瑟和其他社会信息处理理论的拥护者而言，建立与培育线上关系不仅可能，而且具有高成功率和关系满意度。

为了想象社会信息处理理论的主张，我们必须悬置对于"关系"意义的传统诠释。正如你在关注关系发展的其他章节里所读到的那样，许多沃尔瑟之前的人际传播理论学家主张，生活中的关系是由面对面的（face-to-face, FtF）交流塑造和维持的。沃尔瑟扭转了这一基本的视角，他认定我们在面对面交流中习以为常的非言语线索虽然很重要，但却并非人际交往的本质。他认为无论面对面关系还是线上关系，个人对不确定性的减少和亲密关系都有同样的需求（参考第 8 章"不确定性减少理论"），线上关系参与者"调整他们的语言和文字行为，以适应"他人与自己交流的方式（Walther & Anderson, 1994, p.65）。这意味着根据社会信息处理理论，不同于面对面关系的发展，线上关系中的参与者会通过文字以及这些文字的使用频率而互相吸引。

理论速览·社会信息处理理论

个体有能力建立线上关系，这种线上关系与面对面关系中所达成的亲密度相等或更高。即使缺乏非语言线索，通过各种各样的技术（如电子邮件、短信等），线上关系也有可能在人们生活中具有非凡的意义。个体利用以计算机为中介的传播（computer mediated communication，CMC）环境了解对方，凭借这些信息形成彼此的人际印象。因为讯息只通过一种基本渠道传递，线上关系要达到面对面关系的同等水平需要花费更长时间。在某些情况下，线上关系可能比面对面关系更重要。

因此，让科琳娜和马库斯建立关系并慢慢熟络的，不仅仅是他们对彼此的信息表露，还有他们交流的次数。比如说，科琳娜每周给马库斯发一封邮件，与每天发一封相比，是有区别的。六周之后，沃尔瑟和其他研究者就会认为这段关系已经具备了亲密关系的一切功能。

社会信息处理理论以印象管理为核心。为此，我们将**印象管理**（impression management）定义为既是一种策略性的又是一种无意识地影响他人感知的行为。以往对印象管理的研究多注重面对面沟通，以及会面时的细微表现。一个人的自我形象被看作关系发展中的重要因素。有了网络交流后，印象管理理论也被应用到在线交流（Ellison，Heino，& Gibbs，2006）中。例如，艾莉森和她的同事发现，在网络约会环境中，存在多种自我呈现行为（self-presentational behaviors）。他们提出三种自我：**现实自我**（actual self）（个人特征）、**理想自我**（ideal self）（个人在理想状态下拥有的特征）以及**应然自我**（ought self）（个人应该具备的特征）。这三种自我得到了证实，它们对于线上对话和关系来说尤为重要，使个人能够管理其网络形象或身份（persona or identity）。

印象管理	策略性的或无意识的影响行为
现实自我	个人拥有的特征
理想自我	个人在理想状态下拥有的特征
应然自我	个人应该具备的特征

身份管理与社会信息处理直接相关（Rosenberg & Egbert，2011）。作为网络参与者，我们必须放弃对日常谈话中非语言线索的依赖。因此，我们传达给他人的语言线索同时具有自我呈现的功能。沃尔瑟（Walther，2011）主张，我们在线上关系中"积累对他人的印象"。他进一步陈述说，"发送者有动机去塑造人际印象"（p. 458）。因此，我们可以看到，印象是社会信息处理理论的中心，该理论主要研究人们在网络上如何诠释彼此（的言辞）。

理论大乱斗：被过滤的线索

我们在本书中提到的很多传播理论都根植于其他不同研究领域的理论视角。然而不像有一些理论（比如传播适应理论），社会信息处理理论是通过揭示其他传播媒介理论的缺陷来建构自己的概念和理论的。这些与其对立的理论被叫作**线索过滤理论**（cues filtered-out theories）（Culnan & Markus，1987；Walther & Parks，2007），意思是因为非语言线索的缺失，线上关系的开展缺乏完整性。沃尔瑟的研究通过理论化的思维，批判了过去理论中的方法论问题及概念问题。在随后的研究中，沃尔瑟致力于创建一个人际传播理论，能够更准确地反映传播、线上环境、自我与关系的相互作用。让我们简要地探讨一下其中两个影响了沃

尔瑟研究的理论视角社会在场理论（Social Presence Theory）和媒介丰度理论（Media Richness Theory）。下面我们简要分析一下各个理论视角。

线索过滤理论	强调因为缺乏非语言线索而损害在线关系发展的理论

社会在场理论（Short，Williams，& Christie，1976）是关于个体通过不同形式的传播媒介对彼此的了解程度，也就是说，个体在互动中对于性格、品质、外表等等的知晓。根据这个理论，一些媒介的社会呈现度高（比如视频），而另一些媒介的社会呈现度低（比如音频和文本媒介）。高社会呈现度的媒介促进关系发展的机会更大，低呈现度的媒介则缺乏人情味和感情。社会呈现是一种"主观效果"，意味着个体可能对于互动过程中呈现程度的高低缺乏统一看法。至于网络环境，信息在媒介环境中的传送方式会导致不同的社会呈现。从很大程度上来讲，根据该理论，高社会呈现度的媒介形式会形成更温暖（更令人满意）的人际交流经验。

社会在场理论	讨论人们如何通过不同的传播媒介了解对方的理论

媒介丰度理论（Daft & Lengel，1986）同样也影响了社会信息处理理论的演变。该理论最初研究的是组织传播，它认为在网络传播中使用的媒介过于狭隘，不适宜发展关系。因此，个体在与他人的交流中会体验到不确定性和模糊性。该理论中有若干评估"丰度"的方式，包括媒介的即时反馈能力、线索和渠道的使用量以及讯息的个性化程度（Gu，Higa，& Moodie，2011）。与社会在场理论相似，研究媒介丰度的学者假定

"富媒介"有助于支持言语和非言语线索。根据该理论,"最富有的"媒介是面对面传播,它能够促使个体更迅速地交流,富媒介被用于更复杂的会话和任务。"最贫困的"媒介是电话、备忘录和书信,这些媒介促使人们避免以复杂的形式交流。

媒介丰度理论	提出可根据讯息的复杂程度对传播进行分类这一观念的理论

沃尔瑟(Walther, 2011)认为,虽然上述两种理论都包含重要的理论观念,然而网络环境比社会在场理论和媒介丰度理论所指出的要复杂得多。例如,线上参与者之间通过文本的交流尽管缺少非言语线索,但也具有关系价值。因此,社会在场理论和媒介丰度理论对网络关系的理解都存在局限。沃尔瑟主张,若双方交流次数足够多,并且交流的广度和深度也足够,那么非言语交流在关系发展中就不再是最主要的因素了。以电子邮件为例,他假设电子邮件能够即时发送,并使用高度个人化的语言,那么它就很有价值。想想本章引子中科琳娜的例子。显然她通过电子邮件与马库斯建立了关系。虽然其他的平台能提供更多的信息,但他们两人却完全依赖电子邮件这种"贫困的"媒介交上了朋友。另外,尽管脸书中大量的个人信息同时被呈现给很多人,但其也可以为大学生们提供"丰富的"个人展示、私密照片及其他象征符号。

社会信息处理理论的前提假设

223 现在,我们希望你已经树立了这样一个观念:线上关系在表现力和亲密性上具有很大潜力,在许多情况下,也能建立长期关系。令约瑟夫·沃尔瑟等社会信息处理理论的研究者好奇的是,线上身份是如何管理的,泛泛之交如何发展为亲密关系。为了进一步描述社会信息处理理论,我们提出以下三个与该模型相关的前提假设:

- 以计算机为中介的传播能提供独一无二的与他人交流的机会。
- 线上发送者有意让他人形成(正面的)自我印象。
- 线上人际关系需要更长时间和更丰富的信息才能达到与面对面人际关系相似的亲密度。

我们的第一个假设前提是以计算机为中介的传播是建立人际关系的独特途径。虽然我们在前面略微提及,但是现在还是要正式定义一下"以计算机为中介的传播"。研究人类传播与技术间关系的学者们愿意使用**以计算机为中介的传播**一词,认为这是一种人们通过大型电信网络系统感知、诠释和交换信息的过程。以计算机为中介的传播系统十分浩大,几乎全部基于文本,同时包括即时讯息和电子邮件等其他形式。以计算机为中介的传播被认为是"一种有机环境"(Tong & Walther, 2013, p. 3),既可同步,也可异步。**同步传播**(synchronous communication)是指信息的发出者和接收者同时在线,**异步传播**(asynchronous communication)是指时间限制影响了讯息和反应的发射与接收。异步讯息存在于任何时间,并不要求讯息发出者同时在场。

以计算机为中介的传播	人们通过大型电信网络系统感知、诠释和交换信息的过程
同步传播	信息的发出者和接收者同时在线时发生的过程
异步传播	信息的发出者和接收者由于受到时间限制,在不同时间在线时发生的过程

沃尔瑟(Walther, 2011)强调了以计算机为中介的传播与关系发展之间的联系。

他说："以计算机为中介的传播系统已经通过各种各样的形式，成为人际关系产生、发展和维持过程中的有机组成部分。"（p. 443）想想社会信息处理理论研究者们认可的那些传播系统：电子邮件、推特、脸书、领英、短信、博客、视频会议以及其他的系统。现在，再想想你是否曾通过其中任意一种形式发展过人际关系。可能许多或大多数人会说自己通过这些技术手段建立过关系。你可能会赞同沃尔瑟和其他主张以计算机为中介的传播系统有助于关系发展的研究者的观点。

也许一些人不会完全接受比如通过互联网可以建立关系的观念。你可能认可这样一种信仰：为了人际传播和人际关系的存在，面对面传播必定不可避免地会发生（参考我们在第 2 章中对"面对面传播"的定义）。或许你认为即使以计算机为中介的传播是增进理解的正当途径，但建立一段关系毕竟需要双方实际见面。或许你会认为，尽管有不间断的互动，但本章开篇故事中的科琳娜和马库斯永远不会建立一段真的"关系"。

224

学生之声

迪莉娅

　　我确定只有我一个人不赞同这个理论中的某些部分。我也确定该理论经过了充分研究，也知道其效度较高。但是，我很难理解线上的亲密关系如何能比实际中更亲密。我认为，如果我们相信了这个说法，那我们永远不会知道与某人面对面交往会比在线交往更重要。我知道这反驳了这个理论，但我不想让大家觉得如果我们在网上很亲密，在实际中也会同样亲密。反正我想不通。

约瑟夫·沃尔瑟的很多研究（例如，DeAndrea & Walther, 2011a; Walther, 2011）否定了后一种看法。他首先主张人们会在网络上交流个人信息，在很多情况下，在网上会比现实中更放得开。实际上，其他研究表明，人们在网络上会交换亲密度很高的信息（Kalbfleisch, 2016）。另外，沃尔瑟和姜（Walther & Jang, 2012）的一项研究显示，即使在参与型网站（如 YouTube、TripAdvisor.com 等等）上，在线互动者"也能促进和深化社会影响"（p. 2）。这为证明以计算机为中介的传播能促进在线讨论、反应和关系提供了新的证据。可以换一个视角思考这种观点：当你访问一家网站，很多时候你是为了寻求社会支持、了解信息，或者仅仅是聊天、阅读，以及收听。关系生活也是类似的。很多时候，"访问者"进入我们的生活，我们会在相当长一段时间里让他们留在身边。实质上，他们变成我们关系网的一部分。所以，回过头来看科琳娜和马库斯的奇妙缘分。她并未期待会遇见谁。然而以计算机为中介的传播为她提供了一个聊天的机会，根据对话的开放程度与个人信息的交换深度，两人正在形成人际关系。

显然，以计算机为中介的传播与面对面传播迥异，但它提供了一个绝无仅有的机会，让你遇见在面对面交流中永远不会遇到的人。此外，与面对面相遇一样，通过以计算机为中介的传播建立起来的关系，会激起我们在一切关系中都会发现的情感和感受，它们包括社会支持、嫉妒和幸福（Green-Hamann, Eichhorn, & Sherblom, 2011; Utz & Beukeboom, 2011）。最后，由于全球都能使用以计算机为中介的传播，诸如与 5 000 千米以外的人建立线上关系这样的独特之处也不容小觑。

社会信息处理理论的第二个前提假设在本章前面已经提到。网络使用者主动采取策略呈现自我。线上关系中的印象管理很重要（Walther, 1994），参与者会竭力保证给人

留下独特的印象。例如像科琳娜·艾布拉姆
225　斯这样的个体显然会避免将她"自我"的各
个方面以消极的方式呈现给别人（回想一下
科琳娜不想坦露她在学校里成绩不好的事情）。

　　研究者发现在 Facebook 这样的社交网站
上有许多想要向他人展现不同自我的人
（Bryant，Marmo，& Ramirez，2011）。一个人
的 Facebook 好友越多，就会被看作越有吸引
力（Walther，Van Der Heide，Kim，Wester-
man，& Tong，2008），因此对很多用户来
说，管理个人的网上形象很重要。在爱情关
系方面，无论单身还是有伴侣，个人都可以
通过很多选项将自己的关系形象传达给他人，
比如下面这几种：（1）展示关系状态（如单
身、已婚、离异等）；（2）用照片展示伴侣；
（3）谈论用户的伴侣；（4）在聊天室里讨论
自己的关系结果（如婚姻、同居情况等）
（Utz & Beukeboom，2011；Winter，Ha-
ferkamp，Stock，& Kramer，2011）。

　　在各种社交网站和许多以计算机为中
介的传播系统的平台上，如何展现和管理自
我一直是重要的问题。因为很多网站包含监
控他人语言和非语言状态展示的功能，所以
人们有意通过不同行为营造投射出特殊的
网络身份（Bullingham & Vasconcelos，
2013）。对于一些人来说，开放是首要目标；
而对另一些人来说，印象管理则以更隐秘的
方式进行。很明显，如果他人的意见会影响
关系的结果，那么一个人会花时间管理和影
响这些意见（Toma & Hancock，2011）。

　　社会信息处理理论的第三个前提假设

认为，信息交换的频率和信息的增长会影响
关系的发展。为了理解这个假设，让我们回
想科琳娜·艾布拉姆斯以及她与马库斯的
那段网络关系经历。在几个星期的时间里，
她依靠这种讯息往来与马库斯交流。实际
上，她真的开始琢磨马库斯是不是她的"灵
魂伴侣"了，这也是许多面对面关系中的人
在数次互动之后会产生的直觉。

　　第三个假设反映了沃尔瑟的主张，即与
面对面建立的关系一样，网络关系同样有能
力发展为亲密关系。回想一下我们前面关于
"线索过滤理论"的讨论，你会想起，该理
论认为在以计算机为中介的传播中非语言
线索是近乎缺席的。尽管如此，大量的研究
表明，只要给予足够的时间加上讯息的增
长，通常也可以产生亲密关系。

　　时间线索（chronemic cues），即那些与
人们感知、使用、回应时间相关的线索。时
间线索与讯息累加，是相互关联的两组概
念。沃尔瑟（Walther，2008）认为"当足
够的时间过后，沟通交流也更加充分，个人
和关系的信息自然增长，那么在印象形成和
人际关系管理方面，以计算机为中介的传播
与面对面互动的有效性不相上下"（p. 393）。
沃尔瑟和其他社会信息处理理论的研究者
认为，尽管我们在面对面交流中看到的非语
言线索（如微笑、身体接触等）十分重要，
但是依靠短信或邮件交流——尽管缺失非
语言线索（时间线索除外）——也可以非常
亲密。他假设"语言、书写与非语言线索之
间被认为具有高度的可替换性"（p. 393）。

| 时间线索 | 与人们如何感知、使用、回应时间有关的线索 |

226　　正如我们前面提过的，数年前关系生活
（以及许多人际交往理论）十分看重非语言
传播的价值。今天，我们仍旧这样认为，关
于 非 语 言 传 播 研 究 （如，Matsumoto，
Frank，& Hwang，2013）提供了丰富的证
据。但是沃尔瑟建议，在谈论网络关系时，
我们必须悬置上述观念，即认为非语言线索

是关系存在的必要条件。他的研究支持了这
样的主张：如果经过长时间的讯息传递，并
且这些"语言讯息"被改编和转换成非语言
符号，那么线上关系可以变得相当亲密
（Walther，2012）。

　　这些主张可能与你的直觉相违背，在沃
尔瑟的理论之前，研究人际关系的学者们十

分看重非语言传播在关系发展中的价值。我们赞同非语言行为确实对人际关系至关重要。然而，社会信息处理理论也暗示着，虽然线上交流使用语言讯息，但"适应"了网络媒介限制的传播者还是会在他人的讯息中寻找线索，调整语言，弥补非语言线索的缺失（Walther, DeAndrea, & Tong, 2010）。此外，沃尔瑟认为，虽然没有精确的比较，但以网络为中介交换信息所需时间通常为面对面的（至少）五倍（即使是在"实时"传播的情况下）。除此之外，这些讯息会随着时间发展而"积累"，给网络用户提供充足的信息以建立和发展人际关系。上述所有内容对于具有高度亲密价值的关系同样适用。

有了这些关于社会信息处理理论的基本假设，我们现在集中关注该理论的几个核心特征和概念。当你思考该理论并阅读下面的内容时，要记住这个理论发端于 20 世纪 90 年代初。对于那个年代的一些研究者来说，沃尔瑟的研究既具有争议性又具有开拓性，因为他是第一个发现线上关系与面对面关系具有同样价值和满意度的传播学者。让我们通过讨论该理论中两个颇具吸引力的部分，深入挖掘其理论内涵。首先我们要讨论超人际观（hyperpersonal perspective），接下来阐述一个被沃尔瑟称作"确证"（warranting）的原则。

学生之声
乔伊

我喜欢沃尔瑟说的，我们在与某人见面的时候，过于在意非语言了。我自己的例子：我上了一个约会网站，我和他还没见过面的时候就花时间发短信，打电话，写邮件。我们用过几次 Skype，就是这些时候，我们都很喜欢彼此"真实"的面孔。我知道几年之前，人们还享受不到不用见面就能一起聊天的便利。

超人际观："我喜欢我读的并且想读到更多"

227　　在沃尔瑟将社会信息处理理论概念化并进行阐释的过程中，他为在线交流的生动性（vivid）和感染性（poignant）所震惊。他的研究结果表明，除了其他特征外，线上用户的传播被认为比面对面传播更加强有力。沃尔瑟（Walther, 1996, 2011）主张，我们通过以计算机为中介的传播系统培养起来的印象，以及我们发展和维持的那些关系，"在满意度和亲密度上超过了类似的线下互动"（Walther, 2011, p. 460）。线上用户可以从容地思考如何回复，并且选择以即时的方式（比如即时通信软件）或在同伴不在线的情况下（非即时）完成。发送者和接收者都有"三思而后言"的机会。沃尔瑟认为，以上条件都容易造成更友好的线上关系环境。他称其为"超人际观"（hyperpersonal perspective）［也称为"超人际效果"（hyperpersonal effect）（Walther, 1996）或"超人际模型"（hyperpersonal model）（Walther, 2011）］。

沃尔瑟看待以计算机为中介的传播关系的方法，来自他对多个领域理论的查阅和研究，我们之前也讨论过。在研究了社会信息处理理论及其不同的发展轨迹之后，沃尔瑟（Walther, 1996）发现，尽管人们普遍认为线上关系具有局限性，但实际上个人会利用以计算机为中介的传播，并使用传播策略，以面对面的语境中无法达到的积极的方式向他人展示自己。沃尔瑟认为线上参与者/用户"开发"了媒介技术的潜力，管理自我印象和促进关系发展。因此，我们在网络上建立的关系很多时候比面对面关系要更亲密。

超人际观将以上所有方面考虑在内，但

不仅限于此。该视角将许多与以计算机为中介的传播和人际关系有关的不同领域包括在内，如讯息语气、讯息复杂性、个性化语言、编辑行为、输入时长等等（Walther，2007）。也就是说，线上发送者可以选择如何展现自我和如何回复他人，非一般的亲密度在线上关系中可以实现。

超人际观不仅仅认为线上关系都是亲密的。沃尔瑟在许多不同的学术场所都明确表达过超人际观的复杂性，根据本书的目的，我们在此阐述他所研究的四个组成部分，即发送者、接收者、渠道以及反馈。你可能会记得，这四个元素构成了我们在第 1 章中分析过的许多传播模型。现在，我们将逐一分析，以便你能更好地理解社会信息处理理论的有趣内容。

超人际观	社会信息处理理论的引申，认为人们可以建立起比面对面关系更亲密的关系

发送者：选择性自我呈现

根据沃尔瑟（Walther，1996；Walther & Tong，2015）的观点，发送者能够以极具策略性和非常积极的方式来展现自己。这种自我呈现受到控制，是以计算机为中介进行传播的用户互相了解的基础。超人际观关于发送者的基本特点是追求亲密关系（affinity① seeking）。也就是说，发送者会在网络上提供促进亲密关系的信息。沃尔瑟（Walther，1996）打趣地表示，当我们在网上给别人发信息时，我们无须正襟危坐，喜怒不形于色，而是可以点头、微笑，或假装感兴趣，对方却并不知晓。发送者可能会提供呈现"理想自我"的个人信息。他们或许不仅仅是自我表露。沃尔瑟表示，发送者的话语选择和亲密的表达（"你听起来很酷"），以及发送者对接收者的认可程度，都是超人际体验的组成部分。

回想一下前面科琳娜·艾布拉姆斯的例子。很显然，为了给马库斯留下深刻印象，她对自己的呈现是十分正面的。想想她给接收者造成的不同感受：她告诉马库斯她在一次袭击后帮助了室友（"同情心"），她是自家第一个上大学的孩子（"执着"），她在父母离婚后和他们同时保持着友好关系（"无偏见"）。作为发送者，科琳娜呈现给马库斯的是毫无争议的正面形象。她给马库斯传

递着积极的线索（Walther，1992），明确地管理着自己的网络形象，扮演着以他人为中心、体贴入微的角色。她的社交资产显然在累加，因为她强化自己迎合性的一面。也就是说，她利用以计算机为中介的传播，编辑自我表露的讯息，令自己更合马库斯之意。最终，她通过示好行为，激起理想的反应。

接收者：将发送者理想化

在超人际观中，接收者的核心特征是归因。归因（attribution）是我们根据他人的行为和举动进行的评价和判断。它在本质上是一个关于感知的概念；我们感知他人，并根据自己的感知得出一些结论。沃尔瑟（Walther，2011）认为，接收者倾向于将不完整的或缺失的感知"填补"完整；我们会对他人（比如发送者）的行为归因。不妨换个角度思考他的观点，比如我们已经知道，在网上，发送者会向接收者提供正面的信息。现在，要考虑这个事实：由于接收者无法获得面对面谈话中的所有隐秘的"典型"线索，所以他们喜欢归因。根据该理论，接收者往往会"过度归因"。比如说，一个接收者可能会认为发送者与自己的相似多于差异。接收者会将发送者与自己认识的某个人做比较，采用某种"感知性人格"的框架（"你的声音很像我的表兄巴里。他是我最喜欢的亲戚"）。最后，接收者会过度信赖这些

---

① Affinity 既有亲密关系的意思，也有相似的意思。——译者注

从网上获得的有限的线索，忽略了自己与发送者的这段关系完全建立在语词之上——

拼写错误、抄写错误、标点符号的使用等等（Lea & Spears，1992；Walther，1996）。

归因	我们根据他人的行为和举动所做的评价和判断

以科琳娜和马库斯为例，作为接收者，马库斯对科琳娜的资质做了过度归因（overattributed）。他把主修商科感知为她十分聪慧。我们知道这个印象并不正确。另外，他认为她在毕业前就能找到工作，这又是一个有争议的看法，因为科琳娜在学习上很吃力，并且还处在试读期。当然，这并不意味着他们不会有或者根本就没有真正的关系。相反，两人的超人际行为可能导致他们感知的关系比实际的更深入。

渠道管理

在本章前面，我们谈到了同步传播和异步传播。你或许还记得，当发送者和接收者同时在线时，我们体验到同步传播。当发送者或接收者发送信息时对方不在线，我们体验到的就是异步传播。

以计算机为中介的传播并不要求发送者和接收者同时在线。实际上，以计算机为中介的传播的异步特质允许网络用户在按下"发送"键之前仔细考虑、编辑和检查要发的内容。例如，想想以前你与不太熟悉的人刚会面说话的时候，当彼此交换信息时，你没有太多时间思考要说什么，有时候焦虑感甚至会促使你说出一些不恰当的话。

再考虑先前的一些网络交流的案例。在与某个人交流时，你在发送讯息前有机会考虑用短信还是用邮件。而且，在发送信息之前，你可以重新编辑，使发送内容更加清晰

达意。在某些以计算机为中介的传播系统中，在接收者打开邮件之前，甚至可以"撤销"操作。网络的异步传播可以达到"最优和最合意"的效果。正如我们先前提到的，发送者和接收者并不关注身体线索，因此所有的能量和"认知资源"（Walther，2011，p.461）都用来确保讯息具有高质量。沃尔瑟主张，情感相关性越强，或越喜欢对方，对信息的编辑操作行为就越多。

反馈

超人际观的第四个部分是反馈。你可能记得，在第 1 章中提到，反馈实际上是在互动中传递给我们的语言或行为。反馈与以计算机为中介的传播以及超人际取向的关系更复杂一些。因此，沃尔瑟将**反馈**解释为行为确认，也就是"参与双方所施加的相互影响"（Walther，1996，p.27）。在传播理论中，我们将其称为自我实现的预言，这是在探讨象征性互动理论（见第 4 章）时提过的概念。这种预言实际上是个人对于目标对象所产生的预期倾向，这种预期可以唤起对方的反应，反过来又再次确认了最初的预期。所以，如果科琳娜根据马库斯的邮件和短信认为他是一个可信赖的人，那么她就会信赖他，作为回报，马库斯也确实会表现得很靠谱，也就重新确认了科琳娜最初的假设。

反馈	对传者和受者行为进行确认的行为

沃尔瑟（Walther，2011）的超人际观以这样的方式承认反馈系统："当接收者收到了选择性的自我呈现的讯息，并将信息来源的形象理想化，那么他的回复也会呼应和强化

这一经过修饰和美化的人格特征，再生产、加强甚至夸大这些特征。"（p.463）由于网络环境中的线索具有局限性，实际发生的反馈经常是被夸张和放大的。发送者和接收者会"提高预期

并将对方的印象理想化"（Ramirez &Wang,
2008，p. 34）。

这四个环节——发送者、接收者、渠道
和反馈——表明超人际观是一个过程，也就
是说，它是不断前进的、动态的。在思考拓
展沃尔瑟的这一理论时，需要记住的是网络
传播是一个复杂过程。沃尔瑟（Walther,
2008）总结说，社会信息处理理论是一个
"过程"理论，因为信息和人际意义都是长
期累积而成的，给网络用户提供了一个建立
关系的机会。我们在网络上与他人建立关系
的动力（dynamics）常常是难以预测的。比
如，沃尔瑟等发现，感知失验（perceptual
disconfirmation）有时会存在。时间因素在这
里很重要（Ramirez & Wang, 2008）。也就
是说，并不是每个人都会立刻获得超人际体
验。比如科琳娜和马库斯，他们进行了几个
星期的交流，他们的超人际关系可能与另外
一对男女存在差异，后者可能要求更长时间
才能达到亲密关系。现在我们将关注点转向
社会信息处理理论的第二个特征：确证。这
一特征吸引了一些学者的关注。

确证：在网上获得信任

当我们谈论网络用户的自我呈现行为
时，你可能会考虑到这一事实，即人们并不
会完全真实地呈现自己。实际上，人们可能
会号称自己具有某种网络身份，并且认为他
人会接受自己发布的所有内容。如果对方提
出见面的话会发生什么呢？网络自我呈现还
会被看作真实的吗？网上的印象还会准
确吗？

约瑟夫·沃尔瑟和他的同事马尔科
姆·帕克斯（Parks, 2002）明确提出，为
了改善扭曲和失真的网络形象，发送者产生
了采取"确证"行为的需求。在网络世界
里，**确证**（warranting）被定义为"对于网上
接收到的或观察到的他人信息的正当性和
有效性的感知"（Walther, 2011, p. 466）。

沃尔瑟主张，如同面对面的交流，线上关
系的发展也可能成为误导和操纵等恶性后
果的前奏。因此，以计算机为中介的传播的
用户为了对网上的断言更加放心，会经常对
"信息价值"进行确证，以检验言语表达中
的真实性和准确性。许多网络用户确认，确
证的存在是为了减少不确定性，验证网络评
论和个人呈现的真实性，最终是为了促进彼
此间的关系。确证行为通常的表现形式为发
送者用其线下网络联系接收者。此外，确证
也会受到讯息的可接受度与完整性的影响。
例如，个人主页的确证价值比第三方运营的
网页更低。或者说，网络上个人发布的照片
的确证价值比官方媒体发布的照片更低。

沃尔瑟和他的研究团队（Ramirez &
Walther, 2009）主张，对信息和可视线索
的确证，可以提升人与人之间网络关系的效
力。一项包括模拟 Facebook 发布信息的研
究发现，当一位用户对自己的外表具有吸引
力的宣称得到他人承认时，该用户的自我标
榜就更具可信力。这表明，"在 Facebook 上
关于个人吸引力的自我声明是可疑的"，但
当其他人可以确证其声明时，这种自我呈现
就包含了更大的可信性。

社会信息处理理论的一个中心论点是
关于信息的自我呈现。对于不诚实的人而
言，网络形象管理是投机行为。据沃尔瑟
的观点，网络用户会时常确保自己的资料、
照片、图像和言论的准确。像科琳娜和马
库斯，如果他们继续保持令人满意的线上
关系，两人可能有一天会见面。目前，两
人都不抱怀疑，但如果他们继续向彼此表
露更多的个人信息，两人可能都会产生验
证这些信息的准确性的要求。并且，两个
人可能都想亲眼看看对方的长相。因此，
如果科琳娜和马库斯现在开始提供具有高
确证价值的信息，那么这种基于新技术的
交往体验很可能有朝一日在真实世界中变
成真实的体验。

学以致用·社会信息处理理论

理论主张：确证允许个体通过网络/社交媒体证实一个人的身份的合法性。

实际意义：德西里几周前才刚在网上认识杰茨。她告诉自己的新男友，她很宅，不太喜欢出门。但杰茨在德西里的 Instagram 账号上浏览之前她痛快喝酒的照片时，他"看到"了一个完全不同的德西里。因此，现在杰茨对德西里的可信度的看法已经与他们刚开始聊天时大不一样了。

整合、批评和总结

在本书中，我们试图介绍植根于其他研究领域的理论以及传播学科自己孕育的理论。社会信息处理理论就是联结这两种理论的一次尝试。虽然沃尔瑟明确地指出社会信息处理理论在概念化的过程中借鉴了其他理论框架，但他的理论依然以传播和人类关系为中心。由于结合了以计算机为中介的传播，该理论成为传播学理论独特而重要的发展。为评估该理论，我们可以考察三个方面：范围、实用和可检验。

整合

传播传统	修辞学｜符号学｜现象学｜控制论｜**社会心理学**｜社会文化｜批判
传播语境	自我｜**人际**｜小群体｜组织｜公共/修辞｜大众/媒体｜文化
研究手段	**实证的/经验的**｜诠释的/解释的｜批判的

批评

评估准则	**范围**｜逻辑一致｜简洁｜**实用**｜**可检验**｜启发性｜时间的考验

范围

任何涉及以计算机为中介的传播的研究都不可避免地会因其过于大而无当和不够精细而受到批判。沃尔瑟的理论关注关系发展，他多年来的理论思考平息了那些认为其研究不够精细的批评。沃尔瑟花费数年时间，确保以计算机为中介的传播这个"棘手"的领域不至于使研究过于宽泛。最初的一些研究（例如，Tidwell & Walther，1995）主要考察以计算机为中介的传播关系随时间的变化。从那时起，沃尔瑟的理论逐渐演化到反映更多具体方面（比如确证的视角）、讨论不同类型的网络发送者的学术境界。因此，该研究并未出现广度太大这一问题。并且，社会信息处理理论也从一般性地看待线上关系的思维转向更加具体的探讨，包括与时间有关的内容，比如身体吸引力等这些年来在其他领域中得到很多研究关注的那些主题。

学生之声

米拉

终于，终于！传播领域的研究者终于有人研究我一直在经历的事情了。我的年龄比这个课堂上一般学生大，但这使我比其他人经历更多。其中之一就和在线自我表露有关系。这个理论对我思考这个问题十分有帮助。社会信息处理理论认为像我这样的人在网上会比现实中表露更多个人信息。我十分赞同。有时这会导致关系发展得过快，过于亲密。我希望这个理论能继续发展，我们可以看到它研究关系发展过快的问题，以及这会对在线关系产生什么影响。但是，就现在来说，我十分高兴能够学到这个影响我人生的理论！

实用

正如上面对社会信息处理理论的阐述，我们相信很多人都会对沃尔瑟的主张点头赞同。也就是说，该理论的实用性对你们来说显而易见。也许沃尔瑟（Walther, 2011）对这个理论效用的总结最为妥当，他说："已经涌现了更新的理论，有一些还未得到充分检验，其最终实用价值还有待观察。"（p. 444）。此外，发消息是最常见的手机使用行为，美国平均每天发出超过 60 亿条短消息（https：//teckst.com/19-text-messaging-stats-that-will-blow-your-mind），有鉴于此，沃尔瑟和他的同事（Walther, Van Der Heide, Ramirez, Burgoon, & Pena, 2015）相信社会信息处理理论会继续具有实用性。因此，也许社会信息处理理论的新颖性（我们在本书中探讨的许多理论都有些年头了）会让一些人在考虑其实用性的时候略感犹豫。然而，当考虑到沃尔瑟这个理论中涉及不同主题、问题和概念（如亲密性、非语言线索、印象管理等）时，很少有人会认为在网络环境中研究这些问题缺乏效用和实际价值。

可检验

社会信息处理理论受到指摘的一个方面和其可检验性有关。有趣的是，沃尔瑟对自己的理论也做了许多自我批评。

第一，他承认社会信息处理理论并未充分阐明以计算机为中介的传播关系中时间所起的作用（Walther, 2011），我们在本章前面讨论过这一话题。

然而，沃尔瑟（Walther, 2015）在后来的研究中提到了时间问题，相较于面对面传达，以计算机为中介的传播需要更多时间处理讯息。他尤其相信，为了理解网络上的关系讯息，个体需要搜集足够的信息，才能对这个人做出判断。当不同的网络用户使用不同的网络平台时，或许就更需要考虑时间问题。因此，虽然理论的最初版本对时间问题的探究并不充分，但目前的社会信息处理理论研究显示，时间毫无疑问会对以计算机为中介的传播产生影响。

第二，在探讨超人际观时，沃尔瑟承认并没有充分研究过超人际取向的所有理论构成要素。他和同事（DeAndrea & Walther, 2011）认为，尽管反馈很重要，但在以计算机为中介的传播的超人际模型研究中，对于反馈的直接关注少之又少（p. 5）。尽管在他指出这一点后，反馈得到了一些研究，但是在超人际模型的发展过程之中，该模型的这个主要部分只受到偶尔关注。

此外，一些研究者注意到超人际观中接收者的行为表现。具体来说，蒋莉、巴扎洛娃和汉考克（Jiang, Bazarova, & Hancock, 2011）研究指出接收者的感知有助于网络亲密度。他们的结论认为"在考察发送者效果时不能割裂接收者部分"（p. 61）。也就是说，即便超人际方法表明发送者和接收者都是独一无二且相互关联的，但研究者并未检验过接收者的特定行为是否能够导致更强的网络亲密度。蒋莉和她的同事发现，网络亲密度是由发送者的自我表露和接收者对这种表露的感知共同造成的结果，他们是较早提出这种因果联系的学者。沃尔瑟后来指出，研究者已经确定，相较于面对面接触，以计算机为中介的接触中自我表露更加频繁，因为以计算机为中介的传播的使用者"必须采取（包括）询问个人问题从而促使同伴自我表露的互动策略"。换句话说，越是主动获取信息，就越要自我表露。

第三，在检验确证假设时，沃尔瑟等人（Walther，Van Der Heide，Hamel，& Shulman，2009）认定，高确证价值可能存在于那些在社交中十分受欢迎的事物中。比如，身体吸引力在美国是一个非常受欢迎的特质，在社交中也受到欢迎。因此，正如沃尔瑟所接受的那样，线上交流者会对这些社会看重（或受欢迎）的特质的真实性进行确证。其他在社交中不太受欢迎的特质是否也具有确证价值，这一点还未得到充分解释。要检验这些特质，可能需要其他程序。

在其他学术领域开始考察互联网对人际传播和人类关系可能造成的影响之际，社会信息处理理论进入了传播学科。正如我们前面提到的，约瑟夫·沃尔瑟在某种意义上是一位学术先知，他在 20 世纪 90 年代早期就预见到了考察线上关系的重要性。

总结

234

可以肯定，当你回顾沃尔瑟对于网络关系和现实关系的对比时，很多人会好奇我们是否会继续沉浸在几乎不见面的以计算机为中介的传播之中？当然不是。但我们不能忽视这样一个事实，即在一个充满不确定性的技术时代，沃尔瑟的理论仍是我们想象未来关系发展的一个关键框架。

讨论题

技术探索：一般来说，社交媒体就是社会信息处理理论的研究者们讨论的那种基于文本的传播。但社交媒体也分不同类型。找出至少三种不同类型的社交媒体，并讨论这些不同类型的社交媒体中的关系发展有何不同？

1. 科琳娜和马库斯在网上聊过几次后就开始确立关系。你认为他们的经历反映了其他像科琳娜一样进行网络聊天的人的经历吗？人口统计学因素（如年龄、生理性别、文化背景）是否会影响网络关系的发展？

2. 试举出"线索过滤"还会在什么情境中出现，请用实例说明。

3. 请比较在线和面对面的情侣关系有何异同。

4. 想象你是一个使用社交媒体的能手，你正在与一个不是很精通技术的人开始一段网络关系。请讨论这段网络关系与一般网络关系发展中的相似和不同之处。

5. 请对迪莉娅（在"学生之声"中）的担忧和警示做出回应并举出实例。你觉得她的观点是否合理？为什么合理或不合理？

6. 沃尔瑟的追随者开始研究网友第一次见面会发生什么。你有过（或听说过）类似见面方式的经历吗？

7. 针对超人际观中每个要素举出例子，并判断它们是否应该有所修正。

单元3　群体、团队与组织

美国社会的正常运转依赖于群体、团队和组织。小群体、团队和组织传播也是传播研究中具有悠久历史与传统的领域。这个领域产生了大量清晰有力的理论，对美国和全世界的个体而言这些理论都具有持久的重要性。我们之所以关注这个领域，其中一个原因是我们中的大多数人在一生中的某个阶段都要在公司或社会团体中工作。此外，全球的、政治的、社会的和经济的变迁也促使群体和组织关心自己在全世界的使命与目标。

公司和组织在 21 世纪会继续经历巨大的变革。变革的原因是多方面的，既是 2000 年年初的公司丑闻造成的，也因为在文化更加多样化的工作环境中需要分工合作、商业界和工业界日益需要对社会负责，同时因为当前几乎没有任何工作可以在不需要他人帮助的前提下独立完成。

我们在这一部分要介绍的四个理论充分关注了这个变革的时代对群体和组织的影响。每个理论都以多种方式观察群体或组成成员的角色，以及个体及其行为对特定组织的影响。例如，群体思维认为，群体成员只有相互依靠才能发挥作用，从而很少质疑该组织群体的目标或是工作。结构化理论则将个体与团队看成是既受组织结构的约束又受其鼓励。组织文化理论试图理解组织中的人、过程和产品如何运作。最后，雇员如何试图降低公司生活中的模糊性是组织信息理论的核心。

上述理论既把群体与组织成员看作积极的，也把他们看作消极的。这也正是群体与组织生活的准确写照。有时候，我们心里只想着如何完成任务，或许意识不到我们行动中的热情。我们积极地工作，明确自己的目标，同时又成为公司的一部分。而其他时候，我们可能只是让他人参与。这一部分的理论能够有助于我们理解一些有趣、有价值的知识领域，包括决策制定、社会影响、规则、团队氛围以及雇员的满足感。

第 14 章
群体思维[①]

同个体一样，群体也有缺陷。群体能带来最坏的，也能催生最好的。

——欧文·贾尼斯

麦尔登出版社的董事会

坐在麦尔登出版社的会议室里的七个男男女女私下里都在为何时能找到下一个明星作家发愁。上周，董事会得到坏消息：出版社的利润正在直线下滑，他们需要一本畅销书来弥补公司的财务损失。该公司成立了电子书部门，但很难跟大出版社竞争。董事会主席伊丽莎白·汉森建议，大家至少对两本自己认为能够挽回公司损失的书写写书评。就之前评过的一本科幻小说《红色警戒》而言，伊丽莎白觉得这是一个扭转颓势的良机，能给这个小出版社带来希望。她知道雇员们和董事会现在的士气不高，亟须做点什么打开局面。

在担任董事会主席的这几年里，伊丽莎白明白自己的可信度也系于一线。她领导的董事会大多数是文化人，其中大多数没有担任过营利性董事会成员的经历。并且她知道董事会成员的相似性会让他们迅速取得一致意见，拿出一个看似合理的解决公司财务状况的方案。虽然在公司的困难时期没有一个明显的解决办法，但伊丽莎白确信必须得做点什么。

这群人没有视频通话，而是选择聚在一起谈谈财务问题。伊丽莎白的开场白十分乐观："我们一定能走出低谷。"她提醒大家，公司在过去的 14 年里历经磨难，经受住了艰难时期的考验。她强调说："这仅仅是发展道路上的另一个难关而已。"

讨论很快转到《红色警戒》，这本书在一本全国性书评杂志上获得好评。自从针对该书所写的相关评论刊登以来，《红色警戒》的订单数量陡升。伊丽莎白认为，让这样的小公司获得更多利润的方法是通过增加曝光量以增加《红色警戒》的市场竞争力，比如通过媒体、大学校园的宣传、全国的科幻小说会议，最好还有全国性读书俱乐部的推荐。她相信这本书肯定会带来巨额利润，与此同时，伊丽莎白也深知，要做到这一点必须持续不断地进行市场营销。伊丽莎白认为麦尔登出版社的规模虽小，但却有能力打造自己的畅销书。

兰迪·迈尔斯是董事会的一名成员，他对伊丽莎白的计划持有不同意见。在他看来，公司将大量的时间与金钱投入在一本书上风险太大。兰迪关于如何改善公司财务状况的办法可以用一个词来概括：裁员。在研究了过去几年公司的财务状况后，他发现公司雇用的员工大大超出实际所需，这导致公司在员工工资、津贴和图书制作方面严重超支。兰迪也清楚裁员并不是时下流行的策略，但他解释说现在毕竟不是随大流的时候。

---

① 本理论基于欧文·贾尼斯的研究。

会议艰难地拖延下去，从最初预计的两个小时一直开到近五个小时。伊丽莎白和兰迪都为各自的观点解释和辩护。两个人在讨论中不时产生激烈的争执，有时甚至还提高音量来说明自己的观点。在他们争执的过程中，董事会其他成员则尽量保持中立。因为他们知道凭借自己的知识不足以提出扭转公司颓势的意见，大多数时候，他们只是安静地坐在那儿，倾听两位领导者激烈的辩论。

最后，当太阳将要落山时，从波士顿来的作家蒂娜说道："当你们二位为公司的最佳解决方案争执时，我们一直非常耐心地听着。可能我们学到的东西是，将来的董事会需要一些在财经方面有专长的成员。但是，就现在而言，我必须发言。我们得做出一个决定，一个艰难的决定。尽管对今天能否做出最终决策还有疑问，但我建议推迟决策，下一次会议上我们再最终定夺，这样我们都可以充分思考一下各自的选择。"

兰迪马上打断道："蒂娜，我很欣赏你的坦率直言，但这不是在讨论是否应该再建个浴室之类的小问题！这个问题事关公司未来的发展。我认为我们应该现在就敲定下来。"

伊丽莎白和其他的董事会成员也都赞同兰迪的建议。蒂娜觉得，他们的"午餐会议"现在变成了"工作晚餐"。随着夜幕降临，显然伊丽莎白和兰迪都已经很疲倦了。"听着，兰迪，现在我们的精力和时间都所剩无几。我认为大家必须在两个动议之间做出选择，我们应该进行一个董事会投票。"其他成员立即附和，显然大家都累了。

兰迪提醒大家，不应该太草率地做出决定，但是蒂娜提醒他，刚才不愿意推迟决定的正是他自己。虽然兰迪试图批评蒂娜的语气，但是其他的董事会成员开始嚷嚷着要投票。他们中的每个成员都开始公开表达自己对伊丽莎白的进攻性市场营销计划的支持。因为群体很小，他能感觉到伊丽莎白获得了压倒性多数的支持。兰迪决定放弃，他退出了会议。他觉得在讨论的最后，大家根本不给自己说话的机会。

参加群体是生活的一部分。无论是在学习、工作、志愿机构、精神性会议还是其他场所，人们常常把大量的时间花在群体的工作中。正如卡斯·桑斯坦和里德·黑斯蒂（Sunstein & Hastie, 2015）所说："从人类历史伊始，人们就以群体为单位做出决策。"（p.3）为了理解小群体中决策的性质，欧文·贾尼斯（Janis, 1972）在他的《群体思维的牺牲品》（*Victims of Groupthink*）一书中，解释了当组织中的成员对彼此的意见高度一致时会造成什么结果。群体思维最初关注的是外交政策的决策过程，尽管该理论后来被应用到了无数其他领域。贾尼斯认为，当群体成员面临着共同的命运时，就会产生一种使大家顺从的压力。他把这种压力称为群体思维（groupthink），这个词的构成模仿了乔治·奥威尔在《1984》里的那种用词风格（例如，doublethink 即双重信念①）。应该指出的是，"群体思维"一词是由商业作家兼编辑威廉·威特（William Whyte）于1952年在《财富》杂志上创造的。大约二十年后，贾尼斯为这一术语及群体经验提供

---

① "双重信念"是奥威尔在小说《1984》里自创的词，是"新语"（newspeak）中的一个名词，指"一个巨大的思想欺骗体系"，它让人接受矛盾荒谬的谎话却不允许怀疑，是统治者（老大哥）用"混乱"的思想方法来扼制被统治者自由思想的方式。这种控制方法相当巧妙，谎言总是抢先真理一步，其吊诡之处就在于"知与不知，知道全部真实情况却扯一些滴水不漏的谎话，同时持两种互相抵消的观点，明知它们互相矛盾而仍都相信，用逻辑来反逻辑，一边表示拥护道德一边又否定道德，一边相信民主是办不到的，一边又相信党是民主的捍卫者，忘掉一切必须忘掉的东西而又在需要的时候想起它来，然后又马上忘掉它，而尤其是，把这样的做法应用到做法本身上面——这可谓绝妙透顶了：有意识地进入无意识，而后又并未意识到你刚才已完成的催眠。即使要了解'双重思想'的含义你也得使用双重思想"。这种你意识到了问题却不能自拔的感觉正和本章的群体思维有异曲同工之处。——译者注

了传播语境。

群体思维被定义如下：在群体成员想保持一致的愿望超过了评估所有可能的行动计划的动机时所采取的谨慎的思维方式。贾尼斯认为，群体成员经常会遇到这种谨慎的决策方式，追求一致（需要每个人都同意）压倒了个人的敏锐判断。你可能参加过这样的群体，在其中达成目标或任务比提出一个理性的解决方案更为重要。贾尼斯认为，当高度相似或具有一致性的群体无法全面考虑反对意见时，当他们为了和睦相处压制冲突时，或当群体成员没有全面地考虑所有的解决方案时，就容易产生群体思维。他提出，当群体陷入群体思维中时，他们所考虑的就只是"保持群体和谐"（Janis, 1989, p. 60）。最终，维持和平变得比做出清晰适当的决策更重要。

239

群体思维	群体尽量减少冲突并强调保持一致的愿望的一种思维方式

理论速览·群体思维

具备高度凝聚力的群体经常不考虑替代性的行动方针。当群体成员想法相似又不接受反对意见的时候，他们也不太可能与他人分享不受欢迎或不同的想法。群体思维理论认为，这些群体会做出不成熟的决策，其中一些会产生长久的悲剧性后果。

我们列举的麦尔登出版社的董事会的事例就说明了群体思维现象。显然，董事会成员们是一群希望和平相处的人。成员们因为彼此之间共同的文学背景而联系在一起，这一点使得他们更天然地倾向于群体思维。这个群体必须在规定的时间之前对公司未来的财务政策做出一个谨慎的决定，特别是在一个电子书主导的时代。在这一章里，我们将依次介绍这个群体容易产生群体思维的其他原因。

在提出群体思维理论的前提假设之前，我们首先需要指出的是，贾尼斯研究的是"精英群体面对历史性决定时所做出的决策"（Fisher, 2012, p. 70）。在贾尼斯早期的著作中，他关注的是外交政策，因此观察的是当权者即总统的"内部圈子"。贾尼斯运用小群体研究中的一些原理，试图解释为什么一些外交决策存在缺陷，或者他认为的一些遭到彻底失败的政策产生的原因。

贾尼斯在发展群体思维理论时，分析了五个对美国至关重要的事件：（1）珍珠港的美国海军在 1941 年的准备措施；（2）艾森豪威尔总统决定从朝鲜本土进攻朝鲜；（3）卡斯特罗刚在古巴建立共产主义政府后肯尼迪总统从猪湾入侵古巴的决策；（4）约翰逊总统继续越南战争的决策；（5）尼克松总统在"水门事件"爆发后的掩饰措施。贾尼斯认为，以上这些决策都是由总统及其顾问小组做出的，因为每个小组都面临着一定的压力，所以它们做出了匆忙且不精确的决策。他采访了这些小组中的一些成员，最后得出结论，这些决策失误之所以发生，完全是群体思维导致的。上述的每个案例中，总统的顾问们在决策之前根本没有彻底检验所有信息。换句话说，避免交谈中出现批评和冲突是双方的共识（Carlson, 2016）。根据贾尼斯的看法，这些群体成员没有考虑决策前出现的警告，他们的偏见和保持群体和谐的愿望超过了他们对自己的决策的评估。

240

通常，加强群体思维的决策过程有历史事件的佐证。例如，兰迪·广川、丹尼斯·古伦和埃米·马茨（Hirokawa, Gouran, & Martz, 1988）得出结论，认为"挑战者号"航天飞机灾难中存在错误的决策。此外，约翰·施瓦茨和马修·沃尔德（Schwartz & Wald, 2003）认为另一起"哥伦比亚号"航天飞机解体事件中也有群体思维的原理起作用。航空巨头波音公司及其工程师的"快速分析"显示，"聪明人一起工作的时候，比他们智慧的简单相加要更蠢"(p. 4)。我们将在本章后面更深入地探讨群体思维原理的应用。总的来说，群体思维出现的原因是，那些拥有权威或决策权的人，周围都是那些想要"随波逐流，和睦相处"的人。丹·桑克（Sanker，2012）这样表述："［群体思维］现象导致本来聪明博学的人做出灾难性的决策。"(p. 85) 此外，虽然大多数群体思维相关研究关注的确实是重大政策导向型决策，但你之后会了解到，该理论的概念已经被应用于研究其他类型的决策。

群体思维的假设

群体思维本质上是一个与小群体传播有关的理论。在第 2 章中我们提到，在美国社会中小群体无处不在。贾尼斯把他的研究重点放在了**解决问题型群体**（problem-solving groups）和**任务导向型群体**（task-oriented groups）上，它们的主要目标是做出决策和提出政策建议。决策是这些小群体的必要组成部分。小群体的其他活动还包括信息共享、社会化、与群体之外的人群建立联系、教育新成员、定义角色和讲述故事（Galanes & Adams，2013；Rothwell，2016）。在明确这些活动之后，我们接下来看看指导这个理论的三个关键性假设：

- 群体中存在产生高度凝聚力的条件。
- 群体问题的解决基本上是一个统一行动的过程。
- 群体和群体决策通常比较复杂。

解决问题型群体	主要目标是做出决策和提供政策判断的一群个体
任务导向型群体	主要目标是完成所分配任务的一群个体

群体思维产生的第一个前提假设主要针对的是群体的一个重要特征：凝聚力。群体中存在着产生高度凝聚力的条件。欧内斯特·博尔曼（Bormann，1996）发现，群体成员通常会具有相同的情绪或感情投入，因此他们倾向于保持自己的群体身份。这种集体思维方式一般会保证群体的一致性，可能还会产生高度的凝聚力。

什么是凝聚力？你或许听说过群体成员团结在一起（sticking together），或具有高度的团队精神（esprit de corps）。这些短语的主要意思就是这些群体具有凝聚力。**凝聚力**（cohesiveness）被定义为群体成员愿意一起工作的程度。这是群体意义上的团结。凝聚力来自群体的态度、价值观和行为模式。只有那些被其他成员的态度、价值观和行为高度吸引的成员才有可能产生所谓的归属感。

凝聚力	群体成员愿意一起工作的程度

学生之声

阿丽莎

这是我最喜欢的理论之一！我在一家处理少数群体事务的非营利公司工作，不得不说，我们的会议中共识过多。我想这是因为我们都知道，我们只是志愿者，没有太多时间，也不想惹同事（实际上是朋友）生气。我认为是这种"和睦相处"的压力大大增加了群体思维产生的可能性。

凝聚力是保持群体完整的黏合剂。虽然也许你也曾经是一个具有凝聚力的群体的成员，但是你却很难测量凝聚力。例如，如果所有的成员都参加会议，这表明群体有凝聚力吗？如果所有的成员在会上都彼此交流呢？如果每个人都和蔼可亲并且表现出支持呢？如果一个群体成员经常使用"我们"而不是"我"呢？或者是具备了上面的所有条件才能称这个群体具有凝聚力？你如果参加了一个具有凝聚力的群体，就能感觉出来，但你却不能向他人准确地描述为什么这个群体具有凝聚力。

第二个假设涉及的是小群体中的问题解决过程，即它通常是统一进行的。通过这一点，我们想说明小群体中的人不愿意破坏决策的制定。实际上，成员们努力想和睦相

处。丹尼斯·古伦（Gouran, 1998）指出，群体很容易受到**关系限制**（affiliative constraints），也就是说群体成员因为害怕承担被群体排斥的风险而不愿意提出自己的见解。古伦认为，当群体成员希望参加群体，害怕被排斥时，他们可能会"觉得留在群体中的重要性超过正在讨论的问题的重要性"（p. 100）。因此，在决策时，群体成员似乎更倾向于看领导眼色行事。根据上述结论，麦尔登出版社的董事会就是一个群体，他们意识到在公司的财务问题上面临着两难选择，而且这种选择非常紧急，必须立刻做出。因此，听另外两位成员——伊丽莎白和兰迪——的意见就比听七个人的意见容易。这两个人成为领袖，群体成员们允许他们设置讨论的议程。

关系限制	群体成员因为害怕被群体排斥出去而不愿提出自己的见解

第三个假设强调了大多数解决问题型群体和任务导向型群体的特征，即它们通常非常复杂。为了讨论这个假设，我们首先看看小群体的复杂性，接下来再讨论这些群体的决策。首先，小群体成员必须不断地理解他们所面临的大量选择，并且要能够区分这些不同的待选项。其次，成员们不仅要了解眼前的任务，还要了解提出意见者的背景和动机。这一观点在几十年以前就得到了支持，到今天依然适用。举例来说，社会心理学家罗伯特·扎伊翁茨（Zajonc, 1965）研究了一个许多人都会自然而然地意识到的问题，即他人的在场对我们的影响。他提出了关于群体的一条非常简单的原理，即当他人在我们身边时，我们会本能地产生唤起，它会有助于或者阻碍我们完成任务。尼古拉斯·科特雷尔及他的研究小组（Cottrell, Wack, Sekerak, & Rittle, 1968）后来进一步说明了扎伊翁茨的发现，并且提出，因为我们知道其他人会对自己做出评价，所以才导致人们完成某项任务。科特雷尔及其同事认为，群体的成员会对其他群体成员给群

体造成的影响感到担心和焦虑。例如在开篇小故事里，董事会成员非常希望听他人的想法，因为他们不愿意提出自己的看法。如果五个不发言的成员中的任何一人公开质疑伊丽莎白或兰迪的看法，他们就必须提出自己的意见。因此，他们只能对那些提出计划的人表示服从。

马文·肖（Shaw, 1981）与艾莎·恩格尔伯格和戴安娜·威恩的团队（Engleberg & Wynn, 2013）讨论了与群体相关的其他问题。他们提出，小群体中各种无形的因素发挥着影响，如群体成员的年龄、群体成员的竞争意识、群体的规模、群体成员的才智、群体成员的社会性别构成、群体的领导方式等。此外，群体成员的文化背景也会影响群体决策。例如，因为许多文化不崇尚公开表达自己的观点，所以让另一些群体成员感到惊讶的是，这些群体成员可能不愿意参加辩论或对话。这会影响到那些参与争论和不参与争论的群体成员的感知。

如果群体不仅会把事情复杂化而且会产生困难，那么为什么人们还是经常依靠群

体完成工作呢？显然，答案来自"三个臭皮匠，顶个诸葛亮"。凯瑟琳·亚当斯和格洛丽亚·加兰尼斯（Adams & Galanes, 2013）的论证很有说服力，两位学者承认群体比个人更擅长解决问题，因为群体能获取更多的信息。此外，两位学者指出，一旦一个群体或团队参与到决策之中，就会有更高的群体投入度。因此，群体和群体决策虽然充满困难和挑战，但是通过群体的工作人们可以更加迅速而有效地达成目标。

在下面的讨论中，你需要记住上面这些前提假设和群体思维的关系。此外，还有两点值得说明。首先，成员相似的群体更容易产生群体思维（Myers & Anderson, 2008）。我们把这种群体的相似性称为**同质化**（homogeneity）。因此，正如我们开头提到的，麦尔登出版社董事会成员的背景是同质的，即他们都是文学圈的内部成员。这种相似性是导致群体思维的特征之一。

同质化	群体相似性

其次，在群体决策时，如果每个成员没有认真地考虑问题，也容易导致群体思维。对于群体决策来说，思考的质与量都非常重要。举例来说，本章开始的故事中，伊丽莎白和兰迪明确地提出他们心目中公司所应采取的最佳行动方案。他们的人格魅力、他们传播自己观点的能力以及他们愿意同群体公开分享自己想法的行为会导致那些必须在两种财务方案中做出选择的成员被麻醉而不愿思考。所以值得注意的是，这两个领袖虽然清晰地表达出他们下一步的行动方案，但却没有考虑其他的解决方案。

群体思维的前提条件

贾尼斯认为，有三个条件会促进群体思维的产生：（1）决策群体具有高度凝聚力；（2）群体所在环境的结构特征；（3）内部环境和外部环境所产生的压力。

群体凝聚力

我们已经讨论过凝聚力及其与群体思维的三个前提假设之间的关系。凝聚力也是群体产生的前提条件。你可能会问，凝聚力是如何导致群体思维的呢？一个令人困惑的原因是，不同的群体具有不同的凝聚力，不同程度的凝聚力会产生不同的结果。在一些

群体中，凝聚力会让人们对群体经验和其他群体成员产生良好的印象。具有高度凝聚力的群体也可能在工作中充满热情，愿意主动承担更多的任务。总之，高度的满意度与不断增长的凝聚力相关。

除了这些明显的好处外，具有高度凝聚力的群体也会带来让人头痛的群体思维。贾尼斯（Janis, 1982）提出，具有较强凝聚力的群体会产生一种压力，使其成员服从群体的标准。贾尼斯认为，随着群体凝聚力的增强，这种一团和气会窒息其他的意见和其他的选择。群体成员为此会不愿意表达不同的意见，在没有诱导的情况下就审查自己的观点。因此，高风险的决策就会在没有充分考虑所有结果的前提下匆忙做出。例如，在做出战争决策时存在很高的风险。向另外一个国家增加派兵对于士兵、逃离该国的难民和留在该国的人来说都具有非常高的风险。和做出轰炸的决策相比，决定返校委员会的开会地点的风险就微不足道。你可以看到，在不同的环境下风险会发生变化，因此评估风险对于群体决策现象而言至关重要。

虽然人们会自信地说，当他们看到群体思维时会一眼认出它来，但是通常他们根本意识不到这个现象。人们会把过度的团结看成是优点，而不是缺点。想象一下，你们围坐在会议桌前，每个人脸上带着微笑，彼此

相互附和，想掩盖一切不和谐，造成一团和气的局面（想想本章开始的故事中的麦尔登出版社）。你愿意结束这些点头和鼓掌而质问道："这是我们的最佳解决方案吗？"引用一个著名童话里的典故，谁想告诉国王他没穿衣服呢？因此，凝聚力经常导致顺从，而顺从是走向群体思维的必经之路。

在继续推进之前，让我们先确保前面的内容已经讲清楚了。我们并不是说凝聚力会自动导致群体思维。诚然，凝聚力是群体或团队做出深思熟虑、包容且明智的决策的要素。尽管如此，贾尼斯认为，如果和群体决策的效果或后果相比，人们更重视群体凝聚力，那么该群体就会更倾向于群体思维。

结构因素

贾尼斯指出，有一些特殊的结构特征或者缺陷会培养群体思维。它们包括群体与外界隔绝、缺乏公正的领导、缺乏明确的决策程序以及群体成员背景的同质化。**群体隔绝**（group insulation）指的是群体不受外界影响的能力。此外，如果群体成员不征求群体外部的见解和观点，就很容易发生隔绝。许多群体内部经常碰面，以至于他们对群体之外发生的事情毫无经验。事实上，虽然他们会讨论与外界相关的问题，但是成员们却不会受其影响。虽然来自群体之外的人可能会对决策产生帮助，但是即使他们出现在组织中也不能真正地参与决策。

群体隔绝 群体不受外界影响的能力

缺乏公正的领导（lack of impartial leadership）意味着群体领导者的个人利益与决策的结果有关联。这样的例子可以在贾尼斯对肯尼迪总统的猪湾计划的评价中找到。贾尼斯发现，在肯尼迪总统主持召开入侵古巴的会议时，"他都不是营造一种让所有人畅所欲言的气氛，而是让中央情报局（CIA）的代表主导整个讨论。总统允许他们立即对其他人提出的任何一个暂时的质疑进行反驳，却不询问其他人是否也有同样的质疑，或者对新提出的问题中所包含的有启发的思想进行讨论"（Janis，1982，p. 42）。

从肯尼迪智囊团成员之一小阿瑟·施莱辛格（Arthur Schlesinger, Jr.）的言辞中，我们就可以感受到群体成员对其领导的服从。施莱辛格说："我只能解释我的错误，却不能小心谨慎地提出我的质疑，对这些胡说八道当头棒喝的冲动被讨论的气氛化解于无形。"（Janis，1982，p. 39）很显然，肯尼迪认为，其他意见是自己的计划的障碍，因此其他的领导方式被压制住了。一言以蔽之，就是傲慢自大。

缺乏公正的领导 指群体由那些把个人议程放在首位的人领导

最后导致群体思维的结构缺陷是**缺乏决策的程序**（lack of decision-making procedures）和群体成员的相似性。一些群体只有很少的（或者根本没有）决策程序，缺乏事先建立的评估规范会给群体思维提供条件。丹尼斯·古伦和兰迪·广川（Gouran & Hirokawa，1996）提出，即使群体意识到存在问题，他们仍然必须弄清楚该问题的原因和程度。因此，群体会受到主导意见的影响，最后与敢于发言的人保持一致。其他的群体会模仿之前的群体的行为方式。事实上，"哥伦比亚号"航天飞机解体后，在对灾难的独立分析中，约翰·施瓦茨（Schwartz，2005）报告说，美国国家航空航天局（NASA）管理层影响了 2003 年那决定性的一天的发射决策。施瓦茨引用休斯敦约翰逊航天中心一名前航天飞机指挥官的话说："管理人员'征求不同意见是因为他们知道

244

自己应该征求'，但管理人员在根本没有试着认真理解不同意见的情况下就'要么捍卫自己的立场，要么反驳不同意见'。"（p. A17）换句话说，群体成员可能会试图挑战管理层，但他们的话不是被噤声就是无人理会。或许该领域的一个重大变化正是来自 NASA 本身。特别是 2015 年，NASA 主张，管理人员应该参与"开诚布公的交流"，*245* "最高管理层和生产线主管都应该接受这一标准"（http://ntrs. nasa. gov/archive/nasa/casi. ntrs. nasa. gov/ 20150016571. pdf）。

缺乏决策的程序	无法对问题的解决提供规范和约束

另一个结构缺陷是群体成员背景的同质化。贾尼斯（Janis，1982）提出："群体成员在社会背景和意识形态方面缺乏多样性会使得具有较强凝聚力的群体更容易附和领袖提出的任何一个提议。"（p. 250）我们在前面已经提到过这个缺陷。没有背景和经验方面的多样性，就很难对关键问题展开辩论。

学生之声

玛丽珍

我之前在华盛顿哥伦比亚特区的一家大报社实习。该报毫无疑问具有政治倾向，我每天都能看到政治倾向产生影响。在我参加的会议中，没有人会反对社论版编辑，而且很多时候我看到，任何反对的人都会被在座的其他人制止。贾尼斯可以通过考察这家公司来做一个完整的案例研究！

群体压力

最后一个群体思维的前提条件与群体压力有关，即群体的**内部和外部的压力**（internal and external stress）会促进群体思维。当群体成员受到群体内外的问题、资源或事件的影响，就会产生压力。压力很大的时候，群体成员可能想不出任何合理的解决方案，因此选择团结在领导者周围。当决策者处于群体外部力量造成的巨大压力下，就会做出错误的决策。按照该理论的解释，压力是一个综合性概念，因为它既包括内部压力也包括外部压力。举例来说，在一个工作环境中，你如果无法赶上一项任务的截止日期，就会产生内部压力，因为你的主管制定了一个你无法适应的时间框架。然而，也可能有外部压力，你无法赶上截止日期是因为还有其他你认为更重要的责任（例如，照顾生病的父亲或母亲）。

我们知道，群体经常会将自己与外界的批评隔离开来，以建立起表面上的紧密联系并寻求一致的意见，最后导致群体思维。为了清楚地描述群体思维的形象，贾尼斯（Janis，1982）提出了八种群体思维的症状，它们被分为三大类。接下来我们转向对这些症状的讨论。

内部和外部的压力	群体内部和外部的问题和事件给群体施加的压力

群体思维的症状

既有的条件导致群体成员**追求意见一致**。思考一下安德烈娅·霍林斯黑德和她的同事（Hollingshead et al.，2005）对共识的诠释："具备群体思维的团体过于重视彼此之间的情感支持，所以选择不互相反对。"（p. 30）*246*

当群体试着对最终决策达成一致的意见时，就会发生追求同意（concurrence seeking）。贾尼斯认为，当追求同意走向极端时，就会产生群体思维的症状。贾尼斯（Janis，1982）发现了三类群体思维的症状：对群体评价过高、封闭的思考方式和追求一致性的压力。

追求意见一致	想尽办法努力使群体保持一致意见

为了说明这些症状并帮助理解贾尼斯对群体思维理论的构想，我们将研究一项目前在美国仍然余音不散的政策决策越南战争，因为退伍军人依然经常经历创伤后应激障碍。战争白热化之时，民调显示大多数人觉得参加越战的理由模糊不清、缺少根据。20 世纪 60 年代与 70 年代初，反对的声音非常明显，他们提出美国参加这场战争（也就是说其政策）没有明确的原因。关于越战的争议与围绕着美国投入伊拉克和阿富汗的争议类似。

贾尼斯（Janis，1982）对约翰逊总统的外交政策顾问建议轰炸北越后发生的一切做出了他的解释，我们这里采用他的说法。贾尼斯的结论是和前总统顾问经过深入讨论得出的，他们的许多观点都包含在下面的分析中。

对群体评价过高

对群体评价过高（overestimation of the group）包括那些相信群体远胜于实际情况的行为。在这类行为中存在两种症状（Katopol，2016）：不可战胜的幻觉和对群体品德的信仰。

对群体评价过高	对群体估计过高而产生的错误看法

不可战胜的幻觉　不可战胜的幻觉（illusion of invulnerability）可以定义为一个群体的成员认为他们非常特殊，以至于可以克服任何阻碍或挫折。群体认为自己不可战胜。以越南战争为例，贾尼斯指出，约翰逊总统的外交政策顾问小组之所以不愿进行和谈，是因为不希望人们认为他们缺乏讨价还价的权力。因此，这个群体甘愿冒险，并认为把北越作为轰炸目标是一个明智之举。这个群体的成员基于以下四点考虑做出了轰炸的决策：军事优势、美国空军面临的风险、把战争扩大到其他国家的可能性以及平民伤亡。贾尼斯询问调查对象的问题是，当仅仅考虑轰炸行动时，这些群体成员是否觉得他们是不可战胜的。

不可战胜的幻觉	群体成员认为他们非常特殊，以至于可以克服任何阻碍或挫折

学以致用·群体思维

理论主张：害羞、经验不足或不愿明确表态的人通常会产生群体思维症状，或者说一致性错觉。

实际意义：校董会的大多数成员认为，因为州政府削减了教育预算，所以必须取消剧院项目。梅拉尼静静地坐着，听每个人陈述节约资金/减少开支的必要。在进行测试性投票的时候，她同意砍掉项目，因为她最近才当选校董会成员，对预算过程的运作知之甚少。

对群体品德的信仰　当群体成员处于**对群体品德的信仰**（belief in the inherent morality of the group）的状态时，据说他们会坚信"我们是善良而有智慧的群体"（Janis, 1982, p. 256）。因为群体认为自己是善良的，所以他们相信自己做出的决策也是好的。虽然他们无视自己决策中任何伦理或道德因素，但是因为抱着这样的信仰，群体成员得到了净化，从来不会感到羞耻或罪

恶。贾尼斯发现了一个有趣的现象，约翰逊和他的顾问们从未考虑过会误炸到北越的平民；对于他们来说，道德的后果根本比不上美国表现出弱小和害怕的后果严重。事实上，即使和平的希望在波兰谈判中已经出现，外交政策顾问小组还是不断地鼓动轰炸河内。这种确定的道德感压倒了一切，因为总统及其顾问们感到北越不会作为投降者参加谈判。

对群体品德的信仰	认为群体成员聪明善良，他们所做的决定都是正确的

封闭的思考方式

当群体采用**封闭的思考方式**（closed-

minded）时，它会忽略任何群体之外的影响。贾尼斯讨论过的两种症状是对群体外成员的刻板印象以及集体的合理化思维。

封闭的思考方式	群体无视人与人之间的差异以及对群体会做出错误判断的警告

对群体外成员的刻板印象　处于危机中的群体经常会对群体外成员具有刻板印象，这种**对群体外成员的刻板印象**（outgroup stereotypes）认为别人都是对手或敌人。这些刻板印象强调，任何对手不是太虚弱就是太愚蠢，根本不堪一击。对于约翰逊

的顾问而言，敌人就等于共产党。这种刻板印象使这些顾问一直分不清敌人与人民。贾尼斯（Janis, 1982）认为，因为北越人被认为是"共匪"、邪恶的化身，所以"摧毁无数的生命和烧掉村庄"（p. 111）就具有合法性。

对群体外成员的刻板印象	把群体外的人看作敌人或对手的刻板印象

集体的合理化思维　群体思维的第四种症状是**集体的合理化思维**（collective rationalization），它指的是群体成员在做出最终决策之前无视任何可能导致他们重新考虑其决定和行为的警告。在大多数情况下，这一症状可被理解为对"坏消息"的合理化。约翰逊总统及其顾问班子——包括情报机关以及其他人——收到了大量的预警，说

明他们轰炸北越是一个错误的决定。有情报人员认为，轰炸像油厂这样的设施对削弱共产党没有任何用处。但是，约翰逊的班子成员坚持认为对同一地点的轰炸应该升级。贾尼斯（Janis, 1982）评论道，约翰逊内部小圈子的成员十分确信越南战争对于美国的重要性。因此，重新考虑退出战争的战略根本就不在他们的议程之内。

248

集体的合理化思维	群体成员处于无视各种警告的状态

追求一致性的压力

对于一些群体来说，**追求一致性的压力**

（pressure toward uniformity）非常大。贾尼斯认为，一些群体因为希望友好相处，所以容易导致群体思维。这类症状包括自我审

查、一致同意的幻觉、自我任命的心灵警卫　　以及压制持异议者。

| 追求一致性的压力 | 在群体成员希望和睦相处时会产生的压力 |

　　自我审查　自我审查（self-censorship）指的是群体成员把自己的疑问和反对意见最小化的倾向。他们想尽办法论证自己的意见是正确的。对于那些约翰逊总统外交政策班子的成员来说，当他们把战争经验做非人性化处理时就表现出这种自我审查症状。这些顾问们不允许自己想到无辜的群众被杀害，因为这种想法只会把战争个人化。贾尼斯认为，压制自己的反对意见以及使用集体式的修辞手法只会进一步证明群体决策的正确性。

| 自我审查 | 群体成员尽量压制个人的怀疑和反对意见 |

　　一致同意的幻觉　群体思维的第六种症状是**一致同意的幻觉**（illusion of unanimity），也就是说沉默就是同意。虽然约翰逊的内部小圈子中有一些成员对越南战争持不同看法，但是他们保持沉默。这种沉默导致会议桌前的其他人相信，他们的计划和执行获得了一致的同意。

| 一致同意的幻觉 | 认为沉默等于同意 |

　　自我任命的心灵警卫　处于危机的群体中还包括**自我任命的心灵警卫**（self-appointed mindguards），他们是防止负面信息进入群体的防护网。这些心灵警卫相信，他们的行为是为了维护群体的利益。沃尔特·罗斯托（Walt Rostow）——白宫助理——就称职地担任了约翰逊班子的信息心灵警卫的角色。贾尼斯写道："罗斯托非常聪明地屏蔽进入的信息，使用其权力把持不同意见的专家排除在白宫之外。他有意阻止总统及一些顾问无法全面地知道人们对于战争的反对意见以及实际情况。"（Janis，1982，p. 119）具有讽刺意味的是，在群体内部，保持白宫内的和平比维持越南的和平显得更为重要。

| 自我任命的心灵警卫 | 保护群体不接受负面信息的个人 |

　　压制持异议者　最后一种症状是压制任何敢于表达与多数意见相反的意见、观点或归属感的群体成员。贾尼斯称其为**压制持异议者**（pressures on dissenters）。在对约翰逊总统内部小圈子的成员做过采访后，贾尼斯发现这个班子的成员形成了一个绅士俱乐部，在那里相互尊重和友好交谈成为主流。贾尼斯后来还意识到，这些人经常相互寻求支持，因而他们相互忠诚。那么，谁还会怀疑这个班子的成员会认为大家对行动完全同意呢？当然，这种态度最后会成为主流，比如我们经常会看到那些公开表达不同意见的人一般会辞职或被取代（Janis，1982）。罗伯特·麦克纳马拉（Robert McNamara）——约翰逊总统的国防部长——就曾经是一个持异议者，他认为轰炸北越是错误的，不能迫使敌人在谈判桌上屈服。然而，他面临着很大的压力，最后不得不避免与绅士俱乐部的其他成员发生冲突。

249

压制持异议者	对与群体意见持不同看法的人进行直接干预

（群体）思考一下该理论①：它就在我们身边

托马斯·杰斐逊曾说过："异议导致疑问，疑问产生真理。"他的话仍然具有警示意义，特别是对外交政策。但是，由于贾尼斯所研究的只是国家政策决策，他的研究可能给你这样的印象，即群体思维"不会发生在自己身边"（hit home）②。然而我们在本章中试图说明的是，群体思维无处不在。除了我们前面提到的重大决策外，群体思维还存在于众多国内和国际案例中，如水门事件（1972 年）、"挑战者号"航天飞机（1986年）和"哥伦比亚号"航天飞机（2003 年）悲剧、海湾战争（1991 年）、卡特里娜飓风（2005 年）、宾夕法尼亚州立大学掩盖儿童性侵丑闻（2012 年）和"伊斯兰国"（2015年）的决策中。

在某种程度上，我们此前谈到，群体思维也存在于那些"无关紧要"的小群体中，我们身边到处有群体思维。比如是否上大学的决策就可能出现群体思维。如果你的父母上过大学，你的爷爷奶奶也是大学毕业生，而且你也看过一个材料说大学毕业生在一生中挣的钱会两倍于高中毕业生，那么你会在没有全面考虑任何其他选择（例如，学业贷款债务、学术准备状态等等）的前提下做出上大学的决定。当然，前提是你的决策小组（家庭）具有很强的凝聚力。家人们会把上大学合理化，而且你可能根本没有提出任何反对意见。换句话说，你的小组很容易产生群体思维。

这只是我们日常生活中众多群体思维的一个例子。我们可以发现，在生活中导致群体思维的条件无处不在，比如在食品店熟食柜台后面的售货员中，在建筑工地的建筑师们、承包商们和熟练的工人们中，甚至投资俱乐部的人们在经济困难时期开会决定买进哪只股票时也可能出现群体思维。

三思而行：防止群体思维的方法

值得再次说明的是，我们对群体思维的讨论以及列举的事例可能会让你产生这样一个印象：具有凝聚力的小组很可能会产生群体思维。但这个印象是错误的。贾尼斯（Janis，1982）指出，凝聚力只是产生群体思维的必要条件，而不是充分条件。但是当群体成员具有的凝聚力非常强、决策者面临巨大压力时，经常会出现群体思维。

群体成员怎样才能避免群体思维，或至少努力实现更健康的互动呢？贾尼斯（Janis，1989；Herek，Janis，& Huth，1987）建议群体谨慎决策，具体方法如下：（1）观察群体成员希望实现的目标的范围；（2）制定并纵览多个行动计划和替代性方案；（3）探索每种替代性方案的后果；（4）当出现新信息时，分析先前否决的行动计划；（5）为可能的失败制订应急计划。贾尼斯（Janis，1982）还提供了一些其他建议，但是批评者也提出了疑问，他们认为贾尼斯的建议会无意中破坏集体领导并且导致群体中出现派系对立。

为了避免把群体思维过分简单化，特哈特（'tHart，1990）对容易产生群体思维的群体提出了四条建议：（1）必须严格监督和控制；（2）鼓励群体成员对错误的做法大胆吹哨；（3）允许反对意见存在；（4）在一致同意和少数服从多数原则之间取得平衡。

250

---

① 原文是"（Group）Think about It"，是一个双关的文字游戏，引用了本理论的 group think 同时表达大家一起思考这个理论的意思。——译者注

② 这里似乎使用了暗示"9·11"前布什决策失误的双关语。——译者注

我们将逐一解释这四条建议（见表 14 - 1）。

表 14 - 1 防止产生群体思维的建议

建议	行动
必须严格监督和控制	建立一个议事委员会：能够对始终存在的政策风险建立起事先的监督机制；建立起参与决策的动机；把个人命运与群体命运联系起来。
鼓励群体成员对错误的做法大胆吹哨	提出疑问：避免成员产生"自己的反对意见会阻碍群体工作"的观念；在没有找到一个令人满意的答案之前，应该不断地进行否定和争论；对理所当然的前提进行质疑。
允许反对意见存在	保护有良知的反对者：允许反对者在群体中存在；不要轻视行动过程中的道德倾向；了解群体中个人对伦理问题的担心。
在一致同意与少数服从多数原则之间取得平衡	改变决策的规则：减少群体中少数派所承担的压力；防止产生出次级小群体；善于从多个角度向成员们说明决策的好处。

资料来源：改编自特哈特（'tHart, 1990）。

首先，特哈特（'tHart, 1990）认为，促进群体决策的一个重要方法是引入外部的监督和控制。他提出，群体的关键决策者必须要对他们的行动负责任，而这种监督应该在群体成员对问题进行讨论之前就开始实施。可以以委员会的形式体现这种责任制，促进决策控制（监督规则实施、程序、规范等）。特哈特认为，这样的委员会有助于成员们对集体的合理化思维和不准确的感知提出大胆的挑战。回忆一下我们前面列举的约翰逊总统及其外交政策班子的例子，特哈特的意思是，这些顾问组成的内部小圈子完全不接受任何外部监督。同样，在对北越问题做出决策时也没有任何外部措施来改善这个班子的决定。

除了责任制以外，特哈特（'tHart, 1990）还提出，群体文化中应该鼓励对错误的做法大胆**吹哨**（whistle-blowing）。也就说是，群体成员"应该鼓励那些表示担忧的声音，而不是压制它们，对前提假设提出疑问，而不是因为它们看似正确就接受，在群体的其他成员没有对他们的担忧找到一个满意的答案之前不要停止反对和争论"（'tHart, 1990, p. 385）。安娜·马尔林（Mulrine, 2008）指出，2003 年伊拉克入侵给军队决策的制定与执行带来了巨大的混乱。为此，军队组建了一支"魔鬼代言人"（p. 30），负责"质疑普遍的臆想，以免陷入群体思维"（p. 30），后者可能会在紧张时期产生。最后，《军队举报人保护法》（Military Whistleblower Protection Act）得到修订，以扩大举报人的权益，保护法律案件中的揭露行为并弥补漏洞。最终奥巴马总统签署了对该法案的全面修订，该法案于 2013 年成为正式法律（http：//www. in. ng. mil/portals/0/PageCont-ents/SoldierResources/IG/WHI-STLEBLO-WER_ PROTECTION-ACT. pdf）。以这种方式接受举报，使人们得以从不同视角考察一项决策。此外，特哈特和维姆·范德克霍夫（Vandekerckhove, 2012）等学者鼓励群体对吹哨者加以保护，因为在群体做出一项长期和具有重大影响的决策时，总是需要听到反对的声音。

吹哨	个人对那些不道德或违法的行为进行揭发的过程

特哈特（'tHart，1990）的第三条建议是群体应该允许**有良知的反对者**（conscientious objectors）存在，这些人通常因为有悖于自己的良心而拒绝参加群体的决策。他发现，群体思维会导致群体轻视决策者中的道德问题，如果耿直的反对者知道他们的讨论是建立在道德或伦理的基础之上的，那么他们更容易大胆发言。因此，这些反对者可能会对决策提出疑问，甚至反对它。如果允许反对者提出轰炸越南会因为杀害无辜群众而违反道德，那么约翰逊总统可能会改变继续轰炸越南的决策。

有良知的反对者	因为有悖于自己的良心而拒绝参与群体决策的成员

最后，特哈特（'tHart，1990）认为，群体不一定非要达到全体同意的状态，可以用少数服从多数的原则来决策。因为全体同意要求每个群体成员都对决策表示同意，所以会造成他们经常感受到追求一致性的压力（即一致同意的幻觉）。特哈特认为，群体应该努力达到全体同意，但是也要做好只能获得大多数人同意的心理准备。特哈特相信，如果群体能够采取这种方针，他们就会更像一个有效率的团队。贾尼斯（Janis，1982）曾经提出过，约翰逊总统的内部顾问圈子里有几个人（罗伯特·麦克纳马拉、迪安·腊斯克和麦克乔治·邦迪）想暂停轰炸河内；由此我们可以看到，追求一致同意的热情对美国和越南人民造成了多么大的影响。

整合、批评和总结

群体思维是一个有助于我们理解小群体内决策过程的理论。研究者使用实验方法检验并扩展该理论，使该理论符合量化路径。贾尼斯认为，群体常常会做出一些产生深远影响的决定，虽然他主要论述的是制定外交政策群体，但正如我们前面了解到的，群体思维这一术语可以在许多决策群体中得到应用。我们的讨论涉及所有理论评估标准中的四个：范围、可检验、启发性和时间的考验。

整合

传播传统	修辞学	符号学	现象学	控制论	**社会心理学**	**社会文化**	批判
传播语境	自我	人际	**小群体**	组织	公众/修辞	大众/媒体	文化
获得知识的方法	**实证的/经验的**	诠释的/阐释的	批判的				

批评

评价标准	范围	逻辑一致	简洁	实用	**可检验**	**启发性**	**时间的考验**

范围

尽管群体思维的很多原理适用于多种类型的群体，但是贾尼斯在最初的构想中清楚表明，群体思维只适用于处于危机中的决策群体，他并不打算把他的研究应用到各类群体上。尽管该理论已被应用于总统顾问和冰球队等各种各样的群体，但是焦点还是一直集中于决策性群体。因此，该理论的适用范围是狭窄的。

学生之声

安德烈

我知道我的商务课小组不是一个外交政策小组，但它具备了群体思维的所有要素。我们知道只有一个月的时间制作幻灯片，并且都在一边工作一边上课。有几次我们开会的时候，好像每个人都只是为了赶快进入下一阶段而表达赞同。处于压力之下的我们并没有真正理解我们搜寻的信息，但都不肯放慢速度。我们处于贾尼斯所说的一致同意的错觉之中。我知道，我们的展示对世界也没有什么真正影响，但我也知道，我们得到的 C 让我觉得，我们做事太仓促，没有考虑后果。

可检验

群体研究者指出了该理论存在的一些效度问题，质疑其可检验性。批评者仍然提出了他们对贾尼斯的理论的意见。例如，珍妮·朗利和迪安·普鲁伊特（Longley & Pruitt, 1980）对该理论的效度提出了批评。他们认为，群体思维中有一半的症状与追求一致性没有关系，而追求一致性是该理论的关键特征。他们指出："理论应该是思想的逻辑发展，而不是把一堆现象随便用六个例子联系在一起，然后乱七八糟塞进一个筐里就完事。"（p. 80）此外，詹姆斯·罗斯（Rose, 2011）针对群体思维写了一篇详尽的文献综述，发现整个群体思维"模型"的可检验性存在大量问题。贾尼斯的很多变量都没有明确定义，导致该理论的效度与信度容易出现问题。

启发性

群体思维理论是一个具有启发性的理论，该理论及其中的许多部分在很多研究中得到了应用，并且受到许多传播学和社会心理学研究者的关注。除了外交政策制定之外，群体思维研究者还把该理论的概念与原理应用于对欧洲的经济与社会危机（Mitchell, 2015）、肯特州学生谋杀（Hensley & Lewis, 2010）、宾夕法尼亚州立大学掩盖性侵丑闻（Cohen & DeBenedet, 2012）、卡特里娜飓风（Garnett & Kouzmin, 2009）、医疗保健中的"高凝聚力团队合作"干预

（Kaba, Wishart, Fraser, Coderre, & McLaughlin, 2016）甚至全美职业裁判员大联盟协会罢工（Koerber & Neck, 2003）等研究中。该理论激发了大量有关群体行为的新的假设，在有关群体决策的文献中群体思维仍然是一个重要的部分。

时间的考验

群体思维理论经受住了时间的考验。学者们持续研究该理论的许多特征，该理论已获得学界和大众的关注（http://www.new-yorker.com/magazine/2012/01/30/groupthink）。在群体思维理论诞生 30 周年之际，施瓦茨和沃尔德（Schwartz & Wald, 2003）称贾尼斯为"社会动力学研究的先驱"（p. 4）。最后，鉴于政府政策决策会一直存在，且许多政府领导者周围都是典型的冲突回避型（conflict-avoidant）个体，未来依然会有很多群体思维的实例。

总结

群体思维理论的吸引力可能更多地来自我们的直觉感悟，而不是经验证明。该理论除了受到大众媒体的青睐以外，仍然受到研究者的关注。事实上，贾尼斯关于群体思维的思想对好几个研究领域都产生了相当大的影响，它们包括传播学、认知心理学、社会心理学、人类学和政治科学。很少有人对贾尼斯提出的外交政策造成的重大失败进行质疑，比如大规模的暴力和伤亡，对政

府决策失去信心，政策制定出现错误。就这个原因而言，贾尼斯的研究至少有助于我们理解和审视这类群体决策中存在的问题。

讨论题

技术探索：网络评论员指出，"社交媒体存在群体思维的问题，因为不同意见会被压制"。你是否同意这一判断？请提供一些例子来支持你的观点。

1. 在麦尔登出版社的董事会讨论他们的财务状况之前，你对他们有何建议？请按照群体思维理论来构思你的建议。

2. 贾尼斯和特哈特提出了许多防止群体思维出现的方法。你能否至少提出两种新的避免群体思维的方法？

3. 你是否曾经参加过具有很强凝聚力的小群体？如果是，它是否出现过群体思维？如果有，你如何知道？如果没有，是什么因素防止了群体思维的出现？

4. 在《群体思维》一书中，贾尼斯提出了一个问题，即对群体思维理论一无所知是否就是一件危险的事。贾尼斯为什么会提出这个问题？如果听说过群体思维，则会产生什么结果？请结合具体实例说明。

5. 群体思维是否普遍存在？你认为社会是否意识到这些问题？用具体事实说明你的答案。

6. 使用群体思维的原则分析近期美国的国内和外交政策决策。

7. 讨论保持群体凝聚力充足以免群体凝聚力过高的微妙平衡。请以你自己的群体经历为例来说明你的答案。

第 15 章
结构化理论①

民主不仅意味着自由平等的自我发展权，还意味着宪法对权力的限制。

——安东尼·吉登斯（Anthony Giddens）

提姆·纳什和海湾城轮胎公司

海湾城轮胎公司（Bayside City Tire Company）是一家拥有众多员工的跨国企业。提姆·纳什是其中的一名员工，他是新上任的生产部门经理。杰里米在生产车间担任管理员已经有 25 年了，他负责带着他的新上司提姆用几周的时间熟悉情况。

第一天，杰里米带提姆到生产车间，把他介绍给他所在部门的工人。在这个过程中，所有的工人都用提姆的姓来称呼他："早上好，纳什先生。""非常欢迎你的到来。"提姆对工人们说："纳什先生是我的父亲。请叫我提姆。"

当提姆和杰里米一起离开时，提姆问："为什么每个人都这么正式？"

杰里米答道："这是公司的政策。在海湾城轮胎公司，我们认为这样称呼他人会建立对上司的尊敬感。"

提姆完全无法理解："这是我的部门，我喜欢按照我的方式来做事。"

杰里米停顿了一下说："好吧，没问题，这是你的部门，但是公司要求我们用这样的

方式彼此交流。别忘了，如果他们叫你的名，而其他的管理者希望他们称呼自己'先生'或'女士'，你想想，这会令工人们糊涂的。"

"嗯……我不喜欢这样，但我也不想改变这里的规矩。好吧，就这样吧。我得慢慢习惯工人们叫我'纳什先生'。毕竟我不想让他们认为我想和公司的规矩对着干或者我想改变一切。"提姆勉强地说。

那天晚些时候，提姆和海湾城轮胎公司的人力资源部协调员安吉娜·格里费斯进行了交谈。他想让公司改变政策，允许员工用非正式的方式称呼彼此。安吉娜听了提姆的想法后试图告诉他，在公司的总体结构中，这个问题无足轻重。提姆不赞成她的观点，认为人际关系对生产效率至关重要。稍作讨论后，安吉娜同意召开一个生产部门经理会议来讨论一下这个问题。

在会上，六个生产部门经理都对改变公司政策发表了自己的看法。珍尼特——一个在海湾城轮胎公司工作了 15 年的老员工——指出："从我个人来讲，我喜欢工人们称呼我的时候正式一些。在这种工作环境中，女性开展工作比较困难，我认为这种方

---

① 本理论基于安东尼·吉登斯、M. 斯科特·普尔、戴维·R. 塞伯德（David R. Seibold）和罗伯特·D. 麦克菲（Robert D. McPhee）的研究。结构化（strucuration）是吉登斯使用的一个特殊概念，指的是"结构（化）形成的过程"。关于这个概念的具体论述，可以参照吉登斯所著的《社会学方法的新规则：一种对解释社会学的建设性批判》（田佑中、刘江涛译，社会科学文献出版社，2003）和《社会的构成：结构化理论大纲》（李康、李猛译，三联书店，1998）。——译者注

式会促使大家在工作场合更尊敬我一些。"

达奈尔是三年前拿到 MBA 学位后加入海湾城轮胎公司的。他对珍尼特的意见表示反对，他认为公司的这种规则使得工人在和他讨论问题时显得很别扭。"我认为提姆的意见在理，"达奈尔说，"如果我们称呼对方的时候不那么正式，我们就可以建立起一个更友好的工作环境。而且，让同事们知道我们不是高高在上有什么不对的呢？"

韦恩是海湾城轮胎公司的第三代员工，他反对说："你们别拿传统开涮。一直以来就是这样，在过去的 30 年里这条规则执行得非常好。"

安吉娜听取了所有人的意见，但是经理们对于改变政策形成了一半对一半的局面。她说："好吧，让我们对这个问题做一个了结。我们来投票，看看大家决定应该怎么办。"经过了几轮投票，显然问题并没有得到解决。"OK。"安吉娜说，"既然你们对此无法达成一致意见，我想我们只好让这个规矩维持原状。"安吉娜又想了想这个问题，无法相信用姓氏称呼某人这么简单的事要花这么多精力处理，不过她也知道，这种规则虽然看似不起眼，却会影响到士气和生产效率，因此需要让每个人明白。

就像设计蓝图被用来指导建筑工人搭建建筑的结构一样，群体成员使用的规则也起到为行为和传播期待提供模板的作用。我们从第 8 章（不确定性减少理论）了解到，不确定性让很多人不舒服。

想一下你自己在生活中对结构的需求。学生们一般想了解这些结构或规则，这样他们就会知道上课时应该做什么。如果一个教授只是说"这学期我们要有几次考试和几次小测验，你们还要做一个项目"，那么学生对这些有限的信息会感到无所适从。他们想获得更多的详细说明或规则，比如论文的字数、截止日期、考试的要求等等。因此，学校和老师会通过教学大纲的形式给学生一个该课程规则的蓝图，创造和维持结构。然而，我们还可以通过修改规则或创造新的规则改变现有的结构。举例来说，学生的评估和反馈会为教授修改大纲或调整将来考试的难度提供参考。

社会学家安东尼·吉登斯认为社会机构通过使用社会规则实现其自身的生产、再生产及变迁。戴维·塞伯德和卡伦·科曼·迈尔斯（Seibold & Myers, 2006）认为，社会机构"是围绕着成员的互动过程和实践组织起来的：撒播信息、分配资源、完成任务、作出选择、管理分歧等等"（p. 143）。

这些机构的结构是结构化理论的焦点。

回想一下我们在第 3 章中的讨论，规则指出并规定了如何做事，它们表明了某个情境下的行为方式。结构化理论认为，一个社会机构中的规则不仅仅告诉员工什么能做什么不能做。在人们的互动中，引导这些谈话的规则使员工能够维持或改变一个组织。这种情况的一个例子是，一家公司讨论糟糕的客户服务，从而改变客户服务政策。主导这些谈话的规则可能会涉及等级结构（例如，员工对上级直言不讳的程度）。我们将在本章稍后对规则展开更细致的讨论。

在开篇小故事中，参加经理会议的人都有能力通过对目前规则的争论和决策影响组织的结构。如果他们投票决定改变这个正式称呼的规则，整个组织的结构就可能发生变化。让一个组织发生改变的正是传播。

吉登斯（Giddens, 1979, 1993）把社会结构视为双刃剑。我们创造的结构和规则会限制我们的行为。然而，同样的规则也可以使我们理解他人，与他人互动。我们需要规则来告诉我们别人期待我们如何行为。这些规则既可能是明确说明的（诸如员工手册中列出的申诉不满的程序），也可能是从行动中学习的（诸如通过让群体成员有机会说出自己的意见来表示互相之间的尊重）。

群体和组织通过各种社会互动协调起来，例如新员工见面会认识新成员，通过电话会议达成决议，召开面对面的会议或视频会议，在员工训练课程上学习新的技术。吉登斯（Giddens，1984）指出，理解这些群体和组织中传播内容的关键是考察这些基础结构。他对系统的概念（我们在第 3 章中讨论过）和结构的概念做了区分。在他的理论中，**系统**（system）指的是群体或组织自身以及群体为了达成目标所采取的行为。组织可能会参与许多行为/实践，包括新员工融入过程和绩效评估（Seibold & Myers，2006）。**结构**（structure）指的是成员们用来创造或维持系统、指导有关这些行为/实践的个人行为的规则和资源。

系统	为了达成一定的目标而形成的群体、组织及其行为
结构	用来维持群体或组织的规则和资源

在开篇小故事里，海湾城轮胎公司和部门经理的会议可以被看成是系统。他们的目标是讨论是否应该用正式的方式称呼对方的问题，同时也是关于组织日常运作的问题。为了帮助他们有效地达成这些目标，该系统有一系列正式的规则，其中既包括员工在海湾城轮胎公司应该如何称呼他人的规则，也包括允许每个人在会议上充分发表意见的规则。这些都代表着群体和组织的结构。提姆·纳什认为，这个结构妨碍了他的员工用非正式的方式称呼他。公司里上司和下属的互动规则和他过去所学习的如何建立上司与下属关系并提升员工生产效率的经验相矛盾。安吉娜也使用一定的规则，如在做出任何行动之前先对该问题进行公开讨论。这样，海湾城轮胎公司就通过结构——关于如何表示彼此尊重的规则——被创造和引导。

258

虽然是吉登斯最先关注组织结构的，但传播学者在将结构化原理应用于其他语境方面发挥了重要作用。例如，马歇尔·斯科特·普尔（Poole，1990）和他的同事戴维·塞伯德以及罗伯特·麦克菲（McPhee，2015；Mcphee, Poole, & Iverson，2013；Poole & DeSanctis，1990；Poole & McPhee，2005；Poole, Seibold, & McPhee，1986，1996；Seibold & Myers，2007）已经研究了结构化原理在传播领域的应用。他们的理论取径被称作适应结构化理论（Adaptive Structuration Theory），解释了任务小组如何使用信息技术、规则和资源并做出适应性调整，从而完成组织群体的目标（Poole & McPhee，2005）。对适应性的讨论将贯穿本章，但我们会继续强调吉登斯最初的思想，讨论结构化理论这一对传播研究许多领域都很有吸引力的视角。正如丹尼斯·穆比（Mumby，2011）所言，传播与结构化原理之间存在着内在联系。他认为传播不仅反映出组织现实，还"创造并维持了引导组织生活、驱动特定行动的意义"（p. 194）。

首先，重要的是对结构化下一个定义。就一般意义而言，结构化让人们能够理解他们的行为模式，即他们所处的社会系统的结构。具体而言，**结构化**（structuration）指的是"通过成员对规则和资源的使用，生产和再生产系统的过程"（Poole, Seibold, & McPhee，1996，p. 117）。结构化理论者认为，人们在日常互动中生产并复制组织结构，从而完成个人和公司的目标（Modaff, Butler, & DeWine，2017）。

结构化理论帮助人们理解他们的行为模式，即他们的社会系统的结构。关于小群体，普尔等认为，理解群体的关键是分析其中的结构。传播和决策的规则与资源一般由群体成员从组织中获得，同时也来自他们的经验和个人规则。在他们的使用过程中，这些规则和资源得到不断的强化，群体会决定是让它们保持现状还是适应群体的需要改变它们。

结构化	通过关系中的规则和资源对社会环境进行生产、再生产和改造

在决定海湾城轮胎公司是否应该改变过去的员工之间正式相称的规则时，安吉娜使用了一条决策的规则，它要求群体成员在决定改变规则之前充分发表自己的看法。海湾城轮胎公司可能还有一条公司会议的规则，那就是通过投票，由多数人决定应该采取什么行动。如果安吉娜没有召集经理们开会发表他们的意见，那么许多人可能会感到不高兴。或者，如果安吉娜没有按照规则给每个人陈述自己的看法的机会，而另一些成员希望继续遵守公司中尊重每个人意见的潜规则（即工作中对事不对人的规则），那么他们可能会对会议的结果表示不满。例如珍妮特在与男同事互动时需要靠这些规则维持自己的可信度和权威感。安吉娜按照规则召开会议讨论这个问题，让大家畅所欲言并投票表决，再次肯定了这才是组织决策的最佳规则。当然，其中一些成员可能会对保持现状的决定感到不满，他们可能会在自己的团队里建立新的规则，允许下属用非正式的方式称呼上司。那么，这个规则就会被改变。

259

理论速览·结构化理论

组织创造结构，结构可以被解释为一个组织的规则与资源。这些结构反过来又创造了一个组织中的社会系统。组织成员使用组织结构的方式使得组织拥有了自己的生命。权力结构引导了这些组织中的决策。

结构化理论有助于我们研究规则和资源在群体决策和组织传播中的影响。结构生产出一个系统，同时也代表了一个系统的结果（回想一下我们在第3章中对系统论观点的讨论）。此外，它还有助于描述这些规则如何通过互动被改变或肯定。最后，结构化体现传播活动："谈话即行动。如果结构真的是通过互动产生的，那么传播就不仅仅是行动的序章；它本身就是行动。"（Modaff et al.，2017，p. 121）

结构化理论的前提假设

结构化理论相当复杂，因为它涉及人、资源、行为、任务、常规和组织生活（Wiggins & Bowers，2014）。因此，为了弄清这种复杂性，我们首先需要看看指导该理论的一些基本前提假设。

● 群体和组织通过行为和时间实现生产和再生产。

● 传播规则既是互动的中介，也是互动的结果。

● 权力结构在组织中得以实现并且指导决策过程。

在强调第一个假设时，吉登斯提出，每个行动（action）或行为都会生产某种新的东西——一个**新的举动**（fresh act）[①]。群体和组织所采取的每个行动或行为都受到过去的影响。历史成为理解系统运行规则和资源的参考。比如，想一下，假设群体领袖决定进行一次无记名投票，如果之前这种方法行之有效，历史就影响了系统的运行规则。

---

① 吉登斯借用现象学社会学家许茨（Shutz，可以参考《社会实在问题》）的用法，区分了行动（action）和举动（act）的概念。前者指人的行为中具有持续意识过程，侧重时间性；后者则是特指人的行为中已经完成的某一行为，是固定的、空间化的行为。人在进行反思时，行动流才会被固定化为碎片式的举动。进一步的解释同样可以参考前一"结构化"注解中提到的吉登斯的两本书。——译者注

新的举动	行动或行为会产生新的东西

260　　　我们每次与其他人进行交流时，都在通过创造崭新的规则或崭新的预期、改变既有的规则或者重申过去曾经使用过的规则创造新的起点，记住这一点非常重要。在建立这些新的起点的过程中，我们仍然依赖过去的规则或预期指导我们的行为。因此，我们无法逃避历史，它不停地影响着我们在群体和组织中采取什么行为，它还影响着系统中可能出现的变化。

我们所有的传播行动（communicative actions）都与过去存在着一定的联系。如果安吉娜从过去的会议中了解到成员们不太可能支持对方的想法和意见，那么她可能会决定，只要简单地说明这个问题让大家投票表决就可以了，不必征求群体成员的意见和看法。在这个例子里，过去的规则成为改变未来群体互动规则的参照。

我们再来看看提姆和杰里米之间的互动。根据结构化理论，提姆和杰里米每次的互动都为他们未来的互动结构创造新的独特的东西。同时，提姆和杰里米每次都把新的规则和期待带入互动中，它们会指导和影响两人之间未来的传播。换句话说，正如我们在第 1 章中提到的，他们的经验场在他们的相互沟通中至关重要。第一次见面时，杰里米称呼提姆用了他的姓——纳什先生。提姆马上说："请叫我提姆。"提姆通过让下属直呼其名建立了一个先例，为社会结构创造了一些新的东西。这个先例又受到两个人带入互动中的过去形成的期待的影响。提姆相信开放和轻松的交流风格会更有用，而杰里米一直生活在一个不同的互动规则之中——正式的称呼最有效。在这个例子里，杰里米的谈话规则具有双重功能，它既指导了当前的行为，又为将来的行为建立了期待。

结构化理论的第二个假设是，规则既可以指导群体的行为，同时也会制约（con-

strain）群体的行为。群体结构包括一个规则和资源的网络，成员们使用这些规则和资源决定什么样的传播行为是符合期待的。关于组织规则，凯瑟琳·米勒（Miller，2008）写道："规则是社会生活的食谱，因为它们是做事的一般性程序。"（p. 215）有些规则优先于其他的规则，历史也会影响所采取的行动。换句话说，如果一条规则在过去效果良好，就很可能得到保留；否则就很可能会被改进或者放弃。此外，规则"使某些类型的行为得以可能，同时杜绝了其他行为"（Nicolini，2013，p. 47）。困难之处在于决定哪条规则对于达成群体或组织的目标最有用或效果最好。我们在本章稍后继续讨论规则。

让我们花一些时间来稍微详细地研究一下这个问题。吉登斯（Giddens，1979）提出，规则只有"在历史形成的语境中"（p. 65）才能得到真实、全面的理解。因此，261 结构化理论认为，要理解社会系统中的规则，个体至少需要知道一些产生这条规则的背景资源。或许如果开篇故事中的提姆当时调查了用正式的方式称呼上司这条规则的起源，那么他可能会更好地理解为什么会存在这样的规则。可能之前出现过因为允许员工用非正式的方式称呼上司导致他们用绰号来称呼上司这样不尊重上级的事情。比如，提姆会发现在没有这条规则时，员工把韦恩叫作"痛苦的韦恩"（Wayne the Pain）。公司因此采用了比较正式的规则帮助韦恩提高其可信度以赢得员工的尊敬。然而，如果通过调查提姆仍然没有发现一个允许这条规则存在的令人满意的理由，他就可能试图改变它。他拒绝出席会议不仅说明了他的个人规则，而且是试图行使其在群体中的权力的表现。

结构化理论的第三个假设认为，在形成

组织决议时权力是一个具有影响的力量。在结构化理论中，**权力**（power）被认为是获得某种结果的能力——它使我们可以实现自己的目标。吉登斯认为，权力是一条双行道。只要两个人进行传播，每个人在互动中都享有某种层次的权力，即使下级也会对上级行使某些权力。我们都拥有权力，但是一些人拥有的权力更多一些。在讨论权力的过程中，应当把规则的作用也考虑在内，这一点非常重要。根据群体或组织的历史，一般来说规则会授予某些成员拥有某种形式的权力从而可以控制其他成员。在海湾城轮胎公司中，群体中的一条规则就是安吉娜拥有召开会议的权力。

权力	个人强迫他人接受某条规则

提姆希望他的员工叫他"提姆"而不是"纳什先生"，但结构——在这里表现为公司的规范——不允许生产车间的工人用非正式的方式交流。提姆的个人传播规则是对方应该叫他的名而不是姓。他的规则来自他所受的训练，这些训练告诉他，如果下属可以叫他"提姆"将会提高对方的士气和生产效率。提姆决定告诉杰里米暂时保持公司过去的规则，不仅是因为这一条规则，而且因为提姆在组织中拥有的权力。安吉娜召集部门经理会议讨论改变海湾城轮胎公司的这条规则的可行性时，提姆又一次可以行使他在群体中作为部门经理所拥有的权力。然而，我们也看到，所有的部门经理在决策过程中都具有不同形式的权力。达奈尔的权力来自他在 MBA 课程中学到的知识和管理技巧。韦恩的资深背景和对组织历史的知识使他在讨论中具有另一种不同的权力。安吉娜的权力来自海湾城轮胎公司人力资源协调员的身份。

总之，在组织的规则网中，决策过程中没有一种权力结构具有压倒一切的力量。吉登斯把权力看成双向道，就行动者被邀请参加讨论和决策这件事来说，他就具有了比其他人更多的权力。

结构化理论的核心概念

结构化理论和其他传播理论一样，由多个部分组成。贝丝·邦尼韦尔·哈斯莱特（Haslett，2015）认为这些概念"对组织和传播有深远的影响"（p.6）。让我们看看不同的要点，它们都是了解在系统的传播中规则的复杂性及其影响的关键。我们想要讨论的要点包括能动性和反思性、结构二重性以及社会整合。

能动性和反思性

结构化理论建立在一个简单的思想之上，即人类的行为是创造和再创造我们周围的环境的源泉。与这一观点相关联的两个术语是能动性与反思性。**能动性**（agency）被定义为人类在特定的互动规则和互动环境影响下所采取的行为或行动。能动性通常由个体、群体或组织自身完成（Haslett，2015）。**行动者**（agent）[①]这个概念用来指称参与这些行为的人。例如，当学生能动地到大学的课堂听课时，他就成了行动者。教室的环境为行动者（学生）的规则预期提供了模版。如果环境是一个大型的讲座，那么规则会要求提问时的行动（行为）更加正式一些（例如举手提问）。

---

① 在英语的学术文献中，agent 和 actor 具有微小的差异。据《社会的构成：结构化理论大纲》的译者解释，前者带有一些批判色彩，后者带有一些诠释学色彩。但在使用中，二者区分不大。所以本书参照《社会的构成：结构化理论大纲》中的译法，也将 agent 译为"行动者"。目前使用前者的学者越来越多，除吉登斯外，法国社会学家布迪厄也更偏向于使用前者（见《反思社会学导引》），因为它更强调行动者的能动性，以示与结构主义（以列维-斯特劳斯为代表）和结构功能主义（以帕森斯为代表，还可以追溯到涂尔干的理论）的区别。——译者注

能动性	在一定社会环境中使用的行为或行动
行动者	在一定社会环境中采取某种行为或行动的个人

　　M. 斯科特·普尔、戴维·塞伯德以及罗伯特·麦克菲（Poole, Seibold, & McPhee, 1985, 1996）把能动性的观念应用于他们的小群体研究中。他们提出，群体的成员能够意识到并知晓自己身边发生的事件或活动。这种意识指导他们是否采取某种行动（能动性）。结构化理论者认为，群体和组织处于反思的过程之中。**反思性**（reflexivity）[1] 指行动者监控其行动或行为的能力。实质上，

组织的成员能够思考未来，如果事情不能按计划进行，他们就会改变结构或系统。在能动性和反思性过程中，最重要的元素是行动者将理由与行为选择连接（articulate）[2] 起来的能力。当教授问学生为什么不在上课时间提问时，学生可能回答课堂上同学提的问题太多，他的问题可能无法得到回答。因此，行动者对他的行为具有一定的意识，并能够解释为什么会选择这么做而不那么做。

反思性	行动者监控其行动或行为的能力

　　在运用能动性和反思性的过程中，群体及组织可以对当前的结构和系统进行反思。群体成员既有能力确定他们的目标，也有能力解释他们这样做的原因。这种意识有两个层次。**话语意识**（discursive consciousness）指的是个人用其他成员和组织能够理解的语言说明他的想法的能力。换句话说，这种

意识涉及能用语言向他人表达的知识。**实践意识**（practical consciousness）指的是无法用言语表达的行动和感觉[3]。莫达夫和同事指出，"个体很容易解释某些活动和/或感受（话语意识），却无法同样容易地表达其他经历、行为和感受（实践意识）"（Modaff et al., 2017, p. 118）。

话语意识	个人用语言连接其目标或行为的能力
实践意识	个人无法用语言连接其目标或行为

　　为了理解这些术语，让我们看看开篇小故事。或许提姆能够说明他为什么要提议改变海湾城轮胎公司的上下级之间的传播规则。他可能会通过描述他过去的管理经验和与他以前的下属有关的成功案例进行反思。这样，他使用了话语意识。提姆不能说出来

的是实践意识，或者是他在以前的工作环境中产生的内在的感觉。提姆可能发现很难解释当他的工人们直呼其名时的那种热情、熟络的感觉。他可能还意识不到一件事情：当工人们叫他"纳什先生"时，他感觉他们好像在叫他的父亲或祖父——可能他觉得自

---

① 反思性也译作"自反性"。——译者注
② Articulate 有双重含义，既有清晰地说明的意思，也有连接的意思。因为语言学和符号学的影响，这类双关语成为学术术语中很受欢迎的词汇。比如霍尔就使用这个概念强调读者与文本之间的主动结合的关系。——译者注
③ 实践意识、话语意识和潜意识是吉登斯做出的理论区分。他认为，过去的研究要么只关注人们能够用语言表达的话语意识（比如我可以表达自己喝水的原因是渴了），要么走向另一个极端——潜意识（梦中喝水，但是却蕴含着做梦者自己无法意识到的动机）。吉登斯认为，在日常生活的惯例化过程中，人们在潜移默化中形成了许多惯例（routine）。这种惯例在日常生活中反复进行，是一种实践意识，居于话语意识和潜意识之间，社会学研究更应该关注这种意识。——译者注

己还没有老到可以被人称作"先生"。能动性，或者提姆决定提出这个问题，是基于他具有反思过去的经验的能力。

反思性也使提姆能够预测这种行为会对未来的上下级关系产生什么影响。提姆有能力说出自己采取这种态度和行为的理由，这使他人能够理解为什么他要达成这些目标。个人规则和组织规则都可以影响组织中如何称呼上级这个问题的决策。提姆的任务是做出决定，即到底是维护组织的规则还是改变它以适应自己的个人规则。

结构二重性

在组织中，规则和资源同时满足两种功能。根据**结构二重性**（duality of structure）原理，组织成员使用**规则**和资源来指导其传播行为和传播行动的决策。当个人选择遵守或是改变规则时，未来在传播互动中遵守规则的方式就会发生改变。规则必须被遵守才能"有效"。萨拉·特雷西（Tracy，2013）认为可以对结构二重性作如下解读："结构既是从上到下创造的，也是由下而上创造的。"（p. 61）

结构二重性	对组织的行为或行动的决策产生影响的规则和资源
规则	组织或群体为了达成目标而遵循的一般惯例

为了更好地理解这对关系，我们先区分一下规则和资源。在结构化理论中，与其把规则看作为什么做某事的严格方针（guidelines），不如把它看作如何达成目标的指导手册（instruction manual），这样会更实际一些。正如我们在第 3 章提到的，这些规则既可能是明确说明的，也可能是在潜移默化中学习的。在海湾城轮胎公司，提姆意识到，在没有与组织中其他的经理商量之前擅自改变自己团队的传播预期是没有效果的。他使用了个人规则，这条规则要求他必须尊重自己的同事和他们对于组织中行为方式的看法。他通过实行这一规则来达成目标。他请示人力资源协调员召开会议讨论这件事。接下来，为了给部门经理表达自己意见的机会，人力资源协调员组织召开了一个会议。这里使用了组织的另一条规则，即在做出任何决定之前，必须让每个人平等地说出自己的意见。最后，通过投票的形式决定群体中大多数人赞成的方案。提姆当然也可以一开始就决定不

顾组织的规则擅自执行自己的规则，但是他决定通过和他的同事、上级讨论这个问题来达成决策。在理解为什么一些规则会比另一些规则更重要时，关键要理解决策过程中行动者所具有的权力。 *264*

资源（resources）指的是行动者在群体或组织中具有的权力。这种权力既可能是有形的（办公室、物资等），也可能是无形的（决策风格）。权力具有较大影响，因为它会导致个体采取行动或造成改变。组织中有两类权力。**配置性资源**（allocative resources）指的是组织为了帮助达成群体的目标所提供的物质资助。比如一群大学生想在课间休息或空闲的时间使用健身设施。其中一个成员决定向学校领导提交一份申请，并且声明如果他们自筹到多少资金学校也拿出同样多的资金的话，他们将举行什么样的活动以筹集到所需的资金。这样，他们就提出了一个可以获得配置性（物质）资源的计划。

资源	在组织中用于行使权力的特征和物品
配置性资源	帮助群体达成目标的物质资助

权威性资源（authoritative resources）指的是传播互动时所使用的人际特征。人际传播是组织进行活动的主要形式。回想一下，本书第 2 章认为人际传播涉及两人之间的相互作用。在结构化理论中，人际传播被视为影响他人的能力。换句话说，权威性资源允许一个人在组织中行使权力。每个人都拥有一定程度的权力，能影响一个组织的运作（Modaff et al.，2017）。

该理论中关于权力的一个关键点是，主体如何在一个社会系统中利用权力获取他们想要的（Poole & McPhee，2005）。为了更好地理解权力的含义，请思考一个有持久吸引力的社会权力模型（French & Raven，1959；Raven，1993）。这些权力基础可以被视为组织中使用的多种权威性资源。吉登斯认为（Giddens，1984），个体受到压迫时依然拥有可以克服现状的资源（例如权力）。下面的内容和表 15 - 1 解释了每种权力的特点。

权威性资源	帮助群体达成目标的人际关系资助

表 15 - 1　组织中作为资源的权力类型

权力类型	定义
回报	克里斯（丝）① 有能力给帕特一些帕特认为有价值的东西。
强制	克里斯（丝）能对帕特进行惩罚。
参照	克里斯（丝）能让帕特同意或服从，是因为帕特尊敬克里斯（丝）并且想和他（她）一样。
正当	克里斯（丝）能够控制帕特，因为克里斯（丝）的职位或位置。
专家	克里斯拥有帕特需要的特殊的知识或专长。

回报权力　**回报权力**（reward power）的基础是一个人认为另一个人有能力提供积极的奖励（reinforcements）。这些回报以多种形式出现，如赞扬、物质回报或仅仅是去除系统的消极方面。提姆的工人可能会决定答应他的要求，用名来称呼他，因为他们认为他有权力擢升他们或者给他们赞扬。如果确实如此，那么回报权力会成为影响组织传播的资源。

回报权力	对他人具有提供积极结果的能力的感知

强制权力　如果提姆的工人害怕因为不服从他通过改变称呼来建立某种关系的要求而被降职或开除，那么强制权力可能会影响传播决策。**强制权力**（coercive power）是建立在知道某人具有实施惩罚能力的基础上的权力。一个人服从别人的要求，可能仅仅是为了避免一些消极的后果，比如在其他同事面前失去可信度或者遭遇不合理的工作时间安排等。

强制权力	对他人具有惩罚你的能力的感知

---

① Chris 既可作男名（克里斯），也可作女名（克里丝）。为了表示男女平等，作者这里可能故意模糊了性别。——译者注

大众媒体中的理论·女性、权力与组织

全美最著名的商业新闻来源之一《福布斯》杂志提出了最具争议的商业问题之一：女性是否惧怕权力？刊发于该杂志的一篇文章强调了结构化理论的一个关键性原理权力，并探讨了权力与组织生活的文化概念。作家卡罗琳·特纳（Caroline Turner）的文章论点直截了当："会不会是女性缺乏走上巅峰所必需的野心和权欲？"特纳承认，女性与权力的主题引起了一场争议的"风暴"，她提供的数据显示，随着一个人在公司的职位不断晋升，看到的处于领导地位或大权在握的女性就会越来越少（例如，《财富》杂志评选出的世界 500 强公司中，只有大约 4% 的首席执行官是女性）。特纳提出，对权力有不同的文化诠释，许多组织中同时存在男性与女性展示权力的不同方式。她认为男性展示权力和成功的方式就是胜利和竞争。女性对权力的定义却与共享合作有关，很少关注等级结构。特纳承认她的观点比较笼统，会有一些不一样的情况。然而，尽管每种方式都有其优势，特纳认为高效且成功的企业会设法将男性与女性两种权力取向整合在一起。她总结道，一个具备"管理层性别多样性"的组织文化更容易让女性和男性都感到舒适。此外，她相信，认为女性不渴望掌权是一种迷思。相反，特纳认为许多女性是被男性权力剧本"拒之门外"，而接受平等主义权力框架的公司最终会培养出更杰出的男性与女性领导者。

资料来源：C. Turner, Do women fear power and success? forbes.com/sites/womensmedia/2012/08/27/do-women-fear-power-and-success.

参照权力 提姆的工人叫他的名可能主要是因为他是一个友善、招人喜欢的人，他看上去真的喜欢他们。这时决定传播决策的资源就取决于**参照权力**（referent power），即因为互动者之间已经建立了一定的个人关系，所以某人具有让别人服从自己的能力。

参照权力	对这样一种能力的感知，这种能力是既有人际关系所造成的使人服从的能力

正当权力 回想一下，提姆曾对杰里米说过："这是我的部门，我喜欢按照我的方式来做事。"一个人通过自己的地位或职位行使的影响就是**正当权力**（legitimate power）。如果部门经理们决定保留现在的传播规则仅仅是因为他们尊重韦恩以及他在公司的资历，影响他们决定的资源就是合法权力。这种类型的权力与某人实施影响的权力相联。

正当权力	对他人因职务或地位所具有的能力的感知

专家权力 **专家权力**（expert power）指的是因为一个人拥有的知识或经验而产生的影响他人的能力。在开篇小故事里，我们知道达奈尔具有 MBA 文凭以及如何在工作场所有效管理沟通的广泛的知识。如果部门经理们根据达奈尔的知识决定在工作场所营造一种非正式的环境，他的专家权力就成了决策中的资源。

专家权力	对由特定的知识或专业所产生的能力的感知

正如结构化理论认为的那样，如果我们把权力看成是一种资源，结构二重性就可以用来解释组织中的权力如何被用来产生某种行动，也可以解释为什么采取某种行动之后权力会发生变化。例如，因为许多学生过去遇到的老师都博学多才，所以他们根据经验就会赋予老师以专家权力。然而，如果一个老师在课堂上使用粗俗的语言或者所举的例子仅限于超市小报上的新闻，那么学生们会改变他们的个人规则，不再认为所有的老师都拥有专家权力。他们决定将来在赋予老师权力的问题上要慎重。这个例子说明了结构二重性。

学生之声

格雷琴

我想写写权力是如何支配组织的。我之前工作的公司里只有主管有大学学位。他很高兴自己是唯一的大学生，并且喜欢让其他员工当众出丑。他会采取一种非常微妙的方式，比如这样说："我知道你们都没上过大学，没能了解最新的事物。"他说的话让人觉得讽刺的是，他的大学学位并不能使他真正有资格管理我们（毕竟给闹钟涂夜光装饰的工作不需要你有大学学位），但是他拥有我们此前学到的回报权力：由他制定时间表。如果你因为找不到照看小孩的人需要请一天假，或者你想请一天假去看红袜队的比赛，他就处于能够批准（或不批准）的（强有力的）地位。这家伙确实会尽量行使自己的权力，这真的毁了我们团队的士气！

社会整合

267　　除了能动性、反思性和结构二重性，还有一个概念也在结构化理论中起到重要作用，那就是社会整合。**社会整合**（social integration）指的是人们在互动中交互的传播行为。它指的是一个不断进行的过程，其中的组织或群体的成员相互熟悉，并且根据以前的印象或获得的信息形成某种预期。如果群体成员初次互动，他们关于对方的知识就会相当有限，社会整合过程就会比较简单。然而，如果群体成员彼此熟悉，那么社会整合过程会主要依靠在过去的互动中形成的结构。

社会整合	互动中交互的传播行为

我们知道，每个互动者都带着自己的背景、经验和对传播事件的预期。然而，作为组织或群体的一员，个人具有的知识会因为内部因素和外部因素的影响而改变。当我们了解我们和他人如何适应群体时，我们就会按照自己对组织角色的理解开始传播和行动。虽然行为模式的预期具有稳定性，但是这些预期也会随着群体成员的互动和演变而发生变化。

需要注意的是，组织学者发现社会整合可能是有局限的。也就是说，人们几乎会不可避免地（在组织与生活中）失去自足与控制。这些被称为"无个性的个体"（dividuals），意味着他们的个体特征已经被损害。尼古拉斯·本切尔基 和詹姆斯·萨克（Bencherki & Snack，2016）认为："人并非完整一致的实体，如同彼此套叠的俄罗斯套娃一样嵌入一个单一组织中。相反，他们各自构成了将构成自身的许多'前个体'元素结合在一起的社会。"（p. 284）因此，虽然在结构化理论中社会整合是一个影响深远的传播过程，但是它也有局限性，因为人们作为组织成员可能会失去自己的完整身份。

回想一下前面提到的部门经理会议。因为提姆是群体中的新成员，在他提出自己的意见时，其他的部门经理可能不确定他具有什么类型的权力。提姆与他的下属互动时也会出现同样的情况。但随着提姆继续和他人进行互动，他对自己的看法以及其他人对提姆的看法就会向前发展。

时间和空间的作用

现在我们探讨一下组织中时间和空间的作用。结构化理论者认为，群体中所有的社会互动都存在时间维度和空间维度。这种时空的间隔是该理论的一个重要特征。组织中实际的传播和互动都存在于真实的时间，发生于真实的地点（空间）。

我们听到的讯息都有其发生的语境。例如，想象一下工作日结束的时候，你和你的主管一边往车的方向走一边谈论公司裁员。主管在此时此地（停车场）谈论此话题的决定会吸引结构化理论者的兴趣。然而，研究者需要更深入的研究，才能确定有哪些因素驱使你的老板把这一讯息传播给你。此外，你的老板有没有提到公司过去裁员的经历？她有没有预见到这样一场裁员会带来的潜在后果？此外，许多传播研究者特别感兴趣的是，如果要宣布裁员，怎样把这一讯息传播给员工？群发邮件？公开发布？按照普尔

和麦克菲（Poole & McPhee，2005）的表达方式，在讨论公司裁员时，这一对话如何把空间与时间"绑定"（p. 180）在了一起？

简而言之，空间被视为对群体或组织成员具有一定意义的环境因素。时间元素和空间元素是我们能够进行传播的条件。一个人在群体中的资历来自时间和空间的延伸，它们会影响决策过程。例如，在开篇故事中，并不是某个单一的事件或单一的地点影响了提姆想改变公司政策的行动。相反，是他过去的管理中的一系列经验和参照——甚至他自己作为雇员的经历——影响了他的行动选择。

整合、批评和总结

组织仍然是我们生活的中心。据估计，公司员工把将近 90％ 的时间花在小组或团队会议上。事实上，54％ 的员工每天多达 30％ 的时间在团队环境中度过，50％ 的工作时间在团队环境中度过（kenblanchard.com/img/pub/pdf＿critical＿role＿teams.pdf）。结构化理论为理解这些传播机会提供了一个重要的框架。历史上该理论一直与经验主义紧密相连，主要采取量化方法。但一些组织学者也采取了个案研究的方法，将质化方法也应用于研究之中。我们确定了两个评价理论的标准以供探讨，即范围与简洁。

整合

| 传播传统 | 修辞学 | 符号学 | 现象学 | **控制论** | 社会心理学 | **社会文化** | 批判 |

| 传播语境 | 自我 | 人际 | **小群体** | **组织** | 公众/修辞 | 大众/媒体 | 文化 |

| 获得知识的方法 | **实证的/经验的** | **诠释的/阐释的** | 批判的 |

批评

| 评价标准 | **范围** | 逻辑一致 | **简洁** | 实用 | 可检验 | 启发性 | 时间的考验 |

268

269

学生之声

玛丽萨

我第一次听到"结构化"这个词并发现它适用于公司环境时，就觉得这个词很有道理。正如我们在课上谈到的，我们需要规则来促进我们在工作中的互动与关系。这些规则就是我在工作中感受到的结构。记得我在零售业工作时，我们不怎么开面对面会议。多数时候我们通过邮件列表服务和聊天室进行"电子会议"。一开始觉得这种方式很奇怪，但随着我们都适应了这些会议的规则（禁止使用表情符号，禁止"技术性干扰"），我们很快就掌握了窍门。最终这成为不同部门主管与员工开会的方式，也成为我们生活的"规则"。

范围

结构化理论可以应用于团队与小群体等许多社会环境中（McPhee, et al., 2013; Poole, 2013）和大量社会互动中。如前所述，目前这个理论在传播领域中最成功的应用是在组织传播和群体/团队传播中。我们关注的是组织环境，即组织中创造的结构如何影响传播与决策。

尽管如此，该理论的广度问题还是引起了一些担忧。乍一看，你可能会觉得该理论过于全面，导致其范围太广。该理论讨论了规则、资源、权力和话语，似乎试图同时处理太多话题。事实上，罗布·斯通斯（Stones, 2005）在对该理论的评论中断言，吉登斯的理论应该"比吉登斯论述结构化理论的标志性特征时更清晰、更严谨，也更系统"（p. 1）。其他作者（Miles, 2014）将该理论描述为"一个颇具野心的尝试"（p. 324），试图将不同学派的思想融为一体。

简洁

回想一下，简洁这一标准回应了下述问题：该理论易于理解还是冗长复杂？许多组织传播与管理理论者认为该理论充满了难以理解的术语。比如，瓦法·考特和贾迈勒·加比（Kort & Gharbi, 2013）指出，"目前的共识是，读者在试图理解结构化理论时会遇到困难"（p. 95）。史蒂文·班克斯和帕特里西娅·赖利（Banks & Riley, 1993）同意这一观点，他们指出，结构化理论很难理解："结构化理论缺乏某些通常吸引传播研究者和其他社会科学家的特质：它不易阅读，难于理解，也不简洁。"（p. 178）班克斯和赖利在研究群体和组织结构如何影响其传播及决策的复杂过程中提出了许多概念。他们建议那些想使用该理论理解群体和组织的研究者"从零开始"（p. 181）。

270

这需要理解和深入研究那些由成员们在组织中建立起来的规则的历史——当然这是一个十分困难的任务。此外，班克斯和赖利还建议学者们抵制住诱惑，不要用现成的分类标准来解释组织（和群体）的发展变化过程。或许丹尼尔·布罗格（Broger, 2011）的评论概括了该理论潜在的模糊性。他指出，"不熟悉社会理论，特别是结构化理论的学者需要花费大量时间和精力来理解吉登斯无所不包的理论"（p. 3）。

总结

结构化理论者吉登斯、普尔、塞伯德和麦克菲为传播学者提供了一个理论，帮助他们思考人与人之间的相互作用以及人们在组织（和小群体）中拥有的资源。该理论招致一些批评，而吉登斯对自己的理论声誉也束手无策，因为他既没能解决很多批评涉及的问题，也没能就针对他和他的理论的批评做出澄清（Broger, 2011）。尽管如此，一个理论复杂和有差异不是我们排斥该理论的理由。因此结构化理论将继续引起对组织生活的规则、原则和过程感兴趣的人的共鸣。

讨论题

技术探索：结构化理论认为，组织中的主体可以以多种方式行使权力。然而随着社交媒体的出现，权力似乎变得比该理论诞生时更加弥散。对此你是否同意？为什么？

1. 回忆一下你是否也曾经参加过和海湾城轮胎公司类似的群体——当时你们必须做出决策。那时影响决策过程的规则有哪些？在经过决策后，规则是否有所改变，或者进行决策的规则是否有所改变？如果是，它是如何变化的？

2. 该理论的假设之一是群体中存在着权力结构，它通过告诉我们如何最好地实现目标而影响决策过程。讨论一下结构化中权力的积极作用和消极作用。

3. 吉登斯提出，结构（规则和资源）不应该被看成是行动的阻碍，而应该被看成是创造互动的必需部分。你是否同意这个说法？说明你的理由。

4. 在用结构化理论研究群体和组织的过程中，能否发现其他传播理论为它提供证据？

5. 结构化理论认为，结构本身在时空上是流动的。请说明这一观点的重要性。通过你自己经历过的例子说明时间和空间对群体和组织的影响。

6. 如何应用结构化理论的原理理解你的家庭？

7. 结构化理论者认为，该理论有应用到现实世界的潜力。讨论你对这一主张的回应。

第 16 章
组织文化理论①

我们认为，组织文化隐喻所特有的潜力在于，它能够解放我们对组织与传播的思考。

——迈克尔·帕卡诺夫斯基（Michael Pacanowsky）
和尼克·奥唐奈-特鲁基罗（Nick O'Donnell-Trujillo）

阿米莉亚·卡拉汉

作为格雷斯珠宝公司的员工，阿米莉亚·卡拉汉知道她的工作与朋友们的工作不一样。这家公司有180名员工，在美国东南部有20家分店，该公司的目标消费者主要是经常光顾大型购物中心的十几岁的女孩。该公司的创始人格雷斯·塔梅基习惯于每周访问像阿米莉亚这样的员工，让她们感觉在这样一家小公司工作非常舒服。

阿米莉亚与格雷斯的关系一直非常好。为什么不呢？她的代理费一直是最高的，还有合理的健康服务（包括牙科和眼部护理），她与上司的关系也非常和谐。此外，阿米莉亚和其他员工还可以穿便装上班，这让购物中心其他公司的员工羡慕不已。这一切可以解释为什么阿米莉亚会在这家公司几乎工作了9年之久，而且为什么直到目前为止她还没有跳槽的打算。

在这个行业经营了33年之后，格雷斯决定卖掉所有的产业并且退休。因为在格雷斯的经营下该公司这些年的利润一直不错，所以一家大型珠宝零售公司珠宝加（Jewe-lry Plus）决定收购这家小连锁店。虽然格雷斯不想把自己的公司卖给这样一个零售巨头，但是对方的出价太诱人。最后，她决定卖掉公司，这让许多员工很失望。阿米莉亚在听说了一些关于这家大公司如何对待员工以及日常运作方式的传言后十分担心。她不知道格雷斯卖掉公司后会带来什么变化。但是她很需要这份工作，于是决定留下来。

阿米莉亚的直觉是对的。公司的交接一旦完成，她必须进行"新员工"定向说明，这意味着她必须站在其他所有新员工面前说明她为什么要申请这份工作。在新公司的政策中有新的着装规定，也有新的商店交易政策。阿米莉亚不能再穿便装上班了，相反，她得穿上公司的制服和矮跟黑皮鞋。

在商店交易方面，公司的政策从"完全满意或100%退货保证"改为"必须凭购物小票在10天内退货"。虽然阿米莉亚觉得这项新政策会导致大量顾客流失，但是珠宝加公司过去的经验证明它是行之有效的。

最后，在新公司里她的健康服务不再包括牙科和眼部护理。这一点成为流言的中心

① 本理论基于克利福德·格尔兹（Clifford Geertz）、迈克尔·帕卡诺夫斯基和尼克·奥唐奈-特鲁基罗的研究。

话题。阿米莉亚在定向说明会上听到一个故事，说一个员工曾经因为付不起牙医的费用最后损失了两颗槽牙！因为这些政策、着装规则和公司经营理念的变化，阿米莉亚和一些过去的同事觉得难以忍受。事实上，许多与阿米莉亚共事 9 年的同事都辞职了。然而作为一个单身母亲，阿米莉亚觉得她没办法辞职。

在所有的变化中，最糟的是她的新上司，那简直是一场灾难。阿米莉亚和她的同事给他起了"影子"的绰号，因为当她们等待和收款的时候，他总是正好站在她们身后。自己做的每件事都在上司的监视之下让阿米莉亚觉得很不高兴，她觉得这没有任何意义，特别是她的顾客都是些十几岁的女孩，她们的购买行为经常反复无常，这样做很容易产生不良影响。

虽然有这些担心，但是阿米莉亚还是参加了公司的第一次野餐活动。她其实并不想去，但是她觉得应该给公司一次机会。当她和新老同事们一起喝着冰茶吃着热狗时，她们看上去非常团结。格雷斯珠宝的老员工告诉新同事她们过去的事情。她们对加比的故事特别感兴趣，这位 70 岁的退休老员工会不停地对顾客说话。过去的时光总是留给大家许多欢笑。

这一天的结果和阿米莉亚预想的很不一样。她交了许多新朋友，回忆了过去，对自己的未来也感到更踏实了一些。虽然新上司很难对付，但是阿米莉亚还是决定试一试尽量做好自己的工作。她想，至少自己在公司里还有一些可以说心里话的朋友。

一旦你们从大学毕业，很可能大部分人会在组织中工作。和其他生活一样，组织生活也会不断变化。变化经常会带来兴奋、焦虑、不确定、灰心和不信任。这些感情在痛苦的时候会非常强烈，比如被公司裁员的时候。

走进校园的书店或商业中心的书店，你肯定会看到许多关于组织生活的书。这些描述美国公司生活的书无处不在。其中一些作者告诉我们有《10 种获得赞扬的简单方法》或者《升职的 8 个安全步骤》。另一些作者通过吹嘘《与难对付的人进行沟通》和《工作为了生存，生存为了工作》赚了大把钞票。这些书中大部分的主题都是人们如何才能在职场上轻松地生活。然而问题在于，组织生活非常复杂。除此之外，组织里的任何事情都不存在什么"简单的方法"，显然一个难对付的人不会一夜之间变得讨人喜欢。

除了这些流行读物以外，为了理解组织生活——包括组织的价值观、故事、目标、实践（包括技术）和哲学——迈克尔·帕卡诺夫斯基和尼克·奥唐奈-特鲁基罗（Paca-nowsky & O'Donnell-Trujillo，1982，1983，1990）提出了组织文化理论（Organization Cultural Theory，OCT）。帕卡诺夫斯基和奥唐奈-特鲁基罗认为，只有从文化的角度才能更好地理解组织，这一思想最早由人类学家克利福德·格尔兹提出。他们认为，使用科学的方法（我们在第 3 章提出的程序）研究组织具有一定的局限性。根据帕卡诺夫斯基和奥唐奈-特鲁基罗的看法，科学的方法中的测量任务不是促进了发现，而是限制了发现。帕卡诺夫斯基和奥唐奈-特鲁基罗（Pacanowsky & O'Donnell-Trujillo，1982）提出，组织文化理论希望研究者们"观察、记录并理解组织成员的传播行为"（p. 129）。他们更推崇"组织中整体的或鲜活的经验"（Pacanowsky，1989，p. 250）。这两位理论家为理解组织勾勒出了一幅宏大的图画，他们指出"文化不是组织所拥有的东西，文化就是组织本身"（Pacanowsky & O'Donnell-Tru-jillo，1982，p. 146）。

文化是通过组织实践中的传播行为建构起来的，文化就是组织的特征。对于两位理论家来说，理解某一个组织比理解不同组织共同的一系列行为或价值更加重要。此外，需要接受这一观点，即"需要一段时间来创造"组织文化，即使文化具有很强的适应性，也相当持久（inthelibrarywiththeleadpipe. org/2012/thats-how-we-do-things-around-here）。这些思想是该理论的重要基础。

你可以想想自己所属的组织的类型。它们的范围和大小各不相同，组织中的许多活动是独一无二的。例如，我们共同所属的组织是一个学术机构——一所大学或学院。你们可能听说过关于某个老师的故事，或者哪门课应该上哪门课可以逃的传言。在学校的不同地方存在着不同的通过仪式，比如新生定向说明、兄弟会或姐妹会招新、食用自助餐厅的食物。像发广告和实习这类实践活动也是许多高校中很典型的。多年以前，学生拜访教授以获取不同科目的信息；现在大多数时候是通过邮件。

很显然，组织生活的精髓在于其文化。在这里，文化指的不是我们在第 2 章里讨论过的不同的种族、民族和个人的背景。组织文化理论者认为，文化是组织中的生活方式。组织文化包括情感与心理环境和气氛。其中可能包括员工士气、态度、生产力水平、竞争、自主权以及合作（Moon, Quigley, & Marr, 2012）。组织文化也包括所有符号（行动、惯例、交谈等）以及人们赋予这些符号的意义。在员工的互动和管理活动的互动中，文化被赋予一定的意义并被理解。琼·基顿（Keyton, 2005）对组织文化有如下陈述："虽然很难描述，但作为员工我们知道在组织中是怎么一回事。"（p. 1）我们关于组织文化理论的讨论首先以解释文化开始，然后介绍该理论的三个前提假设。

理论速览·组织文化理论

人们就像蜘蛛，悬挂在自己工作时编织的网上。一个组织文化由共享的符号组成，其中每个符号都有独特的意义。组织故事、仪式、价值和通过仪式都是组织文化的例子。

文化的隐喻：蜘蛛网和组织

文化这个词的起源非常有趣。文化最初指的是为种庄稼和养牲畜准备土地，后来被解释为促进生长。当我们在组织的语境中思考文化，我们需要知道，并不是只有"眼见为实"。换句话说，**组织文化**（organizational culture）包括可见的部分，也包括我们不能"看到"的部分，例如我们之前提到的信念和优先事项等等（Bremer, 2012）。

帕卡诺夫斯基和奥唐奈-特鲁基罗（Pacanowsky & O'Donnell-Trujillo，1982）认为，文化的起源"指示了应该如何进行探索的合理途径"（p. 122）。换句话说，组织文化是组织生活的本质。正如我们前面提到的，他们用人类学的原理来建构其理论。具体来说，他们在理论模型中采用了克利福德·格尔兹提出的符号解释取向（symbolic-interpretive approach）[①]。格尔兹（Geertz, 1973）指出，人是"悬挂在意义之网上的"（p. 5）动物。他还补充说，人们自己编织了这张大网。帕卡诺夫斯基和奥唐奈-特鲁基罗（Pacanowsky & O'Donnell-Trujillo，1982）这样评价格尔兹的隐喻：

> 网不仅存在，还是编织而成的。当人们开始把世界解释为合乎情理的时候，他们就在织网，亦即当他们传播、交谈、写剧本、唱歌、跳舞、装病的时候，他

[①] 格尔兹的主要著作近年来都已经被译成中文，有的还有多个译本，与本章最相关的是《文化的解释》（有上海人民出版社译本和译林出版社译本）和《地方性知识》（有中央编译出版社译本和商务印书馆译本）。——译者注

们在传播的同时也在建构他们的文化。网是传播过程的遗留物。(p.147)

276　　格尔兹提出蜘蛛网的意象是有特殊目的的。他认为文化就像蜘蛛吐丝结成的网。也就是说，蜘蛛网具有错综复杂的设计，而且每张网都与其他的不一样。除此之外，网"象征着力量、生命、凝聚力，但它们也需要持续的维护……"(Modaff, Butler, & DeWine, 2011, p.95)。对于格尔兹来说，文化也具有同样的特征。根据他在观察了不同文化后得出的结论，格尔兹认为，文化之间彼此完全不同，我们应该为这种独特感到高兴。为了理解文化，格尔兹认为研究者应该把注意力放到其中的共享意义上。我们等一会儿再进一步介绍格尔兹的看法。

帕卡诺夫斯基和奥唐奈-特鲁基罗(Pacanowsky & O'Donnell-Trujillo, 1983)把这些基本原理应用于组织研究。员工和管理者就像他们的蜘蛛网的编织者。人对于组织来说十分关键，因此研究他们的行为与整个组织的关系就显得非常重要。帕卡诺夫斯基和奥唐奈-特鲁基罗认为，组织成员不断进行的传播行为对公司文化做出了贡献。他们的传播行为可能是流言、笑话、暗箭伤人或者与其他人产生浪漫关系。此外，由于有88％的公司使用某种社交媒体(http：//www. adweek. com/socialtime/social-media-companies/502247)，我们需要接受这一点，一些传播会通过技术发生。

我们可以从许多方面发现珠宝加公司的组织文化。你可能还记得阿米莉亚通过流言知道了更多关于新老板的事，公司组织的野餐是她进一步了解新的公司文化的途径。毫无疑问，她会在新岗位上体验与格雷斯珠宝公司不一样的组织文化。公司变了，周围都是新面孔，规则也随公司易主而变更。通过对公司故事的反应和向其他人诉说这些内容，阿米莉亚也为编织组织的蜘蛛网做出

贡献。总之，组织的文化之网已经织好。这种理解组织的宏大视角进一步说明了帕卡诺夫斯基和奥唐奈-特鲁基罗(Pacanowsky & O'Donnell-Trujillo, 1983)为什么会认为组织文化"不是拼图玩具中的一块，而是整个拼图本身"(p.146)。

文化取向的前提假设

对组织和工作场所环境的严肃研究始于 20 世纪 60 年代末，特别是因为 1967 年 NASA 召开了一场组织传播会议(Rocci & de Saussure，2016)。自 NASA 会议以来，组织文化学者一直试图理解工作场合的多种挑战、目标、行为和人员。组织文化理论有三个前提假设。在学习这些假设时，需要注意的是组织生活的多样性和复杂性。同时，这些假设强调了帕卡诺夫斯基和奥唐奈-特鲁基罗把组织看成是一个过程的观点。这三个前提假设如下：

● 组织成员创造并维持组织现实(reality)的共享意义，这导致他们更好地理解组织的价值。

● 符号的使用和解释对于组织文化来说至关重要。

● 不同的组织，其文化不一样，对行动的解释也不一样。

第一个假设是关于组织生活中人的重 *277* 要性的。具体来说，个体创造和维持他们自己的现实，并且共享这种感觉。这些个体包括员工、管理人员和所有者。该假设的核心是组织的价值。价值(values)是在一定文化中被认为具有内在有用性的标准和原则。价值告诉组织成员什么是重要的。帕卡诺夫斯基(Pacanowsky，1989)指出，价值来自"道德知识"(p.254)，人们通过叙事或故事

来展示其道德知识。比如，阿米莉亚所听说并传播的故事就会促进她对组织价值的理解。

在发现组织价值的过程中，人们产生共享经验。作为组织的一员，必须积极地参与到组织之中。某个符号的意义——比如，为什么在大规模裁员的时候公司还不断地面试新员工——的传播不仅在员工中进行，也在管理人员中进行。在解雇其他人的同时招收新员工这个符号的意义不会逃脱精明的工人的眼睛，为什么在有人失去工作的同时还会把钱投入到新员工身上呢？帕卡诺夫斯基和奥唐奈-特鲁基罗（Pacanowsky &

O'Donnell-Trujillo，1982）认为，员工对组织文化的形成做出了贡献。他们的行为创造并最终维持了组织的现实。

组织的现实（及文化）也部分地由符号决定，这就是该理论的第二个假设。前面我们提到过，帕卡诺夫斯基和奥唐奈-特鲁基罗采用了格尔兹的符号解释理论。这个理论强调了组织中象征符号的使用，我们在第 1 章里提到，符号是意义的表现。组织成员每天都在创造、使用和解释符号。因此，这些符号对于组织文化来说十分重要。玛丽·乔·哈奇（Hatch，2006）在对符号意义分类的讨论中扩展了符号的概念（见表 16 - 1）。

表 16 - 1　组织文化的象征符号

一般分类	具体类型/举例
物理的象征符号	艺术/设计/标识语、建筑物/装饰物、衣着/外观、物质实体
行为的象征符号	典礼/仪式、传统/习惯、回报/惩罚
语言的象征符号	逸事/笑话、专业术语、名称/绰号、解释、故事/神话/历史、隐喻

符号包括组织中语言的和非语言的传播。这些符号通常传播着组织的价值。符号可能会以口号的形式传递意义。例如，有一些公司有自己的口号——过去或者现在——代表着他们的价值，其中包括州立农场保险公司（"州立农场在这里，就像一位好邻居"）、《纽约时报》（"刊登一切适合刊登的新闻"）、迪士尼乐园（"地球上最快乐的地方"）。这些符号的传播不仅依赖于媒体，而且依赖于公司员工的执行。例如，迪士尼乐园认为，如果它的员工脸上没有微笑或者态度粗鲁，"地球上最快乐的地方"就没有任何效果。事实上，迪士尼的公司文化确保他们能留住最忠诚、投入和以客户为中心的员工（Lipp，2013）。

为了理解组织中的语言符号，让我们看看下面这个故事。一位名叫迪瑞克的主管在与员工的闲谈中传播了大量价值。迪瑞克经常讲述他在过去的公司里如何解决问题的故事。他经常谈到自己如何努力让手下的员工拿到年终奖金的细节。他的故事一般会以他在阿拉斯加的成长经历作为开头，以道德

说教作为结尾。起初，员工不知道他说这些是什么意思。然而时间一长，他们就意识到迪瑞克是想通过这些故事显示他和员工之间的关系，并且说明虽然困难看上去不可克服，但是他知道怎么应对它们。通过这些故事，他传达出他关心公司和工人们的问题，还传达出他对公司应该有什么样的文化的看法。

组织文化理论的第三个假设涉及组织文化的多样性问题。简单来说，组织文化差异巨大。同时，在一个组织文化内，对行动和行为的感知也和组织文化一样存在着巨大差异。我们可以看看阿米莉亚从格雷斯珠宝公司到珠宝加公司的转变情况。我们在例子中强调，这两家公司的文化具有差异。然而阿米莉亚对这些差异的感知以及对文化的参与程度会和其他人有所不同。一些人即使在同一家公司工作 9 年之后也会对组织文化的改变感到非常满意。

作为一家小珠宝公司的员工，阿米莉亚知道这家公司的问题很容易解决，任何改革的建议都会受到欢迎并被实行。这家公司的

文化使得员工有权迅速做出决策，通常不需要上级的批准。比如除了公司政策转向之类的问题外，其他所有的事都由员工自己决定。公司的创立者认为，员工最具有处理亟须解决的难题的优势。此外，员工因为优秀的服务而获得回报也是惯例，普通员工和管理人员都能调解冲突、平息顾客的愤怒。格雷斯珠宝公司的员工定期在本地一家餐厅聚会，他们称之为 F. A. C.（Friday Afternoon Club），即星期五下午俱乐部。这些活动有助于培养公司中的团队精神。格雷斯珠宝公司的员工所处的组织文化是一种"由大家共同建立和共同发现"（Pacanowsky & O'Donnell-Trujillo，1982，p. 131）的组织文化。

珠宝加公司的组织文化与格雷斯珠宝公司的完全不同，阿米莉亚在珠宝加公司的经验也与过去在格雷斯珠宝公司的经验有很大差异。这家大公司从来不允许员工私自决定打折，任何关于促进公司改善的建议都必须投到员工意见箱或用电子邮件发到全国总部。在珠宝加公司也没有社群的感觉，因为大家各司其职，互不干涉。当然也有一些措施保证员工有时间在一起——通过工间休息、午餐或节假日聚会——但是这些机会太有限，很难培养大家的关系。而且电子邮件会受到上级的严密监控。显然，没有同事关系，故事、习惯和仪式的传递就受到限制。显然，在组织文化方面，格雷斯珠宝公司和珠宝加公司存在巨大的差异。

我们已经介绍了组织文化理论的三个假设。它们的共同之处在于，当研究者研究组织文化时，他们会发现一张错综复杂的大网。帕卡诺夫斯基和奥唐奈-特鲁基罗认为，符号解释视角为认识组织文化提供了真实的画面。为了更好地理解如何使用这种视角来研究组织，我们把注意力转向组织文化理论的方法论及其理论先驱克利福德·格尔兹的工作——民族志。

民族志式的理解：厚重描绘①

从事传播与表演研究（communication and performance studies）的学者德怀特·康克古德（Conquergood，1992，1994）进行了一项非常有趣的传播学研究：帮派传播研究。为了理解帮派传播，康克古德搬进了芝加哥一个年久失修的建筑物，当时那里被称为"大红"（Big Red）。他在那座建筑物里生活了近两年，观察和参与了帮派成员的几乎所有活动。通过观察、参与和记录，康克古德提出了过去被媒体忽略了的帮派传播的新视角。他发现了许多隐秘的仪式以及符号，他的工作让传播领域听到了过去从未被描述过的帮派成员的"声音"。他对有关帮派中的故事的传播研究就是民族志研究，而民族志研究正是组织文化理论的方法论的基础。

你可能还记得，帕卡诺夫斯基和奥唐奈-特鲁基罗的许多理论来自格尔兹的工作。因为格尔兹的工作本质上是民族志研究，我们接下来简略地讨论一下格尔兹的民族志研究，并说明它和组织文化理论的关系。

格尔兹（Geertz，1973）提出，为了理解一个文化，研究者必须从该文化成员的角度进行观察。为了做到这一点，格尔兹认为研究者应该成为民族志学家。民族志是一种定性研究方法，它探索和解释人工制品、故事、仪式以及行为来揭示文化的意义（Pachirat，2013）。民族志学家经常把他们的研究比作博物学研究，因为他们相信他们研究文化的方法比定量研究更自然。在这种精神的指导下，格尔兹评论说，民族志不是

---

① 原文是"Laying it On Thick"，意思是绘画不断重新涂抹绘制，让其越来越精细，格尔兹用"深描/厚描"（thick description）来形容民族志研究者深刻地还原研究对象的本地知识和意义。具体内容参见格尔兹的《文化的解释》。——译者注

实验科学，而是一种发现意义的方法论。因此，发现意义是民族志研究最重要的目标。格尔兹以及后来的帕卡诺夫斯基和奥唐奈-

特鲁基罗主要从事直接观察、访谈和参与观察以发现文化的意义。

280

学生之声

杰克逊

当我们谈到民族志时，我知道我会对我工作的地方展开民族志研究。我在一家快餐店工作，但在工人如何排班、我们被分配到哪里工作以及是否加班等问题上，有太多政治意涵了。经理有最终决定权。尽管她假装相信，这是一个员工有所投入的"包容"之地，但事实绝非如此。这是一家惩罚很多奖励很少的专制餐馆。

作为一位民族志研究者，格尔兹花了大量时间研究不同的文化。他的作品涉及多种主题，从佛教的禅宗到印度尼西亚岛屿的生活。他在这些地区做研究的时候主要依赖田野笔记，他坚持写**田野日志**（field journal），记录他与当地文化成员互动中的感受和思考。在文章中格尔兹（Geertz，1973）总结说，民族志是一种**深描**（thick description），

即对文化的深层的内在意义的解释说明。因此，民族志研究者努力理解一个文化的深层次意义，并且"搜索出不容易发现的事物"（p. 26）。有趣的是，格尔兹认为，文化分析是不完全的，因为一个人分析得越深，文化就变得越复杂。因此，无法完全确定一个文化及其规范或价值。

田野日志	记录与另一个文化中的人们的传播中产生的感受的个人日记
深描	对文化的深层意义的解释说明

格尔兹（Geertz，1983）指出，这种定性的研究方法不是一双谁都可以穿上就走的鞋子。这种想法只能使"田野工作者像变色龙一样工作的神话"永远延续下去，认为"他们可以自我调整以完美地适应异乡的周遭环境，奇迹般的具有同情心、社交手腕、耐心与天下一家的胸怀"（p. 56）。格尔兹建议，我们必须在自然的观察、记录行为和整合研究者自己的价值三者之间取得平衡。他指出："诀窍在于弄明白他们自己该干些什么。"（p. 58）你可以想象得到，对于民族志研究者来说，要做到这一点非常困难。①

帕卡诺夫斯基和奥唐奈-特鲁基罗十分欣赏格尔兹的民族志研究经验及其对观察、分析和解释的强调。他们自己对不同的文

化中的共文化研究也非常具有价值，例如帕卡诺夫斯基（Pacanowsky，1983）对盐湖谷（犹他州）警察的观察以及奥唐奈-特鲁基罗（O'Donnell-Trujillo，1983）对新车和二手车交易的研究。这些美国的局部文化经验的多样性促使他们意识到，文化表演（cultural performances）或者我们所说的讲故事对于组织文化的传播十分有用。我们在这一章后面还会回到表演的话题。

组织文化理论植根于民族志，应该通过民族志的原理理解组织文化。事实上，民族志研究者布鲁斯·伦斯福德（Lunsford，2015）发现该理论及其起源"令人赞叹、启发心智、非同凡响又颇为实用"（pp. 2，3）。接下来我们使用阿米莉亚·卡拉汉的例子说明什么是民族志。如果民族志研究者对研

281

---

① 本段引文出自格尔兹的《地方性知识》（*Local Knowledge*）的第三章"文化持有者的内部眼界：论人类学理解的本质"。可以参见中央编译出版社 2000 年出版的王海龙、张家瑄译本。译文根据原文稍做修改。——译者注

究她在珠宝加公司的新工作感兴趣，他们可能会从下述几个领域开始研究：目前新的公司规则是什么？像阿米莉亚这样的新员工如何看待这些规则？像阿米莉亚一样的员工会使用什么样的策略来让这种转换变得容易？是否存在公司哲学或意识形态？是否存在道德问题？如果存在它们是如何解决问题的？公司对员工的抱怨是否有回应？如果有，如何回应？如果没有，为什么？这些问题及其他问题会让民族志研究者开始逐渐理解珠宝加公司的组织文化。

我们在有限的篇幅内可能无法完全展现民族志研究让人兴奋的精彩之处。但是我们希望你能理解民族志研究的基本程序，并理解为什么帕卡诺夫斯基和奥唐奈-特鲁基罗会在他们对组织文化的研究中使用民族

志研究方法。现在我们将要进入关于表演的话题，这是组织文化理论的关键组成部分。

传播表演

帕卡诺夫斯基和奥唐奈-特鲁基罗（Pacanowsky & O'Donnell-Trujillo，1982）认为，组织成员的行为具有某种传播表演的性质，它来自独特的组织文化。**表演**（performance）是一个隐喻式的说法，它指的是理解组织中人类行为的象征（符号的）过程。一般来说，组织表演有点演戏的感觉，因为在组织中管理者和员工选择扮演不同的角色或部分。工作场合在某种程度上可被视为舞台，每个"演员"上演有剧本或无剧本的各不相同的对话。下面我们来探讨他们的表演系统。

表演	一个隐喻式的说法，它意味着组织生活就像演戏

该理论提出了五种文化表演：仪式表演、热情表演、社会表演、政治表演和文化适应表演。在表 16-2 中，我们列出了这些表演。在阅读这些材料的时候，需要注意的是组织中的任何成员都会进行这些表演。讨论每种表演时，我们会提供不同语境下的多个案例，以说明每种表演内在的多样性。虽

然我们的分类系统并不完全互斥，彼此会有重叠，但是你可以通过分类，依据人类行为怎样得到理解来获知组织所具有的不同。此外，回想一下我们对组织象征符号的讨论。当你阅读关于表演的论述时，不要忘了它是组织和组织成员诠释周围环境的一种方式。 *282*

表 16-2　组织文化的象征符号

仪式表演	个人仪式——检查语音邮件或电子邮件，任务仪式——开罚单、收费，社会仪式——快乐时光聚会，组织仪式——部门会议、公司野餐
热情表演	讲故事、隐喻及夸张的发言——"这是公司里最不欣赏的事情""要么遵守命令，要么去上吊"
社会表演	行动讲文明礼貌；礼节的扩展——向顾客说谢谢，出现争执时低声下气地赔礼道歉，迎合他人的"脸色"
政治表演	实施控制、权力和影响——对上司"咆哮"，破坏仪式，安插内线、讨价还价
文化适应表演	获得在组织中工作的能力——学习/传授角色规范、定向说明、访问

仪式表演

那些定期重复发生的传播行为被称为**仪式表演**（ritual performances）。这里的仪

式包括四种：个人仪式、任务仪式、社会仪式和组织仪式。**个人仪式**（personal rituals）包括你每天在工作场所做的例行事务。例如，许多组织成员每天一上班就会检查语音

邮件或电子邮件。**任务仪式**（task rituals）是那些与工作相关的惯例行为。任务仪式使得工作得以完成。例如，机动车辆管理部门的员工的任务仪式包括用肉眼检查和撰写检查报告，对可能超速者拍照，主持驾驶测试，确定汽车保险，员工之间分享征收费用的故事。**社会仪式**（social rituals）指的是在与他人的一般互动中需要考虑的语言和非语言的惯例。例如，在周五一些组织的成员会在酒吧搞快乐聚会，庆祝一周工作的

结束。

至于你自己的社会仪式，可以看看你们班上的社会惯例。你们中的许多人会提前到教室，就你们上次谈话以来发生的事交换信息，并在课间休息或下课后继续这一社会仪式。社会仪式也包括组织中的非言语行为，其中包括便装星期五和本月优秀员工奖。最后，**组织仪式**（organizational rituals）包括经常举行的公司活动，例如小组会议、教师会议甚至阿米莉亚参加的公司野餐。

仪式表演	工作场所中定期重复进行的表演
个人仪式	每天在工作场所做的例行事务
任务仪式	在工作场所中与特定任务相关的惯例
社会仪式	在工作场所中与他人相关的惯例
组织仪式	与整个组织相关的惯例

学以致用·组织文化理论

理论主张：文化是所有组织中无形且重要的组成部分。

实际意义：作为一家专注于欧洲旅行的创业公司 BGone 的人力资源主管，欣托知道该公司的使命关乎员工待遇（例如，每月社交活动、儿童保育、股票期权等）以及社群承诺（例如，提供指导意见等）。总而言之，欣托必须把包括这些工作在内的组织文化传达给所有员工。

热情表演

组织成员们互相热心传播的故事被称为**热情表演**（passion performances）。组织中的人们在讲故事的过程中经常会变得非常热情。我们以亚当的经历为例。亚当是一个全国性零售商店的员工。亚当和他的同事交流着他们所在部门的上司的故事。故事的内容是他们的上司每 30 分钟会来商店一次，

看看四周的员工和顾客。他如果发现有什么事情不对劲，就会把员工叫到后面的房间，重放刚才的事件的监控录像，并且询问这个员工他下次应该如何改进这个问题。亚当通过反复地向新老同事讲这个故事不断地激起大家的热情。事实上，即使在六年之后，亚当和别人分享这个故事时的热情与他第一次讲这个故事时的热情相比也丝毫未减。

热情表演	组织成员们共享的关于组织的故事

社会表演

亚当这样的热情表演似乎并没有考虑这个故事会触犯他人，但是**社会表演**（social performances）体现的则是文明、礼貌和礼仪，其目的是鼓励组织成员的相互协作。"积少成多"（a little goes a long way）的格言说的正是这种表演。是否面带微笑或者互道"早上好"会影响组织的合作，这是组织文化中经常提到的一点。

社会表演	向他人表示合作和友好的组织行为

人们可能会认为表演这些"友好"无关紧要，但是，有时要保持礼貌很难。当心情不好时，面带微笑或招呼他人"早上好"是一个难受而且不真诚的行为。但是大部分组织希望即使是在困难的时候也要保持职业性的礼貌，这些社会表演会有助于达成这一目标。

政治表演

当组织文化传播**政治表演**（political performances）时，它们就在执行权力或控制。获得并巩固权力和控制是美国公司生活的显著特点。事实上，一些人甚至提出，权力和控制在组织生活中无处不在。但是，因为大部分组织都有等级制度，所以必须要有人掌握权力以完成任务并控制组织的底线。

组织成员的政治表演的主要目的是传达希望影响他人的愿望。这并不一定是件坏事。我们可以以春谷医院的一群护士的例子说明这一点。许多年来，护士们和医生相比总是低人一等，她们一直对此表示满意。然而最近，护士们决定就她们的待遇问题提出意见。她们向医生、其他医疗人员和病人表明了自己的主张。她们的文化政治表演的主要目的是要求社会承认她们也具有医疗专业人员的能力以及她们对医院救护工作所做出的贡献。她们想让医生、同事和病人承认她们在医院的合法地位。毫无疑问，她们的表演会对改善组织文化产生重要的影响。

政治表演	表现权力和控制的组织行为

文化适应表演

帕卡诺夫斯基和奥唐奈-特鲁基罗提出的第五类表演是**文化适应表演**（enculturation performances）。文化适应表演指的是如何获得知识和技巧以成为组织的成员。这些表演可能是直接大胆的，也可能是间接委婉

的，总之它们表现出成为组织一员所应具有的能力。比如，在开篇故事中，阿米莉亚为了适应新岗位的文化就有一系列表演。她将观察和倾听同事们对各种问题的感想和"表演"，这些问题包括工作时间、员工折扣、公司新闻等。总之，阿米莉亚将开始了解组织的文化。

文化适应表演	帮助员工发现如何成为组织一员的组织行为

我们前面提到过，这些表演可能会重叠。因此，一个行为既可能是仪式表演，也可能是社会表演，比如和同事说"早上好"或每天帮他人拿咖啡。在该例子中，这种礼貌行为可以被认为是个人（甚至任务）仪

式。因此，这种表演既可以是仪式表演，也可以是社会表演。

此外，有些表演是按照人们的思考和感觉做出的有意识的决定，就像前面所说的春谷医院的护士们的例子。当然，有些表演可

能更本能一些，就像阿米莉亚·卡拉汉的例子。显然，帕卡诺夫斯基和奥唐奈-特鲁基罗认为，传播表演对组织文化非常关键，也是重要的传播象征符号。

整合、批评和总结

正如帕卡诺夫斯基和奥唐奈-特鲁基罗

所言，组织文化理论依然对组织传播理论和研究有很大影响。使用组织文化理论的研究大部分是质化的，因为理论家们认为尊重组织的"声音"对理解组织而言至关重要。在评价该理论的效果时，我们讨论三个标准：逻辑一致、实用与启发性。

整合

传播传统	修辞学	符号学	现象学	控制论	社会心理学	**社会文化**	批判
传播语境	自我	人际	小群体	**组织**	公众/修辞	大众/媒体	文化
获得知识的方法	实证的/经验的	**诠释的/阐释的**	批判的

批评

| 评价标准 | 范围 | **逻辑一致** | 简洁 | **实用** | 可检验 | **启发性** | 时间的考验 |

逻辑一致

285　　该模式的逻辑一致性应当引起我们的注意。逻辑一致性指的是一个理论应该按照逻辑的规律加以组合并保持前后一致。从一开始，帕卡诺夫斯基和奥唐奈-特鲁基罗就一直坚持他们的看法，即组织文化具有丰富性和多样性，倾听组织成员的传播表演是我们了解组织文化的第一步。这是该理论一直向前发展的基础。

不过有些人认为该理论缺乏一致性。例如，埃里克·艾森伯格、H. L. 古多尔和安杰拉·特雷斯韦（Eisenberg, Goodall, & Tretheway, 2014）认为组织文化严重依赖组织成员之间共享的意义。举例来说，他们认为员工之间共享的故事不尽相同，因为组织中不同的叙述者会讲述不同的组织故事。也就是说，尽管该理论认为被讲述并被重述的故事对组织文化有所贡献，但这些故事可能不具有共享意义。

学生之声

诺拉

　　我记得我之前工作的那家公司，有你能想象到的最糟糕的组织文化。我为一家电话推销商工作，就算是在休息时，我们也很不舒服。我们从来不敢谈论其他员工，分享我们家庭的故事，甚至也不敢试着给公司提建议。毫无疑问，工作场所充满了紧张气氛。有一次，我姐姐不得不到我工作的地方来拿我的车钥匙。连她都不敢相信！她说不应该强迫任何人在那种环境下工作。如果不是需要钱，工作第一天之后我就会辞职了！

实用

该理论具有实用性，因为其信息几乎适用于组织中的每个员工。该理论之所以十分有用，还因为其中的许多信息（比如象征符号、故事、仪式）与员工如何工作以及他们对工作环境的认同都有直接的关系（Schein，2016）。由于理论家们的研究来自真实的组织和真实的员工，因此研究者们使该理论更加有用和实际。

启发性

组织文化理论产生了深远而广泛的影响，因此它是一个具有启发性的理论。研究者在研究中关注了该理论的多个基本主题，这些研究考察了工程计划（Templin，2012）、大学校园设施（Harris & Cullen，2008）和疗养院（Johnston & Womack，2015）。也有学者使用组织文化的框架研究穆斯林员工（Alkhazraji，1997）、执法人员（Frewin & Tuffin，1998）、学生行为准则（Van Der Westhuizen，Oosthuizen，& Wolhuter，2008）以及护士（Gaudine & Thorne，2012）。受该理论影响，学者开始思考如何在教学时把组织文化考虑在内（Messersmith，Keyton，& Bisel，2009）。此外，学者在俄罗斯与波兰等不同文化中研究了组织中的信任概念（Morreale & Shockley-Zalabak，2014）。

总结

帕卡诺夫斯基和奥唐奈-特鲁基罗是第一批通过观察员工及其行为来研究组织生活的传播学者。以这种方式观察组织文化使研究者们意识到与人们沟通、了解他们工作中的表演的重要性。随着组织生活愈加分层、愈加复杂，该理论会一直是我们需要理解的一个重要理论。

讨论题

技术探索：组织文化理论认为一个组织的文化（常规、态度、价值、信念、社群问题等）传播了很多关于该组织的信息。维基对组织文化的定义与传播可能会带来怎样的帮助呢？

1. 像阿米莉亚·卡拉汉这样的员工如何适应新的组织文化？对于她在珠宝加公司的新工作，你能提供哪些建议？

2. 研究一下你所属的组织，看看你观察到的或共享的文化表演是什么。你如何在工作中使用这些表演？

3. 格尔兹把文化比作蜘蛛网。你认为还能用什么比喻组织文化？

4. 在大型组织中为什么会存在不同的组织文化？请举例说明。

5. 假设你是一个研究校园文化的民族志学者。你会如何进行研究？你会发现什么样的文化制品或仪式？

6. 根据你的工作经验说明帕卡诺夫斯基和奥唐奈-特鲁基罗所提出的不同文化表演的发生频率。

7. 怎样把组织文化理论的原理应用于你的家庭？

第 17 章
组织信息理论^①

> 当人们遇到的事件貌似极度不合情理以至于他们因为担心别人不会相信而不愿意讲出来时，对意义建构能力的考验就达到了极限。
>
> ——卡尔·韦克（Karl Weick）

多米尼克·马丁

多米尼克·马丁读到的公司丑闻越来越多，她知道只是时间问题了。当 BankNG 的合规与标准经理（Vice President of Compliance and Standards）发邮件让她去找他谈谈关于监管与财务披露的新联邦法规时，她的直觉应验了。多米尼克是银行合规方面的专家，每当有新法规出台，她就是 BankNG 的不二人选。随着最近的法案被签署成为法律，多米尼克得到的指示很明确："搞定它。"她的经理告诉她。

几个月时间过去，当多米尼克·马丁考虑到与"联邦管理"项目有关的所有渠道时，她感觉压力逐渐累积。受法规波及的 BankNG 多个部门都联系她寻求协助，无时无刻不需要她的专业能力。事实上，因为媒体报道导致新闻界有很多人对公司适应新法的能力存疑，多米尼克的压力更大了，因此也更忙碌了。这项任务并不简单，因为这部法律包括审计、公司治理、内部运作与财务披露的新程序。他们立即成立了专门应对挑战的项目组，帮助银行及其系统适应新情况。

当走向会议室大门时多米尼克想，一旦完成这次转型，她会多快乐和轻松啊！多米尼克想知道，如果 BankNG 的标准能得到高效且有效的实施，她会不会被这家银行提拔。但是现在，她得处理 BankNG 的合规问题，她需要一个反应敏捷、能力出色、行动迅速的团队。她被任命为项目经理，今天她要通过视频首次与其他小组的成员开会。一些来自波士顿、达拉斯、丹佛和西雅图的员工将参加这次会议。这个项目的目标是对 BankNG 所有的信息系统进行改造，使它们能够与要求的变化相互兼容。联邦管理项目小组由将近 80 名员工组成，他们各自负责系统转换的不同方面。多米尼克以前管理的小组只有 12 名员工，而且他们都在同一个城市。因此，与数量接近此前七倍的同事打交道是一个新的挑战。

在会议的开始，多米尼克要求不同城市的项目小组领导介绍一下他们的成员，并说明他们的整体目标。在转向不同城市时，多米尼克感到有些力不从心。虽然有合规清单，但 BankNG 真的过于庞大和复杂，以至于一个简单的清单无法发挥作用。在这个项目中有太多的领域需要管理，比如针对法规及其不同组成部分做好准备工作，与联邦管

---

① 本理论基于卡尔·韦克的研究。

理机构进行信息协调，向 BankNG 的董事会成员和股东提供升级并获得反馈，成立审计委员会，让银行的其他部门了解这些变化。这些还只是开始！为了在规定期限之前完成任务，每个小组都需要知道彼此的进展情况。

在会议进行过程中，多米尼克意识到这个项目的成功需要依靠与不同州的不同团队进行有效的传播。他们商讨出了一个传播策略以帮助全国不同城市的项目小组获得关于该计划的信息。虽然总部位于波士顿，但各地的办公室需要知晓计划和协议，以便每个人都能参与其中。这个策略包括雇用一个内部沟通协调员来管理有关合规问题的信息。接下来，他们决定建立一个公司维基（company wiki）①，这样所有的成员都可以就该计划所需的信息进行沟通。同时，定

期向 BankNG 的所有成员发送最新的电子信件，通报该计划的最新进展。最后，他们决定使用电脑软件来记录目标、资源、最后期限和与该计划相关的任务完成情况。最终，尽管有一些压力和紧张，多米尼克还是用自己的领导才能战胜了这些困难，BankNG 几乎没遇到什么阻力和问题就实现了合规。

虽然已经过去好几年了，多米尼克仍然不知道她是否让这个管理项目运转得更加有效。她知道自己是一个称职的团队领导，但是直到今天，她仍然在思考当时的想法、行动和活动是否是最恰当的。她感到自信的是，每个人都可以对联邦管理问题发表自己的看法，他们的沟通使得该计划顺利进行。但是，她仍然忍不住要怀疑，她在这个事件的管理中是否发挥了最大潜力。

对大量的信息进行管理是许多组织面临的最典型的挑战。随着我们可以选择的新的传播渠道越来越多，我们发送讯息的速度越来越快，我们接收和发出的讯息的数量也在增加。组织现在不仅面临着对收到的讯息进行解码的任务，而且在决定谁需要这些达成组织目标的信息方面也面临着困难。新媒体使公司能够以过去不曾见过的方式达成其目标。视频会议、远程会议、维基、网络研讨会使得像多米尼克这样的人可以向群体同时共享和反馈大量信息。团队的每个成员都有机会决定什么信息对其完成任务非常有用，或者要求得到将来能够用得上的信息。显然，新技术的引入正在重塑现有的组织功能与结构（Lovejoy & Saxton, 2012）。

有些时候，组织收到的信息也可能模棱两可。在联邦管理项目的这个例子中，项目小组的每个成员都依赖其他成员提供的信

息，这样才能完成项目中属于自己的部分。团队需要信息以自己能够理解的方式呈现给他们。"客户/股东服务"团队可能对电脑专业术语几乎一窍不通，所以他们需要技术人员提供的信息非常清晰明确，并且以顾客可以理解的方式传达给他们。如果没有信息的交换和管理，特别是考虑到联邦命令，BankNG 就可能无法适应法规。

一些组织传播理论家把组织比喻成"生命系统"（Triolo, 2012）。就像一个为了维持其功能和生存而不断进行活动的生命系统，组织必须具有一定的程序来处理它需要收发的所有信息，这样才能达成其目标。就像系统一样，组织也由相互联系的个人和团队组成。他们只有互相依靠，才能完成目标。

我们思考一下大学招收新生的过程。宣传办公室会开展调查，找出对学生而言最重

---

① 维基指一种在网络上开放且可供多人协同创作的超文本系统，由美国人沃德·坎宁安（Ward Cunningham）于 1995 年首先开发，这种超文本系统支持面向社群的协作式写作。沃德·坎宁安将 wiki 定义为"一种允许一群用户用简单的描述来创建和连接一组网页的社会计算系统"。Wiki 站点可以有多人（甚至任何访问者）维护，每个人都可以发表自己的意见，或者对共同的主题进行扩展与探讨。其中最著名的应用是维基百科（Wikipedia）。——译者注

要的条件是什么。高中毕业生在决定上哪所大学时，毕业率和就业前景是否是他们最关注的？不同的学生在做决定时是否考虑相同的问题？近期《普林斯顿评论》(The Princeton Review) 杂志的大学排名是否会影响学生的决定？校园里更高级的电脑设备是否会更吸引学生？在搜集了这些资料后，宣传办公室会使用这些信息制作出吸引学生申请的宣传材料。学校向各主要城市的招生咨询会派出咨询员向家长和学生说明学校的情况，解答问题。在这个过程中，学校搜集反馈信息，监测潜在生源及其父母的反应，以便对目前实行的招生策略做出修改。招生办公室一方面提供信息帮助学生做出决定，另一方面也知道了什么最吸引学生从而减少了这方面的不确定性。

卡尔·韦克提出了一种进路描述这些组织（例如大学或公司）收集、管理和使用信息的过程。韦克的理论并不关注由角色和规则构成的组织结构，而是强调统筹的过程。因此，他把焦点集中在组织内部的信息交换以及组织成员如何理解这些信息上。韦克 (Weick, 1995) 认为，"组织会自己对自己说话"(p. 281)。为了这个目的，组织成员会起到创造和维持讯息的意义的作用。

韦克把组织视为一个系统，它不断地从环境中收到令人困惑或模糊的信息并解释它们。因此，组织随着不断试图理解自身及其环境，在不断向前发展。韦克的组织信息理论没有关注多米尼克的项目经理角色或者上下级之间传递讯息的特殊传播规则，而是把我们的注意力吸引到管理和使用信息的步骤上。因为无法解释收到的信息，因此组织会要求他人（通常是多个信源）输入新的信息以获得信息的意义，并向恰当的人或组织的其他部分做出反应。

290

理论速览·组织信息理论

组织的主要活动就是理解模棱两可的信息的过程。组织成员通过对信息的设定、选择和记忆完成这一意义建构过程。组织成功与否取决于它能否通过这些手段降低模糊性。

（组织中）永恒不变的东西正在改变

韦克的理论主要关注的是组织理解日常涌入的大量信息的过程。这个过程经常导致组织及其成员产生变化。事实上，韦克指出："组织及其环境瞬息万变，以至于几乎不可能说明它们现在是什么样，因为过一会儿情况就会发生变化。"(Weick, 1969, p. 1) 根据这种进路，要描述宇宙及其周围环境是什么样是不现实的，因为它们都在变化之中。随着组织对员工的需求发生变化，学者们的主要研究领域也可能会发生变化。比如，想想 20 世纪 90 年代末，许多组织招聘电脑技术和信息系统管理专业的毕业生以帮助他们在电脑系统方面进行改革。然而

今天，2011 年经济衰退期间的互联网泡沫使得这些人中的许多不是失业，就是在专业外的领域工作。你可以看到，组织需求经常受到文化需求的影响。

组织信息理论的焦点是信息传播，它决定着企业的生死存亡。组织的个人或某一部分很难拥有完成某个项目所需要的全部信息。这些知识通常来自许多不同的信源。然而，信息处理过程并不只是获得信息就宣告结束，最困难的部分是对得到的信息进行解码和重新分配。为了更好地理解这一过程，我们将讨论一下两个影响组织信息理论的理论。我们首先研究一下一般系统理论，接下来看一下社会文化进化理论。

一般系统理论

为了说明外部环境的信息对组织的影

响，理解组织对外部环境的反作用，韦克运用了一般系统理论来研究组织如何管理信息。我们之前在第 3 章中讨论过系统，贝塔朗菲（Ludwig von Bertalanffy）是我们提及系统进路经常提到的研究者。贝塔朗菲认为，在不同的现象之间存在着一定的模式和整体性。因此他提出，系统的一个部分如果出现问题，就会影响整个系统。总之，系统理论的观点如下：系统的不同组成部分之间存在着复杂的相互作用，理解这些相互作用将有助于理解整个系统。

系统思维对于我们理解不同组织单位间的相互关系十分有用。组织通常由不同的部门、团队或群体构成。虽然这些单位经常独立完成任务，但是要完成组织的整体目标，一般需要团队之间共享和整合各自的信息，解决问题。组织必须依赖这些混合后的信息，才能为达成目标做出必要的调整。他们可能需要额外的信息，也可能把信息传送给其他部门或组织中的其他人，或许还需要组织外的顾问来理解这些信息。如果一个团队没有提供所需要的信息以致没有完成整个项目所分配的任务，就会阻碍整个组织完成最终的目标。

在开篇故事中，我们了解到多米尼克需要与来自不同州的不同团队协商。为了完成联邦管理项目，每个州的团队都要承担特定的责任。不过，团队之间的相互关系也不容忽视。换句话说，团队之间彼此依赖；一个团队需要其他团队提供信息，否则就无法行动。如果没有收到这样的信息，BankNG 变革的实施就会延迟。

一般系统理论中一个重要的组成部分同时也是组织理解信息的重要一环就是反馈，即组织及其成员接收到的信息。还有一个重要的问题需要说明，那就是信息既可能是积极的，也可能是消极的。组织及其成员既可以使用信息维持组织的现状，也可以根据系统的目标做出某些改变。只有通过反馈，各个单位才能决定传送的信息是否清晰，确定它是否能有效地完成理想的目标。

组织要求或提供反馈反映了组织为了达成其目标所进行的选择。如果组织想要生存下去并完成其目标，它就必须不断地进行反馈的循环，以获得需要的信息，减少不确定性。我们下面还会看到，这一过程也可以用达尔文的社会文化进化理论加以解释。

达尔文的社会文化进化理论

另一个描述组织收集和理解信息的理论是**社会文化进化理论**（theory of sociocultural evolution）。你可能听说过"适者生存"，这个短语很适合用来描述该理论。任何组织的终极目标都是生存，并且像人类一样致力于发现最佳生存策略。虽然这个理论被用来描述组织内部如何对信息做出解释的社会互动，但是它最初却来自生物学。

社会文化进化理论	达尔文关于适者生存的理论

进化论最初是用来描述有机物为了应对生物环境的挑战而努力适应的过程，查尔斯·达尔文（Darwin，1948）用变异（mutations）来解释这种适应过程。有机体通过变异才能适应不同的环境。一些生物不能适应，于是死亡，而另一些生物通过改变，繁荣昌盛。拿多米尼克·马丁和联邦管理问题为例，那些能够采取措施迅速适应法规的公司就有更大的机会走向兴盛；那些没有努力

适应变化着的法律环境的公司，很可能会面临罚款等严重的后果。

坎贝尔（Campbell，1965）扩展了该理论，用它解释组织及其成员适应社会环境的过程。社会文化进化理论主要研究的是人们为了适应社会环境的变化而在社会行为和社会期待方面做出的改变。很多时候，这些变化需要团队成员努力迸发创造力（Sawyer，2012）。

以开篇小故事为例，假设多米尼克手下有

一个在日本的团队，他们也是联邦管理项目的成员。如果她想快速决定如何处理日本分部的变化，那么她首先要做的可能是采用美国员工认为有效的传播方式。然而，她很快意识到，日本人做事的方式与美国人存在很大差异。日本的银行职员不是迅速地报告事实并立刻拍板签字，相反，他们强调的是建立一种友好的关系。只有在关系确定后，他们才会谈到签字和协议的事情。多米尼克必须通过社会文化进化过程适应海外团队的规范和期待。

韦克使用了社会文化进化理论解释组织适应各种信息带来的压力的过程。这些压力可能来自信息超载，也可能来自信息模糊不清。进化论在描述处理信息的适应过程中非常有用，通常系统理论在把不同的部分整合到一起方面也起到了十分重要的作用，因为它强调了组织中的团队、部门、员工在信息处理过程中的相互关系。我们将回到对组织信息理论的讨论，并说明它的前提假设。

组织信息理论的前提假设

组织信息理论是解释组织如何理解混乱或模糊的信息的方法之一。它关注的是组织成员管理信息的过程，而不是组织结构本身。该理论的前提假设如下：

- 人类组织存在于信息环境之中。
- 组织接收的信息具有不同程度的模糊性。
- 人类组织处于不断降低信息模糊性的信息过程之中。

第一个假设指出组织要有效地运作和达成目标必须依赖信息（information）。韦克（Weick, 1979）认为，组织所处的信息环境和物理环境之间存在明显区别。他提出，信息环境是由组织成员创造的。他们建立了目标，这个目标要求他们从组织内外的信源那里获得信息。然而，这些输入的信息在可理解性方面存在差异。

想一下大学招生办公室的例子。学校获得学生需求的信息渠道非常之多：它可以建立一个网站，回答有意向的学生的问题，获得学生的反馈；它也可以在高中进行一次关于高校的调查，进一步了解学生的要求；它还可以进行焦点小组访问，了解学生的需要和关心事项；它甚至可以让毕业生现身说法，吸引高中生。一旦学校获得了这些来自外部信源的信息，它就可以决定如何进行内部讯息（messages）沟通，建立和完成针对在读和将要入学的学生的目标。因为不断会有新的信息输入，所以学校必须决定如何管理这些来自信息环境的讯息。

韦克提出的第二个假设关注的是信息中存在的模糊性。讯息在可理解性方面存在差异。组织需要知道哪个成员最有知识和经验处理它所获得的某条信息。因此，必须建立一个机制来理解这些信息。事实上，卡尔·韦克（Weick, 2015）认为，当事物模棱两可时，人们会尽力想办法解决。换句话说，他认为有时员工别无选择，只能去处理含糊不清的讯息。关键在于必须接受现状，并试着理解它，我们会在本章稍后探讨这一观点。

在 BankNG，每个团队的每个成员都必须具备准确地解读并理解讯息的能力。然而，由于联邦法规的要求以及随之而来的复杂性，很多讯息不总是那么清晰，因为个体往往会想当然地以为自己理解了，并以模糊的方式进行传播。此外，在处理如此庞大的任务上，每个团队都经验寥寥。因此，根据韦克的理论，BankNG 的讯息常常具有模糊性。**模糊性**（equivocality）指的是讯息的复杂性、不确定性和不可预测性。组织经常会收到模糊的讯息。因为这些讯息很难被清楚地理解，所以人们需要建立一个框架或计划来降低讯息的模糊性。

模糊性	组织中讯息的不确定性、多义性和不可预测性的程度

你可能会觉得模糊性于组织无益。然而，埃里克·艾森伯格（Eisenberg，2007）

提醒我们，模糊性未必是问题。他说，以前将模糊性视为困难，"韦克彻底推翻了这一观点，反而认为模糊性是激励人们组织起来的引擎"（p. 274）。艾森伯格进一步阐明，模糊性可能会"使协调行动成为可能"（p. 274）。当组织中的个体试图降低模糊性时，他们就参与了试图理解组织接受的过量信息的过程。在本章稍后部分，我们将对模糊性进行进一步探讨。

在降低信息模糊性的过程中，该理论的第三个假设认为，组织对收到的信息的解读过程是一个合作行为。韦克（Weick，1979）把降低模糊性的过程看成是组织成员共同的行为。降低模糊性不是某一个人的责任，而是一个至少涉及组织中数个成员的过程。以 BankNG 为例，每个部门都需要来自其他部门的信息，同时也要向其他部门提供信息，这样才能完成组织的联邦合规。这说明组织中的部门在降低模糊性过程中互相依赖。随着传播反馈的不断循环，组织的不同部门处于一个交互的信息发送-接收过程。

关键概念以及对信息的概念化

韦克的组织信息理论包括许多关键概念，它们对理解该理论至关重要。这些概念包括信息环境、规则和循环。我们现在分别详细介绍它们。

信息环境：一切的总和

前面我们曾经提到，信息环境是韦克的理论中不可缺少的部分。信息环境是理解组织如何处理信息和理解信息的核心概念。每天，我们都面对成千上万的需要处理和理解的刺激。然而，要组织及其成员处理所有可获得的信息是不现实的。因此，我们必须选择出对我们有意义的或重要的信息，并对它们进行处理。这些能够获得的所有刺激就是**信息环境**（information environment）。组织由信息组成，这些信息对它的形成和继续存在都是至关重要的。例如，成立联邦管理项目小组是因为新的联邦法律要求上市公司修改他们的财务协议。银行如果要在竞争激烈的时代生存下来，就必须遵守法律，否则就会立即面临严重后果。因此，信息环境不仅包括不同部门与办公室之间的内部传播，还必须考虑外部刺激（例如政府指令）。

信息环境	组织能够获得的所有刺激

为了成功地管理来自各个方面的信息，组织一般要完成两个主要任务：（1）它必须对存在于信息环境中的外部信息做出解释；（2）它必须使成员了解、协调这些信息的意义并使其为组织的目标服务。这些解释的过程要求组织降低信息的模糊性，以便让信息更有意义。

规则：分析的指导方针

韦克（Weick，1979）提出，如果组织想降低讯息的模糊性，有两种传播策略十分重要。第一种策略要求组织在对输入的信息做出适当的反应的同时，还要确定降低讯息模糊程度的规则。因此在完成事项方面，组织有某种程度的自治。在组织信息理论中，**规则**（rules）指的是组织设立的用来分析讯息的模糊性和指导对信息做出反应的方针。比如，如果任何联邦管理项目小组的领导认为计算机技术人员提供给他们的信息

具有模糊性，那么他们会被告知与技术项目小组接触，澄清模糊的信息。如果他们首先与多米尼克接触，那么降低模糊性的过程就会加上一个步骤，因为她得联系技术人员，然后再把情况报告给项目小组的领导。在大学招生的例子中，为了设计吸引学生的材料，招生办公室的人进行了一次调查。当他们收到学生对大学看法的问卷信息后，应对信息环境的规则是立即发出有关学校信息的招生信息手册。上述两个组织都具有应对信息模糊性的规则和对信息做出恰当回应的规则。

规则	在对模糊信息做出反应后总结出的指导方针

大众媒体中的理论·自治的组织与组织规则

自治（self-governance）能够帮助一个组织降低部分组织模糊性。法律研究网络（Legal Research Network，LRN）公司致力于倡导文化中合乎原则和伦理的实践，其创始人兼首席执行官多夫·赛德曼（Dov Seidman）认为自治十分重要，他首先彻底废除了公司的组织结构表。他的观点非常明确："我们都向我们公司的使命'汇报'。"赛德曼决定召集来自世界各地的 20 个团队一起构想自治概念。就此而言，自治意味着摒弃自上而下的决策方式，代之以"高度协作式的"权力与权威形式。这种组织没有固定的规则，相反要考虑员工的价值和公司里的关系类型。赛德曼指出，选举产生的员工委员会负责做出决策，并处理招聘、绩效管理和解决冲突等事务。取消休假时限和款项支出中的层层审批、采取赛德曼的绩效评估方式（由任何想要参与的员工作出评估）等自治行为是自治的部分新"规则"。赛德曼总结道，自治"令人颇受启发，懊恼沮丧，紧张焦虑，真实而迫切"。

资料来源：Letting the mission govern a company, (2012, June 24). *New York Times*, p. 7.

韦克列举了一些与规则有关的例子，这些规则会导致组织选择信息循环或互相反馈的方式降低讯息的模糊性，其中包括持续原则、人事原则、成功原则和省力原则。我们可以在开篇小故事的例子中看到持续原则和人事原则对传播沟通的指导作用。**持续原则**（duration）指的是组织的传播选择应该至少保持一定的时间。例如，BankNG 的规则规定了谁应该负责解释技术性信息。这些规则防止了人们不断地向那些不懂技术

的人咨询。通过建立这些规则，BankNG 提高了工作效率，员工会直接与那些能够提供所需信息的人接触，这样可以减少因为向不同的人打听信息渠道而导致工作延误。为了做到这一点，BankNG 还采用了**人事原则**（personnel）。这个规则的意思是，那些在某个方面拥有最多知识的人应该成为降低模糊性的关键信息源。因此，应该由计算机技术人员而不是人力资源部的人员向人们提供与项目相关的技术信息以降低模糊性。

| 持续原则 | 规定处理模糊性的决策必须保持一定的时间的组织规则 |
| 人事原则 | 规定应该由最适合的人处理模糊信息的组织规则 |

当组织选择那些过去曾经成功地降低信息模糊性的传播计划时，这时产生影响的就是成功原则（success）。学校知道，许多学生的问题和关心事项都可以通过仔细调查后制作的招生手册进行回应。过去的事实证明，这是一个成功的招生工具，因为在过去的五年中每年的招生人数都有 4% 的增长。因此，学校知道这是一个降低学生的信息模糊性的成功手段。

| 成功原则 | 规定过去取得成功的计划应该继续用来处理当前的模糊性的组织规则 |

297 省力原则（effort）也是影响学校选择使用招生手册来增加生源的规则。这一原则指导组织选择那些既能降低模糊性同时又最省力的信息策略。学校没有采用招生热线的形式重复回答学生关于学校的问题，而是采用了印制招生手册的方法回答常见问题，这是学校能够提供的传播方法中最有效率的一种。许多公司采用自动客户服务电话是另一个组织降低信息模糊性的例子。组织不是让顾客与不同的员工联系重复地解释自己打电话的原因，而是让顾客选择与自己要解决或关心的问题最匹配的数字。这样可以指导顾客直接与最合适的部门取得联系。

| 省力原则 | 规定应该用最省力的方式处理模糊性的组织规则 |

循环：行动、反应、调整

如果接收的信息模糊性很高，组织就会采取一系列传播行为降低模糊程度。韦克把这种系统行为称为**循环**（cycles）。讯息越模糊，就需要越多的循环来降低模糊性（Herrmann，2007）。降低模糊性的传播行为循环包括三个步骤：行动、反应及调整。

行动（act）指的是用来说明某人的不确定状态的陈述或行为的传播。例如，作为团队负责人，多米尼克可能会对审计小组的人说："财务披露研究小组想要你们小组在公司职员股票交易行为准则方面提供一些信息。"在决定索要信息从而降低模糊性时，多米尼克使用了人事原则。

| 循环 | 为了降低模糊性而采取的一系列传播行为 |
| 行动 | 说明某人收到的讯息具有模糊性的传播行为 |

传播循环中的第二个步骤是反应。**反应**（response）被定义为对行动的回应。也就是说，作为行动的结果，反应提供了对模糊讯息的澄清与说明。审计小组的负责人可能会回答："必须探索所有可能的手段来审查利益冲突和职员股票交易。这绝对是最重要的事。"

| 反应 | 对模糊性的回应 |

作为反应的结果，组织对最初接收到的信息进行**调整**（adjustment），再次做出反应。如果对于行动的反应降低了讯息的模糊性，调整就向对方表明，信息现在已经被理解。如果信息仍然模糊，调整就会以另外的问题的形式出现，进一步对信息进行询问。换句话说，如果多米尼克仍然不确定，她就很可能继续问问题，从而降低讯息模糊性。

调整	组织对模糊性的反应

反馈是信息理解过程中的重要一环。韦克使用了双重互动环来描述信息交换中行动、反应和调整的循环。**双重互动环**（double-interact loops）指的是用来帮助组织成员降低信息模糊性的多重传播循环。员工可以通过工作午餐、员工休息室的闲聊、面试、会议电话等其他任务来持续降低信息模糊性。想象一下你铲雪时的双重互动，目标是清除积雪以免发生意外。为了"清除"模糊性和不确定性，公司中的双重互动是必要的。否则不仅会阻碍目标的实现，还会产生一些后果。因为这些循环需要组织成员互相沟通以降低模糊程度，韦克暗示，在这个过程里组织中人与人之间的关系要比任何个人的才能或知识更重要。因此，这里有着非常明显的一般系统理论哲学——"整体大于局部"。

298

双重互动环	用来降低模糊性的组织循环（如谈话、会议等）

降低模糊性的原则

到目前为止，我们相信你已经知道，组织信息理论的一个核心特征是模糊性。事实上，模糊性是贯穿该理论的一个关键主题，尽管学者们已经重新审视并完善了该理论。（Weick，2011）。在这一节中，我们通过思考模糊性的三个指导原则以及在组织生活中减少这一传播过程的方式来讨论模糊性。

组织会使用一些原则来处理模糊性。组织必须分析信息的模糊性、使用何种规则降低模糊性、应使用的传播循环三者之间的关系。这三个变量之间存在这样的关系，即如果讯息具有高度模糊性，组织又没有处理这种模糊性的规则，结果会导致组织使用许多传播循环来降低信息的模糊性。组织会研究它收到的信息（输入信息）的模糊程度，然后决定是否拥有足够的规则对降低模糊性的传播循环进行指导。

可以举个例子，技术问题对于非专业人士来说具有高度的模糊性。因此，虽然组织有一系列规则来指导传播回应，但可能会使用其中唯一的一个（比如人事原则）来指导传播循环。如果输入的信息可以轻易地被组织中大多数成员理解（比如一个客户可能会问："BankNG 为联邦管理做准备工作了吗？"），就可以使用更多规则（比如成功原则、省力原则和持续原则）来降低模糊性。讯息的模糊性越大，可以用来指导传播循环的规则就越少。

韦克（Weick，1979）提出的第二个原则是关于所需规则的数量和用来降低模糊性的循环的数量之间的关系。如果组织在降低模糊性时只有少数几个规则可以使用，那么需要更多的循环来过滤信息。在本章开始的例子里，组织中的大多数成员认为与联邦管理有关的技术性信息具有高度的模糊性。他们处理这个模糊性时，可以使用的只有一个规则，那就是与有技术方面知识的人（人事原则）进行交流（例如外部审计、财务披露等等）。因此，为了降低信息的模糊性，技术人员和组织其他员工之间的信息交换循环就会更多。

299 　　韦克提出的第三个原则涉及的是使用的循环数量与剩余的模糊性之间的关系。使用的循环越多，获得的额外信息和调整就越多，降低的模糊性也越大。所以韦克提出，使用的循环越多，模糊性降低得越大。

　　虽然 BankNG 中的员工可以通过许多渠道（如视频会议、电话会议、维基）获得关于项目状态的信息，这增加了信息的潜在模糊性，但是它也为员工们提供了更多信息循环的机会，可以降低模糊性。员工们可以通过在线交谈获得有关联邦管理项目的问题的答案及他们关心的内容。他们可以下载数据文件以追踪项目的进展，询问其他项目小组是否能够在要求的期限之前完成不同的任务，因为这对整个计划的成功非常重要。他们的有利因素在于拥有内部传播团队管理从不同信源获得的讯息。因此，他们可以使用更多的循环来降低信息的模糊性。

降低模糊性：尽可能地利用信息

　　降低模糊性既是必要的，也是复杂的。根据韦克（Weick，1995）和蒂莫西·库姆斯（Timothy Coombs，2015）的观点，组织试图整合规则与循环，从而让信息变得易于理解、具有意义，在此过程中组织会经历不同的发展阶段。降低模糊性的过程本质上是一个人际过程，其发生有三个阶段：设定、选择和记忆。

设定：为讯息分配重要性

　　设定（enactment）指的是组织如何接收和解释信息。安德鲁·赫尔曼（Herrmann，2007）写道："设定始于个体将一则讯息框定在环境之中。"（p. 18）在这个步骤中，组织必须分析输入的信息，确定其模糊程度，并且赋予其意义。在决定如何处理模糊性时，组织会重复使用现存的规则。如果发现没有足够的规则降低模糊性，组织就会使用不同的传播循环来有效地帮助理解信息。韦克认为，这个行动阶段是组织成败的关键。如果一所大学没有花力气解释潜在申请的信息，它就无法有效地知道学生在选择大学过程中的想法和关注的东西。埃里克·艾森伯格和 H. L. 古多尔（Eisenberg & Goodall，2013）认为，设定可能是韦克提出的最具"革命性"的概念（p. 109）。

设定	组织对收到的信息做出解释

　　韦克认为，设定的一个附属部分是**意义建构**（sensemaking），即在复杂多变及不确定的情境下创造意识与理解的尝试。对韦克（Weick，1995）而言，意义建构包括"将对象置于框架之中，领会，矫正出人意料之事，建构意义，互动以寻求互相理解，以及发现规律"（p. 6）。意义建构"始于混乱"*300*（Weick，Sutcliffe，& Obstfeld，2009），并涵盖了多种传播形式，包括惯例、争论、象征符号、承诺以及其他行动和行为（Salem，2007）。韦克（Weick，2012）认为意义建构还包括讲故事。虽然韦克在三个阶段（设定、选择和记忆）中都发现了意义建构活动，但设定最常与意义建构相关联。

　　韦克（Weick，2012）认为决策与意义建构相关，但并非同义。事实上，韦克引用了一名消防员/乘务长的话来说明由决策到意义建构的"转换"，他说：

意义建构	在复杂多变的情境下创造意识与理解

　　如果我做了一个决策，那是我自己的事，我会为它骄傲，保护它，对质疑声充耳不闻。如果我建构意义，那么它就更具有动态性，我会兼听也能做出改

变。决策是你要打磨的东西。意义建构是下一阶段的方向。(p. 22)

有趣的是，一些研究者认为，有时会发生预期型意义建构。雷格纳·罗斯尼斯、托尔·艾芙约莫、托尔盖尔·哈维克和艾琳·维罗（Rossness, Evjemo, Haavik, & Waero, 2015）认为，当外科手术团队思考手术中可能出现的问题的合理预期以及如何处理这些情况时，他们会觉得手术变得更加安全高效。因此，人们会做出某些决策，但他们是根据决策的后果和影响来考虑这些决策的。

选择：解释输入

组织一旦使用不同的规则和循环解释环境，它就必须分析什么是已知的并且选取最佳的方法获得额外的信息以降低模糊性。这一过程被称为**选择**（selection）。在这一阶段，组织必须决定使用哪种规则和循环。如果信息仍然不清楚，组织就要寻找可以获得的资源，或者是否具有其他的传播循环可以帮助组织进一步理解输入的信息。

选择	选取最佳的方法获得信息

举例来说，想象一下，开尔文被老板分配给他的任务压垮了。当开尔文考虑到老板要求他做的全部投入时，他明显开始焦虑不安。距离向上级汇报还有一周时间，而这段时间他在工作中总是被需要他帮忙的同事打断。他感觉不胜负荷，是因为他一直在处理一个具有高度不确定性的项目。监督这个项目的时候，他需要参加多个会议，有趣的是，这些会议带来了额外的信息和模糊性。如果开尔文想减少这种应接不暇的感觉，他就必须制订一个获取并正确散播信息的计划以完成任务。在开尔文处理信息输入时，回顾有关传播渠道的组织规则会对他有所帮助。在这种情况下，他的选择过程将有助于降低模糊性。作为组织的一员，他的专业知识在降低模糊性时也会起到重要作用（Weick & Sutcliffe, 2015）。

记忆：记住细节

一旦组织对其降低模糊性的能力做出评价，它就会分析规则和传播循环的有效性，并且进行**记忆**（retention）。在这一阶段，

组织保存信息以供将来使用。这个阶段要求组织确定什么有用，什么需要忽略或消除。如果某个规则或循环有助于组织降低信息的模糊性，那么很可能它会被用来指导组织在相似问题上的决策。假设多米尼克发现视频会议中成员之间提供的大量信息不但无助于完成项目的不同任务，反而会导致项目小组成员更加迷惑，她就会记住这一宝贵经验，在将来的项目信息共享过程中可能不再使用这个技术。相反，她会选择在线计划的形式，让项目小组成员选择那些对自己的这部分任务有用的信息，跳过与他们无关的信息。如果降低模糊性的策略有用，它们就会在未来的任务中保持下去。

因此，通过设定、选择与记忆，组织可以开始降低和消除模糊性的过程。这三个过程并不总是同时发生；事实上，某一过程可能比另外的过程花费更长时间。我们前面曾提到，这些阶段本质上主要是人际的，而处理人类关系就如同组织决策一样，可能是无法预测的。

记忆	使人们能够达成目标的集体记忆

整合、批评和总结

卡尔·韦克的组织信息理论被认为是一个具有解释力的理论框架，它可以说明组织如何理解那些对其存在来说至关重要的信息。组织信息理论与其他理论的不同之处在于它解释了组织接收外部信息输入的过程。此外，该理论的研究主要采用实验方法，属于经验的研究过程。韦克强调了互动在信息处理过程中的核心作用，因此传播是"理论格子结构"（theoretical latticework）（Herrmann，2007，p.18）的焦点。

学生之声

凯思琳

我高中的时候在一家便利店打工。我讨厌那份工作，但我需要为上大学攒钱。我确实记得有段时间工作场所存在模糊性。经理有个习惯，不打招呼就来工作，让员工们措手不及。我们无法忍受这点，觉得她的行为让人难以捉摸。员工认为工作环境具有模糊性，是因为大家对经理的行为有不同的看法。我们中的一个人认为，她（经理）是为了让我们保持精神集中。另一个人觉得她不打招呼就来工作，是因为她不信任我们独立工作。我个人认为她不跟任何人打招呼就突然出现在工作场所是因为她想展示自己的权力。我一直没有想明白她为什么要通过"来访"让我们措手不及，但我已经离职很久了。

302

整合

| 传播传统 | 修辞学 | 符号学 | 现象学 | **控制论** | 社会心理学 | 社会文化 | 批判 |

| 传播语境 | 自我 | 人际 | 小群体 | **组织** | 公众/修辞 | 大众/媒体 | 文化 |

| 获得知识的方法 | **实证的/经验的** | 诠释的/阐释的 | 批判的 |

批评

| 评价标准 | 范围 | **逻辑一致** | 简洁 | **实用** | 可检验 | **启发性** | 时间的考验 |

逻辑一致

回想一下，理论家必须清晰阐释讨论的概念。一个主要的批评是关于韦克认为人们受到组织规则引导的观点。然而组织学者提出："我们困惑且混乱，焦虑且烦恼，选择、控制和变换着不同的意义，对环境做出解释。"（Papa & Daniels，2014，p.114）换句话说，一些组织成员很少关心工作场所中的传播规则。个人并不总是有意识地知道或精确地理解他的选择过程，他的行动更多来自自己的直觉而不是组织的规则。随着员工对组织环境越来越熟悉，如果直觉准确、合乎道德并且经过缜密思考，他们就会更多地依赖直觉。

另一个批评强调了逻辑一致的问题，因为组织信息理论把组织看作静止的社会单位（Taylor & Van Every，2000）。研究者们对韦克的观点表达了不同意见，并且在他们的研究中提出："组织结构和过程中的矛盾并不是由外界引发的。"（p.275）泰勒和范·埃夫里认为，组织无时无刻不处于紧张状态，韦克的理论需要考虑这一点。组织的紧张关系持续存在，需要用韦克的主张对它们进行识别与研究。此外，考虑到公司合并、裁员、员工工作的离岸外包以及技术的发展导致的动态变化，对组织进行静态、固定的评估是很短视的。

卡尔·韦克的有组织的组织形成模型（model of organizational organizing）帮助传播学者了解如何做出决策，以及与这些决策相关的关键过程。当个体遇到一个组织，他们需要了解组织中发生的传播过程。随着组织信息理论不断完善，将传播置于中心地位将会大有帮助。正如埃里克·艾森伯格（Eisenberg，2007）所言，韦克最具价值的贡献是他坚持语言与传播在组织真实建构中的中心地位，并且持续关注传播，将其作为增进我们对认知、文化与社会互动的理解的场所（p.284）。

实用

303

该理论对传播过程的关注增强了它的实用性。组织信息理论关注的是传播过程，而不是传播本身的作用。这对于了解组织成员如何理解接收到的组织内外的信息活动非常有帮助。韦克没有试图理解组织中的人以及他们的不可预测性，而是决定阐明信息处理的复杂性，使之成为一个相当实用的理论。

启发性

组织信息理论具有启发性，激起了大量的学术讨论。该理论引发了在各种话题的研究中的思考，包括环境洪水（Ulmer, Sellnow, & Seeger, 2007）、流浪工作（Bean & Eisenberg, 2006）、外科手术流程（Rosness et al., 2015）、组织幽默（Heiss & Carmack, 2012）、高中领导力（Carraway & Young, 2015）以及美军凝聚力（Van Epps, 2008）。该理论还被应用于不同的群体，例如动物园志愿者（Kramer & Danielson, 2016）和感染艾滋病病毒（HIV）或患艾滋病（AIDS）

的加纳人（Latzoo，2015）。查尔斯·班茨（Bantz, 1989）认为，就韦克总体上对研究的影响而言，"许多学者直接使用韦克的组织概念或者将之整合到自己当下的研究之中，这是意料之中的事"（p. 233）。显然，韦克对组织传播学者的研究产生了很大影响。

总结

卡尔·韦克将组织模糊性的概念置于中心地位，他的理论在今天引起了共鸣。组织信息理论始终吸引那些对组织、讯息和人的交集感兴趣的理论家与实践者。该理论被称为"意义建构模型"（Abu-Shaqra & Luppicini, 2016, p.62），促使多个学科的研究者研究组织生活中难以预测的行为。因此，在企业不得不应对难以预料、具有挑战性的变化的文化中，该理论将继续引起共鸣。

讨论题

技术探索：考察各种形式的社交媒体，并对它们与组织决策相关的模糊性程度进行排序。从推特到脸书，详细阐述每个社交媒体与模糊性相关的挑战。

1. 根据你对组织信息理论的理解，多米尼克还有没有其他的方法促进 BankNG 解决联邦管理问题？在回答中，至少使用两个 *304* 本章讨论过的概念。

2. 请回忆一下你曾经或者现在所在的某个组织。你能记起某个时候你或组织收到过模糊的信息吗？如果有，你或组织使用了什么原则来处理这种模糊性？

3. 韦克用设定、选择和记忆这三个过程来解释组织如何处理输入的信息。请举例说明，你的学校是如何使用这些策略来理解校园中的信息的。

4. 请讨论一下必要的复杂性原则①在处理模糊性中的重要作用。你认为具有高度模糊性的信息是否一定需要更复杂的传播过程来理解？为什么？

5. 你所在的学校或学院是否从学生那里获得反馈以提高其知名度？请讨论一下你们学校的做法。

6. 请讨论一下组织信息理论中组织规则的功能。

7. 请将模糊性概念应用于一个你熟悉的组织。

---

① 必要的复杂性（requisite variety）指的是与讯息的复杂程度相等的传播行为过程。为了理解具有高度模糊性的信息，必须采用高度复杂的传播行为。如果信息简单到可以为组织的成员所理解，就不需要复杂的传播行为。作者在新版中删掉了这条原则，详细解释可参考本书第二版。——译者注

单元4 公　众

305

当我们聆听演讲、欣赏戏剧、参与交谈或消费媒体时，我们就是受众的一员。我们就是公众。① 作为受众的一员，我们的行为特征与第1章讨论过的传播交流一致。我们既是讯息的发送者，同时也是讯息的接收者。因此，在以受众为中心的讯息中，语言传播和非语言传播都非常重要。

公众，是我们这个部分选出的三个理论的核心。作为西方世界的经典著作，《修辞术》想要说明的是，一个演说者想要说服听众必须遵守一些建议。这些建议包括研究演讲内容、考虑演讲者以及分析听众。戏剧理论关心的是公众在说服中所扮演的重要角色。戏剧理论者认为，除非受众对演讲者产生认同，否则无法进行说服。叙事范式建议把受众看作故事讲述经验的参与者。叙事范式理论者提出，一个人的故事之所以有效，是因为其中诉诸了听者的价值观。传播理论中的公众部分所涉及的是我们——听众、消费者和观众，我们决定着他人是否对我们产生影响。这个部分的理论将向你介绍一些与受众相关的值得注意的话题，它们包括受众分析演讲的效果，演讲者的诚实性、可信性和性格。

---

① 严格来说，受众（the audience）和公众（the public）并不相同。受众是被动接受传播内容的群体，而公众则是理性地参与公共事务的公民（曾经仅指男性自由公民）。在参与公共生活、聆听演讲修辞的群体那里，二者才大致重合。这种传播情境一般是修辞术研究所假定的情境，所以在本章特殊语境中作者认为二者是等同的。——译者注

第18章
修 辞 术 ①

人格几乎可称为最有效的说服手段。

——亚里士多德（Aristotle）

卡米尔·拉米雷兹

卡米尔·拉米雷兹所修的专业必须选修一门公众演讲课。虽然她在高中时就是一个活跃分子——她曾是学生会的财政部长，也是长曲棍球队的队员——但是她从未做过公众演讲。这是她的第二个学期，她想这学期把需要的课程修完，因此她选修了公众演讲课。

到现在为止，卡米尔这门课学得还不错。她对自己的演讲能力具有相当的信心，她已经在演讲作业中得了两个 A 和一个 B。然而期末演讲是对她最大的挑战。这是一个说服性演讲，她选择的演讲题目是酒后驾车的危险。这个题目与她个人有一定关系，因为她会谈到自己的叔叔杰克——他是一个好人，但是去年在一场由酒后驾车司机造成的车祸中丧生。在准备过程中，她计划在演讲中使用感情和逻辑两种说服方法。卡米尔还计划对酗酒问题的两面——放纵自己的欲望和负责任的需要——进行论证。

在演讲课开始之前，卡米尔做了几个深呼吸——这是她在之前的演讲中使用过的方法。在走向讲台的过程中，她可以感到自己的怀里像揣着一头小鹿。她一直提醒自己注意所讲的题目以及这个题目对她个人的意义。因此，和计划中的一样，她用一个自己和杰克叔叔的小故事开头，这是她最喜欢的一段与杰克叔叔共处的时光——他们去费城看自由钟。卡米尔接下来谈到了那个夜晚——在他们旅行的两个星期后——她的叔叔去世了。杰克叔叔在看完女儿的足球赛后驾车回家，一个酒后驾车的司机从后面把他的车撞上大堤。杰克叔叔的车滑到池塘里沉没了。

在卡米尔讲完这个故事后，教室里鸦雀无声。她接下来说明为什么要选择这个题目。她告诉同学们说，因为教室里有许多不

---

① 本理论基于亚里士多德的研究。[Rhetoric 很难找到确切对应的中文，大致的意思是为达到一定目的所使用的传播技巧。亚里士多德的《修辞术》这本书的书名曾经被翻译为"修辞学"（三联书店），译者罗念生认为可以直译为"演讲的技巧"，在正文中也使用了"修辞术"这个译法（从文学研究的角度出发，罗念生的译本只全译了第三卷，而对恰好与传播学关系最大的第一卷和第二卷只做了节译）。中国人民大学出版社的译本翻译成"修辞术"。龚文库根据英译本的翻译 Aristotle's 'Art' of Rhetoric，认为应该译成"亚里士多德的演讲'读本'"。需要说明的是，这里的修辞的概念比我们通常使用的修辞的概念要广，用于口头表达时指"辩论术"或"说话技巧"，用于文字写作时则指"修辞学"或"写作技巧"。因为古希腊重口头表达而轻文字表达（见柏拉图《对话录·斐德罗篇》，德里达对西方文化的批判也以此为出发点），所以亚里士多德论述更多的是口头演讲，特别是其中的说服技巧。后来这个概念的外延也更加广泛，比如 rhetoric of vision and sound 则扩展到所有的传播技巧。在新修辞学和后现代主义修辞学的影响下，修辞学的研究范围也大为扩展，包括人类所有象征符号的运用，比如本章就将文化研究划入修辞学的领域。这里仍按照一般习惯译为"修辞术"，但需要明确它的特殊含义。——译者注]

到 25 岁的青年，应该让他们明白生命有多么脆弱。她的话在教室中回响。在接下来的几分钟里，卡米尔在重复不要酒后驾车的重要性时又数次提到了她的杰克叔叔。

卡米尔完成演讲时感到如释重负。她认为自己出色地完成了任务，同时还感到这个机会帮助她再次谈起她的叔叔。下课后，几个同学过来向她表示祝贺。很多人还在她的脸书主页留言表达同情。他们觉得在这么多人面前谈与个人有关的题目需要很大的勇气。有几个人认为这个题目非常适合下面的听众——事实上，一个同学还说他希望卡米尔向他的男生联谊会兄弟们再做一次同样的演讲。卡米尔在回宿舍的路上忍不住想到自己真的做得十分出色，这次演讲从个人角度和专业角度来看都取得了成功。

在现代生活中，我们随时都会面临在他人面前发表演讲的机会。很多人大部分时间都以正式或非正式的方式和别人讲话，政客、宗教领袖、医生、监管主管、投资经纪人只是其中的几个例子。特别是作为学界一员，不管是事先选择还是偶然，我们都要在教室、组织、宿舍等地点面对我们的教授（和学生）讲话。

在美国，研究公众演讲和普遍意义上的传播之所以重要，有如下几个原因。首先，在近 20 年的时间里，美国全国大学与雇主协会（http://naceweb.org/s02242016/verbal-communication-important-job-candidate-skill.aspx? terms = communication%20skills）指出"传播技巧"对获得及维持一份工作至关重要。其次，公众演讲的定义中提到，作为社会的一员，我们要善于听取其他人的观点，甚至是与自己的意见相左的观点。审议和辩论是美国民主的特征（West，2012）。最后，当一个人向一个群体发表演讲时，演讲信息会在群体外产生影响。比如，当政治家向一小群密西西比西南地区的选举人发表演讲时，她说的话常常会向外流传。当部长在一个地方中学发生枪击案后向与会者表示慰问时，这些话会迅速传到那些不在现场的人的客厅里。

有学者认为，在来自世界各地的个体之间的传播中，有效传播至关重要（Williams & Remillard，2016）；这一话题不仅仅在美国引起共鸣。显然，有效的公共演讲能够影响的个体远不止于听众群体，它是我们作为民主社会的公民的一项重要技能。

虽然公众演讲对于我们的生活十分重要，但它仍是一项令人恐惧的活动。事实上，一些民意测验显示，人们害怕公众演讲的程度甚至超过了害怕死亡！喜剧演员杰里·圣菲尔德（Jerry Seinfeld）对此评论说："根据许多研究，人们第一害怕的是公众演讲，第二害怕的才是死亡。死亡排在第二位，这正确吗？对普通人来说，事实确实如此。如果你参加葬礼，你宁愿躺在棺材里，也不愿当众念悼词。"（youtube.com/watch? v＝kL7fTLjFzAg）

人们并不都像卡米尔·拉米雷兹一样认为公众演讲很有趣。她不仅必须克服当众讲话的焦虑，还要克服因为讨论个人话题而带来的焦虑。对卡米尔来说，心里想得最多的还是说什么以及如何说。从同学们的反应来看，她的演讲效果相当好。卡米尔可能还不知道，她成功的原因就写在亚里士多德的作品里，这部作品出版于 2 000 多年前。

亚里士多德因为解释了演讲的动力而受到赞誉。《修辞术》由三卷构成：第一卷主要关注的是演讲者，第二卷关注的是听众，第三卷涉及演讲本身。亚里士多德的《修辞术》被历史学家、哲学家和传播学家视为西方世界最有影响的作品之一。另外，许多人还认为亚里士多德的这部作品是演讲准备和演讲实施方面最重要的书籍。在某种意义上，亚里士多德是第一个介绍公众演讲"诀窍"的人。莱恩·库珀（Cooper，1932）同意上述看法。在 90 多年前，库珀评论说:"亚里士多德的《修辞术》是一本实用心理学,它是一本对散文作者和各种演讲者都十分有用的书。"(p. vi)根据库珀的看法,从事任何职业的人——律师、立法者、神职人员、教师、媒体撰稿人——都会从阅读亚里士多德的这本书中受益。接受这一称赞的竟然是一个已经逝世 2 000 多年的人!

为了理解亚里士多德作品中的力量,重要的是首先了解《修辞术》本身。只有这样,我们才能进一步介绍修辞理论的简单原理。为了帮助你理解该理论的历史语境,我们先对亚里士多德的生平做一个简短介绍,然后对他的修辞概念做一些讨论。

理论速览 · 修辞术

修辞理论以修辞概念为中心,亚里士多德称之为可行的说服手段。也就是说,一个想要说服他的听众的演讲者应该考虑以下三种修辞论证:逻辑论证、感情诉求以及品格/信誉。听众是有效说服的关键,说服使用的三段论修辞需要听众补充演讲中缺失的部分。

修辞术的传统

作为医生的儿子,亚里士多德一直被鼓励成为一个对周围世界进行思考的思想者。在 17 岁那年,他拜柏拉图为师。亚里士多德和柏拉图的世界观是冲突的,因此他们的哲学观点也有所不同。柏拉图一直在寻找关于世界的绝对真理,他并不太关心这些真理的实用价值。柏拉图认为,只要人们在重要问题上保持一致,社会就能继续存在。然而亚里士多德更感兴趣的是具体的事情。他对寻找绝对真理不太感兴趣,他关心的是逻辑地、现实地和理性地看待这个社会。换句话说,我们可以认为,亚里士多德比柏拉图更实际一些,他试图理解雅典社会中各种不同类型的人。

因为所教的学生来自古希腊的不同群体,亚里士多德以致力于帮助普通公民著

称——当时所谓的公民是拥有土地的男性。在当时,普通公民(男性)要审判谋杀案、视察边境、出使他国、保护其财产不被侵犯(Golden, Berquist, Coleman, & Sproule, 2011)。因为当时没有职业律师,所以许多公民出钱请**诡辩家**(Sophists)——公众演讲教师——向他们传授说服的基本原理。这些教师建立了一些小学校教授公众演讲,并撰写公众演讲手册,讨论成为成功的公众演讲者的实用技巧。但是亚里士多德认为,这些手册中有许多是有问题的,因为它们仅仅关注法庭演讲而忽略了其他演讲。同时,他认为这些作者把太多时间花在如何说服法官和陪审员身上。亚里士多德评论说:"通过使人愤怒、嫉妒或怜悯而影响他们的判断是错误的——就像我们不能在使用木工尺之前把它弄弯一样。"(Rhys & Bywater, 1954,p. 20)亚里士多德提醒我们,不要忘记演讲中逻辑的重要性。

309

诡辩家 古希腊传授公众演讲(修辞)的教师

《修辞术》可以被视为亚里士多德对这些手册中存在的问题的回应。虽然他在书中对如何进行有效演讲的主流假设提出了挑战,但是现在仍然具有特殊重要性的是他对

修辞(rhetoric)的定义,即可行的说服方式(the available means of persuasion)。然而对亚里士多德来说,知道怎么说服并不意味着强词夺理、颠倒黑白,当然,后者在古

希腊这样的奴隶制社会中再平常不过。亚里士多德所希望和建议的是，演讲者在说服他人时能够超越自己的直觉。在演讲时，演讲者应该考虑包括听众在内的所有方面。当准备演讲时，卡米尔不仅斟酌言辞，而且考虑了听众的需求。在这一点上，她遵循了亚里士多德的建议。

修辞	可行的说服方式

对于一些人来说，这样理解修辞可能有些不习惯。毕竟，这个词经过这么多不同的人的传递后，已经失去了亚里士多德赋予它的最初的意义。贾斯珀·尼尔（Neel, 1994）评论说，"在后现代时代里，修辞这个概念有一种温暖而可爱的内涵"（p.15），甚至让人忘掉了它特殊的含义。对于像尼尔这样的人，我们的建议是，必须回到亚里士多德对修辞的解释，否则我们将无法理解其理论的精髓。政治家经常指责对手说他们的"修辞空洞无物"，或者说他们"只是修辞，没有行动"，这些批评太小瞧修辞及其在公众演讲中的能动作用了。事实上，修辞术是一种"运用语言的艺术"（Cuddon, 2013, p.606），因此，不能仅仅因为某人讲话或聊天时漫无目的，就说这个人没有使用修辞话语。在你阅读本章时，请仔细考虑这一重要提醒。

修辞理论的前提假设

多年以来，对亚里士多德有成百上千种不同的解释。取其精华呈现在这样一个章节里的难度可想而知。但我们发现修辞术的很多内容都可以通过两个主要假设来理解。我们现在考察一下这两个假设：

- 有效的公众演讲者必须考虑听众。
- 有效的公众演讲者在演讲过程中会使用许多论证。

第一个假设强调了我们在第 1 章中提到过的传播的定义：传播是一个交流的过程。在公众演讲中，亚里士多德认为必须考虑演讲者-听众的关系，这种关系甚至是演讲过程的主要部分。演讲者在构思和表达时不能忽略听众。在某种意义上，演讲者需要以听众为中心。他们应当把听众看成是一群具有一定动机、判断能力和选择能力的个体，而不是一些无差异的同质化的大众。卡米尔关于酒后驾车的演讲之所以成功，是因为她具有理解听众的能力。她知道这些 25 岁以下的学生很少会想到死亡，因此她的演讲促使他们去思考一些平常很少思考的问题。像许多其他的公众演讲者一样，卡米尔进行了**受众分析**（audience analysis），这是一个评估受众及其背景并且使演讲内容适合受众的过程，只有这样才能使受众产生演讲者希望看到的反应。

受众分析	对听众的判断与评估的过程

亚里士多德认为，听众对演讲的最终效果起着关键作用。他提出："在演讲的三个要素——演讲者、题目及听者——中，最后一个要素听者决定着演讲的结果和目标。"（ http://www.americanrhetoric.com/aristotleonrhetoric.htm）然而每个听者都具有独特性，对一个听者有效果的演讲对另一个听者可能就没有效果。在谈及这个问题时，克里斯托弗·廷代尔（Tindale, 2015）认为，听者并不总是接受理性的论证。拿卡米尔关于酒后驾车的演讲来说，她的演讲可能在教室里会取得非常好的效果，但是在一群酒鬼中可能就会产生不同的结果。因此你可以发现，在演讲者构思演讲之前，理解受众

至关重要。除此之外，詹姆斯·赫里克（Herrick，2016）断言：归根结底，修辞是为了获得服从，为了实现该目的，必须考虑受众。

亚里士多德理论中的第二个假设涉及演讲者如何进行准备工作和实施演讲。亚里士多德所说的论证（proofs）指的是说服的方式。对于亚里士多德来说，论证有三种形式：演讲者的品格、逻辑论证和感情诉求。**品格**（ethos）指的是演讲者在演讲过程中展示出的性格、智慧及亲切感。尤金·瑞安（Ryan，1984）指出，品格是一个很宽泛的概念，它指的是演讲者和听众之间的相互影响。瑞安认为，亚里士多德相信，演讲者会受到听众的影响，同样，听众也会以同样的方式受到演讲者的影响。帕特·阿尼森（Arneson，2007）采访了传播伦理学家肯尼思·安德森（Kenneth Andersen），复述了安德森关于亚里士多德和品格的思想。安德森认为，品格是"你当场创造的事物"（p.131）。为此，一个演讲者的品格不只是被带入演讲经历中的东西，而且是演讲经历

本身。梅莉萨·韦尔斯（Waresh，2012）认为，必须将演讲者与听众的关系纳入对品格的考量之中。她说："品格就是人格。人格涉及信任。信任基于关系。关系能够说服。"（p.229）

亚里士多德认为，一个可信的演讲者会比信誉不高的演讲者更具有说服力。迈克尔·海德（Hyde，2004）主张，亚里士多德认为品格是另一种美德的一部分，因此可以培养，成为习惯（p.xvi）。**逻辑论证**（logos）是演讲者所使用的逻辑证明——论据和推理。对亚里士多德来说，逻辑论证涉及使用一些技巧，包括使用逻辑证明和清晰的语言。如果用诗歌的语言来演讲就会缺乏清晰性和说服力。**感情诉求**（pathos）指的是使听众处于某种感情状态。亚里士多德提出，当激起听众的某种感情时，他们就会自然地接受论证；当听众受到快乐、痛苦、仇恨或恐惧的影响时，他们会做出不同的判断。让我们再回到卡米尔的例子以说明亚里士多德提到的三种论证方法。

311

品格	演讲者展示出的性格、智慧及亲和力
逻辑论证	逻辑证明，演讲中使用的论点和证据
感情诉求	感情论证，让听众处于某种感情状态

卡米尔在演讲中呈现的品格十分重要。她在演讲中提到了她与杰克叔叔的私人关系，描述了杰克叔叔后来丧身于一个酒后驾车者之手，这一切让人感觉她的话十分可信。因为她与杰克叔叔的关系以及对酒后驾车后果的了解，听众毫无疑问认为她是一个可信的演讲者。逻辑论证在卡米尔的演讲中也十分明显。她理性地提出，虽然酗酒是一种放松的方式，但和驾驶结合在一起却可以要人性命。通过使用例证说明自己的观点，卡米尔使用了逻辑论证。演讲中的感情诉求从题目中就明显表现出来了。她选择了一个吸引大学生听众的题目。他们可能会与卡米尔产生共鸣，回忆起他们自己或朋友曾经

有多少次酒后驾车。因此，亚里士多德的论证指导着卡米尔取得成功。

品格、逻辑论证与感情诉求这三者中的每一个都对演讲的有效性至关重要。但只有其中任何一个可能都是不足的。记住肯尼斯·伯克（Kenneth Burke）的观点，他认为根据亚里士多德的思想，"一个听众对演讲者的信心是最具说服力的证据"（Burke，2007，p.335）。

对于亚里士多德而言，逻辑论证不仅是在演讲中提供证据。他在著作中对这种论证方式做了更详细的说明。在讨论中他提出，演讲者在考虑逻辑论证的时候必须考虑三段论。接下来我们把注意力投向亚里士多德

的这些原则。

三段论：三层论证

我们提到，亚里士多德认为逻辑论证是三种论证方式中让讯息更加有效的方法。这些逻辑论证的基础是被称为"三段论"的东西。这里需要对这个概念做一些说明，因为学者对于它的确切意义存在争议。

传播学者对《修辞术》已经研究了很多年，试图弄清楚亚里士多德的一些用词。在这里，我们把三段论（syllogism）定义为从大前提和小前提中获得结论的彼此相关的一些命题。一般来说，典型的三段论包括两个前提及一个结论。**三段论**是一个演绎推理，即从一组陈述（前提）中得出另一组陈述（结论）。换句话说，前提是演讲者论证的起点，他们由此得出一个合理的结论。在三段论中同时存在大前提和小前提。用符号表示，三段论是这样的：

A→B

B→C

因此，A→C

三段论	一系列相互联系的命题，从大前提和小前提中推出结论

312

思考一下三段论的经典示例：

大前提：所有人都会死

小前提：亚里士多德是人

结论：因此，亚里士多德会死

让我们用开篇故事中卡米尔的例子创造一个她可能在演讲中使用的例子，具体如下：

大前提：酒驾会危及性命

小前提：大学生酒驾

结论：因此，大学生可能会（通过酒驾）危及他人性命

作为一名演讲者，你可能会（不知不觉地）使用一些三段论来说服你的听众。然而，在一个往往错综复杂的社会中，从起始前提得出如此明确的结论可能是不合适的。三段论可能会削弱你的论点。举例来说，讨论亲密朋友或家庭成员的行为时，往往难以得出一个明确的结论。性格、关系史和特定时间都交织在一起，很难得出一个简单的结论。此外，与本书中的许多其他议题一样，三段论也受到文化的影响。听众有时无法认同演讲者观点的逻辑发展。因此，演讲者在期待听众会以同样的方式得出结论时需要谨慎。

三段论是亚里士多德所说的演讲过程中的关键部分。演讲者使用推理论证提升演说的效果。除了推理论证之外，演讲者还使用其他技巧，这些技巧被称为原则。

修辞的原则

亚里士多德深信，说服性演讲要取得一定效果，演讲者必须遵循某些方针或原理，亚里士多德将其称为原则（canons）（Campbell, Schultz-Huxman, & Burkholder, 2015）。这些都是使演讲更具有说服力的建议。传统的修辞学家一直坚持亚里士多德的看法。直到今天，许多公众演讲教材的作者仍然沿用早期希腊人和罗马人提倡的有效演讲原则。

虽然亚里士多德的《修辞术》重点关注的是说服，但这些原则也可以用于不同的演讲场合。有效的口头演讲有五个诀窍，我们将在下面讨论这五个原则[1]，并且在表18-1中列出简单说明。

---

① 严格来说，演讲的五原则是古罗马的西塞罗提出的，亚里士多德只是讨论了其中的一些要素，但并未总结出五原则。像在《修辞术》中，亚里士多德基本未直接提及"记忆"。——译者注

表 18 - 1 亚里士多德的修辞原则 *313*

原则	定义	描述
构思	整合演讲中的推理和论据。	在演讲中使用逻辑推理和论据，使演讲更有力量，更有说服力。
布局	组织演讲。	保持演讲的结构——引言、主体和结论——提高演讲者的可信性，提高说服力，降低听众的模糊性。
风格	演讲中的语言使用。	让演讲给人留下深刻印象，使演讲者的思想清晰地呈现。
传达	演讲表达。	演讲的有效传达与演讲者的语言相配，减少演讲者的焦虑。
记忆	演讲者记忆与演讲有关的信息。	演讲时知道应该说什么，减少演讲者的焦虑，使演讲者能够应付预料之外的事件。

构思

第一个原则是构思。这个词会造成一些混乱，因为构思一个演讲并没有科学发明的感觉。**构思**（invention）可以被定义为针对演讲的目的而进行的建立或提出论点、论据的过程。构思就是找到演讲者计划使用的所有论证。构思还可以被宽泛地解释为演讲者准备的信息及知识的总和。这些成堆的信息可以帮助演讲者进行说服活动。

构思	修辞的经典原则之一，指的是针对特定演讲建立或提出论点、论据

假设你要就 DNA 检测做一个演讲。与此相关的构思过程包括贯穿演讲全程的呼吁（例如，"DNA 帮助生物将信息传递给后代""DNA 是所有生命的基本蓝图"或"DNA 检测在抓捕强奸犯方面的重要作用已经得到证实"）。在组织你的论证时，你可能会使用所有这些例子。

用于构思的事物被称作选题。在某种意义上，**选题**（topics）指的是演讲者在演讲中使用的一系列论据或推理方式。演讲者将会在选题的帮助下进行构思，决定应该采取什么策略说服听众。因此，选题有助于提高他们的说服力。

演讲者要寻找被称为**公共空间**（civic spaces）的东西。这是一个隐喻，意思是修辞中最能产生效果的地方，"在这里演讲者能够找到'可行的说服方式'"（Kennedy，1991，p. 45）。比如，卡米尔决定在对同学们的演讲中讨论酒后驾车的话题。在演讲过程中，她对自己的题目进行了定义，讨论了反面观点以及自己赞成的观点。也就是说，她在演讲中确定了自己的"地点"，这一地点可以吸引那些可能没有兴趣的听众。卡米尔使用了一切方法来增强对听众的说服力。

选题	演讲者用来帮助构思的论据
公共空间	一个隐喻式的说法，意味着演讲者可以找到最能说服他人的"地点"

布局

314　　亚里士多德提出的第二个原则被称为布局。**布局**（arrangement）指的是演讲者组织演讲的能力。亚里士多德认为，演讲者应该找出一个最有效的组织方式。把不同的想法统合成一个整体是演讲者所应考虑的首要问题。最优先考虑的应该是简明，因为亚里士多德认为演讲中有两个关键部分，即提出陈述和说服论证，或者如他所说的"表现它"（Kennedy，1991，p. 258）。亚里士多德觉得当时的演讲者组织演讲的方式非常危险，这导致他们的说服力下降。

布局	演讲的经典原则之一，指的是演讲者组织演讲的能力

亚里士多德本人则在组织演讲方面有着明确的看法。演讲应该包括三个部分：引言、主体和收场白。[①] **引言**（introduction）应该首先抓住听众的注意力，接下来说明它与听众的联系，最后说明演讲的总体目的。

引言	演讲的组织方式之一，包括吸引听众的注意、与听众建立联系、概述演讲的目的

能够激发听众感情的引言十分有效。通过充满感情的言辞吸引听众的注意是一个有效的传播技巧。我们以卡米尔的引言为例。她通过描述一段非常个人化的痛苦经历，显然抓住了听众的注意。接下来，她说明了自己与这段故事的关系以及整个演说的目的：

> 杰克·麦凯恩被一个不认识的人杀害了。杰克是一个好人，可是杀害他的那个人永远不会知道这一点。但是杰克的死是可以避免的。你们知道，他被一个喝了酒的人杀害了。这个司机可能还会有未来，但是杰克永远没有机会看到自己的孙子长大，也永远没有机会参加他的妹妹的婚礼。我了解杰克·麦凯恩——他是我的叔叔。今天，我想谈谈酒后驾车的危险，以及你们如何避免成为成千上万饮酒过度后坐在方向盘后的人中的一员。

布局还包括主体和演讲的收场白。**主体**（body）包括所有的论据、细节和说明论点所必需的例证。除了组织整个演讲外，演讲主体也要按照某种结构进行组织。亚里士多德认为，需要把听众从一个论点引向另一个论点。

主体	演讲的组织方式之一，包括论据、例证和说明观点的重要细节

最后，演讲的**结论**（conclusion）或收场白的目的在于总结演讲者的论点，激发听众的感情。收场白应该讲究逻辑性，并且要把演讲结论与听众联系起来。卡米尔的结论清楚地说明了她想要传达给听众的讯息：

> 在讨论完普遍存在的酒后驾车现象后，我想提醒大家的是，关于这种行为的现行法律条文以及我们个人能够为根除这些可怕的社会问题做点什么——这一点往往被大学生们忽视了。下一次出去喝酒时，别忘了把车钥匙交给你的朋友，你也可以搭乘出租车。我相信，你的家庭会感谢你。为了我，也

---

① 其中引言和收场白不是必需的。这里的主体可能指的就是提出陈述和说服论证的总和。——译者注

为了我的叔叔。

我们可以感觉到卡米尔在这个题目中

表现出的不仅是个人化的激情，同时也带有个人的悲痛。

结论	演讲的组织方式之一，目的在于总结演讲者的主要观点，唤起听众的感情

风格

使用语言，以某种方式来表达思想被称作**风格**（style）。在对风格的讨论中，亚里士多德涉及了词语的选择、词语给人的联想以及词语的恰当性。他认为，不同的修辞具有不同的风格，但是风格又常常被人们忽视。他指出，我们应该避免使用奇词异字或**附加词**（glosses，例如"gyp"和"girl Fri-

day"这种过时的词汇或短语）。[①] 演讲中用词太简单也会降低听众的注意。为了解决用词生僻和用词过于普通之间的矛盾，亚里士多德建议使用**隐喻**（metaphor），即有助于让不清楚的事物更加容易理解的表现方法。亚里士多德认为，隐喻是演讲中所使用的非常重要的工具，因为隐喻可以改变听众的感知和思维。

风格	修辞的经典原则之一，指的是在演讲中使用语言表达思想
附加词	在演讲中过时的词语
隐喻	演讲中让所说的内容更容易理解的比喻

为了进一步理解隐喻，我们还是以卡米尔关于酒后驾车的演讲为例。如果卡米尔对风格关注的话，她的演讲或许就会包括下面的内容：

> 饮酒常常被看作一种放松的手段。在一天的漫长工作或学习之后，没有任何放松比得上喝一杯冰啤酒，人们都这样说。但是，一杯常常变成两杯，几个小时后，它们又变成了六扎。结果会是一个悲剧：有多少次你看见朋友和家人在喝了六扎啤酒后钻进汽车？这个人就像一颗从枪口射出的子弹，随便指向某个人。如果你一定要饮酒，那么这不仅是你的事，现在也是我们的事。

卡米尔的用词会让人产生强烈的联想。我们会在脑海里再现她描述的场景。她的用

词很恰当，因为她没有使用生僻的词汇。最后，她使用了一个具有说服力的子弹的隐喻。

记忆

把构思、布局和风格等存储进演讲者的大脑就是**记忆**（memory）。和前面几个原则不同，亚里士多德并没有在演讲的记忆方面花太多的篇幅。相反，他只是在作品中提到了记忆。比如，在整个《修辞术》中，亚里士多德提醒我们在演讲前要注意一系列问题（例如例证、表证、隐喻、传达技巧等）。他进一步指出，为了增强说服力，演讲者必须对这些演讲的组织和表达的方法有深入的理解。换句话说，演讲者在开始演讲之前需要记忆很多东西。

[①] 亚里士多德认为，附加词就是冗长的和不得宜的词，使用附加词过多时会造成用语呆板。比如"白色的奶"（奶）、"潮湿的汗"（汗）、"灵魂发动的飞奔"（跑）用在诗里是适宜的，用在辞章和散文中就不合适，直接用括号中的词就可以了。——译者注

记忆	修辞的经典原则之一，指的是演讲者为演讲储存信息

学以致用

理论主张：对听众的分析会影响演讲的有效性。

实际意义：当一名政客面对年长的公民进行演讲时，她应该考虑谈论能在该群体引起共鸣的话题（例如，电话推销诈骗、医疗保障制度等）。这样一来，她的听众就会更乐于专心倾听，并采取相应的行动。

现在我们对演讲中的记忆的解释与亚里士多德的解释已经有了很大区别。记忆某个演讲通常意味着理解材料和技巧。虽然像昆体良（Quintilian）① 这样的修辞学家专门对记忆提出了一些建议，但亚里士多德认为，熟悉演讲内容是不言而喻的。比如卡米尔在她关于酒驾的演讲中，把演讲的一些部分牢记于心，其他部分概括写在稿子上。

学生之声

弗拉德

我知道我可能把一个伟大的理论过于简化了，但修辞术的很多内容就是我在公共演讲课上记得的那些。我总被教导要保持演讲条理清晰，并通过诉诸感情来说服人们。我的说服性演讲的主题是器官捐献，因为我的姐姐需要一颗肾脏。我知道我的演讲相当自然流畅，因为我相信自己说的话。可能那也提升了我的品格。

传达

到现在为止，我们集中谈的都是如何安排演讲的结构。然而亚里士多德也对如何传达演讲很感兴趣。在这里，**传达**（delivery）指的是演讲者对自己的思想的非语言表达。

传达通常包括许多行为，比如视线接触、音质、语音、发音、语调、肢体动作和外表等。对于亚里士多德而言，与传达最有关系的是声音的控制。他尤其希望演讲者使用恰当的语调、节奏、音量和感情。他认为说话的方式会影响信息的理解。

317

传达	修辞的经典原则之一，指的是演讲者的非语言表达

亚里士多德还认为传达的技巧很难传授，但是它还是值得演讲者重视。他还提出，演讲者应该在传达中保持自然。演讲者不应该使用转移听众对内容产生注意的技

① 昆体良（约35—约95），古罗马修辞学权威，他提出了记忆的法则。他的记忆方法如下：先设想一座巨大的建筑物，再设想走进建筑物内的许多房间，在你的想象中记住一切装饰物和家具设备。然后对你要求记住的每一点思想赋予一个意象。当你再一次设想走进这座建筑物时，在你的想象中将每一个意象按照这个顺序储存起来。举例来说，如果你在头脑里储存了起居室里的一支矛和餐室里的一具锚，那么在以后回想起来，你就会先谈到战争，然后谈到海军。——译者注

巧，而应努力让内容以一种令人感到舒服的方式呈现出来。换句话说，演讲者在演讲中应该避免"耍花招"并努力实现真实性。

这些修辞的经典原则可以被应用于许多不同的说服性演讲之中。亚里士多德的修辞理论把修辞分为三种类型。

修辞的类型

我们前面提到过，在亚里士多德的时代，公民会参与许多演讲活动——从审判到立法。正是在这种情况下，亚里士多德区分了公民演讲的不同背景：有时是关于贸易、财政，有时是关于国防和军事。他提出了三种修辞类型，或者如他所称的三种口头演讲。法庭演讲、展示性演讲和议事演讲。**法庭修辞**（forensic rhetoric）涉及确立一个事实；法庭修辞的核心是正义。**展示性修辞**（epideictic rhetoric）是用于赞颂或谴责的话

语。**议事修辞**（deliberative rhetoric）指的是演讲者在行为决策过程中说明应该做某事还是不应该做某事。这三种类型的修辞分别指向不同的时间段：法庭修辞讨论的是关于过去的事情，展示性修辞讨论的是关于现在的事情，议事修辞讨论的是关于未来的事情。我们将在下面分别讨论这三种修辞，并用图 18-1 说明三者的关系。

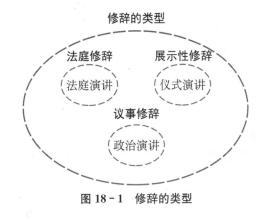

图 18-1 修辞的类型

法庭修辞	修辞的一种，指演讲者让听众对论述对象产生有罪或无罪的感觉
展示性修辞	修辞的一种，与赞颂或谴责有关
议事修辞	修辞的一种，确定听众应该采取何种行动

318

法庭修辞或司法修辞指的是在法庭中进行的演讲，其目的是做出有罪或无罪的决定。在亚里士多德的时代，法庭演讲者直接在法官面前进行演讲。亚里士多德从法律的角度来说明法庭修辞，因此我们可以在《修辞术》中看到他关于法律的许多观点。阿梅莉·罗蒂（Rorty，1996）指出，法庭演讲需要把注意力放在那些能够打动法官的心灵的论证上，其中包括为什么一些犯罪嫌疑人会那样做以及什么情境导致人们违法。因为过去的行为常常会预示现在的行为，所以法庭演讲主要关注的是过去的行为。

亚里士多德认为，个人特征对于法庭修辞来说至关重要。他把个人特征理解为身份（即这个人是年轻还是年迈，是富裕还是贫穷，是幸福还是不幸）和道德品格（这个人

是正义还是邪恶，是通情达理还是蛮不讲理）。亚里士多德认为，如果人们的行动是自由的话，他们的决定就会具有某种后果。为了说明某人有罪，法庭演讲者需要证明其做坏事的动机。因此在演讲中，演讲者必须说明亚里士多德所说的"道德习惯"（moral habits）的东西。

法庭修辞的例子在我们的社会中随处可见，在美国的法庭中尤其引人注目。律师一直以来就在使用有效而且具有说服力的法庭修辞。其中一个让大家关注过的、令人难忘的法庭演讲发生在 O. J. 辛普森的审判中。检察官试图通过播放 911 报警电话录音让大家听到辛普森大声呵斥妻子，向陪审团展示辛普森的妻子被打伤的照片说明其道德状况。近期的法庭修辞还有检察官对公司

主管盗用公司上百万利润的指控。控方使用法庭修辞的最近的例子包括，针对伊利诺伊州前州长罗德·布拉戈耶维奇（Rod Blago-jevich）的腐败指控的法律诉讼程序，伯尼·麦道夫（Bernie Madoff）投资丑闻，以及对家居装饰专家玛莎·斯图尔特（Martha Stewart）的审讯，后者在股票交易问题上欺骗政府机构，被判有罪。所有这些案件都利用了法庭演讲来说明被告的道德缺陷从而使罪名成立。

第二种修辞类型是展示性修辞，也被称为仪式演讲。在亚里士多德的时代它们通常在公共场所发表，其目的是表扬、歌颂、谴责或羞辱。展示性演讲者的对象包括人物、事件、组织或民族。这些演讲通常是关于社会问题的，因为根据亚里士多德的看法，人们会本能地对周围的事情感兴趣。亚里士多德认为，展示性演讲和演讲者的品格密不可分。他认为，要说明为什么要赞颂或谴责，展示性演讲者自己的品格将有助于听众接受其观点。比如，一个批评监狱条件的演讲者如果是因为强奸或谋杀而将要被处决的人，听众可能就不太容易接受其观点。

有时，有些演讲本质上并没有针对性，然而却暗示了责备的对象。举例来说，2012年桑迪胡克小学枪杀案中，教职员工和 20 名学生丧生，引发了大量富于修辞技巧的演讲，探讨对更严格的枪械法的需求以及对半自动武器的松懈监管。虽然许多演讲没有点出美国全国步枪协会（National Rifle Association）的名字，但很显然，许多演讲者指责了该组织对限枪立法的影响。

如果对德行和价值——这两个主题是亚里士多德从柏拉图那里借鉴来的——进行专门的研究，那么展示性演讲会更具说服力。展示性演讲者必须把主题中的德行与不同的听众联系起来。亚里士多德认为，勇敢和公正是所有德行中最重要的两个，但是德

319

行是根据土地法来定义的。①

在美国，展示性修辞的例子可以从葬礼中找到。颂辞在许多葬礼中都会出现，通常用来赞美死者的一生。葬礼上的展示性演讲者会评价现代的价值，把死者的美德与当今社会的其他人做比较。比如，在祖母的葬礼上，本书作者之一被邀请做葬礼颂辞。在他的演讲中，他谈到了祖母不断向上的精神，她如何不向别人抱怨自己的痛苦或捉襟见肘的经济情况。他在演讲中提到了目前的社会状况——现在的一些人如何不停地怨天尤人。他的演讲集中说明了祖母最突出的美德——无私——同时也把她与整个社会进行了对比。

第三种修辞类型是议事修辞，也被称为政治修辞，这是亚里士多德集中讨论得最多的修辞。我们在前面提到，议事修辞与未来相关——听众将会做什么以及将会想什么都将受到演讲者的影响。因此，议事演讲要求演讲者必须知道他的想法是否与听众一致。议事演讲者在准备演讲时必须考虑听众关心什么以及如何把这些问题与演讲内容联系起来。亚里士多德认为，人们一般会就五个主题进行商议，这些主题包括赋税的征收、战争与和平、疆土的防卫、进口与出口以及立法方面的事务（san. beck. org/EC22-Aristotle. html）。今天我们需要商议的主题还会包括健康保险、税收、人际关系、教育以及人权。议事演讲者要试图提高人们对于这些话题的兴趣，一旦达到这一目的，听者就容易被说服。

拉里·阿恩哈特（Arnhart, 1981）评论说，议事修辞不仅需要了解所讨论的主题，还需要了解影响这些决策的人性要素。因此，有些话题适合商议，有些话题则不适合。亚里士多德主要论述的是集会（比如一群立法者）时所做的议事演讲，今天这种演

---

① 比如，在《修辞学》中是这样论述公正和勇敢的：公正是这样一种德行，每个人通过它拥有自己合法的份额，不公正则在于不合法地侵占他人的份额。勇敢在于通过它人们在危难之际遵照法律的旨意，服从法律，做出高尚的业绩，其反面是怯懦。——译者注

讲形式依然存在。我们可以假想一个例子。贝弗利今年 64 岁，有四个孩子，她被邀请向州健康保险立法委员会做一个简短陈述。因为她一直在照顾 90 岁高龄的婆婆，她在当地的一家养老院休养，贝弗利知道应该对这些政治家使用何种说服策略。她的演讲的焦点是老龄化带来的困难以及如何通过足够的保险来简化这些问题。她请求立法者们在讨论中考虑一下他们自己正在衰老的双亲。她提出了委员会应该遵循的五个行动纲领。其中三个纲领可以立即施行，这三个纲领分别是建立一个任务小组，访问年老的市民，设立一个免费电话接听并征求市民的意见和投诉。剩下的两个纲领需要立法机构的资金支持。在她简短演讲的收场白里，贝弗利表达了自己的满意，因为她的意见没有被忽视。

亚里士多德会为贝弗利的演讲感到自豪。她的建议十分可行（委员会执行了其中的三项），她通过让立法者们考虑自己的父母把自己的经验和他们的经验联系起来。这

种做法激发了个人认同，这是议事演讲中十分重要的技巧。通过唤起听众的这些感觉，贝弗利知道自己一定会让听众同意她的看法。

整合、批评和总结

亚里士多德的《修辞术》仍然是一本具有影响的传播研究理论奠基之作。随便拿起一本公众演讲的教科书，你都会发现对传达、组织和风格的讨论。公众演讲的学习者们从亚里士多德那里获益良多，因此这个理论在未来依然会引起深深的共鸣。除了一些特例之外，该理论吸引的主要是诠释和批判的学者，因此与质化取向相一致。然而，请记住，该理论的一些分支（例如沟通焦虑）是在实验的视角下进行研究的。因此，可以说量化和质化取向都在该理论中得到了实践。我们想要讨论的评价标准主要集中于三个方面：逻辑一致、启发性以及时间的考验。

整合

| 传播传统 | **修辞学** | 符号学 | 现象学 | 控制论 | 社会心理学 | 社会文化 | 批判 |

| 传播语境 | 自我 | 人际 | 小群体 | 组织 | **公众/修辞** | 大众/媒体 | 文化 |

| 获得知识的方法 | 实证的/经验的 | **诠释的/阐释的** | **批判的** |

批评

| 评价标准 | 范围 | **逻辑一致** | 简洁 | 实用 | 可检验 | **启发性** | **时间的考验** |

逻辑一致

对亚里士多德理论的批评一向对该理论的一些原则有异议，可能是因为一些学者认为结论通常是基于亚里士多德的"零散的评论和例证"（Curzer，2015，p. 129）。比如，曾经有批评家认为，亚里士多德的理论

前后矛盾。例如查尔斯·马什（Marsh，2006）指出，一个批评者质疑了亚里士多德提出的品格概念："在一个那么小的社会里，每个人都彼此认识，［亚里士多德］怎么会认为——他真的那么蠢吗——一个品格糟糕的人能骗得了社会里的其他领导者？"洛

321 德（Lord，1994）提出，在发展这个理论时亚里士多德过分丑化了当时的修辞学作者，说他们太注重听众的感情。虽然亚里士多德鼓励演讲者在论述观点时要避免煽情，但是他接下来却强调在演讲中表达感情和激起听众的情绪（感情诉求）十分重要。这使该理论有些自相矛盾。

约翰·库珀（Cooper，1996）不同意洛德的批评。他认为，亚里士多德针对的只是当时的诡辩家的做法。因为古希腊的许多演讲都是针对审判和规则的，亚里士多德认为应该试着引起法庭中的听众的怜悯。为了做到这一点，亚里士多德认为演讲者应该让法官与自己产生共鸣。

对该理论的逻辑一致性还有其他批评。首先，如前所述，学者们一致认为《修辞术》是一部未经整理的作品；事实上，这些理论只是亚里士多德讨论的笔记。因此，亚里士多德的讨论显得随意而武断就不足为奇了。亚里士多德常常提出一个话题，然后又置它于不顾而讨论其他问题，在后面才重新回到这个话题。他的概念解释更是不明晰。你可能觉得这不是什么大问题，但回想一下，研究者需要清晰界定的术语作为检验和阐明理论的基础。拉里·阿恩哈特（Arnhart，1991）认为，亚里士多德对他的概念定义不太精确，从而让受众（读者）能对他的词语和观点具有不同的理解。阿恩哈特相信，有意保持定义的模糊并不意味着亚里士多德的思想应该被抛弃。

最后，该理论的逻辑一致性因为亚里士多德的受众观受到进一步诘难。批评者认为亚里士多德忽视了许多听众的重要特性。贾斯珀·尼尔（Neel，1994）提出："亚里士多德明确地说，（演讲的）引言与'演讲本身'没有任何关系。它存在的原因只是因为听众心不在焉地想听一些题外话而已。"（p.156）尤金·瑞安（Ryan，1984）的批评更加尖锐，他说："亚里士多德认为，听众要跟上演讲者所说的事情有些困难，他们往往注意力涣散，左耳进右耳出，无法理解抽象的思想。"（p.47）从这些作者的论述中我们可以获得这样一个印象：亚里士多德认为，受众无法成为具有辨别能力的听众或具有批判能力的思想者。但是，还有一件重要的事需要说明，在亚里士多德写作的时代，人们确实比较被动——他们看不到晚间新闻，也没有获知天下大事的途径。而且，我们还知道，《修辞术》这本书是亚里士多德的弟子记下来的听课笔记，那时的学生并不习惯公开地表达自己和导师的不同观点。因此，亚里士多德对于听众的观点也不是完全没有道理的。

启发性

几乎没人会质疑，亚里士多德的修辞术是传播领域最具启发性的理论之一。政治科学、医学、英语写作以及哲学领域的学者都研究了修辞理论，并将亚里士多德的思想纳入他们的研究。该理论在传播学科催生了诸如沟通焦虑等许多子领域，也带来了相关的研究。事实上，公共演讲方面的大量著作都是基于亚里士多德的著作的。一项有趣的研究探讨了一位非裔美国活动家的议事修辞（McClish，2007）。许多与教堂布道有关的 *322* 讨论都可以直接归结于亚里士多德的思想（Broadus，2012）。亚里士多德式论证已经被运用于学生脐带血储备（White，2006）和环境报告分析（Higgins & Walker，2012）。此外，亚里士多德的思想被广泛援引到考察多种话题的研究之中，包括军事类电子游戏（Sparrow，Harrison，Oakley，& Keogh，2015）、苏格兰独立公投（Mackay，2015）以及嘻哈音乐（Sciullo，2014）。亚里士多德的理论将继续在不同学科的学者之中、在不同的语境之下引起共鸣。

学生之声

内德

我第一次在公共演讲课上发表演讲的时候，亚里士多德的三种论证的效果好到让我惊讶。我演讲的主题是安乐死。我的姑姑想让她的医生协助她结束生命，遭到了我们全家人的反对。我也持反对意见。所以我试图说服全班同学，我们绝不应该允许这种事在任何地方发生。我有可信度，因为这件事就发生在我家（品格），我在演讲中运用感情并让听众产生感情（感情诉求），同时我提供了一些关于多少人试图让医生协助他们自杀的数据（逻辑论证）。有很多同学在演讲之后找到我，告诉我演讲十分奏效。这一切都要归功于亚里士多德！

时间的考验

在传播学科的所有理论中，亚里士多德的修辞术最好地经受住了时间的考验。漫长的岁月过去了，公共演讲教科书、老师和研究者还在传播亚里士多德的思想原则，很难相信传播领域的任何理论能如此长盛不衰！

总结

如今已经到了 21 世纪，我们可以对那时写下的一些伟大作品做出评价了。《修辞术》正是其中的一部。亚里士多德所说的话在这样一个与他所生活的年代截然不同的社会中继续回荡。一些人认为，在一个信息发达的社会中，亚里士多德的思想已经过时了。然而，一些学者对这位思想家的赞美更加直白："遍及西方世界的根本逻辑、科学与技术文化最应该归功于他。"（Woodfin & Groves，2012，p. 3）显然，一个讨论演讲者如何使用并激发感情、逻辑和信任感的理论不应被忽视。

讨论题

323 **技术探索**：亚里士多德在讨论公共演讲时绝对无法想象社交媒体。想想领英与In-stagram等各种社交平台的广泛可用性，探讨社交媒体会如何增强和削弱公共演讲。

1. 在开篇故事中，卡米尔·拉米雷兹的成功是因为她遵循了亚里士多德关于公众演讲的理论。你认为她还能让她的演讲更加有效吗？请用实例说明。

2. 对亚里士多德的批评主要集中在他的理论只是一些课堂笔记，里面的内容前后矛盾、模糊，并且经常过于狭隘。根据本章提供的介绍，你同意这些看法吗？你能用什么例子说明你的观点？

3. 运用三段论对下面的题目做出正反两方面的论证：医生协助下的安乐死、堕胎、大麻在医疗中的使用。

4. 请讨论一下，当政治家向其选民做演讲时什么修辞原则最重要。请用例子支持你的观点。

5. 假如亚里士多德活到今天，而你是他的学生，你会对他要发表的新版的《修辞术》提出什么建议？为什么你认为你的建议对公众演讲来说十分重要？在回答中请举实例说明。

6. 亚里士多德花了很多时间讨论听众的作用。如果向一群便利店的员工做关于安全方面的演讲，你会做什么样的受众分析？

7. 请解释修辞术的原理在工作面试中的应用。

第 19 章
戏剧理论[①]

故事是生活的装备。

——肯尼斯·伯克

卡尔·纳尔逊

卡尔·纳尔逊每天都非常期待早上的这一刻。他坐下来，一边喝着第一杯咖啡，一边看着报纸。尽管他喜欢平板电脑和手机，他还是热爱手拿报纸的感觉，他知道这种行为很快就会过时。卡尔会花一个小时阅读今天的新闻，品味咖啡因带来的感觉。从许多方面来看，这都是他一天中最愉快的时刻。他会起得特别早，以保证有足够的时间享受这一刻，然后再去上班。但是今天他却并不高兴。他厌恶地看着报纸的头条。他很讨厌阅读那些关于愚蠢政客的报道。今天他读到的是艾伦·斯佩克特（Alan Spector），他是卡尔生活的城市新墨西哥州格林纳达的市长。文章讲述的是，斯佩克特曾宣传"清白"纲领，声称要让政府重新赢得尊重，而如今他正因为和保姆有染而向妻子道歉。本来他是绝不可能坦白的，但小报刚刚爆出他跟这个女人的孩子已经十岁了！

正在看报的卡尔抬起头，看见他的伴侣麦克斯走进了餐厅。卡尔问道："麦克斯，你看到有关斯佩克特的新闻了吗？那家伙可真是个虚伪的渣滓。他怎么能一边与保姆厮混对妻子不忠，一边在竞选中扮演清白先生，就家庭价值侃侃而谈？"

麦克斯只是笑着耸耸肩。他对卡尔早起看时事新闻的做法已经司空见惯。似乎这件事对他来说并没有什么大不了。他拿起一杯咖啡就去工作了。卡尔则接着看报纸。

这篇文章描述了斯佩克特如何承认出轨，向家人和选民反复道歉。保姆没有做任何公开声明。卡尔认为报纸上的故事让斯佩克特形象大跌，想知道他会不会因此遭到弹劾。他不希望斯佩克特逃脱惩罚，因为他真的非常生气，感觉受到了欺骗。

卡尔注意到时候不早了，于是把余下的报纸放进公文包，出去上班。当他到办公室时，一些人正在谈论斯佩克特丑闻。卡尔的同事黛安和他的看法一致，认为斯佩克特就是个伪君子。但另一位同事兰迪不同意他们的看法，他说我们一般会原谅犯错的人，美国这个国家给人改过自新的机会。兰迪认为说到底这是斯佩克特和他妻子之间的事。

卡尔晚上开车回家的时候，听到本地新闻广播里的新闻评论员说美国人不但喜欢把公众人物捧上天，而且更喜欢看他们跌下来。这位评论员赞同卡尔同事兰迪的看法。她说我们这个民族喜欢看东山再起，说不定斯佩克特哪天就会重返政坛。卡尔无法赞同。他认为斯佩克特活该被抵制，因为他自己犯了错，还因为他动辄指责其他犯过错的人。卡尔觉得斯佩克特的事真让人反胃，他希望这家伙再也不要重新担任公职了。

---

① 本理论基于肯尼斯·伯克的研究。

一些修辞学家可能会用戏剧理论分析艾伦·斯佩克特的问题和卡尔对此的反应，该理论用戏剧的眼光理解人类的行为。肯尼斯·伯克是戏剧理论的提出者，但他自己并没有使用这个词。伯克是一个很有魅力的人，卒于 1993 年，时年 96 岁，他和本书提到的许多理论家完全不同。伯克从未获得大学的学位，更不要说博士学位了。他是一个自学成才的文学批评家、哲学家、传播学家、社会学家、经济学家、神学家和语言学家。他从教 20 余年，曾在哈佛大学、普林斯顿大学和芝加哥大学等数所大学任教。他广泛的兴趣以及缺乏某个领域的正式训练导致他成为我们所知道的最具有跨学科特色的理论家之一。他的理论被广泛应用于不同的领域，包括文学、戏剧、传播、历史和社会学。伯克的学说之所以被广泛阅读和应用，毫无疑问其中的一个原因是他专注于象征系统。戏剧理论可以让研究者们从不同角度灵活地研究问题。因此不管你的专业是什么，你很可能会发现伯克的理论有些用处。

戏剧理论（dramatism）——正如名称中暗示的那样——把生活看作戏剧，尤其关注不同演员的表演行为。就像在戏剧中一样，生活中的行为是发现人类动机的关键。戏剧理论给我们提供了一个非常适合的方法，既可以研究文本（即有关斯佩克特的新闻报道）与其受众（即卡尔）之间的传播行为，也可以研究文本内部的行动（即斯佩克特的动机和选择）。当看到斯佩克特的新闻时，卡尔把他看成是一个演员。用伯克的话来说，卡尔把斯佩克特看成一幕剧中的演员，他在某种动机的推动下实现某个目的。因此，卡尔通过评价他与保姆在一起背叛妻子的行为来对其动机做出评价。伯克的戏剧理论让我们可以分析斯佩克特在这种情况下的修辞选择（他如何解释自己的行为）以及卡尔对他的选择的反应。

之所以用戏剧的隐喻来说明伯克的理论，有如下三点原因。首先，戏剧可以涵盖许多领域，伯克不希望自己的思想受到太多限制。伯克的目的是对人类的所有经验进行理论概括。戏剧的隐喻在描述人类关系时十分有用，因为该理论以互动或对话为基础。在这种对话中，戏剧的模型既可以描述关系，也可以解释说明这些关系（Daas，2011）。其次，戏剧具有一些可以辨认的类型或体裁（genres），如喜剧、音乐剧、情节剧（melodrama）① 等。伯克认为，我们组织和使用语言的方式与这些戏剧的表演方式具有一定的联系。最后，戏剧通常是给观众看的。在这个意义上，戏剧具有修辞性。伯克把文学看成是"生活的基本组成部分"，它意味着文学或文本诉诸人们过去的生活经验和问题，使人们对这些经验产生反应。在这个意义上，戏剧理论研究的是语言及其使用与受众的关系（Winslow，2010）。

戏剧理论以此方式研究语言及其使用如何与受众相关（French & Brown，2011）。

326

理论速览·戏剧理论

伯克的理论将生活比作一出戏，并指出，就如同一出戏剧，生活需要一名演员、一个场景、一个行动、行动发生的一些手段和一个目的。该理论使修辞批评家能通过辨别、研究这些元素来分析演讲者的动机。此外，伯克认为，罪恶感是所有演讲者的终极动机。当演讲家为他们的听众提供了一种消除罪恶感的手段，他们的演说就是最成功的。

---

① 情节剧即通俗闹剧，是以夸张的感情、老套的角色（正反分明）和人物之间的冲突为特征的戏剧。——译者注

戏剧理论的前提假设

与本书中一些其他的理论家一样，肯尼斯·伯克的思想如此复杂，以至于很难把它归纳成一系列假设或某种本体论——我们在第 3 章介绍过的一个术语。下面的一些前提假设显示出要给伯克的本体论贴上标签是多么困难。像布鲁姆特（Brummett，1993）一样的研究者将伯克的假设称为象征性本体论，因为伯克强调语言的重要性。但是，布鲁姆特也特别指出："在研究伯克的核心思想时，我们所提出的本体论最多只能与他的多数理论大体一致。对于伯克来说，因为象征符号系统自身的特点，人们基本上能做他们想做的事情，世界只能大致是这个样子。"（p. xii）布鲁姆特的评论说明伯克的戏剧理论有以下三个前提假设：

- 人类是使用象征符号的动物。
- 语言和象征符号所构成的系统对人类来说至关重要。
- 人具有选择的自由。

第一个假设来自伯克的观点，他认为我们所做的一些事情是由动物天性导致的，而另一些事情则来自象征符号。为了理解这一观点，请回想一下我们在第 2 章讨论过的符号学传统。比如，当卡尔早上喝咖啡时，他就满足了自己口渴的欲望，这是一个动物本能。但是当他读到报纸上的新闻并且对其内容进行思考时，他就受到了象征符号的影响。人类是使用象征符号的动物这一观点代表了伯克的思想的矛盾性。布鲁姆特（Brummett，1993）认为，这个假设"认为我们一部分所作所为的动机来自动物性，另一部分来自象征符号，它在这两个极端之间摇摆"（p. xii）。对于伯克来说，在人类所使用的象征符号中语言是最重要的。

为了进一步理解象征符号在人类互动中起到的作用，请回顾我们在第 4 章中对象征性互动理论的讨论。

在第二个假设中（语言的重要性），伯

克的观点与萨丕尔-沃尔夫假说（Sapir，1921；Whorf，1956）中所说的语言相对论概念有一些相似之处。爱德华·萨丕尔和本杰明·沃尔夫提出，如果离开关于某个事物的词语，我们就无法思考这个事物。因此，人们的感知（在某种程度上）受到其语言的限制。与萨丕尔和沃尔夫一样，伯克也认为人们在使用语言的同时也为语言所使用。当卡尔告诉麦克斯斯佩克特是一个伪君子时，他选择了自己想要使用的象征符号，但是与此同时，他的观点和想法也受到他所使用的这些象征符号的影响。此外，当一个文化中没有某种动机的语言符号，说这种语言的人就不会有该动机。因为英语中没有合适的词来表达大家对斯佩克特的行为和动机的那种微妙的意见，所以我们对这个问题的讨论经常走向极端。当卡尔与他的同事黛安和兰迪讨论的时候，他们的观点要么认为斯佩克特是对的，要么认为他是错的。在这两个极端之间没有第三种选择，伯克会认为这个问题是由我们的象征符号系统直接造成的。我们可以回忆一下曾经和他人讨论过的类似的争议性话题（比如克隆技术潜在的道德影响、干细胞研究、总统候选人之间的反差以及入侵伊拉克等）。你会发现我们的意见都是非此即彼的判断——只有非黑即白的立场。伯克对此的回答是，我们的象征符号影响了我们在这些复杂议题上非此即彼的处理方式。

伯克断定，词语、思想和行动三者之间密切相关。伯克的表达是，词语是一道"术语的筛子"，它导致我们产生"后天的无能"，意思是说人们无法看到词语以外的东西（Burke，1965）。例如，虽然美国公共卫生官员进行了大量的教育工作，他们还是无法让人们把"吸毒"（drug abuse）与使用酒精和镇静剂联系在一起。大多数美国人一听到"吸毒"这个词就会想到使用非法的毒品，比如海洛因或可卡因（Brummett，1993）。"吸毒"这个词就是一个"语言的筛子"，它把一些意义筛出去，让另一些意义留下来。对于伯克来说，语言也有自己的生命，"我们所见所感的所有事物早已存在于语言之中，它们由语言传递给我们，语言甚至还能把我们生产、塑造成现在这个样子"（Nelson，1989，p.169）。这个解释与戏剧理论的最后一个假设有一些冲突。

第二个假设认为语言会对人们产生决定性的影响，但是第三个假设却说人们有选择的自由。伯克始终认为，我们应该抛弃行为主义，因为它与人类具有选择性的观点冲突。因此，当卡尔读到关于艾伦·斯佩克特的报道时，他通过自由意志形成自己对此事的意见。本章接下来部分的讨论都建立在能动作用的基础之上，即社会行动者具有选择的能力。

正如查尔斯·康拉德和伊丽莎白·麦康姆（Conrad & Macom，1995）评论的："能动作用的核心就是选择。"（p.11）但是正如康拉德和麦康姆在接下来的讨论中提出的那样，伯克一生都在与能动作用的概念搏斗，很大程度上是因为兼顾绝对的自由意志和绝对的决定主义十分困难。尽管如此，伯克始终把能动作用放在首要位置。最近研究者（French & Brown，2011）继续努力研究能动作用对人们的象征性行动以及责任分配的影响。

328 为了理解伯克在该理论中的见解，我们需要讨论一下他对亚里士多德修辞术的思考。

作为新修辞学的戏剧理论

在《动机修辞学》（*A Rhetoric of Mo-tives*）（Burke，1950）一书中，伯克主要讨论的是说服问题，他对亚里士多德提出的传统的修辞原则（见第 18 章）进行了大量的讨论。伯克坚持认为，在修辞的定义中的核心还是说服，他的这本书讨论的就是说服的方法。在这个过程中，伯克提出了新修辞学（Nichols，1952），在他关注的几个主要问题中，首要的是身份认同的概念。玛丽·尼科尔斯（Nichols，1952）在谈到伯克与亚里士多德的不同之处时说："'旧'修辞学和'新'修辞学的区别可以用这样的方式来总结：'旧'修辞学的关键概念是说服，它强调的是故意的设计，而'新'修辞学的关键概念是身份认同，它可能包括部分'无意识'的因素。"（p.323）当然，伯克的目的不是替代亚里士多德的理论，而是对传统理论进行补充。

身份认同和本质

伯克认为所有事物都具有**本质**（substance），他把本质定义为某个事物的一般性质。某个人的本质可以通过人口统计学特征、现实环境的背景信息或事实（比如才能和职业等）来描述。因此，卡尔的本质是：38 岁的波兰裔美国男性，高中数学教师，稀有古钱币的收集者，网球手，填字游戏的爱好者。此外，卡尔和麦克斯已经认识七年，住在新墨西哥州格林纳达。当然，还有许多其他的信息共同组成卡尔的本质，上述这些信息只是一个最初的印象。

本质	某个事物的一般性质

伯克认为，当两个人的本质出现重叠，他们就具有**认同感**（identification）。重叠的区域越大，认同感越强。反之亦然，两个人的共同区域越小，**分歧**（division）就越大。比如艾伦·斯佩克特是一位富有的犹太裔已婚男性，新墨西哥州格林纳达的市长，频繁地在媒体露面，因此他和卡尔之间的认同感非常弱。虽然他们都是居住在美国的白人男性专业人士，但是他们在其他的地方几乎没有重叠之处。

认同感	两个人的本质出现重叠
分歧	两个人的本质不存在重叠

不过，没有两个人完全相同。伯克也意识到了这一点，并且指出"本质的模糊性"会导致身份认同总是建立在统一和分歧之上。沙恩·博罗曼和马西娅·克迈茨（Borrowman & Kmetz，2011）指出，认同感与分歧必然成对出现，很难只取其一进行讨论。伯克认为个体之间在某些地方会存在共同的本质，但是同时也具有独特性，"统一与分化并存"（Burke，1950，pp. 20 - 21）。此外，伯克指出，需要修辞来消除分歧，建立统一。鲁克萨纳·艾哈迈德（Ahmed，2009）对贝古姆·季亚在孟加拉国的一次政治演讲进行修辞分析，证明伯克的认同感概念也适用于非西方话语。艾哈迈德的分析发现，季亚做出修辞性的呼吁，让听众相信他们之间的分歧可以弥合。西奥多·舍克尔斯（Sheckels，2009）使用伯克的认同感概念分析塔博·姆贝基（Thabo Mbeki）1996年在南非做的演讲，得出了类似的结论。伯克把这一过程称为**同在化**（consubstantiation）①，即增加彼此的认同感。最后，正如德博拉·安图尼斯（Debora Antunes）在2016年指出的那样，我们应该注意到，象征符号是"认同感的载体"（http：//kbjournal. org/antunes），这一观点强调了我们前面讨论过的该理论的假设之一。

同在化	通过诉求扩大人们之间的重叠区域

329

学生之声

尼娜

　　我不知道自己怎么会与20世纪60年代的歌手有任何共同点。我20岁，出生于21世纪，但我完全理解抗议音乐的必要性。当我读到这些歌曲的歌词以及它们所传递的讯息如安全的工作环境、民权、非暴力等等时，我想到了伯克的认同感概念。像琼·贝兹（Joan Beaz）和鲍勃·迪伦（Bob Dylan）这样的歌手60年前就唱过这些歌了，但时至今日，这些歌词依然适用。

罪恶感与救赎的过程

同在性（consubstantiality）即认同和本质的问题，它与罪恶感/救赎的循环有关，因为认同感和分歧可以减轻罪恶感。对于伯克来说，产生罪恶感与救赎的过程是他的整个符号化理论的基础。**罪恶感**（guilt）是所有象征性行为的动机。伯克对罪恶感的定义比较宽泛，认为它包括任何类型的紧张、尴尬、羞耻、厌恶或其他让人不愉快的感觉。伯克的理论的一个核心论点是，罪恶感始终存在。因为我们不断地感觉到罪恶感，所以我们会不断地试图洗刷掉罪恶感带来的不适。这种产生罪恶感再试图减轻罪恶感的过程就是伯克所说的循环，它有固定的模式，即秩序（或等级制度）、否定、牺牲（寻找替罪羊或自责）、救赎。

---

① 本义指耶稣血肉同在论，即一种认为耶稣的肉体和血的实体与圣餐中的面包和酒的实体同时存在的教义。我们从这些概念中也可以发现伯克理论中存在明显的基督教罪感文化的原型。它是否能解释其他文化的个体心理，值得进一步探讨。——译者注

罪恶感	紧张、尴尬、差耻、厌恶或其他不愉快的感觉

秩序或等级 伯克认为，社会以**秩序**（order）或**等级**（hierarchy）的形式存在，它们由我们使用语言的能力创造。语言使我们能够创造出分类，比如更富裕的人和更有权力的人——拥有者和缺乏者。这些分类形成了社会等级制度。我们的罪恶感常常由我们在等级制度中的位置引起。如果我们高高在上，我们就会感到我们的权力来自那些财富和权力不如我们的人的牺牲，这种感觉会导致罪恶感。

秩序或等级	因为我们的语言使用能力而产生的地位差异

330

否定 当人们意识到自己在社会等级中的位置并试图抛弃它时，就产生了**否定**（the negative）。对现存的秩序说不，这不仅源自我们的语言能力，还证明我们拥有选择的自由。当伯克写下那段经常被引用的关于人的定义时，他强调的就是否定：

　　　　人（man）是

使用象征符号的动物，否定的发明者

用自己制造的工具

将自己与自然分离

受等级精神的驱使

因完美而堕落（Burke, 1966, p. 16）[1]

否定	拒绝承认某人在社会等级中的地位，表现出反抗

当伯克创造出"因完美而堕落"（rotten with perfection）这个短语时，他想表达的意思是象征符号让我们拥有完美的想象，因此我们常常因为现实状况与想象的完美状况之间的差异而产生罪恶感。此外，"因完美而堕落"也意味着，我们使用象征符号的能力会让我们陷入象征的"车辙"，意识不到我们只是在建构自己的观点。这使我们如此强烈地相信自己观点的"正确性"，导致我们的思维变得封闭，对自己和他人都造成损害（Steiner, 2009）。

牺牲 牺牲（victimage）是我们洗脱来自我们的人类本性的罪恶感的方法。有两种基本的牺牲方式，或者说有两种洗脱罪恶感的方法。伯克把自我牺牲的方式称作**归罪于己**（mortification）。当我们为自己的错误道歉或责备自己时，我们就在归罪于己。当艾伦·斯佩克特承认自己做错了并为之道歉的时候，他就在归罪于己。让我们用历史上一个不幸的案例来说明这一点。在1998年，民主党领袖们认为，如果在私通事件中克林顿承认自己做错了并且不做伪证，那么他们将更加同情他。但是克林顿拒绝归罪于己。他使用了另一个洗脱罪恶感的技巧——归罪于人。

牺牲	洗脱我们作为人的罪恶感的方法
归罪于己	通过责怪自己而洗脱罪恶感的方法

---

[1] 人们最初用象征符号指代社会实在，语言和实在之间有对应关系。后来人们逐渐发展到用语言来解释语言，生活在语言之中。因为在动物的世界里，只有"有"和"无"的概念，没有"要"和"不"的概念，所以说人是否定的发明者。正因为有了"应该"和"不应该"的概念，所以我们的道德观念得到强化。——译者注

在**归罪于人**（scapegoating）中，被责怪的是另一些牺牲者。通过寻找替罪羊，行动者的罪恶感被洗清了。克林顿在承认自己与莫尼卡·莱温斯基有不正当关系之后，企图把罪过推到民主党和其他人身上（Ole-Acevedo，2012），认为他们才应该为这件震动全国的事情遭受谴责。当丑闻在 1998 年刚刚被揭露出来时，由于当时克林顿还未承认自己与莱温斯基的关系，希拉里·罗德汉姆·克林顿出现在电视上并暗示这些关于她丈夫的流言是"右翼的阴谋"，与她和丈夫没有直接关系。这种修辞使用了伯克的归罪于人的概念。有趣的是，到了 2014 年，也就是 15 年后，莫妮卡·莱温斯基（Monica Lewinsky）觉得自己被当作了替罪羊（http：//www.foxnews.com/politics/2014/05/06/monica-lewinsky-speaks-out-says-was-made-scapegoat.html），这说明对该术语有两种完全不同的解释。

归罪于人	通过责怪他人而洗脱罪恶感的方法

救赎 最后一个环节是**救赎**（redemption），它指的是在罪恶感被暂时洗脱后，不洁的过去被抛弃，重新恢复新的等级。救赎概念中的潜在意义是救世主的观念。在犹太-基督传统中，救世主就是拯救者（基督）或上帝。当政治家们把问题推到媒体或反对党身上时，他们把自己看作救世主——他们可以引导人们解决困难。救赎概念中关键的一点是：通过救世主或其他方式，罪恶感只是得到暂时减轻；随着新的等级或等级制度的建立，罪恶感又会重新折磨人们。

331

救赎	在罪恶感被暂时洗脱后，不洁的过去被抛弃，重新恢复新的等级

五角模型

为了说明戏剧理论，伯克（Burke，1945）提出了一种使用他的理论理解符号行为的方法。他把这种方法称作**五角模型**（pentad），因为他认为在分析有关特定话题的演讲或文章时我们应该从五个元素入手。五角模型有助于说明为什么一个演讲者会对特定的受众使用某种修辞策略。这五个元素分别是行动、场景、行动者、手段和目的。在提出这一研究工具 20 多年后，伯克（Burke，1968）又加入了第六个元素——态度——使其成为六角模型，但是许多人仍然更愿意将其称为五角模型（见图 19-1）。

我们将依次说明这些元素。

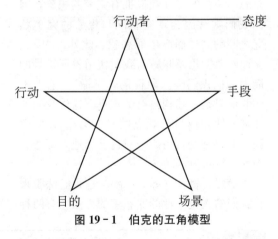

图 19-1 伯克的五角模型

五角模型	伯克应用戏剧理论的方法

行动 伯克认为**行动**（act）是个人的行为。在艾伦·斯佩克特的例子中，行动就是婚外情东窗事发，私生子被人发现。

行动	五角模型的一角，指个人的行为

场景　场景（scene）为行动提供环境。在斯佩克特的例子中，场景包括美国政客因腐败和虚伪受到猛烈攻击的时代背景。我们对艾伦·斯佩克特如何涉入周围的环境所知不多，因为他不愿意公开导致他这些行为的因素。

场景	五角模型的一角，指行动所处的环境

行动者　行动者（agent）是实施行动的个人或群体。在艾伦·斯佩克特的例子中，他就是一个行动者。如果研究者想分析卡尔为什么不支持斯佩克特，那么卡尔就是一个行动者。

行动者	五角模型的一角，指实施行动的个人或群体

手段　手段（agency）指的是行动者完成行动的方式。手段的形式包括讯息策略、讲故事、道歉、演讲等。在斯佩克特的例子中，手段包括辩解和公开道歉。　*332*

手段	五角模型的一角，指行动者完成行动的方式

目的　目的（purpose）指的是行动者在行动时心里所想的目标，即采取行动的原因。在斯佩克特的例子中，目的并不明确。他没有给出任何理由。卡尔认为他之所以那么做是因为他意志薄弱。

目的	五角模型的一角，指行动者在行动时的目标

态度　态度（attitude）指的是行动者对自己和他人的关系的定位方式。我们还是以斯佩克特为例，这个事件存在着争议。卡尔可能认为他的态度非常高傲。他读到的许多文章都评论说斯佩克特认为他可以不受法律约束。

态度	后加入的五角模型的一角，指行动者对自己和他人的关系的定位方式

五角模型被用来指导我们在与他人的对话中使用象征符号（Rountree & Rountree，2015）。在使用五角模型分析象征性互动时，分析者首先应该确定五角模型的所有元素，并对某个行动中的所有元素分别进行认定。在确定所有元素并对其做出全面说明后，接下来就要确定**五角模型比率**（pentadic ratios）或**戏剧率**（dramatistic ratios），即其中一个元素和另一个元素之间的比值。通过分别计算所有元素中每两个元素之间的关系，我们就能确定比值。比如当我们计算行动者和行动之间的比率时，我们就得说明一个好人做坏事的可能性。通过这种方式，研究者就可以发现其中占主导地位的元素。例如，是更强调行动者的作用还是更强调环境的作用？对戏剧率的研究可以说明人们为什么会持某种看法或采用某种修辞策略。史蒂文·亨特（Hunt，2003）把这些比率称为"两种或两种以上元素的互动效应"（p. 379），认为观察这些互动是衡量修

辞批评的价值的标准。根据弗洛伊德·安德森（Floyd Anderson）与马修·奥尔特豪斯（Matthew Althouse）2016 年的观点，至少存在 24 种不同的比率（http：//kbjournal. org/anderson）。

五角模型比率或戏剧率	五角模型中某个元素与另一个元素的比值

大众媒体中的理论·伯克的政治说服思想

戴维·坎塔尼斯（David Cantanese）记述了政治史上最具历史意义的竞选之一，马萨诸塞州参议员斯科特·布朗（Scott Brown）和挑战者伊丽莎白·沃伦（Elizabeth Warren）之间的竞选，并解释了认同感与分歧对竞选语言的重要性。他认为沃伦能在民调中卷土重来，是因为她有能力说服女性选民，布朗跟她们不具有同在性，而她自己与她们具有同在性。坎塔尼斯认为，沃伦把焦点从布朗跨越分歧共同努力的讯息转移到她对女性问题的认同上，对马萨诸塞州的独立女性选民颇具说服力。

资料来源：Catanese, D. （2012）. "How Elizabeth Warren Staged Her Comeback". Politico. Com, November 3，politico. com/news/stories/1112/83253. html.

整合、批评和总结

毫无疑问，肯尼斯·伯克的戏剧理论对传播学研究做出了无法估量的贡献。许多学者用下面的话来赞扬伯克："他已经成为美国目前最具有深远影响的修辞学家"（Nichols，1952，p. 331）；"肯尼斯·伯克不仅是学术工厂里的工人，而且是学术工厂里的矿石原料"（Brummett，1993，p. xi）；在 1981 年，《纽约时报》把伯克评为美国批评界的领军人物，说他是"美国批评传统的最具生命力的代表，可能是自这一传统的创建者拉尔夫·瓦尔多·爱默生（Ralph Waldo Emerson）以来最大的思想来源"（Chesebro，1993，p. xi）。伯克的作品广受赞扬，并被广泛引用。事实上，在美国全国传播学会——传播教师、研究者和专业人士最主要的组织之一——中专门有一个分会是探讨伯克的批评思想的，还有一整本期刊专门介绍他（kbjournal. org）。诚然，围绕戏剧理论的研究几乎完全是质化的，尊重了伯克认为很重要的"声音"概念。

当我们分析戏剧理论的时候，会涉及四个标准：范围、简洁、实用与启发性。

整合

传播传统	**修辞学** | 符号学 | 现象学 | 控制论 | 社会心理学 | 社会文化 | **批判**
传播语境	自我 | 人际 | 小群体 | 组织 | **公众/修辞** | 大众/媒体 | 文化
获得知识的方法	实证的/经验的 | **诠释的/阐释的** | 批判的

批评

评价标准	范围 | 逻辑一致 | 简洁 | 实用 | 可检验 | **启发性** | 时间的考验

范围

戏剧理论的应用范围因太宽泛而受到批评。伯克的目标是用象征性互动解释整个人类的经验。这是一个极为宏大而且雄心勃勃的目标，一些批评家认为这使得该理论过于宽泛以至于失去了意义。你如果把戏剧理论和第 8 章讨论的不确定性减少理论这样的理论相比较，就会看到两种截然不同的理论范围。不确定性减少理论试图解释陌生人最初见面的几分钟里发生的事情。戏剧理论则想把人类所有的象征性互动涵盖其中。一些批评者可能会提出，如果一个理论所追求的目标过于虚无缥缈的话，那么它注定会过于复杂和不清晰。戏剧理论的研究目标是否是它的弱点，这是一个主观的判断。显然，伯克及许多追随者认为，戏剧理论广泛的应用正是它的吸引力之一。

简洁

一些批评者抱怨说，伯克的理论太不清晰易懂了，很难有实用性。赫伯特·西蒙斯（Simons, 2004）指出，伯克更像是"晦涩主义者（convolutionist）而不是革命者（revolutionist）"（p. 152）。有些人认为戏剧理论太复杂难解（Foss, Foss, & Trapp, 1991）。即使是伯克的支持者也承认，他的作品很难读。玛丽·霍克默思·尼科尔斯（Nichols, 1952）在一篇论述伯克的戏剧理论的文章中曾说：

> 伯克的理论十分难懂，常常令人困惑。他的作品不是随便挑几卷简单浏览就能弄明白的。这些困难部分来自他所使用的大量词汇。单独来看，他的用词都十分简单，但是他常常在新的语境中使用这些词语。如果没有通读过他的作品而仅仅孤立地阅读其中一篇的话，就

更难理解其中的意思，因为许多单词和短语都有特殊的含义。（p. 330）

但是尼科尔斯也对这些批评意见提出了一些反证。她认为伯克的作品之所以难懂，部分原因是"他的表达方式紧凑简洁，材料组织方式非常独特，另外还包括他的思想的穿透力和涉及的内容太广"（Nichols, 1952, p. 330）。换句话说，伯克的天才值得我们花力气去弄懂他那具有原创性的思想。如果一个学者足够勤奋的话，伯克的理论就会令其努力获得超值回报。

实用

一些研究者（Condit, 1992; Murray, 2003）认为戏剧理论的实用性存在缺陷。这一批评主要产生于伯克在该理论中忽略的几个问题。例如，西莉斯特·康迪特（Condit, 1992）认为，如果该理论能更多地触及性别与文化问题，就会更加具有实用性。康迪特评论说，虽然伯克支持女性主义，但是他的支持主要体现在把女性包括在"男人"（man）这个符号里面。[①] 康迪特指出，虽然伯克写作的时代具有特殊的历史背景，但是他对女性的支持是不够的。许多与伯克同时代的人在作品中完全把女性排除在外，所以伯克把女性包括在内毕竟也做出了贡献。然而康迪特坚持认为今天的情况已经变化了，不能再把女性包含在男人这个词里面了。在这里，康迪特所谈论的不仅是使用具有普遍性的"男人"这个词来代替所有人，而且涉及我们的社会是否有能力用新的思维方式来谈论生理性别和社会性别（sex and gender）的问题。

康迪特指出："我们必须使我们的语言超越二分法，扩展为'人性'和'人类'（humanity and human beings），探索新的方式来强调人类的多元性。"（p. 351）康迪特认为，我们前面讨论过的伯克对人类

---

① Man 在女性主义兴起之前既可以指男人，也可以泛指人类，这在当时的作品中非常普遍，并不是对女性蓄意歧视。女性主义者认为，这种用法习以为常地把女性象征性地排除在外了。比如，伯克在前面对人的定义中使用的也是 man 这个词，但是康迪特认为，把 man 解释为既包括男性和女性显然是不够的。——译者注

(man) 的定义并没有充分地把女性包括在其中。她从激进女性主义的角度对伯克的定义做出回应，对男权视角下的女性给出下面的定义：

> 女人是
> 接受（被动地收听）象征符号的动物
> 不会创造任何东西（这是由传教士和圣人的道德说教所定义的）
> 通过男人制造的工具，湮没在她的自然条件之下
> 由处于等级制度（向着井然有序的方向发展）的底层驱动
> 因完美而堕落（p. 351）

接下来，她抛弃了把男女彼此对立的本质主义的定义，而采取一种两性平等的立场来重新定义，具体如下：

> 人们是
> 象征符号的游戏者（players）
> 否定和道德可能性的创造者
> 通过集体制造的工具从自然中脱颖而出
> 被困在等级制度和平等之间（不断地成为记录者）
> 既不堕落，也不完美，但不时会向着这两个方向发展（p. 352）

康迪特的观点只是想说明，伯克的理论需要进一步扩展，应把女性包括其中，由过去关注某个性别或其对立面转向真正地包含两者。但是她认为，只是在语言上把"男人/他的"扩展到"人们/大家的"还远远不够，在美国，语言是一个把女性排除在外的筛子，这么做还不足以改变这种状况。我们不仅需要改变我们的语言，还要改变我们关于女性、男性、性别的思维观念，应该包括许多更为重要的进步。

康迪特还提出，伯克强调了文化之间的普遍性而忽略了其独特性。对于康迪特而言，当伯克认为牺牲是一个超越文化的经验——所有的文化中都会采用的洗脱罪恶感的方法——时这个问题尤为突出。她提出，在西方基督教文化以外的国家中，可能并不把牺牲看成是人类行为的主导动机。例如佛教文化就会具有基督教文化不同的动机。此外，我们如果研究美洲土著文化或美国黑人文化中骗子的故事，那么会发现牺牲在其中具有与伯克所说的完全不同的特点。和社会的其他成员相比，这些骗子处于社会的底层，但是他们能够通过自己的智慧和聪明获得成功。这些骗子并不是我们在戏剧理论里所说的基督教意义上的牺牲者，相反，这些骗子通过改变现有秩序使其不利于那些当权者而获得胜利。

总之，康迪特对戏剧理论的批评并没有否定伯克的理论的巨大贡献，相反，她只是建议对该理论做一些扩展和修改。杰弗里·默里（Murray，2003）同意康迪特的观点，他主张，虽然伯克的理论持续得到广泛应用，但有必要拓展理论从而纳入边缘群体的声音。默里用他所谓"他者-伯克式"框架来分析纳粹宣传和美国前参议员泰德·肯尼迪（Ted Kennedy）在玛丽·乔·科佩奇尼去世后发表的一篇演讲。他在马萨诸塞州的一座堤桥上驾驶失控落水，玛丽因此死在他的车里。在两个案例中，默里都认为，注意修辞中省略的内容以及五角模型没有强调其关注点的"他者"（比如相较于纳粹而言的犹太人，以及玛丽·乔·科佩奇尼），会带来有深度的分析。

启发性

戏剧理论在启发性方面颇为成功，大多数批评者对此没有异议。举例来说，戏剧理论最初用于对演讲进行修辞分析，但现在关注点已经拓展到公共领域中的其他话语，包括"社论、短论和专题文章，图书，纪实影片，广播与电视新闻，电影，音乐甚至互联网"（Hunt，2003，p. 378）。戏剧理论原理与概念有很多应用方式。例如，伯克的思想已经被应用于叙利亚内战和总统阿萨德的有关研究（Bakke & Kuypers，2016）。五角

模型被用来分析脸书（Castelen, Mottart, & Rutten, 2009）。阿曼达·内尔·埃德加（Edgar, 2014）利用戏剧理论视角理解节奏布鲁斯文化以及克里斯·布朗（Chris Brown）对蕾哈娜（Rihanna）的人身侵犯。

医学行业（例如 Bareiss, 2015）利用戏剧理论理解非自杀性自我伤害。最后，卢克·罗兰（Rowland, 2016）对日本的多语言标牌的研究使用了伯克的原理。显然，伯克影响了诸多领域的学者。

学生之声

安伯

我可以看到戏剧理论在真实生活中的应用。在看布什总统发表入侵伊拉克的演讲时，我知道他是行动者，美国公众是听众。行动就是入侵伊拉克——尽管其中包含许多子行动，例如追踪（并逮捕）萨达姆·侯赛因。我也很确信布什有很多目的。先是他在他的演讲里提到的目的。他说伊拉克窝藏了恐怖分子，因此与"9·11"脱不了干系，他们还藏匿了大规模杀伤性武器。现在他又改变了目的，描述侯赛因是多么邪恶，对伊拉克民众又是多么残忍。接下来还有其他人提到的所有原因，例如他的行动可能是因为石油，或者替父寻仇，报复萨达姆。整个情况混乱不清，但我认为利用戏剧理论进行理顺可能真的会对情况的澄清有所帮助。我想我们永远都没办法真的知道像总统这样的公众人物的行为背后的原因，但是一位修辞学家真的可以尽力把事情弄清楚。

总结

人们普遍同意伯克的理论向我们提供了一个充满想象力的、全新的洞察人类动机和互动的角度。戏剧理论让我们能够对人类的整体经验进行描述。我们可以用它来分析人类的动机和行为，它把语言视为重要的符号系统，这使其对传播学研究者具有特殊的吸引力。

讨论题

337　**技术探索**：戏剧理论的一个基本观点是语言运用与听众相关。探讨使用短消息和邮件传达情感时的局限。

1. 如果卡尔不用极端的方式谈论艾伦·斯佩克特的事情，他应该怎么表达？在这个讨论中的语言阻碍是什么？女性主义对伯克的理论的批评是否有助于你使用不太极端的语言？为什么？

2. 使用五角模型分析一位公众人物以及目前与该人物有关的一些争议的话语。

3. 你如何理解戏剧理论中五角模型分析方法的作用？是否所有的理论都有自己独特的方法？为什么是或为什么不是？

4. 你是否同意伯克的罪恶感是人类的主要动机的看法？如果不是，你认为人类的主要动机是什么？

5. 伯克认为象征符号尤其是语言十分重要。当他说象征性行动比物理的或物质的实在更重要的时候，你认为他想说明什么？

6. 你是否同意康迪特关于伯克的理论只适用于一定的文化而不具有普遍性的说法？为什么？

7. 将戏剧理论的任意元素应用于你的生活。

第 20 章
叙事范式^①

叙事范式并不否认理智与理性；它重构了它们，使它们适于所有形式的人类传播。

——沃尔特·菲舍尔（Walter Fisher）

迈尔斯·坎贝尔

迈尔斯·坎贝尔在床上翻了个身，关掉了正在尖叫的闹钟。他又钻进被子里，过了几分钟才意识到该起床了，否则就赶不上今天的化学实验了。他实在抵制不住再睡一会儿的诱惑，但是母亲的脸仿佛出现在他眼前，他不禁想到母亲是如何含辛茹苦地供他上大学。他不想因为自己不努力而让她失望。迈尔斯叹了口气，爬出被窝。起床后他洗了一把冷水脸。在穿好衣服走进厨房时，他对自己的生活和崭新的一天感觉十分惬意。

在厨房，他听到室友罗伯特和卡洛斯在争论着什么。看上去真是一个普通的早晨，迈尔斯想。这两个人总是无法和平相处。"你们两个家伙一大早就在嘤嘤什么呢？"迈尔斯一边做早餐一边问。罗伯特和卡洛斯同时抬起头看看他，冲他咧着嘴笑了笑。"可能你会觉得没什么大不了的，迈尔斯。"卡洛斯说，"我们正在讨论竞选学生多元文化协会主席的候选人。""啊，还好，"迈尔斯笑着说，"我感觉似乎没有必要在我面前讨论这件事吧！"

罗伯特把两位候选人的竞选传单递给

迈尔斯。"当然，你可能觉得没什么了不起，但请你比较一下这两份东西的不同之处，你看劳拉·休齐说的是不是不如乔治·维加有道理。"

迈尔斯浏览了一下罗伯特给他的两份竞选传单。休齐是一位亚洲裔美国研究生，她列出了 10 条施政纲领。她声明，自己关注的是提高学生们对文化的敏感度和对文化多元性的赞同。她在宣传单上还列出了达成目标的一些方法。如果当选，她的第一个大动作是成立一个包括校外演讲者参加的工作室，此外还有一系列活动让来自不同民族和种族的学生了解并尊重彼此的差异。

迈尔斯抬起头看看罗伯特和卡洛斯，说道："劳拉的主题听起来不错。"罗伯特拍了拍迈尔斯的背，开怀大笑。卡洛斯打断他们说："嘿，哥们儿，你还没看乔治的呢。赶紧看。"

迈尔斯把劳拉的竞选传单放到一边，拿起乔治的竞选传单。乔治的竞选传单采用了一种完全不同的表达风格。他没有像劳拉那样逐条列出自己的施政纲领，而是讲了几个小故事。在第一个故事里，乔治提到了课堂上发生的一件事。一个黑人女生不论说什么，教授总是不予关注。每次她想发言时，教授都视而不见，而让另外一个白人学生发

---

① 本理论基于沃尔特·菲舍尔的研究。

表意见。因为她是这个班上唯一的非洲裔，这个女生认为教授有种族偏见，但是她也不知道怎么办才好。竞选传单里的另一个故事讲的也是课堂上发生的事情。课上仅有的两个拉美学生发现，教授不论提什么问题，都会让他们从"拉丁人的角度"发表看法。他们已经厌倦了这种被迫扮演某种文化象征的角色。第三个故事讲的是校园里的酒吧如何被人们划分成"黑人的""拉丁人的"和"白人的"。故事里讲到两个黑人学生进入一家白人的酒吧后感到被周围的人孤立。

当迈尔斯看完这些故事时，他认为乔治的看法真是入木三分。乔治对高校里的现状描写得非常准确。他自己也曾在上课的时候被忽略，也曾经怀疑这是不是因为自己的种族。他也有过在课堂上被要求发表"黑人的"观点的经历，他对此真的十分反感。此外，他在校园也很少和自己种族以外的人发生关系，除了卡洛斯和卡洛斯的一些拉美朋友。他从来没有和校园里的白人有过深入交往。乔治让迈尔斯想到了很多事情，如果要投票的话他一定会投给乔治。

在本书每一章的开头，我们都会讲一个小故事，通过这些人和这些事，我们可以说明这一章的理论。我们这样编排的原因可以在叙事理论中找到答案，沃尔特·菲舍尔把它称为叙事范式。叙事范式强调了人是讲故事者，同时认为价值、感情和美学构成我们的信仰和行为的基础。换句话说，我们更容易被一个好故事而不是一个好论证说服。因此，菲舍尔会把迈尔斯决定投票给乔治的原因解释为乔治在传单上所讲的那些故事。菲舍尔断言，讲故事是人性的本质。[1]

并不是只有菲舍尔一个人持有这种观点。一些研究者承认叙事的历史影响，罗宾·克莱尔（Robin Clair）、斯蒂芬妮·卡洛（Stephanie Carlo）、切尔文·拉姆（Chervin Lam）、乔恩·努斯曼（Jon Nussman）、卡尼克·菲利普斯（Canek Phillips）、弗吉尼亚·桑切斯（Virginia Sanchez）、伊莱恩·施纳贝尔（Elaine Schnabel）和莉莉娅·雅科娃（Yakova，2014）言简意赅地指出："叙事的历史或许可以追溯到语言的起源，追溯到最初的象征性声音或手势。"（p. 2）其他研究者（例如，Ramsey，Venette，& Rabalais，2011）考察了所谓建构的"叙事可塑性"，认为人们

对事物的看法可以根据可信的讲故事者讲的好故事做出改变。乔迪·凯尼格-凯拉斯和黑莉·克朗斯图伯·霍斯曼（Koenig-Kellas & Horstman，2015）认为，故事有解释复杂事物的潜能，帮助人们适应群体（例如家庭）的社会生活，并且能够创造、强化或挑战个体的认同。此外，凯尼格-凯拉斯（Koenig-Kellas，2015）告诉我们，故事和讲故事的概念已经被包括社会语言学、英语、社会学和心理学等诸多不同学科采纳。多年以来，传播学研究也受到叙事的影响。约翰·卢凯茨和西莉斯特·康迪特（Lucaites & Condit，1985）提出："越来越多的人开始接受这样一种观点，叙事是人类意识的普遍中介。"（p. 90）柯尔斯滕·特耶（Theye，2008）同意这一观点，认为"作为一种解释世界的方式，叙事在人类传播中至关重要"（p. 163）。此外，有学者（例如，Koenig-Kellas，2013）主张，故事不仅解释世界，还塑造我们的世界。阿特·博克纳（Bochner，2014）这样总结叙事："叙事是一个复杂难懂的智性问题。"（p. 13）

值得注意的是，菲舍尔把他的方法称为范式而不是理论。菲舍尔使用该术语表明其视野的广度，因为范式是一个比理论更广 *340*

---

[1] 尽管有些学者对故事（stories）与叙事（narrative）做了区分，但为了便于说明叙事范式，在本书中这两个术语是可以互换的，这符合凯尼格-凯拉斯（Koenig-Kellas，2015）的观点。

的概念。菲舍尔使用这个概念来说明他的视野的广泛性。菲舍尔指出："所有文体，包括技术传播，无不是生活故事的一个情节片段。"（Fisher，1985，p.347）因此，菲舍尔所提出的理论思维方法要比某个特定的理论更具有普遍性。菲舍尔指出，他使用范式这个概念的目的是把所有人类传播的经验加以理论化，并指导我们对它们的理解（Koenig-Kellas，2008）。

此外，范式的概念还说明了菲舍尔的思想与大多数传播理论背后的思想相比是一个巨大的转换。菲舍尔认为，我们是讲故事者，我们通过叙事的形式体验生活，这样的洞察抓住了人性的本质。他把这一取向同所谓的理性主义范式做了比较，后者具有以前的西方思维方式的特征。通过这种比较，菲舍尔说明了所谓的**范式转换**（paradigm shift），即人们对世界及其意义的思考方式发生了根本性的重大转变。

范式转换 大多数人对世界及其意义的思考方式的重大转变

菲舍尔（Fisher，1987）在解释范式转换时，简单地回顾了影响西方思想的范式发展史。他指出，逻各斯（logos）起初的含义融合了许多概念，它包括了故事、本原、话语和思想。菲舍尔解释说，这些意义一直延续到柏拉图和亚里士多德的时代，他们把逻各斯和神话（mythos）做了区分：前者是理性推理，后者是故事和感情。通过这种划分，代表诗学话语的神话相对于理性的逻各斯而言，被赋予了消极的色彩。修辞的概念则处于高贵的逻各斯的逻辑学和低级的诗学与神话之间。以这种方式为神话、逻各斯和修辞排序再次强化了这个观念，即并不是所有话语都是平等的。事实上，根据亚里士多德的看法（见第 18 章），由于同真正的知识的关系不同，一些话语高于其他的话语。亚里士多德认为，只有逻各斯才会引导我们得出真正的知识，因为它具有能够被证实的逻辑系统。逻各斯存在于哲学话语之中。从其他的话语形式也可以得出知识，但是它们产生的知识具有或然性，并不能保证其绝对真实。

亚里士多德的这种划分并没有导致他轻视不同的传播形式，但是他却为后来的理论家提供了依据，他们更偏爱逻辑和推理，轻视神话、故事和修辞。接下来的学术研究也专注于在这些主要话语形式之间展开争论。始于欧洲文艺复兴时期结束之时的科学革命改变了人们思考世界的方式。它废黜了作为逻辑之源的哲学的皇位，以科学和技术的逻辑取而代之。但是菲舍尔提出，这一变化还不够彻底，因为哲学和科学都赋予正式的逻辑系统以特权，诗学和修辞学仍然低人一等。许多学者首推逻辑思维的观念倾向被菲舍尔称为**理性世界范式**（rational world paradigm）。

理性世界范式 许多研究者和专家所使用的逻辑系统

这些不同的学术分支之间的斗争今天还在继续，但是菲舍尔断言，叙事范式找到了一条超越这些争论的途径。菲舍尔认为："叙事范式会把争论的焦点从谁'拥有'逻各斯转移到讨论在何种条件下、何种话语实例（无论它的形式如何）会为我们的信仰和行为提供最有说服力、最可靠、最有价值的指导。"（Fisher，1987，p.6）因此，叙事范式代表着一种与理性世界范式迥异的对世界的看法。菲舍尔认为，通过叙事，我们可以脱离非此即彼的二元思维模式，转而把科学、哲学、故事、神话和逻辑整合在一起。叙事范式是理性世界范式的替代物，但是它并不否定传统的理性。

菲舍尔认为，要完成叙事范式的转换，我们必须承认"就知识、真理和实在而言，一些话语比另一些话语更加诚实（veracious）、可靠、值得信赖，但是没有一种形式（form）或者文体（genre）一定具有上述这些优点"（Fisher，1987，p. 19）。通过回顾这些历史背景，菲舍尔在不贬低逻辑和理性的前提下，强调叙事或故事的重要性，建立了新的修辞理论。此外，菲舍尔还指出，故事或神话渗透在人类所有的传播行为之中（即使其中涉及逻辑），因为所有的论证中都包含"不能被证实或被证明具有绝对性的思想。这些思想来自隐喻、价值观、身体语言（gestures）等"（Fisher，1987，p. 19）。菲舍尔想尝试通过这种方式消除逻各斯（理性的论证）和神话（故事或叙事）之间的区别。

理论速览·叙事范式

这一取向赖以建立在以下法则之上：人是讲故事的动物。此外，叙事逻辑优于辩论使用的传统逻辑。叙事逻辑，即好理由的逻辑，认为人们根据故事是否连贯（具有一致性）且真实（具有逼真性）来估计说话者的可信性。叙事范式帮助人们对说话者做出普通人也可以做出的判断，因为无须经过专门的说服训练就能基于一致性和逼真性概念得出结论。

叙事范式的前提假设

菲舍尔一方面想通过叙事范式将逻辑与美学加以融合，另一方面也指出，叙事范式与传统的逻辑和推理之间存在差异。我们对这两种范式的差异的讨论将贯穿本章始终，因为这是菲舍尔所做的一个重要区分，并且他在思考叙事范式的过程中不断地对这一区分加以完善。叙事范式的前提假设是在与理性世界范式的比较中产生的，这是叙事范式前提假设的重要特点。菲舍尔（Fisher，1987）提出了五个前提假设：

● 人类是天生的讲故事者。

● 对一则故事的价值的判断基于"好理由"（good reasons）。

● 好理由受到历史、个人经历、文化和个性的影响。

● 合理性取决于人们对一则故事的连贯性和真实性的判断。

● 我们体验到的世界充满不同的故事，我们必须从中选择。

我们可以看到这些前提条件与菲舍尔在理性世界范式中强调的前提条件形成鲜明的对比。这一比较通过表 20-1 加以说明。我们将简单地讨论叙事范式的前提假设，并把它们与理性世界范式加以对比。

表 20-1　叙事范式和理性世界范式的比较

叙事范式	理性世界范式
1. 人是讲故事者。	1. 人是理性的动物。
2. 决策和传播建立在"好理由"的基础上。	2. 决策建立在推理的基础上。
3. 好理由受到历史、个人经历、文化和个性的影响。	3. 推理必须符合全面合理、具有逻辑性的标准。
4. 合理性取决于人们对过去经历的故事中表现出来的内在一致性和可信性的感知。	4. 合理性取决于知识的质量和正式的推理过程。

续前表

叙事范式	理性世界范式
5. 人们对世界的体验是由一系列备选的故事构成的。在选择的同时，我们就在不断地再创造自己的生活。	5. 世界可以还原为一系列通过推理揭示出的逻辑关系。

　　叙事范式的第一个前提假设认为人性植根于故事和讲故事上。开篇故事中迈尔斯的例子说明，故事说服并感动我们，是我们信仰和行动的基础。迈尔斯并不太了解校园里学生多元文化协会主席竞选的事情。事实上，迈尔斯对此无动于衷，他对两个候选人既没有了解的兴趣，也没有任何看法。但是，当他读完乔治在竞选传单上写下的具有说服力的故事后，他决定投乔治一票。迈尔斯发现虽然劳拉的竞选材料很有趣，但是乔治的更能打动人。如果理性世界范式是对的，我们应该看到具有理性的论证更能打动迈尔斯，他应该投劳拉一票才对。然而叙事范式能更好地解释迈尔斯对乔治的偏爱。

　　菲舍尔坚信其第一个假设的另一个理由是他观察到叙事具有普遍性——可以在任何文化和任何时期发现这一点。菲舍尔断言：“任何种族，不论是社会的、政治的、法律的还是其他的活动，都会涉及叙事。”（Fisher，1984，p. 3）叙事的普遍性导致菲舍尔提出了一个概念——讲故事的人（Homo narrans），并把它作为人性的定义。菲舍尔的研究受到了伦理学家阿拉斯代尔·麦金太尔（MacIntyre，1981）[①]的影响。麦金太尔评论说：“人既处于行动和实践之中，也处于虚构之中，本质上他（无性别）是一个讲故事的动物。”（p. 201）

343　　菲舍尔把麦金太尔的思想作为叙事范式的基础。詹姆士·埃尔金斯（Elkins，2001）也同意菲舍尔对故事与人之间关系的

强调。埃尔金斯认为，人们“既是为了生存使用故事，也是为了想象而使用它，同时我们还把故事作为实现某个目的的工具（比如获得快乐），还有的时候是因为我们不得不使用故事。故事是我们人类遗传基因的一部分”（p. 1）。其他研究者（例如，Bute & Jensen，2011）赞同这一观点，即故事为人们提供了解释自身经历和行为的手段。

　　叙事范式的第二个前提假设认为，人们会根据故事是否合情合理或者理由是否够好（good）而决定接受哪些故事、拒绝哪些故事。我们将在本章的后面讨论菲舍尔所说的好理由究竟是什么意思，但是他在这里绝不是指严格的逻辑或推理。这个假设认为，并不是所有的故事都具有同样的效果，与此相反，在故事中做出选择的决定性因素是个人而不是抽象的推理法则或我们所说的传统的理性。如果从菲舍尔的角度来看我们的开篇小故事的话，劳拉在她的竞选传单中也讲了一个故事，迈尔斯只是拒绝了她的故事而接受了乔治的故事，因为后者与他个人更具有相关性。从总统选举到中东的一场战争，再到美国最高法院门前的抗议者，在这些事件中我们都能看到相互竞争的故事。

　　当人们听到这些相互冲突的故事时，他们会从中进行选择。他们选择的依据不是传统逻辑，而是叙事逻辑。菲舍尔认为，当人们从传统逻辑转向叙事逻辑时，他们的生活会得到改善，因为叙事逻辑比正式的逻辑更

[①] 阿拉斯代尔·麦金太尔（Alasdair MacIntyre，1929—　）是美国当代著名哲学家、伦理学家。他的主要作品有《伦理学简史》（1966）、《德性之后》（1981）、《谁之正义，何种合理性》（1988）、《三种相匹敌的道德学说》（1990）。作者这里提到的思想出自麦金太尔最著名的《德性之后》（该书原名为 *After Virtue*，国内有两个译本，也有的译为“追寻德性”，因为作者的书名就有两层意思，after 既可作“……之后”也可作“追寻……”解）。在该书中，麦金太尔提出的中心观点是现代西方社会处于传统的德性视野之后，要拯救现代社会就要向亚里士多德的德性主义回归。——译者注

具有民主特征。正如菲舍尔（Fisher，1984）所说："在叙事范式中，所有人都具有理性思考的能力。"（p. 10）相反，正式的逻辑则需要在复杂的逻辑系统中进行精英训练，而叙事范式需要的则是每个人都具有的实践理性。

叙事范式的第三个前提假设涉及的是哪些因素会影响人们的选择和他们对好理由的判断。理性世界范式认为，推理是由合理性决定的（Toulmin，1958）。对于史蒂文·图尔敏（Stephen Toulmin）而言，推理论证就是从数据到结论的运动。这个运动过程要遵守合理性，或者说要通过决定结论的正式逻辑加以检验。相比之下，叙事范式认为合理性并不是评价一个推论是否好的唯一方式。事实上，合理性甚至不能准确地描述人们是如何做出判断的。叙事范式认为，叙事理性受到历史、个人经历、文化和个性的影响。因此，菲舍尔还把语境的观念引入叙事范式之中。因为人们受到自己所在语境的影响，所以，能够说服迈尔斯的内容是那些恰好与他的个性相符合的内容，而不是那些符合正式的逻辑和说服规则的内容。

叙事范式的第四个前提假设构成了叙事取向的核心问题。它认为只要故事看上去具有内在的一致性并且可信，人们就会相信。我们将在下一部分描述叙事理性的概念时进一步深入讨论这个问题。

最后，菲舍尔的观点建立在这样一个假设之上，即世界由一系列故事组成，我们在其中进行选择，从中体会到不同的生活经验，从而使我们重新创造了自己的生活。迈尔斯决定支持乔治，这可能会导致他把自己的生活引向不同的方向。他可能不再觉得自己是孤军奋战。由于他选择了乔治的故事，这可能导致他改变自己对政治行动的看法。从这一点上你可以看到叙事范式和理性世界范式之间的差异，后者不会把世界看成是暂时的或处于变化之中的，而会认为真理是通过理性分析发现的，不是通过叙事逻辑中那种对具有说服力的故事所产生的情感冲动发现的。

一项以法庭为语境的研究说明了这些前提假设，研究考察了叙事范式在职业性传播中的应用。克里斯蒂娜·凯利和米歇尔·扎克（Kelly & Zak，1999）思考了美国历史上收看人数最多的审判之一，认为前美式橄榄球运动员 O. J. 辛普森被宣判无罪是叙事推论战胜了理性推论的结果。辩方之所以能够获胜，是因为他们在陪审团面前用一种容易产生共鸣的方式重新组织了辛普森的故事，而控方依靠的则是理性世界范式，针对的对象主要是法官和辩方律师。凯利和扎克指出，检察官"使用了专业技术语言，从法律的角度非常负责地仔细出示每一个证据，却没有考虑陪审团成员的接受程度"（p. 301）。其他研究考察了叙事对医疗保健环境（例如，Gray，2009；Wamucii，2011）、小报新闻（例如，McCartha & Strauman，2009）以及政治竞选（例如，Falk，2009；Underation，2009）的影响。

叙事取向中的关键概念

叙事范式的前提假设引导我们对构成该理论框架核心的关键概念进行一些思考，它们分别是叙事和叙事理性（包括一致性与逼真性）。一致性分为三种：结构一致性、材料一致性以及角色逻辑一致性。

叙事

人们一般会把叙事简单地看成是故事。但是对于菲舍尔来说，叙事不仅仅是一个包括开头、发展、结局的具有一定情节的故事。在菲舍尔看来，**叙事**（narration）包括对一系列事件的任何语言或非语言的叙述，聆听者则赋予这些事件以一定的意义。菲舍尔指出："当我使用'叙事'这个概念时，我指的不是一个主题具有真假之分并且与所构成的讯息没有必然联系的虚构的故事。我所说的'叙事'指的是象征性（符号）行为——词语和/或行为——对于生活在其中并且创造或解释它的人具有重要性和意义。"（Fisher，1987，p. 58）这个定义说明讲故事者和听故事者都是必需的。乔迪·凯尼格-凯拉斯（Koenig-Kellas，2015）阐述了这一叙事过程："大多数故事还包括对人物、引出解释或解决方案的戏剧性紧张关系、时间顺序以及道德或故事观点的描述。"（p. 2）

叙事	可以被听者赋予意义的叙述

菲舍尔的这个定义极端宽泛，甚至它与许多人所说的传播本身完全重合。当然，这正符合菲舍尔的论点：所有传播皆叙事。他认为，叙事不是一种文体（比如与诗歌等相对应的故事），而是一种社会影响方式。此外，他想通过这个观点说明，生活就是由故事或叙事构成的。当你听讲座时，当你因为不能按时交论文而向教授说明理由时，当你看报纸、发推特、与朋友交谈时，你都在倾听和讲述故事。

345

叙事理性

既然我们生活在叙事的经验之中，我们就需要一些方法来判断哪些故事可以相信、哪些故事不应该相信。这一标准可以在**叙事理性**（narrative rationality）中找到，它为我们提供了判断叙事的方法，这种方法与传统的建立在理性世界范式上的方法截然不同。我们前面曾提到，传统的理性检验方法包括该观点是否符合实际，是否把所有相关的事实都考虑进去，论证是否具有内在一致性，推理过程是否遵循正式的和非正式的逻辑标准（Fisher，1978）。研究笔记说明了叙事理性在检验罗纳德·里根总统演讲中的应用。叙事理性与传统逻辑相比，它遵循着两个完全不同的原则：一致性和逼真性。

叙事理性	判断哪些故事可以相信、哪些故事不能相信的标准

一致性　一致性原则是评估叙事理性的重要标准，它将最终决定一个人是接受某个叙事还是拒绝它。**一致性**（coherence）指的是一段叙事内在的不矛盾性。在判断一个故事是否一致时，听者会询问这个叙事整体看上去是否前后连贯。如果故事的所有部分都完整无缺，叙事就具有一致性，我们也不会感到讲故事者漏掉了重要的细节或者故事前后矛盾。一致性是判断一个叙事是否具有意义的标准，并且"建构意义是所有叙事的核心"（Koenig-Kellas，2014，p. 4）。如果故事中角色的行为相对比较一致的话，人们一般就会认为它是合理的。

一致性	叙事理性的原则之一，用来判断故事的内在连贯性

当迈尔斯读到乔治在竞选中的叙事时，他从中看到了一条贯穿始终的红线，即他所在的大学存在种族问题。如果乔治提出存在种族问题，但是在叙事中得出的结论却是校园内的种族关系良好，那么迈尔斯会因为这个故事缺乏一致性而拒绝接受。

一致性常常可以用叙事的组织和结构来衡量。阿特·博克纳（Bochner，2014）认为"一致性是努力的成果，而非既定的事实"（p. 287）。如果讲故事者跳来跳去而漏掉重要的信息，打断故事的正常进行，加入新的元素却忘记了前面的内容，那么叙事的结构看上去就不那么完整，听者就会因为它不具有一致性而拒绝接受。一致性可以分为三种类型或三个基本方面：结构一致性、材料一致性和角色逻辑一致性。

菲舍尔所说的**结构一致性**（structural coherence）涉及故事基本元素流动的顺畅程度。如果故事令人困惑，一个部分不能引出接下来的部分或情节不清晰，那么故事就缺乏结构一致性。如果一个朋友向你讲述通过邮件与其男友分手的故事，却无法解释任何导致分手的事件或她选择发邮件的原因，紧接着又跳回去讲她与男友最初是如何相识的，你就会觉得她的故事缺乏结构一致性。

346

结构一致性	一致性的一种，指的是故事流动的顺畅程度

材料一致性（material coherence）指的是一个故事和其他有关系的故事之间的吻合程度。例如，关于你的两个朋友为什么彼此不再说话，你可能听过几个故事。如果除了一个故事之外，其他所有的故事都把问题归咎于其中一个朋友误导了另外一个，从而造成了尴尬的局面，你就不太可能相信那个与众不同的故事。你会认为那个与众不同的故事缺乏材料一致性。

材料一致性	一致性的一种，指的是一个故事与其他故事之间的吻合程度

角色逻辑一致性（characterological coherence）指的是故事中人物的可信性。例如，假设你非常讨厌某个教授。每当你和其他学生中的任何人参与课堂讨论时，都会遭到这位教授的嘲讽。更有甚者，这位教授还在课上大讲种族主义、恐同和性别歧视笑话。你的印象是，这位教授彻头彻尾地让人反感。以此为背景，你不太可能会接受这位教授在故事中扮演可钦可佩的形象，抑或是散发着英雄的光芒。你会因为这个故事不具备角色逻辑一致性而拒绝接受它。

角色逻辑一致性	一致性的一种，指的是故事中人物的可信性

逼真性　另一个评价叙事理性的标准是**逼真性**（fidelity），即故事的可信性或可靠性。逼真的故事会让听者觉得是真的。当迈尔斯读到乔治在竞选材料上所写的故事时，他想到在学校里这些事情也曾发生在自己身上。迈尔斯甚至怀疑乔治是不是在校园里跟踪并观察了自己的一举一动。因此这些故事对于他来说具有很强的说服力，它们和迈尔斯的生活具有很高的逼真度。菲舍尔（Fisher，1987）提出，如果故事的元素"对社会现实做出了精确的再现"（p.105），它们就具有逼真性。

逼真性	叙事理性的原则之一，用来判断故事的可信性

学生之声

贾斯汀

　　我理解菲舍尔的一致性观点，我也知道如果一个故事讲述了你非常不喜欢的人做了好事，想要接受这个故事有多难。但我也好奇这个理论如何解释为什么有些故事会让你对某人的看法产生改观。假定我不喜欢某位教授，但后来发现他在为地球环境做好事，例如成立大型回收中心什么的。我可能会改变自己的看法，对他多了一点好感。从过去的经验中我知道，知道某人的信息越多会让我更加喜欢这个人（如果是正面信息的话）。我第一次见到我女朋友时，并没有一见钟情的感觉，但我越了解她，就越喜欢。我感觉该理论没有解释这一点。

好理由的逻辑

347 　　和菲舍尔所说的逼真性概念相关的是确定叙事逼真性的主要方法，即**好理由**（good reasons）的逻辑。菲舍尔断言，如果叙事逼真，它们就构成了某人的某个信仰或行动的好理由。比如，迈尔斯认为乔治的故事具有逼真性，这使得该故事具有说服力，因此该故事构成了迈尔斯投乔治一票的好理由。

菲舍尔（Fisher，1987）在解释他所说的逻辑概念时说，它指的是"在修辞互动中帮助分析和评估推理过程的系统程序"（p. 106）。因此，叙事范式的逻辑让人们能够判断故事的价值。好理由的逻辑向接收者提供了一系列具有吸引力的价值，建议人们接受或拒绝叙事的内容。但这并不意味着所有的好理由都是一样的。只要能促使人们相信某个叙事，那么它就是一个好理由。

好理由	让人们认为故事是真的并且值得接受它的一系列价值观，它是评价逼真性的方法

　　菲舍尔认为，这种逻辑由两组问题构成，每组问题中包括五个小问题，这些都是由听者对叙事所提出的疑问。第一组的五个问题如下：

（1）叙事中自称为事实的陈述是否真的属实？

（2）叙事中是否遗漏了某些相关事实或者歪曲了某些事实？

（3）叙事中的推理模式是什么？

（4）故事中的推理与听者的决策具有多大的相关性？

（5）叙事对故事中的重要问题的强调是否做了很好的阐述？

　　这些问题构成了推理的逻辑。但是要成为好理由的逻辑，还必须回答另外一组的五个问题，它们在评价实用知识的过程中加入了价值概念。这些问题如下：

（1）叙事中包含的外显的和潜在的价值是什么？

（2）这些价值是否能够回答与叙事相关的问题？

（3）在叙事中加入这些价值后会有什么效果？

（4）这些价值是重申了还是证明了过去的经验？

（5）叙事中的这些价值是否符合人类的行为理想？

　　菲舍尔以乔纳森·谢尔（Schell，1982）所写的一本书为例，说明了什么是好理由的逻辑。《地球的命运》（*The Fate of the Earth*）——这本书在 20 世纪 80 年代十分流行——提出，必须停止核军备竞赛。菲舍尔认为，虽然专家会认为这本书中对技术的描述不是十分准确，但是它的叙事方式让普通公众非常容易接受。菲舍尔认为，其原因在于这本书所讲的故事符合了一致性和逼真性这两个标准。它所关注的价值正是那个历史时期人们认为最有意义的。正如叙事范式所预测的那样，一个精心讲述的故事——具有叙事理性——比专家们用准确的事实所做的证言更具有说服力。这些构成叙事理性的元素之间的关系如图 20-1 所示。

348

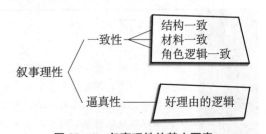

图 20-1　叙事理性的基本要素

大众媒体中的理论·政治辩论与叙事范式

2012 年乔·拜登（Joe Biden）和保罗·瑞安（Paul Ryan）的副总统候选人辩论结束后，《纽约时报》的网络评论编辑邀请版面的长期撰稿人评价二人的表现以及整个竞选活动。圣母大学教授加里·古丁（Gary Gutting）发现，除了拜登在辩论中的表现之外，民主党人对拜登辩论的反应，与他们对奥巴马在第一轮总统候选人辩论中的表现的反应截然不同，很多评论员认为奥巴马表现不佳、缺乏热情。古丁认为，"辩论往往在事后分析最开始一小时之内就会分出胜负。民主党人立即放弃了奥巴马，任凭他们的对手建构出强有力的挑战者碾压无能总统的叙事。他们本应该提出一个反叙事，强调总统的沉着冷静、善于思考，不动声色地推翻傲慢对手的公然歪曲"（n. p.）。古丁的论述支持了叙事范式的主张，即叙事逻辑支配理性逻辑。

资料来源：Debating points, vice presidential edition, (2012, October 11). *New York Times* online, campaignstops. blogs. nytimes. com/2012/10/11/debating-points-vice-presidential-edition/? emc=etal.

整合、批评和总结

菲舍尔的叙事范式为我们研究传播行为提供了崭新的深刻见解，并让我们注意到修辞批评领域的民主化过程。菲舍尔提出，人们的生活经验使他们有能力分析修辞的内容。此外，叙事范式还帮助我们看到了传播中多种逻辑的不同特征。因此，叙事范式对于我们理解人类传播和人性贡献良多。显然，该理论的研究几乎完全是质化的。

当你思考叙事范式的时候，请考虑范围、逻辑一致、实用和启发性标准。

整合

传播传统	修辞学 ┃ 符号学 ┃ 现象学 ┃ 控制论 ┃ 社会心理学 ┃ 社会文化 ┃ 批判
传播语境	自我 ┃ 人际 ┃ 小群体 ┃ 组织 ┃ **公众/修辞** ┃ 大众/媒体 ┃ 文化
获得知识的方法	实证的/经验的 ┃ **诠释的/阐释的** ┃ 批判的

批评

评价标准	范围 ┃ 逻辑一致 ┃ 简洁 ┃ **实用** ┃ 可检验 ┃ **启发性** ┃ 时间的考验

范围

对叙事范式应用范围过广的批评主要集中在菲舍尔的"所有传播皆叙事"的判断。研究者们对该判断提出了两点反对意见。第一，一些人对无所不包的定义提出了疑问。如果叙事意味着所有的传播行为，那么叙事的定义还有什么意义？批评者指引我们思考以下问题：用同样的方式看待礼节性问候（"嗨，你今天过得怎么样？"）与解释某人离婚愿望的复杂叙事是否有价值？第二，以罗伯特·罗兰（Rowland，1987，1989）为首的一些学者认为，某些形式的传播并不具有菲舍尔所说的叙事的特征。根据罗兰的看法，科幻小说就不符合大多数人的价值观，相反，这种体裁经常挑战现有的价值观。罗兰还对菲舍尔把小说［比如阿瑟·凯斯特勒（Arthur Koestler）的《正午的黑暗》］

和政治小册子（比如当前危险委员会①所印发的）都看成叙事表示怀疑。虽然两者所讲的故事都是关于苏联政治系统的强力镇压的特征的，但是它们之间的差异是如此之大，以至于罗兰认为它们不应被划归为一类。此外，如果把这两个不相同的事物都贴上叙事的标签，那么将混淆我们对叙事的理解。

逻辑一致

对叙事范式的批评认为该理论未能与菲舍尔所做的一些判断保持一致。举例来说，罗兰（Rowland, 1987）发现，相对于理性世界范式所提出的等级系统，叙事取向实际上并没有提出一个更为民主的结构，同时它也没有提出一个替代理性世界范式的完整方案。罗兰认为，在论述理性世界范式时，菲舍尔夸大了精英统治或专家统治存在的问题。此外，罗兰还提出："讲故事也不能保证精英无法控制社会。"（p. 272）

350

学生之声

科林

我完全理解菲舍尔所说的一致性与逼真性这两个术语的含义。我有一个叫马可的朋友，经常讲一些让人匪夷所思的故事，我花了很多时间想弄清要不要相信他。我也确实利用了一致性和逼真性的标准，来判断他是在说真话还是只想愚弄我。当他讲述几天前在停车场如何被困在自己车里时——我猜是车锁卡住了所以他没法开门——我先是想到他之前跟我讲过的（我相信的）故事，看这个故事与那些故事是否一致。然后我思考这种事有没有可能发生在他这个人身上。我还试图判断这个故事的连贯程度——我问了他一大堆问题，看他会不会自相矛盾。最终，我决定相信他。这是一个很有意思的故事。

实用

在实用性方面，叙事范式既招致了批评也博得了赞扬。K. 麦克卢尔（McClure, 2009）认为，叙事范式过于保守，因为该理论所关注的逼真性实际上是与规范性的理性概念（normative conception of rationality）相联系的逼真性，并未像菲舍尔所许诺的那样把我们从这些概念中解放出来。威廉·柯克伍德（Kirkwood, 1992）评论说，菲舍尔所说的好理由的逻辑主要关注的是主流价值观，而没有讨论故事能够促进社会变迁的一面。在某种程度上，柯克伍德和菲舍尔都同意，这一评论与其说是否定性的批评，不如说是对该理论的扩充。

2006 年，美国副总统迪克·切尼（Dick Cheney）在一次打猎中意外射中朋友，事后柯尔斯滕·特耶（Theye, 2008）分析了切尼的道歉，发现菲舍尔对叙事一致性与叙事逼真性的区分并不实用。她表示这两者无法区分。她建议不再把这两个因素视为独立的概念，而是关注叙事理性下的基本问题："一个故事对观众而言是否真实，取决于他们的经验。"（p. 174）

有趣的是，菲舍尔之外的叙事理论者接受了该理论的实用性。例如，克莱尔等（Clair et al., 2014）总结道："叙事［理论］已经在健康传播研究中找到了永久性的位置。"（p. 7）他们利用叙事理论研究医疗决策、衰老、医疗保健组织等重要话题。显然，虽然一些人可能认为该理论实用性有限，但其他人认为它具备很大的价值与实

351

---

① 当前危险委员会（The Committee on the Present Danger, CPD）是 1950 年成立的美国鹰派政治宣传鼓动组织，1976 年重组，组织目标在于推进国防预算和军备投入以对抗苏联。2004 年，该组织进行了第三次转向，把目标对准了恐怖主义。——译者注

用性。

启发性

上述这些批评主要促进该理论的改进而不是否定它，菲舍尔的叙事范式对研究人类传播做出了巨大贡献。首先，人是讲故事者的思想被证实具有吸引力和启发性。讲故事似乎是一个十分贴切的隐喻，通过它我们可以更好地理解人类如何利用传播使世界有意义的过程（Johnson，2016；Suter，Koenig-Kellas，Webb，& Allen，2016；Thompson & Schrodt，2015）。菲舍尔提出了一个从传播符号角度理解人性的新范式。其次，一些研究显示故事可以增进治愈过程，特别是对边缘化或弱势群体而言（Lee，Fawcett，& DeMarco，2016）。最后，珍妮弗·格雷（Gray，2015）进一步说明了讲故事在学界之外的价值，她发现继续孕程和终止妊娠的女性的故事之间存在差异。然而这两个群体都努力给自己的经历赋予意义。

总结

未来的研究会进一步发展叙事范式的理论框架，扬长避短。在叙事范式的建构过程中，菲舍尔提出了丰富的理论，使上述研究成为可能。由于东西方社会都依赖故事来获取意义，我们会看到，这一理论将在全球范围内被学者们广泛应用。

讨论题

技术探索：有了推特和其他形式的社交媒体之后，许多人开始快速参与到他们可能缺乏一手消息的故事之中。你认为这对叙事范式意味着什么？如果很多人精心制作并改变一个故事，想要实现一致性和逼真性变得更容易还是更难了呢？还是你认为这两个元素在社交媒体时代已经不那么重要了？

1. 除了叙事范式以外，你还能想出什么理论来解释为什么迈尔斯读完乔治的竞选材料后会支持乔治？

2. 你是否同意菲舍尔所说的人类是讲故事者的观点？你如何理解它的实际意义？

3. 你在听他人讲故事时是否会用一致性和逼真性的标准来评价它们？你还能想出其他的标准来评价你听到的故事吗？

4. 菲舍尔是如何证明他提出的"所有传播皆叙事"的观点的？你能找出不是叙事的传播吗？如果所有传播皆叙事，你是否认为该理论范围太广？

5. 叙事范式认为，专业的论证和好故事相比不如后者有说服力，因为它缺乏叙事所拥有的一致性和逼真性。你是否同意这个说法？举出一个专家的言论无法说服你的例子，再举出一个好故事无法说服你的例子。

6. 从最近的新闻中选择一个故事，使用叙事理性分析它的内容。

7. 如果菲舍尔抛弃了理性世界范式，那么他为什么又提倡叙事理性？它们有什么差别？

单元5　媒　体

显然，在我们的生活中很少有机构对我们的影响比媒体还大。中介化的讯息与图像包围着我们，为我们提供信息和娱乐，以及与他人联结在一起的方式。电视、电影、奈飞（Netflix）、手机、互联网和社交媒体在我们的生活中占据不小的位置，很显然，即便我们想要改变这一事实，我们也根本无力改变。设想一周（或者只是一天）不用你的电脑、手机或电视，我们中的大多数人都做不到！

本着这一精神，我们在"媒体"这一部分准备了六个理论，其中的每个理论都把某种形式的媒体看作我们生活的中心。这些理论认为，我们会对电子技术的狂轰滥炸产生不同的反应。议程设置理论认为电视和广播等媒体消息源扮演着把关人的角色，将一套议程推向公众。而公众自己决定他们对该议程的看法。因此，媒体不能告诉我们怎么想，而只是告诉我们想些什么。沉默的螺旋理论的中心观点是媒体会影响人们是否公开地发表对某个问题的意见。使用与满足理论认为观众或听众主动进行媒体消费。它关注的是人们对媒体做了些什么。培养理论关注的是电视在我们的生活中的作用。该理论讨论的是重度电视观看会如何影响人们对世界的感知，特别是关于现实中有多少暴力发生。文化研究"揭露"了媒介对社会权力关系的维护作用，强调了中介化的结构对文化的影响。文化理论者旨在瓦解社会中的权力关系，赋予边缘群体更多发言权。通过研究技术如何统治我们的生活，媒介环境理论提出每个时代的主要媒体（比如目前是互联网）通常比媒体的内容更重要。

在人生接下来的日子里，我们还会继续受到媒体的影响。技术会不断地发展，就在我们写下这些话语的时候，新的传递讯息的技术又在发明之中。在学习这个部分的理论的过程中，你将遇到许多与媒体相关的流行的话题，比如支配、父权制、个人需求和价值、与媒体报道相关的伦理。

第 21 章
议程设置理论^①

有的情况下，既有传统会启发议程设置研究。在另一些情况下，议程设置
启发旧传统。

——马克斯韦尔·麦库姆斯（Maxwell McCombs）和唐纳德·肖（Donald Shaw）

萨莉·达马托

萨莉正在忙前忙后为她一大家子准备晚餐，旁边开着电视作为背景声。她心不在焉地听着，但当听见新闻里正播艾赛亚·谢波德的消息时，她停下了手里削胡萝卜皮的活儿。虽然萨莉第一次听说这个人，但她暂停做饭，认真听起来。谢波德是西北大学橄榄球队的明星队员，来自华盛顿特区。新闻播音员说道，谢波德告诉人们他住在华盛顿特区的祖母和女友死于同一天。他的祖母身体一直欠佳，而女友遭遇了车祸，染上了白血病。这则新闻之所以引人注意，是因为在两人去世的那天，西北大学打了一场比赛，谢波德克服悲痛，在比赛中表现抢眼。而现在真相曝光，那个女友根本不存在，谢波德与她的所有互动都是在网络上发生的。要么是谢波德成为一场残忍骗局的受害者，要么是他自己参与了这出愚弄公众的事件。萨莉觉得这个新闻很诡异。吃晚餐的时候，她与家人讨论了这件事情的来龙去脉。关于谢波德到底是骗局的制造者，还是他也遭人愚弄，一家人争论不休。萨莉相当确信艾赛亚参与了这场骗局。

几周之后，萨莉正在她供职的疗养院中做护理助手。她待在休息室中，收音机开着。正喝咖啡的时候，她停下来开始听。新闻主播谈到近年来的总统就职典礼，特别提到了奥巴马总统。虽然 2008 年的总统就职典礼有很多值得一谈的，但主要关注点却是碧昂斯唱国歌时有没有假唱。这时，萨莉的朋友兼同事纳森走进了休息室，萨莉问他如何评价碧昂斯在总统就职典礼上的表演。有趣的是，虽然有那么多值得一谈的，但是两人就是没办法不想假唱的事，甚至还谈到了埃米纳姆、艾希莉·辛普森和坎耶·韦斯特等其他假唱过的著名歌手。

当天晚上，萨莉在电脑前准备她在本地学院选修的一门"当代问题"课程的论文。她正努力争取 15 年前未拿到的文学学士学位，那样她就能成为注册护士了。这门课主要讨论社会文化的核心问题，即使它看上去和护理没有任何联系，萨莉还是很喜欢这门课。教授要求全班就他们眼里过去十年间最引人注目的社会问题写一篇论文。萨莉在谷歌中敲入搜索词"美国的社会问题"，结果令她大吃一惊。她数了 100 个不同的社会问题后就停下了。萨莉意识到世界上还有很多她没有留意思考过的问题，而且她有些好奇为什么自己过去没意识到这一点。她回顾过

---

① 本理论基于马克斯韦尔·麦库姆斯和唐纳德·肖的研究。

去几周自己思考和谈论的一些问题。反思之后，她不得不承认，有些问题没什么意义。萨莉怀疑，艾赛亚·谢泼德的假女友、碧昂斯假唱国歌甚至都进入不了 200 大社会问题的榜单。但是媒体对这些事情的报道却喋喋不休。萨莉开始写论文。她知道自己还有很多工作要做。

萨莉与媒体的互动，以及后来她与家人朋友谈论媒体报道，都可以用本章将要描述的理论——议程设置理论加以解释。议程设置理论认为媒体为公众设置了议程；媒体通过新闻的报道数量告诉人们哪些事情是重要的，如果媒体没有在报道中提及某事（或把它湮没在报纸靠后的版面里），那就在暗示该事不重要。媒体还通过强调或弱化报道中的某些特征来告诉公众什么是重要的。例如，关于艾赛亚·谢泼德的报道集中关注的是他是否参与了这场骗局，这个问题影响了萨莉与别人谈论这则新闻的侧重点。新闻播音员可以选择强调这一新闻中的其他问题，比如一般意义上的网络关系，媒体对于学生明星球员的关注，或者华盛顿特区的文化等，但是因为媒体并未选择这些角度，萨莉也就没有花太多时间讨论这些方面的问题。议程设置理论提出媒体以这些方式影响其消费者。但该理论也表明，这种影响不是单向的，萨莉（以及其他社会公众成员）对媒体也有影响。

关于媒体在人们生活中的影响，多年来学者们已经发表了多种看法。在大众媒体出现早期，人们被视作强大的大众媒体的无助受害者。这种看法最终被认为不足为信，并被所谓的大众媒体有限效果模式取代。有限效果模式承认大众媒体会影响公众，但同时主张媒体的影响受到受众个人生活和社会生活某些方面的弱化或限制。此外，研究者还主张受众自身也在大众传播过程中发挥作用（关于媒体效果历史的更完整的讨论，见第 23 章"使用与满足理论"）。议程设置的研究是以媒体强效果为前提展开的，但其后的完善将其引向了有限效果论的阵营（McCombs, 2004；McCombs & Bell, 1996；McCombs & Shaw, 1993；Min & McCombs, 2016）。

议程设置研究的历史

在讨论理论的前提假设之前，我们先提供一些相关背景。议程设置研究的历史在概念上可分为两个阶段：（1）前理论的概念化阶段；（2）理论建立阶段。我们将分别简要介绍一下这两个历史阶段。

前理论的概念化

多数研究者（例如，Dearing & Rogers, 1996）认为议程设置研究的第一个阶段是由一些概念组成的，这些概念来自不同领域的学者对于美国媒体、受众和政策制定者之间关系的思考。据詹姆斯·迪林和埃弗里特·罗杰斯的看法，对这一思路首先做出贡献的是罗伯特·E. 帕克。帕克是芝加哥大学的社会学家，他也被认为是研究大众传播的第一人。他提出了媒体把关人的概念，并开始探讨现在属于议程设置理论的一些问题。帕克指出，编辑是媒体的把关人，因为他们有权力"毙掉"一些新闻，并强调通讯员、记者和通讯社提交的其他新闻。这一论述与后来议程设置理论的发展有关，因为帕克区分了公共问题和那些未进入公众视野的问题。

继帕克之后，沃尔特·李普曼成为前理论概念化阶段的先驱人物。李普曼是研究宣传和公众意见的学者，同时也是一位卓有影响的报纸专栏作家和总统顾问。1922 年，他写了一本名为《公众意见》的书，把第一章命名为"外部世界和我们脑海中的图像"。他主张大众媒体是连接这二者的桥梁。根据

357

李普曼的观点，世界上发生的事件是由大众媒体告知人们的，事件的报道方式会影响人脑中事件图景的构造。李普曼并未使用议程设置这一术语，但他的这本书对于后来议程设置理论的发展影响很大。

1948 年，芝加哥大学的政治科学家哈罗德·D. 拉斯韦尔在一部传播学论文集中贡献了重要一章①，对后来议程设置理论的发展产生了深远影响。在这一章中，拉斯韦尔谈了大众传媒的两个重要功能：监测和协调。**监测**（surveillance）是指这样一个过程，即新闻工作者扫描环境中的信息并决定在众多新闻事件中哪些值得在新闻媒体上予以关注。在谈论这一功能时，拉斯韦尔呼应了帕克提出的把关人概念。拉斯韦尔主张，新闻记者、编辑等人员可以决定在众多可挑选的报道中，哪些可以通过他们的报纸或其他媒体抵达公众。很显然，在此过程中大众媒体确实拥有强大的效果，可以主宰大众得到什么信息以及信息如何呈现。人们时常抱怨新闻中总是负面消息，正面的事件得不到报道［老话说"有血腥，上头条"（if it bleeds，it leads）就说明了负面新闻被媒体关注的可能性］。这一点证明了监测过程由新闻工作者控制。

监测	新闻工作者扫描环境中的信息并决定在众多新闻事件中哪些值得在新闻媒体上予以关注的过程

拉斯韦尔（Lasswell，1948）将**协调**（correlation）功能描述为媒体通过向公众和政策制定者传播某些问题来指引我们的关注方向。媒体的这种功能使得社会中不同群体在同一时间同步关注相同的事件。拉斯韦尔谈道，"社会各部分为应对环境而相互联系和协调"（p. 38）。媒体指挥我们注意力的结果，是"媒体、公众、政策制定者的注意力被协调一致，同时共同关注某些问题"（Dearing & Rogers，1996，pp. 11 - 12）。协调功能在出现国内/国际大事件（比如总统就职典礼、超级碗、奥运会）或全国性灾难（波士顿马拉松爆炸案和飓风桑迪）的时候最能得到体现。媒体第一时间将我们的注意力转向这些事件，所以我们可能会同时听说风暴造成的破坏以及第一夫人穿了条什么裙子。

协调	媒体通过向公众和政策制定者传播某些问题来指引我们的关注方向

议程设置理论的提出

在议程设置研究的第二阶段，所有早期研究者的观点被综合在一起。这一阶段以马克斯韦尔·麦库姆斯和唐纳德·肖（McCombs & Shaw，1972）发表其研究为标志，他们的文章引用了这些早期的概念，并对其进行了经验性检验。这个标志性研究考察了 1968 年总统大选期间的公众议程和媒体议程。议程设置理论从一开始就关注政治输入的问题。麦库姆斯和肖的研究兴趣在于检验拉斯韦尔、帕克和李普曼等学者思想中引申出的假说，即大众媒体通过对新闻内容的选择而创造议程，这个议程影响公众对于事件重要性的感知。在第一次研究中，麦库姆斯和肖假设媒体议程和公众议程之间存在因果关系，即经过一段时间后，媒体议程会最终成为公众议程。

---

① 这本书即莱曼·布赖森（Lyman Bryson）主编的 *The Communication of Ideas*（New York：The Institute for Religious and Social Studies，1948）一书，拉斯维尔的这篇文章名为《社会传播的结构与功能》。这篇文章的原文和解读见中国传媒大学出版社 2013 年出版的同题译著。——译者注

为验证这个假设，他们在 1968 年 11 月，也就是距当年总统大选还有三个星期时，采访了 100 位投票意向未定的选民。虽然在后续研究中，他们的假设中有些元素发生了变化，但这个早期研究中具有长远贡献的是他们测量两个重要变量（公众议程和媒体议程）的方式。这些意向未定的选民的公众议程是通过问卷回答测量出来的："最近你最关心的是什么？也就是说，不管政治家们说些什么，你觉得政府应该集中力量解决的最主要的两三件事是什么？"（McCombs & Shaw, 1972, p.178）。他们列出了五个被调查者提及最多的主要问题——对外政策、法律与秩序、财政政策、公共福利以及民事权利，并根据提及的频数对它们排序。这五个问题构成了公众议程。

通过计算这些未决定投票意向的选民居住区域可接触到的九个主要大众媒体上文字新闻、社论和广播报道的数量，他们测量出了媒体议程。这些媒体信源包括电视台、报纸和新闻杂志。在对大选活动中媒体报道的内容进行分析后得出的五个媒体议程问题排序和调查 100 位意向未定的选民后得出的五个公众议程问题排序之间，麦库姆斯和肖发现了近乎完美的相关关系。

在历史的这一刻，李普曼等人所阐释的观点终于有了正式的名字："麦库姆斯和肖将这种媒体议程向公众议程的显著性传递命名为大众传播的议程设置效果"（McCombs & Bell, 1996, p.96）。理论一经提出，成百上千的文章、图书纷纷跟进。自从议程设置理论出现，有超过 400 个研究以某种形式使用了它（Zhou, Kim, & Kim, 2015）。即便在谷歌上搜索该理论，也会产生成百上千万的结果。显然，该理论数年来经过多次修改，已经在学者和普通人之间都引发了共鸣。现在我们来看一下该理论的一些假设和关键术语。

理论速览·议程设置理论

通过对新闻的选择和呈现，编辑、新闻编辑部人员和广播电视工作者们在塑造社会与政治现实上发挥着重要作用。当读者与观众消费新闻时，他们不仅了解给定的问题，而且能通过报道数量和版面位置了解媒体赋予该问题的重要性有几何。在思考竞选中的候选人说了些什么时，大众媒体很可能就决定了重要的问题。也就是说，媒体可能为竞选活动设置了"议程"。媒体在这种议程设置功能中有多大影响取决于这样几个因素：媒介公信力、反面证据、共享价值观以及受众的导向需求。

议程设置理论的前提假设

议程设置理论基于以下三个基本假设：

● 媒体建立议程，但是这个议程不是简单反映现实，而是向公众呈现经过塑造和过滤的现实。

● 媒体议程中集中关注的那些问题影响了公众议程，媒体议程和公众议程又一同影响了政策制定者的议程。

● 公众和政策制定者也可能影响媒体议程。

这三条前提假设被编织进议程设置理论，暗示了理论提出者所强调的那种媒体、公众和政策制定者之间的相互作用。媒体塑造和过滤了我们生活的现实。我们可能没有意识到，但媒体一直为我们提供理解和思考社会现实的透镜。在此过程中，媒体设定了我们要考虑的议程。比如，想象一下我们周围的所有信息。现在再想象一下各种媒体（例如，广播、电视、互联网和社交媒体等）。不知为何，所有信息都必须以某种形式打包，而媒体保证了我们接收信息的方式以及信息触及我们的程度。换句话说，媒体形塑了我们所听、所读以及所注意的内容，而我们往往无意识地依从了这一过程。举例来说，想一下本章开始的故事。纳森和萨莉关注的是假唱，而非开创性的总统就职典礼。媒体很有可能过滤掉了其他关于 2008 年这场庆祝活动的（更重要的）信息从而影响了这场谈话。

学生之声

丽莎

当我们谈论政治的时候，该理论更加切中要点。上一次总统选举不断向我们展示对"保守派"候选人的偏见，尽是"他在这一议题上比较极端"或者"他在那一议题上很不合拍"之类的评价。事实是我跟他观点一样，而像我这样的人有成百上千万！但是，媒体不断"告诉我"该怎么想，甚至在一些社交媒体上告诉我该怎么投票。相比传递信息，媒体更多是在说服。

议程设置理论的第二个假设与媒体的把关功能有关。特别是，媒体关注构成议程的议题，进而影响公众议程，并进一步影响决策者议程。让我们用一个例子来进一步思考这个问题。在过去的几年里，人们齐心协力对付校园里发生的霸凌事件。虽然遭受霸凌的孩子不在少数，但是因为媒体对该话题的持续关注，最终不可避免地促使家长与校董会交涉，要求地方政策改革，并最终促使州立法机关颁布反霸凌法。这一关于霸凌的话题，让媒体能够成为霸凌话题的把关人，因为它突出了被霸凌的孩子，他们的幸存故事，以及学校可以/应当以何种方式减少霸凌。

该理论的最后一个假设假定政策制定者和公众能够影响媒体议程。由于这三个元素（媒体、公众以及重要决策者）之间存在着相互关系，媒体可能会因为另外两个元素的影响（或压力）而启动一个议程。举例来说，想一想，对跨性别个体使用卫生间问题的关注有所增长。法律制定者要么投票收紧卫生间使用相关法律，要么在少数情况下放宽法律，为卫生间优先使用提供方便。跨性

别行动主义带来了法律变革，对此人们少有异议。显然，尽管在全国性讨论之前的几年一些媒体一直在对这一议题进行报道，真正促使这一议题成为媒体首要议程的却是政策制定者与公众。

议程设置的三个层次

目前的议程设置理论认为，议程设置功能有三个层次（Rogerson & Roselle, 2016）。该理论最初只确定了议程设置的第一层。这一层关注的是组成**议程**（agenda）的重要问题清单，它由诸如媒体这样的实体决定。最近，议程设置理论加入了第二层，它有时被称作属性议程设置（attribute agenda setting），它关注的是问题的哪些部分（或属性）是最重要的。议程设置理论第三层是近年提出的，它承认新闻与现实之间的互动。特别是郭蕾（Guo, 2016）提出"网络议程设置"作为第三层议程设置。郭蕾特别指出："新闻不仅告诉我们思考什么、怎样思考，还决定了我们如何把不同的讯息联系起来从而思考社会现实。"（p. 3）

议程	当日最重要议题的清单，由某个实体决定，比如媒体

第一层代表广义的媒体议程，第二层指的是**媒体架构**（media framing）的过程，或媒体对事件（已列入媒体议程的）的描述方式如何影响和限制受众对事件的诠释。第三层以前两层为前提，因为媒体仍在设置议程，却用了更加"复杂的方式"（Guo，2016，pp.3 - 4）。

媒体架构	媒体对事件的描述如何影响并限制受众对事件的诠释

媒体架构效应最初是托德·吉特林（Gitlin，1980）在考察哥伦比亚广播公司（CBS）对于 20 世纪 60 年代学生运动的报道时提出的，他认为电视使学生运动看上去不及实际上那样重要。研究者注意到，可以通过多种方式实现媒体架构。在报纸上，编辑可以使用诸如标题大小、配图、篇幅和位置等因素设置报道的重要性，突出被认为最重要的方面，编辑还可以进行重点强调。在电视上，新闻报道的画面也增加了新闻人员架构报道的能力。一些研究（例如，Miller & Roberts，2010）考察了他们所谓的视觉议程设置（visual agenda setting），专门关注视觉画面。这项研究在卡特里娜飓风结束六周后，询问了 466 名路易斯安那州立大学的学生脑中关于这场风暴的影像（imagery）。他们发现，大多数人会选主流媒体中展现的那些强烈的、重复的影像。所以他们得出结论，视觉议程设置的原理得到支持。然而，他们还发现，研究结果受到被调查者与新闻事件接近程度的影响。那些个人生活受到卡特里娜飓风影响的学生选择了更加私人化的画面，而不是媒体挑选的画面。

另一些研究者扩充了架构的概念，比如将感情包含了进去（Coleman & Wu，2010；Entman，1993）。他们还谈到了一个相关的过程：**铺垫**（priming）（Clausen & Oxley，2017）。这个理论描述了这样一个认知过程：媒体呈现的内容，至少在短时间内能够影响人们其后对其他信息的看法。举例来说，如果你收看或收听了有关朝鲜核试验的新闻报道，相较于没有关注这些新闻报道的时候，经过铺垫之后你可能会对朝鲜轰炸美国的能力更加担忧。

铺垫	媒体呈现的内容，至少在短时间内能够影响人们其后对其他信息的看法的认知过程

议程设置的三个过程

议程设置过程包括三个部分：设置媒体议程、设置公众议程以及设置政策议程。**媒体议程**（media agenda）指媒体讨论问题时的优先性。**公众议程**（public agenda）指媒体议程与公众的思考相互作用的结果。最后，公众议程与政策制定者眼中的重要议题相互影响，产生了**政策议程**（policy agenda）。该理论简洁地说明了媒体议程影响公共议程，公共议程又影响了政策议程。我们在该模型的一个前提假设中标明了这一过程（见图 21 - 1）。

媒体议程	媒介对于议题优先权的探讨
公众议程	媒体议程与公众观点相互作用的结果
政策议程	公众议程与政策制定者观点相互作用的结果

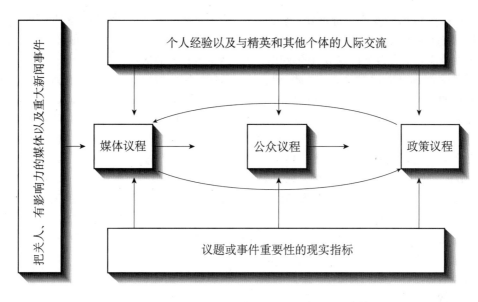

图 21 - 1　公众议程和媒体议程对政策议程的影响

资料来源：Rogers & Dearing, 1988.

此外，加上几个因素后，上述简单公式变得更加复杂。议程设置关注**显著性**（salience），即和议程中其他问题相比，一个议题被感知到的重要性程度（McCombs，2014）。比起舆论研究者的寻常关注点（比如对于某个问题的积极或消极态度），议程设置的研究者们对显著性更感兴趣。显著性使研究者们能够把握媒体议程的内容，了解媒体让公众思考些什么。因此，受众对问题显著性或重要性的感知会影响他们对问题影响力的感觉。尽管你可能不认可开篇故事中萨莉和纳森谈论假唱却不关心总统就职典礼，但西式的"明星文化"似乎是他们关注这一话题的原因之一。另外，议程设置逐渐成为有限效果模式，部分原因是后来研究者认识到媒体议程的影响力取决于一系列因素，包括媒体公信力、受众接触到的冲突性证据的多少、人们与媒体价值观的相似性程度以及公众的导向需求（Sevenans & Walgrave，2016；Walgrave & Van Aelst，2006）。

显著性　和议程中其他问题相比，一个议题被感知到的重要性程度

如果受众认为某媒体不可信，他可能就不会考虑这个媒体提供的议程。如果兰迪是位自由主义者，她可能就不会太信任在格伦·贝克（Glenn Beck）①的广播节目里听到的东西。如果塞缪尔是保守派，他可能就不会接受《与萨曼莎·比正面交锋》等任何自由主义或进步主义广播提出的议程。因此，公众议程只会为他们信任的媒体议程所左右。冲突性信息也使得议程设置的原则更加复杂，必须将这一影响因素考虑在内。如果蒂娜收听了若干个新闻节目，每个节目给她提供的经济信息都略微不同，那么这样的议程设置是很复杂的。如果兰迪收看的脱口秀传递的是婚姻神圣的价值观，那么他可能

---

① 格伦·贝克是美国广播主持人，保守派政治评论员。他主持的 Glenn Beck Radio Program 在全美 Premiere 广播网播出。——译者注

会相信，因为他也认同这个价值观。然而，如果玛丽安娜认为婚姻就是一种压迫性的制度，她很可能就不会接受这些节目的议程。

议程设置研究者们讨论最多的影响条件是受众的导向需求（need for guidance or orientation）（McCombs，2004）。这个因素解释了为何人们有时不采纳媒体议程。它讨论了两个关键变量：相关性和不确定性。**相关性**（relevance）是指个人根据对议题重要性的感知而产生的通过媒体寻求指导的动机。如果人们觉得他们对诸如温室气体这样的议题毫无兴趣，他们就不会去媒体上寻找关于这个议题的引导，也因此不会被媒体议程影响。**不确定性**（uncertainty）指人们认为关于某个议题自己掌握了多少信息。如果他们认为自己已经掌握了很多总统大选中两位候选人的信息，那么他们的不确定性是低的，因此他们不会产生去媒体上寻求引导的需求。然而，如果他们不确定自己是否掌握了足够的信息，他们就更需要媒体议程的引导。这两个变量共同解释了议程设置理论普遍原则中可能出现的误差。如果相关性和不确定性都很高，那么议程设置具有预测性。如果相关性和不确定性都很低，那么这些影响条件会使理论的预测结果有所变化。开篇小故事中那个事件对萨莉有怎样的相关性和不确定性呢？

相关性	解释人们为何要从媒体议程中寻求引导的因素。它指个人是否感受到自己受某个问题的影响
不确定性	解释人们为何要从媒体议程中寻求引导的因素。它指个人认为自己关于某议题已掌握了多少信息

大众媒体中的理论·与媒介议程做斗争

普丽西拉·吉尔曼（Priscilla Gilman）讲述了 2012 年桑迪·胡克小学/康涅狄格州新城枪击事件后，媒介议程给自己造成的麻烦。吉尔曼的孩子患有自闭症，她注意到媒体似乎把枪杀案凶手的恐怖行径归因为他的自闭症。她写道："一开始是暗示，但很快就发展为直截了当的断言。用来描绘凶手亚当·兰扎的词语，开始是'古怪''冷漠''孤独者'，逐渐变成'缺乏同情心'，最后滑向'患有自闭症'以及患有'类似阿斯伯格综合征的心理疾病'[①]。到了周日，媒体的用词变本加厉，成了名副其实的指摘和污名化。"吉尔曼通过自己的专栏文章，试图纠正大多数媒体在报道新城惨案中的那种框架。她指出，这一框架存在事实性错误：首先，自闭症并非心理疾病，而是一种神经发育障碍或失调。其次，那些患有自闭症的人，并不一定缺乏同情心。尽管他们可能会以非常规的方式向他人表达同情和关心，但他们是能够富有同情心的。

吉尔曼通过陈述大量的相关研究总结道，自闭症患者实施暴力活动的概率并不比其他人群更高，相反，他们更有可能成为暴力行为（比如霸凌行为）的受害者而不是犯罪者。媒体议程、公众议程和政策议程到底是合力促成吉尔曼所呼吁的那种尊重儿童个体价值的政策，还是采用她在此批驳的那种框架，还有待观察。

资料来源：Gilman，P.（2012，December 17）. Don't blame autism for Newtown, *New York Times* online, nytimes. com/2012/12/18/opinion/dont-blame-autism-for-newtown. html.

---

① 阿斯伯格综合征常发生在小学低年级学生中的精神紊乱，症状为社交能力差和重复性的行为模式。——译者注

对议程设置理论的扩展和完善

麦库姆斯和肖在 1972 年发表的首个研究是以媒体强效果模式为基础的。二人对于媒体议程影响公众议程的假设，把受众想象得相当被动。第二阶段的研究缓和了这种立场。这一阶段将议程设置和使用与满足理论中的一些观点（见第 23 章）相融合。在使用与满足理论中，受众被描绘成一群主动的寻求者，因为特定的用途而使用媒体，满足特定需要。议程设置研究的第二阶段包含了上述观念，并开始询问为何有些选民比其他人更多地接触某些讯息。

进一步的研究（Weaver，Graber，Mc-Combs，& Eyal，1981）将议程设置扩展至麦库姆斯和肖在 1972 年开始时所研究的公共议题以外的其他内容。竞选中候选人形象和选民兴趣等关键政治因素也被加入议程的范畴。近期更多的研究讨论的问题是，媒体议程由谁设置？这个问题很复杂，研究中的答案也各式各样。史蒂文·利特尔约翰和卡伦·福斯（Littlejohn & Foss，2011）提出，媒体与其他来源之间的四种力量关系可以给出答案：（1）高影响力的信源与高影响力的媒体；（2）高影响力的信源与低影响力的媒体；（3）低影响力的信源与高影响力的媒体；（4）信源和媒体影响力都低。

第一种情况，高人气总统可以成为资金足、声誉佳的媒体的一个来源，比如美国有线电视新闻网（CNN）。在这种情况下，二者议程设置的能力对等，如果他们观点相似的话，就会十分和谐；但如果他们对于重要问题的立场不一致，就会导致纠纷。第二种情形，信源（有影响力的政治家）比媒体（地方报纸）权力更大，那么这位信源可以给媒体设置议程。在第三种关系中，媒体能自主设置议程，因为信源的发言权不大。在这种情况下，媒体会将这个信源边缘化，信源在让公众讨论其议题时也有一定困难。想要在全国性电视台上播放自己议程的福利团体可能处于这种情况。最后，在最后一种关系中，利特尔约翰和福斯指出，事件可能才是公众议程的设置者，因为无论信源还是媒体都没有多大权力（地方官员和小镇网站）。

另外，研究者也考察了议程设置过程中的所谓媒介间影响（intermedia influence），并指出新闻组织影响彼此之间的议程。例如，一些研究（Lim，2011）调查了主要新闻网站对彼此议程的影响。这项在韩国进行的研究发现，该国的主要新闻网站确实影响了网络版报纸的议程，并在某种程度上这些主要新闻网站也影响彼此的议程。另外一些研究（例如，Johnson，2011；Maier，2010；Meraz，2011；Ragas & Kiousis，2010）为不同媒体之间的影响找到了证据支撑。此外，马克斯韦尔·麦库姆斯和塔马拉·贝尔（Bell，1996）观察到，媒介间的影响除了来自媒介组织外，也可以来自个体新闻工作者。正如他们指出的，记者生活在"模糊的社会世界"中，所以他们经常依靠彼此证实自己的观点，并获得观点。麦库姆斯和贝尔提到了几个案例，记者在报道具体问题时互相学习。研究者将这种议程影响叫作**跟风新闻**（pack journalism）。在某种程度上，跟风新闻与我们在第 14 章讨论过的群体思维理论模型类似。麦库姆斯和其同事（例如，McCombs & Funk，2011）指出，媒介间影响是未来议程设置研究的潮流。

| 跟风新闻 | 记者自己的议程受到其他记者影响的现象 |

整合、批评和总结

议程设置理论是一个令人尊敬的大众传播理论；其历史可以追溯到 20 世纪初，今天在媒介与大众传播的研究中仍然得到应用。该理论显然遵循经验主义路径，采用了量化研究方法。虽然不乏反对者，并且其中的一些核心概念需要根据新媒体时代与碎片化受众做出调整，但议程设置理论仍有很多追随者，以传统的理论评价标准来看，尤其是从实证理论的角度来看，依然相当不错。

学生之声

克里斯蒂安

我喜欢这个理论的某些部分。我与家人朋友的谈话的确受到我接触的媒体见闻的影响，在我看来这很有道理。如果不是这样的话，我只会和他们谈论眼前学校里发生的一些小事。所以，理论中的这一部分对我来说似乎是有意义的。但是，我只是不清楚公众议程是否还存在。我们阅读和收听截然不同的媒体来源，大家怎么会同时讨论相同的问题呢？如果我在看一个关于飞行的博客，而我姐姐在看《妈妈指南》（因为她刚刚成为一名母亲），那么我不觉得我们的议程是一样的。我认为这个理论在 20 世纪 70 年代刚刚产生时是正确的，但现在它需要与时俱进。

整合

传播传统	修辞学	符号学	现象学	控制论	**社会心理学**	社会文化	批判

传播语境	自我	人际	小群体	组织	公众/修辞	**大众/媒体**	文化

获得知识的方法	**实证的/经验的**	诠释的/阐释的	批判的

批评

评价标准	范围	逻辑一致	简洁	**实用**	可检验	**启发性**	时间的考验

范围

一些研究者批评议程设置理论的适用范围。有时他们抱怨该理论的适用范围太大，但有时也会出现相反的批评。这个问题的出现与框架概念有关。一些研究（例如 Takeshita，2006）主张框架理论与议程设置理论是两个独立的理论，前者并且完全可以取代后者。这是议程设置的身份标签问题。竹下俊郎（Toshio Takeshita）评价说，一些研究者认为议程设置理论的第二层属性议程设置（或框架），实际上是对其他理论的殖民，僭越了该理论应有的合适范围。竹下俊郎总结说，这两个理论可以共存，需要更多的实证研究才能决定哪个理论能更好地解释媒体对公众的影响。另外，竹下俊郎还提到议程设置理论在方法方面优于框架理论，因为研究者对媒体议程和公众议程已经给出了清晰的操作性定义，并在量化研究中得到了很好的应用。

实用

实用性方面，新媒体环境下议程设置理论是否仍然有效，还存在一些疑问。当人们拥有巨大的寻求信息的自由，媒体信源多元化、碎片化时，也许议程设置理论的原则将不再有效。对这个问题进行检验的结果有些不甚明了，尽管总体来说，研究者们指出议程设置理论在这个不再铁板一块的媒介环境中仍然适用。在一项探究议程设置的年龄差异的研究中（Coleman & McCombs, 2007），研究者发现虽然不同年龄段的媒体使用不一样（最年轻的一代比年长的两代人接触报纸和电视的频次减少，但对于互联网的使用明显增多），但不管使用的是什么类型的媒体，媒介议程效应都明显存在。

367 但是，珍妮弗·布鲁贝克（Brubaker, 2008）发现电视观众和网络用户列出了完全不同于一般媒体的问题清单。布鲁贝克总结说，当人们在媒体选择方面已经有拥有相当大的自由时，议程设置就不再是有效的理论框架了。但仍然有一些研究（例如，Ragas & Kiousis, 2010）确实找到了议程设置的第一层和第二层的证据。这项研究考察了2008年具有党派倾向的新闻媒体的报道、政治行动者群体、公民行动者以及 YouTube 网站的官方竞选广告之间的议程设置效果，他们都支持同一位候选人——巴拉克·奥巴马。研究者总结说，议程设置理论在多种新媒体上都是适用的。

莎伦·梅拉兹（Meraz, 2011）的结论更显复杂，她研究发现传统媒体无法设置政治博客的议程，而意识形态多样化的政治博客网络反而会对传统媒体的网络新闻议程产生影响，并在较小程度上影响着传统媒体的新闻编辑室的博客议程。她总结说，传统媒体的议程设置效果在减弱。但是，她也主张议程设置理论可以解释传统媒体和政治博客之间逐渐增加的相互依赖，这实际上指出了类似《赫芬顿邮报》的政治类博客是以传统媒体的方式运作的，并且可能会具有自己的议程设置功能。另外一些研究（例如，Johnson, 2011；Maier, 2010）也同样认为，虽然传统新闻媒体设置公众议程的能力不如从前，但它们仍然具备议程设置功能，

新闻网站和公民记者发布的内容与主流媒体议程所呈现的高度相关。

最后，2010 年的一项研究（Weeks & Southwell, 2010）使用了一种新的研究方法检验传统媒体（报纸和电视）对新媒体使用行为（谷歌搜索）的议程设置效果。这项研究考察了电视和报纸对 2008 年总统大选期间关于奥巴马是穆斯林的谣言的报道。结果正如议程设置理论预测的那样，传统媒体对这个谣言报道得越多，相应话题在谷歌上的搜索次数就越多。

启发性

在启发性方面，议程设置理论一直以来无疑都做得十分成功。自 1972 年起，这个理论支撑了数百项研究，它们涉及各个领域和主题。虽然很多议程设置研究关注政治，但未局限于这一个话题，也未仅仅局限于美国的政治问题。有研究佐证了一这点，在伊拉克、中国和波兰的情境中研究了这一理论（Guo et al., 2015）。除此之外，该理论在贩卖人口（Papadouka, Evangelopoulos, & Ignatow, 2016）和医生时间管理与患者满意度（Robinson, Tate, & Heritage, 2016）等重要话题上的应用进一步显示了这一学术路线的启发性与价值。正如我们在整章中讨论的，议程设置研究考察新媒体、传统媒体、政治问题和对视觉刺激的反应等各种问题，被证明是一个充满活力的、具有启发性特点的理论。

总结

虽然议程设置这一理论模型起源于几 368 十年前，但如今依然适用。我们见证了全球媒体的转型与演化，毫无疑问，媒体引起了成百上千万人的共鸣。我们发现媒体的议程设置功能在许多不同领域吸引了大量关注。此外，媒体消费者往往并未察觉中介的议程对他们产生的影响。随着新的媒介形式以及新的讯息传播方式的诞生，我们很可能会

发现议程设置理论比以往更加重要。

讨论题

技术探索：议程设置理论诞生的时代只有三个电视频道，几个广播电台，数量有限的都市报纸。当然，现在的媒体面貌已经迥然不同了。你能否设计一个研究，回答"网络新闻媒体是否会按照议程设置理论预测的方式运行"的问题？

1. 萨莉的情况在你看来是真实的吗？她在媒体上听到的话题是否真的形成了一个供她思考的议程？你是否有过萨莉那样的体验，意识到世界上有很多问题是自己之前从未想过的？这是因为媒体没有引导你关注这些问题还是由于别的什么原因？如果有其他原因，是什么？

2. 你觉得了解议程设置理论的历史重要吗？为什么？它是否有助于你理解和（或）了解这个理论演进的过程？其表现有哪些？

3. 选择最近发生的一个新闻事件，讨论在其报道期间议程设置的第二层如何发挥作用。比如说，媒体如何报道 2012 年总统选举？作为重要问题出现的有哪些，媒介框架中的哪些因素被用来建构这种重要性？

4. 你觉得架构是议程设置理论的一部分吗？还是说它是议程设置理论的竞争者，并暗示它不再适用？

5. 讨论一个经过议程设置理论所说的三个阶段的新闻事件：首先是出现在媒体议程中，然后出现在公众议程中，最终到达政策制定者议程以制定出与该新闻事件相关的实际政策。

6. 你是否同意议程设置理论是一种有限效果模型？正如本章提到的，该理论的提出者马克斯韦尔·麦库姆斯已经修改了议程设置的效果类型。你怎么看？请说明理由。

7. 你认为谁设置了媒体议程？你是否同意本章中关于媒体议程如何形成的材料？请说明理由。

第 22 章
沉默的螺旋理论①

新闻界可以利用社会研究的新成果变得更好。其报道与解释可以变得更现实，更迅速，更敏锐。

——伊丽莎白·诺尔-诺依曼（Elisabeth Noelle-Neumann）

卡罗尔·约翰森

每天早晨，卡罗尔·约翰森都会在地区老年人中心吃早餐。她当然也可以到餐馆就餐，但自丈夫去世后，她喜欢去老年人中心和大家在一起。每天早餐时间，卡罗尔都会在这里遇到一群稀奇古怪的人，其中包括以下几个：厄尔，一个过去在百老汇唱歌的第二次世界大战退伍军人；南希，一个能够把病人的故事讲得栩栩如生的前护士；尼克，一个技术控，新英格兰地区的龙虾捕捞者，对阅读报纸有一种狂热。这天的早餐特别有趣，因为大家的话题很快就转向了尼克在网上读到的一篇关于打孩子的文章。

尼克把这篇小文章念给大家听，念完后他提出了自己的看法："我同意这个作者的观点。我不认为打孩子有什么错。看看报纸上的公众意见测验：本州有超过 60% 的人认为打孩子也是可以的，然而全国只有 40% 的人这么认为。但是现在你根本没法动手打孩子。他们会随时告你，再不然政府的人就会到你家把孩子带走。政府这样做不对。"

"我同意，"南希说，"我可以给你们讲个故事。我邻居的女儿差不多 8 岁大，真是让人头痛。但是她妈妈根本不打她！我就搞不懂了。如果是我的小孩，我连想都不想就会把她摁在腿上重重地打一顿！这个女孩的父母不想向她传递'错误的信息'，所以她更是无法无天。"

厄尔听完南希的发言，对这个问题的兴致更高了。和其他人一样，厄尔对这个话题有着十分鲜明的立场："在座的各位中，有多少人小时候被父母打过？"7 个人全都举手了。"那么你们中有多少人认为自己是暴力分子？"没有一个人有反应。"所以，这就很好地支持了我的看法。现在他们告诉你，如果你打了自己的孩子，那么以后这个孩子就会变得具有暴力倾向。但是看看我们，没有人是暴力分子。我们不会伤害任何人。他们在这里太强调政治正确性了，这样使得太多的家长毫无权利可言。"

卡罗尔继续浏览着桌上放着的老年人中心传单。她和其他人一样，对这个话题也有自己的看法。但是她的想法与大家不一样。她认为根本不应该打孩子。她也和自己的这些朋友一样，小时候被家长打过，但是她的父亲不知道适可而止。卡罗尔经常受到肉体上的虐待。她认为不知道在孩子背后打一巴掌就收手的家长肯定大有人在。她还在思考打孩子究竟能达到什么目的。她认为不用打孩子也能告诉他们什么是对、什么是错。

"嗨，卡罗尔！"尼克打断了她的思考，"你今天很安静。你怎么看这个问题？"

卡罗尔的脑子飞快地转起来。她应该反驳其他人的意见吗？要是社区里的其他所有人都同样打孩子，那该怎么办？卡罗尔记得一周以前看过一个有关这个话题的新闻节目，记者采访了几个曾经挨过打的成年人。她想知道他们

---

① 本理论基于伊丽莎白·诺尔-诺依曼的研究。

中有多少人在小的时候挨过打，然而所有人都表示他们会打孩子并且根本不觉得那是虐待。

她自己的观点与一起吃早餐的朋友们相反，但是她应该如何向他们说明自己的观点呢？他们不会理解的。最好还是随大流，她想。

"哦，我也不知道。我也知道有些孩子需要特别关照，但是有时家长也会气得过了头。"

"得了吧，卡罗尔。"南希打断了她的话，"你不能和稀泥啊。有许多……"

"当然，我想我同意你们的看法。只是希望这种事不要经常发生。"随着其他志愿者陆续来这桌倒咖啡，话题很快转到了其他新闻上。但是卡罗尔心里在想，为什么她要服从群体的意志呢？她既不想自己的观点与别人不一致，也不想向大家说明自己过去的痛苦的个人经历的细节。当尼克开始谈到昨天晚上市议会开会的事时，卡罗尔还在犹豫要不要表达自己对这个问题的真实想法。

我们对于事件、人以及各种话题的看法会在人生的不同阶段产生变化。比如，你 15 岁时对约会的看法和你现在对约会的看法肯定不一样。少年时期你对家人的看法和现在你对他们的看法也会不同。你对各种话题的看法——包括同居性行为和抚养孩子——很可能也会随着时间而变化。意见不是静止不动的，会随时间而变化。

媒体是对我们的意见产生重要影响的因素之一。本书的这一章节强调，媒体帮助我们塑造自己。它的影响通常是微妙而不易察觉的，有时它又会很直接。自从 20 世纪 30 年代和 40 年代以来，媒体对公众意见的影响就成为伊丽莎白·诺尔-诺依曼的研究对象。然而直到 20 世纪 70 年代早期，她才提出了沉默的螺旋理论。然而我们稍后会了解到，如今学者仍在以多种方式探讨这一理论。

最初，这一理论聚焦于报纸和电视等传统媒体类型。然而随着该理论多年来吸引了新的关注，其概念开始被应用到新媒体 (Eilders & Porten-Chee，2015)。本章稍后，我们会简要讨论把网络传播与沉默的螺旋理论结合起来的新研究。

诺尔-诺依曼的沉默的螺旋理论之所以重要，有以下几个原因。首先，该理论"直接关乎言论自由，而言论自由是我们的民主基石"。(Liu，2006)。其次，该理论把传播

与公众意见联系在一起，这两个领域几乎在全球所有的民主国家都至关重要 (Donsbach, Salmon, & Tsfati，2013)。再次，该理论的学术资源来自六个领域 (Donsbach, Tsfati, & Salmon，2014)。最后，研究沉默的螺旋的学者努力让他们的理论在媒体依然至关重要且有影响力的社会中具有文化相关性 (Neill，2009)。因此，不仅对公众意见感兴趣的人对该理论有共鸣，而且对媒体效果感兴趣的人而言，它也具有相关性。

诺尔-诺依曼关注的是，当媒体为公众定下某个问题的调子时，如果人们对同一问题发表意见将会发生什么（关于媒体如何影响公共话语的更多信息，请参考第 21 章）。沉默的螺旋理论认为：如果人们觉得自己的观点是公众中的少数派，他们将不愿意传播自己的看法；而如果他们觉得自己的看法与大多数人一致，他们就会勇敢地说出来。诺尔-诺依曼 (Noelle-Neumann，1983) 认为，媒体关注多数派的观点，轻视少数派的观点。那些少数派将不太愿意表达他们的意见，因此会导致他们的声音越来越小。有趣的是，那些多数派会高估他们的影响，大胆地说出他们的主张，结果导致媒体又会更积极地报道他们的观点。因此，该理论与我们在第 2 章提到过的观点"群体在我们的生活中有着巨大的影响力"一致。

371

理论速览·沉默的螺旋理论

媒体具有巨大力量，可以对公众意见产生深远影响。大众媒体与多数人的意见同时发

挥作用，压制了文化议题特别是社会议题上的少数意见。对孤立的恐惧促使少数意见持有者考察其他人的观点。害怕被社交孤立的个体会倾向于服从他们所感知到的多数意见。不过，沉默的大多数会不时地通过行动主义的方式发声。

卡罗尔·约翰森所持的少数派观点以及早餐中她的朋友们的行为，正好说明了沉默的螺旋理论的核心主张。在听取她的朋友们关于体罚孩子的意见时，卡罗尔觉得自己反对打孩子的观点处于孤立状态。该理论认为，卡罗尔受到了媒体报道的影响，在前面提到本州有超过 60％ 的人支持用体罚的方式管教孩子，而且她自己也回忆起了电视新闻报道过小时候挨过打的成年人也打自己的孩子，并且不认为那是一种虐待。卡罗尔感觉自己的意见处于劣势，因此她就不愿意发言。相反，我们的案例中那些同意用体罚管教孩子的人（尼克、南希和厄尔）则显然得到了本州公众意见调查的支持，这促使他们更大胆地提出自己的看法。

老年人中心的少数派和多数派的差异，正好可以用诺尔-诺依曼（Noelle-Neumann，1991）的理论做出清晰的解释。她认为，多数派有信心说出自己的观点。他们会通过佩戴徽章、在汽车的保险杠上贴标签、在衣服上印上自己的观点等方式表现出他们的自信（如今这些人会发博客表达自己的信念）。而属于少数意见的一派则比较谨慎和沉默，这样做会强化公众的感知，认为他们的声音确实弱小。尼克、南希和厄尔显然对自己的观点很自信，而卡罗尔则因为不敢表达自己的真实看法而表示出心虚。

沉默的螺旋理论十分独特地把公众意见与媒体联系在一起。为了进一步理解这种联系，我们必须先理解公众意见的概念——该理论不可缺少的重要组成部分。接下来，我们再来看看该理论的三个基本前提假设。

公众意见的法庭

作为一名研究者，诺尔-诺依曼对澄清具有多义性的概念有着特殊的兴趣。沉默的螺旋理论的核心是一个广为接受但是她认为被误解了的概念——公众意见。作为阿伦巴赫研究所（德国的一家公众意见测验机构）的创始人和主任，诺尔-诺依曼认为人们对公众意见的理解受到了误导。实际上，虽然自从该理论提出以来她找出了 50 个以上的定义，但是没有一个令她满意。她进一步惋惜道，大多数研究者错误地把公众意见与政府联系在了一起，导致了理解该术语时的局限（Noelle-Neumann，2014）。

虽然自从该理论被提出，已经过去了很多年，但公众意见的概念仍然"饱受混淆、误解和传播问题的困扰"（Noelle-Neumann & Petersen，2004，pp. 339-340）。除此之外，研究者继续表明公众意见具有前所未有的重要性（Claussen & Oxley，2016）。为了理解这一理论的关键概念，诺尔-诺依曼（Noelle-Neumann，1984，1993）做了一些澄清。她很恰当地把公众意见拆分成两个独立的概念，即公众（公共）① 和意见。

她认为**公众/公共**（public）有三种含义。首先，从法律角度定义，公共意味着对所有人开放，比如"公共用地"或"公共场所"。其次，公共意味着与人民有关，比如"记者所承担的公共责任"。最后，公共还代表着社会心理。也就是说，人们不仅会在内心思考问题，而且会思考他们与其他人的关系。"公众的眼睛"表达的就是这层意思。诺尔-诺依曼认为，个人知道自己的行为是否为公共所知，所以他们会做出调整。她指出，以前的公众意见解释者忽视了公众（公共）这个概念的社会心理层面，但是"人们

① 在英语中 public 有公众和公共两种意思，汉语在这两个词的使用上有时会有微妙差别。下面的翻译以汉语的表达习惯为准，有时译作"公众"，有时译作"公共"。——译者注

可以通过他们敏感的社会皮肤感觉到这层 意思"（Noelle-Neumann，1993，p. 62）。

公众/公共	与人们有关的法律的、社会的以及社会心理的概念

意见（opinion）则是态度的表达。意见在强度和稳定性上存在差异。在研究了过去法国和英国学者对意见的解释之后，诺尔-

诺依曼指出，意见是对某群人看法的同意程度。在沉默的螺旋过程中，意见等于可以被接受的东西。

意见	态度的表达

把上面的解释加在一起，诺尔-诺依曼对**公众意见**（public opinion）定义如下："个人出于不想被孤立而必须在公共场合表达的态度或行为；在充满争议或者变动的时候，公众意见就是个人能够表达而不怕被孤立的

态度。"（Noelle-Neumann，1993，p. 178）因此，对于卡罗尔·约翰森而言，她对于体罚的意见可能不会被一起吃早餐的人接受。因为害怕被这个早餐群体孤立，她没有发表自己的意见。

公众意见	为了避免被孤立而在公共场合表达的态度或行为

诺尔-诺依曼和彼得森（Noelle-Neumann & Petersen，2004）认为舆论是一个动态过程，会受到时间与空间的限制。为此他们指出："沉默的螺旋只能在有限的时间内支配一个社会。"（p. 350）因此，舆论既有短期的部分也有长期的部分。举例来说，多年来，公众在大麻合法化问题上的意见发生了巨大变化。设想一下在 1969 年，我们被要求回答这一问题：大麻的使用应该被合法化吗？当时，根据盖洛普的民调，只有 12% 的受访者给出了肯定的答案。今天，盖洛普的民调显示，有将近 60% 的受访者支持大麻使用合法化（http://www.gallup.com/poll/186260/back-legal-marijuana.aspx）。思考一下与这一变化相关的动力因素。有两个合理的原因造成了舆论的改变。首先，支持的增加可能是因为相信医用大麻会对患者有长期的益处。其次，支持的上升趋势也可能是因为 20 世纪 60 年代以来犯罪率大幅下降，使一些人觉得，让人们为大麻使用负刑事责任完全是浪费时间。这些原因以及其他原因解释了舆论的变化（图 22-1 用该理论的视角说明了这一话题）。

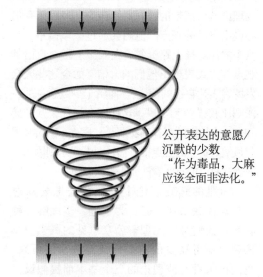

373

媒体传播的公众意见

多数人的观点 ［被媒体报道的］
"出于医用的理由，应该允许抽大麻。"

公开表达的意愿/
沉默的少数
"作为毒品，大麻应该全面非法化。"

［但是由于害怕被……许多人保持沉默］
"我不想被人们觉得对病人和遭受痛苦的人缺乏同情心。"

图 22-1　沉默的螺旋：医用大麻

简而言之，公众意见指的是对某个话题流行程度的集体感知。通常是媒体决定哪个

话题会引起人们的兴趣。媒体常会使某个话题充满争议。比如用来治疗男性性无能的伟哥（Viagra）本来被认为是医药史上的一个奇迹，但是后来媒体发现许多保健计划都包括这种药，却没有包括女性使用的避孕药。许多媒体刊登报道说这种做法是明目张胆的性歧视。

诺尔-诺依曼（Noelle-Neumann，1991）

提出，公众意见会因为别人的赞成或反对而受到影响。举例来说，2011 年，美国总统奥巴马命令司法部不得支持《婚姻保护法案》，当时这一法案禁止同性伴侣结婚。你对于是否支持这一国会行动的意见很可能会受到双方的发言者和你的朋友、家人的影响。沉默的螺旋就是对这些不断变化的他人意见的反应。

学生之声

卡梅因

　　我阅读了沉默的螺旋理论。起初我觉得，对像我这样（20 岁）的人来说，这个理论太古老了。但我想到自己跟兄弟会成员在一起时，没有像应该做到的那样公开表达意见。几周以前，我们中大约五个人讨论到安乐死。我觉得只有上帝有权力结束生命，医生不应该做那样的事。其他人都说让医生那么做是"他们的权利"。并且他们驳倒了我们这些认为只有上帝有权终结生命的人。尽管如此，我还是一言未发，因为他们都支持安乐死。在我看来，这很像沉默的螺旋理论描述的。现在它确实适用于我。

374

沉默的螺旋理论的前提假设

在了解了什么是公众意见之后，有了这个基础，我们现在来看看沉默的螺旋理论的三个前提假设。诺尔-诺依曼（Noelle-Neumann，1991，1993）曾经总结了三个假设：

- 社会将用孤立的方式来威胁那些与大多数人不一致的人，对孤立的恐惧不可抗拒。
- 对孤立的恐惧导致个人在任何时候都会试图评估意见气候。
- 公众的行为会受到公众意见评估的影响。

该理论的第一个前提假设认为社会拥有一定的权力，会使用孤立的方式威胁那些不和多数人保持一致的人。诺尔-诺依曼认为，社会的结构必须依靠人们共同认可和同意某些价值观。而正是公众意见决定了这些价值观是否会得到不同群体的接受。如果存在价值差异，就会出现对孤立的恐惧。

和许多理论家一样，诺尔-诺依曼关心

的是这个假设是否可检验。她指出，社会的成员是否真的会受到孤立的威胁？这是如何产生的？她认为简单的公众意见测验肯定不能解决这个问题（比如，你对孤立的恐惧程度有多高），这种提问的方式对于被调查者来说太抽象，因为很少有被调查者思考过孤立的问题。

诺尔-诺依曼使用了所罗门·阿什（Asch，1951）的研究方法。阿什是 20 世纪 50 年代的一位社会心理学家。阿什把下面的实验在实验室里做了 50 多次，每次的被试有 8～10 人：

右边的哪条线与左边的线一样长？	
	1. _____
_____	2. _____
	3. _____

你可能很快就会得出结论：第三条线与左边的线一样长。但是这一组的其他被试不同意你的看法。在实验的房间里待了一会儿之后，实验者的助手们（他们也假装是被

375

试）都说第一条线与左边的那条线一样长。而毫无戒备心理的被试也开始认为第一条线是正确的选择。事实上，阿什发现，过了一段时间之后，毫无疑心的被试得出了错误的结论。阿什认为，与别人保持一致的动机经常会对个体产生压力，即使在他人错误的情况下也是如此。从这个理论中可以看出，确实存在对孤立的恐惧。

《纽约时报》的伊丽莎白·布莱克斯利（Blakeslee，2005）指出，阿什对社会服从的研究发现时至今日依然存在。她记述了遵从群体在社会许多领域造成的影响，包括陪审团裁决和选举。她写道："被孤立的不快让人们更愿意服从多数人的观点而非坚持自己的观念。"（p. D3）其他人表示赞同，认为特别是在美国，服从可能比人们所感知到的、所认为的还多（Fischer，2010）。

针对人们对阿什的实验的批评——有人认为人们并不是真的害怕被孤立，而是对自己的判断缺乏自信，诺尔-诺依曼进行了一个更真实的孤立恐惧动机实验。她认为，要求被试对某个道德的或美学的观点做出评价会比阿什的实验室实验更加真实。事实上，诺尔-诺依曼认为，要想沉默的螺旋出现，必须是在"与道德有关的"话题上存在"话题争议"，促使人们卷入其中（Eilders & Porten-Chee，2015）。当然，这些道德议题应该是当前的（处于公共聚光灯之下）、公众就此存在分歧的。想想同性婚姻、堕胎权、克隆人等存在多元观点的议题。

对诺尔-诺依曼而言，吸烟自由曾经是（现在依然是）一个"处于公共聚光灯下"的议题。在对吸烟者进行访谈时，她向他们出示一幅图片，图片上的人生气地说："对于我来说，吸烟者实在是太不为他人着想了。"接着她要求被访者用语言对这个论断做出反应。结果显示，在有不吸烟者在场的时候，许多吸烟者不愿意公开地支持吸烟者的权利。

该理论的第二个前提假设提出，人们在不断地评估意见气候。诺尔-诺依曼认为，个体从两个来源获得关于公众意见的信息，即个人的观察和媒体。我们先讨论一下人们如何能够对公众意见做出个人观察，接下来再研究媒体的作用。

诺尔-诺依曼（Noelle-Neumann，1991）指出，人们具有一种准统计能力来评估公众意见。**准统计官能**（quasi-statistical sense）意味着人们能够估计公众所争论的问题中各对立观点的实力。他们通过倾听他人的观点并把这些知识与自己的观点进行整合，从而得出自己的准统计结论。比如卡罗尔·约翰森的准统计官能使她相信自己是早餐桌旁唯一一个反对打孩子的人。她可以发现就这一话题而言，自己在人数上明显处于劣势。诺尔-诺依曼把这种情况称为频度分布的准统计"器官"（quasi-statistical frequency "organ"），因为她认为人们会像卡罗尔一样大致计算该话题上他人观点的分布。她提出，这种器官在发生争论时会进入"高度警戒状态"。因此，一旦我们发现自己在某个问题上与周围大多数人不一样，我们的准统计官能就会一直处于工作状态。一般而言，这种官能是一个无意识的过程。

准统计官能　个人对公共问题各方意见强度的估计

对公众意见的个人观察经常出现偏差和不准确。诺尔-诺依曼（Noelle-Neumann，1993）把这种对多数人意见的错误观察称为**多数的无知**（pluralistic ignorance）。她指出，人们"把带有自己倾向的感知与媒体过滤过的感知混为一个不可分割的整体感觉，他们觉得这个判断来自自己的思考和经验"（p. 169）。我们以卡罗尔对体罚意见的估计为例。因为在她周围的人中，绝大多数人赞成这种管教孩子的方式，所以她认为自己显然是少数派。然而，这场争论中的双方都可能高估了自己估计意见的能力。特别是对这个话题的意见如此一

边倒（很可能仅仅在老年人中心是这样），诺

尔-诺依曼认为人们会产生错觉。

多数的无知	对多数人意见的错误观察

人们不仅使用个人观察的方式体察公众意见，而且依赖媒体，正如我们此前在本章和其他章节讨论过的那样。但是诺尔-诺依曼坚持认为媒体的效果常常是间接的。因为人本质上是社会性动物，所以他们会和他人谈论自己的观察。人们还会寻求媒体来证实或否定自己的观察，接下来再通过媒体解释自己的观察。我们也可以从卡罗尔后来的行为中看到这一点。如果她从老年人中心回到家，和他人交流自己对体罚孩子的看法，她可能会发现有几个邻居和她的观点一样。接下来，如果她看晚间新闻的时候发现全国大多数人反对体罚儿童，那么这会进一步与她的看法产生共鸣。任何媒体上反对体罚的内容都会对她产生影响。最后，媒体还会促使卡罗尔对该问题做进一步讨论。她可能会告诉别人，甚至在网上读到的博客都支持她的观点。

该理论的最后一个前提假设是公众的行为受到他们对公众意见评估的影响。诺尔-诺依曼（Noelle-Neumann，1991）提出，公众要么大胆说出自己的观点，要么保持沉默。如果个人感觉自己会获得支持，那么他们会倾向于说出来；如果个人感觉他人不支持自己，那么他们会保持沉默。她接下来还提出："某个阵营的信号强大，或者另一方示弱，都是导致螺旋开始运转的驱动力。"（p.271）总之，人们似乎根据他人的意见来行动。

诺尔-诺依曼认为，如果自己的观点得不到大多数人的支持，人们就会避免讨论这个话题。为了检验这个假设，不妨假设你正在校园里采访大家对类似安乐死这样富有争议的问题的看法。如果校报的公众意见测验发现，校园里 70% 的人反对这一做法，那么根据该理论，学生、教师和工作人员很可能不愿意表示自己支持安乐死。个人是否

愿意说出自己的看法与个人对自己观点的确信度和对社会整体趋向的判断有关。也就是说，如果在你的校园里自由主义气息浓厚，那么人们会更愿意说出自己的意见；如果保守主义占上风，那么持反对意见的人就不太愿意说出自己的看法。

这三个前提假设对于我们进一步理解诺尔-诺依曼的理论十分重要。在图 22-1 中，我们把该理论的假设中提出的几个概念和观点用图表的方式表示出来。

个人意见、被他人意见孤立的恐惧和公众意见为我们讨论沉默的螺旋理论的其他部分奠定了基础。这两部分意见都受到美国社会中另一股强势力量——媒体的影响。现在让我们一起看一看沉默的螺旋理论对媒体强大影响的阐述。

媒体的影响

我们在前面说过，沉默的螺旋理论的基础是公众意见。然而诺尔-诺依曼担心的是"大多数人会根据媒体的调子来调整自己的态度"（Noelle-Neumann，1993，p.272）。南希·埃克斯坦和保罗·特曼（Eckstein & Turman，2002）同意这一观点。他们主张："媒体提供了沉默的螺旋背后的动力，可能是因为它是单方面的对话，一种人们无法回应的间接公众传播形式。"（p.173）此外，弗朗西斯·德里赛（Delisay，2012）总结道："媒体可以影响公众对意见气候的感知。"（p.485）最后，一些学者直接提出，"媒体主要是告诉公众应该思考哪些重要政策议题，并在某种程度上告诉他们应该对这些议题形成何种观点"（Spencer，Croucher，& McKee，2011，p.28）。

是否愿意说出自己的看法很大程度取决于媒体。如果人们无法从他人那里获得支

377

持，人们将与媒体的意见保持一致。事实上，诺尔-诺依曼（Noelle-Neumann, 1993）认为，媒体有时甚至会提供充满偏见的用词和用语，这样人们可以自信地谈论这个话题。如果媒体偏向于用某些用词和用语，就会有很多人保持沉默（比如，想一下媒体使用"虐待"而不是"打屁股"的区别）。我们开篇故事中的卡罗尔·约翰森是否愿意说出自己对于体罚孩子的意见将取决于各个媒体在这一问题上的观点。并且，虽然我们中的很多人都依赖互联网，但乔治·格布纳（培养分析，见第 24 章）提醒我们，电视是所有形式的媒体中最有影响力的。

在说明为什么媒体具有如此大的影响时，诺尔-诺依曼提出，媒体并没有向公众提供对新闻事件的广泛的、平衡的解释。因此，公众对于现实的看法就受到了限制。对新闻报道的这种限制使得个人的感知越来越狭窄。当然，许多受众是积极的，并具有批判性思维，不都是被动相信媒体所说的一切。然而，W. 詹姆斯·波特（Potter, 2016）认为，大多数美国人会去使用和自己的价值与实践相一致的媒体。波特总结道，很多人会不可避免地受到媒介与信息素养不足的困扰。

该理论提出了新闻媒体的三个特征：遍在性、累积性和共鸣性。**遍在性**（ubiquity）指媒体是无处不在的信息源。因为媒体无处不在，所以它成为人们寻找信息的依赖。早间电视新闻、互联网、办公室八卦等，都显示了媒体的遍在性。卡罗尔·约翰森早餐群体中的尼克迅速谈到最近本州进行的关于人们如何看待打孩子的调查。他有着唾手可得的信息来源。甚至卡罗尔在思考打孩子这件事时也回想起了一个电视节目。

遍在性	认为媒体无处不在

累积性（cumulativeness）指的是媒体的内容会在不同节目、不同时间反复出现的过程。你经常会在早晨阅读某条新闻，在上班的路上又从收音机里听到同样的报道，接下来在晚间电视新闻中又会看到它。你还可能会在日间点开的一个网页中看到这条报道。诺尔-诺依曼称之为"建构参照框架的相互影响"（Noelle-Neumann, 1993, p.71）。如果无人质疑最初的消息源，就会产生问题，而四大媒体（报纸、广播、电视和互联网）的信息可能都来自那里。该理论认为，这种一致的声音会影响公众所获得的信息，而他们根据这些信息形成自己的观点。

累积性	认为媒体会自我重复

最后，**共鸣性**（consonance）指的是媒体的信仰、态度和价值观具有相似性。事实上，多个新闻机构（例如美国联合通讯社等）往往共享事件和新闻报道。诺尔-诺依曼指出，媒体之所以会产生共鸣性，是因为新闻工作人员总是让自己的思想和观点看上去得到了确证并且来自公众。

这三个特征——遍在性、累积性、共鸣性——的每一个都会让多数人的意见得到传播。如此一来，那些不愿意被孤立的人就会保持沉默。

共鸣性	认为所有的媒体在态度、信仰和价值观方面都具有相似性

大众媒体中的理论·俄罗斯的互联网使用与沉默的螺旋

俄罗斯议会于2012年通过了一项法案，关闭了该国的热门网站。《国际先驱论坛报》（*International Herald Tribune* 的作者戴维·赫森霍恩（David Herszenhorn）写道，政府采取措施关闭诸如维基百科这样的热门网站，将会在全球范围内引起意料之外的后果。赫森霍恩指出莫斯科国立大学的一名新闻学教授表示："唯一阻止俄罗斯落入沉默的螺旋的就是互联网。"赫森霍恩认为，关闭各种网络内容的举动是为了压制言论自由与抗议，因此让那些处于"螺旋末端"的人更难发声。他还认为，由于害怕被孤立，人们更倾向于不再发表自己的（政治）观点。为了避免儿童接触到不道德的网络内容，固然需要一些保护措施，但赫森霍恩引用了教授的话，后者认为互联网"以非常自由、独立的方式为政治话语注入了生命"。

资料来源：Herszenhorn, D.（2012, July 12）. In Russia, critics decry law to limit web content. *International Herald Tribune*，p. 13.

毫无疑问，媒体会影响公众意见。许多调查显示，人们认为在美国社会中媒体掌握的权力太大。事实上，66％的美国人认为媒体的影响力和政治势力过大（http：//www. rasmussenreports. com/public _ content/politics/general _ politics/february _ 2016/voters _ say _ money _ media _ have _ too _ much _ political _ clout）。信息一般会经过新闻报道者和其工作单位的过滤，结果造成最后呈现给受众的——或者在这个理论中是公众所感知的——东西很可能并不是对现实的精确描述。比如我们可以想象，当失业残障人士看到或听到媒体报道美国通过《残障法案》时，他们会何等失望。或者你可能看到过许多人得不到福利救助的报道，但是你恐怕无法看到描述这些因为资金削减而陷于绝境的家庭的报道。而且，虽然有关于雇主雇佣退伍军人的新闻报道，但这对许多仍在寻找

长期工作的退伍军人而言无异于杯水车薪。诺尔-诺依曼认为，如果媒体总是报道大量"正面"新闻，它们就会决定人们应该注意什么，应该提什么问题，某个社会政策或计划是否有效。我们之前谈过这点。换句话说，人们通过大众媒体体会公众意见气候。

因此，当人们想通过媒体发现大多数人的所思所想时，他们经常获得的仅仅是带有偏见的报道。**双重意见气候**（dual climates of opinion）——大众直接感知到的意见气候和媒体报道的意见气候——经常同时存在。比如，卡罗尔会把自己感知的对体罚的意见和报纸上的调查进行对比。值得注意的是，虽然两种意见有时存在差异，但许多人还是决定保持沉默。为了理解究竟是什么动机导致人们大胆地说出自己的看法，诺尔-诺依曼提出了火车实验。

双重意见气候	大众对社会问题的感知与媒体报道之间的差异

火车实验

对于沉默的螺旋理论的研究者而言，为了研究人们是否愿意表达自己的观点，需要一个明确的、可检验的、具有代表性的并且

可以重复的研究方法。为了证明她的观点，诺尔-诺依曼提出了火车（或飞机、公共汽车）实验。**火车实验**（train test）要评估的是人们愿意说出自己意见的程度。根据沉默的螺旋理论，对某个问题持不同意见的双方在公共场合表达自己意见的意愿会有所不

同。为了研究这一点，研究者给被试一幅画着两个人在谈话的素描。研究者会问被调查者："你同意这两个人中的哪一个的观点，A 还是 B?"接下来还会问一些更有争议性的问题，比如说对食品安全的看法。非常关键的一点，火车实验提问的方式是这样的：

> 假设你要乘坐 5 个小时的火车，在你旁边坐着的一个人开始讨论食品安全问题。你是否愿意和这个人讨论此话题？

接下来还会换上不同的主题，重复地提这个问题，话题从核电站、堕胎到种族隔离不等。这个实验发现，有一些因素可以帮助我们确定人们是否会说出自己的意见，它们具体如下：

● 和少数派相比，主流意见的支持者更愿意说出自己的意见。

● 由于害怕被孤立，如果人们感觉自己的立场会招致讥笑、嘲弄或类似的孤立威胁，他们往往会避免公开表明自己的立场。

● 表达自己的意见的方式有很多，比如悬挂海报、在汽车保险杠上贴广告以及散发传单等。

● 生活在大城市的（年龄在 45 岁到 59 岁之间的）男性更愿意说出自己的意见。

● 如果人们真心赞成某个意见，并且它又符合当前的潮流和时代精神，那么人们更愿意表达它。

● 如果一个意见符合社会多数观点，人们就会表达该意见。

● 人们更愿意与赞成自己意见的人交流观点，而不愿意和不赞成自己意见的人交流。

● 人们对自己意见的信心来自许多方面，其中包括家庭、朋友和熟人。

● 人们会产生**最后一分钟的动摇**（last-minute swing）①，或者在谈话的最后关头转向多数人所支持的意见。

火车实验	评估在多大程度上人们敢于说出自己意见的实验
最后一分钟的动摇	在意见表达之后会跳上代表多数人意见的乐队花车

火车实验被证明是一种研究公众意见的有趣的方法。该方法模拟了在某个问题上同时存在两派意见时的公众行为。那些愿意表达自己意见的人，很可能使其他人产生了动摇。但是有的时候，持少数意见的人却敢于大胆地说出自己的看法。现在我们来看看这群人。

中坚分子

人们经常会看到沉默的少数人揭竿而起的情景。这一被称为**中坚分子**（hard core）② 的群体"是沉默的螺旋旋转过程中无视孤立的威胁的人"（Noelle-Neumann，1993，p.170）。中坚分子就代表着这样一群愿意为自己的公开言论付出代价的人。他们

试图与主流的意见对着干，随时准备与任何阻挡他们前进或不许他们表达观点的人发生直接冲突（见图 22-2）。

图 22-2　美国的中坚分子示例

---

① 人们总是愿意往人多的地方集中，所以在西方的游行队伍中乐队花车（bandwagon）周围最热闹。因此在传播学中也用乐队花车效果形容人们的从众行为。——译者注
② 港台地区也译为"死硬派"。——译者注

| 中坚分子 | 处于螺旋另一端愿意不惜任何代价说出自己意见的群体 |

381 　　诺尔-诺依曼为了更好地解释中坚分子，引用了社会心理学家加里·舒尔曼（Gary Shulman）的研究。舒尔曼提出，如果支持多数人意见的人数太多，多数派的声音就会变得无力起来，因为缺乏对立的意见存在。比如说多年以前艾滋病第一次在美国出现的时候，大多数人都认为得艾滋病的人应该被隔离起来（多数人意见）。然而，主要是因为中坚分子想尽一切办法向公众传达他们的意见，不久以后人们就抛弃了这个心胸狭窄的看法。具有讽刺意味的是，事实上媒体被迫向公众传达有关艾滋病的信息。不久以后，这些沉默的中坚分子发现其他人接受了他们的意见。在这个例子中，中坚分子在改变公众意见过程中起到了重要作用，尽管事实上中坚分子为了表明自身的观点，经常既会采取理性行为也会采取非理性行为。

　　为了进一步证明中坚分子的作用，我们讨论一个关于宗教的例子。虽然我们知道并不是所有人都信仰上帝，但是上帝却在学术、政治和流行文化中无处不在（例如人们在别人打喷嚏时会说"上帝保佑"，"我们相信上帝"的字样出现在纸币上，政治家在演讲的结尾都会说"上帝保佑美利坚"）。

　　虽然提及上帝的场合无处不在，但是许多美国人并不信仰上帝。一些人认为，宪法要求政教分离，因此在任何由纳税人的钱支持的活动中都不应该提及上帝。然而这种意见并不会得到大多数美国人的认同，因为超过半数的人属于有组织的宗教（Lindner，2012）。不论媒体是否报道教皇的出访，是否每周在电视上播放政治家脱离宗教机构的片段或者在新闻报道中引用牧师的话，他们都在不断地暗示宗教是人们生活中不可分割的部分。

　　而少数派——那些主张把宗教从公众出资的活动中清除出去的民权自由主义者——一直在到处宣传他们的主张。这些持不同意见的中坚分子并没有沉默下去变成背景声。例如，在过去的几年里，无神论家庭专门向法院起诉，要么取消"在上帝统治下"，要么允许儿童不参加效忠宣誓。虽然法院几乎总是会驳回此类案件，但它们已经把这一议题推到了文化讨论的前沿。这些中坚分子看到城市在节假日把宗教象征物（耶稣降生像、耶稣受难十字架等）从城市公园中搬走，这也是他们成功的标志。随着媒体不断报道类似的法律上的胜利，这些中坚分子的意见可能会变成大多数人的意见。

　　如果我们思考一下时间更近的中坚分子的例子，有三个群体似乎尤为相关：茶党（the Tea Party）、占领华尔街（Occupy Wall Street）以及"黑人的命也是命"（Black Lives Matter）——这些运动在 2011 年到 2017 年的某个时间节点上，都曾产生过巨大影响。这些组织反抗社会期待，以独特、创新并颇具争议的方式塑造自己。作为共和党的一个分支，茶党积极采取行动以确保他们支持的政客与他们的保守价值观和实践步调一致。占领华尔街是一场旨在解决社会和经济不平等、贪婪和腐败的抗议运动，主张代表 99％ 的美国人，"或者声称自己为 1％ 的当权者的错误买单的人"。而"黑人的 382 命也是命"是一个为所有黑人争取平等、和平和正义，并致力于促进各地黑人群体的尊严与道德的社会行动主义群体。这三个群体虽然有着截然不同的使命，但都在媒体上明确捍卫它们的目标和行动方针。而且，尽管这三个群体并不能代表大多数人，但它们都受到了媒体的大量关注，并以各种方式继续它们的做法。

沉默的螺旋与社交媒体

　　正如我们在本章前面提到的，沉默的螺旋理论诞生之时还不存在社交媒体。然而多年来，已经有许多研究者把该理论运用到他们对社交媒体的研究中。我们介绍其中的三个发现，以此说明思考该理论的新方式。

金对网络社会资本进行了研究。她考察了社会资本即个体的社会关系、资源和支持的网络的总和，以及社会网络参与者就某议题发表看法的意愿。

巴特尔·希恩（Sheehan，2015；http：//uncommonculture.org/ojs/index.php/fm/article/view/5414/4468）研究了三个不同的"热门话题"：移民、全国燃气税以及韩国入侵朝鲜。她发现网络社会资本确实会影响发表观点的意愿。具体而言，在脸书和推特这样的网站上，发表看法的行为与"桥接型"社会资本相关。也就是说，当人们感觉与持有相似观点和价值的人有联结的时候，他们最愿意发表有关这些议题的看法。

除了巴特尔·希恩的研究，其他人也在文化语境下研究了这一理论。例如，阿里·达什蒂、哈米德·阿卜杜拉和哈桑·乔哈尔（Dashti，Al-Abdullah，& Johar，2015）探讨了科威特妇女的在线政治参与。直到2006 年，科威特女性是阿拉伯国家中唯一没有获得竞选公职和投票权等全部政治权利的女性人口。在女性（和其他人）开始表达自己的观点、讨论自己的政治活动的过程中，技术——尤其是推特——发挥了重要作用。这项研究是在这样的背景下进行的。

达什蒂等（Dashti et al.，2015）假设，虽然女性可能不愿意面对面交流观点，但推特这样的社交媒体使此类观点的表达变得容易。他们对媒体与政治科学课上的 323 名女性学生进行了研究。研究者发现，性别和女性/参与者与谁认识会影响讨论一个议题的意愿。跟不认识的男性在一起时，女性/参与者的行为与该理论的假设一致（例如，存在主导观点时保持沉默）。然而在与不认识的女性互动时，这些女性/参与者不会觉得挑战大多数人的意见有什么困难。在讨论涉及当地政治议题的问题时，面对面交谈与通过推特互动没有区别。该研究团队得出结论，推特是一种减少女性谈论政治时常常遇到的障碍的方式，因为它减少了对被孤立的恐惧。

第三项研究颇具开创性，展示了比我们本章前面讨论过的诺尔-诺依曼"火车实验"更现代的方法。皮尤研究中心的一组撰稿人（Hampton et al.，2014）考察了爱德华·斯诺登（Edward Snowden）2013 年"揭露对美国人的手机与邮件记录的大范围政府监控"，调查了超过 1 800 名成年人对与美国国家安全局（National Security Agency，NSA）相关的议题的看法。他们特别感兴趣的是这些成年人对泄密事件的看法，他们面对面和在线上环境表达观点的意愿，以及他们对此话题上不同观点的感知。

和诺尔-诺依曼一样，皮尤研究小组从"实验"中得出了几个结论。他们的结论是，总体而言，如果人们觉得他们的社交媒体好友或关注他们的人与他们的观点相左，他们在公开聚会中（例如餐厅等）表达观点的意愿就会降低。此外，该调查还得出了另外五个结论，具体如下：

（1）人们更愿意面对面讨论斯诺登/美国国家安全局事件，而非通过社交媒体。

（2）对于不愿意讨论斯诺登/美国国家安全局事件的人而言，社交媒体并没有提供一个替代性的讨论平台。

（3）不管是在亲身环境还是网络环境中，如果人们认为听者的观点与自己向左，他们分享观点的意愿就会降低。

（4）之前关于不同环境下人们的观点表达意愿的理论发现，对社交媒体使用者而言依然成立。

（5）在很多面对面场景中，脸书和推特使用者表达观点的意愿降低了。

汉普顿等（Hampton et al.，2014）为该理论的发展做出了贡献，确定了三个与观点表达相关的影响因素，即对自己的了解程度的信心、观点的强度以及感兴趣的程度。

前述三项研究只是目前使用沉默的螺旋理论的大量新研究中的几个。随着更多社交媒体平台的出现，该理论将会得到不断修改完善。

整合、批评和总结

沉默的螺旋理论是传播理论中少数几个专门讨论公众意见的理论之一。事实上，该理论被认为是研究人类状况的重要基础（Csikszentmihalyi，1991），并根植于量化方法。作为学者，诺尔-诺依曼的贡献在于将调查研究引入德国，并共同创办了《国际舆论研究杂志》（Petersen，2012）。在评价该理论的时候，我们关注两个标准：逻辑一致与启发性。

384

整合

| 传播传统 | 修辞学 | 符号学 | 现象学 | **控制论** | **社会心理学** | 社会文化 | 批判 |

| 传播语境 | 自我 | 人际 | 小群体 | 组织 | 公众/修辞 | **大众/媒体** | 文化 |

| 获得知识的方法 | **实证的/经验的** | 诠释的/阐释的 | 批判的 |

批评

| 评价标准 | 范围 | **逻辑一致** | 简洁 | 实用 | 可检验 | **启发性** | 时间的考验 |

逻辑一致

诺尔-诺依曼的理论当然也逃脱不了被批评的命运。批评主要集中在该理论的许多术语与概念缺乏逻辑一致性。查尔斯·萨蒙和 F. 杰拉德·克兰（Salmon & Kline，1985）认为，沉默的螺旋理论没有提到事件与个人的相关性。有时人们之所以愿意说出自己的意见，是因为他们与这个话题有着直接关系（比如能否获得晋升取决于是否说出自己的意见）。卡罗尔·格林等（Glynn，Hayes, & Shanahan，1997）提出了选择性的问题，比如我们在第 6 章讨论过的认知不协调理论。个人会避免那些与自己的观点相冲突的话题。

卡罗尔·格林和杰克·麦克劳德（Glynn & McLeod，1985）提出该理论在逻辑一致性方面还存在两点不足。第一，他们认为害怕孤立并不会成为人们表达自己意见的动机。他们指出，诺尔-诺依曼并未从经验上证明她的前提假设，即害怕孤立会促使人们发言。不过一些学者发现对孤立的恐惧与对意见气候、意见表达的扫描之间存在直接的关系（Kim，2012）。第二，格林和麦克劳德的疑虑是，该理论是在研究联邦德国媒体的基础上提出的。他们对媒体无处不在的特征（遍在性、累积性和共鸣性）是否适用于美国今天的媒体表示怀疑。在他们对美国总统选举的研究中，格林和麦克劳德没有发现能够证明媒体遍在性的例子。他们并不怀疑这个理论对德国媒体的有效性，但是他们不能确定这个理论是否具有一定的文化限制从而不适用于美国。

诺尔-诺依曼对其中的一些批评做出了回应，为她对媒体的强调进行了辩护。她仍然确信媒体会影响公众意见。她写道："通过使用从媒体中学来的用语和论据讨论问题，人们在公开场合使自己的观点被人们知晓，从而制造了一种情境，使自己被孤立的危险降到最低。"（Noelle-Neumann，1985，p. 80）她还继续指出，沉默的螺旋过程与媒体对某个问题的立场相矛盾的情况一次也没有出现过（Noelle-Neumann，1993）。至于该理论的跨文化应用问题，诺尔-诺依曼（Noelle-Neumann，1993）同意任何公众意见理论都必须具有跨文化的普遍性。然而她认为，需要重点指出的是，多数美国研究者希望对人类行为进行理性化的解释，但是并

385

不是所有的行为都可以用理性的方式加以说明。

虽然如此，但她也承认火车实验可能无法跨文化使用。因此，诺尔-诺依曼（No-elle-Neumann, 1993）对火车实验中的问题说明做了修改：

> 假设你要坐 5 个小时的公共汽车，汽车在中途的休息处停车，每个人都下车休息，休息时间较长。有乘客开始谈论起我们是否应该支持［填上话题］。你愿意和此人交谈以进一步了解他的观点吗？或者是你根本不愿意这么做？（p. 217）

当然，你可以提出疑问：仅仅把火车实验改成公共汽车实验就能够扩大该理论的跨文化应用吗？

学生之声

马可

我觉得有时我自己就是"螺旋末端"的那个人。我是因为国会议员支持阿富汗战争而去他办公室静坐的大学生之一。人们说我不是爱国主义者，劝我找个工作，不要把时间花在浪费他人的时间上。我依然决定发声，我知道人们不欢迎这种声音，因为我们"本应"支持我们的军队。嗯，我确实支持军队：我希望他们回家，这样就可以好好活着，陪伴家人。

启发性

该理论吸引了写作者和学者以多种方式探讨它的优点。一些写作者（Simpson, 1996）试图批评该理论不适用于其他文化；而其他学者支持了该理论的跨文化应用（Kim, 2012）。此类学术对话增强了该理论在启发性方面的吸引力。唐纳德·肖（Shaw, 2014）回顾了使用沉默的螺旋理论的研究，或许他的表达最为简洁："她的理论已经在全世界生根。"（p. 841）

研究者在研究中使用了该理论及其中的许多核心概念，这些研究包括以下话题：宣布英语为美国的官方语言（Lin & Salwen, 1997），课堂上的宗教（Eckstein & Turman, 2002），推特使用与观点表达（Miyata, Yamamoto, & Ogawa, 2015），大学生的性价值观（Chia & Lee, 2008），网络监管与意见表达意愿（Stoycheff, 2016），以及该理论对脸书上关于移民、同性婚姻和堕胎的观点的影响（Gearhart & Zhang, 2015）。此外，在沉默的螺旋理论诞生约 40 年之后，一本研究该理论的论文集已经出版（Donsbach, 2013），显示了更多启发性的可能。显然在许多人看来，该理论值得研究。

总结

沉默的螺旋理论仍将继续激发媒体研究者的讨论。该理论经受住了批评的考验。目前该理论主要强调的是政治方面的讨论。研究者们将进一步评估该理论在其他话题上的效果。尽管如此，"即便是对于该理论最激烈的批评者而言，它也毫无疑问是过去半个世纪里传播研究和政治传播研究提出的所有理论中最具影响力的理论之一"（Donsbach, Tsfati, & Salmon, 2014，p. 1）。

人们是否会公开地表达居于多数的或少数的意见可能并不直接取决于媒体对该问题的报道，但是显然，在一个全球化的社会里，公众将会继续依赖媒体。因此，这个理论将会具有超出人们想象的生命力。

讨论题

技术探索：沉默的螺旋理论认为，人们会经常对争议性议题保持沉默。想想脸书上的"怀旧星期四"（Throwback Thursday）话题①。如果你看到朋友发布了一些冒犯性的图片，但它们是 15 年前拍的，你会（如果你会的话）说些什么？

1. 卡罗尔·约翰森在向与自己的意见不一致的群体说出自己的意见时会感到尴尬。假设你在生活中也遇到这样的情境，你会说出自己的意见还是保持沉默？是什么动机促使你做出上述决定？

2. 你是否曾经成为中坚少数派的一员？你是怎么做的？你的自信心和自尊心是如何影响你的行为的？

3. 知道诺尔-诺依曼曾作为新闻记者为纳粹出版物工作之后，你的看法有什么变化吗？为什么有或为什么没有？

4. 你是否认为，考虑到如今可以使用的各种媒介化信源，美国的媒体具有遍在性、共鸣性和累积性？请举例说明你的回答。

5. 诺尔-诺依曼认为，媒体会影响少数人的观点。根据你过去几年对媒体的观察，你是否同意这个结论？请举例说明。

6. 请对互联网对公众意见的影响做出评价。

7. 你认为是什么影响了人们"最后一分钟的动摇"？

① 怀旧星期四，每周四流行于社交媒体的热门标签话题，人们在该话题下分享美好的回忆，内容可以是过去发生的任何事，且往往配有怀旧照片。——译者注

第 23 章
使用与满足理论^①

人们发现书籍和电影满足了与自我实现和自我满足有关的需求：它们帮助个体找到自我。报纸、广播和电视似乎都把个体和社会联系在一起。

——伊莱休·卡茨（Elihu Katz）、杰伊·G. 布鲁姆勒（Jay G. Blumler）和迈克尔·古列维奇（Michael Gurevitch）

瑞恩·格兰特

这是一个沉闷的周五夜晚，20 岁的瑞恩·格兰特正试图确定自己想做点什么。他在父亲开的一家五金店兼职，毫无疑问，这周他的任务十分繁重。他加了很多班，因为这周盘点，父亲需要帮手来对货物清点分类。今天早上大学的传播课正好有一个考试。因为上周没有复习，瑞恩狂背到凌晨 2 点。现在终于到了周五，总算可以从工作和学习中解脱出来了。

瑞恩感到极度疲惫，似乎已经筋疲力尽。他想和其他人待在一起，但是他清楚自己并不是别人眼里理想的朋友。这个晚上他有两种选择：一是待在家里找个朋友一起看或一个人看电视，另一种选择是找一帮朋友去看电影。他觉得和其他人一起出去更有助于放松，但一个人在家不用劳神费力也不错。

瑞恩面临着两种完全对立的理由。如果待在家里看电视，他不用花任何力气。他可以爱穿什么穿什么，不必在意别人的看法，还可以看自己想看的节目。周五电视里会有许多瑞恩喜欢的节目上演。在家里他还可以坐最佳位置。如果他愿意，他可以请其他朋友，让这个晚上更热闹一些。

但是出去看电影的理由也十分充分。首先，他可以看到最新的动作和冒险影片，这是他一直想看的。其次，因为瑞恩是一个喜欢所有科技的"技术迷"，电影院超棒的 THX 系统和巨大屏幕都远比家里的条件好。最后，晚上出去很容易找到乐子。虽然他还没有仔细想过怎么玩，但是他喜欢和朋友们一起坐在黑暗中共同分享相同经历的感觉。除此之外，瑞恩很喜欢电影院的爆米花。

瑞恩还是为选择而苦恼，他对两种媒介的优缺点都做了比较。如果选择电视，他就只能对着一个小屏幕看。如果邀请朋友们来，他还得和他们抢节目看。另外，如果电视节目没什么好看的，他可以关掉电视和朋友们一起玩。看电影的优点和缺点似乎也是半斤八两。好的一面是，看电影能够使他真正摆脱现实世界，而且他还能在周一和别人讨论这部电影。但同样现实的是，他得先开车到电影院，还得费劲找停车位。此外他还得忍受排长队，这一点最让他讨厌。最后，连电影票带爆米花，一共得花 15 美元。瑞恩的决策最后归结为一个简单的问题：看电影和看电视各自能给自己带来什么？当瑞恩考虑这些问题的时候，第三个选择又出现了：早些上床睡觉。

---

① 本理论基于伊莱休·卡茨、杰伊·G. 布鲁姆勒和迈克尔·古列维奇的研究。

瑞恩所做的也正是我们面对大众媒体时所做的，即他在衡量不同的媒体并做决定。不妨想一想有多少次你也面临着和瑞恩一样的情况。你可能也认为自己需要放松，在做出决定之前也会比较各种选择。这个过程不一定很长，但是我们总需要思考哪些是可能的选择。

在大众媒体刚刚兴起的时候（那是便士报、广播、电影的时代），**大众社会理论**（Mass Society Theory）——这种理论认为普通人在强大的大众媒体面前只能成为无助的被动接收者——对受众和他们所消费的媒体之间的关系做出了判断（参见我们第22章讨论的沉默的螺旋理论）。这种理论最终被人们抛弃，这在很大程度上是因为社会科学——以及简单的观察——不能证明媒体及其讯息具有不可抗拒的力量。显然，大多数人不会受到媒体讯息的直接影响，即使他们受到影响，其受影响的方式也不会完全一样。

大众社会理论	认为普通民众是强大的大众媒体的被动接收者的思想

后来，大众社会理论及时地为我们现在所说的**有限效果理论**（Limited Effects）所代替（回想一下我们在第21章介绍过的有限效果观念）。有限效果理论认为，由于受众个人的特征和社会群体的影响，媒体的影响非常有限或微乎其微。有两种思路可以推导出有限效果理论。首先，**个人差异论**（Individual Differences Perspective）认为媒体的影响会受到诸如智力和自信等人格因素的影响。比如说，聪明的人和较有安全感的人更能抵抗住媒体的不良影响。其次，**社会分类模式**（Social Categories Model）认为媒体的影响会受到受众之间的联系及其所在群体的限制。比如共和党成员会和其他共和党成员在一起，后者会帮助他们对媒体讯息做出前后一致的解释，这种解释是亲共和党的。这会有效地限制只有媒体讯息可能造成的影响。

有限效果理论	大众社会理论的取代者，它认为媒体的效果受到受众的个人特点和所在群体的限制
个人差异论	有限效果理论的一个理论依据，它关注的是个性对效果的限制
社会分类模式	有限效果理论的一个理论依据，它关注的是群体身份对效果的限制

你可能会发现这两个立场都不太信任受众的能力。前者（大众社会理论）暗示人们不够聪明和坚强，以至于不能保护自己免受媒体的不良影响。后者（有限效果理论）则暗示人们在对所消费的讯息进行解释时不能自由选择，同时也无法决定媒体对自己的影响。最后，针对这两种不太合理的受众观，伊莱休·卡茨、杰伊·G.布鲁姆勒和迈克尔·古列维奇（Katz, Blumler, & Gurevitch, 1974）对大众传播过程中受众成员的角色做出了系统而全面的阐述。他们的思考形成了使用与满足理论。虽然使用与满足理论依然是一个有限效果模型，但该理论的研究者认为其价值在于可以阐明效果可以怎样发生以及实际上是怎样发生的。此外，玛丽安娜·丹顿和亚历山德拉·斯托克斯（Dainton & Stokes, 2015）指出，尽管该理论最初是为了研究单向媒介（想想我们在第1章中解释的线性模型），然而现在的研究正把它应用到新型媒介上。

此外，该理论在承认媒体具有一些效果的同时，更信赖受众，认为人们积极地寻找特定的媒体和特定的内容，从而得到一定的满足（或结果）。持这种观点的研究者认为，人是积极的，因为他们能够对媒体做出甄别和评估以达到某个传播目标。正如我们在开

389

篇小故事中看到的那样，瑞恩不仅可以确定自己想使用的媒体，而且能够确定将如何使用这些媒体以及这些媒体对自己有什么价值。使用与满足理论的研究者会问这样一个问题：消费者对媒体做了什么？

使用与满足理论的前提假设

使用与满足理论为我们提供了一个理解框架，可以说明媒体的消费者在什么时候和如何变得更积极或更消极，以及这两种情况会导致什么后果。使用与满足理论的许多前提假设在其提出者（Katz, Blumler, & Gurevitch, 1974）那里都得到了清晰的表达。他们提出，使用与满足理论有五个基本假设：

● 受众是主动的，他们的媒体使用行为具有目的性。

● 把某种需要的满足与特定的媒体联系在一起的主动权属于受众。

● 在需要满足的过程中，媒体与其他需要满足方式相互竞争。

● 人们能够明确地意识到自己的媒体使用、兴趣和动机，他们可以向研究者精确地描述自己的使用行为。

● 只有受众才能判断媒体的内容是否具有价值。

该理论的第一个前提假设是受众是主动的以及他们的媒体使用行为具有目标导向，这一点表达得相当直接。个体受众在媒体使用中具有不同程度的主动性。受众也被驱使着利用媒体实现目的。然而，不那么显而易见的是，受众这一术语会引起不同的联想。例如，索尼娅·利文斯顿（Livingston, 2015）提出："尽管受众概念一直是描述人们与媒体之间关系（现在是复数的关系）的最为普遍接受的集合术语，但是这并不意味着存在共识。"（p. 132）也就是说，对于受众的可靠解释可能会充满挑战，因为受众可能是读者、观众、观察者或听众，这些人的责任与参与程度不尽相同。

丹尼斯·麦奎尔及其同事（McQuail, Blumler, & Brown, 1972）对受众需要和满足做了分类。具体如下：**逃避或转移**（diversion），指的是从日常千篇一律的活动或问题中摆脱出来；**人际关系**（personal relationships），指的是人们用媒体来替代他人的陪伴；**个人身份**（personal identity），指的是强化个人的价值观；**环境监测**（surveillance），指获得信息以达成个人的目标。在表 23-1 里，我们还列出了媒体可以满足的其他需要。

逃避或转移	从媒体使用中获得的满足类型之一，指的是从日常千篇一律的活动和问题中摆脱出来
人际关系	从媒体使用中获得的满足类型之一，指的是用媒体来替代他人的陪伴
个人身份	从媒体使用中获得的满足类型之一，指的是强化个人的价值观
环境监测	从媒体使用中获得的满足类型之一，指收集所需的信息

表 23-1　媒体可以满足的需要

需要类型	描述	媒体举例
认知	获得信息、知识和增进理解	电视（新闻）、录像（"如何铺瓷砖"）、电影（基于历史的纪录片或电影，例如《石墙风暴》）
感情	感情的、愉悦的或美学的经验	电影、电视（情景喜剧）
个人整合	提高个人的可信性、自信和社会地位	录像（"怎样才能让自己的发言具有说服力"）

续前表

需要类型	描述	媒体举例
社会整合	增进与家人、朋友等之间的联系	互联网（电子邮件、脸书、Instagram、列表服务器）
舒缓压力	逃避或转移	电视、电影、录像、广播、互联网

资料来源：Katz, Gurevitoh, & Haas（1973）. On the use of the mass media for important things. *American Sociological Review*，38，164-181.

在开篇小故事中，我们看到瑞恩在两种相互竞争的媒体之间进行选择。所有人在某个媒体中都会找到自己最喜欢的内容，我们都有选择某个媒体的理由。以电影为例，我们中的许多人会更喜欢浪漫的爱情故事而不是历史战争题材的电影。一些人更愿意在漫长的工作之余进行娱乐放松，而不是去学习某个历史事件（逃避或转移）。一些司机喜欢长途旅行时通过手机与家人交谈，即使州法律让人们越来越难采取此类行为——这样做不仅可以消磨时间，还可以与家人和朋友保持联络（人际关系）。比如卡车司机可能会喜欢有热线电话的广播脱口秀节目，而不是在漫漫长夜中安静地驾驶（个人身份）。最后，还有一些人喜欢看有线电视中的家庭装修节目，学习如何改造自己的房子（环境监测）。因此，受众总是从众多媒体中进行选择，以满足不同的需要。

使用与满足理论的第二个前提假设把需要的满足与受众对特定媒体的选择联系在一起。因为人们是积极的行动者，他们具有主动性。我们在想笑的时候会看《艾伦秀》（Ellen）这样的节目。当我们想获得信息的时候，会选择美国全国公共广播电台（NPR）的节目。但是，没人能够替我们决定我们想从某个媒体或讯息里获得什么。我们也可能在想从主播那里获得娱乐的时候选择 NPR。这个假设意味着受众成员在大众传播过程中具有很强的独立自主能力。

第三个前提假设——媒体与其他需要的满足方式相互竞争——意思是媒体及其受众并不生活在真空中。两者都是更大的社会的一部分，媒体和受众之间的关系还受到社会的影响。比如第一次约会时人们使用的媒体更可能是电影，而不是租盘录像带在家里看。有些人平时接触媒体很少，比如他们会在与朋友和家人的谈话中获得更多满足，但是在全国政治选举期间，他们想搜集信息时就会频繁地接触媒体。

使用与满足理论的第四个前提假设涉及方法问题，它关注的是研究者是否能够从媒体的消费者那里搜集到可靠而准确的信息。该理论提出，人们可以明确地意识到自己的媒体使用、兴趣和动机，并且能够向研究者做出准确的描述。这种看法不仅可以重申受众是积极的，而且暗示人们能够认识到自己具有主动性。实际上，早期的使用与满足研究在访问时就会问被调查者为什么消费某个媒体。这种定性的研究方法（我们在第 3 章讨论过）包括访问和在谈论媒体时直接观察被调查者的反应。这种数据收集技术背后蕴含着这样的思想：受众才是说明他们做了什么和为什么这么做的最佳人选。有趣的是，随着该理论的发展，研究方法也在改变。研究者开始抛弃以往的定性方法，更喜欢用量化方法进行研究。但是在这些程序中所使用的问卷仍然来自质化时期收集到的访问和观察。

第五个前提假设涉及的也不是受众，而是研究者。该假设认为，在涉及受众的需要与某个媒体或内容的关系时，研究者应该悬置他们的价值判断。使用与满足理论者认为受众个人才是为了某种目的使用媒体的决定者，只有受众才有权力对媒体内容的价值做出评估。即使像《鸭子王朝》（Duck Dynasty）这样的恶俗无礼的真人秀节目，只要能给受众提供满足，它们就是有用的。

现在的一些大众传播研究者（比如 Turow，2013）对他们所看到的美国文化中消费产品广告造成的负面的、低俗的影响大加批评。美国已经彻底地成为一个消费者的国度：爱情被简化为送花；自由的含义就是可以在 7-Eleven 买一杯思乐冰（Slurpee）而不是只能买一听苏打水①；一个"好"母亲就是在孩子的午餐盒里放进美国便当（lunchables）②的人。一些批评者认为没有足够过硬的证据证明存在这种巨大的效果，

但是即使退一步，我们也可以简单地提出，观看这些产品的广告——以及其后造成的买一束鲜花、一杯思乐冰和一盒美国便当——不仅是个人的选择，而且没有什么害处（我们在第 25 章的文化研究中讨论了媒体、文化和个人之间的关系）。

如你所见，使用与满足理论强调了媒体消费者的主动性。考虑到这一包罗万象的原则与其他媒体理论家提出的观点完全不同，我们有必要在下一小节对该理论的形成过程做一些回顾。

392

理论速览·使用与满足理论
人们主动选择和使用特定媒体来满足具体的需求。该理论强调有限效果立场，认为媒体的效果有限，因为使用者能够实施选择和控制。人们具有自我意识，能够理解和明确表达他们使用媒体的原因。他们将媒体使用视为满足个人需求的一种方式。使用与满足理论主要关注这一问题：人们使用媒体做了什么？

使用与满足研究的阶段

与我们在本书中讨论的许多理论不同的是，使用与满足理论分阶段研究了使用/满足视角。使用与满足研究的第一阶段（在理论本身形成系统阐述之前）包括承认人们有能力而且实际上也确实积极地参与到大众传播的过程之中。赫塔·赫佐格（Herzog，1944）的开创性研究帮助确立了这一视角。赫佐格的目的是对各种媒体消费行为（比如读报、听广播）的原因进行归类整理。为了解释为什么有那么多的女性听众被广播肥皂剧吸引，赫佐格访问了许多肥皂剧迷，提出了三种主要的满足类型。首先，一些人喜欢听广播剧是因为他们发现在听到他人遇到困难时可以发泄自己的感情。其

次，听众似乎会进行愿望想象，也就是说，听众在收听他人经历的同时获得一种感同身受的满足。最后，还有一些人认为可以从这些节目中学到东西，因为"如果你听到的节目中的事情将来发生在你身上，你就会知道如何应对"（Herzog，1944，p. 25）。赫佐格的工作对使用与满足理论的提出至关重要，因为她是第一个在正式发表的研究中对媒体满足进行深入研究的学者。③ 有时人们认为是她最早提出了使用与满足理论（尽管很久以后人们才提出这个名称）。

十年之后威尔伯·施拉姆（Schramm，1954）提出了一个确定"特定个体如何选择大众传播内容"（p. 19）的等式。他提出的**选择或然率公式**（fraction of selection）形象而准确地描述了瑞恩在电影和电视之间

---

① 7-Eleven 是全球最大的连锁便利商店，思乐冰是其研制的沙冰饮品。——译者注
② 美国一种主要针对儿童午餐的快餐食品。——译者注
③ 对赫佐格日间广播剧研究的概述可以参见《大众传播效果研究的里程碑》第三版（中国人民大学出版社，2009）第五章。——译者注

进行选择的过程：

　　回报期待
　　费力程度

选择或然率公式	施拉姆关于人们如何选择媒体的观点：选择的可能性取决于回报期待和费力程度的比值

　　施拉姆想要说明的是，受众对某个媒体或讯息回报（满足）程度的判断还受到他们在获得这一回报——这是后来提出的使用与满足理论的重要组成部分——过程中所付出的努力的影响。

　　当研究者们对人们使用媒体的所有原因进行分门别类时，使用与满足研究进入了第二个阶段。例如艾伦·鲁宾（Rubin，1981）发现使用电视的动机都可以归为以下几类：消磨时间、陪伴、让自己兴奋、逃避、获得快乐、社会交往、放松、获得信息、学习特定内容。另一些研究者（McQuail，Blumler，& Brown，1972）提出，媒体的使用可以归结为以下四个基本类型：逃避或转移、人际关系、个人身份、环境监测。

　　杰伊·布鲁姆勒和另一位同事丹尼斯·麦奎尔（McQuail，1969）还研究了人们观看政治节目的原因。他们发现了许多观看政治节目的动机。这一研究为使用与满足研究打下了重要基础。其后的研究把重点专门放在了人们如何看待大众媒体上。这些研究小组发现，人们既有与他人联系的需要，也有与他人疏远的需要。研究者发现需要的类别涉及获得信息或知识、娱乐、获得某种地位、增进关系和放松。可能你还记得，瑞恩同时为两种需要而苦恼：一种需要是增进与朋友之间的关系，另一种需要是放松。

　　在第三个阶段，使用与满足的研究者感兴趣的是把某种媒体使用动机与需要、目标、收益、媒体使用结果和个人因素等变量联系起来。研究者在这一阶段使得这个理论更具有解释能力和预测能力。艾伦·鲁宾和玛丽·斯特普（Rubin & Step，2000）所进行的一项研究说明了这一阶段使用与满足研究的特点。鲁宾和斯特普研究了收听广播政治脱口秀节目的动机、人际吸引和**准社会互动**（parasocial interaction）（我们觉得与媒体中的人物的关系）之间的关系。研究者们发现，听众获得刺激性娱乐和信息的动机与听众和主持人之间的准社会互动之间存在相互作用，这可以解释为什么听众会收听广播脱口秀节目以及他们为什么会觉得某个主持人十分可信。

准社会互动	我们觉得自己与仅从媒体中接触到的人之间的关系

　　目前，使用与满足理论的研究者对该理论如何适用于新媒体颇感兴趣，我们将在本章稍后讨论这项研究。除此之外，当前的使用与满足研究继续探讨人们如何、为何消费传统媒体以实现自我满足。举例来说，达林·布朗、莎伦·劳里塞拉、阿齐兹·杜艾和阿尔希达·扎伊迪（Brown，Lauricella，Douai，& Zaidi，2012）对人们在电视上观看犯罪剧的动机感兴趣。他们的发现支持了这一观点——人们通过观看这些节目来满足自己的好奇心。

媒体的效果

　　使用与满足理论的历史与研究人员如何转移和改变他们在媒介效果问题上的立场紧密相关。我们前面解释过，研究者不再认为媒体是强大的，转而认为媒体效果更加有限。使用与满足理论走得更远，采取了主动受众和非强效果媒体的立场。然而，对于该理论中的受众到底有多少控制权，有很大的争议。使用与满足理论的创始人之一杰伊·布鲁姆勒（Blumler，1979）认为一些学者夸大了受众的主动性。他认为该理论的观点是即使受众具有主动性——他们能够按照自己的意愿使用大众媒体，并且从使用中获得满足——媒体效果同样也会发生。因为传统的使用与满足理论的研究者没有考虑到媒体效果的重要性，所以该理论的提出者之一在 11 年后对他的同事提出严厉批评，指出应该把"庸俗满足论"（Blumler，1985，p. 259）从该理论中清除出去。布鲁姆勒认为理论家的本意并不想说明受众在媒体的使用和获得满足中总是完全自由的。媒体消费者所生活的世界影响着他们，同时他们也影响着这个世界，在媒体内容中确实含有某种无法被改变的主导性意义。

学生之声

安德烈

有趣的是人们觉得自己必须关注的东西——电视上所有的"信息娱乐"（infotainment）和真人秀似乎都显示，人们只想了解那些在泽西海岸聚会的人，或者金（Kim）和坎耶（Kanye）。这本书讲述了人们有多渴望获得总统选举或康涅狄格州枪击等当前事件的信息，但比起真正的新闻，人们似乎更关心某影星精神崩溃的最新消息。我不知道该理论怎么看待这种现象，但如今人们看电视的动机似乎只剩下逃避现实，我不知道这是我们自己的选择，还是只是媒体提供给我们的。

布鲁姆勒和其同事提出了第二套前提假设，在其中他们清楚地表明人们的媒体使用及他们从中主动寻求的满足与他们所生活的世界之间不可分离、交织在一起。伊莱休·卡茨、杰伊·G. 布鲁姆勒和迈克尔·古列维奇（Katz, Blumler, & Gurevitch, 1974）在阐述使用与满足理论时首先提出，人们所在的"社会情境"会以五种方式影响"与媒体相关的需要的产生"（p. 27）。

第一，社会情境会造成紧张和冲突，导致受众通过消费媒体缓解压力。也就是说，我们生活在世界之中，某些事件会迫使我们接触特定的媒体和内容。2012 年，人们一度几乎都在谈论飓风桑迪。这是美国历史上一场巨大的灾难，所有媒体都提供了大量信息，介绍这场自然灾害及其给人类造成的问题。这是一个产生紧张与冲突的社会情境。你能到哪里去缓解这些压力呢？你有没有通过电视、广播或互联网搜寻更多信息？有没有使用社交媒体网站（SNS）来确定你在东海岸的朋友是否安全？

第二，社会情境会导致人们意识到某些问题，这会导致受众在消费时注意和搜寻关于这类问题的信息。简单地说，我们所在的世界会包含某些使我们注意到有些事情与我们有关的信息，于是我们可以通过媒体获得更多关于这方面的信息。不论在哪里——工作场所、学校、你参加的每个社交活动——每个人都在谈论飓风和救援行动。这个问题使你不得不关注。你很可能转向媒体——寻找信息、观点和分析。

第三，社会情境可能会让我们失去在现实社会中满足某种需要的机会，而媒体就可以成为替代品和补充。换句话说，有时是你所在的情境使媒体成为最佳的需要满足途径，甚至是唯一的途径。作为一名大学生，你的社会情境使你很难甚至无法去新泽西亲眼见证救援是如何进行的。你也不能向美国总统或其他官员询问可用的物资和资金，或者询问政治考虑是否如州长克里斯蒂所说的那样为重建工作提供了重要资源。你需要了解这场灾难中发生了什么，但是你在现实社会中的地位使你别无选择，只有依靠媒体来满足你的需要。

第四，社会情境经常产生某种价值观，它们可以通过媒体消费得到确定和强化。你是个大学生，受过良好的教育，崇尚知识和对现实的体察。媒体则为你所珍视的知识与意识的确定和强化提供了最合适的场所。

第五，社会情境要求受众必须了解媒体的某些内容。只有达到这些要求，受众才能使自己属于某个社会群体。作为一个大学生，你被认为是国家未来的栋梁。你不仅应该对政府对飓风桑迪采取的行动有自己独到的见解，而且应该对媒体在这场危机中的表现做出专业的评价。如果你对这件事说不出所以然来，那么别人会认为你不像是个大学生或者你与他人格格不入。

在和"庸俗满足论"划清界限的过程中，卡茨及其同事（Katz, Blumler, & Gurevitch, 1974）指出，我们应该提出几个问题。第一，大众媒体是否在创造该社会情境中起到一定的作用？不同的媒体起到了什么作用？我们是根据什么信息得出自己的观点的？第二，大众媒体是否使得满足这种与特定情境相关的需要变得十分重要？比如说，我们为什么应该对这个问题形成自己的观点？谁把这个事件排上了公众议程？谁决定了这个事件比世界上发生的其他事件更为重要？

使用与满足理论及其前提假设得到大家的接受具有以下几个原因。第一，有限效果研究开始逐渐枯竭。一旦所有限制媒体影响的变量都被研究完了，对于大众传播过程还能再说点什么呢？第二，有限效果论不能解释为什么广告商会为了让自己的广告出现在媒体上每年投入数十亿的资金，或者为什么这么多人会把这么多时间花在媒体消费上。第三，一些评论者指出，人们经常判断某个媒体效果是否是自己想要的，并会有意地去促成这些效果。如果这种情况属实，研究者会问，这还能算有限效果吗？最后，有限效果研究者记录了收看媒介暴力与随

之而来的攻击性行为之间的关系等负面效果，与此同时，媒体使用的积极效果却没有人研究。

上述原因导致了这些在有限效果范式下工作的研究者们在研究重点上出现了微妙的转移。他们的研究重点从媒体对人们做了什么转向人们使用媒体做了什么。如果能够产生一定的效果，不论是积极的还是消极的，都是因为受众想让它们产生或者至少容忍它们产生。

关键概念：主动的受众

现在你已经知道，使用与满足理论是一个关注受众重要性的模型。并且正是受众一词构成了讨论该理论关键术语的基础。我们稍微展开讨论，确认该理论中的多种受众类型。一个以主动的媒体消费者作为基础的理论必须说明主动的受众是什么意思。对主动的受众的诠释是消费者/消费活动的重要部分（Grob, Heusinkveld, & Clark, 2015）。然而，就我们而言，我们借鉴了马克·利维和斯文·温德尔（Levy & Windahl, 1985）的如下表述：

> 多数使用与满足的研究者一般认为，"受众的主动性"这个概念假定受众在传播过程中具有自主性和选择性。简而言之，它意味着媒体使用的动机是由受众自己所定义的需要和目标决定的，而且这种对传播过程的主动参与可能促进、限制或影响媒体接触所产生的满足和效果。目前的研究还认为，受众的主动性并不是一成不变的，受众会在行为中表现出不同类型和不同程度的主动性。（p. 110）

杰伊·G. 布鲁姆勒（Blumler, 1979）提出了受众在媒体消费过程中出现的几种不同类型的主动性。它们包括使用、目的性、选择性和拒绝影响，这些是使用与满足理论的关键术语的精髓。

媒体对人们具有有用性，人们可以使用它们。这就是第一种受众主动性**使用**（utility）。人们可以收听车内广播或查看手机应用（例如 Waze）来了解交通情况。他们上网下载 Spotify。他们阅读《消费者报告》（*Consumer Reports*），了解新车的最新评级。第二种受众主动性是**目的性**（intentionality），指的是人们的动机决定了他们的媒体消费内容。人们想娱乐时往往会打开喜剧片。他们想详细了解新闻时会看 CNN 和微软全国广播公司（MSNBC）等新闻网。第三种受众主动性是**选择性**（selectivity），它意味着受众对媒体的使用反映了他们的兴趣和偏好。你如果喜欢爵士乐，就可能会听当地广播台的爵士乐节目。你如果对科技潮流感兴趣，就很可能是《连线》杂志的读者。你如果对本地的政治感兴趣，就很可能会订阅 Politico 或阅读政治博客。第四种受众主动性是**拒绝影响**（imperviousness to influence），它意味着受众成员可以对媒体内容做出自己的解释，这种重新建构的意义将会影响他们的所思所想。他们经常主动避免受到媒体的某些影响。比如一些人买东西是比较质量和价值，而不是看广告。或者人们再喜欢看动作及冒险类的影片和电视节目，也不会表现出对他人的攻击性。

397

使用	使用媒体完成特定任务
目的性	人们的先有动机决定他们的媒体使用
选择性	受众的媒体使用反映了他们既有的兴趣
拒绝影响	受众可以根据媒体内容建构自己的意义

使用与满足理论的核心概念除了受众主动性，还有主动行为与主动能力。为了更好地理解受众的主动性程度，使用与满足理论还对主动行为和主动能力做了区分。虽然这两个概念之间有一定的联系，但是**主动行为**（activity）更多的是指媒体消费者做了什么（比如，她选择看网络新闻而不是阅读报纸新闻），而**主动能力**（activeness）是使用与满足研究者真正感兴趣的，它指的是受众在大众传播面前实际具有的自由和独立性。

主动行为	指媒体消费者做了什么
主动能力	受众在大众传播面前实际具有的自由和独立性

主动能力具有相对性。一些人可以主动地参与大众传播过程，另一些人则更为被动一些。我们都认识这样的人，他们花大量时间看脱口秀，或者追逐大众媒体中出现的每个潮流和流行。"沙发土豆"（couch potato and sofa spud）这样的词说明，许多人只是坐在那里，吸收着他们面前电视里的所有内容。另外，我们也认识一些人，他们在消费媒体时十分老练。你的朋友可能会因为说唱乐的节奏好而听它。你可能不仅仅因为喜欢它的节奏而听说唱乐，同时还因为它的社会批判精神。对你而言，看一部关于气候变化的纪录片可能会让你想到令人惊叹的摄影。而对你姐姐而言，这部电影可能会被解读为一则社会评论，指出美国在全球变暖问题上缺乏行动。

主动能力在同一个人身上也会有所变化。一个人可能在某个时候很被动（"我打开电视就是为了让屋子里有点声音"），在某个时候又会变得十分主动（"新闻开始了！我得赶紧看"）。我们的主动程度经常会随时间和内容而变化。我们在白天可能是互联网的主动使用者，在晚上则会成为吉米·法伦脱口秀节目的被动消费者。

使用与满足和互联网、社交媒体与手机

在本书中的某个特定理论可能诞生于传播研究领域历史的早期，我们则试图为你提供与该理论相关的最新研究。如你所知，使用与满足理论就是如此。为此，我们希望概述以计算机为中介的传播如何重新完善了该理论。让我们来考察几个显示了该理论持久性的领域。我们把讨论的重点放在使用者上。乔治·吉尔德（Gilder，1994）曾预言电视与电脑的融合将会影响我们的文化：

> 电视电脑（teleputer）会促进个人主义，而不是大众文化。电视电脑会提高人们的创造性，而不是把他们培养成被动的受众。电视电脑的传播方式不是一种主从结构，而是一种互动结构，每个接收者都可以成为影像和其他信息的处理者和传送者。电视电脑将会成为整合当今先进技术的强大力量的先驱。更重要的是，电视电脑会促进和加强民主和资本主义在全世界范围的发展。（p. 46）

自吉尔德做出上述预言以来的多年时间里，他提到的一些内容已经成为过去。电视观看方式有了一些变化，如今在很大程度上可以个性化定制。现在电视也必须与多媒体展开竞争，但是吉尔德所做的大部分预言仍然没有实现。

虽然吉尔德的预言（还）没有成为现实，但是几乎所有人都盼望着新媒体能够继续改变我们的未来。而且很多研究者相信使用与满足理论能够解释人们使用互联网、短消息服务、手机技术以及其他媒体的方式。詹姆斯·沙纳汉和迈克尔·摩根（Shanahan & Morgan，1999）指出，"我们消费的讯息内容以及我们周围象征性（符号）环境的特征仍然具有一贯性"（p. 199）。他们认为，新技术所使用的讯息内容总是来自之前占支配地位的媒体。比如他们认为，电影的内容来自文学，收音机也是一样，而电视只是广播节目的重新包装。马歇尔·麦克卢汉提出，新媒体只是新瓶装旧酒而已（见第 26 章）。使用与满足理论的研究者想要研究的问题是，人们使用"旧"媒体的动机是否仍然适用于新媒体。他们感兴趣的是，既然新媒体使讯息及媒体消费的经验产生了如此之大的变化，那么使用与满足理论是失效了还是应该做出彻底的修改呢？新媒体的使用改变和扩展了我们获得娱乐和信息的能力，媒体研究者有必要进一步理解人们使用这些新媒体的个人的和社会的动机。

大众媒体中的理论·使用社交媒体

2012 年，布恩斯里·迪金森（Boonsri Dickinson）在《商业内幕》（*Business Insider*）的博客上写道，商业公司在利用社交网络方面变得更加精明，事实上它们已经能够利用特定媒体针对性满足具体需求。迪金森提到，一家名为 Grip 的公司已经与其他公司展开合作，以满足下列具体需求：

- 使用社交媒体帮助对冲基金分析消费者对某几种投资的情绪。
- 追踪推特帖子和 Flickr 图片帖以帮助专业消防人员扑灭森林火灾。
- 在墨西哥使用推特帮助政府查看犯罪报告，了解犯罪模式。
- 使用推特和脸书帮助一些机构预测选举结果。
- 使用推特帮助美国疾病控制与预防中心（CDC）预测流感爆发等。

资料来源：Dickinson, B. (2012, March 19). Nine unusual ways social media is being used to predict the future. *Business Insider*, businessinsider. com/9-ways-social-media-data-is-being-used-2012-3? op=1.

399

采取使用与满足理论思路的研究者发现该理论框架非常有价值，有助于理解手机的使用（Lauricella, Cingel, Blackwell, Wartella, & Conway, 2014；Leung & Wei, 2000）、社交媒体使用、隐私担忧及隐私策略（Quinn, 2016）、玩电子游戏（De Shutter & Malliet, 2014；Lucas & Sherry, 2004）、社交网络网站例如脸书（Dainton & Stokes, 2015）和中国版脸书——人人网（Lanming & Hanasono, 2016）。然而一些研究（例如，Anderson, 2011；Zeng, 2011）认为，虽然使用与满足理论的基本逻辑适用于多种媒体的研究，但具体的满足会根据特定的媒体发生变化。例如，伊索尔德·安德森（Anderson, 2011）发现，为需要照料的人（例如身患重疾、参与军事行动或有收养经历的人）提供资源的个性化网站 CaringBridge 的使用者报告，使用该网站获取了至少两种不同于传统媒体的满足，包括来自更高权力的精神支持以及社会在场感，即与更大社群的连接感。

罗伯特·拉罗斯和马修·伊斯廷（LaRose & Eastin, 2004）认为也可以通过加入预期活动结果（expected activity outcomes）和社会结果（social outcomes）等新变量来完善使用与满足理论。预期活动结果涉及人们认为他们能从媒体中获得什么。拉罗斯和伊斯廷发现，人们期待使用互联网能改善他们的生活际遇。社会结果包括社会地位与身份认同。拉罗斯和伊斯廷推断，人们可以通过互联网找到志趣相投的人并向他们表达自己的想法，以此提高自己的社会地位。他们还认为"或许互联网是一种不断探索与尝试新的、更好的自我的手段"（p. 373）。

一些研究考察了相较于传统媒体，新媒体如何满足使用者的需求（例如，Ha & Fang, 2012；Min & Kim, 2012）。这些研究发现，人们认为电子邮件和网站等媒体优于传统媒体，相较于传统媒体，在获取新闻和动员行动这两方面提供了更多满足。虽然社交网站使用尤其受到文化背景的影响，但是该发现在不同的文化中都得到了证实（Ifinedo, 2016）。

整合、批评和总结

作为一个具有一定影响的、缺乏连续性的理论，使用与满足理论最有影响的时期是在 20 世纪 70 年代和 80 年代，尽管时至今日该理论依然有价值。伊丽莎白·珀斯（Perse, 2014）认为，使用与满足理论是"传播研究中应用最广的理论框架之一"。当时有限效果范式摇摇欲坠，媒体理论家们需要一个新的理论框架——在此框架下，他们一方面可以讨论那些显而易见的媒体效果，另一方面又不必与传播学的正统看法保持太远的距离。你可能已经猜到，该理论的研究主要是利用量化方法展开，尽管少数研究是质化的（De Shutter & Malliet, 2014）。

在使用与满足理论讨论人们如何使用报纸（报纸是由不同的版面组成的，每个版面都针对具有不同信息需求的读者）或杂志（这种出版物更加细分化，其目标读者具有不同的人口统计学分布）来做出某个决策或判断时，他们的研究方式相当简单而直接。如前所述，使用该理论的最新研究与线上社群有关。因此，随着研究者在新媒体环境下检验其理论前提，该理论有复兴的趋势。当你思考该理论的时候，请考虑以下评价标准：逻辑一致、实用和启发性。

400

学生之声

梅森

我觉得开篇瑞恩的故事很有趣，因为上周末我也经历了同样的内心挣扎。我累透了，无法决定是无所事事看会儿电视还是跟朋友们出去玩。我知道如果我待在家里就见不到朋友了，但因为刚度过了忙碌的一周，我真的很想沉浸在不费脑子的电视节目里。说实话，我有点厌倦了与人聊天，所以坐着看些有趣的节目感觉不错。我确实是想"缓解紧张"。但后来我的朋友们过来劝我一起去看了场电影。我猜我当时是觉得社会"融入"需求更加重要。

整合

传播传统	修辞学 ｜ 符号学 ｜ 现象学 ｜ 控制论 ｜ 社会心理学 ｜ **社会文化** ｜ 批判
传播语境	自我 ｜ 人际 ｜ 小群体 ｜ 组织 ｜ 公众/修辞 ｜ **大众/媒体** ｜ 文化
获得知识的方法	**实证的/经验的** ｜ 诠释的/阐释的 ｜ 批判的

批评

评价标准	范围 ｜ **逻辑一致** ｜ 简洁 ｜ **实用** ｜ 可检验 ｜ **启发性** ｜ 时间的考验

逻辑一致

丹尼斯·麦奎尔（McQuail，1984）认为，该理论的问题在于缺乏一致性。他认为该理论中的一些概念需要做进一步的完善。他还提出，该理论过于强调对媒体的功能性使用，但是有时媒体本身也会出错。比如曾经出现过大量随意的、不准确的或不道德的新闻报道。此外，新媒体使公民新闻成为可能，任何人只要有一部智能手机，就可以发布看法、陈述和照片，不用经过专业新闻业的多方制衡和培训过程。

实用

该理论之所以遭到批评，是因为一些核心的原则可能存在问题。如果理论的关键概念不可靠，那么该理论可能不具备充分的实用性。换句话说，理论的解释力可能有限。而应该指出的是，一些使用与满足理论学者认为，大部分研究采用了自我报告的方法，因此相较于亲身观察，这种方法得到的受众动态性更低（Ruggiero，2000）。此外，有关该理论的更细致的观点发现，自该理论诞生以来，受众其实已经变得更加投入和主动了（例如，Perse，2014）。

不过，一些研究者（Kubey & Csik-szentmihalyi，2014）提出，人们报告说他们在看电视时是被动的，很少集中精力观看。此外，该理论强调受众是理性的媒体消费者，不会接受媒体所说的一切，但是该理论没有考虑到的是个体很可能不会比较媒体消费中的所有的可行性选择。比如瑞恩·格兰特只比较了两个选择：待在家里看电视还是出去看电影。他还能考虑其他的选择吗？使用与满足理论并没有对个体所做的各种无意识的选择给予足够的关注。

启发性

我们可以看到，该理论的启发性不容置疑。该理论的研究已经持续了几十年，指导了许多研究。除了早期的先驱卡茨、布鲁姆勒和古列维奇及其同事以外，其他的研究者把该理论及其思维方式应用到了他们对同性恋和双性恋男性（Miller，2015）、与大学生相关的信息来源（Parker & Plank，2015）、短信和公共卫生紧急消息（Karasz，Li-Vollmer，Bogan，& Offenbecher，2014）以及脸书上的电子照片分享（Malik，Dhir，& Nieminen，2016）等研究中。

总结

使用与满足理论的价值在于，它能够为当前的大众传播研究和理论中对受众及媒

401

体的消费者个体的研究提供理论框架。使用与满足理论可能并不是大众传播领域里最有代表性的理论，但它很好地帮助了这一学科理解媒体选择与消费者使用之间的关系。

讨论题

技术探索：使用与满足的早期讨论中并没有考虑到今天的"新媒体"。但毫无疑问，我们以不同的方式使用不同的媒体。请解释社交网络使用者如何使用网站来满足自己的关系需求，例如结识新人、维持办公室关系等。

1. 对于瑞恩来说，他在决定周五晚上做什么时是否还有文章中没有提到的其他选择？这些替代性选择和使用与满足理论有什么关系？请举例说明。

2. 你在消费媒体时的主动性如何？你是否总是对媒体内容的选择进行思考？对于不同的媒体而言，比如报纸和广播之间，你的主动性是否会有差别？

3. 人们批评使用与满足理论为媒体工业开脱，明显地为现状辩护。你能解释为什么会有这种看法吗？你是否同意这些批评意见？这些批评意见属于科学的理论吗？

4. 使用与满足理论假设，媒体提供内容，消费者消费这些内容。互联网是否对这个模型构成了威胁？使用与满足理论应该如何适应这种从传统媒体消费者向在线媒体使用者的转变？

5. 讨论在 21 世纪早期使用与满足理论的相关性。请举例回答。

6. 如果瑞恩看电影时选择动作和冒险类型的影片，而看电视时却主要看浪漫喜剧节目，根据这个理论，这会产生什么后果？使用与满足理论是如何描述媒体内容的？

7. 能否发现本章没有讨论到的人们能从媒体获得的其他使用与满足？请解释你的答案。

第 24 章
培养理论①

区别于其他媒体使用行为，观看电视是一种仪式。人们是根据时间，而非根据节目内容进行收看的。

——乔治·格布纳（George Gerbner）

乔伊斯·詹森

乔伊斯·詹森正在为自己的第一次投票做准备。从 12 岁开始，她就盼望实现这个权利。她觉得自己有新闻瘾，总是阅读《赫芬顿邮报》和《德拉吉报道》等新闻博客——她想要了解一个议题的方方面面。她继续贪婪地阅读早报，收看本地电视新闻和 CNN。她定时收看 C-SPAN——一个专门报道国际政治的有线电视频道。她知道自己是班上为数不多的能够认出美国高等法院所有大法官的几个人之一。她很愿意听到别人称她为新闻呆子（就像书呆子一样），因为这个世界深深地吸引着她。她知道自己一满 18 岁，就得为行使自己投票的权利和义务做好准备。

现在她要第一次在地方选举中投票，在两个州长候选人中做出选择。她阅读了很多关于两位候选人的信息，收看了全部辩论。虽然还没有决定，但她已经知道了许多有关罗伯塔·约翰德鲁（Roberta Johndrew）的信息。约翰德鲁是一个对犯罪持强硬态度的候选人。约翰德鲁赞成大量使用死刑，限制被判有罪的人继续上诉，并且增加巡逻的警力。但是乔伊斯认为弗兰克·米尔恩斯（Frank Milnes）——一个支持教育的候选人——也有一些不错的想法。犯罪率——不论是在乔伊斯所在的州还是在全美国——已经连续八年呈下降趋势。米尔认为，虽然有康涅狄格州桑迪胡克小学悲剧的杀戮这样备受关注的犯罪事件，但是美国联邦调查局的统计数据显示，所有类型的暴力犯罪在多年来均呈下降趋势。米尔恩斯提出，与其把资金投入在增加警力、监狱和更多的死刑上，还不如投入在改善学校办学质量上。米尔恩斯认为，总的来看，本州的资金更多地投入在监狱里而不是投入在教育年轻人方面。他认为，学校教育的改善意味着未来的犯罪率会更低。他在竞选演讲中要求道："如果我们拒绝给教师加薪而把更多的钱发给监狱警卫，那么我们生活的州还成什么样子？"

乔伊斯觉得这些都是非常有力的证明。她也为教师们没有得到与他们的专业和责任相称的报酬而感到遗憾。自己将来也会有孩子，她也想他们得到最好的教育。提高教师收入会更好地实现自己的目标。

但是作为一个妙龄单身女性，这些需求与安全方面的需求相比就变得次要起来。城市里似乎总是有很多犯罪在发生。每天晚上

---

① 本理论基于乔治·格布纳的研究。

的电视新闻中总有大量的犯罪报道。当晚上出门的时候，她总是忐忑不安。一个人在家的时候她也经常感到紧张害怕。可能这是一种非理性的恐惧，她对自己说。但是这种恐惧确实存在，对她而言这种感觉是真实的。

当乔伊斯在投票站进行激烈的思想斗争时，她的脑海里浮想联翩。一方面，她得考

虑自己目前还是一个单身女性，另一方面，以后她也想要孩子。她回忆了罗伯塔·约翰德鲁和弗兰克·米尔恩斯在过去几个月里的各种观点。她想起自己过去面临选择时都做出了正确的决策。因为她认为作为公民一定要做出最明智的选择，这种责任感让乔伊斯觉得行使美国的公民权是一件可怕的事情。

沃尔特·李普曼（Lippmann，1922）在近一个世纪前指出，人们的观点超出了他们的生活经验。乔治·格布纳（Gerbner，1999）赞同这一观点，并认为"我们了解或自以为了解的事物中的大多数，我们都从未亲身经历过"（p. ix）。这之所以可能，很大程度上是因为媒体的影响，以及通过媒体讲述的故事给媒体消费者带来了超出他们自身所处现实的事件和观念（Northrup，2010）。我们从在媒体看到、听到的故事中"了解"到许多事物（Buffington & Fraley，2008）。

电视是向我们提供这些信息的最受欢迎的媒体来源之一。不管社交媒体的影响和普及程度如何，电视仍然在我们的经历中占据着中心位置。虽然计算机使用的增长毋庸置疑，但有趣的是，事实上电视的使用也有小幅增长。举例来说，2012 年，美国大约有 1.14 亿个家庭拥有电视。2016 年，这一数字增长到 1.16 亿（http：//www. statista. com/statistics/243789/number-of-tv-households-in-the-us/）。美国儿童（9 岁及以上）平均每周花 35 小时看电视（http：//entertainment. time. com/2013/11/20/fyi-parents-your-kids-watch-a-full-time-jobs-worth-of-tv-each-week），比 2009 年多出 2.2 小时。成年人（15 岁及以上）每天大约花费 2.8 小时，几乎占日常休闲活动的一半（http：//www. bls. gov/news. release/atus. nr0. htm）。

显然，在普通美国家庭里，电视依然十分普及并具有潜在的影响力。此外，电视定期推送"大众媒体的故事讲述"，提供"主导性娱乐媒体"（Romer，Jamieson，Bleakley，& Jamieson，2016，p. 115）。

本章介绍的理论——培养理论——最初是用来检验所有电视收看行为对收看者的影响，特别是暴力方面的影响的。的确，自从 1948 年在美国观众中广泛普及，电视已经发生了很大变化。然而尽管技术和社会体系经历了巨变，乔治·格布纳于 20 世纪 60 年代提出的培养模型依然有很强的生命力（Morgan & Shanahan，2010）。

格布纳于 1967 年开始了文化指标研究项目（Cultural Indicators Project），该项目时至今日仍在运行（http：//web. asc. upenn. edu/gerbner/archive. aspx？sectionID＝19），对电视节目以及"儿童观众和成人观众对社会现实的感知"（Gerbner & Gross，1972，p. 174）进行定期的、周期性的研究。在他们所说的培养理论（Cultivation Theory）[①] 中，格布纳和其同事提出了**因果论断**（causal argument，电视培养导致关于社会现实的感知）。培养理论预测并解释了媒体讯息消费对人们的感知、理解和信仰所造成的长期影响。格布纳在培养理论中所提出的思想说明，大众传播尤其是电视会培养某种关于现实的信仰，这种信仰被大众传播的消费者作为常识接受。

---

① 该理论也被译为涵化效果、教养理论。但不论怎样，都很难表达电视陪伴人们长大，潜移默化地定义人们头脑中现实的含义。所以这里仍然按照习惯直译为培养理论。——译者注

| 因果论断 | 一个提出了原因和结果并且包括其影响方向的判断 |

培养理论的研究者可以轻松地说明为什么乔伊斯会在投票过程中陷入窘境。官方统计数据说明暴力犯罪正在稳步递减，这一数据具有相当的可信性。但是即使是这样，乔伊斯独处的时候仍然感到紧张和不安。培养理论会把这些不安全感视为社会现实。不仅如此，这一现实对于除乔伊斯以外的人来说也是真实的。如果这种感觉不是由媒体制造并维持的，那么至少媒体也会使这种感觉越来越强烈。

艾弗·彼得森（Peterson，2002）对美国 2001 年 9 月 11 日后的炭疽恐慌做了类似的评论。他指出，虽然这种（由媒体激起的）对炭疽的恐慌非常普遍并且是真实的，但是实际的炭疽感染案例十分罕见。彼得森引用了新泽西州卫生和老年部代表克里夫顿·R. 莱西（Clifton R. Lacy）的话说，新泽西州的公民所面临的炭疽孢子传染风险"微乎其微"（p. A21）。20 世纪 70 年代，格布纳认为，媒体讯息改变了传统的时间、空间和社会群体的观念，这种看法与媒体对个人和文化的影响只具有很小的效果（如果有的话）的主流看法产生了分歧。和我们在第 23 章讨论的使用与满足理论一样，培养理论是针对当时占主导地位的有限效果范式提出的。而且更重要的是，它反映了媒体理论逐渐从传递论向仪式论的转变。

传递论（transmissional perspective）把媒体看作讯息——离散的信息比特——在一定空间内的传递者（Baran & Davis，2016）。这一观点与有限效果理论总是结合在一起。如果所做的一切就是传递信息比特，人们就能根据自己的愿望选择使用或不使用信息。而对于**仪式论**（ritual perspective）而言，媒体不是讯息在一定空间内的传递方式，而是"让社会在时间维度上得以维系"（Carey，1975，p. 6）的中心。大众传播"不是在传递信息，而是代表着共享的信仰"（Carey，1975，p. 6）。

406

| 传递论 | 一种把媒体描述为讯息传递者的看法 |
| 仪式论 | 一种把媒体描述为共享信仰的表征者的看法 |

培养理论的发展

格布纳第一次使用"培养"这个词是在 1969 年。然而，作为一个零散而有力的理论，培养理论直到许多年之后才被正式提出。随着时间的变化，该理论也在不断演进。格布纳及其同事变换使用了许多不同的方法和理论，而这些变化也反映出该理论的发展。

在 20 世纪 60 年代，对于媒体效果尤其是电视的效果，人们的研究兴趣十分高涨。

美国联邦政府十分关注媒体对社会的影响，尤其担心媒体有可能造成青年中暴力水平上升。1967 年，林登·约翰逊总统下令成立全国暴力原因与预防委员会。1972 年，美国卫生局局长的科学顾问小组又提出了《电视和社会行为》的报告。这两个小组研究了媒体（特别是电视）及其影响（尤其是在攻击和暴力方面的效果）。格布纳作为一名广受尊敬的社会科学家参与了这两个小组的工作。[①]

格布纳的任务是编制每年的**暴力指标**（Violence Index），对每年的一个样本周内

---

① 关于这两个项目的详情，可以参见洛厄里和德弗勒所写的《大众传播效果研究的里程碑》第三版（中国人民大学出版社 2004 年中文版或 2003 年英文影印版）的第 13 章和第 14 章。——译者注

电视网黄金时段的节目做内容分析，这样就可以看出每一季电视中的暴力内容有多少。这项工作对于媒体暴力研究来说其价值显而易见：如果要确定电视内容及随后的观众的攻击行为之间的联系，首先需要说明电视中的暴力是什么样的。此外，研究者还可以把每年电视中暴力内容的增加与真实世界中的暴力增加数量进行相关分析。但是这一指标立即受到媒体产业和有限效果论者的挑战。应该如何定义暴力？语言攻击是暴力吗？喜剧中明显的假暴力能与正剧中更为真实的暴力等量齐观吗？既然儿童看电视的时间主要集中在非黄金时段，为什么只研究黄金时段电视网的节目？为什么只关注暴力？为什么不研究其他的社会问题，比如种族主义和性别歧视？

暴力指标	每年对黄金时段的电视节目做内容分析，评估其中表现的暴力的数量

格布纳及其同事不断地完善暴力指标以回答批评者提出的问题。他们每年的研究显示，电视黄金时段出现的暴力水平与真实世界的暴力水平并不相称，而且电视里的暴力行为与真实世界中的暴力行为并不一样。比如，1982 年的暴力指标显示："黄金时段的暴力行为的数量至少比真实世界中的暴力行为的数量高出 10 倍以上，而且在每小时内平均有 5～6 个外显的身体暴力场面，主要角色中至少半数会被卷入暴力事件。"（Gerbner, Gross, Morgan, & Signorielli, 1982，p.106）

理论速览·培养理论

电视和其他媒体在人们如何看待世界方面扮演着极为重要的角色，因为这些媒体会以引人入胜的方式向我们讲述故事。在当今社会，大多数人是从中介化信源而非亲身经验中获取信息的。因此，中介化信源形塑了一个人对现实的感知。涉及暴力尤其如此。重度电视收看行为培养出暴力世界的感知，重度电视观众感知到的世界上的暴力多于实际情况，也多于轻度电视观众的感知。

培养理论的前提假设

培养理论提出的立场是，"人们花越多时间'生活'在电视世界，就越可能相信社会现实与电视现实一致"（Riddle, 2010, p.156）。为此，培养理论提出了一系列假设。因为该理论一直以电视为基础，所以这三个假设谈论的都是媒介与文化的关系，具体如下：

● 电视与其他大众媒体相比存在本质上的不同。

● 电视影响着我们思考社会的方式以及与社会的关系。

● 电视的影响是有限的。

培养理论的第一个假设强调了电视的独特性。看电视不需要读写能力，这一点不像印刷媒体。和电影不同，电视是免费的（除了最初购买电视机的费用和附加在我们所购买的商品上的广告费用）。和收音机不同，电视声画兼备。看电视不需要我们出门，这一点和上教堂做礼拜、看电影、看戏剧不同。电视是所有媒体中不会因年龄产生差异的媒体，也就是说，我们小时候会看电视，老了也会看电视，在这两头之间的时间内也会看电视。

因为所有人都可以轻松地接近和使用电视，所以电视成为我们社会中"居于中心地位的文化武器"（Gerbner, Gross, Jackson-Beeck, Jeffries-Fox, & Signorielli, 1978,

p. 178)。电视把不同的群体聚在一起，通过为他们提供共同经验，让他们暂时忘记差异。例如，2012 年，全球 40 亿人收看了伦敦奥运会。不管这些人的国籍、种族、性别、政治主张或其他可能引起分歧的身份认同是什么，他们都有了共同的经验。换句话说，电视是一个文化中最主要的讲故事者，具有把不同的群体聚集到一起的能力。此外，谁能质疑在报道"9·11"悲剧、飓风桑迪和科罗拉多电影院枪击案等事件时电视在美国扮演的重要角色呢？

408　　第二个假设与电视的影响有关。格布纳和格罗斯（Gerbner & Gross, 1972）提出："电视进行意识培养的实质，与其说是影响特定的态度与意见，不如说是影响生活中'事实'的基本前提假设以及根据这些事实进行判断的标准。"（p. 175）也就是说，电视与其说是在说服我们（它并没有试图让乔伊斯·詹森相信街上不安全），还不如说是在向我们描绘一幅具有说服力的有关这个世界的图画（Riddle, Potter, Metzger, Nabi, & Linz, 2011）。格布纳同意沃尔特·菲舍尔关于人们生活在故事中的观点（见第 20 章）。然而格布纳断言，当今社会里的大多数故事来自电视。格布纳在发布于 YouTube 的一则专访中（youtube. com/watch? v＝toc5KHWZx4A）说道，我们从电视上的故事中获取一幅稳定的生活图景，这一图景道出了我们的命运。并且在很多情况下，我们的命运十分可怕，包括了受害牺牲。

电视最主要的文化功能是使社会模式保持稳定，培养人们抵制改变。电视是一个社会化的媒介，也是一个使人们适应某种文化的媒介。格布纳及其同事（Gerbner, Gross, Jackson-Beeck, JeffriesFox, & Signorielli, 1978）令人信服地指出：

> 电视大规模地生产讯息和形象，这一重复性的活动构成了主流的象征性（符号）环境，这一环境培养了大多数人关于现实的共同看法。我们生活在我们所讲的故事之中——这些故事的内容是，存在什么事物，这些事物如何工作，以及我们应该做什么。电视通过新闻、电视剧和广告向大多数人讲述着这些故事。(p. 178)

乔伊斯·詹森和其他选民是从哪里获得了相同的有关犯罪与个人安全的现实呢？培养理论的研究者们会立即指出其源头是电视。例如，虽然 1993 年到 1996 年全美国的谋杀犯罪率已经下降了 20 个百分点，但是电视网晚间新闻中的谋杀新闻数量却上升了 721 个百分点（Kurtz, 1998）。就像该理论预测的那样，这种失真仍在继续。芭芭拉·威尔逊和她的同事（Wilson, Martins, & Marske, 2005）发现，非常关注电视新闻的父母比看电视更少的父母认为孩子被绑架的风险更高。然而，美国司法统计局（Bureau of Justice Statistics）统计了美国 1994 年以来发生在 12 岁到 17 岁青少年身上的暴力犯罪率，结果并不支持这一看法。研究发现显示，从 1994 年到 2010 年，针对美国已婚家庭和未婚家庭中的 12 岁到 17 岁青少年的暴力犯罪率分别下降了 86% 和 65%（White & Lauritsen, 2012）。此外，绑架在所有针对青少年的暴力犯罪中所占比例不足 2%（Finklehor & Ormrod, 2000）。

根据上述假设，培养理论提出了一个思考电视暴力的新方法。一些理论，比如社会学习理论（Bandura, 1977）假设我们在接触了暴力之后会变得更加暴力。而另一些理论，比如净化理论认为观看暴力会净化我们的暴力冲动，减少我们的暴力倾向。而培养理论则不讨论我们看了电视之后会怎么做，相反，它认为因为电视向我们传递着一个邪恶和危险的世界的图像，所以观看暴力电视节目会使我们更加害怕。

培养理论的第三个假设认为电视的效果是有限的。考虑到电视无处不在这一事实，这个说法听上去很特别。但是电视对文化造成的可见的、可测量的和独立的影响确 409

实相对较小。这个看法听上去似乎是在重复有限效果理论的观点，但是格布纳使用了冰川期比喻来说明培养理论与有限效果理论之间的区别。**冰川期比喻**（ice age analogy）认为："就像平均温度只要发生些许变化就可以造成一个新的冰川期以及选举的结果会因为微小的变化而被改变一样，相对较小但是普遍存在的影响也会造成重大的结果。'效果'的'大小'远不及持续影响的方向重要。"（Gerbner, Gross, Morgan, & Si-gnorielli, 1980, p. 14）这个比喻认为，电视的影响不是无足轻重的。相反，虽然在某个时间点电视对文化造成的可测量的、可见的和独立的效果可能很小，但是它造成的影响和冲击却十分显著。此外，格布纳和他的同事认为，并不是收看某档电视节目就会导致特定的行为（例如，某人因为收看了《海军罪案调查处》而谋杀海军军官），而是总体的电视收看行为会对我们的世界图景产生累积的、普遍的影响。

冰川期比喻	该观点认为，某个电视节目虽然不一定会产生主要的影响，但是电视节目整体却会潜移默化地对受众产生影响

学生之声

米莉

　　我就是少数几乎一直在看电视的 19 岁青少年之一。我有 Hulu 账号，也就是说我可以在网上收看电视节目。这也意味着时间地点都无所谓（只要不上课或工作）。所以，根据格布纳的理论（我知道我把这个理论简化了），因为我经常看电视，我会认为我接触的世界比实际情况更加暴力。虽然我喜欢《法律与秩序》，甚至也喜欢 FX 电视频道上的一些恐怖节目，却不害怕晚上出门。并且，我也不认为警察比其他的职业更腐败，尽管媒体把执法部门描绘得又差劲又暴力。

培养理论的过程与结论

培养理论已经被用于研究各类不同的效果问题和观看情境。在分析中，研究者们发展出了与该理论相应的研究程序和结论。

四步分析法

为了从经验方面说明电视对文化会产生重要的因果效果，培养理论研究者们提出了一个含有四个步骤的分析程序。第一步是讯息系统分析，指对电视节目进行详细的内容分析，说明电视中反复出现的、前后一致的形象、主题、价值观和表现方式。比如可以对《犯罪心理》（Criminal Minds）中的身体伤害的情节进行讯息系统分析。

第二步，明确指出观众头脑中的社会现实所存在的问题，包括提出问题，调查人们对日常生活的理解。比如，一个典型的培养理论所提出的问题如下："在任意一周里，你卷入某种暴力事件的机会是多大？是 1/10，还是 1/100？"又比如："在每年美国发生的犯罪事件中，像强奸、谋杀、袭击或抢劫这样的暴力犯罪的比例各是多少？"第三步是对观众进行调查。这一步需要按照第二步提出的问题对受众成员进行调查，同时研究者会对观众的电视消费水平进行调查。第四步是对比轻度观众和重度观众心目中的社会现实。格布纳认为，在轻度观众和重度观众对暴力的感知之间存在着培养差异。**培养差异**（cultivation differential）被定义为轻度电视观众和重度电视观众之间感知的差异。格布纳（Gerbner, 1998）解释道，"观看量"是一个相对的概念。重度观众是那些被测样本中观看电视最多的观众，而轻度观众则是被测样本中观看电视最少的观众。

410

培养差异	重度观众和轻度观众之间感知的差异

主流化和共鸣

电视会对观众对社会现实的感知产生什么影响呢？培养过程通过两种方式产生作用。第一种方式是**主流化**（mainstreaming）。主流化在重度观众身上尤其明显。当电视符号超过其他信息来源，成为人们认识世界的居于支配地位的信息来源时，就会产生主流化效果。因为观看电视时间很长，所以重度观众的社会现实建构会向主流靠拢——这里的主流并不含有任何政治意义，只是一种居于主导地位的文化现实，这种现实会更接近于电视中描绘的现实，而不是可测量的、客观的外部现实。重度观众倾向于相信主流化的现实，认为这个世界是一个比真实世界更危险的地方——所有的政客都腐败，青少年犯罪处于很高的水平，所有贫困家庭都依赖社会福利，非法出生子女激增，等等。珍妮弗·古德（Good，2009）发现，如果关心自然环境的人同时也是重度电视消费者，就会产生主流化效果。主流化效果会减少这些观众对环境的担忧。

主流化	重度观众会倾向于从电视中感知到相似的主导文化现实，尽管这一现实与实际生活中的现实存在差异

主流化效果意味着来自不同文化的重度观众对世界的看法很相似，比这些群体其他成员对世界的看法更为接近。因此，非洲裔美国人和欧洲裔美国人如果都是重度电视观众的话，那么他们对于世界的感知会比人们预期中的更为接近（尽管我们在思考 2014 年密苏里州弗格森一名白人警察枪杀 18 岁非洲裔美国人迈克·布朗和其他类似事件时，对这个结论非常谨慎）。正如格布纳（Gerbner，1998）指出的那样："在不同的社会群体中，一般由于社会化而形成的文化、社会和政治方面的群体差异在这些群体中的重度观众那里逐渐消失。"（p.183）杰瑞尔·卡尔索和莫妮克·沃德（Calzo & Ward，2009）针对电视收看和对同性恋的态度之间关系的研究支持了主流化效果。他们发现，如果接触再现同性恋角色的媒体内容越多，就越能接受同性恋取向。

培养效果产生作用的第二种方式是**共鸣**（resonance）。当观众日常生活的现实与电视中所描绘的相同时，就会产生共鸣。换句话说，客观的外部现实与电视产生了共鸣。比如，一些城市居民可能会发现自己身边日益恶化的社区与电视中那个暴力的世界相似，就会产生共鸣。正如格布纳（Gerbner，1998）所指出的，这使得"讯息的效果'剂量加倍'，使得培养效果在'共鸣'中被放大"（p.182）。这些人在电视的培养中所接受的社会现实可能真的与客观现实刚好相同，但是却有可能把那些形成更为乐观的社会现实的信息排除在外；它让这些人丧失了能够建设一个更美好生活的希望。图 24-1 形象地说明了主流化与共鸣。

共鸣	当观众所生活的现实与媒体描述的恰好相同时产生的效果

大众媒体中的理论·共鸣效果

莫妮卡·戴维（Monica Davey）在《纽约时报》网络版写道，2012 年芝加哥市的整体犯罪率减少了 9%，但凶杀率实际上升了 16%。此外，凶杀案的增加和整体犯罪率的下降并非平均分布于整个城市。戴维说："去年，芝加哥市80％以上的凶杀案发生于全市23个警区中的一半左右，市中心的部分商业区则根本没有凶杀案报案。"戴维的文章关注人们在芝加哥南部和西部的经历与电视暴力之间的共鸣效果。这篇文章指出，正如培养理论所预测的那样，既生活在媒介化的暴力中又生活在社会现实暴力中的人，对美好未来没什么指望。戴维写道："妈妈们一放学就把孩子关在家里，商人决定在营业时间锁上店铺的前门。"

资料来源：Davey, M. (2013, January 2). A soaring homicide rate, a divide in Chicago. *New York Times* online, nytimes. com/2013/01/03/us/a-soaring-homicide-rate-a-divide-in-chicago. html.

不论是主流化还是共鸣，培养都产生了两个层面的效果。**第一级效果**（first order effects）指的是对事实的学习，比如有多少男性会犯罪、有多大比例的婚姻会以离婚告终。比如，乔伊斯·詹森从候选人米尔恩斯的电视插播广告中得知，她所在州的犯罪数量正在下降。**第二级效果**（second order effects）指的是人们在认识他们的环境时，对"一般问题和前提条件所持有的假设"（Gerbner，Gross，Morgan，& Signorielli，1986，p. 28）。比如"你认为人们本质上是诚实的吗？"以及"你认为是否可以允许警察在制伏犯罪分子时使用更多的武力？"这些问题针对的都是第二级效果。

第一级效果	描述培养效果的一种方法，指的是对媒体中的事实的学习
第二级效果	描述培养效果的一种方法，指的是对媒体中的价值观和前提假设的学习

412

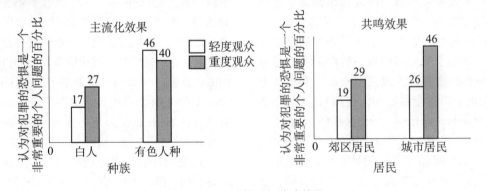

图 24-1 主流效果与共鸣效果

资料来源：Gerbner el al.，"The mainstreaming of America：Violence profile no. 11" Journal of Communication, vol. 7 (1980)，p. 16，Figure 2. Reprinted by permission of John Wiley & Sons, Ltd.

邪恶世界指标

邪恶世界指标（the Mean World Index）（Gerbner，Gross，Morgan，& Signorielli，1980；Morgan，Shanahan，& Signorielli，2016）是培养理论的成果之一，它由三个观点组成：

（1）大多数人只关心他们自己。

（2）和他人打交道时一定要小心谨慎，知人知面不知心。

（3）如果你给他人机会的话，那么大多数人都会占你便宜。

培养理论预测，重度观众与轻度观众对上述观点的认同程度会有差别，重度观众与轻度观众相比会把这个社会看得更邪恶。此外，培养理论预测看电视的数量可以成为预测人们回答的最佳变量，它会远远超过不同人群之间的其他差异指标，例如收入和教育。

格布纳及其同事（Gerbner, Gross, Morgan, & Signorielli, 1980）通过一项研究展示了邪恶世界指标的用处。他们在研究中发现，重度观众与轻度观众相比更倾向于把世界看成是一个邪恶的地方。受教育程度较高、经济状况较好的观众一般会比受教育程度较低、收入较低的人更不容易认为世界很邪恶。但是在检验电视的效果时研究者们发现，受教育程度较高、收入较高的重度观众也会和受教育程度较低、收入较低的观众一样认为世界很危险。换句话说，不论受教育程度或收入等其他因素有何差异，重度观众都会对这个世界产生一个主流化的感知——世界很邪恶。培养理论研究者们认为，这证明不论是否存在个人的或社会的差异，电视内容始终是重度观众建构社会现实的主要因素。

格布纳及其同事还发现，这两类观众在其他方面也存在差异，比如他们对是否卷入暴力事件的可能性的判断、他们是否害怕夜间出行、他们对执法的感知。这些发现十分有趣。首先，电视的轻度观众认为，100 个人中有 1 个人会成为暴力的受害者；而电视的重度观众认为，10 个人中就有 1 个人会卷入暴力事件。[①] 其次，研究者们发现女性比男性更害怕夜间独自外出，重度观众会高估暴力犯罪的数量。最后，重度观众感觉我们的文化有 5% 涉及执法活动，而轻度观众觉得只有 1%。对于培养理论来说，最重要的是重度观众对世界的看法十分准确地反映了电视内容分析的结果，其中发现电视暴力要比实际生活中严重：因为电视中暴力非常普遍，重度观众很可能对真实的世界也充满恐惧和不信任感。就像我们这里所说的一样，乔伊斯·詹森的收视习惯可能就会影响她在米尔恩斯和约翰德鲁两位候选人之间的选择。

还有最后一点与我们的讨论密切相关。

邪恶世界指标与政治的关系尤为重要，需要我们思考。虽然大多数美国人都觉得政治相当容易让人冲动，但当重度观众遇到政治的时候，对"邪恶"的感知就不言而喻了。摩根等（Morgan et al., 2016, p.257）总结了这一观点，认为在"咄咄逼人"的政治环境中，"广播谈话节目、有线电视频道、网络博客、讨论板、党派网站、网络视频和无处不在的社交媒体"培养出一种"粗鲁政治"的感觉，最终影响我们的政治感知与投票模式。

作为批判理论的培养理论

培养理论对目前的大众传播研究做出了重要的贡献。之前评论过培养理论的霍勒斯·纽科姆（Newcomb, 1978）在写到格布纳及其同事时说："他们具有远见地系统搜集数据，着眼于长期的影响，走出实验室，远离研究短期效果的实验模型，这将使其他的研究者们少走弯路。他们的研究成果将是一笔宝贵的信息财富。"（p.281）

但是培养理论的研究者们所发现的电视对文化的影响是什么呢？培养理论家们会认为乔伊斯·詹森的担忧以及由此而造成的投票给主张严打犯罪的候选人来自她对于世界的看法，而这又是由电视培养的。通过看电视学习不仅会产生邪恶世界的感知（培养理论的研究者们认为，人们对他人的不信任导致了未来人们相互戒备的风气，电视内容似乎成了一个自我实现的预言），而且会使政治的、社会的和文化的话语中充满偏见。他们质问道："到底有多少政治候选人敢于站出来反对建造新的监狱或反对死刑？"问题不在于这些立场是否合理，而在于缺乏对这个问题的有意义的、客观的争论。这里提出的观点与我们在第 22 章讨论过的沉默的螺旋理论很相似：因为媒体特别是电视培养了一种居于支配地位的社会现实，这导致选民们无

---

① 格布纳等人调查的问题是卷入暴力的可能性，卷入（involvement）的概念不只是指成为受害者，也可以指旁观甚至实施暴力。作者在这里的表述不太准确。——译者注

法就这些问题展开可能的讨论，所以人们可能根本不愿意说出自己对于犯罪和减少犯罪的与众不同的看法。

如果电视的影响像冰川期来临一样缓慢地起作用，那么它又是如何成为这样一个具有强大影响的社会力量的呢？格布纳使用了电视的 3B（3 Bs of television）来回答这个问题。他写道，电视模糊（blurs）了人们在世界观方面的传统差异，使人们把电视中表现的文化主流与对现实的感知混同（blends）起来，使得这种主流屈从于（bends）电视背后的制度和赞助商（见表 24-1）。电视拥有力量是由于它为强大的资本及精英所控制用以实现他们自身的而不

是文化的利益。培养理论是一个批判理论，正如我们在第 3 章描述的那样，因为它关注的是传播如何使得一个群体对另一个群体的支配维持下去（Littlejohn & Foss, 2011）。正如詹姆斯·沙纳汉和维多利亚·琼斯（Shanahan & Jones, 1999）提出的：

> 培养理论看上去似乎重新回到了大众媒体的"强大效果"观。这种看法虽然有一定道理，但是它忽视了重要的一点，那就是培养理论本来就是一个批判理论，它只是碰巧涉及了媒体的问题，仅仅因为大众媒体（尤其是电视）具有讲故事的功能。（p.32）

表 24-1　电视的 3B

术语	定义	举例
模糊	模糊了不同传统间的差异	受过教育的人和那些受教育程度较低的人以相似的方式看待世界
混同	把人们感知的"现实"和（电视中表现的）文化主流混同在一起	我们在何为现实上意见一致
屈从	主流化现实使精英阶层获益	我们都想购买更多产品

作为批判理论，培养理论研究了一个重要的社会机构（电视）如何利用其讲故事的功能（我们在本章前面讨论过这一话题）来为特定社会群体服务的角度。1996 年，格布纳帮助发起了全世界文化环境运动（The Worldwide Cultural Environment Movement），以协助人们与强大的媒体产业进行斗争。该运动的《观众独立宣言》（Viewers' Declaration of Independence）这样写道：

让全世界听到那些迫使我们宣告自己的权利和开展行动改变我们共同的文化环境的原因……人类生活在故事之中，从故事中学习知识。但是今天，它们不再是手工制作、家庭生产和由社群创造的，它们不再由家庭、学校或教堂来讲述，而是复杂的大众生产和市场营销过程的产物。（http：//web. asc. upenn. edu/gerbner/Asset. aspx? assetID=542）

学以致用·培养理论

理论主张：重度电视观众会受到电视节目塑造世界的方式的影响。

实际意义：克拉伦斯是一名身患残疾的老年人，因为没什么机会独自冒险离开公寓，他经常收看电视节目。他收看的新闻节目关注搜捕行动、难民死亡、世界性饥荒、手枪暴力、股市滑坡、虐待和其他令人不快的报道。克拉伦斯不会在事后对他的电视信息来源进行判断，因此形成了失真的"世界观"。

格布纳表示将继续关注这些故事——它们的讲述者不是为了传授知识，而是为了出售商品——的效果。

此外，培养理论与其他批判理论还有另一个共同之处，即它是政治性的。也就是说，按照批判理论的前提假设，理论的提倡者必须致力于改变现状。乔治·格布纳牢记着批判研究付诸行动的天职。在 20 世纪 90 年代中期，他建立了多样性代表百分比（Proportional Representation of Diversity, PROD）指标。该指标的目的是检验"在人口统计学意义上媒体内容"（Shanahan & Morgan，1999，p.223）对各种共文化代表性的歪曲程度。该指标表示的是某个群体在电视中的代表性是超过其真实的人口比例，还是低于其真实的人口比例。格布纳首先用这个指标抽样调查了电视网的节目和 1995 年到 1996 年好莱坞拍摄的主要影片。在多样性代表百分比指标中列出的几乎所有群体（妇女、非洲裔美国人、拉丁人、亚裔美国人、印第安人、18 岁以下的群体、65 岁以上的群体、同性恋者、残疾人、穷人或社会下层）基本上都没有得到相应的代表。唯一得到适当代表的是印第安人，而这很可能是因为他们在人口中所占比例太低。

格布纳对他所从事的批判工作十分严肃，并且就多样性代表百分比指标召开了新闻发布会。他说道：

> 该指标发现，电视和电影产业远远没有"按照一定配额"对具有创造性的人进行表现，反而反映了这些产业对创造性自由的限制。该指标是一张这些媒体产业表现的"成绩单"。我们希望这个文化环境能够逐步改善其在多样性和平等性方面的表现，因为我们的下一代生长在这个文化环境之中，他们通过这个环境定义他们自己和他人。（Gerbner，1997，cited in Shanahan & Morgan，1999，p.223）

格布纳认为，让大家关注媒体产业如何反映统治群体的需求和立场十分重要。

整合、批评和总结

格布纳及其同事指出电视是一个影响社会的强大力量，这一点影响深远。培养理论有助于说明观看习惯所造成的后果，在大众传播研究中广受欢迎。詹宁斯·布赖恩特和多莉娜·米隆（Bryant & Miron，2004）研究了三大顶级大众传播期刊自 1956 年发表的近 2 000 篇文章，发现该理论的使用率位列第三。此外，自 2013 年以来，与格布纳及其团队无关的研究者撰写并发表了超过 600 项研究（Morgan et al.，2016）。培养理论的研究主要采用实验的方法，即使如前所述，研究者同样使用批判的视角研究该理论。在你思考培养理论的时候，考虑以下评价标准：逻辑一致、实用、启发性和时间的考验。

整合

传播传统	修辞学	符号学	现象学	控制论	社会心理学	**社会文化**	**批判**
传播语境	自我	人际	小群体	组织	公众/修辞	**大众/媒体**	文化
获得知识的方法	**实证的/经验的**	诠释的/阐释的	**批判的**				

批评

评价标准	范围	**逻辑一致**	简洁	**实用**	可检验	**启发性**	**时间的考验**

逻辑一致

认为培养理论的逻辑一致性存在缺陷的批评者指出，培养理论研究者使用的方法与该理论的概念范围并不匹配。他们指出培养理论的证明中使用的是社会科学研究方法，这种方法主要用于有限效果理论。但是培养理论研究的却是人文学者所提出的更宏大的文化问题。霍勒斯·纽科姆（Newcomb，1978）写道："在电视研究领域，格布纳、格罗斯及其同事在促使社会科学和人文学科融合方面，其贡献超过了其他研究者。"（p.265）培养理论提出了文化效果（cultural effects），这一点引起了许多人文学者的不满，他们觉得自己的领地未经许可便被侵占和误用。[①] 此外，在考察观众的感知时，该理论的逻辑一致性也受到了质疑。特别是伊丽莎白·斯奎斯（Skewes，2016）提出一个观点，认为电视收视行为其实是"大多数人可支配时间"的功能（后果）（p.26）。因此，该理论在这方面可能存在疑问，正如斯奎斯提出的那样，收看行为是"仪式性的"（p.26），所以对培养理论来说，收视量比收视内容更重要。

实用

培养理论受到批评还因为有时它无法解释人们感兴趣的现象，即人们如何看待世界（Mutz & Nir，2010）。纽科姆（Newcomb，1978）认为，电视并非如该理论所预设的那样一成不变地再现暴力，因此说电视在所有观众中培养出对现实相同的感知并不可靠。此外，培养理论被批评的理由还包括它忽略了其他问题，例如对电视内容的现实性的感知，在解释人们对现实的理解

时，这或许至关重要（Minnebo & Van Acker，2004）。除此之外，其他研究者（Wilson et al.，2005）发现，在培养感知上，对电视的注意可能比单纯的电视观看量更重要。该理论似乎忽略了注意或理性思维方式等认知过程，导致它的实用性无法达到一些研究者的期望（Berger，2005）。此外，因为在该理论的早期版本中，格布纳未能对什么算作"暴力"给出明确的解释，所以一些研究者（例如，Hanson，2016）认为该理论可能存在问题（因此实用性不高）。例如，汉森指出："哔哔鸟卡通节目中的幻想暴力和《电锯惊魂》（*Saw*）或《人皮客栈》（*Hostel*）电影中更逼真的血腥杀戮"（p.42）之间是有区别的。格布纳后来解释说（http：//web. asc. upenn. edu/gerbner/ archive. aspx? sectionID＝19），暴力多种多样，"童话中有流血，神话中有杀戮，莎士比亚戏剧中有谋杀。所有的暴力都各不相同"。最后，鉴于个体可能很难实际确认培养理论的一些基础概念（例如，暴力的定义），该理论或许并不具备很强的实用性。

启发性

当我们对照第 3 章中的标准来考察培养理论时，我们发现它非常符合启发性标准。事实上，无论怎样衡量，采用该理论的研究数量众多（Morgan et al.，2016）。例如，该理论已经被应用于研究黄金时段电视剧（Jamieson & Romer，2014）、美国的文化关系（Ortiz & Behm-Morowitz，2016）、青少年与执法部门的合作策略（Dirikx & Van den Bulck，2014）、电子游戏（Breuer，Kowert，Festl，& Thorsten，2015）以及对移民者的看法（Seate & Mastro，2015）。

---

① "效果"在这里是特殊的社会科学用语，专指用量化的方式确定变量之间的因果关系。这种方法来自行为科学，人文学者一般认为这是把文化简单化和庸俗化了。这里反映出的不仅是研究方法上的争论，实际上也代表着两种不同的研究范式在本体论、认识论和价值论方面的整体差异。但是有趣的是，传统的行为科学研究者似乎也对传播学的一些研究颇有微词，认为它们没有达到科学化的要求。关于传播学中效果的定义，可以参见 McLeod, J. M.，Kosicki, J. M.，Pan, Z.（1991）. On understanding and misunderstanding of media effects. In J. Curran & M. Gurevitch（Eds），Mass Media and Society（pp. 185 - 211）. London：Edward Arnold. 该文的中文译文可以参见《二十世纪传播学经典文本》（复旦大学出版社，2003）。——译者注

如上所述，随着该理论吸引了全世界的学者，研究话题将愈发多样。

时间的考验

我们已经提到，培养理论颇具启发性和生命力，但在理论诞生近 50 年后，人们对该理论产生了两个担忧。首先，一些基于培养理论原则的研究未能发现与该理论预测相一致的结果。例如，利奥·杰弗里斯、戴维·阿特金和金伯利·纽恩多夫（Jeffres, Atkin, & Neuendorf, 2001）发现重度收看行为似乎使人们在公共议题上的观点更加多样化，而非如同培养理论所预测的那样让人们的感知变得主流化。换句话说，杰弗里斯、阿特金和纽恩多夫的研究没有发现格布纳和同事探讨过的电视的 3B 效果。杰弗里斯和其同事把他们发现的效果称作"分流化"（scatter-streaming），认为这种效果为培养理论提供了微弱的支持。与邪恶世界假说一致，他们发现与轻度电视使用者相比，重度电视使用者确实认为更需要控制枪支。

其次，詹姆斯·沙纳汉和迈克尔·摩根（Shanahan & Morgan, 1999）观察到，时代和媒体使用在变化："随着越来越多的人在电视的陪伴下成长，轻度和重度观众可能会越来越难以区分。"（p. 161）此外，随着数字录影机、数码光碟、数字电缆等其他技术改变了我们收看电视的方式，该理论的一些观点很可能不再成立。举例来说，如果观众可以自行安排节目，那么重度收看行为就不太可能对所有人产生同样的影响。比如大量收看《厨艺大战》（Chopped）这样的美食节目与大量收看《法律与秩序》（Law & Order）①《海军罪案调查处》（NCIS）这样的犯罪节目应该会培养出不同的现实。凯瑟琳·比伦斯、基思·罗伊和简·范登别克（Beullens, Roe, & Van den Bulck, 2011）同意这一观点，他们发现，对培养效果而言，人们在电视上观看的内容比观看量更重要。他们的研究显示，青少年收看的电视新闻越多，开车的时候就越不会冒险，相反收看的动作类节目越多，就会表现出越多的冒险行为。

培养理论对这些批评做出了回应。首先，虽然可供选择的频道越来越多，人们也具有了比过去更高的选择控制权，但是电视的戏剧与美学传统却仍然制造出十分统一的内容，即使不同的电视节目类型其内容也相当整齐划一。其次，因为大多数的电视观看行为具有仪式性，也就是说，人们的选择更多的是根据自己可能的收视时间而不是从多个频道中选择特定的节目，所以从整体上看，重度观众肯定会接触到电视中具有主导性的形象。此外，尽管有几十个频道可供选择，但是大多数观众主要还是只从五六个频道中选择观看，这说明选择范围其实非常有限。

学生之声

布里

　　我知道对培养理论的批评是合理的。该理论是格布纳很久以前提出的，而现如今电视已经与 20 世纪 60 年代全然不同。不过我还是觉得这个理论的一些内容符合现实。听说美国的暴力犯罪正在减少，我很震惊。我本以为犯罪率一定在上升。我认为我之所以那样觉得，是因为我看了太多电视。我看了很多犯罪节目，《海军罪案调查处》《法律与秩序》《法律与秩序：特殊受害者》和《疑犯追踪》是我最喜欢的。

---

　　① 《法律与秩序》是美国全国广播公司（NBC）1990 年开始播出的一部融警匪与法庭于一体的电视剧，剧中讲述的犯罪基本源于真实生活，往往是近期报纸上的头条新闻。节目分为两部分，上半部分介绍警察研究现场、征询证人、提审犯罪嫌疑人等一系列的侦破活动；下半部分详尽记录了案件侦破的后期工作，包括案件转交到检察官手里，检察官衡量案情，起诉，直到庭审。该剧节奏紧凑，扣人心弦。由于最终坏人不一定被绳之以法，所以对观众非常具有吸引力。——译者注

总结

419 　　培养理论在过去几十年里始终是最有
影响的大众传播理论之一。它成为目前许多
研究的基础，而且正如我们看到的那样，其
甚至成为一个国际性的社会运动。该理论产
生影响的另一个原因是它能够适用于任何
人。它要求人们评价自己的媒体使用习惯以
及他们对这个世界的社会性建构。假如你自
己就是乔伊斯·詹森，你也要准备投下重要
的一票，你也会遇到和她一样的心理冲突。
这时，你就会意识到过去对培养理论的学习
多么有用，它可能会帮助你做出自己的选择
并理解你的决策动机。

讨论题

　　技术探索：格布纳和其同事最初建构的
是关于电视的培养理论，之后又讨论了电影
等其他形式的媒体。你觉得该理论适用于社
交媒体吗？举例来说，人们在脸书上发布很
多饮酒派对的照片。你觉得花很多时间访问
这些脸书主页的人会不会像培养理论所预
测的那样，被培养出过度强调饮酒行为的现
实观？

　　1. 你是否会像乔伊斯·詹森一样觉得
晚上在你家附近散步会有不安全的感觉？你
花在看电视上的时间有多少？你是否符合培
养理论中所说的那种观众的特征？为什么是
或为什么不是？

　　2. 培养理论是批判理论，要求其拥护
者采取行动。你是否认为研究者和理论家应
该在他们所研究的领域内开展政治活动，为
什么？如果不是，为什么？

　　3. 你是否同意邪恶世界指标里的假设？
为什么是或为什么不是？

　　4. 你如何定义电视里的暴力？你认为
像格布纳及其同事那样计算暴力行动是否
可能？请解释你的回答。

　　5. 你是否认为这个世界是一个邪恶的
地方？你能在真实的世界中找到什么证据证
明这一点？你能在电视中找到什么证据？

　　6. 你对批评家们提出的电视频道的增
多和观众的进一步细分意味着培养理论的
假设不再成立作何评价？

　　7. 除了电视观看量之外，还有什么其
他变量会影响人们对世界的感知？

第 25 章
文化研究^①

如果不从帝国和殖民的维度理解英国，就无法理解英国性。

——斯图尔特·霍尔

佩特里罗夫妇

路易莎·佩特里罗和约翰·佩特里罗已经带着两个孩子在同一个拖车式活动房停车场里住了四年。

他们自己也知道，作为外国打工者，他们的工资让他们很难拥有自己的家。他们十分感谢他们的老板——农场主德莫斯先生——为他们提供住所，但是他们希望自己能有更多的隐私，不至于每天晚上邻居们都能清清楚楚地听到他说的每一句话。佩特里罗夫妇并不想离开他们生活的小城，因为他们知道新英格兰州北部的工作机会并不多。所以他们只能暂时住在活动房子里凑合，梦想着自己有一个宽敞的后院，看着两个孩子和小狗斯科特在一起玩耍。

佩特里罗夫妇的梦想经常能在电视上得到实现。虽然有线电视费很贵，也不是必需品，但是他们都喜欢看电视，电视节目能够帮助他们逃避日常事务。路易莎和约翰一边看电视，一边接受着关于史上最低利率和相对低廉的房屋售价的信息的狂轰滥炸。不管是收看电视网还是有线电视，他们看到同样的商业广告没完没了地怂恿观众，买了自己的家才算实现了"美国梦"。他们在看了宣传"五种方式实现美国梦"的商业信息后相互对视了一眼，奇怪为什么自己还要继续过着这样的日子：两个孩子，两个卧室，使用移民营的公共澡堂。他们知道自己没有钱购买房产，但是他们也知道像这样生活下去永远不会快乐。

最近，德莫斯先生的农场因为不卫生的居住条件和工作条件受到政府的调查。德莫斯必须清理这片地区，并且被告知如果不改善环境，他将被处以巨额罚款。他被勒令立即花大量资金修建个人浴室，并且要开始和当地的连锁店商谈，请求他们为农场的移民提供折扣措施。为了做出提升工人生产力、防止媒体抨击的姿态，德莫斯还准备从本月底开始把每个工人的工资提高10%。他还承诺重新安置有子女的家庭，给他们更舒适的住所。

佩特里罗夫妇喜出望外。他们一直不喜欢"公共"澡堂，现在终于有了孩子们和自己的私人空间，这让他们很高兴。此外还令他们高兴的是可以以更便宜的价格购买食物。当然，更令他们兴奋的是他们的工资马上就可以增加了。他们觉得，这是他们攒钱实现梦想的开始。他们过去的收入刚好可以应付日常开支。随着工资的增加，他们可以拥有宽裕的应急资金，最终可以用来购买房产。但是现在，令路易莎感到兴奋的是他们能搬进德莫斯所说的"合适的"住宅。"我们还会住得比这里更好。"她心里暗想。

---

① 本理论基于斯图尔特·霍尔的研究。

美国人对媒体的依赖，怎么评价也不为过。每天都会有几百万家庭收看十几个不同的电视"新闻"节目。虽然报纸依然是文化事件的信息的首要来源，但大多数 40 岁以下的成年人依赖多种来源（例如网络社交媒体等等）以获取新闻（http://www.niemanlab.org/2015/07/new-pew-data-more-americans-are-getting-news-on-facebook-and-twitter/）。

尽管媒体已经成为个体了解世界各地发生的事件的主要来源（Baran & Davis, 2016），媒体报道事件的方式却千差万别。一些记者善于发掘事实，另一些记者更注重表达自己的个人感受，还有一些记者主要采访专家对所报道问题的见解，无论是涉及名人审判、自然灾害、难民困境、战争、恐怖袭击还是学校枪击事件。事实上，举例来说，追踪报道学校枪击事件的共同模板来自 2012 年对发生在康涅狄格州纽顿镇的大规模枪击事件的报道，这次枪击事件是美国史上死亡人数较多的一次，共有 26 名师生遇害。这种模版是可预测的。首先，往往通过推特等社交媒体对悲剧进行"实时"报道，即在事件发生之时进行报道。其次，记者会采访目击者，获得关于枪击事件的第一手描述。最后，记者会采访枪支控制问题对立双方的专家，评价枪支控制法是过严还是过松。涉及专家的最后一些内容是对这些事件中媒体的角色进行质疑：他们是否对更重大的事件给予了充分关注？对所展示的图像和报道的内容是否充分负责，还是以煽情为首要目标？

报道事件时隐藏起不真诚的野心会产生后果。当媒体没有报道一则新闻的所有方面时，某些人或某些组织不可避免会受到影响。对艾滋病的早期报道就是一个最明显的例子。该病最早是在同性恋社区中发现的。爱德华·奥尔伍德（Alwood, 1997）提出，因为大多数新闻编辑认为同性恋者的死亡没有新闻价值，所以主要媒体（包括《纽约时报》这样备受尊重的媒体）并没有对该病做充分的报道。事实上，患该病死亡的人数远远多于 1976 年患军团病（legionnaires' disease）[①] 死亡的人数（34 人），同时也比 1980 年患中毒性休克综合征（toxic shock syndrome, TSS）[②] 死亡的妇女人数（84 人）要多。但是，直到 1985 年演员罗克·哈德森（Rock Hudson）死亡后，主要媒体才开始关注艾滋病。然而当时已有超过 6 000 人死于该病。最近人们开始重申这一观点，博客撰稿人进一步认为，《纽约时报》总编安排的新闻故事旨在"妖魔化同性恋"（huffingtonpost.com/2012/11/28/new-york-times-gays-lesbians-aids-homophobia_n_2200684.html）。媒体在报道艾滋病时所暗示的信息仍然很明显：同性恋者是不正常的，他们的死亡没有新闻价值。

理论家斯图尔特·霍尔质疑媒体的作用以及它们经常制造的煽情的、错误和误导

422

---

① 军团病是一种非常严重的甚至可以致命的肺炎。军团病是由军团杆菌引起的，这种细菌产生于自然环境中，在温水里及潮热的地方蔓延。人工供水系统有时也能为军团杆菌的大量繁殖提供生存环境。这些系统包括淋浴器、矿泉池、喷泉以及空调设备的冷却水塔。人们通常是由于吸入了被军团杆菌污染的水源散发的水雾而染上军团病的。军团病已知的首次暴发是在 1976 年美国的费城，221 人感染此病，其中死亡 34 人。由于大多数死者都是军团成员，因此该病被称为军团病。该病的第二次大暴发是在 1985 年英国的斯塔福德医院。这次 101 个被感染者中有 28 人死亡。——译者注

② 中毒性休克综合征是一种严重的、可威胁生命但不多发的细菌性感染。它是由细菌（主要是金黄色葡萄球菌和链球菌）所释放的毒素而引起，以休克和多脏器功能衰竭为特征的急性疾病。由金黄色葡萄球菌引起的中毒性休克综合征于 1978 年首次被报道。1980 年，施罗克（Shrock）在一个使用了强吸附性卫生棉条的行经期妇女身上观察到了相似的症候群，推测可能是疱疹感染所致。在同一年的晚些时候，相同的病例被发现，后来被确诊为由金黄色葡萄球菌感染引起的 TSS。当年，美国 TSS 在行经期妇女中的最高发病率是 14.4/100 000，最大危险人群是不到 30 岁的妇女。1980 年，TSS 的非行经病例也被报道，而且与许多外科手术（如鼻成形术、鼻填塞术、产后操作等）和其他临床疾病（如肺炎、流感、感染）有关。在强吸附性卫生棉条从市场上被撤销以后，TSS 的发病率显著降低。——译者注

的形象所发挥的作用。然而和其他的传播学理论家不同，霍尔主要关注的是媒体的作用以及它们影响民意、将部分人群边缘化的能力——霍尔所说的被边缘化的群体包括那些有色的、贫穷的及其他不反映白人、男性、异性恋（以及富裕）者观点的群体。

对于霍尔来说，他的个人经历就充满了政治意涵。霍尔曾在一所高中教授英语、数学和地理，他的背景可能影响了他对文化研究的思考。霍尔是牙买加人，他谈到自己在研究生阶段试图理解牙买加文化及其如何影响他的思想与行为（MacCabe，2008）。霍尔非常关注"文化力量"如何影响整个文化（Horowitz，2012）。许多接受霍尔的思想的学者同时也接受了霍尔本人。安·考特霍伊斯和约翰·多克尔（Courthoys & Docker，2016）认为霍尔是"公共知识分子、学术先行者、作家、编辑、教师、政治活动家、恋家的人和朋友"（p. 302）。这种姿态和定位在整个文化研究界引起了共鸣。

文化研究是一种理论视角，它关注的是文化如何受到掌权的和主导的群体的影响。文化研究根植于政治，但并非那种你所理解的选举政治。相反，该理论谈论的是身份政治，即文化与种族、族群、性别、性向及其他身份认同标志之间的相互作用。和我们这本书中的其他一些理论传统不同，文化研究并不仅仅指一个对人类行为进行描述的教条。事实上，斯图尔特·霍尔（Hall，

1992）很有说服力地提出："文化研究具有多种话语，其中存在许多不同的理论。它是一个复合的整体，每一部分具有不同的历史……我坚持这种看法！"（p. 278）

文化研究产生于英国，带有英国的背景，尽管美国学者也提倡理解斯图尔特·霍尔的理论。作为文化理论者及英国伯明翰大学的当代文化研究中心（Center for Contemporary Cultural Studies，CCCS）的前主任，霍尔（Hall，1981，1989）提出，媒体是精英手中有力的工具。媒体的作用是传播占支配地位的思维方式——不论这种思维方式是否有效。文化研究强调，媒体使掌握权力者具有控制能力，而无权者只能接受传递给他们的东西。以路易莎和约翰为例，他们就是一对迷恋拥有自己的房产的"美国梦"的边缘群体（穷人）。当然，文化研究理论者会提出，媒体——在这个例子中是商业信息的制作者——是在利用这对夫妇，因为他们可能永远没有足够的钱买房子。但是，大众媒体所传达的讯息是这一切都有可能实现。这些讯息认为，需要的仅仅是"正确的感觉和明智的投资"。

423

文化研究的传统来自德国哲学家卡尔·马克思的作品。因为马克思的理论是该理论的基础，所以让我们进一步看看文化研究这一理论背景。然后，我们再介绍文化研究的两个前提假设。

理论速览 · 文化研究

媒体代表着社会主导阶级的意识形态。由于媒体是由公司（精英）控制的，所以呈现给公众的信息会受到影响，以盈利为目标。诠释文化时必须把媒体的影响和权力的作用考虑在内。

马克思主义的遗产：人民的权力

一般认为，哲学家卡尔·马克思（Ma-

rx，1963）最大的贡献是发现了当权者（精英）如何剥削无权者（工人阶级）。马克思认为，没有权力就会导致**异化**（alienation）——这是一种心理状态，指人们感觉到自己无法控制未来。但是对于马克思来

说，异化在资本主义条件下最具危害性。具体来说，当人们失去对生产方式的控制（这产生于资本主义），必须把自己的时间出售给雇主时，他们就被异化了。资本主义产生以利益为导向的社会，在资本主义社会，衡量劳动者的标准就是其劳动能力。

异化	个人感知到自己无法控制未来

马克思认为，阶级系统——所有社会中都存在的单一系统——必然为集体劳动的阶级即无产阶级（proletariat）所埋葬。他发现劳动者常常处于恶劣的工作条件和生活条件下，因为精英们不愿意放弃自己的控制。就像路易莎和约翰一样，各个社会的劳动者经常被降格到社会的底层。而精英阶级或者说统治阶级的利益则在社会中根深叶茂、不可动摇。因此人民处于被奴役的状态。马克思的一个理论保证说，无产阶级会通过革命行动打破套在人民身上奴役他们的锁链，最终消除资本主义社会下的异化现象。马克思主义传统认为，资本主义塑造了社会及生活在其中的个体（Weedon，2016）。

学生之声

维尔

2012 年选举很好看，当时我在学习霍尔的理论。一些媒体人对总统的能言善辩感到惊讶，读到这些的时候我觉得很有趣。他爱他的家人，好像这也值得媒体专门提到似的。攻击总统的政治广告炮火集中于福利和食品券问题。还有一些广告说奥巴马"懒惰"。最后，我认为掌权者——白人——（依然）对黑人当总统有意见，他们竭尽全力来损害他的信誉。

424　　马克思主义者中认为资本家拥有的媒体是工人阶级受到压迫的原因的人被称为**法兰克福学派理论家**（Frankfurt School theorists）。这些思想家和作家们相信，媒体讯息的生产和传递只有一个目的，即资本主义。也就是说，虽然媒体可能会声称他们传递的信息是为了"公众利益"，但是每个讯息都有一个底线（金钱）。赞成法兰克福学派的学者们认为，媒体可以造就"威权人格"（authoritarian personality），这意味着人们受到以男性为中心的（或男性拥有的）媒体的压迫。事实上，赫伯特·马尔库塞（Herbert Marcuse）——一位法兰克福学派的思想家——就是不少社会革命者的领袖，他们的目标是打破父权系统。

法兰克福学派理论家	认为媒体更关注市场而不是报道新闻的一群学者

马克思主义的原理在文化研究中的应用并不是直接照搬，这些原理的影响是复杂的。这使得一些学者认为文化研究理论者的理论更像**新马克思主义者**（neo-Marxist）的理论，这意味着该理论与经典的马克思主义有一些分歧。首先，和马克思不同，这些文化研究理论者们在研究中整合了许多不同的理论，这些理论包括艺术、人文科学和社会科学的成果。其次，文化研究理论者们扩大了受压迫群体的范围，除了劳工阶层以外，还包括了其他一些无权者和边缘群体。这些群体包括男同性恋者和女同性恋者、少数种族/民族、妇女甚至儿童。最后，对马克思而言，日常生活的核心是工作和家庭。而文化研究理

论者们还研究休闲活动、业余爱好以及体育活动，以了解个人在社会中的作用。总之，在他们看来马克思的经典思想可能不太适合第二次世界大战后的时代，他的思想需要进一步澄清、详细阐述和应用，以适应多样化的社会。文化研究理论者对社会的解释超越了过去严格而有限的理论，转向更广泛的文化理论。简言之，正如贾尼丝·拉德威（Radway，2016）所说，斯图尔特·霍尔的工作"不同凡响"且"影响深远"（p. 312）。

新马克思主义者	有限地拥护马克思主义的人

在我们了解马克思主义对霍尔和文化研究者的影响之后，我们再来看一下文化研究的两个前提假设。

文化研究的前提假设

文化研究主要关注像媒体这样的精英群体如何对被压迫阶级行使权力。该理论的基础是以下两个关于文化与权力的论断：

● 文化渗透并侵入人类行为的各个层面。

● 人民是权力等级结构的一部分。

我们的第一个假设是关于文化的，这个概念我们在第 2 章讨论过。我们曾经把文化定义为意义的共同体。在文化研究里，我们需要对这个词稍做不同的解释以突出该理论的特征。在社会中，有助于人们解释他们所处的现实的各种规范、思想、价值和其他社会形式都属于文化**意识形态**（ideology）的一部分。按照霍尔（Hall，1981）的观点，意识形态指的是"那些帮助我们表征（represent）、解释、理解社会的某些方面，使之'有意义'的图像、概念和前提假设"（p. 31）。霍尔认为，意识形态包括不同群体为了使自己的环境具有意义而使用的语言、概念和分类系统。

意识形态	我们用来对社会存在的意义做出解释的框架

总的来说，文化实践和文化制度在我们的意识形态中无处不在。我们总是处于文化所营造的现实之中。作为全球社区的一员，我们并不处于真空之中。格雷厄姆·默多克（Murdock，1989）在强调文化无所不在时指出："所有群体都在不停地创造和改造着意义系统，并用各种表达形式、社会实践和制度让这些意义具体化。"（p. 436）然而有趣的是，默多克还指出，多样化的文化社群经常会产生意义、解释、身份和控制的斗争。这些斗争即**文化战争**（culture wars）说明，人们在对文化问题或文化事件的重要性的感知方面存在巨大分歧。不同的人常常相互竞争，影响人们对国家的身份认同。举例来说，2015 年有关同性婚姻的争论达到了顶峰，反对者与支持者都想诠释何为"婚姻"。一方想要以传统（一男一女）的方式定义婚姻，另一方想要以更无形（爱情）的方式定义婚姻。双方都力求让自己的定义成为主导。虽然最终在 2015 年，美国最高法院的九位大法官做出了支持同性伴侣结婚的裁决，但这场斗争既发生在法院，也发生在"舆论法庭"。

文化战争	围绕意义、身份和影响而展开的文化争夺

德瑞玛·穆恩（Moon，2008）指出，文化包括不同人群的多样化的活动。在美国，经常能看到各种不同的行为，有些天天都能见到，有些则不太多见。比如，男性邀

请女性出去约会，假期拜访别的家庭，每周至少参加一次宗教活动，这些行为都十分普通。还有一些更为平凡的行为，比如驾驶执照年检，在跑步机上锻炼，在你的花园里锄杂草，在下班开车回家的路上听公共广播。如果对文化研究感兴趣的话，考察这些行为就是一件十分重要的工作，因为它们能让我们理解意识形态在一个人群中是如何维持的。保罗·杜盖伊等（du Gay，Hall，Janes，Mackay，& Negus，1997）解释了上述实践的相互作用，帮助我们理解了一个文化中意义的制造与传播。与此同时，这些实践也反映了文化的意义。因而在社会中，文化与意义不可分割。

文化的意义受到媒体的深远影响。虽然我们可以把媒体仅仅视为承载文化的技术，但是本章将会指出，媒体的作用并不止这些。迈克尔·里尔（Real，1996）在谈到美国文化中媒体的作用时说："媒体侵入我们的生活空间，影响着周围人的品味，向我们推销产品和政策，左右着我们的私人梦想和公共恐惧，并且使我们对其见惯不怪。"（pp. xiii‐xiv）毫无疑问，媒体里的讯息——有意地或是无意地——让佩特里罗夫妇接受媒体对拥有住宅的梦想的诠释。

文化研究的第二个假设是人民是社会权力等级制度的一个重要组成部分。权力存在于人性的每一个层面。但霍尔感兴趣的是存在于社会群体之中或社会群体之间的权力（Goggin，2016）。意义和权力复杂地交织在一起，霍尔（Hall，1989）认为："只有在权力关系的竞技场上才能真正地理解意义。"（p. 48）与马克思主义传统对权力的看法一样，文化研究认为，权力是被压迫阶级想要得到却无法得到的东西。权力的争夺经常会出现，但是胜利者一般是处于社会上层的人。我们可以在美国文化对美女的成见中发现这一点。文化研究者认为，因为美女常常被定义为身材苗条和长相漂亮，所以没有达到这些要求的人就会被认为没有吸引力。霍尔可能会认为，有吸引力的人——他

们处于社会的上层——比处于社会底层的人（他们缺乏吸引力）拥有更多的权力。

我们社会中的权力的最终来源似乎是媒体。霍尔（Hall，1989）认为，媒体的权力太大了。他甚至在控诉媒体时大胆地指责其谎话连篇、"肮脏不堪"（p. 48）。霍尔认为，在一个多元化的文化里，没有哪个机构有权力规定公众应该倾听什么。加里·伍德沃德（Woodward，1997）在谈到记者作为国家文化活动的守卫者的传统时也得出了相同的结论：如果媒体认为某件事很重要，它就很重要；即使这件事无足轻重，它也会突然变得重要起来。如今，美国专业记者协会（www.spj.org）认为博客是社会文化的守护者。

我们再以佩特里罗夫妇为例说明这一点。文化研究者会提出，因为佩特里罗夫妇属于少数民族群体，他们必然处于社会的底层，处于被压迫地位。他们的工作条件——在农场工作的外国打工者——是资本主义社会的产物，在这种社会中，劳动者会处于恶劣的条件之中。虽然他们的收入很低，要拥有自己的房子几乎不可能，但是文化研究者还是会猛烈地抨击媒体——是媒体所表现的图像和故事在向穷人们兜售着"美国梦"。虽然这些讯息会让佩特里罗夫妇充满希望，但是他们拥有自己的房子的梦想只能被称为幻想，因为精英权力结构（媒体）并没有诚实地表现他们所生活的真实环境。佩特里罗夫妇很可能并不了解这一事实，即媒体只是统治阶级的工具而已。佩特里罗夫妇的未来还会受到统治阶级公开的和隐蔽的影响。

霸权：对大众的影响

霸权概念是文化研究的一个重要特征，该理论主要建立在对这个概念的理解之上。斯科特·莱什（Lash，2007）认为，"文化研究发端于 20 世纪 70 年代，或许从那时起，霸权就一直是核心性概念"（p. 55）。霸

426

权（hegemony）一般可以定义为一个社会群体对其他群体的影响、权力或支配。霸权内嵌了一个主叙事（master-narrative），即"主导群体为了将他们的行为和政策正当化和合理化所讲述的宏大故事"（Campbell & Kean，2016，p. 18）。霸权的思想十分复杂，它可以追溯到安东尼奥·葛兰西（Antonio Gramsci）那里。葛兰西是意大利共产党的创建者之一，后来被意大利法西斯关进了监狱。文化研究者们称葛兰西为"马克思主义的第二个创始人"（Inglis，1993，p. 74），因为他公开地质疑为什么大众（mass）从未真正揭竿而起反抗统治阶级：

> 对霸权的研究既是他［葛兰西］个人的需要，也是为了我们。这项研究提出的问题是，为什么人们在知道政治安排会与他们的幸福和正义相悖的前提下，却会同意和投赞成票呢？究竟是学校和电视里面的什么内容导致理性的人们接受失业、医院病房减少、滑稽而无用的军费投入以及其他一些现代资本主义条件下的可怕现实的？（Inglis，1993，p. 76）

427

霸权	一个群体对另一个群体的支配，通常后者是一个弱小的群体

葛兰西的霸权概念来自马克思的**虚假意识**（false consciousness）的概念。所谓虚假意识是个体无意识地处于受人控制的状态。葛兰西提出，受众会受到他们所支持（经济上）的社会系统的剥削。葛兰西发现，从通俗文化到宗教，占支配地位的群体都在努力把人们引向一种盲目的自我满足的心态。同意（consent）是霸权的基本要素。如果人们获得了足够的"东西"（比如自由、物质商品等），他们就会与统治者达成同意。最终人们会心甘情愿地生活在一个拥有这些"权利"的社会，并同意和接受统治者的文化意识形态。

虚假意识	葛兰西认为人民不知道自己处于被支配地位

葛兰西对霸权的论述尤其适用于当代社会。在霸权文化之下，一些人获利（不是比喻意义上的利益），而其他人则蒙受损失。在霸权统治的社会中，人们很容易受到微妙的权力不平衡的影响。也就是说，人们会习惯性地支持占主导地位的文化意识形态。霍尔（Hall，1989）对这一概念的复杂之处做了深入的讨论。他指出，霸权经常会出现分化，因为主导阶级或者统治阶级经常会在意识形态方面出现分歧。这意味着在被影响的过程中，公众可能发现自己受到来自不同方向的力的作用，这一过程十分微妙。厘清这种复杂性正是文化研究的一个目标。比如，想想 2016 年发生在密歇根州弗林特市的水危机。当时，州政府官员把城市饮用水污染归咎于美国国家环境保护局（Environmental Protection Agency，EPA）。而美国国家环境保护局则认为是州政府官员的责任。与此同时，近 12 000 名儿童接触到水中含量极高的铅元素，并可能因此留下长期问题。霍尔和他的同事会对这种"水的民主"极感兴趣。虽然"受众"接收到了对该问题截然不同的诠释，但主导（政治）文化一直试图影响这场危机的话语和舆论。正如安·赖德（Ryder，2016）所言，污染灾难"被掩盖了，告知公众的时间被大大推迟"（p. 23）。

我们如果看看当前的公司文化，就会进一步理解什么是霸权，其中——使用马克思主义的思维方法——占统治地位的意识就是统治阶级的意识。在大多数公司文化中，决策主要是由异性恋的男性白人做出的，考虑到《财富》杂志世界五百强公司中男性首席执行官占比接近 96%（http：//fortune. com/2014/06/03/number-of-fortune-500-women-ceos-reaches-historic-high/），这一事实变得更加引人深思。霍尔质疑这种主导的思维方式，认为同质化的领导权会导致人们（工人）处于从属地位。意识是如何出现的？新的意识是如何提出的？原因可能来自组织中使用的语言，因为霍尔（Hall，1997）认为："从总体上来说，语言是实践中使用的推理、计算和感知的工具。通过语言，某种意义和偏好就被历史性地固定下来了。"（p.40）人们必须共享相同的语言解释。但是霍尔指出，在不同的文化和不同的时代，意义会有所不同。因此，在一个组织环境中存在的东西未必出现在另一个组织中。

通过上面的论述，我们可以得出这样一个结论：在一个像美国这样复杂的社会中存在着多种意识形态。这也是霍尔所说的**斗争的剧场**（theatre of struggle），意思是社会中不同的意识形态彼此竞争，永远处于冲突状态。因此，不同的社会对各种问题的态度和价值观会有所不同，就会产生与这些话题相关的不同的意识形态。比如，我们可以对比一下 1920 年以前的美国女性和今天的美国女性生活的意义有什么不同。在 1920 年以前，美国女性没有投票权，她们从属于男性，为男性服务。但是在 1920 年 8 月，美国宪法修正案批准了女性的投票权。当然，在今天美国女性不仅可以投票，还可以担任高级的政治职务。虽然美国社会仍然没有向女性提供完全平等的机会，女性仍然是歧视的目标，但是与女性权利有关的文化和意识形态随着时间的推移已经产生了巨大的变化。

斗争的剧场	各种文化意识形态的竞争

大众媒体中的理论·烟草公司与童工

烟草业是全球规模最大、利润最高的行业之一。在英国的主要报纸《卫报》（*The Guardian*）的一篇文章中，克里斯汀·帕利察（Kristin Palitza）强调了一个与文化研究相关的重要观点：大型企业巨头对劳动者的剥削。帕利察描述了一个 5 岁的儿童每天跟父母一起在马拉维的"烟草区"工作。这个小男孩不上学，他 12 岁的姐姐因为咳嗽、胸痛和持续性头痛也很少上学。帕利察认为马拉维有 80 000 名烟草童工饱受尼古丁中毒之苦。烟草农场主表示不知道这些风险，更重要的是，烟草公司巨头菲利普·莫里斯（Philip Morris）和英美烟草（British American Tobacco）声称不会雇用童工。然而，帕利察写道，烟草采购有多层"中间商"，想要追溯烟叶采购于哪个国家并非易事。事实上，烟草巨头都制定了反童工政策，并坚称遵守了规则。换句话说，没有人会对马拉维青年日益严重的尼古丁中毒负责，这些儿童经常每天工作 12 小时，日均收入 0.25 美元。

帕利察写道，尽管带来了财政（烟草占出口收入的 70%）和健康（40% 的马拉维人生活在每天 1.25 美元的贫困线以下）两方面的后果，马拉维政府依然与违法者沆瀣一气，只开出 34 美元罚款。大多数文化研究者都会同意加州大学烟草控制研究与教育中心一名研究者的观点："大型烟草公司如果真的想尽力改善童工的社会经济状况，就应该执行不再收购雇用童工种植的烟草的政策，以纠正有害的商业行为。"

资料来源：Palitza, K.（2011, September 14）. Child labour: The tobacco industry's smoking gun. *The Guardian* online, guardian. co. uk/global-development/2011/sep/14/malawi-child-labour-tobacco-industry.

霸权只是与文化研究相关的学术课题中的一个部分。虽然人们（受众）经常受到主导权力的影响，但是他们也不时地表现出霸权倾向。我们下面将探讨这一点。

反霸权：大众开始影响主导权力

我们曾经提到，霸权是文化研究的核心概念之一。但是受众也不会愚蠢到只是被动地接受和相信主导权力所提供的一切。受众经常也会使用和居于支配地位的社会群体所使用的完全一样的资源和策略。在某种程度上，个体可以使用与统治阶级的霸权一样的方式来挑战其支配地位。葛兰西将这种情况称为**反霸权**（counte-hegemony）。

反霸权	在某些时候，人们会使用霸权的行为来挑战生活中的主导意识形态

反霸权成为文化研究的一个重要组成部分，因为它暗示受众并不必然心甘情愿地服从支配。换句话说，我们——作为受众的一员——并不必然是一些人描述的那种哑巴和奴隶！反霸权项目的丹尼·莱什（Danny Lesh）在反霸权博客 Counter Heg（一个致力于反霸权运动的博客，网址：http://counterheg.blogspot.com）上写道，反霸权的一个目标是"从其他的视角来理解历史，特别是从妇女、工人和少数民族的视角"。也就是说，在反霸权中，研究者想提高那些过去沉默的声音。我们可以把反霸权理解为让个体意识到他们盲目的同意并对此做点什么。在第 29 章失声群体理论中，我们会再次介绍沉默的声音如何应对主导群体。

有趣的是，反霸权的讯息大量出现在电视节目之中。多年以来，电视一直是反霸权讯息的主要载体。举例来说，20 世纪 90 年代，当时最受欢迎的《科斯比秀》（The Cosby Show）[①] 展现了一对非洲裔美国夫妇的优渥生活，他们生活在纽约市的高档社区，以诚实、尊重和责任的价值观教育他们的孩子（Gray，1989）。还有一个是《美国恐怖故事》（American Horror Story）的例子。该剧有几集讲述了查德和他的伴侣的故事，他们是房屋售前装饰工，负责提升住宅对潜在买主的吸引力。布赖恩·克林根弗斯（Brian Klingenfus，http://blogs.longwood.edu/klingenfus/2013/04/19/counter-hegemony-in-american-horror-story/）评论道，尽管查德是"典型的同性恋者"（比如关注时尚、时髦漂亮等等），但帕特里克"在普通观众看来就是异性恋者"。他认为这种关系动态是反霸权的，因为节目制片人和导演对帕特里克的塑造与西方社会中男同性恋者的主流形象相反。第三个反霸权的例子是许多日间电视脱口秀中的例子。因为很多节目（例如《谈话》和《观点》等）中仅有女性，所以观众可以发现一些通常分配给男性的话题（例如性、政治、权力等）。此外，卡琳·威查诺（Karin Wetchanow，http://www.iwm.at/wp-content/uploads/jc-08-101.pdf）指出，这一节目体裁以受众为中心，同时纳入了与普通人息息相关的话题。这种做法反抗了许多西方主流观念，威查诺认为这种只有女性的新型节目（从许多年前的《奥普拉·温弗瑞秀》开始）以前所未见的方式"挑战了权威和专业知识"。虽然这些节目可能看起来不过是娱乐的范例，但它们以自己的方式示范了电视内容如何挑战由主导力

430

---

① 《科斯比秀》，是美国历史上最著名的情景喜剧之一（于 NBC 播出），播出时间从 1984 年一直到 1992 年，每周四晚上播出，内容是一个中上层黑人家庭的日常故事。这也是美国电视史上第一次成功地正面、健康地展示黑人家庭生活的电视剧。——译者注

量制定的优先事项，从而影响观众的态度和行为。

在结束本次讨论之前，让我们结合史上最受欢迎的电视节目之一，再谈一点与反霸权有关的问题。《辛普森一家》（The Simpsons）① 是美国电视史上播放时间最长的喜剧，也包含着具有反讽意味的反霸权讯息，其目标也是说明受到支配的个体也能够使用同样的符号资源挑战支配者。《辛普森一家》与我们生活的相关性已经得到了有力论证。蒂姆·德莱尼（Delaney, 2008）对此进行了简要的说明：这部剧揭示了很多东西，因为很多内容与我们从属其中的社会机构（家庭、学校、工作、宗教场所）交织。这部剧涉及了各种各样的话题，包括脱口秀、卡夫卡、披头士、田纳西·威廉斯、同性婚姻、电视的发明和荷尔蒙疗法。该剧的核心人物——玛吉（母亲）、荷马（父亲）、巴特（儿子）、丽莎（大女儿）和麦吉（小女儿）——每个人都代表着不同的反霸权讯息。虽然玛吉在剧中是一个家庭妇女，按常理来说是一个点缀性的妻子和母亲的配角，但她却是所有人物中最具有独立性的角色。她尝试过许多职业，从警察一直到反枪支暴力的支持者。荷马是一个在当地核电厂工作的员工，尽管政府告诉我们要注意核设施的安全，但是像荷马这样呆头呆脑不称职的人却在操作这些机器。丽莎这个角色反对了"儿童应该被看，而不是被倾听"这一世俗看法，她是一个聪明、充满好奇、具有艺术领悟能力并对环境敏感的孩子。

在这个卡通片中最重要的角色是巴特·辛普森。有趣的是，虽然我们的社会很少重视像巴特这么大的男孩（女孩也差不多），但是巴特同样也无视这个压制他的社

会。他的恶作剧从模仿大人打电话到在酒吧骚扰酒保，再到不尊敬他的校长并对校长的父母直呼其名。然而不论怎样，20 分钟后，在每集结束时，虽然经历了混乱，但是最后一家人还是显示出他们相互关心、彼此爱护。正如卡尔·马西森（Matheson, 2001）指出的，这个节目提倡"个体层面上的道德观，这种道德观把家庭的重要性放在了其他机构之上"（p. 4）。

仔细看看这部电视连续剧，可以看出其他反霸权的论调。例如，布赖恩·奥特（Ott, 2003）称《辛普森一家》为"反节目的节目"（p. 58）。他认为"辛普森一家始终象征着某种反节目，讽刺、挑战并瓦解电视网的传统符码、结构和程式"（p. 59）。奥特认为巴特、荷马和丽莎这几个角色帮助观众了解"关于自我的知识"（p. 61），白人、非洲裔美国人、西班牙裔美国人等许多不同的文化社群都观看了这一节目。奥特和其他学者认为该节目努力超越传统家庭形象，不再展示并拥护父权的控制。事实上，仔细思考该剧集会发现，儿童的形象往往是颠覆或推翻父母的控制，并在家庭中占据主导地位。《辛普森一家》还对认为家庭的作用正在衰减的主流宗教、政府和文化观念提出了挑战。

431

受众解码

如果受众没有能力接收讯息并把它们与已经储存的意义加以比较，那么任何霸权和反霸权讯息都不可能存在（O'Donnell, 2017）。这一过程被称为**解码**（decoding），也是我们将要讨论的文化研究的最后一个

---

① 《辛普森一家》又译为《阿森一族》，是福克斯电视网从 1989 年起播出的卡通节目，在美国家喻户晓，至今仍在播出，内容是一个中下层工人阶级家庭的日常故事，充满幽默反讽的风格，反主流文化。这个家庭的成员包括梳着高高的发髻、贤惠讲理的母亲玛吉。她上过大学，善良诚实，懂得如何教育孩子，曾经做过披头士乐队的追星族，并给他们写过信，但是她的偶像几十年后才有空给她写了回信。父亲荷马是一个中年秃顶、大腹便便的蓝领工人，在核电厂工作，粗俗、自私、贪吃、呆头呆脑、爱看恶俗电视。儿子巴特异常淘气，学习成绩奇差，古灵精怪，喜欢搞恶作剧。大女儿丽莎是个学习成绩很好的乖乖女，喜欢吹萨克斯，比较敏感，但是经常会有一些让人意外的言行。小女儿麦吉是一个不会说话只会嚼奶嘴满地乱爬的婴儿。——译者注

主题。当我们从他人那里接收到讯息时，我们根据自己的认知、思维和过去的经验进行解码。因此，以我们的开篇小故事为例，当路易莎·佩特里罗解释关于购房的讯息时，她必须进行脑力活动，其中包括她产生想要拥有一个家的欲望、她与已经购买房屋的人的谈话、她在图书馆所查阅的资料以及她和她的家庭从未拥有过自己的房屋的事实。路易莎会把接收到的与新家有关的信息都储存起来，当她与其他人谈到这个话题时再重新使用这些信息。所有这一切都同时发生，也就是说，她一接收到某条讯息，立刻就会决定如何解释它。

解码	接收和比较讯息

解码是文化研究的核心问题。但是在我们深入研究它之前，我们先回顾一下迄今为止所讨论过的文化研究的要点。你应该还记得，公众收到了大量来自精英的信息，人们在不自觉的情况下同意了占支配地位意识形态的暗示。理论家们由此推论说，应该把公众放到更大的文化语境中研究，在这个语境中，他们争取发出自己声音的斗争被镇压（Barker & Jane，2016）。在我们前面的讨论中，不平等的社会中存在着带有等级制特点的社会关系（比如处于精英阶层的老板和处于被支配地位的工人）。这就导致了处于从属地位的文化对统治阶级的讯息进行的解码。霍尔认为，一般来说，在西方社会的媒体中隐含着统治阶级的讯息。霍尔（Hall，1980a）详细说明了接收媒体讯息时解码是如何运作的。他发现，受众在对讯息进行解码时，可以采取三种对自己有利的视角或者立场：支配式、协商式及对立式。下面我们将逐个介绍。

432

学生之声

亚历山德拉

文化研究相关观点中最吸引我的是这一观点，即当权者会试图延续权力。放假回家的时候我在镇上的报纸上发现了这一点。报纸头版是高中足球队季后赛失利的大新闻。文章谈到了他们本年度的胜负情况，甚至还附上了球队教练及其家人的照片。可是就在同一个周末，演讲和辩论队赢得了州总决赛，却只在第 8 版发表了一篇小豆腐块文章。当然也没有刊登这个队教练的全家福。我认为这说明足球和体育延续了一种主导性的父权剧本（由男孩和男性教练组成），而诸如演讲和辩论队（由女性教练和大部分女性辩手组成）没有得到公正的对待。哦，对了，报纸编辑的儿子是足球队的。

霍尔指出，个体在解码时会受到具有支配地位的符码的影响，这些符码比其他的符码具有更大的权力。这就是他所说的**支配立场**（dominant position）。比如说，电视节目中的专业符码总是会受到占支配地位的符码霸权的影响。霍尔认为，这些专业符码再生产了霸权对现实的解释。上述过程往往通过隐蔽的说服进行。我们还是以佩特里罗夫妇为例。电视里拥有自己房屋的影像促使佩特里罗夫妇相信他们也能够拥有自己的房子。商业信息片中用词的选择、画面的表现及解说声音的选择都是专业符码的表现。像佩特里罗夫妇这样的观众很容易错误地理解这些讯息，或者选择性地只感知了其中的某些讯息片段。为什么会这样呢？霍尔认为："观众根本不知道电视所使用的专业术语，很难跟上这些论证中复杂的逻辑，他们对这种语言方式根本不熟悉。他们要么发现其中的内容太陌生或太复杂，要么被这些叙事方式欺骗。"（Hall，1980a，p. 135）电视制作者们十分担心，生怕像佩特里罗夫妇这样的人不会接受媒体讯息中具有倾向性的内容——号召人们应该拥有自己的房产。

因此，他们（媒体）会尽量把他们的专业符码放在一个更大的、占支配地位的文化符码的意义背景下表现。这样就保证了佩特罗里夫妇一定会为了购买自己的房产而努力工作。

支配立场	通过操纵符码而对他人进行控制

第二种立场是**协商立场**（negotiated position），指受众成员能够接受占支配地位的意识形态，但是根据文化规则将一些意识形态剔除在外。霍尔认为，受众成员在把大原则应用于自己的具体条件时，总是会保留一些属于自己的权利。当媒体报道某个法律将在全国范围内实施，并且在国家或社区的层面对其进行解释时，受众经常会采取这种立场。比如霍尔会认为，虽然受众可能会接受华盛顿特区的精英们对福利改革法案的解释说明（"如果有劳动能力，所有人都应该工作"），但是当这些报道与当地或个人原则不一致时（"孩子们需要家长在家照顾他们"），他们就会采取协商式解码。霍尔还指出，因为协商式解码比较困难，所以人们很容易失败。

协商立场	接受主导意识形态，但是允许一些文化例外

受众讯息解码的最后一种方式是**对立立场**（oppositional position）。当受众成员用另外一种符码取代媒体所提供的符码时，就会出现对立式立场。具有批判精神的消费者会拒绝媒体讯息中的意义倾向或偏好，相反，他们会用自己对该主题的思考来代替它们。比如，我们可以思考一下媒体中传播的那种具有女性气质的美女形象。对于许多人来说，媒体中表现具有女性气质的美女是为了迎合男性的欲望（Reimer & Ahmed，2012）。因此一些消费者会拒绝接受这种资本主义的讯息，而代之以更加现实的形象。

对立立场	用其他的讯息代替媒体所提供的讯息

霍尔接受了这样一个事实，即媒体在构造讯息时带有隐蔽的说服性意图。虽然受众成员具有避免被主导意识形态左右的能力，但是正如佩特里罗一家所遇到的那样，受众接受的讯息常常是一个精心策划的宣传计划的一部分。文化研究者虽然不认为人们会轻易上当，但是认为受众常常会在不知不觉之中落入他人的圈套（Hall，1980b）。

整合、批评和总结

虽然文化研究发轫于英国的当代文化研究中心，但在美国亦影响深远。该理论尤其受到批判理论家的青睐，因为它的基本理论来自批判主义传统。它在马克思主义方面的研究影响了哲学、经济学和社会心理学方面的研究者，它对社会弱势群体的强调吸引了社会学家和女性研究者的注意（Steiner，2017）。此外，文化研究理论者永远不会考虑使用实验方法，这意味着该理论依赖质化研究。至于其他的批评，我们可讨论评价理论的以下三个标准：逻辑一致、实用和启发性。

433

整合

传播传统	修辞学	符号学	现象学	控制论	社会心理学	社会文化	**批判**

传播语境	自我	人际	小群体	组织	公众/修辞	**大众/媒体**	文化①

获得知识的方法	实证的/经验的	**诠释的/阐释的**	**批判的**

批评

评价标准	范围	**逻辑一致**	简洁	**实用**	可检验	**启发性**	时间的考验

逻辑一致

除了一些光芒四射的赞誉之外，文化研究理论的逻辑一致性则招致了一些批评。该批评与受众有关。即便一些受众不甘心做被人操纵的傀儡，但是他们真的能够成为具有解释能力的积极的抵抗者吗？换句话说，在多大程度上受众能够成为反霸权者呢？事实上，迈克·巴德、罗伯特·恩特曼和克莱·斯坦曼（Budd，Entman，& Steinman，1990）认为，一些文化和批判研究理论者夸大了被压迫群体和边缘群体摆脱自身文化的能力。特别是对于那些缺乏必要的技巧、分析洞察能力和关系网络的群体而言，摆脱绝非易事。事实上，当我们说到像开篇故事中和佩特里罗夫妇一样有电视收看习惯的人时，我们甚至不会想到反霸权。反霸权意味着这家人能够重新拆解、组构他们收到的关于买房子的信息，并将相关信息批判性地应用于自己的生活。这样的讨论不会结束，因为"有关受众的争论曾经是且现在依然是文化研究中主要的争议领域"（Kellner & Hammer，2004，p. 79）。

实用

文化研究"成为一种表达方式，通过它我们可以改变自我形象"（Carey，1989，p. 94）。因此，我们可以把其中的一些理论应用到日常生活中，使之具备一定程度的实用性。对于弱势群体文化抗争的研究也可以说明它的用处。按照霍尔的看法，这些群体处于被压迫地位的时间太漫长了。通过关注这些社会边缘群体，出现了一些新兴的研究子领域，比如民族研究，以及男同性恋、女同性恋、双性恋、跨性别群体研究（Surber，1998）。研究者认为霍尔的理论具有"经验上的优雅感"（empirically elegant）（Carey，1989，p. 31），它超越书本理论的实用性已经得到了广泛承认（例如，Grossberg，2010），在此无法一一列举。还有人指出，"该理论在学界经历了一个快速发展时期，以多种形式和定位出现在许多大学"（http:/science. jrank. org/pages/7610/cultural-studies. html）。

学生之声

米里

有人说斯图尔特·霍尔关心压迫，我不禁想起了自己在海地的出身背景。这个国家非常贫穷，不像美国有很多资源。我们十分依赖其他国家，因此普通人普遍受到精英的支配。政府表现得似乎很重视民意，但每个人都知道事实并非如此。政府以多种方式控制媒体，媒体信息真假参半。这是对大众进行支配的完美案例。

---

① 不知何故本书未将文化研究的传播语境与"文化"联系在一起。本章将对文化研究的理解主要局限于大众媒体，是对文化研究本身目标的明显缩小和误读。——译者注

启发性

研究者对文化研究的许多原理和课题进行了研究。人们研究了意识形态（Lewis & Morgan，2001；Soar，2000）。霸权理论也被应用于对《玛丽·泰勒·摩尔秀》（Dow，1990）、《周六夜现场》（Davis，2012）以及《欲望都市》（Brasfield，2007）等电视节目的研究。霸权概念甚至被应用于研究体育赛事中的国歌演唱（Molnar & Kelly，2012）以及理解巴西教育改革（Gandin，2015）。贾尼丝·拉德威（Radway，1984，1986）研究了爱情小说及其女性读者，她发现很多女性阅读此类小说是为了无声地抗议社会中的男性支配。女性主义者欣然接受了文化研究和斯图尔特·霍尔的成果，因为后者能够帮助人们理解往往被忽视的声音（例如，Driscoll，2016）。除此之外，克里斯·威登（Weedon，2016）关注该理论的多元文化基础，研究了伊斯兰教对西方穆斯林的吸引力，以及许多女性加入"圣战"或与"圣战分子"结婚的决定。

435 最后一个佐证文化研究启发性的证据是，学者们纷纷向文化研究的传统和概念致敬。举例来说，献给斯图尔特·霍尔的专刊（例如《国际文化研究杂志》）和对他的研究表达赞美与崇敬的文章（例如，Jordan，2016）都十分常见。显而易见，思想者、作家、研究者和评论作者会继续赞美这位对研究与社会影响深远的理论家。

总结

文化研究仍然是为数不多的几个能够吸引来自传播研究领域以外的学者的理论传统。因此，文化研究是一个跨学科的、多学科的独特理论。那些对历史上被压迫群体的思想、经验和活动感兴趣的学者一般来说都会赞同文化研究的看法。虽然一些研究者因为某种原因对该理论进行指责，但是斯图尔特·霍尔因为批评精英统治和关注社会中被压迫者的声音而受到赞誉。

讨论题

技术探索：围绕文化研究展开的许多研究本质上都是政治的，它们的目的依然是影响文化变革。特别是，霸权被定义为保持富人凌驾于穷人之上的过程。请联系这一观点思考转发过程。

1. 我们是否应该责备佩特里罗一家没有尽自己的努力摆脱现状？如果他们没有实现拥有一处自己房产的"美国梦"，那么我们是否应该责备媒体？在表达你的观点时，请用具体例子说明。

2. 霸权在世界重大事件中起到什么作用？把这个概念应用于你所在的校园，指出这两种应用中存在的异同。请用具体例子说明。

3. 文化研究的理论框架还能应用于社会中的哪些文化产品？

4. 英国的文化研究十分强调阶级差异。你如何看待把英国的文化研究应用于北美？你是否认为所有的概念和原理对任何国家都适用？为什么是或为什么不是？

5. 你是否同意在美国的被压迫群体无法让自己的声音被社会听到？上述判断与你对文化研究理论的判断之间有什么联系？

6. 文化研究理论家会如何看待美国的贫穷问题？

7. 请使用反霸权概念分析当前的一档电视节目。

第 26 章
媒介环境理论①

我们对所有媒体一贯的看法是，重要的是我们如何使用它们，但这只不过是技术白痴的麻木立场。

——马歇尔·麦克卢汉（Marshall McLuhan）

玛格丽特·兰德尔教授

玛格丽特·兰德尔是一名社交媒体专家，经常到全国各地旅行。她还是一位成功的作家，在最近的一本书中研究了技术依赖造成的孤独。兰德尔教授的研究受到了学者和业界人士的盛赞，她的作品关注媒体对社会生活造成的影响，获得了众多奖项与认可。玛格丽特最近收到邀请，请她去哥斯达黎加向来自全球的社交媒体专家做主旨演讲。她既感焦虑，又颇感兴奋。

行前一周，兰德尔教授在写稿的时候感觉压力很大。她写了几段，但需要做更多的准备工作。她不能指望用过去讲过的内容（Stump speech）②来应付这群专家。事实上，当她坐在办公室使用电脑检索该领域的新研究时，想到应该使用一些文化案例来说明她的论点，让演讲更有说服力。她想要的一些材料需要到图书馆获取。所以她通过校园去查找一些有关哥斯达黎加历史的资料。玛格丽特回到办公室后继续在图书馆数据库中搜索，找到了一些关于中南美洲青年和社交媒体使用的新闻。

兰德尔教授阅读信息时，还访问了一些网络聊天室，上面有来自世界各地的年轻人。她想等有机会时问一下他们的社交媒体使用情况。并且她突然想到，前同事贝拉在中美洲教书，在这个话题上或许能提供某种"本地视角"。没过多久，玛格丽特与朋友视频通话。两人开了会儿玩笑之后，就开始聊起了各自的家庭、研究，甚至还谈到她们各自对美国总统大选辩论的看法——贝拉在她哥斯达黎加的家里收看了辩论。几分钟之后，两人终于想起这次联络的目的，兰德尔教授很快就得到了一些可以用到演讲中的一手案例。

那天晚上晚些时候，玛格丽特·兰德尔一边看电视，一边思考即将到来的演讲。她知道演讲会被录下，而且一定会被上传到YouTube。她也知道自己绝不能失误。她明显感到焦虑。她还有几天时间来完善演讲，但一想到她的演讲会在媒体上播放，而且这还是她第一次到美国以外的地方发表演讲，她就开始焦虑。此外，在演讲中使用 Prezi 软件的虚拟画布总让她感觉紧张。

玛格丽特知道只有一个人能让她平静下来，就是她 21 岁的女儿艾玛。她发短信

---

① 本理论基于马歇尔·麦克卢汉的研究。
② Stump speech 即树桩演讲，指的是过去政治候选人到各地拉票时站在树桩上发表的演讲。这样的演讲一般是事先准备好的、内容重复的巡回演讲。——译者注

问艾玛能不能打电话聊一会儿。她使用视频通话和短信也是因为艾玛。在艾玛执意让她身为大学教授的母亲使用其他媒体进行交流之前，兰德尔教授只给女儿打电话或发电子邮件。现在，考虑到女儿在几百英里外的大学读书，玛格丽特依赖技术同女儿保持联系。今天艾玛拨打她的电话时，她们两个就实现了这种联系。

传播理论者经常在自己的理论中对技术做出解释，但直到最近才把技术纳入理论的基本要素。我们在第13章强调了社会信息处理理论，该理论探讨技术与人类关系之间复杂的相互作用。我们认为约瑟夫·沃尔瑟这样的理论家关注的是人们在网上的相遇，以及个体在网上如何了解彼此。这些都是在缺乏非语言线索帮助的情况下完成的。

和社会信息处理理论的关注者不同，对媒介环境感兴趣的学者着眼于整个"中介化的图景"，包括它的历史、它对我们的感知或感觉的影响等方面。当媒介与环境之间发生相互作用时，媒介环境理论（Media Ecology Theory, MET）就有了存在的基础。

媒介环境学者会对本章开篇故事中兰德尔教授的经历感兴趣。媒介环境学者关注的是，她接纳了技术以及技术对她的职业与私人生活的影响。此外，玛格丽特曾经只依赖电子邮件，但后来使用其他技术与女儿交流，这一事实极大地说明了技术如何影响她们对关系的价值观。

有一位理论家能够理解并且解释兰德尔教授的关系和技术环境，他就是马歇尔·麦克卢汉。在他的开创性著作《理解媒介》（*Understanding Media*）（McLuhan，1964）[①]中，麦克卢汉写到了像钟表、电视、广播、电影、电话甚至道路和游戏等科技的影响。虽然今天我们不会把其中的一些划为科技范畴，但是在那个时代，麦克卢汉感兴趣的是这些基本的传播形式所造成的社会影响。他感兴趣的领域包括下述问题：科技和某个文化中成员的关系是什么？

毫不夸张地说，麦克卢汉自己就是文化媒介的一部分。他经常出现在电视脱口秀里，与政策制定者对话，还在伍迪·艾伦（Woody Allen）的影片《安妮·霍尔》（*Annie Hall*）[②]中客串，甚至还接受了《花花公子》的采访[③]。他如此神秘莫测而又无处不在，被一位撰稿人称为"大众崇拜的大祭司，媒介形而上学家"（nextnature.net/2009/12/the-playboy-interview-marshall-mcluhan/）。

麦克卢汉是加拿大的一位文学批评家，他使用诗歌、小说、政治、音乐剧甚至历史来说明媒介技术对人们的感觉、思想和行动的影响。他认为我们和媒体技术之间具有一种共生关系（symbiotic relationship）；我们创造了技术，技术又转而重新创造了我们。

理论速览·媒介环境理论

社会随着技术一同演进。从字母表到互联网，我们受到电子媒介的影响，也反过来影

---

① 该书有商务印书馆和译林出版社的中文译本。——译者注

② 该片曾获第50届（1978年）奥斯卡最佳影片奖、最佳女主角奖、最佳导演奖、最佳原著剧本奖，是伍迪·艾伦幽默风格的代表作。伍迪·艾伦（自导自演）饰演的角色与女友排队买电影票。前面一个人正在大谈麦克卢汉的理论，显得十分博学的样子，这让伍迪十分厌恶。于是伍迪从旁边拉来一个人，问他是否知道前面这个家伙在说什么，这个人很无辜地摇摇头说不知道。有喜剧效果的是，此人正是麦克卢汉。——译者注

③ 该段采访的译文可以在《麦克卢汉精粹》（南京大学出版社，2000）中看到，这个访谈是麦克卢汉对自己理论的最全面、最通俗易懂的阐述。——译者注

响电子媒介。换句话说，媒介即讯息。媒介定律——提升、过时、复活和逆转——说明技术通过新技术影响传播。媒介环境理论的中心原理是，社会无法逃离技术的影响，技术把全球各地联结在一起，并且技术对社会各行各业都至关重要。通过了解媒介，我们最终能够了解自己。

麦克卢汉认为，电子媒体（electronic media）①给我们的社会带来了革命。而且，我们的社会越来越依赖媒体技术，社会的秩序也取决于能够正确地应对这些技术。回想一下，该理论诞生于 50 多年以前，而麦克卢汉对技术的断言——特别是时至今日——依然符合现实。事实上，"自 20 世纪 90 年代中期以来，公众的互联网意识日益增强，麦克卢汉声名鹊起"（Morrison，2006，p.170）。梅甘·加伯（Garber，2011）写道，麦克卢汉依然是一位"一流媒介权威"。

一般来说，媒体能够直接塑造和组织文化。这就是麦克卢汉的理论。因为麦克卢汉的著作以多种媒介为核心，并将媒介视为一个独立的环境，所以学者称之为媒介环境学可谓十分恰当。就此而言，**环境学**研究的是环境如何影响个体。本书中，我们把**媒介环境学**定义为针对媒介和传播过程如何影响人类感知、感觉、理解和价值的研究 ［media-ecology. org/media ＿ ecology/index. html ♯ An％20Overview％20of％20Media％

20Ecology％20 （Lance％20Strate）］。卡洛斯·斯科拉里（Carlos Scolari）写道，媒体环境学这一概念诞生于麦克卢汉和同事们的对话中。考虑到麦克卢汉的著作跨越了许多不同的学科，关注多种技术（如广播、电视等）并涉及技术与人类关系的相互作用以及媒介如何影响人类的感知与理解（Postman，1971），媒介的环境学视角切合实际 ［注：需要指出的是，正式提出"媒介环境学"这一概念的是尼尔·波兹曼（Neil Postman）而非麦克卢汉］。保罗·莱文森（Levinson，2000）这样描述媒介环境学与传播的关系："麦克卢汉的著作与其他学者迥异，因为他把传播置于中心位置。事实上，在麦克卢汉图式中，除了传播外别无他物。"（p.18）因此，媒介环境理论是传播领域理解媒介对（全球）文化无处不在的影响的一次尝试。最后，尼亚尔·斯蒂芬斯（Stephens，2014）在探讨媒介和技术之间的关系时得出结论，"媒介环境传统往往将所有技术视为媒介，因此'技术'与'媒介'往往是同义词"（p.2034）。

环境学	研究环境及其给人们造成的影响
媒介环境学	研究媒介和传播过程如何影响人类感知、感觉、理解和价值

麦克卢汉（McLuhan，1964）的大部分思想来自他的良师益友——加拿大的政治经济学家哈罗德·亚当斯·英尼斯（Innis，1951）②。英尼斯认为历史上的主要帝国（古罗马帝国、古希腊帝国和古埃及帝国）建立在对书写文字的控制的基础之上。英尼斯认为，加拿大的精英使用了许多传播技术建立了他们的"帝国"。那些当权者因为有

439

---

① 麦克卢汉生活的年代一般使用的是电气（electric），而不是今天我们通常使用的电子（electronic），这仅仅是用词的不同，没有实质差别。——译者注

② 英尼斯的《帝国与传播》《传播的偏向》《变化中的时间观念》目前有中国人民大学出版社和中国传媒大学出版社的中文译本。虽然英尼斯对麦克卢汉启发非常大，但他并未实际做过麦克卢汉的老师，麦克卢汉出于尊敬称他为老师。——译者注

了技术的发展而拥有更多权力。英尼斯把这种技术对社会权力的影响称为**传播的偏向**（bias of communication）。对于英尼斯来说，人们通过使用媒介获得政治和经济权力，因此改变了该社会的社会结构。英尼斯提出，媒体的传播是建立在控制社会思想流偏向性基础之上的。

传播的偏向	哈罗德·英尼斯提出技术决定着社会的权力

麦克卢汉扩展了英尼斯的研究。菲利普·马钱德（Marchand，1989）[1] 评论说："在英尼斯去世后不久，麦克卢汉就发现了一个进一步探索被英尼斯开启的学术领域的崭新机会。"（p.115）和英尼斯一样，麦克卢汉也认为当前要寻找一个不受电子媒体影响的社会几乎是不可能的。事实上，苏珊·格林纳（Greener，2016）认为媒体（例如屏幕快照、视频和谈话等）的覆盖范围使社会中的个体都通晓媒体。我们对媒体的感知以及我们如何解释这些感知是媒介环境理论关注的核心问题。接下来我们通过介绍该理论的三个主要前提假设来讨论这些主题。

媒介环境理论的前提假设

我们曾经提到，媒体技术对社会的影响是媒介环境理论的主要思想。让我们进一步研究一下构成这个理论的三个前提假设：

- 媒介的影响渗透在社会的每一个行动和行为之中。
- 媒介决定着我们的感知，决定着我们的经验结构。
- 媒介把世界联系在一起。

我们的第一个前提假设强调了这样一个观念：我们不能摆脱媒介的影响。我们在前面提过，媒介渗入了所有存在。我们既不能逃避也不能摆脱媒介，尤其当麦克卢汉对媒介的概念做了更广泛的解释之后更是如此。想想我们开篇故事中的兰德尔教授。显然她发现自己在以多种方式使用媒体。事实上，她的生活依赖于驾驭多种媒介环境和平台的能力。

许多媒介环境理论家对媒介的解释较为宽泛。例如，虽然麦克卢汉没有预见到如今可供消费的多种（电子）媒介（例如 TiVo[2]），但学者们（例如，Coupland，2010）认为麦克卢汉的思想也适用于这些电子媒介形式。除了更为传统的媒介形式（比如收音机、电影、电视）以外，麦克卢汉还研究了数字、游戏甚至货币对社会的影响。我们将通过介绍对这三个媒介的研究，进一步理解麦克卢汉对媒介诠释的广泛性和历史性思考。

麦克卢汉（McLuhan，1964）把数字也看作媒介。他解释说："在剧院、舞会、球场、教堂，每个个体都因为其他人的在场而感到快乐。成为大众的一分子所获得的快感就来自数字增长所获得的快感，这一现象早就引起了西方文学家们的注意。"（p.107）

440

---

① 该书即麦克卢汉的传记《马歇尔·麦克卢汉：媒介及信使》，目前有中国人民大学出版社的中文译本（2003 年、2015 年）。——译者注

② TiVo 是美国 TiVo 公司开发生产的一种以硬盘为存储器的数字录像机。它能存储长达 300 个小时的电视节目，该公司名称已经成为这一技术的代名词。该技术从 1997 年出现，最早是迈克·拉姆齐和几个好友共同开发，可以按照用户需求，自动录下想要收看的节目，跳过其中的广告，在观众觉得方便的时候再进行收看。它将原来录像机的功能和电脑的功能融为一体，不但可以将几百个小时的电视节目进行压缩到硬盘上，而且观众可以像看 DVD 一样用到暂停、回倒、慢动作等等功能。它还能与 PC 相连录制电视节目（即一般所说的电视机顶盒），并且将节目刻成光盘。和网络相结合的新一代 TiVo 甚至具备了搜索功能，使用者只需要在地址栏中输入某个关键词（比如某个演员名），TiVo 就会显示出自动录制的所有与该词有关的节目。所以，TiVo 也被称为"电视界的 Google"。——译者注

麦克卢汉认为，社会精英们通过数字建构了"大众心理"（p. 107），以对"群众的态度"（p. 106）进行描述。因此，这很可能造成了一群能够被影响的同质化群体。

除了数字以外，麦克卢汉认为社会中的游戏（体育比赛）也是一种媒介。他评论说："游戏是大众艺术，是任何文化主要推动力或行为的一种集体的、社会的反应。"（p. 235）游戏是一种我们用来舒缓日常压力的手段。麦克卢汉还指出，游戏是我们的社会心理的模型。他还提出"任何游戏都是人际传播的媒介"（p. 237），它是我们自我的社会性延伸。游戏之所以也能成为大众媒介，是因为它能使人们在参加一个往往非常有趣的活动的同时，也参加到象征了个体身份认同的游戏之中。如今，想一下你能获取的各种网络与电子游戏（例如 Xbox），毫不意外，麦克卢汉的见解依然适用，因为这些游戏能够引发愤怒、嘲笑和喜悦等各种情感。

另一个媒介形式是货币。麦克卢汉提出："和其他媒介一样，它是必需品，是一种自然资源。"（p. 133）理论家们还把货币称为"集体的形象"，它的稳定性和支持度来自社会。货币还能让人们获得某些不可思议的权力。货币可以使人们环球旅行，成为知识、信息和文化的传递者。麦克卢汉指出，货币本质上是一种能够使不同群体进行交流的语言，不论这些群体是农民、工程师、水管工还是物理学家。

因此，麦克卢汉提出媒介——广义地理解——在我们的生活中无处不在。不论是通过我们玩的游戏、听的广播还是看的电视，这些媒介都在改变着我们的社会。与此同时，媒介也需要与社会相互作用，这样才能不断演进（McLuhan, 1964, p. 49）。

媒介环境理论的第二个前提假设我们前面已经涉及了一些，即我们直接受到媒介的影响。虽然我们此前提到了媒介的影响，但是这里我们要对麦克卢汉对于这种影响的看法做进一步介绍。

媒介环境理论家认为，媒介能够改变我们的感知，组织着我们的生活。麦克卢汉认为，媒介对我们的世界观起着重要的影响。假设我们在看电视，如果电视新闻报道说美国正在经历一场"道德崩溃"，那么我们可能看到新闻中报道诱拐儿童、非法吸毒或未成年人怀孕。在私下的交谈中，我们就可能开始讨论社会的道德沦丧。事实上，我们很可能根据看到的新闻调整我们的生活方式（我们在第 23 章详细探讨了这一观点）。我们即使对友好的陌生人也充满怀疑，害怕他们会绑架我们的孩子。我们可能不愿意支持使药用大麻合法化的法律，而不考虑它是不是真的有用，因为我们关心的是它可能导致吸毒行为增加。我们还会蛮不讲理地支持在学校里开展"禁欲有益"的性教育，害怕其他榜样会导致更多的意外怀孕。

麦克卢汉认为，上面的这些例子随时都在发生，我们被电视操纵了（有时十分愚蠢）。我们的态度和经验直接受到电视内容的影响，而我们的观念系统显然受到电视的负面影响。一些学者（例如，Bugeja, 2005）认为，麦克卢汉视电视为侵蚀家庭价值观的罪魁祸首。

媒介环境理论的第三个前提假设甚至成为大众话题，该假设即媒介把世界联系在一起。麦克卢汉使用**地球村**（global village）① 这个概念，描述了媒介是如何把世界联系在一起组成一个政治、经济、社会和文化系统的。虽然这个短语今天已经成为陈词滥调（比如，谷歌搜索一下能得到数亿个结果），但是麦克卢汉认为媒介可以把不同的社会整合在一起的。尤其是电子媒介，它可以把以往无法交流的文化联系在一起。

441

---

① 何道宽教授后来建议直译为"环球村"，但是考虑到汉语中"地球村"已经约定俗成，遂沿用旧译。——译者注

| 地球村 | 认为人们不再相互孤立，而将永远被连续的和同步的电子媒介联系在一起 |

根据麦克卢汉（McLuhan，1964）的看法，地球村效应使我们具有了同步接收信息的能力（这个问题我们还将在本章后面部分涉及）。因此，我们与全球的事件具有了一定关系，而不是仅仅关注自己所在的社区。他评论说，"地球就是一个小小的村庄"（p.5），我们应该对他人具有一种责任感。他人"从此进入我们的生活，我们也一样进入他人的生活，这得感谢电气媒介"（p.5）。

我们以开篇小故事里的兰德尔教授为例，进一步说明这个假设。显然，要面向一群国际学者做演讲必须了解各种全球性问题。此外，考虑到演讲地点在哥斯达黎加，兰德尔觉得应该对当地居民如何使用社交媒体有所了解。她上网查阅信息，并咨询了在中美洲的同事。除此之外，想想贝拉和玛格丽特都收看了美国总统大选辩论，这拉近了两国之间以及两国发生的事件之间的距离。如果没有技术（电话和计算机），这一切都不可能发生。

马歇尔·麦克卢汉的地球村思想采用了我们在第 3 章提出的一般系统取向。你或许还记得，系统论认为，系统的一个部分会影响整个系统。媒介环境理论家相信，一个社会的行动必然会影响整个地球村。因此，诸如非洲的战争和欧洲的经济纷争都会影响美国、澳大利亚和中国。麦克卢汉认为，因为"电子相互依赖"（McLuhan & Fiore，1996），所以我们不再彼此孤立。

现在你对媒介环境理论的主要假设有了了解。麦克卢汉的理论主要来自对媒介发展史的诠释。他认为某个时间段的媒介会决定社会的组织形式。在媒介历史中，麦克卢汉提出了四个时间段或曰**时代**（epochs）。下面我们依次介绍（见表 26-1）。

| 时代 | 时期或历史时段 |

表 26-1　麦克卢汉的媒介历史

历史时代	最显著的技术/居于主导地位的感觉	麦克卢汉的评论
部落时代	面对面接触/听	"口语和部落社会的稳定性远远超过任何视觉的或文明的、碎片化的世界。"（McLuhan & Fiore，1968，p.23）
书写文字时代	表音字母表/看	"在创造基本的文化模式时，西方人几乎没有研究或理解过表音字母表对他们的影响。"（McLuhan，1964，p.173）
印刷时代	金属印刷术/看	"活字印刷术带给人类的最大礼物是分离（冷漠）与旁观——一种不需要反馈就能行动的力量。"（McLuhan，1964，p.173）
电子时代	电子计算机/看、听、触摸	"计算机不论从什么角度来看，都是人类所发明的最不同寻常的科技外衣……它是我们中枢神经系统的延伸。"（McLuhna & Fiore，1968，p.35）

建构媒介历史与制造"感觉"①

麦克卢汉（McLuhan，1962，1964）和昆丁·菲奥里（McLuhan & Fiore，1967，1996）认为，一个时代的媒介决定了该时代的本质。他们提出了媒介发展的四个时期或时代，每个时代都由某一种传播方式主导（Sparks，2016）。麦克卢汉还做了更具争议性的断言，认为媒介是每个时代人类感官的延伸，而传播（技术）是社会变革的首要原因（gingkopress.com/02-mcl/z_mcluhan-and-the-senses.html）。

部落时代

根据麦克卢汉的描述，在**部落时代**（tribal era），听觉、嗅觉和味觉是居主导地位的感觉。麦克卢汉认为，这一时期是以"耳朵为中心"的文化，因为人们能听到所有信息，不可能进行信息审查。这个时代以讲故事的口语传统为特征，人们通过口头言辞来揭示他们的传统、仪式和价值观。在这个时代，耳朵成为人们感觉器官的"部落酋长"，耳听为实。

部落时代	一个崇尚口语传统的时代，听觉成为最重要的感觉

书写文字时代

这个时代强调视觉，其标志是拼音文字的产生。眼睛成为主要的感觉器官。麦克卢汉和菲奥里（McLuhan & Fiore，1996）指出，拼音文字导致人们用视觉的和空间的方式来看待他们的环境。麦克卢汉（McLuhan，1964）还认为，拼音文字导致知识更容易获得，"使得部落人之间的联系被分散"（p.173）。如果说部落时代是以人们的说话为特征的话，那么**书写文字时代**（literate era）就是书写传播兴盛的时期。人们的讯息开始以线性的和理性的思维为主。讲故事被逐渐淘汰，取而代之的是数学和其他形态的分析逻辑。这种"抄写文字"产生了统一的后果，使得社群从集体主义走向个人主义（McLuhan & Fiore，1967）。人们不需要社群的帮助就可以获得信息。这是不使用面对面的方式也能够进行沟通的开始。

书写文字时代	书写交流兴盛的时代，眼睛成为占支配地位的感觉器官

印刷时代

金属活字印刷术的发明标志着人类文明进入**印刷时代**（print era）以及工业革命开始。虽然在这个时代之前人们也能够通过雕刻木头进行印刷，但是金属活字印刷术使得论文、书籍和通告的大量复制成为可能。这样可以生产出比书写文字时代更多的复本。金属活字印刷术的产生还使得普通大众也能和精英一样获得信息。想想现如今的自我出版及其对当前时代的影响。所以像今天一样，有了印刷术，人们不再需要像过去那样依靠自己的记忆来储存信息。印刷术让记录能够得到永久性保存。

印刷时代	通过印刷文字获得信息变得十分普遍的时代，视觉仍然是占支配地位的感觉

麦克卢汉（McLuhan，1964）提出，书籍是"第一部教育机器"（p.174）。这句话在今天仍然适用。大学的课程几乎都需要教科书。即使是通过远程教育或互动电视这样的高科

---

① 这个标题用了双关语，making "sense" 既指麦克卢汉所说的媒介影响人的感知，同时也有建构意义、理解的意思。——译者注

技教学方式进行授课，大多数课程仍然需要教科书。书籍是教学过程中不可缺少的工具。

麦克卢汉（McLuhan，1964）还进一步对印刷时代进行了举例说明：

> 玛格丽特·米德（Margaret Mead）说，当她把几本相同的书带到太平洋的一个岛上时引起了轰动。土著们虽然也见过书，但是他们所见到的书每种只有一本，因此他们认为任何书都是仅此一本。他们对几本一模一样的书感到惊讶，这正是对印刷和大规模生产的魔法与力量的自然反应。这就是同质化所产生的延伸原理，这是理解西方权力的关键。(p.174)

麦克卢汉在这里提出的是大量生产制造了众多相似的公民。同样的内容通过同样的方式被反复传递。然而这一视觉时代却产生了人群的分化，因为人们可以通过阅读大规模生产的媒体来保持彼此隔绝。

电子时代

我们目前正处于电子时代。有趣的是，麦克卢汉（McLuhan，1964）和菲奥里（McLuhan & Fiore，1967）提出，这个以电报、电话、打字机、收音机和电视机为特征的时代让我们重新恢复了部落状态和口语传播的艺术。电子媒体取代书籍，成为获取信息的主要途径。电子媒体让信息更加分散，以至于个体可以有几个主要的信息来源。这个时代让我们重新返回到像原始时代那样依赖彼此"交谈"的时代，尽管如我们所知，一些人认为谈话的艺术已经消失（Turkle，2015）。当然，今天我们对"交谈"的定义与部落时代不同。我们通过电视、广播、有声书、语音邮件、手机、博客和电子邮件进行交谈。**电子时代**（electronic era）令处于地球不同地方的社群保持联系，就像我们刚才讨论过的地球村一样。

444

电子时代 电子媒介统治我们的感觉的时代，使世界各地的人们联系在一起

麦克卢汉（McLuhan，1964）富有争议地把许多不同的技术与电子时代联系在一起，他写道：

> 电话：没有围墙的演讲。
> 留声机：没有围墙的音乐厅。
> 照片：没有围墙的博物馆。
> 电灯：没有围墙的空间。
> 电影、收音机和电视：没有围墙的教室。(p.283)

电子媒介时代给我们提供了一个重新评价媒介对使用者的影响的绝佳机会。这个时代让耳、眼、喉同时工作。

麦克卢汉对媒介的历史的诠释说明，每个时代的主要媒介对应着人们的某种感觉。麦克卢汉和菲奥里（Mcluhan & Fiore，1968）提出，人们需要一种**感觉比**（ratio of the senses）——它是几种感觉之间相互协调的产物。也就是说，不论在什么时代，人们都需要感觉的平衡。比如在使用互联网时，我们会协调使用几种感觉，包括网页图像的视觉刺激和下载音乐的听觉刺激。我们在发展线上关系时，知道非语言传播严重受限（更多信息请参考第 13 章社会信息处理理论）。

感觉比 描述人们如何（通过平衡各种感觉）适应环境的短语

媒介即讯息

在媒介环境理论中，最为人熟知的恐怕就是**媒介即讯息**（the medium is the message）（McLuhan，1964）这句招牌式的短语了。虽然麦克卢汉的追随者们为这句话的确切含义争论不休，但是它代表着麦克卢汉的主要学

术价值观，即媒介所传送的信息不如媒介（或传播渠道）本身重要。媒介可以改变我们对他人、自己和世界的判断。比如在本章的开篇小故事中，兰德尔教授和他人交流的内容并不重要，重要的是他们通过电子邮件、互联网聊天室和视频电话进行沟通。

媒介即讯息	强调是媒介而不是内容才对社会产生影响的短语

麦克卢汉并没有完全否定内容的重要性。相反，正如保罗·莱文森（Levinson，2001）① 指出的，麦克卢汉认为内容比媒介更容易吸引我们的注意。麦克卢汉认为，虽然讯息会影响我们的意识，但是媒介却主要影响着我们的潜意识。比如我们接收电视向全世界广播的讯息时，常常会在潜意识里受到这个媒介本身的影响。想想 2001 年纽约市的恐怖袭击、2005 年破坏性极大的飓风卡特里娜、2013 年波士顿马拉松爆炸案以及 2016 年涌入欧洲的叙利亚移民，紧随这些事件之后甚至就在事件发生期间就有了相关报道。我们中的许多人立刻打开电视，并被这些事件的恐怖影像吸引。我们根本意识不到媒介的存在，而是在消费讯息。但是在随后的几个月里，我们一次次重复打开电视和笔记本电脑，关心事态的最新变化，却意识不到媒介对我们的重要性。这正说明了麦克卢汉的假设，媒介影响着讯息。但是具有讽刺意味的是，正是我们对媒介的忽视使得讯息变得更加重要。

麦克卢汉和菲奥里（Mcluhan & Fiore，1967）提出，不仅媒介就是讯息（message），媒介还是"按摩"（massage）。通过改变一个字母，他们创造性地向读者展示了另一种媒介观。现在还不清楚这两个作者是想使用双关语同时表达"大众时代"（mass-age）的意思，还是他们再次强调了麦克卢汉早期作品中所说的媒介的强大影响。麦克卢汉和菲奥里提出，我们不仅受到媒介的影响，而且被媒介吸引和征服。作为一个群体，我们为新技术着迷。比如目前像《纽约时报》和《今日美国》这样的全国性媒体会辟出专版报道科技与文化，这似乎已经成为一个惯例。新鲜的小玩意、小装置和科技发明（以及它们的价格）都是为那些喜欢尝新的弄潮儿准备的。事实上，媒介是对大众的按摩，这正是"混乱时代"（mess-age）（McLuhan & Parker，1969）的特征之一，只有把它放到"大众时代"（McLuhan & Nevitt，1972）的背景下才能得以更好地理解。詹姆斯·莫里森（Morrison，2006）总结道："'媒介即讯息'，因为媒介内容会变化甚至自相矛盾，但无论内容是什么，媒介效果总是一样的。"(p. 178)

我们已经介绍了几个与媒介环境理论相关的关键假设和问题。我们还讨论了广义的媒介的含义。麦克卢汉认为用统一和系统的方式来思考不同的媒介十分必要，由此产生了有趣的冷媒介和热媒介的分析方法。

测量温度：热媒介和冷媒介

为了理解 20 世纪 60 年代的"改变人类未来的更宏观的结构"（McLuhan，1964，p. vi），麦克卢汉对媒介进行了分类。他解释说，媒介可以分成热媒介和冷媒介，他的用词来自爵士乐中的俚语。对于许多学者来说，这一分类系统至今还令人困惑，但是它却是该理论的一个重要方面。接下来在图 26-1 中，我们对这两种媒介进行了区

① 此书即《数字麦克卢汉》，目前社会科学文献出版社有中译本（2001 年）。——译者注

别，并举了一些例子加以说明。

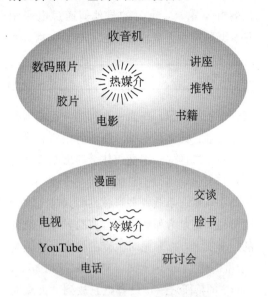

图 26 - 1　热媒介和冷媒介示例

热媒介（hot media）用来描述这样的媒介——它们对听众、读者或观众的要求非常低。热媒介是具有高清晰度的传播方式，数据相对全面，留给受众的想象空间不多。因此，热媒介的受众参与度不高，意义十分明显。电影就是一个典型的热媒介，因为它对我们的要求很低。我们坐下来，看电影，做出一些反应，可能还会吃些爆米花，然后看最后的演职人员表。热媒介给了受众他们需要的东西——在这个例子里就是娱乐。如今人们可以说，发一条 140 字符的推特并不需要高度的感官参与。

446

热媒介	高清晰度的传播，不要求观众、听众或读者的深入参与

麦克卢汉认为收音机也是热媒介。他认为收音机可以作为背景音乐，可以用来控制噪声或者取乐。我们不需要全身心地投入来收听广播。然而在麦克卢汉的时代广播脱口秀还不流行，也没有拉什·林博（Rush Limbaugh）这样喜欢言过其实的广播主持人。考虑到如今多数广播谈话节目的观众参与度，我们需要联想的是麦克卢汉所处的时代并非当代。

和热媒介不同，**冷媒介**（cool media）

的参与度较高，清晰度则较低。媒介所提供的东西较少，因此听众、读者或观众需要去填补这些空白。冷媒介要求受众通过高度的感官参与来创造意见。我们可以以漫画为例。一般来说，我们看到的只是几幅简单的线稿，可能还有一些文字。漫画的清晰度很低，提供的视觉信息不多。我们需要判断这些文字和图片的意义，甚至还要通过想象补充其中没有的文字或思想。

冷媒介	低清晰度的传播，要求观众、听众或读者积极地参与

我们再举一个冷媒介的例子。有趣的是，麦克卢汉（McLuhan，1964）把电视也看作冷媒介。他认为，电视是一个需要观众积极参与的媒介。事实上他指出，一旦电视"缠上了你，你必须和它在一起"（p. 312）。但是随着数字时代的来临，电视发生了一些麦克卢汉无法想象的变化，他还会认为今天

的电视是冷媒介吗？在我们思考当今的热媒介形式的同时，脸书是当代冷媒介的典型，因为上传影像与图片，把他人"加为好友"，聊天和"点赞"都需要更多的感官参与。

让我们再举两个例子说明热媒介和冷媒介。首先，麦克卢汉认为讲座和研讨会截然不同。他认为讲座是热的，因为一般而言

447 讲座是一个人面对一群人讲话，几乎只需要听取信息。而研讨会是冷的，规模更小，讨论组组长帮助提问，参与者分享自己的观点和生活经历。

为了区分热媒介和冷媒介，麦克卢汉分析了 1960 年约翰·F. 肯尼迪和理查德·尼克松的总统竞选辩论。麦克卢汉发现：通过电视看辩论的人认为肯尼迪会获胜，因为他流露出客观、冷静的个性，非常适合于冷媒介；而通过广播（热媒介）听这场辩论的人却认为尼克松会获胜，他被认为很热（事实上，他不断出汗正说明了这一点）。因此，媒介影响了人们的感知。

阿瑟·阿萨·伯杰（Berger，2007）指出，在传播学者试图理解人们对手机的狂热时，麦克卢汉关于热媒介和冷媒介的思考引发了更多的研究兴趣。在 21 世纪，我们需要对简单诠释热媒介和冷媒介保持审慎。举例来说，同时处理多个事项（一边使用推特

一边看电视）时，要区分热媒介和冷媒介就更难了。此外，在试着把多种形式的（社交）媒体划分为热媒介和冷媒介时，我们要记住戴维·博比（David Bobbit）的话："麦克卢汉无意于为'热'与'冷'媒介的术语提供一致、线性的含义。对他而言，媒介的效果才是他想了解的。"（http：//encultura-tion. net/teaching-mcluhan）

循环圈：四项定律

我们将继续讨论媒介环境理论中对麦克卢汉媒介观的最新发展。人们批评麦克卢汉的研究缺乏科学根据，麦克卢汉对此做出了回应，他和他的儿子埃里克·麦克卢汉（McLuhan & McLuhan，1988）一起提出了一个深入研究技术对社会影响的新方法。麦克卢汉对媒介理论的发展包括对**媒介定律**（laws of media）的详细讨论。

> **媒介定律**　媒介环境理论的进一步发展，集中研究了技术对社会的影响

虽然本章提到的麦克卢汉的早期著作没有对计算机技术的发展做任何讨论，但是在他去世后出版的一本他与儿子共同写的书中，他们对互联网的影响进行了讨论。他们想通过这些研究让该理论成为一个完整的循环圈：新技术影响传播，新技术冲击下的传播影响社会，社会的变化导致新的技术变革。马歇尔·麦克卢汉和埃里克·麦克卢汉把概念加以组织后，提出了一个四位一体的模型，以理解媒介效果的过去、现在和将来。

为了从新的视角解释技术对我们所在

文化的影响，麦克卢汉父子提出了理解技术的四项定律。它们以问题的形式提出，具体如下：（1）媒介提升或放大了什么？（2）媒介使什么过时或被淘汰？（3）媒介从过去复活了什么？（4）当接近极限时，媒介逆转或突变成了什么？这四项定律中的每一项都与我们在第 23 章（使用与满足理论）探讨过的媒介效果相一致。我们将逐一举例说明这四项定律（见表 26 - 2）。在讨论中，我们将主要以互联网的作用为例。

> **四项定律**　一组用来理解媒介定律的概念

表 26 - 2　媒介定律

448

媒介定律	描述
提升	媒介提升或放大了什么？
过时	媒介使什么过时或被淘汰？
复活	媒介从过去复活了什么？
逆转	当接近极限时，媒介逆转或突变成了什么？

提升

第一条媒介定律是**提升**（enhance-ment），也就是说媒介提升或放大了人们的能力。电话提升了面对面谈话中使用的言辞。当然，收音机放大了远方传来的声音。电视放大了从另一块大陆传来的图像和声音。

提升	说明媒介会提升或放大人们的能力的定律

互联网在几个方面提升了人们的能力。第一，它增加了感觉的数量，包括视觉和听觉。第二，互联网的出现提高了信息获取的方便性。比如我们现在可以从互联网上获得出生记录、信用卡账单、失踪者信息等。第三，互联网会进一步促进阶层的分化。在信息高速公路上存在着"富有者和匮乏者"。第四，互联网促进了权威的分散。人们可以接触到以往无法触及的信息和事件。此外，我们的政治、科技和企业领袖不再独自占有信息。这些信息对所有上网者都是公开的。

过时

麦克卢汉父子（McLuhan & McLuhan，1988）指出，媒介的第二条定律是媒介最终会使一些东西过时或被淘汰。电视让广播过时，尽管我们中的许多人每天在驾车时还在继续听广播。莱文森（Levinson，2001）指出，收音机让无声电影过时，最后导致无声电影的制作量下降。数字视频录像机（DVRs）也试图使电影过时，但是我们知道这一努力目前只获得了部分成功。

互联网也造成了其他媒体**过时**（obso-lescence）。首先，正如我们前面提到的，地球村的存在要感谢互联网的出现。地理的阻隔将不再不可逾越，即使非洲的偏远村庄在互联网上也触手可及。其次，互联网开始渐渐成为小众媒体（针对特定受众），而不是大众媒体（针对绝大多数受众），因此它使CBS、NBC和美国广播公司（ABC）这样的传统媒体改变了新闻播报方式。最后，面对面的对话因为互联网的出现而过时。过去"部落式"的交谈现在为电子媒介所替代。

过时	说明媒介最终使某些事物过时的定律

复活

媒介的第三条定律是**复活**（retrieval），意思是媒介从过去消失的事物中恢复了一些东西。什么更为古老的、之前曾经过时的媒介被复活了呢？比如电视复活了广播无法传递的重要视觉影像，这曾经是面对面交谈的特征。广播复活了街头公告员——在200多年前他们在美国的大街上以响亮的声音传播具有新闻价值的事件——的作用。印刷术复活了部落时代具有普遍性的知识。互联网复活了在其他媒介中被遗忘了的社群。比如在聊天室里，像开篇小故事里提到的类似兰德尔教授这样的人在电子环境下复活了在广播与电视之前曾经十分盛行的交谈。

449

复活	说明媒介恢复了曾经失传的东西的定律

学以致用

理论主张： "媒介即讯息"，媒介的形式也许比讯息本身更能影响和改变人和社会。

实际意义： 阿纳斯塔西亚想更多地了解 1945 年德国投降的情况。她先去图书馆阅读了有关此话题的书籍与期刊，然后坐下来用谷歌搜索，看不同的网站如何介绍这一话题。最后，她上 YouTube 观看了一则随军摄影部队现场拍摄的投降视频。每一个媒介选择都很有价值，阿纳斯塔西亚发现这一个比上一个更有吸引力。

逆转

当"被推向可能性的极限"（McLuhan & McLuhan，1988，p. 99）时，媒介会制造出什么或变成什么？媒介将会逆转成什么？如果媒介中的限制太多，它就会"过热"并且失效。**逆转**（reversal）则包含了它所产生的那个系统的特征。比如公众希望能够获得相对廉价的娱乐，这一愿望导致了广播剧节目的诞生。人们希望"看到"过去用耳朵听的节目，导致这些节目被搬上电视屏幕。而且我们可以用录像带录下电视节目，过去万人空巷同时看某个节目被逆转为私人"表演"。而电视则是对过去印刷时代的逆转，当时人们只能私人地消费媒体。

学生之声

奥尔加

我读到"地球村"的时候，一想到这是麦克卢汉 20 世纪 60 年代写的，就觉得太了不起了！这个古怪的家伙 50 多年以前就写到我们如何与世界其他地方相连。而且他还说对了！我在四个国家生活过，我打开电视，浏览网站，或在博客中记录世界各地发生的事。我们前所未有地联结在一起，而麦克卢汉是最先知道这一点的。

逆转	说明当媒介被推向极限后将产生或成为其他事物的定律

450　　互联网——作为一个被推向极限的媒介——把社会逆转成为一个崭新而独特的场所。当人们在网站上或聊天室里互相交谈的时候，互联网就具有把部落化的人们重新聚集起来的能力。看看每天在"网上冲浪"的人数，互联网和电视一样也可以让人们彼此隔绝。因为可以从网上下载音乐、电视节目和电影短片，互联网——特别是 iTunes 和 Hulu——把自己逆转成为一个极具视听吸引力的媒介。最后，互联网还是一个让使用者"逆转"的媒介。也就是说，它虽然会让权力分散，但是也可以让不同人群之间的权力差异永恒化。① 当然，互联网为有权

---

① 这里主要指数字鸿沟。从使用者的逆转角度来看，还可以包括互联网将使用者从被动接收者逆转为信息发送者和主动搜寻者、将把关者的角色逆转等。——译者注

者、索权者和无权者都提供了机会。

埃里克·麦克卢汉[1]（Zhuang & McLuhan, 2016）以 2014 年哥伦比亚广播公司对无人驾驶汽车的报道为例，帮助你理解四项定律。他具体写道：

> 提升：自主性
>
> 过时：控制（者）
>
> 复活：作为机器人的汽车
>
> 逆转：驾驶者变为乘客（p. 223）

显然，思考文化议题时你也可以像麦克卢汉一样建立起一套四项定律。

扛起麦克卢汉的大旗：波兹曼和梅洛维茨

美国媒体环境学会（Media Ecology Association）前主席认为，思考麦克卢汉就像参加一场"流动的盛宴"，因为"一旦你有幸接触到了麦克卢汉的思想遗产，不管你余生去往何处，他的遗产都会与你同在"（Sternberg, 2011, p. 111）。虽然认同并接受媒介环境理论的学者为数众多，但其中两个颇具影响力的学者尤其引人注目。尼尔·波兹曼和约书亚·梅洛维茨（Joshua Meyrowitz）是麦克卢汉满腔热忱的学术追随者。虽然二者很大程度上保留了麦克卢汉的观念，但在谈到技术时，又都采用了个体视角。在讨论的结尾，我们概述一下这两位"麦克卢汉信徒"（McLuhanites）。

尼尔·波兹曼的传记很有意思，可以在其他地方读到（http://neilpostman.org）。不过我们还是简要介绍一下他的相关信息。

正如托马斯·根卡雷利（Gencarelli, 2006）所说，"波兹曼首先是一位教育家"（p. 239）。事实上，他的大部分专著都涉及美国公共教育，很多时候相当讽刺辛辣。有时他呼吁教育系统变革，直言需要复兴教育系统。波兹曼认为，如果不吸收新技术，则复兴绝无可能。他相信媒介环境能形塑儿童的生活。尤其是电视已经发展成熟，使年轻人接触到原本为成年人准备的各类信息。波兹曼一直对儿童世界与成人世界的融合感到担忧。

波兹曼显然是一个言行一致的人。关于这点，吉姆·本宁（Benning, 2003）讲了一则逸事。波兹曼对技术的社会影响忧心忡忡。他说："美国文化的趋势是转向技术对所有社会机构的统治、管辖和控制。"（http://www.c-span.org/video/? 7-1/life-career-neil-postman122756）据说波兹曼在购入新车的时候说："我为什么需要电动车窗？我的手臂和手都好好的。要是我瘫痪了，倒是可以用电动车窗。"他的同事和朋友指出："尼尔总是采取他所说的环境视角，一种平衡的观点。"

451

波兹曼公开发表了 200 多篇文章，写作了 20 多本畅销书与学术专著。波兹曼的研究强调了一个核心主题："所有技术都是人类对事物自然秩序的强加干预，并因此改变了自然秩序。"（Gencarelli, 2006, p. 244）。他最具影响力的出版作品之一是《技术垄断：文化向技术投降》（Technopoly：The Surrender of Culture to Technology）。在这本书中，波兹曼（Postman, 1992）假定技术对社会结构产生了负面的影响。具体而言，他认为文化已经向无形（例如智商分数）和有形（例如计算机）的技术屈服。

波兹曼生造了**技术垄断**（technopoly）这个词，意思是我们生活在一个技术支配我们的思想和行为的文化之中。波兹曼提出，在技术垄断下，技术工具的作用是取代孕育了它们的文化。在我们生活的社会中，技术生存导致我们走向疯狂！我们相信技术会把我们带到安全的地方使我们得到救赎，但是我们对媒介的依赖和信任却导致我们失去人性、自制和理性。波兹曼悲叹道，结果造成"传统、社会风俗、神话、政治、仪式和宗教最后竟沦落为要为自己的生存而斗争"（p. 28）。和麦克卢汉一样，波兹曼质问道，

---

① 麦克卢汉之子，加拿大媒介环境学家，于 2018 年 5 月去世。——译者注

我们是否愿意继续生活在一个必须依赖技术才能存在的文化之中，而这样的结论为他在学者之间赢得了"媒介环境学的中流砥柱"（Strate，2004，p. 3）的称号。

除了波兹曼，约书亚·梅洛维茨的研究也与麦克卢汉的理论有着很深的渊源。梅洛维茨的《地方感的消失》（*No Sense of Place*）①开创了一种与空间相关的独特思维方式。他认为空间不仅仅是物理的（Dresner，2006）。换句话说，例如在市政厅对停车罚单提出申诉这样的社会情境中，不仅仅包括建筑和法庭这种物理环境。梅洛维茨认为同样需要考虑传播对情境的影响。

作为一名传播学者，梅洛维茨的兴趣在于揭示传播技术（主要是电视）对社会情境的影响。举例来说，设想一对夫妇私下讨论婚姻不忠。他们很可能就是随便聊聊，体现了夫妻之间的亲密。现在把这场讨论搬上《菲尔医生》（Dr. Phil）电视节目向观众直播。很可能会有一种新的传播模式，具有截然不同的信息流动和新的行为规则。梅洛维茨感兴趣的正是这种具有文化影响的新传播媒介。

梅洛维茨同意麦克卢汉的观点，即电子媒介会带来社会后果。梅洛维茨发展了这一思想，认为权力关系和社会阶层的变化都可以追溯到电子媒介那里。他通过社会学的研究得出结论：媒介使得过去界限分明的角色或空间的划分变得模糊起来。他指出："许多美国人不再'知道自己的位置'，因为传统的环环相扣的'空间'被电子媒介拆分得七零八落。不论你现在身处哪里——在家、在工作场所还是在车里——你总可以和他人联系或被联系。"（Meyrowitz，1985，p. 308）

梅洛维茨把研究重点放在了电视上。只要看看脱口秀节目，你就能发现空间感正在变得模糊起来。过去的隐私（比如讨论你母亲酗酒）现在可以在《莫瑞·波维奇》（Maury Povich）节目中公开讨论。男性和女性的角色现在也变得模糊：《鲁保罗变装皇后秀》（RuPaul's Drag Race）呈现的形象不符合既定的男性气质与女性气质。

波兹曼和梅洛维茨的作品是马歇尔·麦克卢汉遗产的明证。他们都明确而大胆地声明，电子媒介动摇了西方社会的根基及其许多核心价值。显然，这两个学者都在促使我们用更为现代的方式思考麦克卢汉的著作。即便是在出生一百多年之后，麦克卢汉依然具有相关性（siliconvalleywatcher.com/mt/archives/2011/07/the_importance_2.php）。

整合、批评和总结

你或许早就意识到了，麦克卢汉在学术界和公共领域会引起极大的反响。他的思想极富争议，常常被某些人单方面地斥为无稽之谈。事实上，你如果看过他的原著，就会对他经常表现出的怪异的行文风格感到不适应。一些人把他的思维方式称为"麦克卢汉式的"（McLuhanacy）（Gordon，1982），而另一些人认为他的写作风格"具有类型化的特征"（Carey，1998）。然而，媒介环境学者的研究毫无疑问采用的是质化方法，基于该理论的研究几乎从未采用实验方法。

然而麦克卢汉的作品和名声却一直引人注意。让我们简要介绍一些对麦克卢汉的赞美之词。《连线》杂志把他称为他们的"保护神"，而《时代》杂志把他称为"电子时代的预言家"。在多伦多大学有一个麦克卢汉研究中心。此外还有一本麦克卢汉的研究通讯《国际麦克卢汉研究杂志》、关于麦

---

① 该书中文译本《消失的地域》由 2002 年清华大学出版社出版。——译者注

克卢汉研究的研讨会、麦克卢汉节以及麦克卢汉读书会。甚至加拿大有一所高中叫"马歇尔·麦克卢汉都会学校"。最后，《旧金山纪事报》（*San Francisco Chronicle*）曾把他称为"最热门的学术遗产"。他在学术界和社会界的影响无处不在。尽管该理论广受欢迎，但是学者与写作者依然对该理论进行了评估。我们使用可检验与启发性的标准来考察这些批评。

整合

传播传统	修辞学 ｜ 符号学 ｜ 现象学 ｜ 控制论 ｜ 社会心理学 ｜ **社会文化** ｜ **批判**
传播语境	自我 ｜ 人际 ｜ 小群体 ｜ 组织 ｜ 公众/修辞 ｜ **大众/媒体** ｜ 文化
获得知识的方法	实证的/经验的 ｜ 诠释的/阐释的 ｜ **批判的**①

批评

评价标准	范围 ｜ 逻辑一致 ｜ 简洁 ｜ 实用 ｜ **可检验** ｜ **启发性** ｜ 时间的考验

可检验

453　　媒介环境理论因其诸多概念晦涩难懂而受到批评，因此对该理论的检验十分困难，事实上几乎是不可能的（Gordon & Willmarth，2012）。问题显而易见：如果根本无法理解，又如何进行检验？

　　多年来，媒介学者都在批评该理论的可检验性。比如，批评指责媒介环境理论对技术在社会中扮演的角色"过于乐观"（Baran & Davis，2016）。他们认为麦克卢汉过于强调技术对社会的影响，这使该理论的根基站不住脚。乔治·戈登（Gordon，1982）说得更为直接："到现在为止，没有一丁点持续的、可重复的科学证据（无论是归纳的还是演绎的）可以证明麦克卢汉提出的任何一个著名的口号、隐喻或格言是正确的。"（p. 42）德怀特·麦克唐纳（Macdonald，1967）也对麦克卢汉的作品进行了攻击。他指出："麦克卢汉从一切文化——包括岩石壁画到《疯狂》（*Mad*）杂志——中断章取义地掠夺事例来支持他的理论系统，使其不至于崩溃。"（p. 203）

　　大量的批评针对的是麦克卢汉的用词和清晰性。对于一些人来说，麦克卢汉的思想完全没有任何意义。一些学者认为，麦克卢汉没有仔细地给自己的概念下定义，使用了太多夸张的手法。但也有人认为他的夸张只是吸引读者注意力的"花招"（Logan，2011，p. 28）。确实，麦克卢汉的作品呈现出一种蜿蜒曲折的风格，一会儿在这里，一会儿又跳到那里，没有明显的主题句或连续的思维。一位网络作家认为他的写作"充满了晦涩难懂的文学表达与历史典故"（next-nature. net/2009/12/the-playboy-interview-marshall-mcluhan）。而另一位作家认为，麦克卢汉根本对批评不屑一顾，因为他觉得"清晰的写作意味着思想的匮乏"（http：//www. thenewatlantis. com/publications/why-bother-with-marshall-mcluhan）。

启发性

　　媒介环境理论和麦克卢汉的思想受到了许多人的热情支持。麦克卢汉是流行文化中的关键角色，应该注意的是，他的写作激起了各种不同反应。媒介环境学会（media-

---

　　①　整体而言，媒介环境理论并不都像波兹曼那样具有鲜明的批判色彩，也有不少是对历史和社会的阐释。——译者注

ecology. org）是媒介环境理论具备启发性的一个标志。该组织致力于以实践和理论的方式推动该理论的发展，确保理论能见度。该学会出版了一本致力于研究该理论的期刊［《媒介环境学探索》（*Explorations in Media Ecology*）］，证明媒介传播学者将继续把该理论应用于他们的研究之中。甚至还有麦克卢汉的"官方遗产""以确保其声名与遗产的完整性"（http：//www. marshallmcluhan. com）。该网站十分有趣，有一部分专门讨论"麦克卢汉主义"（McLuhanisms）（例如，"所有的广告都是在给广告本身做广告"等）。

454　　研究者以多种方式探讨了麦克卢汉及其贡献。学者们对该理论进行全面理解，探讨了颇具影响力的理论先驱（Lum，2006），一些学者"继续麦克卢汉未竟的事业"（Anton，Logan，& Strate，2016）。其他研究者多年来将麦克卢汉的一些前提假设应用于自己的研究之中（Strate & Wachtel，2005）。此外，该理论的许多概念被应用于多种话题的研究，例如校园枪击案（O'Dea，2015），网络种族歧视（August&Liu，2015），以及作为"冷"媒介的 YouTube（Trier，2007）。

最后，谢丽·特克尔（Turkle，2015）在 21 世纪回应了麦克卢汉在 20 世纪提出的理论，她的思想和研究保留了大量媒介环境学者提出的观点。特克尔在《重拾对话：数字时代交谈的力量》（*Reclaiming Conversation：The Power of Talk in the Digital Age*）一书中认为，技术把我们联结在一起，我们却很少沟通。她赞同媒介环境学者的一个基本观点："媒介技术的形式和偏向影响着我们的日常生活。"（Zimmer，2005，p.5）举例来说，特克尔认为，脸书等社交媒体带来了大量"好友"，然而调查却显示大多数人认为自己的朋友数量比以往更少。她的立场很明确，尽管"移动技术……始终陪伴我们左右"，我们也应该认识到"是时候想想移动技术如何阻碍了我们所珍视的

其他事物"（例如亲密关系、社群等）（p. 7）。总而言之，特克尔的观点不容忽视，新技术正在阻碍人与人之间真正的联结。此外，她认为"技术乱交"（technological promiscuity）已经是美国企业生活的一部分，即相信可以将技术引入任何背景或环境中。

总结

马歇尔·麦克卢汉及其媒介环境理论将会在未来继续引起共鸣。或许某一天，我们会在媒介历史进入某个新的时代时重新回顾麦克卢汉的思想。新的媒介还会继续向前发展，麦克卢汉的思想也会继续应用于新的媒介。麦克卢汉是一个愚蠢的反动分子，还是一个文化预言家？在他的墓碑上写着这样一句话："真理会赋予你自由。"麦克卢汉认为他的发现是真理吗？或者说即使他逝世后，是否还在继续和我们的想象力开玩笑？或许麦克卢汉的传记作者菲利普·马钱德（Marchand，1989）最适当地描述了麦克卢汉对媒介研究的贡献："麦克卢汉发表的评论至少有一个可取之处：他似乎暗示，这个世界要比我们原来想象得更加有趣。"（p. xiii）

讨论题

技术探索：在麦克卢汉发展媒介环境理论时，我们的传播媒介对他而言至关重要。如果今天麦克卢汉和马克·扎克伯格（脸书创始人）共进午餐，你觉得他们会聊些什么？

1. 谈论一下你是否认为兰德尔教授在 455 准备演讲的时候应该更少地依赖技术、更多地依赖她的生活经验。比如，她是否过多依赖网络数据库、聊天室、视频电话和电子邮件？

2. 媒介环境理论家会对目前的电视新闻作何评价？会提出什么批评意见？会对其

中的什么特点最感兴趣？

3. 你是否同意麦克卢汉所说的电视是冷媒介的结论？请举例说明。

4. 请对下面这句话进行解释："科技是我们开始的结束。"（Technology is the end of our beginning）请举例说明你的观点。

5. 你如何看待理论家选择成为流行文化的一部分，包括参加脱口秀和出演电影？

6. 将媒介环境理论的任何原理应用于以下媒介：（a）YouTube；（b）谷歌；（c）脸书；（d）领英。

7. 你觉得媒介环境理论为何很少进行量化研究？

单元6　文化与多样性

我们都属于某个文化社群。我们所属的一些文化在
美国具有悠久的历史。另外一些人所属的文化则是新
近才为人们所注意。正如你在第 1 章里学到的，文化
这个词具有许多含义。本部分的理论强调文化产生的
不同视角与议题，突出研究文化及人类行为的重要性。 457

　　在"文化与多样性"的题目下面，我们选择了四
个传播理论：面子-协商理论、传播适应理论、失声群
体理论和女性主义立场理论。我们之所以选择这几个
理论，是因为从这些理论中可以窥一斑而见全豹，让
我们认识到作为文化社群的一员意味着什么。

　　这一部分的每个理论所讨论的，都是我们与一个
来自不同文化背景、具有不同文化期待的人进行交流
时会遇到的问题。比如，面子-协商理论指向了文化冲突的效果。该理论回答了这样一个问
题："来自不同文化的成员如何协调他们之间的人际冲突？"传播适应理论不仅关注会话中语
言交流的角色，还关注了非语言交流的角色。该理论认为，来自不同文化社群的人们将会调
整自己的传播方式以适应他人。在失语群体理论中，女性被认为不具有权力也无法进行表
达，因为她们所使用的词语是由男性提供的，这些词语符合男性的期待。最后，女性主义立
场理论指出，人们根据自己的立场来看待世界。因此这个理论考虑社会经济阶层及其对各种
边缘（并往往处于弱势）群体的影响，这些群体包括妇女、贫困者、同性恋者以及许多种族 458
和民族群体。

　　本部分的理论所关注的，都是在不同文化群体的交流过程中社会所扮演的角色。本章的
学习会让你接触到许多重要的主题，如支配、控制、压迫、权力、文化认同、冲突和礼貌。
社会正在逐渐变得更加多元化、被电子技术联结在一起，理解本部分的信息仍然十分重要。

第 27 章
面子-协商理论①

459

个体设想自我形象的方式会深刻地影响他们如何从自己独特的身份视角出发建构意义、诠释言语符码、建立关系以及推断隐含的言语规则和前提。

——丁允珠（Stella Ting-Toomey）

杨洁教授和凯文·布鲁纳

杨洁在美国大学任教的前十个星期十分顺利。杨洁是一名来自中国的教员，她的学生们都很认真地听她的传播学课，大家都积极参与她提出的讨论。学生们经常向她打听有关中国的事情，尤其关心中国大学的情况。杨洁非常愿意回答这类问题。她也经常向学生们询问美国的情况以及他们对中美关系的看法。虽然存在着一些文化翻译方面的困难，但总的来说，杨洁认为在如此短的时间内能和学生们培养起这么好的关系十分不错。她没有理由认为接下来会遇到令人不快的事情。

然而杨洁的直觉错了。当跨文化传播课的学生们开始为个人发言进行准备时，每个人都表现出紧张的情绪。除了要围绕他们所选的题目写一份期终研究报告之外，杨教授还要求每个学生对研究结果做一个简短的口头发言。整整一个学期，她就一直听到学生们在抱怨，要么是关于图书馆的工作人员，要么是关于某些期刊文章无法在网上获取，还有就是担心时间太紧。但是她一直认为她布置的这个作业很重要。尽管听到这么多抱怨，她还是不打算取消它。

一天傍晚下课后，凯文·布鲁纳——一位高年级研究生——直接向杨教授发出了挑战。他抱怨说他根本没有足够的时间完成期终发言。他认为杨教授对他的要求太过苛刻，因为他在开学初由于肺炎耽误了两个星期的课程。"太不公平了！"凯文不满地说，"这个要求对我来说太过分了。"

杨教授十分理解凯文的心情。她认为他确实面临着一些压力，并且向他保证说，虽然缺了几节课，但是他一定能够完成他的研究计划。"听我说，凯文，你是个优秀的学生，"她说，"我看得出你很不高兴。但你是一个勤奋的学生，我知道你一直非常努力。你肯定不希望我对你特殊照顾。这个课堂的每个学生都有压力。"

凯文根本听不进去。"我不想对你无礼，这太过分了！我无法接受你竟然不给一个优秀的学生再多点时间。我不是不想完成这个作业。"凯文接下来提出了他的计划。如果她实在要他完成，那么他将在这门课结束两星期后提交期终作业。"我将尽全力对我所写的东西做一个发言，"他继续说，"但是我不敢肯定它会很好。"

杨教授对这种讨论有些不耐烦。"凯文，你太低估自己了。你还有几个星期的时间。

460

---

① 本理论基于丁允珠的研究。

我相信你会完成得尽善尽美。"

谈话的调子立刻发生了转变。"好吧，让我猜猜，"凯文打断了她，"我认为你还不了解美国人的做事方式。我事先已经直言不讳地说了，我无法完成这个任务。你却不断地说我可以。你来美国的时间不长，我觉得你不了解我们这一套是怎么运转的。你得给学生一个机会。现在我觉得自己是在跟一堵墙说话。"他显得很激动，声音也高起来。

尽管这些话有些冒犯，杨教授还是保持着克制。"凯文，在这个课堂上，我们所有人的时间都有限，还得在课外承担一些任务。我和其他人一样，也得在学期结束之前完成许多任务。但是我们不能把自己的责任一推了事。我知道你是个通情达理的学生，我不想给你其他学生没有的特殊照顾。但我也知道你之前生病了，所以这样怎么样：周

一之前上交一份详细的论文大纲。你可以在周末好好准备。我会在周一浏览一遍，然后你根据我的意见把这份大纲写成一篇论文。你不用达到 8～10 页的要求，写 5～7 页就可以。"

凯文马上接过话头："我无法承诺我能尽全力完成我的论文。但是如果你能在我交论文之前帮我看看，这会对我十分有帮助。"

"可能我来自中国，但我保证不管在哪里，老师只是希望学生能尽力做到最好、有比较高的标准。"杨教授回答说，不知道自己的决定是否正确，"你应该知道我希望你能够尽全力。我相信你会按时完成所有工作。"凯文走出教室时忍不住想，他是否应该换一种方式解决冲突。他知道自己有很多事情要做，杨教授已经明确地给他设定了作业的要求。

要解决凯文遇到的这种冲突并不是一件轻松的事。特别是在美国，个人试图解决他们之间的冲突时，常常忽视他人的文化价值观或规范。虽然来自许多不同文化的人们会采用凯文的方式处理这个冲突，但是来自另外一些文化的人却不会认可他们的策略。

凯文的情况在学生中非常普遍。但是和许多学生不同的是，凯文公开地反对杨教授的要求。虽然早在这学期的开始作业就布置下来了，但是他发现剩下的时间不足以完成这个任务。接着他试图和老师协商，看看能不能有其他结果。他这种主动出击的方法对杨教授并不奏效。她很平静地对待这个冲突，不做任何让步。

凯文与杨教授的冲突正好形象地说明了丁允珠提出的面子-协商理论。该理论涉及多方面内容，其中包括跨文化传播、冲突、礼貌和"面子工作"——我们将在本章稍后讨论这一话题。面子-协商理论在跨文化研究方面具有特别的优势和应用，因为丁允珠已经在不同的文化群体中进行过专门的研究，这些群体包括日本、韩国、中国和

美国。丁允珠（Ting-Toomey, 1988）强调说："只有在一定的文化中，'面子'和'冲突风格'才能得到表达和保持，所以文化为解释这些现象提供了一个更大的框架。"（p. 213）丁允珠认为，来自不同文化背景的成员对他人"面子"的关心程度会有所不同。这种关心程度的差异导致他们用不同的方式处理冲突。这一评论可以成为我们理解面子-协商理论的基础。

461

我们开头所举的凯文·布鲁纳和杨教授的例子，就可以用面子-协商理论来解释。凯文和他的老师来自不同的文化背景，因此他们似乎对如何解决凯文面临的期终作业的困难存在不同的解释。很明显，凯文想晚些交作业，而杨教授想让他和其他同学一起交作业。她想通过强调凯文的能力来终止两个人之间的冲突，显然她不想让凯文为难。相反，她提醒他注意自己有能力把一切事情做好，而不是仅仅把眼光放在这个学期还剩多少时间上面。

杨教授和凯文·布鲁纳的行为中所涉及的，就是研究者所说的面子。因为面子是

个人自我概念的延伸，所以来自管理、国际外交、人类学、社会学、语言学等许多领域的研究者都很关注这个现象。事实上，面子-协商理论的基础就是这个概念。让我们首先看看这个概念背后的意义，然后再讨论该理论的前提假设。

关于面子

丁允珠的理论中有很大一部分以面子和面子工作为基础。很显然，**面子**是生活中的重要元素，是自我形象的比喻，存在于社会生活的所有方面。这么多年来，对面子概念的解释也存在着一个发展过程。这个概念来自中国人，霍提出中国人有两个词来表示面子，即脸和面子，他们用这两个词来描述身份和自我（identity and ego）（Ho, 1944）。

人们一般认为是欧文·戈夫曼（Goffman, 1967）首先将面子概念引入当代西方

的研究。他指出，面子是人们在与他人交谈过程中表现出来的自我形象。丁允珠及其同事（Oetzel, Ting-Toomey, Yokochi, Masumoto, & Takai, 2000）认为，在人际交往的情境中，面子与自尊和（或）他人的自尊的投射有着密切的关系。人们"看"不见他人的面子。面子是一个隐喻，它指的是人们与他人的关系中所具有的边界。因此，面子本质上是个人基于社会对何为"得体且成功"的解释、希望向他人传达的令自己满意的自我形象（Samp, 2015, p. 1）。

戈夫曼把面子描述为一种可以维持、失去或强化的东西。在戈夫曼写作的时候，他预见不到这个概念还可以用在描述亲密关系上。作为一个社会学家，他认为面子及相关概念在社会群体的研究中更有用。但是随着时间的推移，对面子的研究已经扩展到许多语境之中，包括亲密关系和小群体。

面子	对人们表现出的公共形象的隐喻

丁允珠还吸收了礼貌研究（research on politeness）的一些成果，包括希望有面子是人们普遍关心的（Brown & Levinson, 1978）。蓝红艳（Lan, 2016）认为，"面子和面子工作是一种全球现象，来自各种文化的人都始终在进行面子协商"（p. 41）。丁允珠（Ting-Toomey, 1988, 1991, 2004）进一步阐述了戈夫曼的思想，提出面子是个人自我形象的投射和在某个关系中要求获得的自尊。她认为，面子"是在他人面前所呈现的文明形象的具体化"（Ting-Toomey, 1994a, p. 1），是关系双方共同定义的身份。此外，面子是"社会认可的自我形象以及考虑他人形象时的问题"（Ting-Toomey & Chung, 2005, p. 268）。丁允珠及其同事贝丝·安·科克罗夫特（Cocroft, 1994）把面子简洁地表述为一种"泛文化现象"（p. 310），也就是说，任何文化中的个人都拥有和管理着面子，面子在所有文化中都

存在。

对于我们的开篇小故事，丁允珠和其他面子-协商理论家最关注的信息是杨教授是中国人，凯文·布鲁纳生在美国。文化背景影响了他们处理彼此关系和面子的方式。也就是说，丁允珠认为面子虽然是一个具有普遍性的概念，但是不同文化中面子的表现方式是不一样的。面子需求存在于所有文化中，但并不是所有文化的面子需求方式都是一样的。丁允珠提出，可以从两个方面来理解面子：面子关心和面子需求。**面子关心**（face concern）与个人自己的面子或他人的面子有关。换句话说，存在着自我关心和他人关心。面子关心要回答的问题是我希望大家注意我还是注意他人。**面子需求**（face need）指的是包含还是独立。也就是说，我希望与他人发生联系（包含）还是希望与他人没有联系（独立）？

| 面子关心 | 感兴趣的是保持自己的面子或他人的面子 |
| 面子需求 | 与他人联系或没有联系的欲求 |

面子和礼貌理论

我们前面提到，丁允珠受到了礼貌理论的影响。广义上，礼貌关乎行为和程序的得体性，涉及和谐关系的建立和维持（Kerbrat-Orecchioni，2012）。具体而言，礼貌理论研究者布朗和莱文森（Brown & Levinson，1978，1987）认为，人们会根据他们所感知的面子受威胁程度来使用礼貌策略。礼貌理论认为，一条单独的讯息可能对面子产生不止一次的威胁，也可能既满足又威胁对面子的需求，而礼貌和面子威胁会影响到后续的讯息。基于至少三种语言的田野调查（Feng，2015），面子理论研究者对全世界十几个不同的文化进行了研究，

他们发现存在两种普遍的需求：积极的面子需求和消极的面子需求。**积极的面子**（positive face）指的是希望被我们认为重要的人喜欢和崇拜，**消极的面子**（negative face）指的是想保持独立自主和不受约束。卡伦·特蕾西和谢瑞尔·巴拉兹（Tracy & Baratz，1994）指出，这些面子需求既是关系的一部分，也是关系的集中体现。他们接着举了这样一个例子来说明这一点：

> 面子需求可以解释为什么大学生在向同学借笔记时一般不会大胆地提出要求（"借我看看你的笔记，可以吗？"），他们一般会用一种更注意对方消极的面子需求的方式提出（"能不能把笔记借我用一下，就一个小时？我复印完了马上还你。"）。(p. 288)

| 积极的面子 | 希望被他人喜欢和崇拜 |
| 消极的面子 | 想独立自主不受他人控制 |

理论速览·面子-协商理论

个体主义和集体主义文化中的人们如何在冲突中进行面子的协商？面子-协商理论基于面子管理，后者描述了来自不同文化的人们如何管理冲突协商，维护面子。对自己的面子和他人的面子的关心解释了为什么来自不同文化的人们之间存在冲突协商。

布朗和莱文森的研究说明了在谈话中个人想满足两种面子需求时所面临的两难境地。满足一种面子需求常常会影响到另一种面子需求。比如在本章开头的例子里，杨教授想让凯文尽自己全力完成作业。然而她的积极的面子需求却导致她投入大量时间与凯文在这个问题上纠缠，因此损失了她的消极的面子需求。

面子工作

当传播者的积极的面子和消极的面子

受到威胁时，他们会想方设法挽回他们自己或同伴的面子。丁允珠（Ting-Toomey，1994a）使用了布朗和莱文森的用法，把这种现象定义为面子工作（facework），即"为了满足个人或他人的面子需求而采取的行动"（p. 8）。丁允珠和列瓦·钟（Ting-Toomey & Chung，2005）也认为面子工作是"关于我们使用的语言与非语言策略，目的是维护、捍卫或提升我们自己的社会自我形象并攻击或捍卫（或'挽救'）他人的社会形象"（p. 268）。换句话说，**面子工作**就

是个人如何使自己的所作所为与他们的面子保持一致。丁允珠把面子工作比作"传播的舞蹈"，人们需要小心翼翼地用脚尖在尊重自己的面子和他人的面子之间周旋。凯瑟琳·

凯尔布拉特-奥瑞奇奥尼（Kerbrat-Orecchioni, 2012）将面子工作诠释为一种"缓和"那些可能会损害或威胁对话与关系的行为的方式（我们将在本章稍后继续探讨这一话题）。

> **面子工作**　为了满足个人或他人的面子需求而采取的行动

特斯托普·利姆和合著者（Lim & Bowers, 1991；Lim & Ahn, 2015）进一步阐述了这一思想，他们提出了三种面子工作：得体的、团结的和赞许的。第一种面子工作是**得体的面子工作**（tact facework），它指的是一个人尊重他人的独立自主。这种面子工作允许一个人自由地做他想做的事情，同时把对这种自由的限制降到最低。比如杨教授在凯文对作业提出问题时使用了得体的面子工作。当然她也可以对凯文声明他必须乖乖地完成工作，不要提出任何异议，但是她使用了得体的面子工作——她没有发号施令而是征求他的意见。

> **得体的面子工作**　表现出尊重他人的独立自主

第二种面子工作是**团结的面子工作**（solidarity facework），它指的是一个人接纳他人为群体的内部成员。团结可以促进两个交流者之间的关系，也就是说把分歧降到最低，通过非正式的语言和共享的经验强调共同之处。比如杨教授指出，和凯文一样，她也有任务要完成，人们不能因为时间不够就逃避自己的责任。她的谈话风格像一个平易近人的老师，没有通过语言强调师生之间的地位差异。

464

> **团结的面子工作**　接纳他人成为群体的一员

第三种面子工作是**赞许的面子工作**（approbation facework），它尽量减少对他人的责备，尽可能地把表扬最大化。赞许的面子工作是把注意力主要放在对方的积极一面而不是消极一面。很显然，虽然杨教授对凯文的感觉不太好，但是她还是采用了赞许的面子工作，指出他是一个勤奋、优秀的学生。她还解释说他有能力完成所有工作。换句话说，她避免对凯文做出批评，并且承认凯文的优点。

> **赞许的面子工作**　不关注对方的消极一面而注意对方的积极一面

我们对面子和面子工作的介绍是理解面子-协商理论的重要背景知识。丁允珠的理论还提出了许多值得我们注意和说明的其他问题。我们将进一步详细介绍更多的细节，首先还是来看看面子-协商理论的三个关键的前提假设。

面子-协商理论的前提假设

面子-协商理论的几个前提假设基本都会涉及该理论的关键组成部分，即面子、冲突和文化。以此为基础，下面的假设主导了丁允珠的理论的思想：

● 自我身份在人际互动中十分重要，来自不同文化的个体会用不同的方式与他人协商自己的身份。

● 冲突管理以面子和文化为中介。

● 某种行动会威胁个人的自我形象投射（面子）。

第一个前提假设强调的是自我身份

（self-identity），也就是个人的特点或性格特征。在对面子的讨论中，威廉·丘帕赫和桑德拉·梅茨（Cupach & Metts，1994）认为，当人们相遇时，他们会在互动中塑造一个形象，告诉对方自己是谁。这个形象是"他理想中的并希望对方接受的身份"（p. 3）。**自我身份**包括个人的经验、思想、理念、记忆、计划等构成的综合体。人们的自我身份不会一成不变，而是在互动中与他人协商出来的。人们不仅关心自己的身份或面子（自己的面子），也关心他人的身份或面子（他人的面子）（West & Turner，2016）。

自我身份	个人从与他人的互动中认识的个人特征

就像文化和族群会影响自我身份一样，个体投射自我身份的方式也会因文化而异。玛丽·简·科利尔（Collier，1998）提出，文化身份是"在特定的历史、政治、经济和社会环境中通过竞争产生并使用的"（p. 132）。德洛蕾丝·塔诺和阿尔伯托·冈萨雷斯（Tanno & Gonzalez，1998）提出了"身份的场所"（sites of identity）概念，他们把它定义为"产生身份的物理的、学术的、社会的和政治的空间"（p. 4）。因此，自我身份受到时间和经验的影响。假设有一个女政治家刚刚担任了某个职务，她很可能会被由新职务产生的责任压得喘不过气，甚至会遭遇挫折。但是随着时间的流逝和经验的增加，挫折感会被自信代替，她会以崭新的身份出现在他人面前。

465

学生之声

艾琳

跟你说吧，我是从中国来的，对面子（工作）的讨论对我而言太真实了。我生活在北京，大家都很小心，尽量不让别人难堪。我们也会尽量避免冲突，因为我们觉得争吵不是解决问题的最佳方式。我记得有一次在美国的课堂上，教授说了很不应当说的话。但我什么都没说，因为我知道那会给我们的对话带来更多问题。

在第一个前提假设中还包含一个观点，即来自不同文化的个体具有不同的自我形象，他们不断地与他人协商着这些自我形象。丁允珠（Ting-Toomey，1993）指出，个人的自我感觉既是有意识的，也是无意识的。也就是说，在不同的文化中，人们的自我形象既可能是习惯性地呈现给他人的，也可能是经过仔细策划后呈现给他人的。丁允珠认为，如何感知自我形象以及希望他人如何感知我们的形象会影响我们的传播经验。

面子-协商理论的第二个前提假设与冲突有关，冲突是该理论的重要组成部分。在该理论中，冲突总是和面子、文化相伴而生。对于丁允珠（Ting-Toomey，1994b）来说，冲突会损害个体的面子，会降低人们之间的亲密程度。正如她所指出的那样，冲突是一个丢面子的"论坛"。冲突会威胁交流双方的面子，如果双方就如何解决冲突无法达成妥协（比如侮辱他人、把自己的意志强加于人等），冲突就会让双方更加丢面子。丁允珠指出，在一定的文化中，人们的社会化会影响他们解决冲突的方式。也就是说，一些文化比如美国崇尚公开地表达出自己的不同看法，另一些文化则认为应该谨慎地处理冲突。我们将在本章后面一点再回到关于文化导向的话题。

这种冲突、面子和文化的影响可以在我们前面讲的杨教授和凯文·布鲁纳的故事中得到说明。显然，凯文在与杨教授的冲突中强调的是他希望"不用完成"这个作业，而杨教授则一定要让他完成。因为杨教授没有答应他的要求，凯文为了保住自己的面子，答应了老师提出的折中方案。换句话说，他表现出想在老师面前保住面子的需求。

面子-协商理论的第三个前提假设是关于不同的行为所产生的面子效果。借鉴了礼貌研究的成果后，丁允珠（Ting-Toomey, 1988）认为，伤面子行为（face-threatening acts, FTAs）不仅威胁互动中积极的面子，也威胁互动中消极的面子。伤面子行为可能是直接的，也可能是间接的，当人们心目中建立的形象受到挑战时就会发生伤面子行为（Tracy, 1990）。直接的伤面子行为对他人的面子威胁更大，间接的伤面子行为威胁稍小一些。

丁允珠和马克·科尔（Ting-Toomey & Cole, 1990）指出，伤面子过程由两个行为组成：留面子和面子修补。**留面子**（face-saving）指的是为防止威胁或损害某人形象的事件发生所做的努力。留面子一般是为了防止令人难堪的情境出现。比如本书作者之一的好朋友的母语是法语。虽然这个朋友的英语也十分流利，但是他在与他人谈话中会不时地使用法文短语。因为他人对此常常猝不及防，所以本书作者就会向他人介绍说这个朋友的母语是法语。在这里，作者使用的就是留面子的技巧。

> **留面子** 为了避免尴尬或伤害而做的努力

面子修补（face restoration）发生在丢面子之后。丁允珠和科尔发现，人们在这种情况下会试图挽回面子。比如出现令人尴尬的事情后，人们找借口的行为就是一种面子修补的技巧（Cupach & Metts, 1994）。借口（"我认为这是她的工作"）和辩解（"我不是适合在早上工作的人"）就是很常见的面子修补行为。这些维持面子的策略及其相互之间的关系见图 27-1。

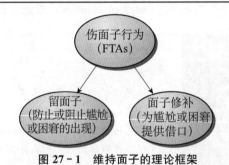

图 27-1 维持面子的理论框架
资料来源：改编自丁允珠和科尔（Ting-Toomey & Cole, 1990）。

> **面子修补** 保存独立性和避免丢面子的措施

到现在为止，我们已经详细介绍了面子、面子工作以及面子-协商理论的三个前提假设。现在我们把注意力转向该理论的其他维度。我们先探讨一下个体主义和集体主义，接下来讨论该理论中冲突的功能。

个体主义的文化和集体主义的文化

文化并不是一个静止的变量，它可以从许多不同的维度来解读。因此，丁允珠使用了哈里·特里安迪斯（Triandis, 1972, 1988）和吉尔特·霍夫施泰德（Hofstede, 1980, 2001）的理论，研究了文化、面子和冲突的关系。上述两位学者都使用文化变量来解释行为的文化差异。在面子-协商理论中，文化差异可以用一个坐标来衡量，这个坐标的一极是个体主义，另一极是集体主义（Ting-Toommy, 2010）。坐标的一端强调个人身份的价值，另一端则强调群体身份的价值。个体主义的文化是"彼此独立的自我"的文化，集体主义的文化则是"相互依赖的自我"的文化。世界各国的文化在个体主义和集体主义的坐标中分布在不同的位置（见表 27 - 1）。这两个维度在面子工作和冲突的解决中起着显著的作用，但是霍夫施泰德提醒我们，随着时间的推移，文化差异会发生变化，例如人口学数据和健康机会的变化会对社会产生持续的影响（https：//geert-hofstede.com/national-culture.html）。

表 27 - 1 世界主要国家或地区个体主义和集体主义排名*

467

排名	国家或地区	排名	国家或地区
1	美国	28	土耳其
2	澳大利亚	29	乌拉圭
3	英国	30	希腊
4/5	加拿大	31	菲律宾
4/5	荷兰	32	墨西哥
6	新西兰	33/35	前南斯拉夫
7	意大利	33/35	葡萄牙
8	比利时	33/35	东非
9	丹麦	36	马来西亚
10/11	瑞典	37	中国香港
10/11	法国	38	智利
12	爱尔兰	39/41	新加坡
13	挪威	39/41	泰国
14	瑞士	39/41	西非
15	德国	42	萨尔瓦多
16	南非	43	韩国
17	芬兰	44	中国台湾
18	奥地利	45	秘鲁
19	以色列	46	哥斯达黎加
20	西班牙	47/48	巴基斯坦
21	印度	47/48	印度尼西亚
22/23	日本	49	哥伦比亚
22/23	阿根廷	50	委内瑞拉
24	伊朗	51	巴拿马
25	牙买加	52	厄瓜多尔
26/27	巴西	53	危地马拉
26/27	阿拉伯国家		

* 排名越靠前的国家或地区个体主义倾向越强烈，反之集体主义倾向越强烈。

尽管一些调查对美国、澳大利亚和英国的排名不同，但人口学家一致认为这三个国家显然是全世界个体主义最强烈的国家。

资料来源：Hofstede，2001.

丁允珠及其同事（Ting-Toomey et al.，1991）证明，个体主义和集体主义的划分不仅对国家层面的文化适用，而且对一个国家内部的共文化也适用。也就是说，在美国国内的不同种族和民族群体在个体主义和集体主义方面也有差异。比如丁允珠和她的研究团队（Ting-Toomey et al.，1991）发现，许多欧洲裔美国人认同个体主义的价值观和信仰，而第一代墨西哥移民或日本移民则倾向于保持其集体主义导向。让我们进一步研究一下个体主义和集体主义的概念。

468 在第 5 章里，我们曾简单地讨论过个体主义和集体主义这两个概念。但或许你还记得，虽然不同理论家可能会使用相同的词汇，但含义可能会有细微的差别。因此我们简要介绍一下面子-协商理论中这两个词的含义。一般而言，当人们强调个人而不是群体时，他们看问题就带有个体主义视角。**个体主义**指的是人们强调个人身份高于群体身份、个人权利高于集体权利、个人需要高于群体需要（Ting-Toomey, 1994b）。个体

主义强调的是"我"的身份（如我想、我需要等等）。拉里·萨莫瓦、理查德·波特、埃德温·麦克丹尼尔和卡罗琳·罗伊（Samovar, Porter, McDaniel, & Roy, 2016）认为个体主义很可能是美国诞生初期最先发展出的价值观。萨莫瓦和波特（Samovar & Porter, 1995）认为："个体主义强调个体的主动性（'抓着鞋带把自己提起来'）、独立（'不要管闲事'）、个性化的表达（'吱吱叫的轮子才有油吃'）以及隐私（'家就是自己的城堡'）。"(p. 85) 个体主义 469 价值强调自由、诚实、安适和个人平等等等（Ting-Toomey & Chung, 2005）。

个体主义	对个人的强调重于群体的文化价值

大众媒体中的理论·美国——一个集体主义国家？

《波士顿环球报》（*Boston Globe*）作者克劳德·菲舍尔（Claude Fischer）是美国最早公开质疑美国是否真的是个体主义社会的记者之一。菲舍尔参考了认为美国人珍视并践行个体主义的研究，他认为个人自由的概念——美国人所珍视的价值观——其实没有人们以为的那么普遍。作者将美国与欧洲进行比较，人们通常认为后者是集体主义的。菲舍尔的意图显而易见。他认为"美国人远比欧洲人更可能会说即使老板错了，员工也应该服从老板的指令；更可能会说孩子们必须爱他们的父母；更相信父母有义务为孩子牺牲自己。我们也更倾向于服从教会领袖并坚持遵守法律"。

菲舍尔在文章中似乎认为，个体主义存在复杂性，因此生活在美国的人会经常遇到个人权利与群体利益相冲突的问题。而这与"美国"公民高度"以我为中心"的认知（和一些面子-协商理论者的研究）相矛盾。事实上，菲舍尔大胆地提出，美国人"似乎比欧洲人更愿意将个人自由湮没于群体之中"。菲舍尔以多种方式支撑了他颇具争议的观点，包括提供调查研究的证据，证明在所有国家的人中美国人"最有可能接受这一表述：即使国家有错，人们也应该支持他们的国家"。

资料来源：Fisher, C. (2010). Sweet land of…conformity? Americans aren't the rugged individuals we think we are. *Boston Globe* online, boston.com/bostonglobe/ideas/articles/2010/06/06/sweet _ land _ of _ conformity/.

正如你所看到的，个体主义涉及自我激励、独立自主和独立思考。个体主义意味着与他人直接交流。我们还记得在开篇小故事里，凯文·布鲁纳的意见就直接地表达了他要按照自己的时间完成任务。他的心理投射

导致他认为杨教授也和他一样崇尚个体主义。

跨文化传播的学者们认为，个体主义在美国尤其突出（Jandt, 2015）。除了美国以外，还有许多其他的文化也被认为是个体主

义文化。澳大利亚、英国、加拿大、荷兰和新西兰都是个体主义文化的典型。意大利、比利时和丹麦也被认为具有个体主义倾向。这些文化强调个人成就，崇尚独立。

个体主义关注个人的身份，相反，集体主义则把眼光放在了个人之外。丁允珠（Ting-Toomey，1994b）评论说，集体主义强调群体目标高于个人目标、群体义务高于个人权利、群体的需要高于个人的欲求。集体主义强调"我们"的身份（如我们能做到，我们是一个团队，等等）。属于群体文化的人们崇尚一起工作，并把自己视为更大的群体的一分子。因此，集体主义的社会崇尚包容性。集体主义价值强调和谐、尊重父母的愿望以及满足他人的需求等等。集体主义文化的典型包括印度尼西亚、委内瑞拉、巴拿马、墨西哥、厄瓜多尔和危地马拉。

集体主义	对群体的强调重于个人的文化价值

面子管理和文化

既然这样，那么个体主义和集体主义与丁允珠的理论有什么关系呢？丁允珠和钟（Ting-Toomey & Chung，2005）认为，"认同个体主义价值（文化）的成员更加倾向于维护自我面子，认同群体导向价值的成员在冲突中则更加倾向于维护他人的或双方的面子"（p.274）。如果你是一个个体主义社会的公民，你可能最关心的是控制你自己的行为的独立自主和不受侵犯。你还希望你的选择能够满足自己的面子需求。凯文·布鲁纳不满意老师布置的作业和截止日期，他想不受老师的约束，从老师那里获得其他的选择。丁允珠认为，在个体主义文化中，**面子管理**（face management）是公开的，因为即使在与他人讨价还价的时候，它涉及的还是保护某人自己的面子。凯文·布鲁纳的面子协商过程就导致了当面冲突。而且正如丁允珠指出的，像凯文这样属于个体主义文化的成员，在冲突的解决过程中会比集体主义文化的成员更倾向于使用保持独立的面子策略。

面子管理	对面子的保护

集体主义文化"更关心自我表现（面子）的形象的适应性"（Ting-Toomey，1988，p.224）。适应性可以使个人与他人建立相互联系（积极的面子）。这意味着集体主义社群的成员在讨论问题时考虑的是与他人之间的关系，他们会感到一次对话需要由传播的双方共同努力才能进行下去。比如杨教授通过对凯文表示理解，努力表现出她和凯文之间的联系。她同时问凯文如果她给凯文的作业延期却没有让其他同学这样做是不是不公平，这也表现出她的集体主义取向。因此，作为集体主义文化的成员，杨教授不仅注意自己的面子需求，也照顾他人的面子需求。

丁允珠认为，当两个来自不同文化——个体主义文化和集体主义文化——的人相遇时，就可能会产生冲突，因为他们会无视对方如何处理冲突。事实上，"如果管理得当，人际冲突可以给人际关系带来积极的变化"（Ting-Toomey & Oetzel，2016，p.1）。为此，面子-协商理论关注的是文化对世界各地关系中冲突管理的影响。

不同文化间的冲突管理

个体主义-集体主义文化维度会影响冲突风格的选择。这些风格具体指的是反应的方式，或者和不同的传播对象之间解决冲突的方式（Ting-Toomey & Chung，2005；Ting-Toomey & Oetzel，2001）。这些风格包括逃避（avoiding，AV）、迎合（obliging，OB）、妥协（compromising，CO）、控制（dominating，DO）和整合（integrating，IN）。使用**逃避**的风格的人会回避分歧，避免与他人产生不愉快的交往（"我很忙"或"我不想谈这件事"）。**迎合**的风格是消极地适应，努力满足他人的需求或同意他人的建议（"你想怎样都行"）。在**妥协**的风格里，个人想寻找一条中间路线来解决冲突，使用交换的方式来达到妥协（"那不如我放弃一周的休假，你也放弃一周的休假？"）。

控制的风格通过使用影响力、权威或专业知识，让他人接受某种观点或做出决策（"我最有资格谈论这个问题"）。最后，**整合**的风格一般被人们用来寻找针对某个问题的解决方案（"我认为我们应该一起来解决这个问题"）。与妥协相反，整合需要对自己和他人都给予高度重视，而在妥协的风格里这种重视并不突出。

逃避	回避分歧
迎合	满足他人的需求
妥协	用讨价还价的方式寻找一条解决问题的中间路线
控制	使用影响力或权威做出决策
整合	与他人合作寻求解决之道

丁允珠认为，上述风格的选择取决于传播者的文化变量。但是冲突的管理显然必须考虑自己的面子和他人的面子。我们在图 27-2 中说明了上述关系。在开篇故事中，凯文·布鲁纳使用了控制式的冲突管理方式，显然他没有考虑老师的面子（只考虑了自己的面子）。然而杨教授却在冲突的解决过程中采用了妥协的风格，考虑了学生的面子（他人的面子）。

接下来，我们通过说明冲突风格与面子工作的关系，进一步介绍丁允珠关于冲突管理的理论。丁允珠说明了冲突风格与面子关心/面子需求之间存在的几种关系。首先，冲突管理中逃避与迎合的风格反映了消极的解决冲突的方式。其次，妥协的风格代表了寻找中间路线、考虑双方的面子的方式。最后，控制的风格反映了极其重视自己的面子和对冲突的控制欲，而整合的风格则在冲突的解决中高度重视自我和他人的面子需求。

通过对五种不同地区的文化（日本、中国大陆、韩国、中国台湾和美国）的对比，

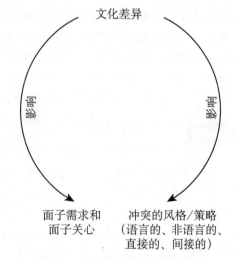

471

文化差异

影响

影响

面子需求和
面子关心

冲突的风格/策略
（语言的、非语言的、
直接的、间接的）

图 27-2 文化差异、面子与冲突

丁允珠和她的研究合作者们（Ting-Toomey et al.，1991）得出了以下发现：

● 美国文化的成员（相较于日本和韩国）在冲突的管理中明显更愿意使用控制的风格。

● 中国台湾地区的成员在冲突的管理中明显更愿意使用整合的风格。

● 中国大陆和中国台湾地区的成员（相

较于美国）在冲突的管理中明显更愿意使用迎合的风格。

● 中国大陆的群体和其他文化群体相比，最倾向于使用逃避的风格。

● 中国大陆的成员与其他文化的成员相比，在冲突的管理中更倾向于使用妥协的风格。

此外的研究同时说明，集体主义的文化（中国大陆、韩国、中国台湾）对他人的面子的关注程度很高。其他研究发现，参与研究的阿拉伯人更喜欢整合和逃避的风格，而美国人被认为更倾向于控制的风格（Khakimova, Zhang, & Hall, 2013）。此外，詹姆斯·纽利普和摩根·约翰逊（Neuliep & Johnson, 2016）研究了厄瓜多尔和美国的情况，发现厄瓜多尔人比美国受访者更喜欢逃避和妥协的风格。最后，另外一项研究（Croucher, Holody, Hicks, Oommen, & DeMaris, 2011）借鉴了丁允珠的跨文化冲突风格，得出的结论是，在印度人中，印度教徒更喜欢整合和控制的风格，几乎不使用逃避和迎合的风格。而穆斯林更喜欢整合和妥协的风格，不怎么喜欢控制和逃避的风格。

从面子与冲突的研究中，我们显然可以看出文化的差异会影响冲突管理的方式。我们再回到前面提到的凯文·布鲁纳和杨教授的例子。根据面子-协商理论，因为杨教授是中国文化——属于集体主义社会——

的一员，所以她倾向于在与凯文的冲突中做出妥协。在开篇小故事中你可以看到，她让凯文写一个详细的大纲，调整了作业的页数要求。同时，她还高度重视他人的面子。但是，凯文则在冲突的解决中非常具有控制的风格，更加关注自己的需求。

最后，简单说说文化和协商，这是面子-协商理论的两个主要主题。你可能会好奇不同文化的协商技巧之间的差异，此时请记住，正如冲突风格有其文化基础，协商风格亦然。并且协商显然是一个"西方化的"概念，难以直接对应到其他文化，也就是东方社会（LeBaron, 2003）。这意味着我们在全球范围内应用该术语时，都需要保持谨慎、切合实际。

整合、批评和总结

面子-协商理论认为，来自不同文化的人都关心自己的面子。该理论关注冲突问题，解释为什么来自不同文化的两个人会用不同的方式处理冲突。丁允珠认为文化价值观会影响冲突的处理，而这些冲突又会受到传播者的面子关心和面子需求的影响。面子-协商理论有丰富的历史，其研究本质上几乎都是量化的。我们现在以下面这两个标准来讨论该理论的有效性：逻辑一致和启发性。

整合

传播传统	修辞学	符号学	现象学	控制论	**社会心理学**	社会文化	批判

传播语境	自我	人际	小群体	组织	公众/修辞	大众/媒体	**文化**

获得知识的方法	**实证的/经验的**	诠释的/阐释的	批判的

批评

评价标准	范围	**逻辑一致**	简洁	实用	可检验	**启发性**	时间的考验

逻辑一致

有趣的是，丁允珠自己就对面子-协商理论进行了一些廓清，促进了该理论的完善。你可能还记得，该理论的基础是个体主义文化与集体主义文化具有不同的经验和感知。丁允珠在这些理论的基础上提出了她的核心假设。但是，有时该文化维度并不能全面地说明文化的差异。在她自己的研究中，丁允珠及其同事（Ting-Toomey et al.，1991）发现了一些矛盾。她发现在被调查者中，日本人要比美国人更关注自己的面子。此外，虽然丁允珠提出个体主义文化一般不会采用妥协作为解决冲突的风格，但是在面对冲突时，具有高度个体主义精神的美国人却明显大量地使用妥协。因此，在这一研究中，美国人并没有完全以自我为中心。

丁允珠和科克罗夫特（Ting-Toomey & Cocroft，1994）在解释这一与理论预测相左的结果时指出，从个体主义和集体主义这个维度研究面子工作"是开始面子工作行为研究的一个必由的出发点"（p.314）。研究者们还指出，研究中许多面子工作的分类系统都反映出个体主义-集体主义的思维方式，因此面子-协商理论必须以这样一个独具优势的切入口作为研究的起点。

面子-协商理论的逻辑一致性还涉及其他问题。正如我们前面提到的，丁允珠（Ting-Toomey，1988）把面子-协商理论的基础建立在布朗和莱文森（Brown & Levinson，1978）的礼貌理论上。她吸收了他们思想中的许多部分，包括积极的面子和消极的面子。丁允珠似乎赞同这一观点，即人们使用礼貌策略来减少面子威胁（Feng，2015）。但是特蕾西和巴拉兹（Tracy & Baratz，1994）认为，布朗和莱文森理论中的这种划分"过于抽象和一般化，以至于无法准确地解释互动中居于中心地位的面子关心"（p.290）。也就是说，与面子关心相关的其他问题并没有得到研究者的重视。然而苏珊·史曼诺夫（Shimanoff，2009）认为，礼貌确实是人们用来纠正面子威胁行为的做法。丁允珠和科克罗夫特（Ting-Toomey & Cocroft，1994）同意虽然布朗和莱文森为该理论的提出提供了最初的参照，但是研究数据表明他们的研究存在一定的问题。

启发性

丁允珠的面子-协商理论继续吸引着跨文化研究者的浓厚兴趣，使该理论极具启发性。该理论的关键概念和特征得到了进一步研究。举例来说，"面子"框架内的冲突管理已经被应用于研究少年犯和生活在风险环境中的青少年（Lim, Vadrevu, Chan, & Basnyat, 2012）。此外，关于面子的研究在不同文化中展开，包括马来西亚、中国、日本、德国、墨西哥和美国（Oetzel et al., 2003；Quinn, Oetzel, Ting-Toomey, & Zhang, 2015；Rose, Suppiah, Uli, & Othman, 2008）。该理论已经被应用于研究日本家庭问题（Child, Pearson, & Nagao, 2006）和家庭秘密（Cho & Sillars, 2015），并已经被拓展到跨文化议题之外、应用于研究宽恕（Zhang, Ting-Toomey, & Oetzel, 2014）和尼日利亚的危机传播（George, 2016）。除此之外，在更偏实践的方面，该理论已被应用于研究有关冲突的跨文化培训与发展（Ting-Toomey, 2007）。

学生之声

鲁鲁

在我们的文化中，我们热爱家庭，重视家庭投入，家庭就是一切。我在美国只看到家庭不是很重要。我确定对有些人而言家庭很重要，但我真的看不到。我记得有一次跟我的一个巴基斯坦朋友有些分歧。她是真的在意能听到我的观点，并且在我费力表达的时候一直很有耐心。可能是因为她更偏向集体主义，所以她比我在美国遇到的其他人更在意面子。不管是什么原因，我真的很敬佩她在我们争吵的时候还那么体贴。

总结

面子-协商理论还会继续激起传播研究者的兴趣，因为文化是许多社会的关键议题。尤其是现在的文化对生活的各个方面都产生着影响，地球村变得越来越小。该理论将会继续吸引人们的关注。当来自不同文化的人产生冲突时，理解他们如何保持和协调彼此的面子，其意义超越了这两个当事人本身。丁允珠为我们提供了一个思考如何解决不同文化之间传播阻碍的机会，她为我们从传播的视角理解这一现象提供了重要的信息。

讨论题

技术探索：在面子-协商理论中，面子指的是我们如何把自己呈现给他人。如果是在 Pinterest 这样的社交网络上呈现这一形象，会对身份造成什么影响？请做出概述。

1. 如果能够重新来过，你会建议凯文·布鲁纳在与杨教授的冲突中采取什么样的策略？他应该怎么给自己和教授留面子？

2. 你是否去过表 27‐1 中属于集体主义文化的国家？如果去过，你注意到这些文化与美国文化在传播方面存在什么差异？

3. 你是否认为面子-协商理论把人们看成能够解决冲突的理性的能动者？冲突是否可能变得不可理喻？请举例说明。

4. 请举例子说明丁允珠以下的论断：_475_ "集体主义要起作用，必须需要民族优越的偏见，同样，个体主义需要承认利己主义的优越感才能起作用。"你是否同意她的观点？

5. 你能否证明保持面子是美国社会的重要组成部分？请举例说明。

6. 阅读"大众媒体中的理论"部分的附加材料，你是否同意作者的观点？

7. 将面子-协商理论的任一概念或要素应用于工作面试。

第 28 章
传播适应理论①

476

作为一个不断演化和适应的物种，我们自然需要适应周遭环境；这意味着彼此适应或拒绝适应。

——霍华德·贾尔斯（Howard Giles）

卢克·梅里尔和罗伯托·贺南兹

作为一个春天就要毕业的学生，22岁的卢克·梅里尔正在准备接受面试的挑战。他将以 3.86 的平均学分毕业。卢克知道自己的成绩相当优秀，而且两个专业（西班牙语和传播学）的学习让他对自己的就业充满信心。

卢克展示自我的机会终于来了。他接到了一家大型会计公司的面试通知，该公司的客户关系部要招人。这个职位偏好能熟练使用两种语言的候选者，这让卢克更加兴奋不已。卢克飞到丹佛，进行他的第一次面试，面试官是人力资源部的部长罗伯托·贺南兹。这次面试将成为两个人近期难以忘记的一次经历。

"Buenos días（早上好），卢克。很高兴认识你。"罗伯托说。

"早上……我的意思是 buenos días（早上好），贺南兹先生。"卢克回答道，意识到自己打断了未来的老板。不过开始的紧张感已经消失了。

罗伯托继续说道："请坐。你晚上的飞行还不错吧。我知道每年的这个时候总是比较颠，特别是在过落基山的时候。"

"啊，非常好。我喜欢坐飞机，贺南兹先生。因为在飞机上我有机会看很久没看过的电影。从个人角度讲，我喜欢坐飞机的时候看电影。它可以让我感觉不到周围的嘈杂和他人大声的讲话。"卢克回答说。

他们的谈话继续进行。卢克肯定有些紧张，但是他注意到自己加快的语速随着罗伯托说话的节奏慢了下来。但是卢克还是觉得有些尴尬，因为他不知道贺南兹先生究竟什么时候才能把话题从乘飞机转到工作上。

罗伯托开始进一步谈起自己的两个儿子，他们都喜欢坐飞机。"和你一样，我也喜欢坐飞机，"罗伯托说道，"但是我的妻子却不这么认为。但愿她能和你有同样的态度。"

卢克回答说："嗨，可能这是一种 machismo（男子气概），反正我从不害怕坐飞机。"

罗伯托对卢克使用"machismo"这个词觉得有些不舒服。卢克是否因为罗伯托是墨西哥人就故意调整自己的说话方式从而加入西班牙语？作为面试官，他知道应聘的人会有些紧张，可能这只是他紧张时的一种习惯而已。当然，这一切逃不过罗伯托的眼

---

① 本理论基于霍华德·贾尔斯的研究。

睛，卢克对着他这个墨西哥裔美国人说西班牙语，仅仅是因为罗伯托的英语中恰好有着浓重的口音。"我相信你到这里来带着许多问题，卢克。现在让我来回答电话里没有谈到的问题——这份工作的差旅行程。"

"我怎样都可以，贺南兹先生。可以说我能接受您给我的任何任务。在这个问题上我们绝对 simpatico（没问题）"。

罗伯托现在因为卢克在交谈中频繁地插入西班牙语单词而明显感到生气。刚开始的问候他还能接受，毕竟是他起的头。但是卢克继续用这种方式和他说话使罗伯托感到很不自在。他不知道是让卢克离开还是直接告诉他自己不知道怎样才能让卢克停止这种行为。当然，他也不能对此不置一词，最后给卢克一封拒绝信。罗伯托打算当面向这个年轻的大学生说清楚。

"卢克，我必须得承认你在这里使用西班牙语有些奇怪。是，我知道你是在接受一个墨西哥裔美国人的面试，而且是我先用西班牙语欢迎你的。但是，坦白地说，你用得过多了，是不是？可能是我妄下结论了……"罗伯托盯着这个年轻的应聘者说。

"贺南兹先生，"卢克解释说，心里希望能重新来过，"如果我冒犯了您，我很抱歉。我知道有时我用了一些西班牙语单词，但是不瞒您说，是的，我猜想自己做得有些不得体。我使用西班牙语是想向您表示尊敬，向，啊……向您显示我可以把西班牙语糅进我们的谈话中……如果这过分了的话，我真的表示歉意。我是不是把事情搞砸了？"

卢克显得十分紧张。他不敢确定贺南兹先生接下来会说什么。自己听上去像个白痴，这让他快要发疯，他觉得这份工作肯定没戏了。可能他太努力想让自己的谈话风格适合面试官了。可能面试的场合是最不适合表现他熟练的西班牙语的地方。可能他对环境产生了误会。

"听着，卢克，"罗伯托建议道，"我已经在这个公司待了几乎 15 年。我看着人们进来又离开。我……"

"……我觉得，我应该闭上嘴，不应该装作自己是个外语专家！"卢克打断他说，"真的，我对此十分抱歉。"

罗伯托笑了，虽然笑容有些尴尬："好吧，现在让我们继续面试。"

当两个人交谈时，他们有时会模仿彼此的言语方式和行为。我们可能会和那些操同样语言、具有相似动作甚至语速的人说话。当然，我们反过来也会对其他传播者产生同样的反应。可以把这种现象想成"交谈回音"，一个人会重复交谈中出现过的语言与非语言。

例如，想象一下你和一个上过大学的人说话的情景。你们两个人可能都会使用大学生活中特有的短语和行话，包括"预习""选修课""独立学习""性别教育"等。如果我们和一个没有上过大学的人说话，我们可能会努力清晰地表达，或者使用别人能理解的例子。

虽然我们在人际传播中都有这类经验，但是有时在群体或文化层面也存在类似的差异。比如说我们可以在老龄群体、具有某种口音的或其他民族群体那里发现差异，或者在说话的语速方面也会发现不同。不论是在人际关系中，还是在小群体中或不同的文化之间，人们都会调整他们的传播方式以适应对方。这种调整就是传播适应理论（Communication Accommodation Theory, CAT）的核心，它最早由霍华德·贾尔斯提出，之前被称作言语适应理论（Speech Accommodation Theory），但是后来被扩展，把非语言行为和讲话方式也包括在内。传播适应理论的前提如下：当交谈者互动时，他们会调整说话方式、发音方式以及姿势以适应他人。贾尔斯及其同事认为，说话者适应他人的原因各式各样。对一些人而言，原因可能如下：（1）获得听者的赞同；（2）让传播更加有效；（3）确保主导地位；（4）保持积极的社会身份（Giles，Mulac，Bradac，& Johnson，1987；Hogg & Giles，2012）。但是从开篇小故事中可以看到，我们并不是总能达成我们的目标。

传播适应理论提出于 1973 年，几乎与"口音流动"（accent mobility）模式同时被提出（Giles，1973），它来自面试环境（就像卢克和罗伯托所在的那种环境）下对听到的不同口音的分析。在研究口音流动模式的时候，贾尔斯阐明并构想了传播适应理论。接下来的大部分理论和研究也发现了在不同文化群体的谈话中都存在传播适应现象，这些群体包括老年市民、有色人种、移民群体和视力障碍者。对于贾尔斯和其他适应理论者而言，文化是一个宽泛的术语，包括的远不止种族和性别。乔丹·索利兹和霍华德·贾尔斯（Soliz & Giles，2016）进一步指出了在文化语境中探讨该理论的重要性，发现该理论对"跨学科"研究者颇具吸引力。此外，研究者认为传播适应理论不仅吸引了国

际学者，大量研究还以多种语言出版，使该理论本质上真正具有全球性。

为了了解传播适应理论的核心特征，我们首先解释一下"适应"这个词的含义。为了研究的方便，**适应**（accommodation）被定义为对他人做出反应，调节、修正或协调一个人的行为的能力。在很大程度上，适应需要多层次传播（Gallois & Giles，2015），因为其中还包括适应背后的动机，以及调整带来的后果（Soliz & Giles，2016）。此外，适应实际上有赖于调整，因此需要知道，不适宜或不充分的调整会带来交谈中的误解（Gasiorek & Giles，2012）。

适应通常是在无意中进行的。当我们与他人交谈时，我们会产生一个内部的认知剧本，我们按照这个剧本行动。和一个 15 岁的女孩交谈时，你会发现自己使用的是十几岁的孩子所使用的词汇（比如，不管怎样）；和 85 岁的老人交谈时，你可能会降低你的语速。这些都是在不经意间完成的，有时显而易见，有时不易察觉。

适应	对他人做出反应，调节、修正或协调一个人的行为

和本书另外的几个理论一样，传播适应理论最早也诞生于其他领域的研究发现，在这里则是社会心理学。因此，我们需要先说明一下产生贾尔斯的思想的理论工具，即社会身份理论。

社会心理学和社会身份

在社会心理学中，大多数研究和理论直接涉及的都是人们在对他人做出某种行为时如何获得意义以及这一意义将如何影响与他人未来的互动。社会心理学研究中所讨论的核心概念就是身份认同（identity）。杰茜卡·艾布拉姆斯、琼·奥康纳和霍华德·贾尔斯（Abrams，O'Connor，& Giles，2003）认为，"适应对身份建构至关重要"（p. 221）。在提到自我的重要性以及自我同

群体身份的关系时，亨利·塔菲尔和约翰·特纳（Tajfel & Turner，1986）提出了**社会身份理论**（Social Identity Theory）。该理论表明，一个人的自我概念包括个人身份（例如，身体特征和心理行为）和社会身份（例如，群体归属）（Ellemers & Haslam，2012）。社会身份理论的研究者和理论家提出，人们"会产生加入最具吸引力的群体的动机，并且（或者）会优先考虑自己所属的这个群体（内部群体）"（Worchel，Rothgerber，Day，Hart，& Butemeyer，1998，p. 390）。沃切尔及其同事提出：当有机会时，人们会向自己的群体而不是外部群体提供更多的资源；当内部群体一旦确定，个体就会确定这个群体对他的身份的重要程度。因此，社会群体主要决定于人们对自己所在的**内部群体**（in-groups，即一个人觉得自己

所属的群体）和 **外部群体**（out-groups，即一　个人觉得自己不属于的群体）之间的比较。

社会身份理论	认为一个人的社会身份主要由他所属的群体决定的理论
内部群体	一个人觉得自己所属的群体
外部群体	一个人觉得自己不属于的群体

理论速览·传播适应理论

　　该理论考察两个通常有不同文化背景的说话者改变自身传播风格的潜在动机和后果。人们彼此相遇进行传播时，会尽量适应或调整他们面对他人的言语风格。主要有两种方式：背离和趋同。有强烈文化自豪感的群体会使用背离的方式来凸显群体身份。而当人们特别是无权的个体有强烈的社会认可需求时，就会采取趋同的方式。

　　人们努力想获得或维持积极的社会身份（Hughes, Kiecolt, Keith, & Demo, 2015；Tajfel & Turner, 1986），一旦社会身份不能令人满意，他们要么加入一个他们觉得有归属感的群体，要么赋予现存的群体以更加积极的感觉。塔菲尔和特纳在对社会身份理论进行总结时认为，内部群体与外部群体的反差让社会群体能够彼此区分。他们提出，传播的方式多种多样，从"内部传播"一直到"群体传播"不等。因此，根据这个理论，卢克越是认为罗伯托是"墨西哥人"或"老板"而不仅仅是"贺南兹先生"，就越容易用刻板印象或群体层面的表达方式来理解罗伯托的行为。

　　贾尔斯受到了社会身份理论思想的影响（Giles, 2017）。他认为我们不仅仅是在适应某个具体的他人，而是在适应我们所感知的那个群体中的一员。因此，群体变量和目标影响着传播过程。和许多社会心理学家一样，贾尔斯也认为人们受到各种行为的影响。具体地说，他提出个体的言语风格（口音、音调、语速、打断插话的方式）会影响他人对此人的印象。贾尔斯和史密斯（Giles & Smith, 1979）还提出，环境、话题和传播对象的类型都将会共同决定一个人在特定环境下所采用的言语方式。最简单的形式是，如果某个人给人的印象很好，传播者 A 就会改变他的言语风格，变得更像

传播者 B 的言语风格，也就是说，传播者 A 适应了传播者 B。贾尔斯和史密斯认为，人们调整其言语风格，适应他们认为对话中他人最容易接受的方式。在开篇小故事里，你可以看到卢克改变了自己的言语风格以适应贺南兹先生，他（错误地）认为这样会得到后者的欣赏。

　　贾尔斯（Giles, 2012）受到下述看法的影响很大：不同的群体走到一起时，他们会相互比较；如果比较的结果令人满意，就会产生积极的身份。杰克·哈伍德（Harwood, 2006）总结了社会身份认同和群体成员身份的重要性："即便是我们最亲密的人际关系也充满了群体认同，既把我们与群体内的人联系在一起，也把我们与群体外的人分隔开。"（p. 89）

　　在介绍了该理论的来源后，我们现在把注意力转向得出传播适应理论的假设。我们在讨论这些假设时，你会进一步感受到社会心理学特别是社会身份理论对该理论的影响。

传播适应理论的假设

　　传播适应理论支持者可能会对卢克·梅里尔和罗伯托·贺南兹之间的适应感兴趣。他们的交谈正好说明了该理论的一些基本假设。刚才提到，适应受到许多个人的、

情境的和文化环境的影响，因此这些假设
如下：

- 在所有的谈话中都存在言语和行为的相似及差异。
- 我们对他人的言语和行为的感知会决定我们对谈话的评价。
- 语言和行为会透露社会地位和群体归属的信息。
- 适应会因为得体程度、适应过程的规则变化而产生不同结果。

许多传播适应理论的原理都基于这样一个假设——谈话者之间存在相似性和差异性。你可能还记得，我们在第 1 章讨论过，过去的经验形成了个人的经验场。人们会把这种不同的经验场带到谈话的言语和行为之中（West & Turner，2016）。这些不同的经验和背景会决定一个人是否愿意适应他人。我们的态度和信仰与他人越相似，我们就越会被对方吸引，越会适应对方。

我们用几个例子来说明这一假设。先以开篇小故事中的卢克与罗伯托为例。他们显然具有不同的职业背景和工作经验。当然，他们还具有不同的家庭背景，具有不同的信仰和价值观。这两个人显然在一些方面存在差异，但是他们也在另一些方面相似。比如他们都喜欢坐飞机，他们都对在这家会计公司工作感兴趣。

481

为了进一步说明这一假设，我们来看下面这段对话，它发生在祖母和十几岁的孙女之间，这两人正在谈论女孩的毕业舞会礼服：

祖母：我搞不懂为什么你要穿一身黑。你还要跟别人聊天。你穿得好像是在参加自己的葬礼！

孙女：是吗？人们也会说你们这辈人穿得很怪呢。这是时下的潮流。

祖母：但是我们只在非常严肃的时候才穿黑的。

孙女：是啊，奶奶。当然了。你们那代人根本不知道什么叫娱乐！你看看那些老照片，根本没人有笑容！

祖母：你根本想象不到当时我们有多快乐，那会让你大吃一惊。和你们现在想的完全不一样。我们年轻时也做过不少惊天动地的事，但你根本就理解不了。

在这段谈话中，孙女对祖母的判断来自某种群体期待，即老年人无法理解年轻人。这种期待影响了她与祖母的传播。

第二个假设来自感知和评价。传播适应理论关注的是人们如何对交谈中发生的一切进行感知和评价（Dragojevich，Gasiorek，& Giles，2016）。**感知**（perception）是对一则讯息注意和解释的过程，**评价**（evaluation）是对交谈做出判断的过程。人们首先对交谈中发生的一切进行感知（比如他人的表达能力），然后决定在交谈中如何行为。我们以卢克对罗伯托的反应为例。卢克在面试开始时感知到，面试官不太正式，他认为这是打破僵局和消除紧张的好办法。卢克接下来的行为十分放松（可以说是过于放松了）。卢克所做的和大多数人第一次面试一样，他感觉面试的气氛（感知），然后对此做出相应的反应（评价）。

感知	对一则讯息注意和解释的过程
评价	对交谈做出判断的过程

动机是传播适应理论中所说的感知和评价过程的关键。也就是说，我们可能会感知另一个人的言语和行为，但是我们并不总是会评价它们。这经常发生，比如当我们和他人打招呼时，简单地问候一句，然后接着往前走。我们没有花时间评估偶遇的说话者。

但是有些时候对他人的言语和行为的感知也会导致我们对他人做出评价。例如我们会和某人打招呼，然后简单说上两句，但是接下来当我们听到某人最近离婚后感到很惊讶。根据贾尔斯及其同事（Giles, Mulac, Bradac, & Johnson, 1987）的看法，那时我们就会决定进行评估，并在传播方式上做出反应。我们会表达自己的高兴、悲伤或鼓励。我们通过适应传播风格来做到这一切。

传播适应理论的第三个假设涉及的是语言对他人的效果。具体来说，在两个传播者进行交谈时，语言能够传播社会地位和所属群体的信息。想象一下两个操不同语言的人想要沟通时将会发生什么。贾尔斯和约翰·威曼（Giles & Wiemann, 1987）讨论了这种情况：

> 在双语甚至传播者精通两种语言的情境下，人口占优的民族和少数民族相处时，颇具戏剧性的是，第二种语言的学习总是单向的。也就是说，一般来说总是占支配地位的群体要求被支配群体适应他们的语言习惯……事实上，在跨文化环境下，所谓的"标准""正确"和"文雅"的语言行为总是和精英、上层或统治阶层及其制度相一致。（p. 361）

因此，交谈中使用的语言总是和具有较高社会地位的人所使用的语言保持一致。此外，我们从这段引语中可以看出，语言的使用表明了想成为"支配"群体一分子的愿望。支配群体决定了事物如何被言说，以及是否包含"少数群体"的观点。涉及语用和政策问题时尤其

如此（Bourhis, Sioufi, & Sachdev, 2012）。

为了进一步理解这个假设，我们再回到开篇小故事。在接受贺南兹先生面试时，卢克的语言和行为由面试官决定。这是面试中经常出现的，即具有较高社会地位的人通过他的语言和行为给交谈定调子。虽然罗伯托是历史上受压迫的共文化的成员之一[①]，但是他却有权力左右面试的方向。那些想要认同对方群体或者想成为对方群体一员的人——比如说卢克想得到贺南兹先生提供的工作机会——一般会采取适应的方式。

第四个也是最后一个假设关注的是规范和社会得体性的问题。我们认为适应会因为得体与否产生不同的结果，适应还受到规范的影响。在贾尔斯的理论中，规范起到了至关重要的作用（Gallois & Giles, 2015; Hogg & Giles, 2012）。**规范**（norms）是个体觉得在谈话过程中应该或不应该做出某种行为的期待。传播者的不同背景——比如像罗伯托和卢克，或者祖母和孙女——会影响他们对交谈的期待。加洛伊斯和卡伦（Gallois & Callan, 1991）对规范和适应之间的关系有过清晰的论述："规范决定着互动过程中什么样的适应方式被认为是令人满意的，它会限制适应的程度。"（p. 253）因此，一般的社会规范是年轻人应该服从年长的人，或者面试者应当对雇主毕恭毕敬，这就导致卢克在他与贺南兹先生的交谈中更具有适应性。

规范	交谈中的行为期待

学生之声

卡西

我来自博茨瓦纳，英语讲得不太标准。所以我在美国这里看医生的时候，能很明显意识到这点。这里的医生远不如非洲的医生，因为他们几乎像是在享受跟我"带着优越感说话"。他们使用充满不同含义的词汇，似乎有意试图采取背离的传播风格。这样做不仅十分恼人，而且在我想讨论重要事项的时候会产生严重的问题。

---

① 开篇小故事中提到的罗伯托是墨西哥裔美国人。——译者注

要知道，虽然规范行为要求某人适应，但适应并不总是有价值和有收益的。虽然有时适应他人很重要，但是有时适应也会不合时宜。比如布思-巴特菲尔德和乔丹（Booth-Butterfield & Jordan, 1989）发现，属于边缘文化的人通常希望和他人一致（适应他人），并且这些文化往往会失去自己的身份（Bourhis, Sioufi, & Sachdev, 2012）。

这四个假设构成了我们讨论传播适应理论的基础。接下来我们将研究人们在谈话过程中适应的方式。

适应的方式

传播适应理论提出，在交谈过程中人们具有多种选择。重要的是要承认适应不是强制的，在此过程中，可能传播者双方或其中一方决定适应，也可能双方都放弃适应。也就是说，我们可能会策略性地（有意识地）适应，也可能本能地（无意识地）适应。此外，虽然交谈者会适应，但这并不意味着会达成一致意见。在交谈中，我们可能与某人产生分歧，但为了说理（例如，提出一个观点），我们可能会适应他人。

个体可能会创造一个交谈社群，使用相同或相似的语言或非语言系统，他们也可能彼此划清界限各行其是，或者也可能过分地努力去适应对方。我们把这些选择称为趋同、背离和过度适应（Gallois & Giles, 2015）。我们将逐个介绍它们，同时用图 28-1 表示每种方式。

图 28-1　谈话中适应的方式

趋同：心往一处想

与传播适应理论有关的第一个过程被称为 **趋同** （convergence）。贾尔斯等（Giles, Coupland, & Coupland, 1991）把趋同定义为"个体适应彼此传播行为的策略"（p. 7）。人们会适应语速、停顿、微笑、注视和其他的语言和非语言行为。之前说过，我们不一定会选择与他人行为一致。当人们选择趋同的时候，他们会根据自己对对方的言语和行为的感知来行事。这意味着卢克·梅里尔在面试中之所以决定使用西班牙语，部分原因是他发现贺南兹先生在开始时用西班牙语和他打招呼。卢克试图按面试官设定的开场基调进行趋同。

趋同	适应他人行为的策略

484

除了对他人的传播方式的感知外，趋同还取决于吸引（Gasiorek, Giles, & Soliz, 2015；Giles, 2008）。通常，当传播者彼此吸引时，他们会在谈话中趋同。这里的吸引是指广义的吸引，包括许多其他的特征，比如喜爱、个人魅力（charisma）和可信性。贾尔斯和史密斯（Giles & Smith, 1979）认为，有许多因素可以影响我们对他人的吸引，比如将来与听者进行交往的可能性、说话者的传播能力、两者之间的地位差异等。具有相似的信仰、人格或行为方式都会导致人们互相吸引，并会导致趋同。但是需要记住的是，人们会随着时间的流逝逐渐发现彼此的相似之处。他们可能不会立刻知道对方是否有吸引力以及这是否会导致他们意识到彼此的相似之处。传播者之间的关系史也是趋同过程中的关键问题。例如理查德·斯特里特（Street, 1991）研究发现，外科医生在与首次打交道的病人交流时和与多次见面的病人交流时，其趋同方式是不一样的。但是他也提醒说，这种趋同方面的差异也可能源自医患之间的传统角色或两次看病之间的时间间隔。

第一眼看上去，趋同似乎是一种积极的适应策略，而且在通常情况下确实是这样。到现在为止，我们的讨论都暗示，在交谈中一方和另一方相似或者至少对另一方具有吸引力。我们已经知道，吸引是趋同的必要前提。但是，正如我们上面解释过的，趋同也可能源自刻板印象式的感知。贾尔斯及其同事（Giles, Mulac, Bradac, & Johnson, 1987）提出："趋同常常受到我们对其他社会群体将如何说话的刻板印象的影响。"（p. 18）这意味着人们可能会向着刻板印象的方向趋同，而不是向着说话者真正的言语和行为的方向靠拢。

485

大众媒体中的理论·副总统打"种族牌"？

作家约翰·卡斯（John Kass）在为《芝加哥论坛报》（Chicago Tribune）撰稿时强调了趋同策略潜在的负面效果。卡斯认为，2012 年总统竞选期间，副总统乔·拜登（Joe Biden）为了与非洲裔美国选民拉近距离而使用的语言和非语言传播可能会被传播适应理论者称为"刻板印象式趋同"："拜登开始掌心向上挥动右手，使用他所认为的黑人牧师口音。"谈及 2012 年大选中总统奥巴马的挑战者（州长罗姆尼），副总统拜登表示，罗姆尼的政策会让美国的经济政策受银行左右。紧接着副总统说了下面一番话："解开华尔街的枷锁……他们会把你们都（y'all）重新套上枷锁（back in chains）。"

卡斯把副总统比作一个"向天高举双手"的"黑人传教士"，认为不仅是挥手，他使用的习语"你们都"（y'all）和"重新套上枷锁"（back in chains）也都是荒谬的蠢话。卡斯将副总统使用的语言描述为"胡扯"（verpes①）。卡斯毫不掩饰地批评了副总统面对不同群体的用语不当倾向，认为胡扯是这样一个过程："把你穿着鞋的脚一次次往嘴里猛塞，直到鞋子撞到嘴巴里那个叫小舌的小袋子。"或许副总统在他的用语中依赖了刻板印象，又或许他只是谈到自己的想法时太过激动，想靠语言引起轰动。不管怎样，卡斯认为总统选举中打"种族牌"是面对关键群体的一种战略姿态。

资料来源：Kass, J. (2012). Biden gets in mud pit, plays the race card. *Chicago Tribune* online, articles. chicagotribune. com/2012－08－15/news/ct-met-kass-0815-20120815＿1＿slight-indian-accent-vice-president-joe-biden-race-card.

在我们的生活中，明显地存在着一些刻板印象的趋同。例如，很多具有同性恋倾向的父亲和具有同性恋倾向的母亲报告说有许多人——包括教师——在与他们交流的时候还固守着对于同性恋的陈旧的刻板印象。在研究了美国黑人的文化经验之后，马克·奥比（Orbe，1998）提出，黑人常常被模式化。他提出存在着**间接的刻板印象化**（indirect stereotyping），也就是说当白人和黑人朋友谈话时，总是谈起那些被他们认为属于黑人"话题"的东西（如体育、音乐等）。一些黑人说，当他们的发音不标准时，很容易引起刻板印象的反应。玛莎·休斯敦（Houston，2015）也同意这种看法。她发现，白人女性尤其认为她们的言语是正确的和标准的，而黑人女性的言语是不标准的、错误的和不正常的。

486

间接的刻板印象化　把对某个文化群体的过时的和僵化的印象应用于其成员

其他一些文化群体也容易成为刻板印象的目标。埃德温·沃恩（Vaughan，1998）提出，人们经常认为盲人的耳朵也是聋的。布伦达·艾伦（Allen，2015）认为许多涉及两个种族的女同性恋关系都严重依赖陈旧且狭隘的亲密关系观念。肖布哈·佩斯（Pais，1997）发现，在美国的印度女性常常被认为很奇怪，因为她们往往穿着纱丽（sari，一种用来包裹肩部和头部的织物）或"长裤套装"（salwar kameez）。查梅因·舒特瓦（Shutiva，2015）感慨说，美国本土印第安文化被人们错误地视为禁欲的和没有感情的，但实际上它包含着大量幽默和有趣的内容。这些例子说明人们对一些文化群体仍然存在刻板印象。刻板印象化的感知会影响个体的趋同程度。

在结束趋同的讨论之前，我们需要简单地讨论一下对趋同的评价。具体来说，如果人们在谈话中试图趋同，那么将会发生什么？人们会如何反应？我们已经提到了很多例子，它们既显示了趋同的积极后果，也显示了趋同的消极后果。但是我们如何知道我们的趋同获得了成功？

我们需要考虑的是对趋同的评价通常取决于这种趋同是否合适。如果人们感觉趋同是好的，它就会促进对话；但是当人们感觉趋同不好时，它就会毁掉传播过程。如果传播者的言语或行为与听者的风格相似，那么后者可能会感觉这种趋同令人高兴。但是如果趋同是嘲笑、戏弄或摆出一副施舍的样子，就会让人产生负面的感觉。人们对趋同的感觉好与坏之间存在着一条明显的界线。假设护士对病人谈起吃午餐时出现了下面这样一段对话（Ryan, Maclean, & Or-

---

① Verpes is verbal、diarrhea 和 herpes（语言、腹泻和疱疹）三个词的组合，意思是胡说八道，对他人说脏话，传播扯淡的内容就像传播疱疹。——译者注

ange，1994）：

　　护士：该吃午饭了，詹姆士太太。

　　病人：但是我不饿。而且我尤其不喜欢喝这种汤。

　　护士：玛丽，每个人都得现在吃。我们要按照每天的日程工作。众口难调，我们也不能同时满足所有人。要知道，汤可不是只为你一个人做的。

　　病人：我真的只想在我的房间里休息一下，等会儿喝杯茶。

　　护士：你看，亲爱的，如果你现在不吃饭，等会儿就什么也没得吃了。别添乱了，好吗？

　　病人：好吧。

　　在这段对话里你可以发现，护士的趋同可能会被詹姆士太太看成是一种居高临下的施惠。事实上，瑞安及其同事（Ryan，Maclean，& Orange，1994）发现，病人认为这种传播风格缺乏尊重和教养，并且给他们造成打击。还有其他的趋同评价标准，其中包括适应的规范（说话者的趋同是否冒犯了他人？）、有效趋同的能力（一个 50 岁的

人怎么使用"酷"的方式和高中生交谈？）以及语言对某一社群的价值（白人在和黑人交流时是否应该使用黑人俚语？）。

背离：差异万岁

　　适应可以是双向的（传播的双方同时适应对方），也可以是单向的，甚至没有适应。贾尔斯（Giles，1980）认为，交谈者有时强调他们和对方之间语言的和非语言的差异。他将之称为背离（divergence）或非适应（non-accommodation）。背离与趋同完全不同，因为它是一个不产生联系的过程。两个谈话者不想在说话过程中表现相似的语速、姿势或姿态，因此背离就是谈话者不想表现出彼此之间的相似之处。换句话说，两个人在交谈时并不关心是否与对方适应，没有努力"缩短社会距离或使传播更顺畅"（Giles，Willemyns，Gallois，& Anderson，2007，p. 14）。人们对背离的研究不如适应多，因此我们对背离的了解仅限于几个有关它在传播适应理论中的功能的论断。

487

| 背离 | 用来强调传播者语言的和非语言的差异的策略 |

　　我们不能把背离误解为反对或对另一个传播者不做出任何反应。背离也不是不注意。当人们出现背离时，他们只是选择不与另一个传播者和谈话过程产生联系。背离的原因会有所不同，包括坚持"自己的身份，做出表态或满足个人偏好"（Yoneoka，2011）。不过，贾尔斯（Giles，2008）认为，并非所有背离都会被视为负面的。

　　背离就是来自不同的文化社群的成员保持自我身份的过程。贾尔斯及其同事（Giles，Mulac，Bradac，& Johnson，1987）发现，有时人们——举例来说，种族或民族群体——"会故意使用他们的语言或言语风格，将其作为保持他们的身份、文化自豪感和独特性的象征性策略"（p. 28）。个体可能

不愿意趋同，以保持其文化遗产。让我们举一个你们中的很多人都能理解的经典例子：假设你正在法国旅行，每到一处，法国人都鼓励你说法语。你会对此非常惊讶，直到你意识到作为一个游客不应该把你的语言向着法语的方向趋同。

　　我们已经知道，有些文化群体会立刻激发起人们的刻板印象，因此人们在传播的时候就会时时想着这种划分。显然，有些文化群体仍然在交谈中努力与他人背离。为了说明这一点，我们来看一下理查德·布尔希斯和贾尔斯（Bourhis & Giles，1977）的一个研究结论。在这一经典的研究中，研究小组研究了这样一群威尔士人——他们对自己的民族文化十分自豪，但是却不懂威尔士

语。在他们学习威尔士语的过程中，研究者用标准的英语问了他们几个问题。研究者问这些人，既然威尔士语是一个"前景暗淡、就要死亡的语言"，为什么还要学习它。被调查的威尔士人不仅用很浓重的威尔士方言来反驳这一看法，而且在反驳过程中还使用威尔士语的单词和短语。值得注意的是，这群人根本不会说复杂的威尔士语单词。因此，这群人开始与自己过去所说的英语分道扬镳，以表明他们的民族自豪感。

背离的第二个理由是保持谈话中的权力和角色差异。想想社会经济阶层的文化问题。当传播者之间的权力存在差异并且谈话的角色存在截然的区别时（例如医生-患者），常常会发生背离（Street, 1991; Street & Giles, 1982）。例如，斯特里特（Street, 1991）评论说："社会地位较高的人说话的时间会更长，主动提出大部分话题，语速较慢，与权力较少者相比会保持更为放松的姿势。"（p. 135）

最后一种情况不如前两种情况常见，但是有时由于谈话中的另一方被认为是"属于某个令人讨厌的群体、态度恶劣或者面目可憎"（Street & Giles, 1982），也容易发生背离。为了说明这一点，贾尔斯及其同事（Giles, Mulac, Bradac, & Johnson, 1987）提出，谈话过程中背离的作用是突出个人形象的差异。为了理解这一点，我们看一下现代社会中那些所谓的令人不快的群体。惠特尼·赫林顿（Herrington, 2012）提出，一直以来，无家可归者被贴上了令人讨厌或粗俗的标签。因此，一个无家可归的人在电影院外面乞讨时，就会发现在与对方［我们将此人称为帕特（Pat）①］对话的过程中，对方想用背离的方式说明二者之间的差异。帕特的背离一般通过加快语速或使用短促清晰的方式表达。帕特还会使用一些能够明显表明其上层阶级身份的词汇和发音，甚至表示这个无家可归的人应该找份工作。在上面的所有例子中我们都可以看出，背离是那些想暗示地位差异的人所采用的策略。

学生之声

安杰尔

我爸爸快 75 岁了，身体状况很好。他几乎每天游泳，也不抽烟不喝酒。老龄化过程中最让他烦恼的就是很多人对待他的态度。在麦当劳买咖啡时，工作人员对他扯着嗓子说话，好像他听力不好一样。我姐姐总是提醒他服用甲状腺药物，虽然他设置了每天早上的手机提醒。他不介意在水上运动中心有人帮他开门，但他跟我说，几乎每周都有人在他游完几圈时对他说"以你的年龄来说，你看起来真不错"或者"你肯定很为自己骄傲"。贾尔斯可能会说人们因为他的年龄过度适应了。但如果他了解我爸爸，他也会认为人们说的话真让人不舒服、惹人生气！

过度适应：具有目的的错误传达

简·祖因格勒（Zuengler, 1991）认为，**过度适应**（overaccommodation）这个概念表达的是人们虽然行为的愿望是好的，却被对方视为屈尊俯就，有辱人格。过度适应会让目标对象感觉更糟，也被视为一种非适应策略（Speer, Giles & Denes, 2013）。我们以卢克·梅里尔面试中的过度适应为例。卢克说西班牙语让罗伯托不高兴，他觉得卢克是在向他施惠。正如研究者（Coupland, Coupland, Giles, & Henwood, 1988）

---

① 在这里是有节奏地拍打的意思，以形容这些人的说话方式短促有力。——译者注

所认为的，在这个例子中，过度适应导致了错误传达。卢克并不想向罗伯托施惠。虽然

说话者的意图是表达他的尊敬，但是听者却把它看成是让人不舒服或不敬的。

过度适应	过度地调整、改变或对他人做出反应

有时过度适应是本能的（我们之前提到过），但更多时候是策略性的。此外，它有三种形式：感官性过度适应、依附性过度适应和群体间过度适应（Zuengler，1991）。接下来我们举例说明这些过度适应的定义。

感官性过度适应（sensory overaccommodation）是说话者认为听者在某些方面具有不足时所使用的过度适应。他们假设某人有生理或感官不足或障碍，例如听力受损。在这里，不足（limitation）指的是语言以及生理上的不足。也就是说，说话人可能认为他对另一个人的语言障碍或身体障碍十分敏感和注意，但是在适应过程中却过分地表

现出了这一点。例如海迪·汉密尔顿（Hamilton，1991）在对阿尔茨海默病[①]患者的研究中发现，她低估了阿尔茨海默病患者的能力，发现自己过度适应。因为汉密尔顿认为阿尔茨海默病患者一般会对询问当前、当地情况的问题做出较好的回答，对过去和其他地方的问题则无法正常地回答，她在与病人交谈的时候一直记着这点。

然而她发现自己低估了被调查者的思考能力。汉密尔顿认为这导致她把大量不必要的访问时间花在向阿尔茨海默病患者询问周围的环境上。这也造成病人看上去更加无能。

感官性过度适应	对那些被认为某些能力（身体的、语言的等能力）不足的人过度适应

第二种过度适应是**依附性过度适应**（dependency overaccommodation），它指的是说话者把听者放在了较低的位置上，让听者看上去对说话者产生了一种依附。在依附

性过度适应中，听者还认为说话者控制了谈话，以显示其较高的社会地位。我们可以在美国人对待移民的态度上发现这一点。

依附性过度适应	当说话者把听者放在一个较低的位置上时产生的过度适应

许多文化群体在美国处于边缘状态，而依附性过度适应似乎是导致这一排斥的原因之一。比如在融入新社群的过程中，许多移民在与他人谈话时有一种处于从属地位的感觉。虽然政府工作人员认为他们在与移民交谈过程中所做的一切都是正确的（帮助移民了解文件处理过程中的各项程序和规则），但是考虑到许多新来的人不懂英语，对文化价值观或规范缺乏基本的了解，同时对自己的工作技能也不清楚，所以他们产生这种依附感也是无可指摘的。

除了感官性和依附性过度适应外，还存在第三种过度适应，它被称为**群体间过度适应**（intergroup overaccommodation）。这种适应是把听者归入某个群体，而不是把每个人当成独特的个体看待。这种过度适应的核心是刻板印象，因而这种感知偏见会产生深远的后果——从歧视到生死攸关的问题（Dragojevich，Giles，& Watson，2012）。虽然保持种族与民族身份十分重要，但是个体的身份也同样重要。

---

① 阿尔茨海默病目前是造成老年痴呆的首要病因。——译者注

| 群体间过度适应 | 说话者把听者归入某个文化群体，而没有把对方当成独特的个体时出现的过度适应 |

490　　假设一个说话者使用语言把听者归入某一文化群体。比如说他觉得在美国的墨西哥人根本没有机会取得成功，因为他们总是忙于养活自己的家人。对于墨西哥裔美国人来说，这种概括会让他们觉得很不愉快。在传播的时候心里有着上面的这种印象，就会导致一些墨西哥裔美国人产生消极的适应。

过度适应常常会导致听者觉得他们没有得到平等对待。过度适应会产生严重的后果，包括让人失去谈话动机、避免交谈以及对说话者和社会产生负面态度（Zuengler, 1991）。因为传播的主要目标之一是传递某种意义，过度适应是实现这一目标的绊脚石。

整合、批评和总结

传播适应理论集中讨论了在我们的生活中交谈的作用以及传播如何影响这些对话。当我们试图解释该理论的意义时，传播者的文化背景和预期依然是重要的信息来源。除此之外，几十年的研究一直遵循量化取径。评价这一传播理论时，我们关注三个标准：范围、逻辑一致和启发性。

整合

传播传统	修辞学 | 符号学 | 现象学 | 控制论 | **社会心理学** | 社会文化 | 批判
传播语境	自我 | 人际 | 小群体 | 组织 | 公众/修辞 | 大众/媒体 | **文化**
获得知识的方法	**实证的/经验的** | 诠释的/阐释的 | 批判的

批评

| 评价标准 | 范围 \| **逻辑一致** \| 简洁 \| 实用 \| 可检验 \| **启发性** \| 时间的考验 |

范围

该理论边界相当宽广。你可能还记得，该理论最初研究的是言语，后来扩展到非语言领域。贾尔斯（Giles, 2008）强调了传播适应理论宽广的适用范围，指出多年来，该理论"观点形式开始变得愈加复杂，并无
491　疑对读者提出了更高的要求"（p. 166）。然而它的适用范围并未损害理论的完整性。对该理论的跨学科兴趣表明，为该理论划清界限可能不是最佳行动方案（Giles, 2017）。西方社会文化的多变性意味着，这类理论可能要有宽广的适用范围才能理解多种群体，特别是刚移民美国的群体。

逻辑一致

该理论的说服力或许非常大，以至于学者们的批评不多。当然，人们对概念的逻辑一致性还存在一些担忧。简言之，一些学者认为该理论的一些核心特征需要进一步检验。例如朱迪·伯贡、莉萨·迪尔曼和雷萨·斯特恩（Burgoon, Dillman, & Stern, 1993）对贾尔斯提出的趋同-背离框架提出了疑问。他们认为，谈话过于复杂，以至于无法用这样一些简单的过程来加以简化。他们同时也对仅仅用两种实践就能解释人们的适应表示怀疑。比如，要是人们在交谈中既趋同又背离怎么办？说话者会导致什么后果？听者呢？贾尔斯和他的同事（Drago-jevich et al., 2016）对其中一些问题做出了回应。他们坚持，确实有一些往往无法预测的"复杂的适应困境"（p. 5），从而接受了人们之间谈话的复杂性。

同时人们质疑的还有该理论是否过于

强调传播中的理性了。也就是说，虽然该理论承认传播中存在冲突，但是它也提出这些冲突都是理性的。或许你曾经与人发生过完全无道理可言的冲突，那些人完全不可理喻。显然，该理论忽略了传播中的阴暗面（Cupach & Spitzberg，2011；Gilchrist-Petty & Long，2016）。除此之外，我们也从冲突研究中了解到，不同文化对冲突的处理和管理往往不同，这就带来了一些问题，即如果趋同和背离"撞到一起"怎么办。不过贾尔斯等（Gallois，Ogay，& Giles，2005）并没有忽略这一观点，他们认为要想完全理解适应过程，还有很多工作要做。

学生之声

迈克尔

我在一家专门照顾阿尔茨海默病患者的疗养院工作。我们这儿住了 100 多名患者，他们处于整个病程的不同阶段。我之前听到工作人员用"幼儿语气"对寄宿者讲话，而且我已经听到过很多次了。我们接受过培训，让我们不要这样说话，维护每位寄宿者的尊严——包括用成年人的方式讲话。但我看到我的同事对寄宿者说话时自带优越感，而寄宿者们反过来也配合他们的方式。太可怜了。我只希望工作人员的言语适应能更加体贴，不要那么伤人自尊。

启发性

毫无疑问，贾尔斯和他的同事们构想出了极具启发性的理论。该理论已被纳入大量不同的研究。例如，在传播适应理论诞生之前几乎无人研究的群体也得到了研究，包括执法人员（Giles，Linz，Bonilla，& Gomez，2012）、患者-供体（Farzadnia & Giles，2014）、母语和非母语人士（Rogerson-Revell，2010）、女性移民者（Marlow & Giles，2013）、男同性恋者（Hajek，2016）和老年人（Harwood，2002；Hehl & McDonald，2012）。此外，传播适应理论还被应用于研究广告（Moon & Nelson，2008）、推特（Tamburrini，Cinnirella，Jansen，& Bryden，2015）、商务会议（Robinson-Nevell，2010）、家庭（Guntzviller，2015）以及电话答录机上留下的讯息（Buzzanell，Burrell，Stafford，& Berkowitz，1996）。该理论毫无疑问具有启发性，在传播领域具有持久的学术价值。

总结

在该理论的早期论述中，贾尔斯曾经对研究者把传播适应理论应用到不同年龄的群体和不同的文化环境提出了疑问。他的这些建议中的许多内容都值得我们注意。他的研究拓展了我们对于谈话的复杂性的理解，特别是涉及文化背景不同的个体。通过趋同，贾尔斯让我们看到了为什么人们在互动中会适应他人。通过背离，我们可以理解为什么人们会选择不愿适应。他所提出的具有探索性的理论有助于我们更好地理解我们周围的文化以及适应对社会中的不同关系的影响。

讨论题

技术探索：传播适应理论的两个关键问题是趋同和背离。如何把这两个原则应用于主管和员工在电子邮件中的对话？

1. 试着重写卢克·梅里尔和罗伯托·贺南兹的故事，这次把这两个人设定为师生关系。

2. 请说明趋同将在以下关系中如何表现：警察-驾驶者、医患、上下级。在你的回答中，请选择每对关系中最特殊的话题和趋同方式为例进行说明。

3. 我们指出过，过度适应会导致错误传达。一些研究传播适应理论的学者也研究了适应不足（underaccommodation），即对另一位传播者的适应不够充分的过程。你能举出一些适应不足的例子吗？

493

4. 贾尔斯提出，自我感知会影响适应过程。一个人的自我感知是如何影响适应过程的？请举例说明。

5. 传播适应理论适用于跨文化传播的环境。根据你的理解，该理论还能在哪些环境下起作用？

6. 如何使用社会身份概念解释背离行为？用你自己生活中的例子说明。

7. 讨论一种传播适应可能适得其反的情况。

第 29 章
失声群体理论①

试想一下，如果我们共同拥有千条可以合作的手臂，拥有千百年来女性的联系能力，去询问、回答许多人关心的问题，那会怎么样？ 494

——切瑞斯·克莱默雷（Cheris Kramarae）

帕特丽夏·菲茨帕特里克②

帕特丽夏·菲茨帕特里克正在上政治科学课。她坐在后排，闭着眼睛，对老师讲的话她左耳进右耳出。她在想为什么自己都40岁了还要重新回到学校。她先想到的是这可以拿到20多年前没拿到的学士学位，这似乎是个不错的主意，但是现在她根本不敢想这件事。她觉得自己完全无法理解教授所说的话，要完成作业更是难上加难。其他的学生都比她小很多，而且看上去似乎有很多可以自由支配的收入。除了和他们迅速地打招呼以外，她实际上根本没和其他任何人有过交流。总之，上大学最后变成一个让她很困惑的问题。

这和她开始想象的完全不同。最初帕特丽夏认为，拿到学位会提升她的自尊。她还希望借此摆脱哈特森百货商店那个没有前途的工作。她是该商店夜间运输的登记员，为商店的邮件订货业务发订单。她已经为哈特森百货商店工作了七年，似乎根本没有晋升的可能。这是一个收入很低且枯燥的工作，帕特丽夏希望获得这个学位能够给她更多机会。作为一个有三个孩子的单身母亲，她真的希望有一个更好的工作。

但是帕特丽夏开始对她的憧憬感到绝望。到目前为止，最困扰她的事情是她在课堂上根本无法开口说话。她无法表达自己想要表达的思想，最后只得在大多数课堂上保持沉默。帕特丽夏担心这会对她造成不利，特别是在小课堂上，教授特别鼓励大家参与讨论。一开始，她想要是学到更多新知识就会有得可说，但是后来她发现要表达自己的观点十分困难。因此，上大学不仅没有提高她的自信，反而让她对自己感觉更糟。

帕特丽夏并不是第一次产生这种无法表达的感觉。她承认，在重新回到大学之前，她在表达上就存在障碍。在工作中，她是夜班人员中唯一的女性，她的发言根本不能引起男性的注意。有一次她想把工作中的一件事情与她教儿子阅读相比较，男性工人则像看傻瓜一样瞪着她。接下来他们开始笑话她，并且叫她"妈妈"。还有一次，她担 495 任女儿学校的一个委员会的主席。这个委员会的目的是研究学校应该如何筹集资金以

---

① 本理论基于切瑞斯·克莱默雷的研究。

② 这个小故事的主人公的姓（Fitzpatrick）和名（Patricia）都有"patri"（父）这个词根。父权主义是女性主义者的一个主要攻击对象。在这里作者通过文字游戏暗示了这种联系。——译者注

增加电脑设备。帕特丽夏必须在家长、教师和学校管理人员的代表面前发言，汇报委员会的发现。虽然报告还算马马虎虎，但是帕特丽夏觉得自己在讲话的过程中停顿太多。即使花了很多时间做准备，她还是发现自己常常词不达意。

帕特丽夏原本希望上大学能够让她变得能言善辩。如果能够张开口表达自己心里所想的一切，那该是一件多么美好的事情啊！帕特丽夏并不准备放弃这个愿望，但是事情显然并不像计划的那么顺利。

一些研究类似帕特丽夏这种情况的学者可能会研究她的个人特点，指出她可能具有性格腼腆的问题，或者是存在传播恐惧症。然而，本章我们将要讨论的理论却对帕特丽夏的问题提出了不同的解释。失声群体理论（Muted Group Theory, MGT）提出，作为一个女性、单身母亲和低收入者，帕特丽夏所属的这几个群体的权力基础让她无法发出自己的声音，甚至不总能在脑海中听到自己的声音。帕特丽夏所属群体的经验均无法在语言系统——这种语言系统主要产生于富有的男性，代表着他们的经验——中找到相应的表达方式。根据失声群体理论，帕特丽夏和其他人处于无声状态，因为他们的母语经常不适合用来表达他们的生活经验。

失声群体理论关注为经验命名的权力，该理论解释说，女性使用男性制造的语言描述她们的经验，就像以英语为母语的人转而学习西班牙语一样。为了用外语表达，她们必须经过内部的翻译过程，从外语词汇中搜索出最合适的词来表达她们的思想。这个过程使她们犹豫不决，经常口齿不清，表面看上去就像她们无法熟练地使用语言达到自己的目的一样。

研究者切瑞斯·克莱默雷（Kramarae, 1981）将失声群体理论引入传播领域，她认为：

> 某种文化的语言并不会为所有说话者提供完全平等的服务，因为并不是所有的说话者都对其产生做出了相等的贡献。女性（以及其他被压迫群体的成员）在表达她们希望什么、何时希望以及为什么希望时，不像男性那样自由，这是因为她们所使用的词语和规则都是由支配群体——男性——制造的。(p. 1)

不过并非所有女性都失声，也并非所有男性都能够发声。失声群体理论让我们能够理解任何因为语言的缺陷而失声的群体。例如，卡米·科森科（Kosenko, 2010）写道，失声群体理论为她研究的跨性别个体如何"因生物医学话语无法再现跨性别身体和性经验而失声"(p. 140)提供了一个颇具启发性的解释。除此之外，如果一个人想要表达的观点不受欢迎，那么也可能导致失声。失声群体理论者批判支配群体，认为霸权思想往往会压制其他思想。安妮塔·泰勒和M. J. 哈德曼（Taylor & Hardman, 2000）认为，一些女性主义群体会主导女性主义运动，然后压制质疑其意识形态的其他女性的声音。泰勒和哈德曼举出马蒂尔达·乔斯琳·盖奇（Matilda Joslyn Gage）的例子，这位 19 世纪的女性主义者因其观点而不受伊丽莎白·卡迪·斯坦顿（Elizabeth Cady Stanton）等其他同时代女性主义者欢迎。人们认为她提出的思想过于激进，所以"她成了参与运动的女性中不受欢迎的人"(pp. 2-3)，那些女性有更大的权力，因此盖奇被消音，为后世所遗忘。

496

理论速览·失声群体理论

　　语言更能服务于其创造者（以及那些与其创造者属于相同群体的人）而非那些不得不尽全力学会使用该语言的其他群体。这是因为在语言中创造者的经历被清晰地命名，而其他群体的经历却得不到命名。其他群体的人要艰难适应一门并非他们创造出来的语言，因此不如类似创造者那样的群体善于表达。有时这些失声群体会创造他们自己的语言来弥补使用支配群体的语言所遇到的困难。

　　我们从目前为止的讨论可以猜测出，失声群体理论指出了当前的问题，并且提出了解决这些问题的方法。在本章的后面部分，我们将讨论失声群体理论倡导的一些行动方案。除此之外，失声群体理论研究了权力问题（Nangabo，2015）。切瑞斯·克莱默雷（Kramarae，2005）发现，"隶属于从属群体的人可能有千言万语，但却往往没什么表达的权力"（p.55）。或者如果他们真的有勇气表达，那些处于更高权力地位的人也可能会用各种方式忽略、嘲笑或蔑视他们的贡献。切瑞斯·克莱默雷（Kramarae，2009）认为，失声群体想要表达自己的声音时就会"陷入困境"。

失声群体理论的起源

　　失声群体理论起源于埃德温·阿登勒（Edwin Ardener）和雪莉·阿登勒（Shirley Ardener）夫妇的研究。他们是人类学家，关注的是社会结构与等级制度。1975 年，埃德温·阿登勒提出，在社会等级中居于顶端的群体决定着文化的传播系统。社会中的无权群体（例如女性、贫穷者和有色人种）必须学会在支配群体创造的传播系统中行动。通过把这个一般概括应用于女性，埃德温·阿登勒认为，研究女性经验的人类学家几乎毫无例外地在向男性讲话。因此，不仅女性对现有的语言无法完全表达她们的思想而不满，而且她们的经验也是通过男性的视角被表达出来的（Ardener，2005）。

　　1975 年，埃德温·阿登勒在评论为什么人类学家（当时主要是男性）倾向于叙述和倾听他们所研究的文化中的男性时认为，

这些学者"显然偏向于某种模式，这种模式为男性服务（或与男性一致的）而不为女性服务。如果男性比女性更加'能言善道'，这就是爱屋及乌或曰喜欢和有共同语言的人说话（like speaking like）"（Ardener，1975，p.2）。此外，雪莉·阿登勒（Ardener，1978）发现，女性的失声和男性的失聪是相对应的。因此，她解释说，女性（或其他被压迫群体）即使在说话，她们也是在对牛弹琴。如果总是出现这种情况，她们就不愿意表达她们的思想，甚至不再去思考。在阿登勒看来，就是"对牛弹琴最后的结果当然是没有人说话，甚至没有人思考"（p.20）。

　　阿登勒夫妇会认为帕特丽夏经历过两次失声：一次是因为她无法准确地使用语言工具；另一次是旁人给她贴上了负面的标签，而非承认她所使用的语言不能满足她。对于埃德温·阿登勒而言，失声群体的不善表达是由支配群体的语言系统造成的，这种系统直接产生于支配群体的世界观和经验。对于失声群体来说，他们在表达自己的观点时首先要转换他们的世界观，把它们与支配群体的经验进行比较。因此，失声群体的表达是间接的和不连贯的（见图 29-1）。

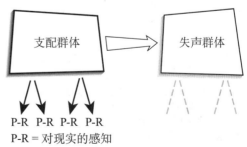

P-R = 对现实的感知

图 29-1　失声群体理论

资料来源：Ardener，1975.

497

克莱默雷于 1981 年出版的《女性和男性的言说：分析框架》（*Women and Men Speaking：Frameworks for Analysis*）颇具影响力。在这本书中，克莱默雷简要介绍了几个来自失声群体理论等其他学科的理论。在讨论失声群体理论时，克莱默雷写道，相较于阿登勒夫妇想把失声群体理论应用于不同文化，自己的目标更有限。克莱默雷的兴趣在于"该理论提出的问题以及它对英美两国的女性和男性内部及两个性别群体之间的传播模式的解释"（Kramarae，1981，p.4）。克莱默雷坚信失声群体理论的观点对于英语来说尤其正确，因为英语就是由男性神职人员和学者提出并被正式确定下来的。由于女性在英语的形成中没有发挥过重要作用，并且在创造该语言的文化中权力低下，因此克莱默雷认为女性就是一个失声的群体。

克莱默雷对失声群体理论的研究对英语如何影响女性的传播行为提出了深刻见解。谈到失声群体理论，安尼塔·泰勒和 M. J. 哈德曼（Taylor & Hardman，2000）认为：

> 英语所表达的概念对女性来说并不重要，而对男性重要〔比如，一个人能够具有"seminal"（有创造性的、有启发性的）思想，但是我们能把它描述成"ovular"吗？①〕。英语同样贬低那些对于女性来说很重要但对于男性来说不重要的概念〔同样，"seminal"思想就是一个例子；如果说一个人"nurtured"或"incubated"（培养或酝酿）②

了某种思想，它的感觉就会截然不同，就像说"ovulating"某个思想一样〕。英语中的用词都指涉男性（比如用男性的第三人称作为泛指，并且认为对于第三人称代词而言，数比性别更重要③）。（p.8）

同样，丹尼斯·南格博（Nangabo，2015）的表述更加简洁，他认为对于少数群体而言，使用多数群体或支配群体创造的语言进行传播绝非易事。

失声群体的构成

失声群体理论的大多数理论及其应用都集中在女性群体身上。但是像马克·奥比（Orbe，1998，2005）、迈克尔·赫克特（Hechter，2004）和利利安娜·赫拉多瓦（Heradova，2009）这样的研究者指出，该理论也可以有效地应用于任何非支配群体。奥比认为，在美国及其他几个文化中，社会把特权赋予了下列特征：男性、欧洲裔美国人、异性恋者、身体健全的、年轻的、中上阶层、基督徒。具有这些特征的人构成了支配群体（dominant group），或者是在某种文化中掌握权力的群体。其他与**支配群体**并存的群体因为无法获得与支配群体同样的权力而一般从属于它。因此，非洲裔或亚洲裔美国人、同性恋者、老年人、下层阶级、残疾人和非基督徒等非欧洲裔群体都可能是失声群体的成员，就像女性一样。为了捕捉这些思想，奥比（Orbe，1998，2012）在失

①　Seminal 的本义"是精子的"，引申为具有繁殖性的、创造性的、重要的等意思；ovular 意为"卵子的"。显然从经验上来说，二者是平等对应的，都具有繁殖能力。但是在英语中，人们不会使用后者来表达这个意思。这与汉语中"女"字旁的字许多带有贬义异曲同工。同样，汉语里也存在像"妇孺皆知"这样明显贬低女性的词语。——译者注

②　Nurture 的原意是"喂奶"，后来引申为培养、营养的意思；incubate 的原意是"躺在……上"，后来转化为"孵蛋"的意思，引申为酝酿、培育等。这两个词都与女性（母性）有关。——译者注

③　比如英语中说到警察（policeman）、邮递员（postman）等职业时，一般都用男性概念代指所有性别。当然现在做了一些改动，比如警察改称为 police officer 等。另一个表现是，在第三人称时，一般用"他"而不是用"她"来代指所有人。英语语法里认为，重要的是表示这是第三人称的一个人（单数），至于这是男人还是女人并不重要。汉语里也有一个最明显的例子就是"他们"一般可以代指所有人，不论其性别如何，而不会用"他们和她们"来表达。——译者注

声群体理论的基础上发展出了共文化理论　　　　　（Co-Cultural Theory）。

支配群体	在一定文化中掌握权力的群体

一些研究者提出，男性也可能成为失声群体。拉德西卡·乔普拉（Chopra，2001）提出，一些女性主义者提出的育儿话语（discourse of mothering）把父亲简化为一个"非人的符号"，它"被假设为缺席或没有起到什么作用，只是用来对比母亲在此过程中事事操心的重要作用"（p. 447）。乔普拉提出，这一话语不仅让父亲沉默，而且使我们无法描述其他社会或历史的某个时期中的父亲在育儿中的作用。在这里，疏远而沉默的父亲根本就不存在。乔普拉指出，在北美殖民的早期，父亲在教育他们的孩子方面起到了很大作用——不仅教他们读写技巧，而且向他们传授道德和宗教信仰。

虽然一些失声群体理论家可能不同意父亲（或任何男性）也是无权阶层的论断，但是乔普拉认为让"父亲的关心"也能在话语中享有一定的位置是一个重要的过程。这将不再把照料孩子的责任归于女性，通过这种方式会使社会性别认同的转换更加彻底。但是因为失声群体理论中大多数研究都把男性作为支配群体、把女性作为失声群体，所以我们在本章中关注最多的是这种关系。

区分生物性别与社会性别

在我们开始习惯于把注意力投入到男性和女性之后，我们还需要说明两个概念：生物性别和社会性别。一般而言，研究者使用**生物性别**（sex）来表明生物学的分类，即男性和女性。它是由女性的 XX 染色体和男性的 XY 染色体决定的。相反，**社会性别**（gender）被定义为通过学习获得的行为，它由一定文化中特定的女性气质（femininity）和男性气质（masculinity）构成。因此，社会性别是可以改变的，并且反映出一个文化在某个时期所接受的角色定位。目前，在耳朵上戴环也符合男性气质的定义，文身（刺青）也符合女性气质的定义。但是在早些时候，这些特征可能并不得体。然而，生物性别和社会性别这两个概念经常被混淆，因为女性一般被社会化为具有女性气质，男性被社会化为具有男性气质。因此，我们在本章中的性别概念是可以两者互换的。

499

生物性别	男和女的生物学分类
社会性别	在一定文化中由后天学习的男性气质和女性气质构成的社会分类

失声群体理论的前提假设

切瑞斯·克莱默雷（Kramarae，1981）首先提出了三个前提假设，她认为这是失声群体理论的核心，我们依次看看这几个假设：

● 女性对世界的感知与男性不同，因为基于劳动分工，女性的经验和活动与男性存在差异。

● 因为男性的政治支配，男性的感知系统居支配地位，妨碍了女性自由地表达她们感知世界的模式。

● 为了参与社会活动，女性必须把她们的感知模式转换成男性接受的表达方式。

第一个前提假设是世界对于女性和男性是不同的，因此他们的经验也存在差异。此外，该假设还对这些差异进行了解释。出现差异的原因在于劳动分工是建立在生物性别基础之上的，比如女主内、男主外。西方国家的这一劳动分工开始于 18 世纪和 19 世纪，是社会转型的产物，在很大程度上也和工业革命有关（Coontz，1988）。工业革命替代了家庭生产，使家庭生产成为一项能够获得报酬的活动。之前，工作与家庭生活密不可分，家庭的所有成员都为家庭的生存做出贡献，一般都在以之为生的农场中劳动。没有人因为特殊的劳动而获得报酬。家庭所看到的货币来自出售他们的产品或家畜，这些都是整个家庭集体劳动的产物。

工作场所与家庭的分裂，使得它们成为两个独立的领域；公共与私人的概念开始出现，家庭被划分为私人生活（Butler & Modaff, 2015）。这一划分把女性的角色固定在家庭或私人生活中，而把男性的角色固定在工作场所或公共生活中。这一区分清晰地说明了女性的工作就是在家里，并且把女性的责任与男性的责任截然分开。斯蒂芬尼·孔茨（Coontz, 1988）提出，在美国，除了黑人以外的所有阶层和民族群体中都发生了这种变化。

你可以看到为什么把男性和女性具有不同的世界观归结为劳动分工的逻辑。如果人们的职业分工相差很大，那么他们看待世界的方式也会不同。如果你整天只是照顾孩子和做家务，你的经验就会与那些做销售的人完全不同。桑德拉·贝姆（Bem, 1993）提出，最初的这一分工也产生了她所说的**性别极化**（gender polarization）的视角，导致人们认为女性和男性彼此之间具有很大差异。1909年，克拉拉·E. 哈斯（Hasse, 1909）——密尔沃基唐勒女子学院（Milwaukee Downer Women's College）的一名学生——写了一篇毕业论文，我们可以从中看到她是如何从性别极化的视角来看问题的。她谈到了男女分校的问题："可能让男孩和女孩在一起接受教育会好得多，但是现在这么做的最主要的原因是他们完全不一样，所以应该分开教学。"（p. 10）如果人们相信女性与男性之间具有非常大的差异，我们可能就会希望他们能够得到不同的对待。不同的对待肯定会产生不同的经验。

性别极化	把男性和女性看成完全相反的两类人

我们在另一篇与朱迪·皮尔逊（Pearson, West, & Turner, 1995）合写的文章中写道："从降生开始，男婴和女婴就受到了明显不同的照料……与女婴相比，人们更倾向于用'强壮'或'独立'来形容男婴。另一方面，人们描述女婴时则经常说她'可爱''乖巧''漂亮'。"（p. 49）即使女性在外面工作，人们仍然经常期望她们承担起家务劳动的主要责任和照顾老小（Wood, 1994）。阿莉·霍克希尔德等（Blair-Loy, Hochschild, Pugh, Williams, & Hartman, 2015；Hochschild, 1989）的研究谈到了**第二班工作**（second shift）的现象，即当有工作的母亲在八小时有报酬的劳动之后，回到家还要做第二班工作。

第二班工作	职业女性在八小时工作之后还要在家里工作的现象

有时两性之间的经验差异十分微妙。一项研究（例如，Turner, 1992）曾经请受访者描述一些情境，这些情境由他们的性别引起，但是这种经历非常独特，并且到目前为止还没有一个词能够给这种经历命名。这种方式是朱迪·皮尔逊（Pearson, 1985）提出的，她称之为创造"性别表达"（genlets or sexlets）①。这一调查的结果与失声群体理论不太一致，因为男性也能提出相同数量的"性别表达"，这说明语言不仅不能满足女性的需求，也无法满足男性的需求。

---

① 这两个合成词是生造的。genlet＝gender＋let，sexlet＝sex＋let，"let"大致和"outlet"词尾意思相似。它们的意思是一种表达性别概念的渠道，让那些在语言中无法表达的与性别有关的经验找到出口。——译者注

然而，男性和女性所造的词的类型确实有所不同。男性所造的词涉及饮酒和竞争，而女性所造的词主要集中在关系和个人问题（比如外表）上。女性还提到了害怕和不确定的经验，而这些词都不在男性的词汇表里。比如女性造了一个新词叫 "herdastudaphobia"①，意思是从街上的一群陌性男性身边走过时所感到的恐惧。她们还创造了一个词叫 "piglabelphobia"，用来描述女性在约会的时候控制自己的食量，害怕被人称作猪（labeled a pig）。男性造的词包括："scarfaholic"，指男性之间抢着吃东西；"gearheaditis"，指沉迷于摆弄自己的车，想让它成为路上最棒的。有趣的是，当男性把焦点集中在吃和健身这些问题时，他们关心的是竞争。而当女性提到同样的问题时，她们关心的是自己的不安全感以及想要取悦他人的愿望。因此，失声群体理论的第一个前提假设，即男性和女性具有不同的经验，得到了这一研究的支持。

失声群体理论的第二个前提假设不再只是简单地说女性和男性具有不同的经验。这一假设提出，男性是支配群体，他们的经验成为女性经验的参照。具体来说，男性控制着对社会生活的命名权，因此女性的经验常常没有名称，女性无法谈论她们的经验。比如克莱默雷（Kramarae，1981）讲了一个故事，在讨论女性失声群体话题的工作室里，一位女性谈到了她和丈夫之间存在的一个经常出现的问题：

> 她和她的丈夫都有全职工作，通常同时到家。她希望他能够一起做饭，但是这个工作总是落在她的头上。有时他会说："我也想帮你做饭，但是你做的比我做的好吃。"赞扬虽然让她很高兴，但是当她发现每次都是她一个人在厨房劳动时，她意识到他使用了一种她无法回应的语言策略，当然他自己却很难意识到这一点。她向讨论会的其他人

说："我不得不告诉你们整个事情，向你们说明他是如何使用赞扬来把我固定在女性的位置上的。"她说她需要一个词来定义这种策略，或者用一个词来定义使用这种策略的人，一个可以被男性和女性共同理解的词。（p.7）

在这个例子中，这个妻子虽然知道自己想要说什么，但是却苦于找不到一个恰当的词来说明这种经验。在开篇小故事里，帕特丽夏在课堂发言、和其他同学交流、和同事交谈、表达她的思想时也遇到了同样的问题。这些困难让她感到不适，因为事情总是不能遂她所愿，所以她责怪自己。然而失声群体理论则不这么看。该理论提出，这些问题的出现并不是因为女性无能，而是因为她们缺乏合适的语言来表达自己。失声群体理论认为，如果没有合适的语词表达自己的思想，那么任何人都可能无法清晰表达。

失声群体理论认为，男性的政治支配使得他们的感知也居于支配地位。这迫使其他的感知——女性因为不同的经验而产生的感知——处于被支配地位。因为处于被支配状态，女性的传播受到限制。安·伯内特和她的同事（Burnett et al.，2009）使用失声群体理论和共文化理论研究了男性在大学校园的支配地位。他们发现校园里谈论强奸的方式最终使女性学生沉默失声，可能助长了校园强奸文化的产生和延续。

辛迪·鲁瑟和盖尔·费尔赫斯特（Reuther & Fairhurst，2000）讨论了女性在组织等级制中所遇到的"玻璃天花板"（glass ceiling）现象，谈到了（白人）男性经验如何支配工作世界的情况。她们发现，父（男）权价值观会再生产，在组织中制造出男性的特权。她们指出：

> 这些建立在意识形态基础之上的

501

---

① Herd 是"一群"的意思，phobia 是"恐惧症"或"害怕""厌恶"的词根。下一个词也是同样的构成。——译者注

实践导致白人男性总是处于高层。白人女性以及有色人种的男性和女性经常在无法言说的下意识里被迫接受父权的和白人的利益和价值系统。结果，这

种再生产促进了顺从，但不能促成一种个体之间能够交流和人尽其才的多元系统。（p. 242）

502

学以致用

理论主张：男性创造并控制的语言使他们处于优势地位，并使女性处于从属地位。

实际意义：艾丽西亚很快就意识到技术领域是"男人的世界"。休息时间跟同事在一起时，她听到男人们说让她"爷们儿点"（man up）。艾丽西亚甚至觉得一些像"硬盘"（hard drive）、"游戏操纵杆"（joy stick）或"内存"（RAM）[①] 这样的"日常"词汇也很令人不快，但她感觉无能为力，因为在这家男性主导的公司，她不过初来乍到。但没过多久，公司聘用了一名女性副总裁，她下达的最早指令之一就是摒弃所有政策和程序中被认为是性别歧视或实际上存在性别歧视的语言，并且发布声明劝阻和禁止使用这种语言。

总之，失声群体理论认为男性的经验尤其是白人男性的经验经常居于支配地位，而女性和有色人种如果想参与社会或组织的成功，必须使她（他）们的经验从属于前者。

失声群体理论的最后一个前提假设讨论的是女性为了参与社会生活而必须进行的转译过程。女性的任务是形成自己的思想，然后在适合男性思维的词汇表中进行搜索，找到最适合表达这种思想的词。你可以看到，这一过程使得女性不能像男性那样熟练地表达自己的思想。《沉默》（*Silences*）的作者蒂莉·奥尔森（Olsen, 1978）曾说，男性可以直接地表达，而女性则必须"别扭地表达"（p. 23）。

根据失声群体理论，我们在开篇小故事中提到的帕特丽夏在说话中的停顿和担心，就是由这一充满阻碍的但是女性在说话时

又不得不经历的转译过程造成的。一些研究者（例如 Hayden, 1994）认为，女性群体内部进行交谈的时候，会有大量的互补或认同，因为她们一直在帮助对方应付这样一个无法胜任的语言系统。因此，当女性相互交谈时，她们是在合作讲故事——不全是因为女性天生充满合作精神，而是因为她们需要彼此帮助，找到一个恰当的词来对思想进行编码。

通过研究表达女性经验的语汇如何进入日常词汇，可以明显地看到这一转译过程中所存在的问题。在 20 世纪 70 年代以前，不存在"性骚扰"（sexual harassment）这个词，但这种现象却是真实存在的。例如，莫妮卡·赫西（Hesse, 2016）在《华盛顿邮报》（*The Washington Post*）上写道，这在 19 世纪十分常见。她写道："19 世纪时就有人谈及这一问题，1887 年一份'女性劳动

503

---

① 这几个词都有鲜明的男性色彩或性意味，hard 和 stick 显而易见，ram 则可以指随意的、无关爱情的性交，ram job 也有肛交的意思。——译者注

者'报告称,家政服务'已经成为女性最大限度堕落的代名词',因为男性雇主经常骚扰他们的女仆。"(https://www.washingtonpost.com/lifestyle/style/anita-hills-testimony-compelled-america-to-look-closely-at-sexual-harassment/2016/04/13/36999612-ea2e-11e5-bc08-3e03a5b41910_story.html)最终,在 20 世纪 70 年代,康奈尔大学的行动主义者创造了这个词。当时体验到我们今天称之为性骚扰这种感觉的女性也没有一个合适的词来说明这种经验。正如格洛丽亚·斯泰纳姆(Gloria Steinem)所说,在这个词还没有进入大众的词汇时,女性只能接受这种骚扰,它成为生活的一部分。举例来说,很多年以前,安吉曾在一家图书馆任职。她的上司是男性,他很喜欢评价她的身材,并把她与自己的妻子做比较。没有一个合适的标签描述这种经验,它似乎变得很个人化,而这种行为的不得体性也被尽可能弱化了。而给它贴上性骚扰的标签后,我们就可以进行区分,并且提出一些应对措施,让大家严肃对待这一现象。此外,给这种经验一个性骚扰的名称,让我们可以看到它其实广泛存在,在社会的各个阶层都可以见到。同样,"家庭暴力"(domestic violence)、"约会强奸"(date rape)、"婚内强奸"(marital rape)和"跟踪骚扰"(stalking)① 这些犯罪如果没有被命名的话,很可能仅仅被视为个人问题或不会被看作严重的侵犯。如果没有这些词的出现,女性想谈论自己的经验时就会面临失声,她们也就失去了改变社会制度的机会。

玛莎·休斯敦和切瑞斯·克莱默雷(Houston & Kramarae, 1991)指出,女性也会参与压制别人失声。通过研究黑人女性和白人女性之间的谈话就可以发现这一点。休斯敦和克莱默雷发现,不仅阻止对方说话会造成沉默,影响和控制别人说话也会造成

沉默。当白人女性批评黑人女性说话"太冲"(confrontational)时,"向黑人女性所传递的讯息是'像我一样说话,否则我不想听'"(p.389)。如果被压迫群体的成员听到了这种讯息并想反抗时,他们的语言组织速度将会很慢并且缺乏力度。当开篇故事中的帕特丽夏在思考如何做到像其他学生一样畅所欲言时,她就遇到了表达上的障碍。

导致失声的过程

失声群体理论的中心主张是边缘群体成员被迫沉默,并被认为是无法清晰表达自己思想的人。失声并不是由外在的强制或压迫造成的。罗宾·谢里夫(Sheriff, 2000)指出,失声群体的沉默并不是所有社会群体共有的现象。谢里夫认为,"和演讲不一样,演讲只需要一个人说话,失声需要合作,并且需要双方对合作条件有着共同的理解。虽然这具有契约的性质,但是这种失声的关键特征是它不仅是权力不平等分配的结果,也是权力不平等的标志"(p.114)。因此,失声必须通过有权者和无权者双方的社会理解才能够达成(Gendrin, 2000)。在这一部分,我们将简略地讨论一下几种达成这种权力分配结果和失声的方式。这些方法包括嘲笑、仪式、控制和骚扰。这并不是一个全面而彻底的清单。你根据自己的经验和观察,或许还能提出其他的方式。

嘲笑

休斯敦和克莱默雷(Houston & Kramarae, 1991)指出,女性说的话被看成是无足轻重的。"男性认为女性的谈话就是闲聊、流言蜚语、唠唠叨叨、大叫大嚷、撒泼(不要像母鸡一样唠叨了!)。"(p.390)男性经常说女性所谈论的一切没有意义,声称他们

504

---

① Stalking 的原意指跟踪猎物,这里指暗中或公开地死缠对方(比如异性、明星、政客等)不放,比如总是在异性身边出现,尾随、偷窥、监视、监听等。此外还包括不断地用写信、打电话、送礼物、面谈等方式向对方发出不受欢迎的信息。目前美国的许多州通过了反跟踪骚扰法。——译者注

无法理解为什么女性要把这么多时间花在和同性朋友煲电话粥上。女性也经常把她们自己的谈话说成是闲聊和扯家长里短。男性还告诉女性，她们没有幽默感，而这正是嘲笑她们的机会。同样，女性在谈话中关心的内容也常常被男性认为是鸡毛蒜皮的事，不值得一听，相反，女性却应该成为男性谈话内容的积极倾听者。甚至在医学语境下，女性也表示她们的医生可能会嘲笑或轻视她们关心的问题（Brann & Mattson, 2004）。

仪式

一些人指出，许多社会仪式具有让女性保持沉默或者让女性接受男性支配的效果，其中之一就是婚礼。在传统的婚礼中，有许多地方让新娘失声。首先，新郎站在前面，而新娘则被她的父亲搀着"转交"（delivered）给他。接下来新娘的父亲"把她引导给"新郎。此外，新郎站在主婚人（或者是其他司仪）的右边，而在传统上，右边一般比新娘所在的左边代表着更高的社会地位。新郎首先宣誓。新娘戴着面纱穿着白色的长袍，以说明她在交给新郎以前一直"保存完好"（preserved）。然后，新郎被告知可以吻新娘。接着主婚人宣布这对伴侣成为"丈夫"（man）和"妻子"（wife）。按照传统，新娘把娘家姓换成夫家姓。在许多时候，人们马上就会介绍这对夫妻，说他们是某某先生和太太。克莱默雷（Kramarae, 1981）在她的书中谈到自己改名的经历。她结婚时，丈夫姓克雷默（Kramer），所以婚后她的名字就变成了切瑞斯·蕾·克雷默（Cheris Rae Kramer）。当时，法律不允许妻子保留自己的姓。后来法律做出了修订，克莱默雷就把丈夫的姓跟自己的中间名组合在一起创造了自己的姓。改名过程伴随着大量谈论和争议，很多人质疑她的决定。克莱默雷指出，在整个过程中没有一个人质疑她的丈夫，他的名字也一直没有改变。虽然许多夫妇把婚礼弄得很个性化，对许多环节做

了修改，但是传统的婚礼还是说明了新娘处于从属地位。

控制

研究者们还指出，男性可以控制很多决定，比如什么可以写进历史书并把女性的历史撂在一边不闻不问（Wood, 2017）。此外，媒体也由男性控制，女性的言论和贡献很少在主流媒体上得到报道。而且许多传播行为把男性放在中心，女性则暗淡无光。举例来说，与一般看法相反，事实上在男女互动中，男性比女性说话更多。有人分析了66 项考察美国男性与女性在不同语境下的交谈的研究，发现在 61 个案例中男性的说话时间超过了女性（James & Drackich, 1993）。

让男性保持控制权的一个传播行为是打断和插话（interruptions）。当男性打断女性时，女性经常转而谈论男性提出的问题。当女性打断男性时，通常情况却不是这样。男性通常会回到原来讨论的话题（DeFrancisco, 1991）。此外，维多利亚·德弗兰西斯科（DeFrancisco, 1991）发现男性常常不会注意他们父母的谈话，他们拒绝考虑女性谈论的东西而是转向他们喜欢的话题。

骚扰

霍莉·克尔（Kearl, 2015）提到了街上的骚扰，她发现女性无法自由地使用公共街道。男性主导着公共空间，因为当女性走过时她们会听到许多语言的威胁（有的时候是以恭维的方式出现）。工作中的性骚扰是另一种告诉女性她们不属于家庭以外的领域的方式。玛丽·斯特林（Strine, 1992）说明了大学里的一些谈话如何使性骚扰变得自然化，使它看上去是一个可以接受的行为。当受到性骚扰的女性被贴上歇斯底里、过分敏感或惹麻烦的人的标签时，她们的担心被消解了，变得无足轻重起来。

学生之声

伊桑

我读到失声群体理论时，个人感觉它并不正确。我是说，我有很多次都不知道该怎么用确切的语言表达自己的想法，而我是个异性恋白人男性，所以不符合这本书谈到的任何失声群体。但当我读到很长一段时间内都没有性骚扰这个词时，我确实觉得这个理论或许有些道理。我想如果根本不存在能描述某件事的词汇，那么想谈论这件事肯定会相当困难。我也能理解，如果没有对应的词汇，你会觉得某件事就是自然而然发生的，不是什么发生在很多人身上的大事。

抵抗的策略

506 我们在本章的开头曾经提到，失声群体理论是批判理论。因此，它不仅限于解释现象——诸如女性的失声——而且鼓动改变现状。休斯敦和克莱默雷（Houston & Kramarae，1991）提出了达成这一目标的几个策略。抵抗的策略之一是给使人失声的策略命名，这个方法我们前面已经讨论过。通过这一过程，压制人们使之失声的行为成为一个可以描述和讨论的话题。休斯敦和克莱默雷提出的第二个策略是重申、提升和赞美女性的话语。休斯敦和克莱默雷提出，女性应该赞美和研究口述历史、日记和笔记以及所谓的另类表达，比如缝纫、编织和其他主要由女性做的手工活。通过研究这些表达的渠道和论坛，女性可以提出"女性有效的、有影响力的以及有说服力的传播经验不逊色于男性的"（Foss & Foss，1991，p. 21）。其他研究者（Hoover, Hastings, & Musambira，2009）研究了听取女性声音并珍视她们的独特观点的传播场所，例如丧亲者的网站。其他研究者则研究了女性音乐如何在文字和形象上为女性提供了一种发声的方式（Huber，2010；Moody，2011）。

女性同时还应该创造新的以及更有代表性的语言来表达她们的经验。虽然改变语言是一个雄心勃勃①的任务，但是当新的概念进入我们的文化时，新的词汇被创造出来描述这些经验时，语言就具有了可塑性。虽然很多计算机行话（例如游戏操纵杆、软盘和硬盘等）有相当的性别歧视的根源，但是有一些较新的词汇（例如防火墙、屏幕截图等）是中性的。想想我们今天讨论电脑和以电脑为中介的传播（computer-mediated communication，这本身就是一个新概念）时所使用的词汇，就可以证明这一点。苏齐特·埃尔金（Elgin，1998）发明了一种全新的语言，她称之为"Laadan"，主要用来表达女性的经验。克莱默雷和葆拉·特里切勒（Kramarae & Treichler，1992）编纂了一本女性主义词典，对那些在女性的经验中十分重要的词汇进行了以女性为中心的定义。

除了休斯敦和克莱默雷（Houston & Kramarae，1991）的建议外，埃兹斯特·哈吉塔和阿伦·肖（Hargittai & Shaw，2015）指出，新媒体为此前失声的群体提供了发声的机会。然而他们担心，网络传播也并非发生在真空之中，人们在使用新媒体时也必须留意使一些群体在线上失声的结构性不平等。他们指出，必须减少并最终消除"根深蒂固的性别不平等"（p. 424）。

通过各种抵抗策略，包括给导致失声的策略命名，重申、提升和赞美女性的话语，创造

---

① 对 ambitious 的中文翻译（雄心勃勃）也算是一种男性经验的表达方式，正是本章所批判的话语，用在这里颇具反讽意味。——译者注

新的语言来表达女性独特的经验，以及使用新媒体，我们可以抵抗失声。简而言之，失声群体理论提出并解释了许多改变现状的方式。

能也会预料到，这样一个充满政治意涵的理论肯定会引来其他人的一些担忧。你应该已经知道，这个理论采取质化思维，重视声音和生活经历。我们在评价失声群体理论时考虑实用与时间的考验这两个标准。 507

整合、批评和总结

失声群体理论有很多追随者，但是你可

整合

传播传统	修辞学 | **符号学** | 现象学 | 控制论 | 社会心理学 | 社会文化 | **批判**
传播语境	自我 | 人际 | 小群体 | 组织 | 公众/修辞 | 大众/媒体 | **文化**
获得知识的方法	实证的/经验的 | 诠释的/阐释的 | **批判的**

批评

评价标准	范围 | 逻辑一致 | 简洁 | **实用** | 可检验 | 启发性 | **时间的考验**

实用

失声群体理论的实用性有时会受到批评，因为它涉及本质主义，即该理论认为所有的男性在本质上是一样的，所有的女性在本质上也是一样的，并且他们互不相同。这些批评指出，这两个群体内部也存在极大的差异，群体内（比如女性）的有些差异甚至超过群体间（女性和男性）的差异。一些学者注意到性别以外的其他立场——诸如社会地位、年龄、民族或出身——对传播的影响。另一些人则根本不承认上述的所有影响，提出通过传播，个体和群体都在不断地变化。因此试图清楚地说明女性或男性是什么的人错误地把这些群体"静止"（freezes）在某个时间点，似乎她（他）们具有自然的、永恒的本质一样（Ivy，2012）。

学生之声

凡妮莎

我们在课上谈到这个理论时，教室里的男生都沉默不语。听女生们讲她们在工作中、课堂上或其他地方处于失声状态的经历十分有趣。但没有一个男生说他们有过类似的经历。我还觉得很悲哀，没有一个男生为女生"挺身而出"，说他们为此感到难过，或是要做点什么。我试着不要过激，但我真想抓着我旁边的男生问："你无法理解，不是吗？"

508 失声群体理论的支持者也同意美国社会中的失声群体很多，他们分别具有不同的立场。然而，女性是我们的文化中一个重要的群体，因此即使失声群体理论认可女性并不都是一样的，并且所有女性都具有的本质并不存在，女性在美国还是经常受到相似的对待。这种对待形成了一系列共同的经验，这为失声群体理论对男性和女性的概括抽象提供了可能。

此外，一些批评者之所以质疑失声群体理论的实用性，是因为他们注意到女性能够在公共论坛中发表自己的意见，他们指出像希拉里·罗德姆·克林顿（Hillary Rodham Clinton）、雪莉·桑德伯格（Sheryl Sandberg）这样的女性代表根本没有任何失声的表现。失声群体理论者承认，有一些女性获得了公共论坛的发言机会。但是他们也指出，她们之所以能够做到这些，是因为她们对转译的过程极其熟练。而该理论认为，当把具有女性特征的内容摆上桌面讨论时可能就不会这么顺利。失声群体理论的支持者认为，那些想要说话的人必须被迫服从接受由支配群体定义的有限的选择机会，因此在我们真正能够听到来自广大的多样性群体的声音以前，我们仍然需要失声群体理论所提出的批判性意见。

时间的考验

失声群体理论的一些批评者认为，传播研究对该理论的应用不多，偶尔使用该理论时，其原则也没有得到印证。例如，伊丽莎白·蒂利（Tilley，2010）发现，面对违反了伦理准则的员工时，男性并没有比女性更愿意公开发声。与此相关的是，该理论诞生于几十年前，理论的假设至今没有得到更新。然而，希瑟·基萨克（Kissack，2010）检验了失声群体理论的一些假设，发现它们在组织电子邮件的语境下依然成立。除此之外该理论还应用于研究运动员脑震荡（Sanderson，Weathers，Snedaker，& Gramlich，2016）和宫颈癌（Kutto & Mulwo，2015）等当前的话题，很难说该理论过时了或没有未来。

总结

不论怎样，失声群体理论肯定会引发争议，并且会让我们对语言中的偏见进行思考。它还可以让我们清楚地知道，我们应该从公众演讲者那里接受什么、反对什么。失声群体理论还解释了女性在许多情境下面临的说话困难的问题。我们还需要进一步研究才能确定这些问题是否像失声群体理论所断言的那样，形成了有利于统治阶级而不利于被统治阶级的系统的偏见。

讨论题

技术探索：失声群体理论关注社会中使用的男性创造的语言及其后果，特别是涉及女性的词句。请指出网络霸凌与该理论的原理有什么联系，以及你认为男性和女性对这一网络行为可能有怎样类似或不同的反应。

1. 你认为失声群体理论能够对开篇故事中帕特丽夏遇到的困难做出有说服力的解释吗？为什么能或为什么不能？你还能提出什么其他的解释？

2. 你是否有过找不到合适的词描述某种感觉或某个发生在你身上的事情？失声群体理论可以解释你所遇到的问题吗？为什么可以或为什么不行？你认为自己属于某个失声群体吗？为什么是或为什么不是？

3. 你能自己造一个词来描述某个女性有而男性没有的经验吗？反过来呢？你是否同意失声群体理论所提出的英语更适合用于表达男性对世界的体验而不适合表达女性对世界的体验？为什么？

4. 我们提到过，对于失声群体理论，有一种批评说它夸大了女性在使用语言中遇到的问题。你是否同意这种批评？

5. 失声群体理论所提出的语言改革在你的语言中是否也存在？请举例说明通过对语言做出改革我们可以让它更适合于表达女性的经验。

6. 在美国，还有什么群体也可能成为失声群体？失声群体理论能够对这些除女性以外的失声群体做出很好的解释吗？为什么能或为什么不能？

7. 如果失声群体理论是一个批判理论，那么它引发了什么行动？它是如何倡导变革的？

第30章
女性主义立场理论[①]

我一开始从未打算成为女性主义理论家。

——南希·哈索克（Nancy C. M. Hartsock）   *510*

安吉娜·科伯恩和拉特里娅·哈里斯

安吉娜·科伯恩砰地把书一合，皱着眉头走出了教室。平常她很喜欢上语言课，也很喜欢汤森教授。但是今天她觉得受到了侮辱，十分生气。汤森教授用一则大约十年前的新闻，解释了本意和言外之意。这篇文章讲的是华盛顿特区市长的一位白人助手因为在一次会议上使用"小气"（niggardly）这个词而被革职。当时和他一起开会的有两个人，一个是白人，一个是黑人。这个助手真正想要说的是他的预算很少，所以必须节省地用。安吉娜听课的时候大声地叫了出来。作为一名黑人，这个词的发音与过去使用的对黑人的侮辱性称呼 negro（黑鬼）的发音很像[②]。这让她很愤怒。她不在乎该助手说自己用这个词表达什么，她一听到这个词就知道它有种族歧视的意思在里面。她比米德大学的大多数学生年纪都大，她还记得20世纪60年代为争取民权而进行的抗争，尽管当时她只是个小女孩。此外，她还知道直到今天，美国仍有不少种族主义者。所以当安吉娜听到汤森教授用这个助手的例子来解释所讲的内容时，她几乎不敢相信自己的耳朵。在米德大学也有种族主义者——即使在她所在的课堂也不乏其人——安吉娜认为使用这个故事做例子传达了错误的信息。

直到晚上在咖啡馆与拉特里娅·哈里斯见面时，安吉娜仍然怒气未消。拉特里娅也在上汤森教授的语言课，她和安吉娜每个星期三都会在一起学习。安吉娜很喜欢和拉特里娅一起学习，相互帮助使她在这个充满挑战的课上一直名列前茅，并且在大学里与另一位黑人女性交朋友也是一件不错的事。虽然她们之间存在年龄和环境的差异，但是安吉娜和拉特里娅相处得十分融洽。安吉娜58岁，有三个孩子，年纪都不小。她丈夫两年前离开了她，她得一个人抚养这些孩子。她一直有经济困难，依赖社会福利政策，但现在情况正在好转。她于六年前开始攻读学士学位，有望今年拿到学位。拉特里娅是个21岁的单身女郎，从高中的大学预科班毕业后直接进了大学，并且她父母十分富有。

---

① 本理论基于南希·C. M. 哈索克和朱莉娅·T. 伍德的研究。

② 根据《韦氏词典》的解释，niggard 可能源于斯堪的纳维亚语的 "nig"（吝啬鬼）的词根，起源于14世纪（中世纪英语）。而 negro 起源于西班牙语或葡萄牙语，其词根 "nigr-" 或 "niger" 来自拉丁语，是 "黑" 的意思，起源于1555年。按照《韦氏词典》的解释，可以认为这两个词之间没有词源上的渊源。——译者注

安吉娜甫一坐定，就开始倾诉她对汤森教授的语言课的不满。她一直滔滔不绝地大讲自己如何生气，但是她忽然注意到拉特里娅始终面无反应。"难道你不同意我的看法吗，拉特里娅？"安吉娜问道。"嗯，"拉特里娅回答说，"我看得出你有多么生气，但是我得说我没有这样的感觉。我的家人没有用过这个词，但是听到这个词也没有让我觉得不高兴。我认识许多使用这个词的人，说唱歌手似乎已经让这个词流行起来了。同时，我也理解汤森教授的意图。这两个词发音很像，但是它们的意思完全不同。我想汤森教授想要说的是，人们对一个词言外之意的理解会影响他们对其他词的反应。"

511　　安吉娜看着拉特里娅，半天说不出话来。最后，她说道："拉特里娅，我也能够看出这层意思。我只是认为可以用不同的例子。这两个词在我听来过于相似了。而且这正是周围的一些种族主义者想要听到

的——一个教授也会像他们一样讲话。他们会开始认为自己这么说也没什么。这不行，绝对不行。人们曾经因为那个词牺牲了生命。"

拉特里娅以某种匪夷所思的神情看着安吉娜。"我知道你很愤怒，但是我认为你想得太多了。我想站在你一边，但是我觉得不值得这么小题大做。"

安吉娜和拉特里娅都沉默了，各自都觉得自己说得在理。最后，安吉娜说："女孩，我看我们不会达成一致意见了。还是研究这周布置的作业吧。"安吉娜在说话的时候面带微笑，热情地看着她的朋友。拉特里娅终于也轻松地打开了书本。她从未想过要冒犯安吉娜或对她表示不尊重。拉特里娅也非常敬佩安吉娜所做的一切以及她在班上的刻苦学习精神。事实上，安吉娜是拉特里娅的榜样。她朝着安吉娜笑了笑，开始了她们的功课。

女性主义立场理论（Feminist Standpoint Theory, FST）为我们理解上述例子提供了一个很好的切入点。女性主义立场理论为理解权力系统中女性的位置提供了理论框架。该理论建立在对日常生活的体察之上——它认为个体是他们自己制造的现实的消费者，个人的视角是他们从经验中获得信息的最重要的来源（Johnston, Friedman, & Peach, 2011; Wood & Fixmer-Oraiz, 2017）。女性主义立场理论赋予了人们发表自己见解的权力。

该理论认为，女性（和其他所有人）的经验、知识和传播行为在很大程度上受到她们所在群体的影响。因此，由于安吉娜和拉特里娅属于同一个社会群体，她们就可能拥有共同的经验。她们都是黑人女性这一事实使她们的立场很相似，但立场来源于多重社会位置（Jaggar, 2016）。安吉娜和拉特里娅的经济状况差异和世代差异导致她们的权力位置有所不同（Cox & Ebbers, 2010）。

确立一种立场的关键在于权力概念，或桑德拉·哈丁（Harding, 2016）所说的"弱者的权力"（p. 336）。

为女性主义立场理论提供了框架的是普通人而非精英，因为他们相信，他们与掌权者拥有不同的知识。这种知识造就了与掌权者相反的立场。立场来源于抵抗掌权者，拒绝社会定义他们所属群体的方式（Wood, 2004）。女性主义立场理论批判现状，因为现状代表着一种统治与压迫的权力结构。艾利森·贾格尔（Jaggar, 2016）认为，"从诸如资本主义这样的立场出发与从工人阶级的立场出发，看到的社会截然不同"（p. 304）。她继而认为，虽然资本主义试图塑造"自由、人权和物质充裕"（p. 303）的认知，但工人阶级成员却认为资本主义"强制、暴力和物质匮乏"（p. 303）。因此，女性主义立场理论直指社会秩序中存在的问题，同时提出应按新的方式组织社会生活，使其更加平等和公正。一些研究者（例如，

512 Blackwell，2010；Elmore，2009）特别关注女性如何制定策略抵抗社会体系中的不平等。从这一点来看，女性主义立场理论属于我们所说的批判理论的阵营（见第 2 章和第 3 章）。

女性主义立场理论的历史基础

虽然传播学者们（例如，Wood，2008）最近才开始使用女性主义立场理论研究传播行为，但是这个理论却有着悠久的历史。女性主义立场理论起源于立场理论，后者的历史最早可以追溯到 1807 年，德国哲学家黑格尔讨论了主人-奴隶关系如何使参与者产生了不同的立场。黑格尔写道，虽然奴隶和主人生活在同一个社会，但是他们对于社会的认识却存在天壤之别。这种差异来自他们在社会中所占据的位置。黑格尔提出，我们无法用单一视角描述所有社会生活。每个社会群体对社会持有不同的看法。^① 卡尔·马克思也提出，工人的社会地位影响着工人获取知识的方式。

南希·哈索克从黑格尔的思想和马克思的理论出发，使用立场理论研究男性与女性之间的关系，由此提出了女性主义立场理论。在 1983 年，哈索克出版了《女性主义立场：为女性主义历史唯物主义奠基》（*The Feminist Standpoint：Developing the Ground for a Specifically Feminist Historical Materialism*），开始将立场理论应用于女性主义立场理论。哈索克关注的是发生在 20 世纪七八十年代早期女性主义和马克思主义之间的一场论战。哈索克的兴趣在于"让女性也出现在"马克思主义理论之中。

为了做到这一点，她提出了女性主义的马克思主义理论（Hartsock，1997）。

哈索克的兴趣在于把马克思的论述扩大到包括人类的所有行为，而不仅仅只关注资本主义中的男性的行为。她集中讨论了马克思的如下论断：只有从资本主义社会两个主要阶级立场中的一个出发看问题，才能对阶级社会获得正确的认识。（Hartsock，1983，p.106）哈索克认为，在这个论断的基础上，马克思对阶级结构进行了有力的批判。哈索克认为，对女性主义最有启发的是马克思对阶级关系的批判，而不是他对资本主义的批判。

哈索克把黑格尔关于主人和奴隶的思想以及马克思关于阶级和资本主义的论述应用于生物性别和社会性别的研究。从某种意义上来说，这把问题复杂化了，因为人们对"女性主义"的看法并不一致。许多研究者提出存在不同种类的女性主义（Barker & Jane，2016）。为了论述的方便，我们一方面需要知道在什么是女性主义的问题上存在多样的看法，另一方面也需要做出规定，把所有**女性主义**（feminism）的统一特征界定为关注女性特殊的社会地位，希望结束任何以生物性别或社会性别为基础的压迫。

20 世纪 90 年代初，朱莉娅·伍德（Wood，1992）将女性主义立场理论引入传播学研究领域。伍德指出，影响女性传播行为的是她们共同的立场而非她们的本质。传播学者想知道个体在权力结构中的社会位置如何影响女性的互动。举例来说，伍德和她的同事（Dennis & Wood，2012）研究发现，黑人母亲了解黑人女性如何遭受性剥削，因此不愿与她们的女儿讨论性话题。

女性主义	一种意识形态与运动，关注女性的社会地位和欲望，希望终结建立在社会性别与生理性别基础上的压迫

---

① 参见商务印书馆 1979 年版黑格尔《精神现象学》第四章。——译者注

513

理论速览·女性主义立场理论

女性处于特殊的社会位置；根据她们所在的社会群体（贫穷者、富有者、欧洲裔美国人、非洲裔美国人、拉美人、未受教育者、受过良好教育者等），她们在社会等级中占据不同位置。这些社会位置使她们从特定观察点出发看待社会环境。她们与掌权者对立、反抗掌权者给她们的社会定义，这些观察点就成了立场。一个人从任何立场出发都无法全面地观察整个社会环境——所有的立场都是片面的。但是，社会地位低者看到的社会环境会超出他们自己的位置。

女性主义理论者对理论与研究的批判

这种历史概况揭示出女性主义立场理论和本书中许多其他的理论之间存在着一个有趣的差异。我们之前提到过，女性主义立场理论是一个批判理论。从许多方面来看，女性主义立场理论都表达和体现了对其他的主流理论和研究取向的批判。女性主义立场理论要批判的首先是这样一个发现，即过去的大多数研究都出自一个相同的立场——白人的、男性的、中产阶级的立场。一些女性主义研究者提出，传统的研究思路是由男性定义的，它屏蔽了女性独特的视角。因此，这些批判接下来认为，这种白人男性中产阶级视角压制了其他一些将会对科学做出贡献的十分有价值的视角，使它们无法发声（Chafetz，1997）。

迪安娜·布莱克韦尔（Blackwell，2010）指出，即便是公开宣称反种族歧视的课堂也更照顾白人的感受。布莱克韦尔谈道，课堂在试图促进反种族歧视时，考虑的是白人学生（即以增强白人学生的种族意识为目标），这样一来，有色人种学生就更不受关注，或只是被视作同龄白人的意见提供者。布莱克韦尔转而使用女性主义立场理论的变体——黑人女性主义理论——来解释并抗议该现象（Collins，2000；Kovolova，2016）。

不同于许多其他理论，女性主义立场理论首先强调权力和知识的关系。在此过程中，女性主义立场理论"试图结合两种张力：追求更好的知识和相信知识总是与权力及政治问题相交织。因此，女性主义立场理论的基本信条是，知识总是诞生于社会位置且被权力关系建构"（Hallstein，2000，p. 3）。

换句话说，女性主义立场理论从不完善的认识论（这个认识论是由掌握权力的男性发明的）出发，在承认知识与政治不可分割的同时，力图提出更好的认识论。

514

我们需要注意的是，虽然女性主义版本的立场理论是最常见的女性主义立场理论，但是女性主义立场理论也可以用来分析各种不同的立场，比如说安吉娜和拉特里娅在谈话中所具有的种族、阶级和经济地位立场。在这一章，我们将参考南希·哈索克最初的研究说明女性主义立场理论，将其原则应用于女性特有的立场上。但是我们要清醒地认识到，另外一些不同的立场（比如社会地位、种族等）也可以用该理论加以解释，这让该理论可以很好地适用于其他的共文化群体："女性主义立场理论关注的是女性，但是它也可以从黑人女性、贫穷的白人女性/男性、属于少数民族的或现代西方社会以外的宗教群体的非白人等方面来看问题。"（Wallace & Wolf，1995，p. 270）还有一些理论家比如马克·奥比（Orbe & Harris，2015），使用女性主义立场理论来研究种族与文化。

社会等级并非一成不变。社会斗争持续不断，以决定哪个群体占支配地位、谁有权为自己和他人代言（见图 30-1）。举例来说，针对无证移民的持续的全球辩论就反映了这种斗争。谁有权为这一群体"代言"？此外，为什么他们的立场让他们能够看到并表达，其他人却做不到？

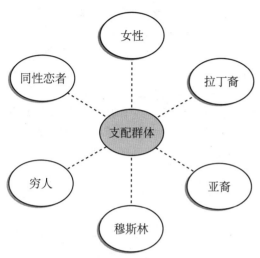

图 30-1 美国社会中多个群体之间的关系

女性主义立场理论的前提假设

女性主义立场理论有一些基本观点，珍妮特·萨尔茨曼·查菲茨（Chafetz，1997）认为这四点是所有女性主义立场理论的共同主张：（1）生物性别或社会性别是理论的关注焦点；（2）在生物性别或社会性别方面存在问题，理论的目的是理解性别与不平等和矛盾之间有什么关系；（3）生物性别或社会性别关系是可以改变的；（4）如果现状贬低或贬损女性，女性主义立场理论可以被用来挑战现状。

除此以外，哈索克认为，女性主义立场理论建立在五个有关社会生活特征的前提假设之上：

● 物质生活（或阶级地位）建构或限制了对社会关系的理解。

● 当物质生活被分化为两个群体相互对立时，任何一方的理解都会与对方完全相反。如果存在支配的和被支配的群体，那么居于支配地位的群体的理解将是偏狭的和有害的。

● 处于统治地位的群体的观点决定了物质关系的结构，所有的群体都被迫参与到这种关系之中。

● 如果被压迫群体具有自己的观点，那么这既代表着反抗，同时也代表着一种成功。

● 对被压迫者（立场）的理解会使我们看到现有群体之间的关系中非人性的一面，使我们向着更美好的和更公正的世界前进。

我们将简略地讨论每一个前提假设。它们都来自被哈索克按照自己的喜好修正过的马克思主义理论。

第一个前提假设提出了这样一个观点，个人在社会结构中的地位影响和限制了他们对社会关系的理解。我们的开篇小故事中安吉娜和拉特里娅的行为说明了社会地位对我们的理解的巨大影响。安吉娜的立场来自她所处的艰苦环境，她一个人抚养孩子，奋斗着完成学业，并且年龄不小，因此她对课堂讨论的反应与拉特里娅的视角截然不同。后者的阶级背景和年龄在某种程度上把她跟安吉娜的立场隔离开来。

学生之声

康妮

富人对贫穷的认识非常有限，这种看法很有道理。我刚上大学的时候，跟我交朋友的女孩中，很多人家境都比我好很多。她们很难理解我为什么必须做兼职，也没钱每隔一晚就出去吃一次比萨。她们有点好笑地看着我，我知道她们觉得我只是在找借口不跟她们一起出去。我明显感觉到她们根本不了解我的出身。但我确实看到了她们的生活是什么样的——至少我觉得我看到了。

第二个前提假设认为所有的立场都是偏狭的，但是统治阶级（掌权者）的立场却能够实实在在地伤害被统治群体。这一看法自然而然地引出第三个前提假设，它认为统治群体会对现实结构产生影响，影响的结果是使被统治群体丧失了某些选择。哈索克认为，在美国人们只能加入市场经济，几乎没有什么选择，而市场经济对统治阶级最有利。正如哈索克（Hartsock, 1997）所说，统治者的立场决定着社会生活的结构，迫使所有派别参与到这一结构中去。她认为，"真理，在很大程度上，就是统治群体使之成为真理的东西。历史总是由胜利者书写"（p. 96）。此外，统治阶级通过宣传把市场描绘为最有利的和最有道德的。2016年美国总统竞选中的一些争议能说明这些假设。在唐纳德·特朗普（Donald Trump）谈到自己的经商经历时，有些人质疑他遣散经济表现不佳的公司或收购抵押房屋的经历是否能帮助他理解在此过程中因他而失业的人的经历。

第四个前提假设提出，被统治群体必须为他们对社会生活的观点而斗争。这引出了最后一个假设，它认为斗争的结果是被统治群体形成了更清晰、更准确的观点，而不是仅仅简单地追随统治阶级的观点。因为具有更清晰的洞见，被统治群体就可以看见社会秩序中不符合人性的地方，因此会努力把世界变得更好。这一系列前提假设得出了这样一个结论：虽然所有立场都是偏狭的，但是被压迫群体的立场却是通过密切关注支配群体形成的。后者却不需如此。因此被压迫群体的立场比统治群体的立场更全面。

除了哈索克马克思主义观的女性主义立场理论的这些假设和特征以外，该理论的大多数概念还采用了有关知识与知识获取（本体论与认识论）的四个观点。

第一，所有的知识都是社会活动的产物，因此没有绝对客观的知识。

第二，"女性所生活的典型的文化条件会产生一种特殊的经验和理解，它们通常与男性的不同"（Wood, 1992, p. 14），这种理解上的差异经常会产生截然不同的传播模式。

第三，理解女性所具有的截然不同的经验特征是有价值的。

第四，我们只有参与女性对这种经验的解释，才能够理解她们的经验。

第一个观点提出的是知识并不是一个客观概念，而是受到知识拥有者的主观影响。知识产生于经验，而经验是主观的。这说明求知的方法与客观真理的信念所说的方法完全不同。

第二个观点指出，虽然美国的男性与女性的工作环境和生活环境看上去很相似，但是他们的社会地位却不相同。在一项有关工作场所性骚扰的研究中，黛比·多尔蒂（Dougherty, 2001）从根植于该假设的一个观点出发，得出虽然性骚扰可能对女性来说具有负功能，但是对男性来说却具有正功能的结论。她发现男性把性骚扰解释为一种缓解工作压力的行为、一种治疗形式和表现同事关系的方式。女性却感受不到性骚扰的这些功能。多尔蒂的结论是，她的发现说明不同的社会位置影响了男性和女性对性骚扰的反应。其他研究者（例如，Richardson & Taylor, 2009）指出，在女性之间，以及在女性和男性之间，事实都是如此。他们发现黑人女性和西班牙裔女性经历的性骚扰与白人女性不同。

第三个观点涉及的是本体论，或者说什么是值得认识的问题。该假设把边缘化的人群（女性）作为理论和研究的起点。因此女性主义立场理论具有革命性，因为它用主流文化以外的立场来取代主导立场。桑德拉·哈丁（Harding, 1991）对此评论说："女性主义立场理论的'基础'不是女性的经验，而是从女性生活的角度来看问题……我们从这样一个边缘的角度开始进行思考。"（p. 269）安妮·约翰斯顿和她的同事（Johnston, Friedman, & Peach, 2011）发

现，与主流观点相反，女性博主发了大量有
关政治的博客，不过她们的方式与男性博主

截然不同。

大众媒体中的理论·女性和男性不同的社会位置

　　关于美国的和全世界范围内的女性和男性之间的差异，大众媒体已经多有探讨。迈克尔·特林布尔（Michael Trimble）在《纽约时报》网络版撰文指出，女性比男性更容易哭。比起男性，女性哭得更剧烈也更频繁，对此，特林布尔认为有生物学上的解释，也可能与女性和男性所占社会位置（以及由此获取的权力）不同有关。特林布尔坚信："就像哭泣一样，全世界抑郁的女性也比男性更多。一个可能的解释是，虽然社会进步了几十年，但女性仍饱受经济不平等、歧视甚至暴力之苦，可能有更多让她们哭泣的事。"

　　资料来源：Trimble, M.（2012, November 10）. I cry, therefore I am. *New York Times Sunday Review* online, nytimes.com/2012/11/11/opinion/Sunday/i-cry-therefore-i-am. html.

　　最后一个观点指出女性主义立场理论的运作还来自这样一种认识论，即要达到哈丁在前面提出的这种感觉方式，唯一的方法就是让女性谈论她们的经验并且对其做出解释。被调查者是研究过程中的主动合作者。女性主义立场理论者的目标就是不断提出新的研究方法，让过去沉默的人发出自己的声音。

　　通过这些前提假设和观点，我们可以获得这样一个整体印象，即女性主义立场理论是一个不断发展的理论框架，它的基础是马克思主义，但是其核心原则中被注入了一些来自女性主义的观点。女性主义立场理论想要理解某种社会地位对人的世界观和传播所造成的影响。在求知过程中，女性主义立场理论的研究者想从边缘群体入手，关注其故事和解释。当女性主义立场理论的研究者与被调查者一起工作的时候，他们会意识到自己的观点的局限性，承认真理的主观性。

女性主义立场理论和传播领域

　　女性主义立场理论由朱莉娅·伍德引入传播学领域后，开始受到传播研究者的欢迎。这是因为女性主义立场理论认为传播行为与立场之间存在相互关系。传播形塑我们

的立场，我们通过与他人互动，了解自己在社会中的位置。因此，我们可以想象，安吉娜的妈妈向她讲述非洲裔美国人的历史以及受人奴役的祖先时，安吉娜对自身立场有了更多了解。每当有老师告诉安吉娜她可能没办法读大学并拿到文学学士学位时，传播就形塑了她的立场。而拉特里娅的情况不同，她可能都没听说过奴隶制的故事。她的老师可能会鼓励她上大学。这会使两个非洲裔美国女性从不同的位置出发看待这个世界。

　　同样，该理论的假设之一是，持相同立场的人也会有相同的传播风格与实践。因此，举例来说，我们期待照顾孩子的女性以母亲的方式沟通，而无须照顾孩子的男性则不会形成同样的传播行为（Ruddick, 1989）。玛莎·休斯敦（Houston, 1992）举了非洲裔美国女性传播行为的例子，例如大声讲话和打断别人，这些由她们的立场形塑，会被群体外的人误解。休斯敦指出，一些欧洲裔美国研究者对这些传播行为的解释与群体成员自己的解释不同（且往往更加负面）。

　　此外，罗丝安·曼齐乌克（Mandziuk, 2003）指出，传播可以通过纪念性运动在公众意识中培养立场。曼齐乌克分析了最近三场旨在纪念索杰纳·特鲁斯的运动，观察它

们如何争夺在公众记忆中树立形象的权利。曼齐乌克认为，每一场运动都为特鲁斯陈述了不同的立场，"位置问题、角色和所有权以各种方式占据了争论的核心"（p. 287）。

因此，女性主义立场理论阐明了传播在塑造和传递立场过程中的中心地位。该理论指出，传播可以成为改变现状带来变化的工具。有些人往往无法言说自己的立场，通过帮助他们发声（Zaytseva, 2012），与该理论配套的研究方法聚焦于传播实践（Jaggar, 2016）。朱莉娅·伍德（Wood, 1992）指出，"女性自己的声音是否被赋予正当性，似乎与传播学者如何评价另类理论立场有着非常大的关系"（p. 13）。声音（voice）、公开表达（speaking out）和为他人代言（speaking for others）是女性主义立场理论和立场认识论（Standpoint Epistemology）的重要概念，而这些概念都根植于传播领域。

女性主义立场理论的关键概念

519　女性主义立场理论建立在几个关键概念之上，它们分别是声音、立场、情境化知识以及劳动的性别分工。我们接下来依次做简单介绍。

声音

许多学者认为声音关乎我们的身份认同。当我们找到或发出自己的声音时，就意味着我们把我们是谁、我们看重什么投射给了他人。对声音最好的定义可能与沉默失声相对。贾森·斯坦利（Stanley, 2011）写道，为了压制他人的声音，政客盗用词句并歪曲含义。他把这种行为称作"窃取他人声音的语言策略"（http：//opinionator. blogs. ny-

times. com/2011/06/25/the-ways-of-silencing/？ _ r＝0）。

斯坦利认为，压制声音就是剥夺他人参与断言等言语行为的能力。他继续指出，"在政治领域还有另一种常见的声音压制"（n. p.），"可以让人们无法接触到相应的词汇来表达其主张，从而压制他们的声音。"（n. p.）。这一观点指出了理解声音的一个关键点，即它是一个关系性概念；如果他人倾听我们，不主动剥夺我们表达自我的能力，我们就拥有了声音。

立场

立场（standpoint）是该理论的核心概念，指位置或定位（location），它被处于社会一定结构中、体会到局外人地位的一群人共享，社会结构会让这些人对他们的生活经验做出独特的解释。此外，哈索克（Hartsock, 1988）认为："立场并不仅仅是与一定利益相关的观点（被解释为偏见），而是因为投入其中而产生了偏见。"（p. 107）一些研究者（Hirschmann, 1997；Hallstein, 2000）专门强调了投入（engagement）[①]的概念，他们区分了立场和视角。这两个概念很容易混淆，但是它们有着一个重要的区别。视角（perspective）是由经验决定的，而经验的结构又取决于一个人在社会等级中的地位。视角可能会导致人们取得立场，但是要经过努力才能获得。奥布莱恩·哈尔斯坦提出，立场只有通过思考、互动和斗争之后才能获得。立场必须经过主动的寻找，并不是所有具有被压迫的经验的人都会拥有立场。被压迫的经验还要加上主动地参与、反思和认识这些被压迫的经验的政治意义，才能够最终获得立场。因此，我们可以说拉特里娅拥有视角，而安吉娜拥有立场。

520

| 立场 | 由社会地位决定的位置，导致人们对自己的生活做出独特的解释 |

---

① 这个词很难找到对应的中文词，它既有卷入其中的意思，也有对抗的意思，另外还有承诺和忠于自己的群体的意思。——译者注

此外，立场并不能脱离特定的社会和政治语境而独立存在。正如桑德拉·哈丁（Harding，1991）所指出的："立场以社会为中介。"（p. 276）因为立场由特定的社会地位决定，所以它必然是**偏颇的**（partial），或者说不全面的。社会地位使某个群体只能看到社会生活的一部分。此外，立场的政治性强调，个人只有通过不断进步（developmental process）才能获得立场。朱莉娅·伍德和娜塔莉·费克斯莫-奥莱兹（Wood & Fixmer-Oraiz，2017）认为，立场是"努力得来的"（p. 51）。正如韦尔顿（Welton，1997）指出的，获得立场需要"对体现统治群体视角和经验的物质现象做积极的、政治的抵抗。这是拒绝接受霸权群体所制造的现实经验的行动，因此是一种政治立场和潜在的解放行动"（p. 11）。不仅如此，正如奥布莱恩·哈尔斯坦（Hallstein，1999，2000）提出的，立场之所以是政治的，是因为它不是独立获得的，而需要与他人合作和对话才能实现。

偏颇的	承认没有人能够获得所有社会等级所拥有的全面观点

帕特里西娅·希尔·柯林斯（Collins，1986，1989，1991）描述了一种特殊类型的立场，她把自己描述为女性黑人学者。这一社会地位使她成为一个**在中心的边缘人**（ousider within），或者说本来应该被边缘化的人却进入了内部。身为一个外来者，在进入过去把自己排除在外的社会位置时，柯林斯认为这使她具有了一种异常清晰的视觉体验。赵阳（Zhao，2016）评论道，作为一个移民，她在研究跨国收养问题时就是一个在中心的边缘人。鲁思·弗兰肯伯格（Frankenberg，1993）同意这种看法，其指出："被压迫者会看得更清楚，不仅能够看到他们自己的立场，而且……能看清整个社会系统的构造。"（p. 8）这种清晰的视觉体验正如女性主义立场理论所说的那样，意味着处于社会等级底层的人拥有最准确的立场。在这里，**准确性**（accuracy）指的是能够超越偏颇的观点，超越自己特殊的社会地位的能力。

在中心的边缘人	在正常情况下处于社会边缘地位的人却获得了更有利的地位
准确性	能够看到超越自己特殊的社会地位的更多事物的能力

情境化知识

唐纳·哈拉维（Haraway，1988）提出了**情境化知识**（situated knowledges）这个概念，它的意思是任何人的知识都来自一定的语境与情境。哈拉维提出的这个概念意味着知识是复合的（multiple），与一定的经验相适应。举例来说，一个必须照顾病痛缠身的双亲的人获得的经验和电子工程师获得的经验将截然不同。适应的知识提醒我们，知识不是先验的，而是我们从经验中学习的结果。因此，如果上面说的这个电子工程师也要照顾家里的老人，他就会同样获得照顾老人的知识。对黑人女性主义立场的讨论得出了相似的观点（Reynolds，2002）。根据自身经历，不同的在地社群对立场的定义可能会有所不同。除此之外，一些研究（例如，Hine，2011）认为衰老过程中的女性有共同的立场，但又相互区别，因为社会、健康和生活方式因素等其他变量会在任意时间点对她们产生个体层面上的影响。

情境化知识	任何人的知识都来自一定的语境与情境

劳动的性别分工

哈索克的马克思主义的女性主义立场理论建立在这样一个观念之上，即男性和女性的职业差异缘于他们的性别，这导致了**劳动的性别分工**（sexual division of labor）。这种分工不仅根据生物性别给人们分配不同的工作，而且通过要求女性进行没有工资的劳动对其进行剥削。除此之外，朱莉娅·伍德（Wood，2005）指出，"父权制将男性与女性的区隔自然化，使女性对男性的从属看起来合乎天性、符合常理、不值一提"。此外，女性在职场上不公平的工资待遇也与她们没有报酬的家务工作有一定的联系。另外，正如南希·赫希曼（Hirschmann，1997）指出的那样，女性主义视角"使女性认识到她们在家里的活动也是'工作'和'劳动'，也进行'价值'生产，而不仅仅是'天性'所带来的必需的和重要的副产品，或者是女性应该'被动'体验的生物本能"（p. 81）。因此，女性主义立场理论强调了劳动的性别分工所造成的剥削和歪曲。

劳动的性别分工	根据生物性别进行的工作分配

整合、批评和总结

女性主义立场理论引起了研究者极大的兴趣，也产生了许多争论。该理论大量采用批判的方法，使得其本质上主要是质化的。在审视该理论的价值时，请记住所有评价标准中最具批判性、引发了大量学术讨论的标准——实用。

整合

传播传统	修辞学 | 符号学 | 现象学 | 控制论 | 社会心理学 | 社会文化 | **批判**
传播语境	自我 | 人际 | 小群体 | 组织 | 公众/修辞 | 大众/媒体 | **文化**
获得知识的方法	实证的/经验的 | 诠释的/阐释的 | **批判的**

批评

评价标准	范围 | 逻辑一致 | 简洁 | **实用** | 可检验 | 启发性 | 时间的考验

实用

522

对女性主义立场理论的指责中，最为常见的是本质主义的问题，学者们写了许多这方面的文章。桑德拉·哈丁（Harding，2004）认为，该理论引发了"政治、哲学和科学的争论"（p. 1）。我们在第 29 章的失声群体理论中提到，**本质主义**（essentialism）指的是认为所有的女性（或所有的群体）本质上完全相同的理论概括行为。本质主义抹杀了女性中存在的多样性。如果我们坚持本质主义的话，那么开篇故事中的安吉娜和拉特里娅的故事就说明了我们的看法是错误的。虽然她们都是在同一所大学学习的黑人女性，但是她们之间的差异却导致她们对课堂上的讨论做出了不同的解释。因为女性主义立场理论集中关注的是社会群体的地位，许多研究者认为这就是一种本质主义。比如凯瑟琳·奥利里（O'Leary，1997）提出，虽然女性主义立场理论在重新说明女性经验是一个重要研究课题上起到了很大作用，但是它却错误地强调了这种经验的普遍性，忽视了女性经验的差异性。莎琳·赫西-比伯（Hesse-Biber，2014）同意这一观点，认为本质化"忽略了女性生活的多样性，例　　　如种族、阶级和性取向"（p. 6）。

本质主义	这种看法认为所有女性在本质上是一样的，所有男性在本质上也是一样的，女性和男性完全不一样

这种批评中所隐含的（经常也是明确的）意思是，许多白人女性研究者经常把有色人种女性、残障女性、同性恋女性、贫穷女性和来自发展中国家的女性的立场和声音排除在外（Blackwell，2010）。但是就哈索克在该理论中的论述来说，这些批评失之公允。哈索克（Hartsock，1981）曾经提出，虽然女性之间存在许多不同之处，但是她所指出的是女性的经验中的某一个特殊方面，这是许多女性所共享的，即没有报酬的家庭劳动以及被认为理所当然的抚养和照料工作。克里斯滕·英特曼（Intemann，2016）也认为，更新近的女性主义立场理论观点并没有"将女性本质化"（p. 263）。赫希曼（Hirschmann，1997）提出，女性主义立场理论允许多样的女性主义立场存在，所以它包容差异。赫希曼暗示，我们可以在哈索克的理论框架基础上进一步发展女性主义立场理论，这将更有助于解决共享的身份和差异之间的紧张关系。伍德（Wood，1992）也同意上述辩驳。她指出，女性主义立场理论与本质主义的女性观有一个重要的区别，即该理论并没有暗示男性和女性之间存在本质上的差异（或具有不同的本质），相反，女性主义立场理论的前提假设是女性所在的社会和文化条件产生了不同于男性的经验和理解，当然男性的经验和理解也由他们所在的社会和文化条件决定。伍德总结说："女性主义立场理论的认识论逻辑认为，对各种条件的互动分析是一切分析的起点，这些条件决定了一定文化中种族、阶级和性别关系的结构。"（p. 14）

更新的一些采用了女性主义立场理论框架的研究把解决差异和共同性之间的紧张关系作为它们的中心任务（Andrews，2002；Houle，2009）。比如贝尔等（Bell，Orbe，Drummond，& Camara，2000）使用了黑人女性主义立场理论来研究黑人女性的传播实践。贝尔及其同事为获得不同的生活经历有意识地从不同的女性那里搜集信息。因此，样本中的女性虽然有共同的种族身份，但是在许多其他的社会地位上却存在差异，比如年龄、宗教信仰、性别认同等。

研究者们发现，虽然存在差异，但是他们所研究的样本确实因为种族主义、性歧视、阶级偏见、异性恋主义而具有共享的多样的被压迫感。然而被调查者也因为黑人女性中存在的多样性而发出不同的声音。通过这些数据，被调查者表现出她们身份的其他方面，这些身份在她们与他人的互动中变得显著起来，而且在很多时候这些身份使她们感觉到与其他黑人女性共享的身份有所减弱。因此，研究者们把多样的意识视为"不断协商中的动态过程"（p. 50）。最后，研究者们的结论如下：黑人女性主义立场理论一方面假设压迫普遍存在，另一方面又承认对这种共同的经验存在不同的表达方式。

在一项对学术界女性的研究中，黛比·多尔蒂和凯瑟琳·克朗（Dougherty & Krone，2000）也想把女性主义立场理论应用到一群具有多样性的女性身上，创造性地解释共同性和差异性之间的紧张关系。她们访问了在同一学术机构的同一个部门工作的四位女性。在访问中，她们编造了一段故事，这个故事虽然是虚构的，但是却力图表达被调查者的立场。接下来，她们要求被调查者对上面这段故事进行评价，提出需要修改的地方，并且提出具体的修改意见。在这一过程中，研究者们发现被调查者中既存在共同性，又存在差异性。

这些被调查者同意，类似孤立感、想要加入某个社群的强烈愿望以及不被人注意

523

这些因素影响了她们的立场。但是她们对自己受压迫这一事实却有着不同的感知。这些女性利用这些差异来增进她们之间的关系。研究者们指出，将女性主义立场理论批评为本质主义的看来是无的放矢。多尔蒂和克朗评论说："差异和相似相互创造和再创造，最后二者交织在一起，你中有我，我有中你，难分彼此。"(p. 26)

学生之声

詹妮

我认为女性主义立场理论很有趣，但我发现没有一个例子提到了我特有的社会位置。我是切罗基第安人（Cherokee Indian），我为自己的文化传统感到骄傲。但是毫无疑问，我们土著人处在社会等级的最底层。如果有人能从底部向上看，准确了解整个社会结构，那一定是我们。我想总有其他的"外部"群体可以研究。我也在思考本章提到的共性与差异之间的张力。我意识到，如果白人学生想当然地觉得所有印第安人都是一样的、觉得我对克劳人（Crow）和黑脚人（Blackfeet）无所不知，我就会很恼火。其实我是切罗基人，并且我们的文化与他们截然不同。

524　有关实用性的第二种批评涉及**二元论**（dualisms），或者叫二元对立的思维方式。女性主义者（Cirksena & Cuklanz, 1992）提出，许多西方的思想都由一系列二元对立组成，也可以称之为二元论。理性与感情、公与私、自然与文化，这些成对的对立关系是西方思维中十分普通的组织原则。女性主义关心这些二元论和以下两个原因有关。其一，二元论通常暗示着被提及的两个概念之间存在着等级关系，赞扬一个，贬低另一个。比如当我们说应该理性地做决策而不是感情用事时，我们其实暗示在我们的文化中理性比感情更有价值。其二，和这个问题有关的另一个担心是这些二元论经常成为我们的文化中社会性别的组成部分。在这个过程中，男性和一个极端联系在一起，女性则与另一个极端联系在一起。因为我们的文化崇尚理性、贬低感情，所以女性因为这种联系而受到贬低。女性主义批评家经常担忧的是二元论会在男性和女性之间产生一种错误的二元划分，使人们看不到其实生活并不是非此即彼、黑白分明，而是像关系的辩证法理论（见第 11 章）中说的那样，经常是同时并存的，你中有我、我中有你。

二元论	用一系列成对的对立来组织事物的方式

奥利里（O'Leary, 1997）提出，女性主义立场理论并没有使我们充分理解经验的复杂性，因此它仍然存在着对主观经验和客观真理的二元划分。奥利里认为哈索克的理论框架不能适应复杂的多样知识。但是哈索克在她最初的理论中提出了立场束（clusters of standpoints），从而避免了上述批评中所说的二元论。正如哈索克（Hartsock, 1997）所指出的那样，女性主义立场理论所引发的争论为发展和完善该理论提供了一个公开争论的机会和广阔的空间，所以更应该适应多样化，对主观性和客观性之间的区分做出清晰的说明。

总结

女性主义立场理论向我们提供了一个看待不同社会群体的立场、经验和传播的新方法。它具有明显的政治和批判倾向，探寻社会生活中权力的位置。它引起了较大的争议，有的人认为它令人不快，有的人则认为它符合他们对社会生活的看法。该理论还可以与其他理论兼容，让我们可以对人类的传播行为做出更为实用的解释。女性主义立场理论在解释不同社会群体的传播行为差异方面充满希望，提供了纠正这些群体所处的权力结构造成的不平等的工具。

讨论题

技术探索：我们提到的一些研究者已经研究过博客等新型传播渠道如何赋予了女性她们此前可能不具备的声音。然而，即便是这些地方可能也有骚扰。一个博主甚至把互联网称为"性别歧视者的天堂"。你认为社交媒体会不会改变女性主义立场理论的某些假设和原则？

1. 你是否接受女性主义立场理论中提出的所有立场都是偏颇的这一观点？为什么？本章开头的安吉娜和拉特里娅的故事是如何说明这一论断的？

2. 举出一个特定语境中的情境化知识的例子。

3. 本章把女性主义立场理论确定为女性主义理论。请讨论如何把一个理论和某种政治意识形态联系起来并解释你的回答。

4. 如果把所有的真理都看成是来自某种主观立场的话，那么人们还可能进行沟通吗？如果不存在客观的真理，那么具有不同立场的人如何达成一致？

5. 女性主义立场理论中在对差异性的论述上具有哪些不足之处？如果某个立场十分特殊，只有少数人共享这种立场，那么它还会是一种立场吗？这对我们理解人们之间的传播有何帮助？

6. 最近的一些研究试图解决享有共同立场和承认差异性之间的紧张关系，你对此作何感想？请举例说明。

7. 请选取与女性主义立场理论有关的本质主义论点，并捍卫你的立场。

后记← 关联问题

本书的主要目的是向你介绍几十个丰富、全面的传播理论。在阅读本书的过程中你会发现，每个理论都以精彩的方式解读传播及其诸多功能与轨迹。我们展示了一些理论的切面，这些理论着眼于许多不同的议题与主题。举例来说，无论理论家侧重的是技术、文化还是性别，应用语境是人际、组织还是中介环境，毫无疑问，每个人都能从所谓的"传播理论"中有所收获。我们一起完成了这段旅程，但依然有许多东西需要我们学习与思考。

我们尽量阐释每个理论的背景、前提假设、关键概念以及特征，希望能提供一个易懂、可行的框架来理解传播理论。很多时候，教科书作者会忘记他们当年吸收这些颇具难度的内容时的感受。我们希望也相信我们在每一章中呈现材料的方式能够帮你高效地管理并成功地记忆信息。

在本书的最后，我们希望额外介绍一种增强传播理论的吸引力与实用性的方法，即把不同理论联系、整合在一起。传播理论不是在真空中诞生的。事实上，正如你所读到的那样，理论家在形成概念和他们自己独特的思想时，需要依靠其他理论，也会受之影响。此外，许多理论家使用术语的方式不同；能够区分不同理论对同一术语的使用是一件很有价值的事。为了阐明理论之间的关联，我们重返本书每一章，提出问题，以此说明不同传播理论之间的关系。我们希望这些问题不仅能揭示出你原本想不到的理论关联，还能促使你进一步思考。以这种方式建立关联很可能会促使你回想不同理论，理想的情况是，你会重返某一理论，从不同的角度审视它。最后，这种努力能让你对每个理论内含的语境、传统及取径有更好的理解。

我们通过针对每章内容进行提问来体现本书独一无二的特色，我们称之为关联问题。先自己回答这些问题，再将你的答案与班上其他人的答案比较。很可能你还没有复习完书中的所有理论，因此为了检验你自己的知识，你也可以针对已经回顾并理解的章节提出自己的关联问题。我们以这种方式结束本书，其实是开始说明理论建构是一项拓展性的事业。

所以，下面是本书中的全部理论，并附有关联问题。这些关联问题能帮助你最后再应用并理解这些理论：

第 4 章 象征性互动理论

米德的自我概念与传播适应理论中对自我角色的理解有何关联？

第 5 章 意义协调管理理论

文化是很多理论共同的主题。请讨论文化分别在意义协调管理理论、面子-协商理论中的作用之间的关系。

第 6 章 认知不协调理论

对比认知不协调理论与象征性互动理论的范围。你能说明将具有这种差异的解释系统称为"理论"的合理性吗?

第 7 章　预期违背理论

预期违背理论主要关注的是我们对他人行为的预期,而认知不协调理论关注的是我们对态度与行为的一致性的渴望。请将预期、态度与行为作为一般性原理,说明这两个理论之间的关系。

第 8 章　不确定性减少理论

不确定性减少理论对不确定性(与世界)的观点与组织信息理论所持有的观点有什么联系或区别?它们对人类行为的预设相似还是不同?

第 9 章　社会交换理论

比较个体如何从社会交换的视角和社会渗透理论的视角评估他们的关系。请解释你如何看待(或是否认为)它们有不同的理论域。

第 10 章　社会渗透理论

请讨论社会渗透理论的原理与社会信息处理理论之间有哪些地方重合。我们已经知道,其中一个理论以技术即短信与电子邮件为基础。技术如何影响社会渗透理论?

第 11 章　关系的辩证法理论

529

你是否赞同伯杰的观点,认为关系的辩证法理论的概念与不确定性减少理论的概念存在交集?你认为二者的元理论假设是否兼容?请解释你的答案。

第 12 章　传播隐私管理理论

请讨论沉默在传播隐私管理理论和关系的辩证法理论中(可能的)含义与作用。

第 13 章　社会信息处理理论

请讨论社会信息处理理论与失声群体理论在自我呈现方面的异同。虽然一个以技术为基础,另一个依赖面对面沟通,但你能找到二者有什么相似之处吗?

第 14 章　群体思维

判断个体预期在群体思维与预期违背理论中的作用。如果贾尼斯和伯贡就行为预期展开讨论,他们会说些什么?

第 15 章　结构化理论

决策过程是结构化理论和群体思维中的关键部分。区分这两个理论中决策过程的含义、理论家们对该术语的诠释,以及探讨决策过程时应使用什么变量。

第 16 章　组织文化理论

组织文化理论认为故事是组织文化的要素。意义协调管理理论的重点则是如何获得意义。比较二者在利用故事、获得意义上的差别。

第 17 章　组织信息理论

组织信息理论与结构化理论都着眼于传播活动在组织中的作用。请通过探讨传播在这两个理论中的作用对这两个理论进行区分。请具体解释传播活动在每个理论中的含义，以及理论家们会如何诠释组织内在的信息与关系。

530

第 18 章　修辞术

"受众"在修辞术与文化研究中扮演何种角色？此外，请探讨技术对这两个理论模型的影响。

第 19 章　戏剧理论

请比较伯克的生活的戏剧结构概念与菲舍尔的叙事范式。研究者是否有可能自如地同时运用这两个理论而不产生观念冲突？

第 20 章　叙事范式

请比较叙事范式对说服过程的解释以及说服在议程设置理论中的作用。

第 21 章　议程设置理论

议程设置理论所强调的一个基本议题就是他人对"媒体"议程的影响。社会交换理论则根植于经济学、社会学和心理学。为此，请探索并解释经济、社会和心理原理在议程设置理论中的影响。

第 22 章　沉默的螺旋理论

请对比沉默的螺旋理论和文化研究中的媒体所扮演的角色。请根据每个理论家对媒体的诠释，说明媒体的内容与结构对传播过程的影响。分析中要使用每个理论的术语。

第 23 章　使用与满足理论

使用与满足这样的理论强调人们在生活中对电视等媒介的使用。培养理论也视电视为重要的工具。请描述在这两个理论中，电视在传播"社会现实"方面的作用。

第 24 章　培养理论

培养理论关注媒体的影响，包括对媒介讯息（主要是表现暴力的讯息）进行调查。这与麦克卢汉媒介环境理论对整体的媒介的关注有什么不同？这两个理论能否互相启发？

531

第 25 章　文化研究

思考文化研究中文化的角色，并与组织文化理论中文化的角色做比较。它们在对文化的诠释中使用了哪些变量？霍尔、帕卡诺夫斯基和奥唐奈-特鲁基罗会在哪些方面达成共识？又会在哪些方面存在分歧？

第 26 章　媒介环境理论

请比较媒介环境理论中麦克卢汉对受众的理解与卡茨、布鲁姆勒和古列维奇在使用与满足理论中对受众的理解。考虑两个理论中受众的主动或被动程度，你能得出什么结论？

第27章　面子-协商理论

丁允珠的理论强调对个体认同的关心。戏剧理论也关注认同，但对这一概念的界定与面子-协商理论截然不同。请对比这两个理论有何不同，以及理论家分别从什么角度使用认同概念。

第28章　传播适应理论

传播适应理论所强调的重点之一是感知在不同社群中的重要性。女性主义立场理论以不同的方式强调感知，但这种方式同样重要。请比较这两个理论在感知概念的使用上有何不同。

第29章　失声群体理论

相较于使用认知不协调理论的研究者，使用失声群体理论的研究者会有哪些不同的假设？你认为研究者同时使用这两个理论时是否会冲突？为什么？

第30章　女性主义立场理论

权力是讨论女性主义立场理论的关键概念。传播隐私管理理论认为权力可能是决定自我表露的动力。你认为权力在这两个传播理论中扮演了怎样的角色？

参考文献

Abrams, J., O'Connor, J., & Giles, H. (2003). Identity and intergroup communication. In W. B. Gudykunst (Ed.), *Cross-cultural and intercultural communication* (pp. 209–224). Thousand Oaks, CA: Sage.

Acquisti, A., John, L. K., & Lowenstein, G. (2012). The impact of relative standards on the propensity to disclose. *Journal of Marketing Research, 49,* 160–174.

Afifi, W. A., & Burgoon, J. K. (2000). The impact of violations on uncertainty and the consequences for attractiveness. *Human Communication Research, 26,* 203–233.

Ahmed, R. (2009). Interface of political opportunism and Islamic extremism in Bangladesh: Rhetorical identification in government response. *Communication Studies, 60*(1), 82–96.

Alkhazraji, K. M. (1997). The acculturation of immigrants to U.S. organizations: The case of Muslim employees. *Management Communication Quarterly, 11,* 217–265.

Allen, B. J. (2007). Theorizing communication and race. *Communication Monographs, 74,* 259–264.

Altman, I. (1975). *The environment and social behavior.* Monterey, CA: Brooks/Cole.

Altman, I., & Taylor, D. A. (1973). *Social penetration: The development of interpersonal relationships.* New York, NY: Holt, Rinehart & Winston.

Altman, I., Vinsel, A., & Brown, B. (1981). Dialectic conceptions in social psychology: An application to social penetration and privacy regulation. In L. Berkowitz (Ed.), *Advances in experimental social psychology* (pp. 130–145). New York, NY: Academic Press.

Alwood, E. (1997, October 14). The power of persuasion: The media's role in addressing homosexual issues in the future. *The Advocate,* p. 54.

An overview of media ecology. Retrieved from http://www.media-ecology.org/media_ecology/index.html#An%20Overview%20of%20Media%20Ecology%20(Lance%20Strate)

Andersen, K. E. (2003). *Recovering the civic culture: The imperative of ethical communication.* Boston, MA: Pearson/Allyn & Bacon.

Anderson, I. K. (2011). The uses and gratifications of online care pages: A study of CaringBridge. *Health Communication, 26*(6), 546–559.

Anderson, K., & Cantor, M. (2011). Inventing a gay agenda: Students' perceptions of lesbian and gay professors. *Journal of Applied Social Psychology, 41,* 1538–1564.

Anderson, R., & Ross, V. (2002). *Questions of communication: A practical introduction to theory,* 2nd ed. New York, NY: St. Martin's Press.

Anderson, T. L., & Emmers-Sommer, T. M. (2006). Predictors of relationship satisfaction in online romantic relationships. *Communication Studies, 57,* 153–172.

Andrews, M. (2002). Feminist research with non-feminist and anti-feminist women: Meeting the challenge. *Feminism & Psychology, 12,* 55–77.

Anguiano, C., Milstein, T., De Larkin, I., Chen, Y., & Sandoval, J. (2012). Connecting community voices: Using a Latino/a critical race theory lens on environmental justice advocacy. *Journal of International and Intercultural Communication, 5*(2), 124–143.

Antheunis, M. L., Valkenburg, P. M., & Peter, J. (2010). Getting acquainted through social network sites: Testing a model of online uncertainty reduction and social attraction. *Computers in Human Behavior, 26*(1), 100–109.

Apker, J., Propp, K. M., & Ford, W. S. Z. (2005). Negotiating status and identity tensions in health-care team interactions: An exploration of nurse role dialectics. *Journal of Applied Communication Research, 33,* 93–115.

Appel, E. C. (2003). Rush to judgment: Burlesque, tragedy, and hierarchical alchemy in the rhetoric of America's foremost political talkshow host. *Southern Communication Journal, 68,* 217–230.

Ardener, E. (1975). The "problem" revisited. In S. Ardener (Ed.), *Perceiving women* (pp. 19–27). London: Malaby Press.

Ardener, S. (1978). Introduction: The nature of women in society. In S. Ardener (Ed.), *Defining females* (pp. 9–48). New York, NY: Wiley.

Ardener, S. (2005). Muted group theory excerpts. *Women and Language, 28*, 50–72.

Argo, J. J., & Shiv, B. (2012). Are white lies as innocuous as we think? *Journal of Consumer Research, 38*(6), 1093–1102.

Arneson, P. (2007). A conversation about communication ethics with Kenneth A. Andersen. In P. Arneson (Ed.), *Exploring communication ethics* (pp. 131–142). New York, NY: Peter Lang.

Arnhart, L. (1981). *Aristotle on political reasoning: A commentary on rhetoric.* DeKalb, IL: Northern Illinois University Press.

Aron, A., & Aron, E. N. (1989). *The heart of social psychology: A backstage view of a passionate science,* 2nd ed. Lexington, MA: Lexington Books.

Aronson, E. (1969). The theory of cognitive dissonance: A current perspective. In L. Berkowitz (Ed.), *Advances in experimental social psychology* (pp. 1–34). New York, NY: Academic Press.

Asante, M. K. (1987). *The Afrocentric idea*: Philadelphia, PA: Temple University.

Asch, S. E. (1951). Effects of group pressure upon the modification and distortion of judgments. In J. Guetzkow (Ed.), *Groups, leadership, and men: Research in human relations* (pp. 177–190). New York, NY: Russell & Russell.

Atkins, D. C., Rubin, T. N., Steyvers, M., Doeden, M. A., Baucom, B. R., & Christensen, A. (2012). Topic models: A novel method for modeling couple and family text data. *Journal of Family Psychology, 5*, 816–827.

Aubrey, J. S., Olson, L., Fine, M., Hauser, T., Rhea, D., Kaylor, B., & Yang, A. (2012). Investigating personality and viewing-motivation correlates of reality television exposure. *Communication Quarterly, 60*(1), 80–102.

Austin, J. L. (1975). *How to do things with words.* Cambridge, MA: Harvard University Press.

Ayyad, K. (2011). Internet usage vs. traditional media usage among university students in the United Arab Emirates. *Journal of Arab & Muslim Media Research, 4*(1), 41–61.

Bachman, G. F., & Guerrero, L. K. (2006). Forgiveness, apology, and communicative responses to hurtful events. *Communication Reports, 19*, 45–56.

Bachman, G. F., & Guerrero, L. K. (2008). Relational quality and relationships: An expectancy violations analysis. *Journal of Social and Personal Relationships, 23*, 943–963.

Ballard-Reisch, D. (2010). Muted groups in health communication policy and practice: The case of older adults in rural and frontier areas. *Women & Language, 33*(2), 87–93.

Bandura, A. (1977). *Social learning theory.* Englewood Cliffs, NJ: Prentice Hall.

Banks, S. P., & Riley, P. (1993). Structuration theory as ontology for communication research. In S. A. Deetz (Ed.), *Communication yearbook 16* (pp. 167–196). Newbury Park, CA: Sage.

Bantz, C. R. (1989). Organizing and the social psychology of organizing. *Communication Studies, 40*, 231–240.

Baran, J. S. (2012). *Introduction to mass communication: Media literacy and culture.* New York, NY: McGraw-Hill.

Baran, S. J., & Davis, D. K. (2009). *Mass communication theory: Foundations, ferment, and future,* 5th ed. Belmont, CA: Wadsworth.

Baran, S. J., & Davis, D. K. (2012). *Mass communication theory: Foundations, ferment and future,* 6th ed. Belmont, CA: Wadsworth.

Bareket-Bojmel, L., & Sharar, G. (2011a). Emotional and interpersonal consequences of self-disclosure in a lived online interaction. *Journal of Clinical and Social Psychology, 30*, 225–250.

Bareket-Bojmel, L., & Shahar, G. (2011b). Emotional and interpersonal consequences of self-disclosure in a lived, online interaction. *Journal of Social and Clinical Psychology, 30*, 732–759.

Barge, J. K., & Pearce, W. B. (2004). A reconnaissance of CMM research. *Human Systems, 13*, 13–32.

Barker, R. T., Rimler, G. W., Moreno, E., & Kaplan, T. E. (2004). Family business members' narrative perceptions: Values, succession, and commitment. *Journal of Technical Writing and Communication, 34*, 291–320.

Barnlund, D. C. (1970). A transactional model of communication. In K. K. Sereno & C. D. Mortensen (Eds.), *Foundations of communication theory* (pp. 83–102). New York, NY: Harper.

Basic McLuhan: Marshall McLuhan and the senses. Retrieved from http://ns.gingkopress.net/02-mcl/z_mcluhan -and-the-senses.html

Baym N., Campbell, S. W., Horst, H., Kalyanaraman, S., Oliver, M. B., Rothenbuhler, E., & Miller, K. (2012). Communication theory and research in the age of new media: A conversation from the CM café. *Communication Monographs, 79*(2), 256–267.

Baxter, L. A. (1988). A dialectical perspective on communication strategies in relationship development. In S. Duck (Ed.), *Handbook of personal relationships* (pp. 257–273). New York, NY: Wiley.

Baxter, L. A. (1990). Dialectical contradictions in relationship development. *Journal of Social and Personal Relationships*, *7*, 69–88.

Baxter, L. A. (2006). Relational dialectics theory: Multivocal dialogues of family communication. In D. O. Braithwaite & L. A. Baxter (Eds.), *Engaging theories in family communication: Multiple perspectives* (pp. 130–145). Thousand Oaks, CA: Sage.

Baxter, L. A. (2011). *Voicing relationships*. Thousand Oaks, CA: Sage.

Baxter, L. A., & Babbie, E. R. (2004). *The basics of communication research*. Belmont, CA: Wadsworth.

Baxter, L. A., & Braithwaite, D. O. (2008). Relational dialectics theory. In L. A. Baxter & D. O. Braithwaite (Eds.), *Engaging theories in interpersonal communication: Multiple perspectives* (pp. 349– 361). Thousand Oaks, CA: Sage.

Baxter, L. A., & Braithwaite, D. O. (2010). Relational dialectics theory, applied. In S. W. Smith & S. R. Wilson (Eds.), *New directions in interpersonal communication* (pp. 48–66). Thousand Oaks, CA. Sage.

Baxter, L. A., Braithwaite, D. O., Bryant, L., & Wagner, A. (2004). Stepchildren's perceptions of the contradictions in communication with step-parents. *Journal of Social and Personal Relationships*, *21*, 447–467.

Baxter, L. A., Braithwaite, D. O., Golish, T. D., & Olson, L. N. (2002). Contradictions of interaction for wives of elderly husbands with adult dementia. *Journal of Applied Communication Research*, *30*, 1–26.

Baxter, L. A., & Montgomery, B. M. (1996). *Relating: Dialogues and dialectics*. New York, NY: Guilford Press.

Baxter, L. A., & Sahlstein, E. M. (2000). Some possible directions for future research. In S. Petronio (Ed.), *Balancing the secrets of private disclosures* (pp. 289–300). Mahwah, NJ: Erlbaum.

Bean, C. J., & Eisenberg, E. (2006). Employee sensemaking in the transition to nomadic work. *Journal of Organizational Change Management*, *19*, 210–222.

Beaver, D. G. (2011). *Teacher fashion, classroom homophily, and the impact on student evaluations*. Unpublished Masters thesis. Texas Tech University, Lubbock, TX.

Beavin-Bevelas, J. (1990). *Equivocal communication*. Newbury Park, CA: Sage.

Bell, K. E., Orbe, M. P., Drummond, D. K., & Camara, S. K. (2000). Accepting the challenge of centralizing without essentializing: Black feminist thought and African American women's communicative experiences. *Women's Studies in Communication*, *23*, 41–62.

Bellamy, R. V., & Walker, J. R. (1996). *Television and the remote control: Grazing on a vast wasteland*. New York, NY: Guilford Press.

Bem, D. J. (1967). Self-perception: An alternative interpretation of cognitive dissonance phenomena. *Psychological Review*, *74*, 183–200.

Bem, S. (1993). *The lenses of gender: Transforming the debate on sexual inequality*. New Haven, CT: Yale University Press.

Benning, J. (2003). Remembering Neil Postman. Retrieved from www.alternet.org

Bentley, J. M. (2012). A uses and gratifications study of contemporary Christian radio websites. *Journal of Radio & Audio Media*, *19*(1), 2–16.

Berbary, L. A. (2012). "Don't be a whore, that's not ladylike": Discursive discipline and sorority women's gendered subjectivity. *Qualitative Inquiry*, *18*, 606–625.

Berger, A. A. (2007). *Media & society: A critical perspective*. Lanham, MD: Rowman & Littlefield.

Berger, C. R. (1977). The covering law perspective as a theoretical basis for the study of human communication. *Communication Quarterly*, *25*, 7–18.

Berger, C. R. (1979). Beyond initial interaction: Uncertainty, understanding, and the development of interpersonal relationships. In H. Giles & R. St. Clair (Eds.), *Language and social psychology* (pp. 122–144). Oxford: Blackwell.

Berger, C. R. (1982). *Social cognition and the development of interpersonal relationships: The quest for social knowledge*. Paper presented at the First International Conference on Personal Relationships, Madison, WI.

Berger, C. R. (1986). Uncertain outcome values in predicted relationships: Uncertainty reduction theory then and now. *Human Communication Research*, *13*, 34–38.

Berger, C. R. (1987). Communicating under uncertainty. In M. E. Roloff & G. R. Miller (Eds.), *Interpersonal processes: New directions in communication research* (pp. 39–62). Newbury Park, CA: Sage.

Berger, C. R. (1995). Inscrutable goals, uncertain plans, and the production of communicative action. In C. R. Berger & M. Burgoon (Eds.), *Communication and social processes* (pp. 1–28). East Lansing, MI: Michigan State University Press.

Berger, C. R. (2005). Slippery slopes to apprehension: Rationality and graphical depictions of increasingly threatening trends. *Communication Research, 32*, 3–28.

Berger, C. R. (2011). From explanation to application. *Journal of Applied Communication Research, 39*(2), 214–222.

Berger, C. R., & Bradac, J. J. (1982). *Language and social knowledge: Uncertainty in interpersonal relations.* London: Arnold.

Berger, C. R., & Calabrese, R. J. (1975). Some explorations in initial interaction and beyond: Toward a developmental theory of interpersonal communication. *Human Communication Research, 1*, 99–112.

Berger, C. R., & Gudykunst, W. B. (1991). Uncertainty and communication. In. B. Dervin & M. J. Voight (Eds.), *Progress in communication sciences* (Vol. 10, pp. 21–66). Norwood, NJ: Ablex.

Berger, C. R., & Kellerman, K. (1994). Acquiring social information. In J. A. Daly & J. Weimann (Eds.), *Strategic interpersonal communication* (pp. 1–31). Hillsdale, NJ: Erlbaum.

Berger, C. R., & Roloff, M. E. (1980). Social cognition self-awareness and interpersonal communication. In B. Dervin & M. Voigt (Eds.), *Progress in communication sciences* (Vol. 2, pp. 158–172). Norwood, NJ: Ablex.

Berkowitz, D., & Belgrave, L. L. (2010). "She works hard for the money": Drag queens and the management of their contradictory status of celebrity and marginality. *Journal of Contemporary Ethnography, 39*(2), 159.

Bern-Klug, M. (2009). A framework for categorizing social interactions related to end of life care in nursing homes. *The Gerontologist, 49*(4), 495–507.

Berscheid, E., & Walster, E. H. (1978). *Interpersonal attraction.* Reading, MA: Addison-Wesley.

Beullens, K., Roe, K., & Van den Bulk, J. (2011). The impact of adolescents' news and action movie viewing on risky driving behavior: A longitudinal study. *Human Communication Research, 37*(4), 488–508.

Bienenstock, E. J., & Bianchi, A. J. (2004). Activating performance expectations and status differences through gift exchange: Experimental results. *Social Psychology Quarterly, 67*, 310–318.

Bignell J. (2013). *An introduction to television studies.* New York, NY: Routledge.

Bisel, R. S., & Arterburn, E. N. (2012). Making sense of organizational members' silence: A sensemaking-resource model. *Communication Research Reports, 29*, 217–226.

Bishop, J. W., Scott, K. D., Goldsby, M. G., & Cropanzano, R. (2005). A construct validity study of commitment and perceived support variables: A multifoci approach across different team environments. *Group Organizational Management, 30*, 153–180.

Blackwell, D. M. (2010). Sidelines and separate spaces: Making education anti-racist for students of color. *Race, Ethnicity & Education, 13*(4), 473–494.

Blair-Loy, M., Hochschild, A., Pugh, A. J., Williams, J. C., & Hartman, H. (2015). Stability and transformation in gender, work, and family: Insights from *the second shift* for the next quarter century. *Community, Work & Family, 18*, 435–454.

Blakeslee, S. (2005, June 28). What other people say may change what you see. *New York Times*, p. 11.

Blalock, H. M. (1969). *Theory construction: From verbal to mathematical formulations.* Englewood Cliffs, NJ: Prentice Hall.

Blau, P. M. (1964). *Exchange and power in social life.* New York, NY: Wiley.

Blomme, R. (2012). How managers can conduct planned change in self-organizing systems: Actor network theory as a perspective to manager's actions. *International Journal of Business Administration, 3*, 9–22.

Blumer, H. (1969). *Symbolic interactionism: Perspective and method.* Englewood Cliffs, NJ: Prentice Hall.

Blumler, J. G. (1979). The role of theory in uses and gratifications studies. *Communication Research, 6*, 9–36.

Blumler, J. G. (1985). The social character of media gratifications. In K. E. Rosengren, L. A. Wenner, & P. Palmgreen (Eds.), *Media gratifications research: Current perspectives* (pp. 41–60). Beverly Hills, CA: Sage.

Blumler, J. G., & McQuail, D. (1969). *Television in politics: Its uses and influence.* Chicago, IL: University of Chicago Press.

Bodie, G. D., & Jones, S. M. (2012). The nature of supportive listening II: The role of verbal person centeredness and nonverbal immediacy. *Western Journal of Communication, 76*(3), 250–269.

Bolkan, S., & Goodboy, A. K. (2011). Leadership in the classroom: The use of charismatic leadership as a deterrent to student resistance strategies. *Journal of Classroom Interaction, 46*, 4–10.

Bolkan, S., Goodboy, A. K., & Bachman, G. F. (2012). Antecedents of consumer repatronage intentions and negative word-of-mouth behaviors following an organizational failure: A test of investment model predictions. *Journal of Applied Communication Research, 40*(1), 107–125.

Book discussion on *Technopoly*. Retrieved from https://www.c-span.org/video/?31627-1/technopoly

Book, P. L. (1996). How does the family narrative influence the individual's ability to communicate about death? *Omega, 33*, 323–341.

Booth-Butterfield, M., Booth-Butterfield, S., & Koester, J. (1988). The function of uncertainty reduction in alleviating primary tension in small groups. *Communication Research Reports, 5*, 146–153.

Booth-Butterfield, M., & Jordan, F. (1989). Communication adaptation among racially homogeneous and heterogeneous groups. *Southern Communication Journal, 54*, 253–272.

Bormann, E. G. (1996). Symbolic convergence theory and communication in group decision making. In R. Y. Hirokawa & M. S. Poole (Eds.), *Communication and group decision making* (pp. 81–113). Thousand Oaks, CA: Sage.

Borrowman, S., & Kmetz, M. (2011). Divided we stand: Beyond Burkean identification. *Rhetoric Review, 30*(3), 275–292.

Bostrom, R. N. (2003). Theories, data, and communication research. *Communication Monographs, 70*, 275–294.

Bostrom, R. N. (2004). Empiricism, paradigms, and data. *Communication Monographs, 71*, 343–351.

Boulding, K. (1990). *Three faces of power*. Newbury Park, CA: Sage.

Bourhis, R. Y., & Giles, H. (1977). The language of intergroup distinctiveness. In H. Giles (Ed.), *Language, ethnicity and intergroup relations* (pp. 119–135). London: Academic Press.

Bourhis, R. Y., Sioufi, R., & Sachdev, I. (2012). Ethnolinguistic interaction and multilingual communication. In H. Giles (Ed.), *The handbook of intergroup communication* (pp. 100–115). New York, NY: Routledge.

Boyle, M. P., Schmierbach, M., Armstrong, C. L., McLeod, D. M., Shah, D. V., & Pan, Z. (2004). Information seeking and emotional reactions to the September 11 terrorist attacks. *Journalism & Mass Communication Quarterly, 81*, 155–167.

Boysen, G. A. (2008). Revenge and student evaluations of teaching. *Teaching of Psychology, 35*, 218–222.

Braithwaite, D. O., & Baxter, L. A. (1995). "I do" again: The relational dialectics of renewing marriage vows. *Journal of Social and Personal Relationships, 12*, 177–198.

Braithwaite, D. O., Toller, P. W., Daas, K. L., Durham, W. T., & Jones, A. C. (2008). Centered but not caught in the middle: Stepchildren's perceptions of dialectical contradictions in the communication of co-parents. *Journal of Applied Communication Research, 36*, 33–55.

Brann, M., & Mattson, M. (2004). Reframing communication during gynecological exams: A feminist virtue ethic of care perspective. In P. M. Buzzanell, H. Sterk, & L. H. Turner (Eds.), *Gender in applied communication contexts* (pp. 147–168). Thousand Oaks, CA: Sage.

Brasfield, R. (2007). Rereading *Sex and the City:* Exposing the hegemonic feminist narrative. *Journal of Popular Film and Television, 34*, 130–139.

Brashers, D. E. (2001). Communication and uncertainty management. *Journal of Communication, 3*, 477–497.

Bremer, M. (2012). *Organizational culture*. Netherlands: Kikker Group.

Brenders, D. A. (1987). Fallacies in the coordinated management of meaning: A philosophy of language critique of the hierarchical organization of coherent conversation and related theory. *Quarterly Journal of Speech, 73*, 329–348.

Breuer, J., Kowert, R., Festl, R., & Thorsten, Q. (2015). Sexist games=sexist gamers? A longitudinal study on the relationship between video game use and sexist attitudes. *Cyberpsychology, Behavior, and Social Networking, 18*, 197–202.

Brewer, P. R., & Ley, B. L. (2010). Media use and public perceptions of DNA evidence. *Science Communication, 32*, 93–117.

Briefing paper: Social media and public opinion. Retrieved from http://www.langerresearch.com/uploads/Langer_Research_Briefing_Paper-Social_Media_and_Public_Opinion_Oct2012_update.pdf

Broadus, J. (2012). *On the preparation and delivery of sermons*. Mulberry, IN: Southern Grace Publishers.

Brody, H. (2012). From an ethics of rationing to an ethics of waste avoidance. *New England Journal of Medicine, 366*, 1949–1951.

Broger, D. (2011). *Structuration theory and organization research*. Unpublished doctoral dissertation. University of St. Gallen, St. Gallen, Switzerland.

Brooks, D. E., & Ward, C. J. (2007). "Crash" course: Assessing students' engagement with pedagogies of diversity. *Journalism & Mass Communication Educator, 62*, 244–262.

Brown, D., Lauricella, S., Douai, A., & Zaidi, A. (2012). Consuming television crime drama: A uses and gratifications approach. *American Communication Journal, 14*(1), 47–61.

Brown, R. (1965). *Social psychology*. New York, NY: Free Press.

Brown, R. D., (2012). *Dying on the job: Murder and mayhem in the American workplace*. Lanham, MD: Rowman & Littlefield.

Brown, P., & Levinson, S. (1978). Universals in language usage: Politeness phenomenon. In E. Goody (Ed.), *Questions and politeness* (pp. 56–89). Cambridge, UK: Cambridge University Press.

Brown, P., & Levinson, S. C. (1987). *Politeness: Some universals in language use*. Cambridge, UK: Cambridge University Press.

Brownstein, A. L., Read, S. J., & Simon, D. (2004). Bias at the racetrack: Effects of individual expertise and task importance on predecision reevaluation of alternatives. *Personality and Social Psychology Bulletin, 30*, 891–909.

Brubaker, J. (2008). The freedom to choose a personal agenda: Removing our reliance on the media agenda. *American Communication Journal, 10*(3), 1–14.

Brummett, B. (1993). Introduction. In B. Brummett (Ed.), *Landmark essays on Kenneth Burke* (pp. xi–xix). Davis, CA: Hermagoras Press.

Bryant, E. M., & Marmo, J. M. (2012). The rules of *Facebook* friendship: A two-stage examination of interaction rules in close, casual, and acquaintance friendships. *Journal of Social and Personal Relationships, 29*, 1013–1025.

Bryant, E. M., Marmo, J., & Ramirez, A. (2011) A functional approach to social networking sites. In K. Wright & L. Webb (Eds.), *Computer-mediated communication in personal relationships* (pp. 3–20). New York, NY: Peter Lang.

Bryant, J., & Miron, D. (2004). Theory and research in mass communication. *Journal of Communication, 54*, 662–704.

Bryant, L. E. (2003). *Stepchildren's perceptions of the contradictions in communication with stepfamilies formed post bereavement*. Unpublished doctoral dissertation, University of Nebraska, Lincoln, NE.

Budd, M., Entman, R. M., & Steinman, C. (1990). The affirmative character of U.S. cultural studies. *Critical Studies in Mass Communication, 7*, 169–184.

Budd, M., & Steinman, C. (1992). Cultural studies and the politics of encoding research. In S. A. Deetz (Ed.), *Communication yearbook 15* (pp. 251–262). Newbury Park, CA: Sage

Buffington, D., & Fraley, T. (2008). Skill in black and white: Negotiating media images of race in a sporting context. *Journal of Communication Inquiry, 32*, 292–310.

Bugeja, M. (2005). *Interpersonal divide: The search for community in a technological age*. New York, NY: Oxford University Press.

Buldioski, D. (2012). The electronic storyteller. Retrieved from http://www.youtube.com/watch?v=toc5KHWZx4A

Bullingham, L., & Vasconcelos, A. C. (2013). 'The presentation of self in the online world': Goffman and the study of online identities. *Journal of Information Science, 39*, 1–29.

Bunz, U., & Campbell, S. W. (2004). Politeness accommodation in electronic mail. *Communication Research Reports, 21*, 11–25.

Burgess, E. W., & Locke, H. J. (1953). *The family: From institution to companionship,* 2nd ed. New York, NY: American Book Company.

Burgoon, J. K. (1978). A communication model of personal space violations: Explication and an initial test. *Human Communication Research, 4*, 129–142.

Burgoon, J. K. (1994). Nonverbal signals. In M. L. Knapp & G. R. Miller (Eds.), *Handbook of interpersonal communication* (pp. 229–285). Newbury Park, CA: Sage.

Burgoon, J. K., Coker, D. A., & Coker, R. A. (1986). Communicative effects of gaze behavior: A test of two contrasting explanations. *Human Communication Research, 12*, 495–524.

Burgoon, J. K., Dillman, L., & Stern, L. A. (1993). Adaption in dyadic interaction: Defining and operationalizing patterns of reciprocity and compensation. *Communication Theory, 3*, 295–316.

Burgoon, J. K., & Hale, J. L. (1988). Nonverbal expectancy violations: Model elaboration and application to immediacy behaviors. *Communication Monographs, 55*, 58–79.

Burgoon, J. K., & Jones, S. B. (1976). Toward a theory of personal space expectations and their violations. *Human Communication Research, 2*, 131–146.

Burgoon, J. K., & Walther, J. B. (1990). Nonverbal expectancies and the evaluative consequences of violations. *Human Communication Research, 17*, 232–265.

Burke, K. (1945). *A grammar of motives*. New York, NY: Prentice Hall.

Burke, K. (1950). *A rhetoric of motives*. New York, NY: Prentice Hall.

Burke, K. (1965). *Permanence and change*. Indianapolis, IN: Bobbs-Merrill.

Burke, K. (1966). *Language as symbolic action: Essays on life, literature, and method.* Berkeley, CA: University of California Press.

Burke, K. (1968). Dramatism. In D. L. Sills (Ed.), *The international encyclopedia of the social sciences*, 7 (pp. 445–452). New York, NY: Macmillan/Free Press.

Burke, K. (2007). On persuasion, identification, and dialectical symbols. *Philosophy and Rhetoric, 39*, 333–339.

Burnett, A., Mattern, J. L., Herakova, L. L., Kahl, D. H., Tobola, C., & Bornsen, S. E. (2009). Communicating/muting date rape: A co-cultural theoretical analysis of communication factors related to rape culture on a college campus. *Journal of Applied Communication Research, 37*(4), 465–485.

Burns, M. E. (2009). Gold medal storytelling: NBC's hegemonic use of Olympic athlete narratives. *Journal of the Communication, Speech & Theatre Association of North Dakota, 22*, 19–29.

Bute, J. J., & Jensen, R. E. (2011). Narrative sensemaking and time lapse: Interviews with low-income women about sex education. *Communication Monographs, 78*(2), 212–232.

Bute, J. J., & Vik, T. A. (2010). Privacy management as unfinished business: Shifting boundaries in the context of infertility. *Communication Studies, 61*(1), 1–20.

Buzzanell, P. M. (2004). Revisiting sexual harassment in academe: Using feminist ethical and sensemaking approaches to analyze macrodiscourses and micropractices of sexual harassment. In P. M. Buzzanell, H. Sterk, & L. H. Turner (Eds.), *Gender in applied communication contexts* (pp. 25–46). Thousand Oaks, CA: Sage.

Buzzanell, P. M., Burrell, N. A., Stafford, R. S., & Berkowitz, S. (1996). When I call you up and you're not there: Application of communication accommodation theory to telephone answering machine messages. *Western Journal of Communication, 60*, 310–336.

Buzzanell, P. M., & Turner, L. H. (2003). Emotion work revealed by job loss discourse: Backgrounding-foregrounding of feelings, construction of normalcy, and (re)instituting of traditional masculinities. *Journal of Applied Communication Research, 31*, 27–57.

Buzzanell, P. M., & Turner, L. H. (2012). Effective family communication and job loss: Crafting the narrative for family crisis. In F. C. Dickson & L. M. Webb (Eds.), *Communication for families in crisis: Theories, research, strategies* (pp. 281–306). New York, NY: Peter Lang.

Calzo, J. P., & Ward, L. M. (2009). Media exposure and viewers' attitudes toward homosexuality: Evidence for mainstreaming or resonance? *Journal of Broadcasting & Electronic Media, 53*(2), 280–299.

Campbell, D. T. (1965). Variation and selective retention in socio-cultural evolution. In H. R. Barringer, G. I. Blanksten, & R. W. Mack (Eds.), *Social change in developing areas* (pp. 19–49). Cambridge, MA: Schenkman.

Career guide to the safety profession. Retrieved from http://www.com.edu/gcsi/docs/careergd.pdf

Carey, J. W. (1975). A cultural approach to communication. *Communication, 2*, 1–22.

Carey, J. W. (1989). *Communication as culture.* Boston, MA: Unwin Hyman.

Carey, J. W. (1998). Marshall McLuhan: Genealogy and legacy. *Canadian Journal of Communication, 23*, 13–21.

Carlson, J. M. (1983). Crime show viewing by pre-adults: The impact on attitudes toward civil liberties. *Communication Research, 10*, 529–552.

Carr, K., & Wang, T. R. (2012). "Forgiveness isn't a simple process: It's a vast undertaking": Negotiating and communicating forgiveness in nonvoluntary family relationships. *Journal of Family Communication, 12*(1), 40–56.

Casteleyn, J., Mottart, A., & Rutten, K. (2009). How to use Facebook in your market research. *International Journal of Market Research, 51*(4), 439–447.

Chafetz, J. S. (1997). Feminist theory and sociology: Underutilized contributions for main stream theory. *Annual Review of Sociology, 23*, 97–120.

Chen, K. (2011). *A test of the spiral of silence theory on young adults' use of social networking sites for political purposes.* Unpublished doctoral dissertation. Iowa State University, Ames, IA.

Chen, Y. W. (2006). *The Twain have met! Investigating crucial indicators for intercultural friendship levels between international students from four East Asian countries and U.S. Americans.* Paper presented at the annual meeting of the International Communication Association, Singapore.

Chen, Y. & Nakazawa, M. (2012). Measuring patterns of self-disclosure in intercultural friendship: Adjusting differential item functioning using multiple-indicators, multiple-causes models. *Journal of Intercultural Communication Research, 41*, 131–151.

Cheney, G., Munshi, D., May, S., & Ortiz, S. (Eds.). (2010). *Handbook of communication ethics.* New York, NY: Routledge.

Chesebro, J. W. (1993). Preface. In J. W. Chesebro (Ed.), *Extensions of the Burkeian system* (pp. vii–xxi). Tuscaloosa, AL: University of Alabama Press.

Chia, S. C., & Lee, W. (2008). Pluralistic ignorance about sex: The direct and the indirect effects of media consumption on college students' misperception of sex-related peer norms. *International Journal of Public Opinion Research, 20,* 53–73.

Child, J. T., Pearson, J. C., & Nagao, M. (2006). Elusive family problems reported by Japanese college students: An examination of theme variation and methodology. *Journal of Intercultural Communication Research, 35,* 45–59.

Child, J. T., Pearson, J. C., & Petronio, S. (2009). Blogging, communication, and privacy management: Development of the blogging privacy management measure. *Journal of the American Society for Information Science & Technology, 60*(10), 2079–2094.

Cho, H., Rivera-Sánchez, M., & Lim, S. S. (2009). A multinational study on online privacy: Global concerns and local responses. *New Media & Society, 11*(3), 395–416.

Chopra, R. (2001). Retrieving the father: Gender studies, "father love" and the discourse of mothering. *Women's Studies International Forum, 24,* 445–455.

Chory-Assad, R. M., & Tamborini, R. (2003). Television exposure and the public's perceptions of physicians. *Journal of Broadcasting & Electronic Media, 47*(2), 197–215.

Cirksena, K., & Cuklanz, L. (1992). Male is to female as _____ is to: A guided tour of five feminist frameworks for communication studies. In L. Rakow (Ed.), *Women making meaning: New feminist directions in communication* (pp. 18–44). New York, NY: Routledge.

Clair, R. P. (1993). The use of framing devices to sequester organizational narratives: Hegemony and harassment. *Communication Monographs, 60,* 113–136.

Clark, G. (2004). *Rhetorical landscapes in America: Variations on a theme from Kenneth Burke.* Columbia, SC: University of South Carolina Press.

Clason, M. (2008). *Constructions of masculinity and femininity and their impact on sexual harassment in the workplace.* Unpublished dissertation, Marquette University, Milwaukee, WI.

Clawson, R., & Oxley, Z. (2017). *Public opinion: Democratic ideals, democratic practice.* Thousand Oaks, CA: CQ Press.

Cohen, B. (1963). *The press and foreign policy.* Princeton, NJ: Princeton University Press.

Cohen, E. (2007). *Expectancy violations in relationships with friends and media figures.* Paper presented at the annual meeting of the International Communication Association, San Francisco, CA.

Cohen, E. L. (2010). Expectancy violations in relationships with friends and media figures. *Communication Research Reports, 27,* 97–111.

Cohen, L. J., & DeBenedet, A. T. (2012, July 17). Penn State cover-up: Groupthink in action. *Time, 180.*

Coleman, R., & McCombs, M. (2007). The young and agenda-less? Exploring age-related differences in agenda setting on the youngest generation, baby boomers, and the civic generation. *Journalism & Mass Communication Quarterly, 84*(3), 495–508.

Coleman, R., & Wu, H. D. (2010). Proposing emotion as a dimension of affective agenda setting: Separating affect into two components and comparing their second-level effects. *Journalism & Mass Communication Quarterly, 87*(2), 315–327.

Collier, M. J. (1998). Researching cultural identity: Reconciling interpretive and postcolonial perspectives. In D. V. Tanno & A. Gonzalez (Eds.), *Communication and identity across cultures* (pp. 122–147). Thousand Oaks, CA: Sage.

Collins, P. H. (1986). Learning from the outsider within: The sociological significance of black feminist thought. *Social Problems, 33,* 14–32.

Collins, P. H. (1989). A comparison of two works on Black family life. *Signs, 14,* 875–884.

Collins, P. H. (1991). *Black feminist thought: Knowledge, consciousness, and the politics of empowerment.* New York, NY: Routledge.

Collins, P. H. (2000). The power of self-definition. In P. H. Collins (Ed.), *Black feminist thought: Knowledge, consciousness, and the politics of empowerment* (pp. 105–132). New York, NY: Routledge.

Condit, C. M. (1992). Post-Burke: Transcending the substance of dramatism. *Quarterly Journal of Speech, 78,* 349–355.

Conquergood, D. (1992). Life in Big Red: Struggles and accommodations in a Chicago polyethnic tenement. In L. Lamphere (Ed.), *Structuring diversity: Ethnographic perspectives on the new immigration* (pp. 95–144). Chicago, IL: University of Chicago Press.

Conquergood, D. (1994). Homeboys and hoods: Gang communication and cultural space. In L. R. Frey (Ed.), *Group communication in context: Studies of natural groups* (pp. 23–55). Hillsdale, NJ: Erlbaum.

Conrad, C., & Macom, E. A. (1995). Revisiting Kenneth Burke: Dramatism/logology and the problem of agency. *Southern Communication Journal, 61,* 11–28.

Cook, K. S., & Rice, E. (2003). Social exchange theory. In J. Delamater (Ed.), *Handbook of social psychology* (pp. 53–76). New York, NY: Kluwer Academic/ Plenum.

Cooley, C. H. (1972). *Human nature and social order.* Glencoe, IL: Free Press.

Coontz, S. (1988). *The social origins of private life.* New York, NY: Verso.

Cooper, J. M. (1996). An Aristotelian theory of the emotions. In A. O. Rorty (Ed.), *Essays on Aristotle's Rhetoric* (pp. 238–257). Berkeley, CA: University of California Press.

Cooper, L. (1932). *The rhetoric of Aristotle.* New York, NY: Appleton-Century-Crofts.

Cooper, J., & Fazio, R. H. (1984). A new look at dissonance theory. In L. Berkowitz (Ed.), *Advances in experimental social psychology* (pp. 229–266). Orlando, FL: Academic Press.

Cooper, J., & Stone, J. (2000). Cognitive dissonance and the social group. In D. J. Terry & M. A. Hogg (Eds.), *Attitudes, behavior, and social context: The role of norms and group membership* (pp. 227–244). Mahwah, NJ: Erlbaum.

Cottrell, N. B., Wack, D. L., Sekerak, G. J., & Rittle, H. (1968). Social facilitation of dominant responses by the presence of an audience and the mere presence of others. *Journal of Personality and Social Psychology, 9,* 245–250.

Coupland, D. (2010). *Marshall McLuhan: You know nothing of my work!* New York, NY: Atlas & Company.

Coupland, N., Coupland, J., Giles, H., & Henwood, K. (1988). Accommodating the elderly: Invoking and extending a theory. *Language in Society, 17,* 1–41.

Cox, E. M., & Ebbers, L. H. (2010). Exploring the persistence of adult women at a Midwest community college. *Community College Journal of Research & Practice, 34*(4), 337–359.

Cox, S. A., & Kramer, M. W. (1995). Communication during employee dismissals: Social exchange principles and group influences on employee exit. *Management Communication Quarterly, 9,* 156–190.

Craig, R. T. (1999). Communication theory as a field. *Communication Theory, 9,* 119–161.

Craig, R. T. (2007). Communication theory as a field. In R. T. Craig & H. L. Muller (Eds.), *Theorizing communication: Readings across traditions* (pp. 63–98). Thousand Oaks, CA: Sage.

Craig, R. T., & Muller, H. L. (2007). *Theorizing communication: Readings across traditions.* Thousand Oaks, CA: Sage.

Creede, C., Fisher-Yoshida, B., & Gallegos, P. V. (Eds.). (2012). *The reflective, facilitative, and interpretive practice of the Coordinated Management of Meaning: Making lives and making meaning.* Madison, NJ: Farleigh Dickinson University Press.

Cronen, V. E. (1995a). Coordinated management of meaning: The consequentiality of communication and the recapturing of experience. In S. J. Sigman (Ed.), *The consequentiality of communication* (pp. 17–66). Hillsdale, NJ: Erlbaum.

Cronen, V. E. (1995b). Practical theory and the tasks ahead for social approaches to communication. In W. Leeds-Hurwitz (Ed.), *Social approaches to communication* (pp. 217–242). New York, NY: Guilford Press.

Cronen, V. E., & Pearce, W. B. (1981). Logical force in interpersonal communication: A new concept of the "necessity" in social behaviors. *Communication, 6,* 5–67.

Cronen, V. E., Pearce, W. B., & Harris, L. M. (1982). The Coordinated Management of Meaning: A theory of communication. In F. E. X. Dance (Ed.), *Human communication theory* (pp. 67–89). New York, NY: Harper & Row.

Cronen, V. E., Pearce, W. B., & Snavely, L. M. (1979). A theory of rule-structure and types of episodes, and a study of perceived enmeshment in undesired repetitive patterns (URPs). In D. Nimmo (Ed.), *Communication yearbook 3* (pp. 225–239). New Brunswick, NJ: Transaction Books.

Croucher, S. M., Holody, K. J., Hicks, M. V., Oommen, D., & DeMaris, A. (2011). An examination of conflict style preferences in India. *International Journal of Conflict Management, 22,* 10–34.

Csikszentmihalyi, M. (1991). Reflections on the "Spiral of Silence." In J. A. Anderson (Ed.), *Communication yearbook 14* (pp. 294–298). Newbury Park, CA: Sage.

Cuddon, J. A. (2013). *Dictionary of literary terms and literary theory.* Hoboken, NJ: Wiley-Blackwell.

Culnan, M. J. & Markus, M. L. (1987). Information technologies. In F. M. Jablin, L. Putnam, K. H. Roberts, & L. W. Porter (Eds.), *Handbook of organizational communication: An interdisciplinary perspective* (pp. 420–443). Newbury Park, CA: Sage.

Cupach, W. R., & Spitzberg, B. H. (2011). *The dark side of close relationships II.* New York, NY: Routledge.

Cushman, D. P., & Cahn, D. D. (1985). *Communication in interpersonal relationships*. Albany, NY: SUNY Press.

Cushman, D. P., & Pearce, W. B. (1977). Generality and necessity in three types of human communication theory: Special attention to rules theory. In B. Ruben (Ed.), *Communication yearbook 1* (pp. 173–182). New Brunswick, NJ: Transaction Books.

Cushman, D., & Whiting, G. C. (1972). An approach to communication theory: Toward consensus on rules. *The Journal of Communication, 22*, 217–238.

Cultural Environment Movement. (1996). Viewers' declaration of independence. *Cultural environment monitor, 1*, 1.

Cupach, W. R., & Metts, S. (1994). *Facework*. Thousand Oaks, CA: Sage.

Currier, J. M., & Holland, J. M. (2012). Examining the role of combat loss among Vietnam veterans. *Journal of Traumatic Stress, 25*, 102–105.

Daas, K. L. (2011). The pieties of death: A Burkean analysis of the Tri-State crematory case. *Texas Speech Communication Journal, 36*(1), 82–93.

Daft, R. L. & Lengel, R. H. (1986). Organizational information requirements, media richness and structural design. *Management Science, 32*, 554–571.

Dainton, M., & Aylor, B. (2001). A relational uncertainty analysis of jealousy, trust, and maintenance in long-distance versus geographically close relationships. *Communication Quarterly, 49*, 172–188.

Dainton, M., & Zelley, E. D. (2014). *Applying communication theory for professional life*. Thousand Oaks, CA: Sage.

Dance, F. E. X. (1967). Toward a theory of human communication. In F. E. X. Dance (Ed.), *Human communication theory* (pp. 288–309). New York, NY: Holt.

Daniels, T. D., Spiker, B. D., & Papa, M. J. (2008). *Perspectives on organizational communication*. Boston, MA: McGraw-Hill.

Darwin, C. (1948). *The origin of species*. New York, NY: Random House.

Davis, A. J. (2012). *Defining mixed race on television: Defining Barack Obama and Saturday Night Live*. Unpublished Master's thesis. California State University, Sacramento, CA.

Davis, J. (2010). Architecture of the personal interactive homepage: Constructing the self through MySpace. *New Media & Society, 12*(7), 1103–1119.

D'Angelo, J., & Van Der Heide, B. (2013). The formation of physician impressions in online communities:

Negativity, positivity, and nonnormativity effects. *Communication Research, 41*, 49–72.

DeAndrea, D. C., & Walther, J. B. (2011). Attributions for inconsistencies between online and offline self-presentations. *Communication Research, 38*, 805–825.

Dearing, J. W., & Rogers, E. M. (1996). *Agenda-setting*. Thousand Oaks, CA: Sage.

DeFrancisco, V. (1991). The sounds of silence: How men silence women in marital relationships. *Discourse and Society, 2*, 355–370.

DeHart, P. (2012). *Laws common and unwritten: On the natural law and the possibility of civic cooperation for the common good*. APSA 2012 Annual Meeting Paper. Retrieved from http://ssrn.com/abstract=2110682

Delaney, T. (2008). *Simpsonology*. Amherst, NY: Prometheus Books.

Delisay, F. (2012). The spiral of silence and conflict avoidance: Examining antecedents of opinion expression concerning the U.S. military buildup in the Pacific Island of Guam. *Communication Quarterly, 60*, 481–503.

Dennis, A. C., & Wood, J. T. (2012). "We're not going to have this conversation, but you get it": Black mother–daughter communication about sexual relations. *Women's Studies in Communication, 35*(2), 204–223.

deSousa, R. (2011). Local perspectives on empowerment and responsibility in the new public health. *Health Communication, 26*(1), 25–36.

DeWitt, L. (2006). Face-Negotiation theory. *North Dakota Speech and Theatre Journal, 19*, 38–42.

DeWitt, D. M., & DeWitt, L. J. (2012). Case of high school hazing: Applying restorative justice to promote organizational learning. *NASSP Bulletin, 96*, 13–22.

Deyo, J., Walt, P., & Davis, L. (2011). Rapidly recognizing relationships: Observing speed dating in the south. *Qualitative Research Reports in Communication, 12*(1), 71–78.

de Zúñiga, H. G., Jung, N., & Valenzuela, S. (2012). Social media use for news and individuals' social capital, civic engagement and political participation. *Journal of Computer-Mediated Communication, 17*, 319–336.

Dijkstra, A. (2009). Disengagement beliefs in smokers: Do they influence the effects of a tailored persuasive message advocating smoking cessation? *Psychology & Health, 24*(7), 791–804.

Dillow, M. R., Malachowski, C. C., Brann, M., & Weber, K. D. (2011). An experimental examination of the effects of communicative infidelity motives on communication and relational outcomes in romantic relationships. *Western Journal of Communication, 75*(5), 473–499.

Dimmick, J., Chen, Y., & Li, Z. (2004). Competition between the Internet and traditional news media: The gratification-opportunities niche dimension. *The Journal of Media Economics, 17,* 19–33.

Dimmick, J., Sikand, J., & Patterson, S. J. (1994). The gratifications of the household telephone: Sociability, instrumentality, and reassurance. *Communication Reports, 21,* 643–663.

Dindia, K. (2003). Definitions and perspectives on relational maintenance communication. In D. J. Canary & M. Dainton (Eds.), *Maintaining relationships through communication: Relational, contextual, and cultural variations* (pp. 1–30). Mahwah, NJ: Erlbaum.

DiVerniero, R. A., & Hosek, A. M. (2012). Students' perceptions and communicative management of instructors' online self-disclosure. *Communication Quarterly, 59,* 428–449.

Dobkin, B. A., & Pace, R. C. (2006). *Communication in a changing world.* New York, NY: McGraw-Hill.

Doherty, W. J., Boss, P. G., LaRossa, R., Schumm, W. R., & Steinmetz, S. K. (1993). Family theory and methods. In P. G. Boss, W. J. Doherty, R. LaRossa, W. R. Schumm, & S. K. Steinmetz (Eds.), *Sourcebook of family theories and methods: A contextual approach* (pp. 313–341). New York, NY: Plenum.

Domenici, K., & Littlejohn, S. W. (2006). *Facework: Bridging theory and practice.* Thousand Oaks, CA: Sage.

Donnelly, J. H., & Ivancevich, J. M. (1970). Post-purchase reinforcement and back-out behavior. *Journal of Marketing Research, 7,* 399–400.

Donovan-Kicken, E., Tollison, A. C., & Goins, E. S. (2011). A grounded theory of control over communication among individuals with cancer. *Journal of Applied Communication Research, 39*(3), 310–330.

Donsbach, W. (Ed.). (2013). *The spiral of silence: New perspectives on communication and public opinion.* New York, NY: Routledge.

Donsbach, W., Salmon, C. T., & Tsfati, Y. (2013). *The spiral of silence: New perspectives on communication and public opinion.* New York, NY: Taylor & Francis.

Dougherty, D. S. (2001). Sexual harassment as [dys]functional process: A feminist standpoint analysis. *Journal of Applied Communication Research, 29,* 372–391.

Dougherty, D. S., & Krone, K. J. (2000). Overcoming the dichotomy: Cultivating standpoints in organizations through research. *Women's Studies in Communication, 23,* 16–40.

Dow, B. J. (1990). Hegemony, feminist criticism and *The Mary Tyler Moore Show. Critical Studies in Mass Communication, 7,* 261–274.

Dragojevic, M., Giles, H., & Watson, B. M. (2012). Language ideologies and language attitudes. In H. Giles & B. M. Watson (Eds.), *The social meanings of language, dialect and accent: International perspectives on speech styles* (pp. 1–25). New York, NY: Peter Lang.

Dray, W. (1957). *Laws and explanation in history.* London: Oxford University Press.

Dresner, E. (2006). Middle region phenomena and globalization. *The International Communication Gazette, 68,* 363–378.

Drum, K. (2011). On the importance of public opinion. *Mother Jones, 36,* 3.

Dubbelman, T. (2011). Playing the hero: How games take the concept of storytelling from representation to presentation. *Journal of Media Practice, 12*(2), 157–172.

Duck, S. (1994). *Meaningful relationships.* Thousand Oaks, CA: Sage.

duGay, P., Hall, S., Janes, L., Mackay, H., & Negus, K. (1997). *Doing cultural studies: The story of the Sony Walkman.* London: Sage/The Open University.

Dunbar, N. E., & Segrin, C. (2011). Clothing and teacher credibility: An application of Expectancy Violations Theory. *ISRN Education,* 2012.

Dunleavy, K. N., & Martin, M. M. (2010). Instructors' and students' perspectives of student nagging: Frequency, appropriateness, and effectiveness. *Communication Research Reports, 27*(4), 310–319.

Eckstein, N. J., & Turman, P. D. (2002). "Children are to be seen and not heard": Silencing students' religious voices in the university classroom. *Journal of Communication and Religion, 25,* 166–192.

Edmonds-Cady, C. (2009). Getting to the grassroots: Feminist standpoints within the welfare rights movement. *Journal of Sociology & Social Welfare, 36*(2), 11–33.

Edsall, R. (2007). Cultural factors in digital cartographic design: Implications for communication to diverse users. *Cartography and Geographic Information Science, 34,* 121–129.

Eilders, C., & Porten-Cheen, P. (2015). The Spiral of Silence revisited. In G. Vowe & P. Henn (Eds.), *Political communication in the online world* (pp. 88–102). New York, NY: Routledge.

Eisenberg, E. M. (2007). *Strategic ambiguities: Essays on communication, organization, and identity.* Thousand Oaks, CA: Sage.

Eisenberg, E. M., & Goodall, H. L. (2004). *Organizational communication: Balancing creativity and constraint.* Boston, MA: Bedford/St. Martin's.

Eisenberg, E. M., Goodall, H. L., & Tretheway, A. (2010). *Organizational communication: Balancing creativity and constraint.* New York, NY: Bedford/St. Martin's.

Elgin, S. (1988). *A first dictionary and grammar of Laadan,* 2nd ed. Madison, WI: Society for the Furtherance and Study of Fantasy and Science Fiction.

Elkin, R. A., & Leippe, M. R. (1986). Physiological arousal, dissonance, and attitude change: Evidence for a dissonance-arousal link and a don't remind me effect. *Journal of Abnormal and Social Psychology, 51,* 55–65.

Elkins, J. R. (2001). Narrative theory and literary criticism. Retrieved from www.wvu.edu/lawfac/jelkins/lawyerslit /theories.html

Ellemers, N., & Haslam, S. A. (2012). Social Identity theory. In P. van Lange, A. Kruglanski, & T. Higgins (Eds.), *Handbook of theories of social psychology* (pp. 379–398). London: Sage.

Ellison, N. B., Heino, R., & Gibbs, J. (2006). Managing impressions online: Self-presentation processes in the online dating environment. *Journal of Computer-Mediated Communication, 11.* Retrieved from http:// jcmc.indiana.edu/vol11/issue2/ellison.html

Elmore, C. (2009). Turning points and turnover among female journalists: Communicating resistance and repression. *Women's Studies in Communication, 32*(2), 232–254.

Emmers, T. M., & Canary, D. J. (1996). The effect of uncertainty reduction strategies on young couples' relational repair and intimacy. *Communication Quarterly, 44,* 166–182.

England, P. (1989). A feminist critique of rational-choice theories: Implications for Sociology. *The American Sociologist, 20,* 14–28.

Engleberg, I. N., & Wynn, D. R. (2013). *Working in groups.* Boston, MA: Pearson.

Entman, R. M. (1993). Framing: Toward clarification of a fractured paradigm. *Journal of Communication, 43*(4), 51–58.

Erbert, L. A. (2000). Conflict and dialectics: Perceptions of dialectical contradiction in marital conflict. *Journal of Social and Personal Relationships, 17,* 638–659.

Englehardt, E. E. (2001). *Ethical issues in interpersonal communication.* Fort Worth, TX: Harcourt.

Espinoza, A., Garcia-Fornes, A., & Sierra, C. (2012). Self-disclosure decision making based on intimacy and privacy. *Information Sciences, 211,* 93–11.

Ethics of Isocrates, Aristotle, and Diogenes. Retrieved from http://www.san.beck.org/EC22-Aristotle.html

Eyal, K., & Finnerty, K. (2007). The portrayal of consequences of sexual intercourse on prime-time programming. *Communication Research Reports, 24,* 225–233.

Faber, R. J. (2000). The urge to buy: A uses and gratifications perspective on compulsive buying. In S. Ratneshwar, D. G. Mick, & C. Huffman (Eds.), *The why of consumption* (pp. 177–196). London: Routledge.

Falk, E. (2009). Press, passion, and Portsmouth: Narratives about "crying" on the campaign trail. *Argumentation & Advocacy, 46*(1), 51–63.

Farber, B. A., Shafron, G., Hamandi, J., Wald, E., & Nitzburgh, G. (2012). Children, technology, problems, and preferences. *Journal of Clinical Psychology, 8,* 1225–1229.

Faulkner, S. L. (2015). That baby will cost you: An intended ambivalent pregnancy. *Qualitative Inquiry, 18,* 333–340.

Faulkner, S. L., & Ruby, P. D. (2015). Feminist identity in romantic relationships: A relational dialectics analysis of e-mail discourse as collaborative found poetry. *Women's Studies in Communication, 38,* 206–226.

Ferguson, D. A. (1992). Channel repertoire in the presence of remote control devices, VCRs and cable television. *Journal of Broadcasting & Electronic Media, 36,* 83–91.

Fernback, J. (2007). Beyond the diluted community concept: A symbolic interactionist perspective on online social relations. *New Media & Society, 9,* 49–69.

Ferrara, M. H., & Levine, T. R. (2009). Can't live with them or can't live without them? The effects of betrayal on relational outcomes in college dating relationships. *Communication Quarterly, 57*(2), 187–204.

Festinger, L. (1957). *A theory of cognitive dissonance.* Stanford, CA: Stanford University Press.

Festinger, L., & Carlsmith, J. M. (1959). Cognitive consequences of forced compliance. *Journal of Abnormal and Social Psychology, 58,* 203–210.

Festinger, L., Riecken, H. W., & Schacter, S. (1956). *When prophecy fails.* Minneapolis, MN: University of Minnesota Press.

Ficara, L. C., & Mongeau, P. A. (2000, November). *Relational uncertainty in long-distance college student dating relationships.* Paper presented at the annual meeting of the National Communication Association, Seattle, WA.

Fiese, B. H. (2003). Coherent accounts of coping with a chronic illness: Convergences and divergences in family measurement using a narrative analysis. *Family Process*, *42*, 439–451.

Fine, M. G. (2009). Women leaders' discursive constructions of leadership. *Women's Studies in Communication*, *32*(2), 180–202.

Finklehor, D., & Ormrod, R. (2000, June). Kidnapping of juveniles: Patterns from NIBRS. *Juvenile Justice Bulletin*. Washington, DC: U.S. Department of Justice, Office of Justice Programs: Office of Juvenile Justice and Delinquency Prevention.

Finn, A. N., & Schrodt, P. (2012). Students' perceived understanding mediates the effects of teacher clarity and nonverbal immediacy on learner empowerment. *Communication Education*, *61*, 111–130.

Fischer, C. (2010). Sweet land of . . . conformity. *Boston Globe*, p. K1.

Fisher, R. (2012). *The social psychology of intergroup and international conflict*. New York, NY: Springer.

Fisher, W. R. (1984). Narration as a human communication paradigm: The case of public moral argument. *Communication Monographs*, *51*, 1–22.

Fisher, W. R. (1985). The narrative paradigm: An elaboration. *Communication Monographs*, *52*, 347–367.

Fisher, W. R. (1987). *Human communication as narration: Toward a philosophy of reason, value, and action*. Columbia, SC: University of South Carolina Press.

Fisher-Yoshida, B. (2012). Coordinated Management of Meaning (CMM) as reflective practice. In C. Creede, B. Fisher-Yoshida, & P. V. Gallegos (Eds.), *The reflective, facilitative, and interpretive practice of the Coordinated Management of Meaning* (pp. 219–240). Madison, NJ: Farleigh Dickinson University Press.

Fiske, S. T., & Taylor, S. E. (1984). *Social cognition*. Reading, MA: Addison-Wesley.

Flaherty, K. E., & Pappas, J. M. (2009). Expanding the sales professional's role: A strategic re-orientation? *Industrial Marketing Management*, *38*(7), 806–813.

Flanagin, A. J. (2007). Commercial markets as communication markets: Uncertainty reduction through mediated information exchange in online auctions. *New Media & Society*, *9*, 401–423.

Flint, D. J. (2006). Innovation, symbolic interaction and customer valuing: Thoughts stemming from a service-dominant logic of marketing. *Marketing Theory*, *6*, 349–362.

Foa, U., & Foa, E. (1974). *Societal structures of the mind*. Springfield, IL: Thomas.

Foa, U. G., & Foa, E. B. (1976). Resource theory of social exchange. In J. W. Thibaut, J. T. Spence, & R. C. Carson (Eds.), *Contemporary topics in social Psychology* (pp. 133–149). Morristown, NJ: General Learning Press.

Fogel, J. M. (2012). *A modern family: The performance of "family" and familialism in contemporary television series*. Unpublished doctoral dissertation. University of Michigan, Ann Arbor, MI.

Ford, L. A., & Crabtree, R. D. (2002). Telling, re-telling and talking about telling: Disclosure and/as surviving incest. *Women's Studies in Communication*, *25*, 53–87.

Forsythe, L. (2012). CMM and healthcare qualitative simulation research. In C. Creede, B. Fisher-Yoshida, & P. V. Gallegos (Eds.), *The reflective, facilitative, and interpretive practice of the Coordinated Management of Meaning: Making lives and making meaning* (pp. 95–106). Madison, NJ: Farleigh Dickinson University Press.

Forte, J. A. (2004). Symbolic interactionism and social work: A forgotten legacy, part 2. *Families in Society, 85*, 521–530.

Forte, J. A., Barrett, A. V., & Campbell, M. H. (1996). Patterns of social connectedness and shared grief work: A symbolic interactionist perspective. *Social Work with Groups*, *19*, 29–51.

Foss, K., & Foss, S. (1991). *Women speak: The eloquence of women's lives*. Prospect Heights, IL: Waveland Press.

Foss, S., Foss, K., & Trapp, R. (1991). *Contemporary perspectives on rhetoric*. Prospect Heights, IL: Waveland Press.

Fox, C. (2002). Beyond the "tyranny of the real": Revisiting Burke's pentad as research method for professional communication. *Technical Communication Quarterly, 11*, 365–388.

Frankenberg, R. (1993). *White women, race matters: The social construction of Whiteness*. Minneapolis, MN: University of Minnesota Press.

Freeth, R. (2012). We are human too. *Therapy Today, 23*, 7.

French, J. R. & Raven, B. (1959). *The bases of social power*. Ann Arbor, MI: University of Michigan Press.

French, S. L., & Brown, S. C. (2011). It's all your fault: Kenneth Burke, symbolic action, and the assigning of guilt and blame to women. *Southern Communication Journal, 76*(1), 1–16.

Frewin, K., & Tuffin, K. (1998). Police status, conformity and internal pressure: A discursive analysis of police culture. *Discourse & Society, 9*, 173–185.

Frymier, A. B. (2005). Students' classroom communication effectiveness. *Communication Quarterly, 53*, 197–212.

Frymier, A. B., & Houser, M. A. (2002). The teacher-student relationship as an interpersonal relationship. *Communication Education, 49*, 207–219.

Frey, L. R., Botan, C. H., & Kreps, G. L. (2000). *Investigating communication: An introduction to research methods,* 2nd ed. Boston, MA: Allyn & Bacon.

Galanes, G., & Adams, K. (2013). *Effective group discussion: Theory and practice.* Boston, MA: McGraw-Hill.

Gallois, C., & Callan, V. J. (1991). Interethnic accommodation: The role of norms. In H. Giles, J. Coupland, & N. Coupland (Eds.), *Contexts of accommodation: Developments in applied socio-linguistics* (pp. 245–269). Cambridge: Cambridge University Press.

Gallois, C., Ogay, T., & Giles, H. (2005). Communication accommodation theory. In W. Gudykunst (Ed.), *Theorizing about intercultural communication* (pp. 121–148). Thousand Oaks, CA: Sage.

Garber, M. (2011). Webs and whirligigs: Marshall McLuhan in his time and ours. Retrieved from http://ffffound.com/image/cfc6c98c37b262a79c7b436e5c9c08d1dad35835

Garcia-Jimenez, L., & Craig, R. (2010). What kind of difference do we want to make? *Communication Monographs, 77*, 429–431.

Garnett, J., & Kouzmin, A. (2009). Crisis communication post-Katrina: What are we learning. *Public Organizational Review, 9*, 385–398.

Gasiorek, J., & Giles, H. (2012). Effects of inferred motive on evaluations of nonaccommodative communication. *Human Communication Research, 38*, 309–331.

Gaudine, A., & Thorne, L. (2012). Nurses' ethical conflict with hospitals: A longitudinal study of outcomes. *Nursing Ethics, 19*, 727–737.

Gearhart, S., & Zhang, W. (2015). Gay bullying and online opinion expression testing Spiral of Silence in the social media environment. *Social Science Computer Review, 32*, 18–36.

Gecas, V., & Burke, P. J. (1995). Self and identity. In K. S. Cook, G. A. Fine, & J. S. House (Eds.), *Sociological perspectives on social psychology* (pp. 41–67). Boston, MA: Allyn & Bacon.

Geertz, C. (1973). *The interpretation of cultures.* New York, NY: Basic Books.

Geertz, C. (1983). *Local knowledge.* New York, NY: Basic Books.

Gencarelli, T. F. (2006). Neil Postman and the rise of media ecology. In C. M. K. Lum (Ed.), *Perspectives on culture, technology, and communication: The media ecology tradition* (pp. 201–25). Cresskill, NJ: Hampton.

Gendrin, D. M. (2000). Homeless women's inner voices: Friends or foes? In M. J. Hardman & A. Taylor (Eds.), *Hearing many voices* (pp. 203–219). Cresskill, NJ: Hampton Press.

Gerbner, G. (1969). Toward "cultural indicators": The analysis of mass media public message systems. *AV Communication Review, 17*(2), 137–148.

Gerbner, G. (1998). Cultivation analysis: An overview. *Mass Communication and Society, 3/4*, 175–194.

Gerbner, G. (1999). What do we know? In J. Shanahan & M. Morgan (Eds.), *Television and its viewers: Cultivation theory and research* (pp. ix–xiii). Cambridge: Cambridge University Press.

Gerbner, G., & Gross, L. (1972). Living with television: The violence profile. *Journal of Communication, 26*, 173–199.

Gerbner, G., Gross, L., Jackson-Beeck, M., JeffriesFox, S., & Signorielli, N. (1978). Cultural indicators: Violence profile No. 9. *Journal of Communication, 28*, 176–206.

Gerbner, G., Gross, L., Morgan, M., & Signorielli, N. (1982). Charting the mainstream: Television's contributions to political orientations. *Journal of Communication, 32*, 100–127.

Gerbner, G., Gross, L., Morgan, M., & Signorielli, N. (1986). Living with television: The dynamics of the cultivation process. In J. Bryant & D. Zillman (Eds.), *Perspectives on media effects* (pp. 17–40). Hillsdale, NJ: Erlbaum.

Gerbner, G., Gross, L., Morgan, M., & Signorielli, N. (1980). The "mainstreaming" of America: Violence profile no. 11. *Journal of Communication, 30*(3), 10–29.

Gerbner, G., Gross, L., Morgan, M., Signorielli, & Shanahan, J. (2002). Growing up with television: The cultivation perspective. In J. Bryant & D. Zillmann (Eds.), *Media effects: Advances in theory and research* (pp. 17–41). Hillsdale, NJ: Erlbaum.

German, K. M. (2009). Dramatism and dramatistic pentad. In S. W. Littlejohn & K. A. Foss (Eds.), *Encyclopedia of communication theory* (Vol. 1, pp. 320–322). Los Angeles, CA: Sage.

Gibbs, J. L., Ellison, N. B., & Lai, C. H. (2011). First comes love, then comes *Google*: An investigation of uncertainty reduction. *Communication Research, 38*, 70–100.

Giddens, A. (1979). *Central problems in social theory: Action, structure, and contradiction in social analysis.* Berkeley, CA: University of California Press.

Giddens, A. (1984). *The constitution of society: Outline of the theory of structuration.* Berkeley, CA: University of California Press.

Giddens, A. (1980). Classes, capitalism, and the state. *Theory and Society, 9,* 877–890.

Giddens, A. (1993). *New rules of sociological method: A positive critique of interpretive sociologies,* 2nd ed. Cambridge, UK: Polity Press.

Giddens, A. (1994). *Beyond left and right: The future of radical politics.* Cambridge, UK: Polity Press.

Giddens, A. (2003). Risk and responsibility. *The Modern Law Review, 62,* 1–10.

Giles, H. (1973). Accent mobility: A model and some data. *Anthropological Linguistics, 15,* 87–105.

Giles, H. (1980). Accommodation theory: Some new directions. *York Papers in Linguistics, 9,* 30.

Giles, H. (2008). Communication accommodation theory. In L. A. Baxter & D. O. Braithwaite (Eds.), *Engaging theories in interpersonal communication* (pp. 161–174). Los Angeles, CA: Sage.

Giles, H. (2012). Principles of intergroup communication. In H. Giles (Ed.), *The handbook of intergroup communication* (pp. 3–18). New York, NY: Routledge.

Giles, H., Coupland, N., & Coupland, J. (1991). Accommodation theory: Communication, context, and consequence. In H. Giles, J. Coupland, & N. Coupland (Eds.), *Contexts of accommodation: Developments in applied sociolinguistics* (pp. 1–68). Cambridge: Cambridge University Press.

Giles, H., Linz, D., Bonilla, D., & Gomez, M. L. (2012). Police stops and interactions with Latino and White (non-Latino) drivers: Extensive policing and communication accommodation. *Communication Monographs, 79,* 407–427.

Giles, H., Mulac, A., Bradac, J. J., & Johnson, P. (1987). Speech accommodation theory: The first decade and beyond. In M. L. McLaughlin (Ed.), *Communication yearbook 10* (pp. 13–48). Newbury Park, CA: Sage.

Giles, H., & Smith, P. M. (1979). Accommodation theory: Optimal levels of convergence. In H. Giles & R. N. St. Clair (Eds.), *Language and social psychology* (pp. 231–244). Oxford: Blackwell.

Giles, H., & Wiemann, J. (1987). Language, social comparison, and power. In S. Chaffee & C. R. Berger (Eds.),

Handbook of communication science (pp. 350–384). Newbury Park, CA: Sage.

Ginnett, R. (2005). What can leaders to do avoid groupthink? *Leadership in Action, 25,* 13.

Gitlin, T. (1980). *The whole world is watching: Mass media in the making and unmaking of the New Left.* Berkeley, CA: University of California Press.

Givertz, M., & Segrin, C. (2012, May). *The association between over involved parenting and young adults' self-efficacy, psychological entitlement, and family communication.* Paper presented at the annual meeting of the International Communication Association, Phoenix, AZ.

Glascock, J., & Ruggerio, T. E. (2004). Representations of class and gender of primetime Spanish-language television in the United States. *Communication Quarterly, 52,* 390–402.

Glenn, C. L., & Johnson, D. L. (2012). "What they see as acceptable": A co-cultural theoretical analysis of black male students at a predominantly white institution. *Howard Journal of Communications, 23*(4), 351–368.

Glynn, C. J., & McLeod, J. M. (1985). Implications of the spiral of silence for communication and public opinion research. In K. R. Sanders, L. L. Kaid, & D. Nimmo (Eds.), *Political communication yearbook 1984* (pp. 43–65). Carbondale, IL: Southern Illinois University Press.

Glynn, C. J., Hayes, A. F., & Shanahan, J. (1997). Perceived support for one's opinions and willingness to speak out: A meta-analysis of survey studies on the spiral of silence. *Public Opinion Quarterly, 61,* 452–463.

Goffman, E. (1967). *Interaction rituals: Essays on face-to-face interaction.* Garden City, NY: Doubleday.

Goffman, E. (1974). *Frame analysis: An essay on the organization of experience.* New York, NY: Harper & Row.

Goins, M. N. (2011). Playing with dialectics: Black female friendship groups as a homeplace. *Communication Studies, 62*(5), 531–546.

Golden, J. L., Berquist, G., Coleman, W. E., & Sproule, J. M. (2011). *The rhetoric of Western thought,* 10th ed. Dubuque, IA: Kendall-Hunt.

Golish, T. D., & Powell, K. A. (2003). "Ambiguous loss": Managing the dialectics of grief associated with premature birth. *Journal of Social and Personal Relationships, 20,* 309–334.

Gong, G. (2011). When Mississippi Chinese talk. In A. Gonzalez, M. Houston, & V. Chen (Eds.), *Our voices: Essays in culture, ethnicity, and communication* (pp. 104–111). New York, NY: Oxford University Press.

Gonzalez, A., & Gonzalez, J. (2002). The color problem in sillyville: Negotiating white identity in one popular "kid-vid." *Communication Quarterly*, *50*, 410–422.

Gonzalez, A., Houston, M., & Chen, V. (Eds.). (2011). *Our voices: Essays in culture, ethnicity, and communication*. New York, NY: Oxford University Press.

Good, J. E. (2009). The cultivation, mainstreaming, and cognitive processing of environmentalists watching television. *Environmental Communication*, *3*(3), 279–297.

Goodboy, A. K., & Bolkan, S. (2011). Attachment and the use of negative relational maintenance behaviors in romantic relationships. *Communication Research Reports*, *28*, 327–336.

Gordon, G. (1982, January). An end to McLuhanacy. *Educational Technology*, *44*, 39–45.

Gordon, T., & Willmarth, S. (2012). *McLuhan for beginners*. Danbury, CT: For Beginners Press.

Gouran, D. S. (1998). The signs of cognitive, affiliative, and egocentric constraints in patterns of interaction in decision-making and problem-solving groups and their potential effects on outcomes. In J. Trent (Ed.), *Communication: Views from the helm for the 21st century* (pp. 98–102). Needham Heights, MA: Allyn & Bacon.

Gouran, D. S., & Hirokawa, R. Y. (1996). Functional theory and communication in decision-making and problem-solving groups. In R. Y. Hirokawa & M. S. Poole (Eds.), *Communication and group decision making* (pp. 55–80). Thousand Oaks, CA: Sage.

Gouran, D. S., Hirokawa, R. Y., & Martz, A. E. (1986). A critical analysis of factors related to decisional processes involved in the *Challenger* disaster. *Central States Speech Journal*, *37*, 119–135.

Granberg, E. M. (2011). "Now my old self is thin": Stigma exits after weight loss. *Social Psychology Quarterly*, *74*(1), 29–52.

Gray, H. (1989). Television, Black Americans, and the American dream. *Critical Studies in Mass Communication*, *6*, 376–386.

Gray, J. B. (2009). The power of storytelling: Using narrative in the healthcare context. *Journal of Communication in Healthcare*, *2*(3), 258–273.

Green-Hamann, S., Eichhorn, K. C., & Sherblom, J. C. (2011). An exploration of why people participate in Social Life support groups. *Journal of Computer-Mediated Communication*, *16*, 465–491.

Greene, A. (2012). Practical follow-up. *Journal of Participatory Medicine*, *4*, 18.

Greene, K., & Kremar, M. (2005). Predicting exposure to and liking of media violence: A uses and gratifications approach. *Communication Studies*, *56*, 71–93.

Gross, M., Guerrero, L. K., & Alberts, J. K. (2004). Perceptions of conflict strategies and communication competence in task-oriented dyads. *Journal of Applied Communication Research*, *32*, 249–271.

Grossberg, L. (1986). Is there rock after punk? *Critical Studies in Mass Communication*, *3*, 50–74.

Grossberg, L (2010). *Cultural studies in the future tense*. Durham, NC: Duke University Press.

Gu, R., Higa, K., & Moodie, D. R. (2012). A study on communication media selection: Comparing the effectiveness of the media richness, social influence, and media fitness. *Journal of Service Science and Management*, *4*, 291–299.

Gudykunst, W. B. (1995). Anxiety/uncertainty management (AUM) theory. In R. Wiseman (Ed.), *Intercultural communication theory* (pp. 8–58). Thousand Oaks, CA: Sage.

Gudykunst, W. B., & Hammer, M. R. (1987). The influences of ethnicity, gender, and dyadic composition on uncertainty reduction in initial interactions. *Journal of Black Studies*, *18*, 191–214.

Gudykunst, W. B., & Matsumoto, Y. (1996). Cross-cultural variability of communication in personal relationships. In W. B. Gudykunst, S. Ting-Toomey, & T. Nishida (Eds.), *Communication in personal relationships across cultures* (pp. 19–56). Thousand Oaks, CA: Sage.

Gudykunst, W. B., & Nishida, T. (1984). Individual and cultural influence on uncertainty reduction. *Communication Monographs*, *51*, 23–36.

Gudykunst, W. B., & Nishida, T. (1986a). Attributional confidence in low- and high-context cultures. *Human Communication Research*, *12*, 525–549.

Gudykunst, W. B., & Nishida, T. (1986b). Social penetration in close relationships in Japan and the United States. In R. Bostrom (Ed.), *Communication yearbook 7* (pp. 592–610). Beverly Hills, CA: Sage.

Gudykunst, W. B., Chua, E., & Gray, A. (1987). Cultural dissimilarity and uncertainty reduction processes. In M. McLaughlin (Ed.), *Communication yearbook 10* (pp. 456–469). Newbury Park, CA: Sage.

Gudykunst, W. B., Yang, S. M., & Nishida, T. (1985). A cross-cultural test of uncertainty reduction theory: Comparison of acquaintances, friends, and dating relationships in Japan, Korea, and the United States. *Human Communication Research*, *11*, 407–454.

Guerrero, L. K. (2008). Expectancy violation. Retrieved from http://www.communicationencyclopedia.com

Guerrero, L. K., & Bachman, G. F. (2010). Forgiveness and forgiving communication: An expectancy-investment explanation. *Journal of Social and Personal Relationships*, *27*, 801–823.

Gunaratne, S. A. (2010). De-westernizing communication/social science research: Opportunities and limitations. *Media, Culture & Society*, *32*(3), 473–500.

Gibbs, J. L., Ellison, N. B., & Lai, C. (2011). First comes love, then comes *Google*: An investigation of uncertainty reduction strategies and self-disclosure in online dating. *Communication Research*, *38*(1), 70–100.

Giles, H., Willemyns, M., Gallois, C., & Anderson, M. C. (2007). Accommodating a new frontier: The context of law enforcement. In K. Fiedler (Ed.), *Social accommodation* (pp. 129–162). New York, NY: Psychology Press.

Gissel, A. L. (2012). *The effects of email address on norm violations on evaluations of job applicants*. Unpublished doctoral dissertation. North Carolina State University, Raleigh, NC.

Groupthink: A risk to a good leadership team. Retrieved from http://chinabusinessleadership.com/2012/09/11/group-think-a-risk-to-a-good-leadership-team

Guerrero, L. K., & Bachman, G. F. (2008). Communication following relational transgressions in dating relationships: An investment-model explanation. *Southern Communication Journal*, *73*, 4–23.

Guo, L., Chen, Y. N. K., Vu, H., Wang, Q., Aksamit, R., Guzek, D.,…McCombs, M. (2015). Coverage of the Iraq War in the United States, Mainland China, Taiwan and Poland: A transnational network agenda-setting study. *Journalism Studies*, *16*, 343–362.

Ha, L., & Fang, L. (2012). Internet experience and time displacement of traditional news media use: An application of the theory of the niche. *Telematics & Informatics*, *29*(2), 177–186.

Hajek, C., Villagran, M., & Wittenberg-Lyles, E. (2007). The relationships among perceived physician accommodation, perceived outgroup typicality, and patient inclinations toward compliance. *Communication Research Reports*, *24*, 293–302.

Hall, E. T. (1966). *The hidden dimension*. Garden City, NY: Anchor/Doubleday.

Hall, E. T. (1977). *Beyond culture*. Garden City, NY: Anchor/Doubleday.

Hall, E. T. (1992). *An anthropology of everyday life*. New York, NY: Doubleday/Anchor Books.

Hall, S. (1980a). Encoding/decoding. In S. Hall, D. Hobson, A. Lowe, & P. Willis (Eds.), *Culture, media, language* (pp. 128–138). London: Hutchinson.

Hall, S. (1980b). Cultural studies and the centre: Some problematic and problems. In S. Hall, D. Hobson, A. Lowe, & P. Willis (Eds.), *Culture, media, language* (pp. 15–47). London: Hutchinson.

Hall, S. (1981). The whites of their eyes: Racist ideologies and the media. In G. Bridges & R. Brunt (Eds.), *Silver linings: Some strategies for the eighties* (pp. 28–52). London: Lawrence and Wishart.

Hall, S. (1989). Ideology and communication theory. In B. Dervin, L. Grossberg, B. J. O'Keefe, & E. Wartella (Eds.), *Rethinking communication: Paradigm issues* (pp. 40–51). Newbury Park, CA: Sage.

Hall, S. (1992). Cultural studies and its theoretical legacies. In L. Grossberg, C. Nelson, & P. Treichler (Eds.), *Cultural studies* (pp. 277–294). New York, NY: Routledge.

Hall, S. (1997). The problem of ideology: Marxism without guarantees. In S. Hall (Ed.), *Representation: Cultural representations and signifying practices* (pp. 30–46). London: Sage/The Open University.

Hall, S. (2013). The spectacle of the other. In S. Hall, S. Nixon, & J. Evans (Eds.), *Representation: Cultural representations and signifying practices* (pp. 112–144). Thousand Oaks, CA: Sage.

Hamilton, H. E. (1991). Accommodation and mental disability. In H. Giles, J. Coupland, & N. Coupland (Eds.), *Contexts of accommodation* (pp. 157–186). New York, NY: Cambridge University Press.

Haraway, D. (1988). Situated knowledges: The science question in feminism and the privilege of partial perspective. *Signs*, *14*, 575–599.

Harding, S. (1987). Introduction: Is there a feminist method? In Sandra Harding (Ed.), *Feminism and methodology* (pp. 1–14). Bloomington, IN: University of Indiana Press.

Harding, S. (1991). *Whose science, whose knowledge? Thinking from women's lives*. Ithaca, NY: Cornell University Press.

Hargie, O., Tourish, D., & Wilson, N. (2002). Communication audits and the effects of increased information: A follow-up study. *The Journal of Business Communication*, *39*, 414–436.

Haridakis, P. M., & Rubin, A. M. (2005). Third-person effects in the aftermath of terrorism. *Mass Communication and Society*, *8*, 39–59.

Haridakis, P., & Hanson, G. (2009). Social interaction and co-viewing with YouTube: Blending mass communication reception and social connection. *Journal of Broadcasting & Electronic Media, 53,* 317–355.

Harmon-Jones, E. (2009). Cognitive dissonance theory. In S. W. Littlejohn & K. A. Foss (Eds.), *Encyclopedia of communication theory* (Vol. 1, pp. 109–111). Los Angeles, CA: Sage.

Harrigan, M. M. (2009). The contradictions of identity-work for parents of visibly adopted children. *Journal of Social & Personal Relationships, 26*(5), 634–658.

Harrigan, M. M., & Braithwaite, D. O. (2010). Discursive struggles in families formed through visible adoption: An exploration of dialectical unity. *Journal of Applied Communication Research, 38*(2), 127–144.

Harris, M., & Cullen, R. (2008). Renovation as innovation: Transforming a campus symbol and a campus culture. *Perspectives: Policy and Practice in Higher Education, 12,* 4–51.

Hart, R. P. (1997). *Modern rhetorical criticism.* Boston, MA: Allyn & Bacon.

Hartsock, N. (1981). Political change: Two perspectives in power. In C. Bunch (Ed.), *Building feminist theory: Essays from Quest, a feminist quarterly* (pp. 55–70). New York, NY: Longman.

Hartsock, N. (1983). The feminist standpoint: Developing the ground for a specifically feminist historical materialism. In S. Harding & M. B. Hintikka (Eds.), *Discovering reality* (pp. 283–310). Boston, MA: Ridel.

Hartsock, N. C. M. (1997). Standpoint theories for the next century. *Women and Politics, 18,* 93–101.

Harwood, J. (2002). Comunicación intergeneracional entre extraños y entre miembros de la familia [Intergenerational communication between strangers and family members]. *Revista Latinoamericana de Psicologia, 34,* 75–82.

Harwood, J. (2000). Communicative predictors of solidarity in the grandparent-grandchild relationship. *Journal of Social and Personal Relationships, 17,* 743–766.

Harwood, J. (2006). Communication as social identity. In G. Shepherd, J. St. John, & T. Striphas (Eds.), *Communication as...: Perspectives on theory* (pp. 84–90). Thousand Oaks, CA: Sage.

Haase, C. E. (1909). Ideal education for girls. Registrar of Milwaukee Downer College. Records 1852–1964. Milwaukee Manuscript Collection L. University Archives. Golda Meir Library, Research Center, University of Wisconsin, Milwaukee, WI.

Hatch, M. J. (2006). *Organizational theory: Modern, symbolic, and postmodern perspective.* Oxford: Oxford University Press.

Hayden, S. (1994). Interruptions and the construction of reality. In L. H. Turner & H. M. Sterk (Eds.), *Differences that make a difference: Examining the assumptions in gender research* (pp. 99–106). Westport, CT: Bergin & Garvey.

Hechter, M. (2004). From class to culture. *The American Journal of Sociology, 110,* 400–445.

Hehl, J., & McDonald, D. D. (2012). Older adults' pain communication during ambulatory medical visits: An exploration of communication accommodation theory. *Pain Management Nursing, 13,* 186–210.

Heider, F. (1958). *The psychology of interpersonal relations.* New York, NY: Wiley.

Heiss, S. N., & Carmack, H. J. (2012). Knock, knock; who's there? Making sense of organizational entrance through humor. *Management Communication Quarterly, 25,* 106–132.

Hensley, T. R., & Lewis, J. M., (2010) *Kent state and May 4th—A social science perspective.* Kent, OH: Kent State University Press.

Herakova, L. (2009). Identity, communication, inclusion: The Roma and (new) Europe. *Journal of International and Intercultural Communication, 2*(4), 279–297.

Herek, G. M., Janis, I. L., & Huth, P. (1987). Decision making during international crises: Is quality of process related to outcome? *Journal of Conflict Resolution, 31,* 203–226.

Herrington, W. (2012). *Homeless perceptions.* Saarbrücken, Germany: Lambert Academic Publishing.

Herrmann, A. (2007). *Narrative and ethnography as existential phenomenological approaches to organizational sensemaking.* Paper presented at the annual meeting of the International Communication Association, San Francisco, CA.

Herzog, H. (1944). Motivations and gratifications of daily serial listeners. In P. F. Lazarsfeld & F. N. Stanton (Eds.), *Radio Research, 1942–1943.* New York, NY: Duell, Sloan and Pearce.

Higgins, C., & Walker, R. (2012). Ethos, logos, pathos: Strategies of persuasion in social/environmental reports. *Accounting Forum, 36,* 194–208.

Hine, R. (2011). In the margins: The impact of sexualised images on the mental health of ageing women. *Sex Roles, 65*(7), 632–646.

Hirokawa, R. Y., Gouran, D. S., & Martz, A. E. (1988). Understanding the sources of faulty group decision making: A lesson from the *Challenger* disaster. *Small Group Behavior*, *19*, 411–433.

Hirschmann, N. J. (1997). Feminist standpoint as postmodern strategy. *Women and Politics*, *18*, 73–92.

Hmielowski, J. D., Holbert, R. L., & Lee, J. (2011). Predicting the consumption of political TV satire: Affinity for political humor, *The Daily Show* and *The Colbert Report*. *Communication Monographs*, *78*(1), 96–114.

Ho, D. Y. (1976). On the concept of face. *American Journal of Sociology*, *81*, 867–884.

Hochschild, A. R., Machung, A. (1989). *The second shift: Working parents and the revolution at home.* New York, NY: Viking Penguin.

Hodge, B. (2003). How the medium is the message in the unconscious of 'America online.' *Visual Communication*, *2*, 341–353.

Hoelzl, E., Pollai, M., & Kastner, H. (2011). Hedonic evaluations of cars: Effects of payment mode on prediction and experience. *Psychology & Marketing*, *28*(11), 1113–1127.

Hoffman, M. F., & Cowen, R. L. (2010). Be careful what you ask for: Structuration theory and work/life accommodation. *Communication Studies*, *61*, 272–303.

Hofstede, G. (1980). *Culture's consequences: International differences in work-related values.* Beverly Hills, CA: Sage.

Hofstede, G. (1991). *Cultures and organizations: Software of the mind.* London: McGraw-Hill.

Hofstede, G. (2001). *Culture's consequences: Comparing values, behaviors, institutions, and organizations across nations.* Thousand Oaks, CA: Sage.

Hogg, M., & Giles, H. (2012). Norm talk and identity in intergroup communication. In H. Giles (Ed.), *The handbook of intergroup communication* (pp. 373–388). New York, NY: Routledge.

Holbert, R. L., LaMarre, H. L., & Landreville, K. D. (2009). Fanning the flames of a partisan divide: Debate viewing, vote choice, and perceptions of vote count accuracy. *Communication Research*, *36*(2), 155–177.

Holliday, A. (2013). *Understanding intercultural communication: Negotiating a culture of grammar.* New York, NY: Routledge.

Hollingshead, A. B., Wittenbaum, G. M., Paulus, P. B., Hirokawa, R. Y., Ancona, D. G., Peterson, R. S., Jehn, K. A., & Yoon, K. (2005). A look at groups from the functional perspective. In M. S. Poole & A. B. Hollingshead

(Eds.), *Theories of small groups: Interdisciplinary perspectives* (pp. 21–62). Thousand Oaks, CA: Sage.

Holmgren, A. (2004). Saying, doing and making: Teaching CMM theory. *Human Systems: The Journal of Systemic Consultation and Management*, *15*, 89–100.

Hoover, J. D., Hastings, S. O., & Musambira, G. W. (2009). "Opening a gap" in culture: Women's uses of the compassionate friends website. *Women & Language*, *32*(1), 82–90.

Hoppe-Nagao, A., & Ting-Toomey, S. (2002). Relational dialectics and management strategies in marital couples. *Southern Communication Journal*, *67*, 142–159.

Hopper, R., Knapp, M. L., & Scott, L. (1981). Couples' personal idioms: Exploring intimate talk. *Journal of Communication*, *31*, 23–33.

Horan, S. M. (2012). Affection exchange theory and perceptions of relational transgressions. *Western Journal of Communication*, *76*, 109–126.

Horowitz, D. (2012). *Consuming pleasures: Intellectuals and popular culture in the post-war world.* Philadelphia, PA: University of Pennsylvania Press.

Houle, K. (2009). Making strange. *Frontiers: A Journal of Women Studies*, *30*(1), 172–193.

Houston, M. (1992). The politics of difference: Race, class, and women's communication. In L. F. Rakow (Ed.), *Women making meaning: New feminist directions in communication* (pp. 45–59). New York, NY: Routledge.

Houston, M., & Kramarae, C. (1991). Speaking from silence: Methods of silencing and of resistance. *Discourse and Society*, *2*, 387–399.

How people learn about their local community. Retrieved from http://pewInternet.org/Reports/2011/Local-news/Part-1.aspx

Hsu, C. (2004). *Sources of differences in communication apprehension between Chinese in Taiwan and Americans.* Paper presented at the annual meeting of the International Communication Association, New Orleans, LA.

Hsu, C. (2012). The influence of vocal qualities and confirmation of nonnative English-speaking teachers on student receiver apprehension, affective learning, and cognitive learning. *Communication Education*, *61*, 4–16.

Huber, J. L. (2010). Singing it out: Riot grrrls, Lilith Fair, and feminism. *Kaleidoscope: A Graduate Journal of Qualitative Communication Research*, *9*, 65–85.

Huddy, L. (2012). From group cohesion to political cohesion and commitment. In P. A. Van Lange, A. W. Kruglanski, & T. E. Higgins (Eds.), *Handbook of theories of social psychology* (pp. 379–398). Thousand Oaks, CA: Sage.

Hughes, P. C., & Dickson, F. C. (2006). Relational dynamics in interfaith marriages. In L. H. Turner & R. West (Eds.), *The family communication sourcebook* (pp. 373–388). Thousand, Oaks, CA: Sage.

Hunt, D., Atkin, D., & Krishnan, A. (2012). The influence of computer-mediated communication apprehension on motives for Facebook use. *Journal of Broadcasting & Electronic Media, 56*(2), 187–202.

Hunt, S. B. (2003). An essay on publishing standards for rhetorical criticism. *Communication Studies, 54*, 378–384.

Hutcheson, J. (2012). Achieving a transcendent episode. In C. Creede, B. Fisher-Yoshida, & P. V. Gallegos (Eds.), *The reflective, facilitative, and interpretive practice of the Coordinated Management of Meaning* (pp. 111–123). Madison, NJ: Farleigh Dickinson University Press.

Hyde, M. (2004). Introduction: Rhetorically we dwell. In M. Hyde (Ed.), *The ethos of rhetoric* (pp. xii–xxvii). Columbia, SC: University of South Carolina Press.

Ifert-Johnson, D., Roloff, M. E., & Riffee, M. A. (2004). Politeness theory and refusals of requests: Face threat as a function of expressed obstacles. *Communication Studies, 55*, 227–238.

Ifert-Johnson, D. (2007). Politeness theory and conversational refusals: Associations between various types of face threat and perceived competence. *Western Journal of Communication, 71*, 196–215.

Ifert-Johnson, D., & Lewis, N. (2010). Perceptions of swearing in the work setting: An Expectancy Violations Theory perspective. *Communication Reports, 23*, 106–118.

Ifert-Johnson, D. (2012). Swearing by peers in the work setting: Expectancy violation valence, perceptions of message, and perceptions of speaker. *Communication Studies, 63*, 136–151.

Ifert-Johnson, D. & Acquavella, G. (2012). Organization-public relationship: Satisfaction and intention to retain a relationship with a cell phone service provider. *Southern Communication Journal, 77*, 163–179.

Ichiyama, M. A. (1993). The reflected appraisal process in small-group interaction. *Social Psychology Quarterly, 56*, 87–99.

Imamura, M., Zhang, Y. B., & Harwood, J. (2011). Japanese sojourners' attitudes toward Americans: Exploring the influences of communication accommodation, linguistic competence, and relational solidarity in intergroup conflict. *Journal of Asian Pacific Communication, 21*, 103–120.

Infinedo, P. (2016). Applying uses and gratifications theory and social influence processes to understand students' pervasive adoption of social networking sites: Perspectives from the Americas. *International Journal of Information Management, 36*, 192–206.

Inglis, F. (1993). *Cultural studies.* Cambridge, MA: Basil Blackwell.

Innes, M. (2002). Organizational communication and the symbolic construction of police murder investigations. *British Journal of Sociology, 53*, 67–68.

Innis, H. (1951). *The bias of communication.* Toronto: University of Toronto Press.

Ivy, D. K. (2012). *GenderSpeak: Personal effectiveness in gender communication.* New York, NY: Pearson.

Iyengar, S., & Kinder, D. R. (1987). *News that matters: Television and American opinion.* Chicago, IL: University Press.

James, D., & Drackich, J. (1993). Understanding gender differences in amount of talk. In D. Tannen (Ed.), *Gender and conversational interaction* (pp. 281–312). Oxford: University Press.

Jameson, J. K. (2004). Negotiating autonomy and connection through politeness: A dialectical approach to organizational conflict management. *Western Journal of Communication, 68*, 257–277.

Jandt, F. E. (2012). *An introduction to intercultural communication: Identities in a global communication.* Los Angeles, CA: Sage.

Janis, I. L. (1972). *Victims of groupthink: A psychological study of foreign-policy decisions and fiascoes.* Boston, MA: Houghton Mifflin.

Janis, I. L. (1982). *Groupthink: Psychological studies of policy decisions and fiascoes.* Boston, MA: Houghton Mifflin.

Janis, I. L. (1989). *Crucial decisions: Leadership in policymaking and crisis management.* New York, NY: Free Press.

Janis, I. L., & Gilmore, J. B. (1965). The influence of incentive conditions on the success of role-playing in modifying attitudes. *Journal of Personality and Social Psychology, 1*, 17–27.

Jaworski, A., & Coupland, J. (2005). Othering in gossip: "You go out you have a laugh and you can pull yeah okay but like . . ." *Language in Society, 34*, 667–694.

Jeffres, L. W., Atkin, D. J., & Neuendorf, K. A. (2001). Expanding the range of dependent measures in mainstreaming and cultivation analysis. *Communication Research Reports*, *18*, 408–417.

Jenkins, J. J., & Dillon, P. J. (2012). "This is what we're all about": The (re)construction of an oppressive organizational structure. *Southern Communication Journal*, *77*, 287–306.

Jensen, K. (2011). A matter of concern: Kenneth Burke, phishing, and the rhetoric of national insecurity. *Rhetoric Review*, *30*(2), 170–190.

Jiang, L. C., Bazarova, N. N., & Hancock, J. T. (2011). The disclosure-intimacy link in computer-mediated communication: An attributional extension of the hyperpersonal model. *Human Communication Research*, *37*(1), 58–77.

Jin, B., Jin, Y. P., & Hye-Shin, Kim. (2010). What makes online community members commit? A social exchange perspective. *Behaviour & Information Technology*, *29*(6), 587–599.

Johnson, K. A. (2011). Citizen journalism, agenda-setting and the 2008 presidential election. *Web Journal of Mass Communication Research*, *28*, 23–33.

Johnston, A., Friedman, B., & Peach, S. (2011). Standpoint in political blogs: Voice, authority, and issues. *Women's Studies*, *40*(3), 269–298.

Joseph, A. L., & Afifi, T. D. (2010). Military wives' stressful disclosures to their deployed husbands: The role of protective buffering. *Journal of Applied Communication Research*, *38*(4), 412–434.

Jourard, S. M. (1971). *The transparent self* (rev. ed.). New York, NY: Van Nostrand.

Kahlor, L., & Eastin, M. S. (2011). Television's role in the culture of violence toward women: A study of television viewing and the cultivation of rape myth acceptance in the United States. *Journal of Broadcasting & Electronic Media*, *55*(2), 215–231.

Kalman, Y. M., & Rafaeli, S. (2011). Online pauses and silence: Chronemic expectancy violations in written computer-mediated communication. *Communication Research*, *38*(1), 54–69.

Kang, T., & Hoffman, L. H. (2011). Why would you decide to use an online dating site? Factors that lead to online dating. *Communication Research Reports*, *28*, 205–213.

Katz, E., Blumler, J. G., & Gurevitch, M. (1974). Utilization of mass communication by the individual. In J. G. Blumler & E. Katz (Eds.), *The uses of mass communication: Current perspectives on gratifications research* (pp. 19–32). Beverly Hills, CA: Sage.

Katz, E., Gurevitch, M., & Haas, H. (1973). On the use of the mass media for important things. *American Sociological Review*, *38*, 164–181.

Kaufman, J. M., & Johnson, C. (2004). Stigmatized individuals and the process of identity. *The Sociological Quarterly*, *45*, 807–833.

Kaye, B. K., & Johnson, T. J. (2004). A web for all reasons: Uses and gratifications of Internet components for political information. *Telematics and Informatics*, *21*, 197–223.

Kellermann, K., & Reynolds, R. (1990). When ignorance is bliss: The role of motivation to reduce uncertainty in uncertainty reduction theory. *Human Communication Research*, *17*, 5–35.

Kellner, D., & Hammer, R. (2004). Critical reflections on Mel Gibson's *The Passion of the Christ. Logos*, *3*, 3–4.

Kelly, C., & Zak, M. (1999). Narrativity and professional communication: Folktales and community meaning. *Journal of Business and Technical Communication*, *13*, 297–317.

Kennedy, G. A. (1991). *Aristotle on Rhetoric: A theory of civil discourse*. New York, NY: Oxford University Press.

Kephart, W. M. (1950). A quantitative analysis of intragroup relations. *American Journal of Sociology*, *60*, 544–549.

Kerbrat-Orecchioni, C. (2012). From good manners to facework: Politeness variations and constants in France from the classic age to today. In M. Bax & D. Kadar (Eds.), *Understanding relational (im)politeness: Relational linguistic practices over time and across cultures* (pp. 131–153). Amsterdam, Netherlands: John Benjamins.

Kesebir, S. (2012). The superorganism account of human sociality: How and when human groups are like beehives. *Personality and Social Psychology Review*, *16*, 233–261.

Keyton, J. (2005). *Communication and organizational culture*. Thousand Oaks, CA: Sage.

Keyton, J., Ferguson, P., & Rhodes, S. C. (2001). Cultural indicators of sexual harassment. *Southern Communication Journal*, *67*, 33–50.

Kim, R. K., & Levine, T. R. (2011). The effect of suspicion on deception detection accuracy: Optimal level or opposing effects. *Communication Reports*, *24*, 51–62.

Kim, K-H., & Yun, H. (2007). Crying for me, crying for us: Relational dialectics in a Korean social network site. *Journal of Computer-Mediated Communication, 38*(1), 298–318.

Kim, Sei-Hill (2012). Testing fear of isolation as a causal mechanism: Spiral of silence and genetically modified (GM) foods in South Korea. *International Journal of Public Opinion Research, 24,* 306–324.

Kinefuchi, E., & Orbe, M. P. (2008). Situating oneself in a racialized world: Understanding student reactions to *Crash* through standpoint theory and context-positionality frames. *Journal of International and Intercultural Communication, 1,* 70–90.

Kiousis, S. (2011). Agenda-setting and attitudes. *Journalism Studies, 12*(3), 359–374.

Kirkwood, W. (1992). Narrative and the rhetoric of possibility. *Communication Monographs, 59,* 30–47.

Kirschbaum, K. (2012). Physician communication in the operating room: Expanding application of face-negotiation theory to the health Communication context. *Health Communication, 27,* 292–301.

Kissack, H. (2010). Muted voices: A critical look at email in organizations. *Journal of European Industrial Training, 34*(6), 539–551.

Kissling, E. (1991). Street harassment: The language of sexual terrorism. *Discourse and Society, 2,* 121–135.

Knapp, M. L. (1978). *Nonverbal communication in human interaction.* New York, NY: Holt, Rinehart & Winston.

Knapp, M. L., & Hall, J. A. (2010). *Nonverbal communication in human interaction.* Boston, MA: Cengage /Wadsworth.

Knapp, M. L., Hall, J. A., & Horgan, T. G. (2014). *Nonverbal communication and human interaction.* Boston, MA: Cengage/Wadsworth.

Knapp, M. L., & Vangelisti, A. L. (2009). *Interpersonal communication and human relationships,* 6th ed. Boston, MA: Allyn & Bacon.

Knoble, N. B., & Linville, D. (2012). Outness and relationship satisfaction in same-gender couples. *Journal of Marital and Family Therapy, 38,* 330–339.

Knobloch, L. K. (2008). Uncertainty reduction theory. In L. A. Baxter & D. O. Braithwaite (Eds.), *Engaging theories in interpersonal communication: Multiple perspectives* (pp. 133–144). Thousand Oaks, CA: Sage.

Knobloch, L. K., Miller, L. E., Bond, B. J., & Monnone, S. E. (2007). Relational uncertainty and message processing in marriage. *Communication Monographs, 74,* 154–180.

Knobloch, L. K., Satterlee, K. L., & DiDomenico, S. M. (2010). Relational uncertainty predicting appraisals of face threat in courtship: Integrating uncertainty reduction theory and politeness theory. *Communication Research, 37*(3), 303–334.

Knobloch, L. K., & Solomon, D. H. (2003). Responses to changes in relational uncertainty within dating relationships: Emotions and communication strategies. *Communication Studies, 54,* 282–305.

Knobloch-Westerwick, S., & Meng, J. (2009). Looking the other way: Selective exposure to attitude-consistent and counterattitudinal political information. *Communication Research, 36*(3), 426–448.

Knox, R. E., & Inkster, J. A. (1968). Postdecision dissonance at posttime. *Journal of Personality and Social Psychology, 8,* 310–323.

Koenig-Kellas, J. (2008). Narrative theories. In L. A. Baxter & D. O. Braithwaite (Eds.), *Engaging theories in interpersonal communication: Multiple perspectives* (pp. 241–254). Thousand Oaks, CA: Sage.

Koerber, C. P., & Neck, C. (2003). Groupthink and sports: An application of Whyte's model. *International Journal of Contemporary Hospitality Management, 15,* 20–28.

Koerner, A. (2015). Family communication. In C. Berger (Ed.), *Interpersonal communication* (pp. 419–442). New York, NY: Walter de Gruyter.

Korsch, B. M., Gozzi, E. K., & Francis, V. (1968). Gaps in doctor-patient communication. *Pediatrics, 42,* 855–871.

Kosenko, K. A. (2010). Meanings and dilemmas of sexual safety and communication for transgender individuals. *Health Communication, 25*(2), 131–141.

Kosenko, K. A. (2011). The safer sex communication of transgender adults: Processes and problems. *Journal of Communication, 61*(3), 476–495.

Kramarae, C. (1981). *Women and men speaking: Frameworks for analysis.* Rowley, MA: Newbury House.

Kramarae, C. (2005). Muted group theory and communication: Asking dangerous questions. *Women and Language, 28*(2), 55–61.

Kramarae, C. (2009). Muted group theory. In S. W. Littlejohn & K. A. Foss (Eds.), *Encyclopedia of communication theory* (Vol. 2, pp. 667–669). Los Angeles, CA: Sage.

Kramarae, C., & Treichler, P. (1985). *A feminist dictionary.* Boston, MA: Pandora.

Kramer, M. W. (2004). Toward a communication theory of group dialectics: An ethnographic study of a community theater group. *Communication Monographs, 71,* 311–332.

Kramer, M. W. (2005). Communication and social exchange processes in community theater groups. *Journal of Applied Communication Research, 33*, 159–182.

Kramer, M. W., & Berman, J. E. (2001). Making sense of a university's culture: An examination of undergraduate students' stories. *Southern Communication Journal, 66*, 297–311.

Kubey, R., & Csikszentmihalyi, M. (1990). *Television and the quality of life: How viewing shapes everyday experience.* Hillsdale, NJ: Erlbaum.

Kurtz, H. (1998, August 13). Homicide rate down, except on the evening news. *San Francisco Chronicle*, p. A8.

Kwak, H. (2012). Self-disclosure in online media. *International Journal of Advertising, 31*(3), 485–510.

LaPoire, B. A., & Burgoon, J. K. (1992). A reply from the heart: Who are Sparks and Greene and why are they saying all these horrible things? *Human Communication Research, 18*, 472–482.

Lamoureux, E. L. (1994). Rhetorical dilemmas in Catholic discourse: The case of bishop John J. Meyers. *Communication Studies, 45*, 281–293.

Langellier, K. M., & Peterson, E. E. (2004). *Storytelling in daily life.* Philadelphia, PA: Temple University Press.

LaPoire, B. A., & Burgoon, J. K. (1996). Usefulness of differentiating arousal responses within communication theories: Orienting response or defensive arousal within nonverbal theories of expectancy violation. *Communication Monographs, 63*, 208–230.

LaRose, R., & Eastin, M. S. (2004). A social cognitive theory of Internet uses and gratifications: Toward a new model of media attendance. *Journal of Broadcasting & Electronic Media, 48*, 358–377.

LaRossa, R., & Reitzes, D. C. (1993). Symbolic interactionism and family studies. In P. G. Boss, W. J. Doherty, R. LaRossa, W. R. Schumm, & S. K. Steinmetz (Eds.), *Sourcebook of family theories and methods: A contextual approach* (pp. 135–163). Thousand Oaks, CA: Sage.

Lash, S. (2007). Power after hegemony: Cultural studies in mutation. *Theory, Culture, & Society, 24*, 55–78.

Lasswell, H. D. (1948). The structure and function of communication in society. In L. Bryson (Ed.), *The communication of ideas: A series of addresses* (pp. 215–228). New York, NY: Harper.

Lather, J., & Moyer-Guse, E. (2011). How do we react when our favorite characters are taken away? An examination of a temporary parasocial breakup. *Mass Communication & Society, 14*(2), 196–215.

Lavelle, J. J., Rupp, D. E., & Brockner, J. (2007). Taking a multifoci approach to the study of justice, social exchange, and citizenship behavior: The target similarity model. *Journal of Management, 33*, 841–866.

Lawrence, R. G., & Schafer, M. L. (2012). Debunking Sarah Palin: Mainstream news coverage of "death panels." *Journalism Quarterly, 13*, 766–782.

Lea, M., & Spears R. (1992). Paralanguage and social perception in computer-mediated communication. *Journal of Organizational Computing, 2*, 321–341.

LeBaron, M. (2003). Culture-based negotiation styles. Retrieved from http://www.beyondintractability.org/essay/culture_negotiation

Lee, C., & Niederdeppe, J. (2011). Genre-specific cultivation effects: Lagged associations between overall TV viewing, local TV news viewing, and fatalistic beliefs about cancer prevention. *Communication Research, 38*(6), 731–753.

Lee, F., & DeMarco, D. (2016). Storytelling/narrative theory to address health communication with minority populations. *Applied Nursing Research, 30*, 58–60.

Lee, M. J., Bichard, S. L., Irey, M. S., Walt, H. M., & Carlson, A. J. (2009). Television viewing and ethnic stereotypes: Do college students form stereotypical perceptions of ethnic groups as a result of heavy television consumption? *Howard Journal of Communications, 20*(1), 95–110.

Leeds-Hurwitz, W. (1990). Notes on the history of intercultural communication: The foreign service institute and the mandate for intercultural training. *Quarterly Journal of Speech, 76*, 262–281.

Leinaweaver, J. (2012). On becoming a global human: CMM, international adoption, and the global burden of self. In C. Creede, B. Fisher-Yoshida, & P. V. Gallegos (Eds.), *The reflective, facilitative, and interpretive practice of the Coordinated Management of Meaning* (pp. 173–190). Madison, NJ: Farleigh Dickinson University Press.

Lemin, D. (2010). *Public opinion in the social media era: Toward a new understanding of the spiral of silence.* Ann Arbor, MI: ProQuest Publishing.

Lester, J. (2008). Performing gender in the workplace: Gender socialization, power, and identity among women faculty members. *Community College Review, 35*, 277–305.

Leung, L., & Wei, R. (2000). More than just talk on the move: Uses and gratifications of the cellular phone. *Journalism & Mass Communication Quarterly, 77*, 308–320.

Levine, T. R., Anders, L. N., Banas, J., Baum, K. L., Endo, K., Hu, A. D. S., & Wong, C. H. (2000). Norms, expectations, and deception: A norm violation model of veracity judgments. *Communication Monographs, 67,* 123–137.

Levine, T. R., Sang-Yeon Kim, & Ferrara, M. (2010). Social exchange, uncertainty, and communication content as factors impacting the relational outcomes of betrayal. *Human Communication, 13*(4), 303–318.

Levinson, P. (2000). McLuhan and media ecology. In *Proceedings of the Media Ecology Association,* Vol. 1. Retrieved from http://www.media-ecology.org/publications/MEA _proceedings/v1/McLuhan_and_media_ecology.html

Levinson, P. (2001). *Digital McLuhan: A guide to the information millennium.* London: Routledge.

Lev-On, A. (2012). Communication, community, crisis: Mapping uses and gratifications in the contemporary media environment. *New Media & Society, 14*(1), 98–116.

Levy, M., & Windahl, S. (1985). The concept of audience activity. In P. L. Palmgreen, L. A. Wenner, & K. E. Rosengren (Eds.), *Media gratifications research: Current perspectives* (pp. 109–122). Beverly Hills, CA: Sage.

Lewis, J., & Morgan, M. (2001). He may not be a liberal but he plays one on TV: Imagining the ideology of President Clinton. *The Communication Review, 4,* 327–346.

Leysan Khakimova, L., Zhang, Y., & Hall, J. A. (2012). Conflict management styles: The role of ethnic identity and self-construal among young male Arabs and Americans. *Journal of Intercultural Communication Research, 41,* 37–57.

Lim, J. (2011). First-level and second-level intermedia agenda-setting among major news websites. *Asian Journal of Communication, 21*(2), 167–185.

Lim, S. S., Vadrevu, S., Chan, Y. H., & Basnyat, I. (2012). Facework on Facebook: The online publicness of juvenile delinquents and youths-at-risk. *Journal of Broadcasting & Electronic Media, 56,* 346–361.

Lim, T., & Bowers, J. W. (1991). Facework, solidarity, approbation, and tact. *Human Communication Research, 176,* 415–450.

Lin, C. A., & Salwen, M. B. (1997). Predicting the spiral of silence on a controversial issue. *Howard Journal of Communications, 8,* 129–141.

Linder, E. W. (2012). *Yearbook of Canadian and American churches.* Nashville, TN: Abingdon Press.

Lingle, J. H., & Ostrom, T. M. (1981). Principles of memory and cognition in attitude formation. In R. E. Petty, T. M. Ostrom, & T. C. Brock (Eds.), *Cognitive responses in persuasive communications* (pp. 399–420). New York, NY: McGraw-Hill.

Lipp, D. (2013). *Disney U: How Disney University develops the most engaged, loyal, and customer-centric employees.* New York, NY: McGraw-Hill.

Lippmann, W. (1922). *Public opinion.* New York, NY: Harcourt Brace.

Liska, C., Petrun, E. L., Sellnow, T. L., & Seeger, M. W. (2012). Chaos theory, self-organization, and industrial accidents: Crisis communication in the Kingston coal ash spill. *Southern Communication Journal, 77*(3), 180–197.

Littlejohn, S. W., & Foss, K. A. (2011). Theories of human communication, 10th ed. Long Grove, IL: Waveland Press.

Littlejohn, S., & Foss, K. (2008). *Theories of human communication,* 9th ed. Boston, MA: Cengage/ Wadsworth.

Liu, J. (2006). *A cross-national and double-sided test of 'spiral of silence' theory: Culture, governmental form and personality.* Paper presented at the annual meeting of the International Communication Association, San Francisco, CA.

Loehwing, M., & Motter, J. (2012). Cultures of circulation: Utilizing co-cultures and counterpublics in intercultural new media research. *China Media Research, 8*(4), 29–38.

Logan, R. K. (2011). McLuhan misunderstood: Setting the record straight. *International Journal of McLuhan Studies, 1,* 27–47.

Long, E. (1989). Feminism and cultural studies. *Critical Studies in Mass Communication, 6,* 427–435.

Longley, J., & Pruitt, D. G. (1980). Groupthink: A critique of Janis' theory. *Review of Personality and Social Psychology, 1,* 74–93.

Lord, C. (1994). The intention of Aristotle's *Rhetoric.* In E. Schiappa (Ed.), *Landmark essays on classical Greek rhetoric* (pp. 157–168). Davis, CA: Hermagoras Press.

Lovejoy, K., & Saxton, G. D. (2012). Information, community, and action: How nonprofit organizations use social media. *Journal of Computer-Mediated Communication, 17,* 337–353.

Loveland, M. T., & Popescu, D. (2011). Democracy on the web. *Information, Communication & Society, 14*(5), 684–703.

Lucaites, J. L., & Condit, C. M. (1985). Reconstructing narrative theory: A functional perspective. *Journal of Communication, 35*, 9–108.

Lucas, K., & Sherry, J. L. (2004). Sex differences in video game play: A communication-based explanation. *Communication Research, 31*, 499–523.

Lucas, K., & Steimel, S. J. (2009). Creating and responding to the gen(d)eralized other: Women miners' community-constructed identities. *Women's Studies in Communication, 32*(3), 320–347.

Lull, J. (1982). How families select television programs: A mass-observational study. *Journal of Broadcasting, 26*, 801–811.

Lum, C. M. K. (2006). Notes toward an intellectual history of media ecology. In C. M. K. Lum (Ed.), *Perspectives on culture, technology, and communication: The media ecology tradition* (pp. 1–60). Cresskill, NJ: Hampton.

Lusch, R. F., Brown, J. R., & O'Brien, M. (2011). Protecting relational assets: A pre and post field study of a horizontal business combination. *Journal of the Academy of Marketing Science, 39*(2), 175–197.

Lustig, M. & Koester, J. (2013). *Intercultural competence.* New York, NY: Pearson.

Lyman, S. M. (1990). *Civilization: Contents, discontents, malcontents, and other essays in social theory.* Fayetteville, AK: University of Arkansas.

MacCabe, C. (2008). An interview with Stuart Hall, December 2007. *Critical Quarterly, 50*, 12–42.

Macdonald, D. (1967). He has looted all culture. . . . In G. Stearn (Ed.), *McLuhan: Hot and cool* (pp. 56–77). New York, NY: Dial.

MacIntyre, A. (1981). *After virtue: A study in moral theory.* Notre Dame, IN: University of Notre Dame Press.

MacKinnon, B. (2012). *Ethics: Theory and contemporary issues.* Boston, MA: Cengage.

Maier, S. (2010). All the news fit to post? Comparing news content on the web to newspapers, television, and radio. *Journalism & Mass Communication Quarterly, 87*(3), 548–562.

Maity, S. K., Gupta, A., Goyal, P., & Mukherjee, A. (2015). A stratified learning approach for predicting the popularity of Twitter idioms. In *Proceedings of the International Conference on weblogs and social media* (pp. 642–645). Palo Alto, CA: Association for the Advancement of Artificial Intelligence.

Mandziuk, R. M. (2003). Commemorating Sojourner Truth: Negotiating the politics of race and gender in the spaces of public memory. *Western Journal of Communication, 67*, 271–291.

Manwell, L. A. (2010). In denial of democracy: Social psychological implications for public discourse on state crimes against democracy post-9/11. *American Behavioral Scientist, 53*(6), 848–884.

Marchand, M. (1989). *Marshall McLuhan: The medium and the messenger.* New York, NY: Ticknor & Fields.

Markey, P. M., & Markey, C. N. (2007). Romantic ideals, romantic obtainment, and relationship experiences: The complementarity of interpersonal traits among romantic partners. *Journal of Social and Personal Relationships, 24*, 517–533.

Marlow, M. L., & Giles, H. (2013). "I don't know how to speak so I just stay silent": Uncertainty management among Chinese immigrant women seeking health care in the United States. In F. Sharifian & M. Jamarani (Eds.), *Language and intercultural communication in the new era* (pp. 245–262). New York, NY: Routledge.

Marrs, P. (2012). Taming the lizard: Transforming conversations-gone-bad at work. In C. Creede, B. Fisher-Yoshida, & P. V. Gallegos (Eds.), *The reflective, facilitative, and interpretive practice of the Coordinated Management of Meaning* (pp. 77–94). Madison, NJ: Farleigh Dickinson University Press.

Marsh, C. (2006). Aristotelian ethos and the new morality: Implications for media literacy and media ethics. *Journal of Mass Media Ethics, 21*, 338–352.

Martin, J. (2012). "That's how we do things around here": Organizational culture (and change) in libraries. Retrieved from http://www.inthelibrarywiththeleadpipe.org/2012/thats-how-we-do-things-around-here/

Martin, J. N., & Nakayama, T. K. (2011). *Experiencing intercultural communication: An introduction,* 4th ed. New York, NY: McGraw Hill.

Martins, L. L., & Shalley, C. E. (2011). Creativity in virtual work: Effects of demographic differences. *Small Group Research, 42*, 536–561.

Martins, N., & Harrison, K. (2012). Racial and gender differences in the relationship between children's television use and self-esteem: A longitudinal panel study. *Communication Research, 39*(3), 338–357.

Marx, K. (1963). *The communist manifesto of Karl Marx and Friedrich Engels.* New York, NY: Russell & Russell.

Marx, K., & Engels, F. (1848). *The Communist manifesto.* New York, NY: Penguin Books.

Matheson, C. (2001). The Simpsons *and philosophy: The d'oh! of Homer*. Ottawa, IL: Open Court.

Matsumoto, D. R., Frank, M. G., & Hwang, H. S. (2013). *Nonverbal communication: Science and applications*. Thousand Oaks, CA: Sage.

Matz, D. C., & Wood, W. (2005). Cognitive dissonance in groups: The consequences of disagreement. *Journal of Personality and Social Psychology, 88*, 1–22.

May, A., & Tenzek, K. E. (2011). Seeking Mrs. Right: Uncertainty reduction in online surrogacy ads. *Qualitative Research Reports in Communication, 12*(1), 27–33.

May, S. (2012). *Case studies in organizational communication: Ethical perspectives and practices*. Thousand Oaks, CA: Sage.

McAulliff, B. D., & Kovera, M. B. (2012). Do jurors get what they expect? Traditional versus alternative forms of children's testimony. *Psychology, Crime & Law, 18*, 27–47.

McBride, C., & Toller, P. (2011). Negotiation of face between bereaved parents and their social networks. *Southern Communication Journal, 76*, 210–229.

McCartha, M., & Strauman, E. C. (2009). Fallen stars and strategic redemption: A narrative analysis of the *National Enquirer*. *Florida Communication Journal, 37*(2), 71–82.

McClish, G. (2007). A man of feeling, a man of colour: James Forten and the rise of African American deliberative rhetoric. *Rhetorica, 25*, 297–328.

McClure, K. (2009). Resurrecting the Narrative Paradigm: Identification and the case of Young Earth Creationism. *Rhetoric Society Quarterly, 39*(2), 189–211.

McCombs, M. E. (2004). *Setting the agenda: The mass media and public opinion*. Cambridge, UK: Polity.

McCombs, M. E., & Bell, T. (1996). The agenda-setting role of mass communication. In M. B. Salwen & D. W. Stacks (Eds.), *An integrated approach to communication theory and research* (pp. 93–110). Mahwah, NJ: Erlbaum.

McCombs, M. E., & Shaw, D. L. (1972). The agenda-setting function of mass media. *Public Opinion Quarterly, 36*(2), 176–187.

McCombs, M. E., & Shaw, D. L. (1993). The evolution of agenda-setting research: Twenty-five years in the marketplace of ideas. *Journal of Communication, 43*(2), 58–67.

McCombs, M., & Funk, M. (2011). Shaping the agenda of local daily newspapers: A methodology merging the agenda setting and community structure perspectives. *Mass Communication & Society, 14*(6), 905–919.

McDevitt, M., Kiousis, S., & Wahl-Jorgensen, K. (2003). Spiral of moderation: Opinion expression in computer-mediated discussion. *International Journal of Public Opinion Research, 15*, 454–471.

McEwan, T., & Guerrero, L. K. (2012). Maintenance behavior and relationship quality as predictors of perceived availability of resources in newly formed college friendship networks. *Communication Studies, 63*, 421–440.

McGloin, R., & Nowak, K. (2011). *Using Expectancy Violations Theory to explain the effect of avatars on purchase intention and the uncanny valley*. Paper presented at the annual meeting of the International Communication Association, Boston, MA.

McGuire, T. (2010). From emotions to spirituality: "Spiritual labor" as the commodification, codification, and regulation of organizational members' spirituality. *Management Communication Quarterly, 24*(1), 74–103.

McKinney, D. H., & Donaghy, W. C. (1993). Dyad gender structure, uncertainty reduction, and self-disclosure during initial interaction. In P. Kalbfleish (Ed.), *Interpersonal communication: Evolving interpersonal relationships* (pp. 33–50). Hillsdale, NJ: Erlbaum.

McLaughlin, H., Uggen, C., & Blackstone, A. (2012). Sexual harassment, workplace authority, and the paradox of power. *American Sociological Review, 77*, 625–647.

McLaughlin, C., & Vitak, J. (2012). Norm evolution and violation on Facebook. *New Media & Society, 14*, 299–315.

McLuhan, M. (1962). *The Gutenberg galaxy*. New York, NY: Mentor.

McLuhan, M. (1964). *Understanding media*. New York, NY: Mentor.

McLuhan, M., & Fiore, Q. (1967). *The medium is the massage: An inventory of effects*. New York, NY: Bantam Books.

McLuhan, M., & Fiore, Q. (1968). *War and peace in the global village*. New York, NY: Bantam Books.

McLuhan, M., & Fiore, Q. (1996). *The medium is the massage: An inventory of effects*. San Francisco, CA: HardWired.

McLuhan, M., & McLuhan, E. (1988). *Laws of media: The new science*. Toronto: University of Toronto Press.

McLuhan, M., & Nevitt, B. (1972). *Take today: The executive as dropout*. New York, NY: Harper & Row.

McLuhan, M., & Parker, H. (1969). *Counterblast*. New York, NY: Harcourt, Brace & World.

McLuhan's relevance in today's media mess age. *Saturday-Post*. Retrieved from http://www.siliconvalleywatcher.com/mt/archives/2011/07/the_importance_2.php

McMillan, K., & Albrecht, S. (2010). Measuring social exchange constructs in organizations. *Communication Methods and Measures, 4*(3), 201–220.

McPhee, R., Poole, M. S., & Iverson, J. (2014). Structuration theory. In L. L. Putnam & D. Mumby (Eds.), *The SAGE handbook of organizational communication: Advances in theory, research, and methods* (pp. 75–100). Thousand Oaks, CA: Sage.

McPherson, M. B., & Liang, Y. (2007). Students' reactions to teachers' management of compulsive communicators. *Communication Education, 56*, 18–33.

McQuail, D. (1984). With the benefits of hindsight: Reflections on uses and gratifications research. *Critical Studies in Mass Communication, 1*, 177–193.

McQuail, D., Blumler, J. G., & Brown, J. (1972). The television audience: A revised perspective. In D. McQuail (Ed.), *Sociology of mass communication* (pp. 135–165). Harmondsworth, UK: Penguin Books.

Mead, G. H. (1934). *Mind, self and society: From the standpoint of a social behaviorist*. Chicago, IL: University of Chicago Press.

Meisenbach, R. J., Remke, R. V., Buzzanell, P. M., & Liu, M. (2008). "They allowed": Pentadic mapping of women's maternity leave discourse as organizational rhetoric. *Communication Monographs, 75*, 1–24.

Meraz, S. (2011). Using time series analysis to measure intermedia agenda-setting influence in traditional media and political blog networks. *Journalism & Mass Communication Quarterly, 88*(1), 176–194.

Merritt, B. D. (1991). Bill Cosby: TV auteur? *Journal of Popular Culture, 24*, 89–102.

Messersmith, A., Keyton, J., & Bisel, R. B. (2009). Teaching organizational culture: Orientations on discourse and culture. *Communication Teacher, 23*, 81–86.

Metts, S., & Lamb, E. (2006). Methodological approaches to the study of family communication. In L. H. Turner & R. West (Eds.), *The family communication sourcebook* (pp. 83–108). Thousand Oaks, CA: Sage.

Metzger, M. J. (2004). Privacy, trust, and disclosure: Exploring barriers to electronic commerce. *Journal of Computer-Mediated Communication, 9*, 204–223.

Meyer, J. R. (2011). Regretted messages: Cognitive antecedents and post hoc reflection. *Journal of Language & Social Psychology, 30*(4), 376–395.

Meyer, M. D. E. (2003). "It's me. I'm it": Defining adolescent sexual identity through relational dialectics in *Dawson's Creek*. *Communication Quarterly, 51*, 262–280.

Meyrowitz, J. (1985). *No sense of place*. New York, NY: Oxford University Press.

Miceli, M., Near, J., Rehg, M., and Van Scotter, J. (2012). Predicting employee reactions to perceived organizational wrongdoing: Demoralization, proactive personality, and whistle-blowing. *Human Relations, 65*, 923–954.

Miike, Y. (2007). An Asiacentric reflection on Eurocentric bias in communication theory. *Communication Monographs, 74*, 272–278.

Mikucki-Enyart, S. (2011). Parent-in-law privacy management: An examination of the links among relational uncertainty, topic avoidance, in-group status, and in-law satisfaction. *Journal of Family Communication, 11*(4), 237–263.

Milkie, M. A. (1999). Social comparisons, reflected appraisals, and mass media: The impact of pervasive beauty images on Black and White girls' self-concepts. *Social Psychology Quarterly, 62*, 190–210.

Miller, A., & Roberts, S. (2010). Visual agenda-setting and proximity after Hurricane Katrina: A study of those closest to the event. *Visual Communication Quarterly, 17*(1), 31–46.

Miller, G. R. (1981). Tis the season to be jolly: A yule-tide 1980 assessment of communication research. *Human Communication Research, 7*, 371–377.

Miller, G. R., & Steinberg, M. (1975). *Between people: A new analysis of interpersonal communication*. Chicago, IL: Science Research Associates.

Miller, K. (2005). *Communication theories: Perspectives, processes, and contexts*. New York, NY: McGraw-Hill.

Miller, K. (2009). *Organizational communication*. Boston, MA: Sage.

Millhous, L. M. (2004). Projected measures of motivation and media choice. *Communication Research Reports, 21*, 154–163.

Min, S., & Kim, Y. M. (2012). Choosing the right media for mobilization: Issue advocacy groups' media niches in the competitive media environment. *Mass Communication and Society, 15*(2), 225–244.

Minnebo, J., & Eggermont, S. (2007). Watching the young use illicit drugs: Direct experience, exposure to television and the stereotyping of adolescents' substance use. *Young, 15,* 129–144.

Minnebo, J., & Van Acker, A. (2004). Does television influence adolescents' perceptions of and attitudes toward people with mental illness? *Journal of Community Psychology, 32,* 257–275.

Modaff, D. P., Butler, J. A., & DeWine, S. (2011). *Organizational communication: Foundations, challenges and misunderstandings.* Boston, MA: Pearson/Allyn & Bacon.

Molnar, G., & Kelly, J. (2012). *Sport, exercise, and social theory: An introduction.* New York, NY: Routledge.

Monge, P. R. (1973). Theory construction in the study of communication: The system paradigm. *Journal of Communication, 23,* 5–16.

Monge, P. R., & Contractor, N. (2003). *Theories of communication networks.* Oxford: University Press.

Mongeau, P. A., & Henningsen, M. L. (2008). Stage theories of relationship development. In L. A. Baxter & D. O. Braithwaite (Eds.), *Engaging theories in interpersonal communication* (pp. 363–376). Thousand Oaks, CA: Sage.

Mongeau, P. A., Jacobsen, J., & Donnerstein, C. (2007). Defining dates and first date goals: Generalizing from undergraduates to single adults. *Communication Research, 34,* 526–527.

Moniz, R. J. (2011). Communicating who we are: The theory of organizational culture in the workplace. *NASSP Bulletin, 96,* 228–242.

Montgomery, E. (2004). Tortured families: A Coordinated Management of Meaning analysis. *Family Process, 43,* 349–372.

Moody, M. (2011). A rhetorical analysis of the meaning of the "independent woman" in the lyrics and videos of male and female rappers. *American Communication Journal, 13*(1), 43–58.

Moon, D. (2008). Concepts of "culture": Implications for intercultural communication research. In M. K. Asante, Y. Miike, & J. Yin (Eds.), *The global intercultural communication reader* (pp. 11–26). New York, NY: Routledge.

Moon, H., Quigley, N., & Marr, J. C. (2012). How interpersonal motives explain the influence of organizational culture on organizational productivity, creativity, and adaptation: The ambidextrous interpersonal motives (AIM) model of organizational culture. *Organizational Psychology Review, 2,* 109–128.

Moon, S., & Nelson, M. R. (2008). Exploring the influence of media exposure and cultural values on Korean immigrants' advertising evaluations. *International Journal of Advertising, 27,* 299–330.

Moore, J., & Mattson-Lauters, A. (2009). Coordinated management of meaning: Do established rules aid in chat room experiences? *American Communication Journal, 11,* 1–35.

Moran, R. (1996). Artifice and persuasion: The work of metaphor in the *Rhetoric.* In A. O. Rorty (Ed.), *Essays on Aristotle's Rhetoric* (pp. 385–398). Berkeley, CA: University of California Press.

Morgan, M. (1986). Television and the erosion of regional diversity. *Journal of Broadcasting & Electronic Media, 30,* 123–129.

Morgan, M., & Shanahan, J. (2010). The state of cultivation. *Journal of Broadcasting & Electronic Media, 54*(2), 337–355.

Morris, M., & Ogan, C. (1996). The Internet as mass medium. *Journal of Communication, 46,* 39–50.

Morrison, E. W. (2002). Information seeking within organizations. *Human Communication Research, 28,* 229–242.

Morrison, J. C. (2006). Marshall McLuhan: The modern Janus. In C. M. K. Lum (Ed.), *Perspectives on culture, technology, and communication: The media ecology tradition* (pp. 163–200). Cresskill, NJ: Hampton.

Motley, M. T. (1990). On whether one can(not) not communicate: An examination via traditional communication postulates. *Western Journal of Speech Communication, 54,* 1–20.

Mulrine, A. (2008, June 2). To battle groupthink, the Army trains a skeptics corps. *U.S. News & World Report, 30,* 32.

Mumby, D. (2011). *Reframing difference in organizational communication studies: Research, pedagogy, and practice.* Thousand Oaks, CA: Sage.

Mumby, D. K., & May, S. (2005). Introduction: Thinking about engagement. In S. May & D. K. Mumby (Eds.), *Engaging organizational theory & research* (pp. 1–14). Thousand Oaks, CA: Sage.

Muraco, A., & Fredriksen-Goldsen, K. I. (2011). That's what friends do: Informal caregiving for chronically ill lesbian, gay and bisexual elders. *Journal of Social and Personal Relationships, 28,* 1073–1092.

Murdock, G. (1989). Cultural studies: Missing links. *Critical Studies in Mass Communication, 6,* 436–440.

Murray, J. (2003). An other-Burkean frame: Rhetorical criticism and the call of the other. *Communication Studies, 54,* 169–187.

Murray, D. S. (2012). Interactional logics: Moving CMM forward by looking back. In C. Creede, B. Fisher-Yoshida, & P. V. Gallegos (Eds.), *The reflective, facilitative, and interpretive practice of the Coordinated Management of Meaning* (pp. 153–172). Madison, NJ: Farleigh Dickinson University Press.

Muthusamy, S. K., & White, M. A. (2005). Learning and knowledge transfer in strategic alliances: A social exchange view. *Organization Studies, 26,* 415–441.

Mutz, D. C., & Nir, L. (2010). Not necessarily the news: Does fictional television influence real-world policy preferences? *Mass Communication and Society, 13*(2), 196–217.

Myers, S. A., & Anderson, C. M. (2008). *The fundamentals of small group communication.* Thousand Oaks, CA: Sage.

Nakayama, T. K., & Krizek, R. L. (1995). Whiteness: A strategic rhetoric. *Quarterly Journal of Speech, 81,* 291–309.

Neel, J. (1994). *Aristotle's voice: Rhetoric, theory and writing in America.* Carbondale, IL: Southern Illinois University Press.

Neel, J. (2013). *Aristotle's voice: Rhetoric, theory, and writing in America.* Carbondale, IL: Southern Illinois University.

Neff, G., Jordan, T., McVeigh-Schultz, T., & Gillespie, T. (2012). Affordances, technical agency, and the politics of technologies of cultural production. *Journal of Electronic & Broadcasting Media, 56,* 299–313.

Neill, S. (2009). *The alternative channel: How social media is challenging the spiral of silence theory in GLBT communities of color.* Unpublished Master's thesis. American University, Washington, DC.

Nelson, C. (1989). Writing as the accomplice of language: Kenneth Burke and poststructuralism. In H. W. Simons & T. Melia (Eds.), *The legacy of Kenneth Burke* (pp. 156–173). Madison, WI: University of Wisconsin Press.

Neuliep, J. W. (2012). The relationship among intercultural communication apprehension, ethnocentrism, uncertainty reduction, and communication satisfaction during initial intercultural interaction: An extension of anxiety and uncertainty management (AUM) theory. *Journal of Intercultural Communication Research, 41*(1), 1–16.

Neuliep, J. W., & Grohskopf, E. L. (2000). Uncertainty reduction and communication satisfaction during initial interaction: An initial test and replication of a new axiom. *Communication Reports, 13,* 67–77.

Neuwirth, K., Frederick, E., & Mayo, C. (2007). The spiral of silence and fear of isolation. *Journal of Communication, 57,* 450–468.

Newcomb, H. (1978). Assessing the violence profile studies of Gerbner and Gross: A humanistic critique and suggestion. *Communication Research, 5,* 264–283.

Nichols, M. H. (1952). Kenneth Burke and the new rhetoric. *The Quarterly Journal of Speech, 38,* 133–134.

Nichols, W. L. (2012). Deception versus privacy management in discussions of sexual history. *Atlantic Journal of Communication, 20*(2), 101–115.

Nicolini, D. (2013). *Practice theory, work, and organization: An introduction.* New York, NY: Oxford University Press.

Niederdeppe, J., Fowler, E. F., Goldstein, K., & Pribble, J. (2010). Does local television news coverage cultivate fatalistic beliefs about cancer prevention? *Journal of Communication, 60*(2), 230–253.

Nkomo, S. M., & Cox, T. (1996). Diverse identities in organizations. In S. R. Clegg, C. Hardy, & W. R. Nord (Eds.), *Handbook of organizational studies* (pp. 338–356). London: Sage.

Noelle-Neumann, E. (1983). The effect of media on media effects research. *Journal of Communication, 33,* 157–165.

Noelle-Neumann, E. (1984). *The spiral of silence: Public opinion—our social skin.* Chicago, IL: University of Chicago Press.

Noelle-Neumann, E. (1985). The spiral of silence—A response. In K. R. Sanders, L. L. Kaid, & D. D. Nimmo (Eds.), *Political communication year-book, 1984* (pp. 43–65). Carbondale, IL: Southern Illinois University.

Noelle-Neumann, E. (1991). The theory of public opinion: The concept of the spiral of silence. In J. A. Anderson (Ed.), *Communication yearbook 14* (pp. 256–287). Newbury Park, CA: Sage.

Noelle-Neumann, E. (1993). *The spiral of silence: Public opinion—our social skin,* 2nd ed. Chicago, IL: University of Chicago Press.

Noelle-Neumann, E., & Petersen, T. (2004). The spiral of silence and the social nature of man. In L. L. Kaid (Ed.), *Handbook of political communication* (pp. 339–356). Mahwah, NJ: Erlbaum.

Nomai, A. J., & Dionisopoulos, G. N. (2002). Framing the Cubas narrative: The American Dream and the capitalist reality. *Communication Studies, 53,* 97–111.

Northup, T. (2010). Is everyone a little bit racist? Exploring cultivation using implicit and explicit measures. *Southwestern Mass Communication Journal, 26*(1), 29–41.

Norwood, K. M., & Baxter, L. A. (2011). 'Dear birth mother': Addressivity and meaning-making in online adoption-seeking letters. *Journal of Family Communication, 11*(3), 198–217.

O'Brien Hallstein, D. L. (1999). A postmodern caring: Feminist standpoint theories, revisioned caring and communication ethics. *Western Journal of Communication, 63*, 32–56.

O'Brien Hallstein, D. L. (2000). Where standpoint stands now: An introduction and commentary. *Women's Studies in Communication, 23*, 1–15.

O'Leary, C. M. (1997). Counteridentification or counter-hegemony? Transforming feminist standpoint theory. *Women and Politics, 18*, 45–72.

O'Neill, B. S., & Arendt, L. A. (2008). Psychological climate and work attitudes: The importance of telling the right story. *Journal of Leadership & Organizational Studies, 14*, 353–370.

Oetzel, J. G., Ting-Toomey, S., Yokochi, Y., Masumoto, T., & Takai, J. (2000). A typology of facework behaviors in conflicts with best friends and relative strangers. *Communication Quarterly, 48*, 397–419.

Oetzel, J., Ting-Toomey, S., Chew-Sanchez, M. I., Harris, R., Wilcox, R., & Stumpf, S. (2003). Face and facework in conflicts with parents and siblings: A cross-cultural comparison of Germans, Japanese, Mexicans, and U.S. Americans. *Journal of Family Communication, 3*, 67–93.

Olsen, T. (1978). *Silences*. New York, NY: Delacorte Press.

On the importance of public opinion. Retrieved from http://www.motherjones.com/kevin-drum/2011/03/importance-public-opinion

Ono, K. A. (2011). Critical: A finer edge. *Communication & Critical/Cultural Studies, 8*(1), 93–96.

Orbe, M. P. (1998). *Constructing co-cultural theory: An explication of culture, power, and communication*. Thousand Oaks, CA: Sage.

Orbe, M. P. (2005). Continuing the legacy of theorizing from the margins: Conceptualizations of co-cultural theory. *Women and Language, 28*(2), 65–66.

Ortiz, M., & Behm-Morawitz, E. (2015). Latinos' perceptions of intergroup relations in the United States: The cultivation of group-based attitudes and beliefs from English- and Spanish-language television. *Journal of Social Issues, 71*, 90–105.

Ott, B. (2003). "I'm Bart Simpson, who the hell are you?" A study in postmodern identity (re)construction. *Journal of Popular Culture, 37*, 56–82.

Out at the *New York Times*: Gays, lesbians, AIDS, and homophobia inside America's paper of record. Retrieved from http://www.huffingtonpost.com/2012/11/28/new-york-times-gays-lesbians-aids-homophobia_n_2200684.html

Owlett, J. S., Richards, K., Wilson, S. R., DeFreese, J. D., & Roberts, F. (2015). Privacy management in the military family during deployment: Adolescents' perspectives. *Journal of Family Communication, 15*, 141–158.

Pacanowsky, M. E. (1983). A small town cop. In L. L. Putnam & M. E. Pacanowsky (Eds.), *Communication and organizations: An interpretive approach* (pp. 261–282). Beverly Hills, CA: Sage.

Pacanowsky, M. E. (1989). Creating and narrating organizational realities. In B. Dervin, L. Grossberg, B. J. O'Keefe, & E. Wartella (Eds.), *Rethinking communication* (pp. 250–257). Newbury Park, CA: Sage.

Pacanowsky, M. E., & O'Donnell-Trujillo, N. (1982). Communication and organizational cultures. *Western Journal of Speech Communication, 46*, 115–130.

Pacanowsky, M. E., & O'Donnell-Trujillo, N. (1983). Organizational communication as cultural performance. *Communication Monographs, 50*, 127–147.

Pacanowsky, M. E., & O'Donnell-Trujillo, N. (1990). Communication and organizational cultures. In S. R. Corman, S. P. Banks, C. R. Bantz, & M. E. Mayer (Eds.), *Foundations of organizational communication: A reader* (pp. 142–153). New York, NY: Longman.

Pachirat, T. (2013). *Ethnography and interpretation*. New York, NY: Routledge.

Pais, S. (1997). Asian Indian families in America. In M. K. DeGenova (Ed.), *Families in cultural context* (pp. 173–190). Mountain View, CA: Mayfield.

Palmieri, C., Prestano, K., Gandley, R., Overton, E., & Zhang, Q. (2012). The Facebook phenomenon: Online self-disclosure and uncertainty reduction. *China Media Research, 8*(1), 48–53.

Papa, M. J., Daniels, T. D., & Spiker, B. K. (2008).*Organizational communication: Perspectives and trends*. Thousand Oaks, CA: Sage.

Papacharissi, Z., & Rubin, A. M. (2000). Predictors of Internet use. *Journal of Broadcasting & Electronic Media, 44*, 175–196.

Parker, B. J., & Plank, R. E. (2000). A uses and gratifications perspective on the Internet as a new information source. *American Business Review, 18*, 43.

Parkes, D. (2011) *Making dialogic or relational conversations in formal workplace mentoring relationships.* Unpublished doctoral dissertation. Fielding Graduate University, Santa Barbara, CA.

Parks, M., & Adelman, M. (1983). Communication networks and the development of romantic relationships: An expansion of uncertainty reduction theory. *Human Communication Research, 10,* 55–80.

Patton, T. O. (2004). Reflections of a Black woman professor: Racism and sexism in academia. *Howard Journal of Communications, 15,* 185–200.

Pearce, K. (2012). Living into very bad news: The use of CMM as spiritual practice. In C. Creede, B. Fisher-Yoshida, & P. V. Gallegos (Eds.), *The reflective, facilitative, and interpretive practice of the Coordinated Management of Meaning* (pp. 277–294). Madison, NJ: Farleigh Dickinson University Press.

Pearce, W. B. (1989). *Communication and the human condition.* Carbondale, IL: Southern Illinois University Press.

Pearce, W. B. (1994). *Interpersonal communication: Making social worlds.* New York, NY: HarperCollins.

Pearce, W. B. (1995). A sailing guide for social constructionists. In W. Leeds-Hurwitz (Ed.), *Social approaches to communication* (pp. 88–112). New York, NY: Guilford Press.

Pearce, W. B. (2005). The Coordinated Management of Meaning (CMM). In W. B. Gudykunst (Ed.), *Theorizing about intercultural communication* (pp. 35–54). Thousand Oaks, CA: Sage Publications.

Pearce, W. B. (2012). Evolution and transformation: A brief history of CMM and a meditation on what using does to us. In C. Creede, B. Fisher-Yoshida, & P. V. Gallegos (Eds.), *The reflective, facilitative, and interpretive practice of the Coordinated Management of Meaning* (pp. 1–22). Madison, NJ: Farleigh Dickinson University Press.

Pearce, W. B. (2007). *Making social worlds: A communication perspective.* Malden, MA: Blackwell.

Pearce, W. B., & Conklin, F. (1979). A model of hierarchical meanings in coherent conversation and a study of indirect responses. *Communication Monographs, 46,* 75–87.

Pearce, W. B., & Cronen, V. E. (1980). *Communication, action, and meaning: The creation of social realities.* New York, NY: Praeger.

Pearce, W. B., Cronen, V. E., & Conklin, F. (1979). On what to look at when analyzing communication: A hierarchical model of actors' meanings. *Communication, 4,* 195–220.

Pearson, J. C. (1985, October). *Innovation in teaching gender and communication: Excluding and including women and men.* Paper presented at the annual meeting of the Organization for the Study of Communication, Language, and Gender, Lincoln, NE.

Pearson, J. C., & VanHorn, S. B. (2004). Communication and gender identity: A retrospective analysis. *Communication Quarterly, 52,* 284–299.

Pearson, J. C., West, R., & Turner, L. H. (1995). *Gender and communication,* 3rd ed. Madison, WI: Brown & Benchmark.

Perloff, R. M. (1993). *The dynamics of persuasion.* Hillsdale, NJ: Erlbaum.

Perse, E. M., & Courtright, J. A. (1993). Normative images of communication media: Mass and interpersonal channels in the new media environment. *Human Communication Research, 19,* 485–503.

Perse, E. M., & Greenberg-Dunn, D. (1998). The utility of home computers and media use: Implications of multimedia and connectivity. *Journal of Broadcasting & Electronic Media, 42,* 435.

Petersen, T. (2012). The enduring appeal of an unwieldy theory. *International Journal of Public Opinion Research, 24,* 263–268.

Peterson, I. (2002, August 14). Questions about germ scientist after Princeton anthrax finding. *New York Times,* p. A21.

Petronio, S. (1991). Communication boundary management: A theoretical model of managing disclosure of private information between married couples. *Communication Theory, 1,* 311–335.

Petronio, S. (2000). The boundaries of privacy: Praxis of everyday life. In S. Petronio (Ed.), *Balancing the secrets of private disclosures* (pp. 37–49). Mahwah, NJ: Erlbaum.

Petronio, S. (2002). *Boundaries of privacy: Dialectics of disclosure.* Albany, NY: SUNY Press.

Petronio, S. (2004). Road to developing communication privacy management theory: Narrative in progress, please stand by. *Journal of Family Communication, 4,* 193–207.

Petronio, S. (2010). Communication privacy management theory: What do we know about family privacy regulation? *Journal of Family Theory & Review, 2,* 175–196.

Petronio, S., & Martin, J. N. (1986). Ramifications of revealing private information: A gender gap. *Journal of Clinical Psychology, 42,* 499–506.

Petronio, S., & Sargent, J. (2011). Disclosure predicaments arising during the course of patient care: Nurses' privacy management. *Health Communication, 26*(3), 255–266.

Petronio, S., Martin, J. N., & Littlefield, R. (1984). Prerequisite conditions for self-disclosing: A gender issue. *Communication Monographs, 51*, 268–273.

Philipsen, G. (1995). The Coordinated Management of Meaning theory of Pearce, Cronen, and associates. In D. Cushman & B. Kovacic (Eds.), *Watershed traditions in human communication theory* (pp. 13–43). Albany, NY: SUNY Press.

Placone, R. A., & Tumolo, M. (2011). Interrupting the machine: Cynic comedy in the "Rally for Sanity and/ or Fear." *Journal of Contemporary Rhetoric, 1*(1), 10–21.

Planalp, S. (1987). Interplay between relational knowledge and events. In R. Burnett, P. McGhee, & D. Clarke (Eds.), *Accounting for relationships: Social representations of interpersonal links* (pp. 173–191). London: Methuen.

Planalp, S., & Honeycutt, J. M. (1985). Events that increase uncertainty reduction in personal relationships. *Human Communication Research, 11*, 593–604.

Planalp, S., & Rivers, M. (1988). *Changes in knowledge of relationships*. Paper presented at the annual meeting of the International Communication Association, New Orleans, LA.

Planalp, S., Rutherford, D. K., & Honeycutt, J. M. (1988). Events that increase uncertainty in personal relationships II: Replication and extension. *Human Communication Research, 14*, 516–547.

Poe, P. Z. (2012). Direct-to-consumer drug advertising and "Health media filters": A qualitative study of older adult women's responses to DTC ads. *Atlantic Journal of Communication, 20*(3), 185–199.

Polkosky, M. D. (2008). Machines as mediators: The challenge of technology for interpersonal theory and research. In E. A. Konijin, S. Utz, M. Tanis, & S. B. Barnes (Eds.), *Mediated interpersonal communication* (pp. 34–57). New York, NY: Routledge.

Poole, M. S. (1983). Review of *Communication, action and meaning: The creation of social realities. Quarterly Journal of Speech, 69*, 223–224.

Poole, M. S. (1990). Do we have any theories of group communication? *Communication Studies, 41*, 237–247.

Poole, M. S. (2007). Generalization in process theories of communication. *Communication Methods and Measures, 1*, 1–10.

Poole, M. S., & DeSanctis, G. (1990). Understanding the use of group decision support systems: The theory of adaptive structuration. In J. Fulk & C. Steinfield (Eds.), *Organizations and communication technology* (pp. 175–195). Thousand Oaks, CA: Sage.

Poole, M. S., & McPhee, R. D. (2005). Structuration theory. In S. May & D. K. Mumby (Eds.), *Engaging organizational theory & research* (pp. 171–195). Norwood, NJ: Ablex.

Poole, M. S., Seibold, D. R., & McPhee, R. D. (1986). A structurational approach to theory-building in group decision-making research. In R. Y. Hirokawa & M. S. Poole (Eds.), *Communication and group decision-making* (pp. 237–264). Beverly Hills, CA: Sage.

Poole, M. S., Seibold, D. R., & McPhee, R. D. (1996). The structuration of group decisions. In R. Hirokawa & M. S. Poole (Eds.), *Communication and group decision making* (pp. 114–146). Thousand Oaks, CA: Sage.

Popper, K. (1976). The myth of the framework. *Boston Studies in the Philosophy of Science, 245*, 35–62.

Postman, N. (1971). *Teaching as a subversive activity*. New York, NY: Delta.

Postman, N. (1992). *Technopoly: The surrender of culture to technology*. New York, NY: Knopf.

Potter, W. J. (1991). The relationships between first and second order measures of cultivation. *Human Communication Research, 18*, 92–113.

Potter, W. J. (1993). Cultivation theory and research: A conceptual critique. *Human Communication Research, 19*, 564–601.

Practical followup. Retrieved from http://www.jopm.org /opinion/editorials/2012/08/29/practical-followup

Preston, E. H. (1990). Pornography and the construction of gender. In N. Signorielli & M. Morgan (Eds.), *Cultivation analysis: New directions in media effects research* (pp. 107–122). Newbury Park, CA: Sage.

Prichard, P. (1987). The making of McPaper: The inside story of USA Today. Washington, DC: Andrews McMeel Publishing.

Przybylski, A. K., & Weinstein, N. (2012). Can you connect with me now? How the presence of mobile communication technology influences face-to-face conversation quality. *Journal of Social and Personal Relationships, 29*, 1–10.

Punyanunt-Carter, N. (2007). Using attachment theory to study communication motives in father-daughter relationships. *Communication Research Reports*, *24*, 311–318.

Quick, B. L. (2009). The effects of viewing *Grey's Anatomy* on perceptions of doctors and patient satisfaction. *Journal of Broadcasting & Electronic Media*, *53*(1), 38–55.

Quinlan, M. M., Bates, B. R., Webb, J. B. (2012). Michelle Obama "got back": (Re)defining (Counter) stereotypes of Black females. *Women & Language*, *35*(1), 119–126.

Radway, J. (1984). *Reading the romance: Women, patriarchy, and popular literature*. Chapel Hill, NC: University of North Carolina Press.

Radway, J. (1986). Identifying ideological seams: Mass culture, analytical methods, and political practice. *Communication*, *9*, 93–123.

Ragas, M. W., & Kiousis, S. (2010). Intermedia agenda-setting and political activism: MoveOn.org and the 2008 presidential election. *Mass Communication & Society*, *13*(5), 560–583.

Ramirez, A., Jr., & Walther, J. B. (2009). Information seeking and interpersonal outcomes using the Internet. In T. D. Afifi & W. A. Afifi (Eds.), *Uncertainty, information management, and disclosure decisions: Theories and applications* (pp. 67–84). New York, NY: Routledge.

Ramirez, A., Jr., Walther, J. B., Burgoon, J. K., & Sunnafrank, M. (2002). Information seeking strategies, uncertainty, and computer-mediated communication: Toward a conceptual model. *Human Communication Research*, *28*, 213–228.

Ramirez A., Jr., & Wang, Z. (2008). When online meets offline: An Expectancy Violations Theory perspective on modality switching. *Journal of Communication*, *58*, 20–39.

Ramsey, M. C., Venette, S. J., & Rabalais, N. (2011). The perceived paranormal and source credibility: The effects of narrative suggestions on paranormal belief. *Atlantic Journal of Communication*, *19*(2), 79–96.

Raschick, M., & Ingersoll-Dayton, B. (2004). The costs and rewards of caregiving among aging spouses and adult children. *Family Relations*, *53*, 317–325.

Raven, B. H. (1993). The bases of power: Origins and recent developments. *Journal of Social Issues*, *49*, 227–251.

Rawlins, W. K. (1992). *Friendship matters: Communication, dialectics, and the life course*. New York, NY: Aldine De Gruyter.

Rawlins, W. K. (2009). *The compass of friendship: Narratives, identities, and dialogues*. Thousand Oaks, CA: Sage.

Ray, T. (2012). To de-westernize, yes, but with a critical edge: A response to Gunaratne and others. *Media, Culture & Society*, *34*, 238–249.

Real, M. R. (1996). *Exploring media culture*. Thousand Oaks, CA: Sage.

Reimer, V., & Ahmed, R. (2012). "Feeling good never looked better": Examining stereotypical representations of women in Special K advertisements. In T. Carilli & J. Campbell (Eds.), *Challenging images of women in the media* (pp. 3–16). Lanham, MD: Lexington Books.

Reimer, B., & Rosengren, K. E. (1990). Cultivated viewers and readers: A life-style perspective. In N. Signorielli & M. Morgan (Eds.), *Cultivation analysis: New directions in media effects research* (pp. 181–206). Newbury Park, CA: Sage.

Reitzes, D. C., DePadilla, L., Sterk, C. E., & Elifson, K. W. (2010). A symbolic interaction approach to cigarette smoking: Smoking frequency and the desire to quit smoking. *Sociological Focus*, *43*(3), 193–213.

Reuther, C., & Fairhurst, G. T. (2000). Chaos theory and the glass ceiling. In P. Buzzanell (Ed.), *Rethinking organization and managerial communication from feminist perspectives* (pp. 236–253). Thousand Oaks, CA: Sage.

Reynolds, P. D. (2007). *A primer in theory construction: An A&B classics edition*. Boston, MA: Allyn & Bacon.

Reynolds, P. D. (2016). *A primer in theory construction*. New York, NY: Routledge.

Reynolds, T. (2002). Rethinking a Black feminist standpoint. *Ethnic and Racial Studies*, *25*, 591–606.

Rhys, W. R., & Bywater, I. (1954). *Rhetoric*. New York, NY: Modern Library.

Richards, I. A. (1936). *The philosophy of rhetoric*. New York, NY: Oxford University Press.

Richardson, B. K., & Taylor, J. (2009). Sexual harassment at the intersection of race and gender: A theoretical model of the sexual harassment experiences of women of color. *Western Journal of Communication*, *73*(3), 248–272.

Richmond, V. P., McCroskey, J. C., & Hickson, M. L. (2008). *Nonverbal behavior in interpersonal relations*. Boston, MA: Allyn & Bacon.

Richmond, V. P., Smith, R. S., Heisel, A. D., & McCroskey, J. C. (2001). Nonverbal immediacy in the physician-patient relationship. *Communication Research Reports*, *18*, 211–216.

Riddle, K. (2010). Always on my mind: Exploring how frequent, recent, and vivid television portrayals are used in the formation of social reality judgments. *Media Psychology*, *13*(2), 155–179.

Riddle, K., Potter, W. J., Metzger, M. J., Nabi, R. L., & Linz, D. G. (2011). Beyond cultivation: Exploring the effects of frequency, recency, and vivid autobiographical memories for violent media. *Media Psychology*, *14*(2), 168–191.

Roberts, K. C. (2004). Texturing the narrative paradigm: Folklore and communication. *Communication Quarterly*, *52*, 129–142.

Robinson, L. (2007). The cyberself: The selfing project goes online, symbolic interaction in the digital age. *New Media & Society*, *9*(1), 93–110.

Roethlisberger, F. L., & Dickson, W. (1939). *Management and the worker*. New York, NY: Wiley.

Roffers, M. (2002). Personal communication, Milwaukee, WI.

Rogelberg, S. G., Rhodes-Shanock, L. R., & Scott, C. W. (2012). Wasted time and money in meetings: Increasing return on investment. *Small Group Research*, 43, 236–245.

Rogers, E. M., & Dearing, J. W. (1988). Agenda-setting research: Where has it been? Where is it going? In J. A. Anderson (Ed.), *Communication yearbook 11* (pp. 555–594). Newbury Park, CA: Sage.

Rogers, L. E., & Escudero, V. (2004). Theoretical foundations. In L. E. Rogers & V. Escudero (Eds.), *Relational communication: An interactional perspective to the study of process and form*. Mahwah, NJ: Erlbaum.

Rogerson, K., & Roselle, L. (Eds.). (2016). *Routledge studies in global information, politics, and society*. New York, NY: Routledge.

Rogerson-Revell, P. (2010). "Can you spell that for us nonnative speakers?" Accommodation strategies in international business meetings. *Journal of Business Communication*, *47*, 432–454.

Roloff, M. (2009). Social exchange theory. In S. W. Littlejohn & K. A. Foss (Eds.), *Encyclopedia of communication theory* (Vol. 2, pp. 894–896). Los Angeles, CA: Sage.

Roloff, M. E. (1981). *Interpersonal communication: The social exchange approach*. Beverly Hills, CA: Sage.

Romo, L. K. (2011). Money talks: Revealing and concealing financial information in families. *Journal of Family Communication*, *11*(4), 264–281.

Romo, L. K. (2012). "Above the influence": How college students communicate about the healthy deviance of alcohol abstinence. *Health Communication*, *27*(7), 672–681.

Rorty, A. O. (1996). Structuring rhetoric. In A. O. Rorty (Ed.), *Aristotle's rhetoric* (pp. 1–33). Berkeley, CA: University of California Press.

Rose, J. (2011). Diverse perspectives on the groupthink theory—A literary review. *Emerging Leadership Journeys*, *4*, 37–57.

Rose, R., Suppiah, W., Uli, J., & Othman, J. (2006). A face concern approach to conflict management—A Malaysian perspective. *Journal of Social Sciences*, *2*, 121–126.

Rosenberg, J., & Egbert, N. (2011). Online impression management: Personality traits and concerns for secondary goals as predictors of self-presentation tactics on Facebook. *Journal of Computer-Mediated Communication*, *17*, 1–18.

Rosenthal, R., & Jacobson, L. (1968). *Pygmalion in the classroom: Teacher expectation and pupils' intellectual development*. New York, NY: Holt, Rinehart & Winston.

Rothwell, J. D. (2012). *In mixed company: Communication in groups and teams*. Boston, MA: Cengage/Wadsworth.

Rothwell, J. D. (2013). *In mixed company: Communicating in small groups*. Boston, MA: Cengage.

Rowland, R. C. (1987). Narrative: Mode of discourse or paradigm? *Communication Monographs*, *54*, 264–275.

Rowland, R. C. (1989). On limiting the narrative paradigm: Three case studies. *Communication Monographs*, *56*, 39–53.

Rubin, A. M. (1981). An examination of television viewing motives. *Communication Research*, *8*, 141–165.

Rubin, A. M. (1994). Uses, gratification and media effects research. In J. Bryant & D. Zillman (Eds.), *Media effects: Advances in theory and research* (pp. 281–301). Hillsdale, NJ: Erlbaum.

Rubin, A. M., & Step, M. M. (2000). Impact of motivation, attraction, and parasocial interaction on talk radio listening. *Journal of Broadcasting & Electronic Media*, *44*, 635–654.

Rubin, L. (1998, March). *Friends and kin*. Speech presented at the conference on Successful Relating in Couples, in Families, between Friends, and at Work, Tucson, AZ.

Ruddick, S. (1989). *Maternal thinking: Towards a politics of peace*. Boston, MA: Beacon Press.

Rudra, K., Chakraborty, A., Sethi, M., Das, S., Ganguly, N., & Ghosh, S. (2015). #FewThingsAboutIdioms: Understanding idioms and its users in the Twitter online social network. In T. Cao (Ed.), *Advances in knowledge discovery and data mining* (pp. 108–121). Rotterdam, Netherlands: Springer.

Ruggiero, T. E. (2000). Uses and gratifications theory in the 21st century. *Mass Communication & Society*, *3*, 3–37.

Russ, T. L. (2012). The relationship between communication apprehension and learning preferences in an organizational setting. *Journal of Business Communication*, *49*, 312–331.

Rutenberg, J., & Zeleny, J. (2008, May 15). The politics of the lapel, when it comes to Obama. *New York Times*, p. A27.

Ryan, E. E. (1984). *Aristotle's theory of rhetorical argumentation*. Montreal: Les Editions Ballarmin.

Ryan, K. M. (2007). *He's a rebel: A discourse analysis of Nike's Bode Miller Olympic advertising campaign*. Paper presented at the annual meeting of the International Communication Association, San Francisco, CA.

Ryan, E. B., MacLean, M., & Orange, J. B. (1994). Inappropriate accommodation in communication to elders: Inferences about nonverbal correlates. *International Journal of Aging and Human Development*, *39*, 273–291.

Rydell, R. J., Hugenberg, K., & McConnell, A. R. (2006). Resistance can be good or bad: How theories of resistance and dissonance affect attitude certainty. *Personality and Social Psychology Bulletin*, *32*, 740–750.

Rydell, R. J., McConnell, A. R., & Mackie, D. M. (2008). Consequences of discrepant explicit and implicit attitudes: Cognitive dissonance and increased information processing. *Journal of Experimental Social Psychology*, *44*, 1526–1532.

Sabatelli, R. M., & Shehan, C. L. (1993). Exchange and resource theories. In P. G. Boss, W. J. Doherty, R. LaRossa, W. R. Schumm, & S. K. Steinmetz (Eds.), *Sourcebook of family theories and methods: A contextual approach* (pp. 385–411). New York, NY: Plenum.

Sahlstein, E., Maguire, K. C., & Timmerman, L. (2009). Contradictions and praxis contextualized by wartime deployment: Wives' perspectives revealed through relational dialectics. *Communication Monographs*, *76*(4), 421–442.

Salem, P. (2007). Making sense of knowledge management. *RCA Vestnik (Russian Communication Association)*, *1*, 47–68.

Salmon, C. T., & Kline, F. G. (1985). The spiral of silence ten years later: An examination and evaluation. In K. Sanders, L. L. Kaid, & D. Nimmo (Eds.), *Political communication yearbook 1984* (pp. 3–29). Carbondale, IL: Southern Illinois University Press.

Salmon, G., & Faris, J. (2006). Multi-agency collaboration, multiple levels of meaning: Social constructionism and the CMM model as tools to further our understanding. *Journal of Family Therapy*, *28*, 272–292.

Samovar, L. A., & Porter, R. E. (1995). *Communication between cultures*, 3rd ed. Belmont, CA: Wadsworth.

Samovar, L. A., Porter, R. E., McDaniel, E. R., Roy, C. S. (2013). *Communication between cultures*. Boston, MA: Cengage/Wadsworth.

Sanker, D. (2012). *Collaborate: The art of we*. San Francisco, CA: Jossey-Bass.

Sapir, E. (1921). *Language: An introduction to the study of speech*. New York, NY: Harcourt, Brace & World.

Satir, V. (1988). *The new peoplemaking*. Mountain View, CA: Science and Behavior Books.

Sawyer, K. (2012). Extending sociocultural theory to group creativity. *Vocations and Learning*, *5*, 59–75.

Schell, J. (1982). *The fate of the earth*. New York, NY: Avon Books.

Schoebi, D., Perrez, M., Bradbury, T. N. (2012). Expectancy effects on marital interaction: Rejection sensitivity as a critical moderator. *Journal of Family Psychology*, *26*, 709–718.

Schramm, W. L. (1954). *The process and effects of mass communication*. Urbana, IL: University of Illinois Press.

Schultz, B. G. (1996). *Communicating in the small group*, 2nd ed. New York, NY: HarperCollins.

Schulz, A., & Roessler, P. (2012). The spiral of silence and the Internet: Selection of online content and the perception of the public opinion climate in computer-mediated communication environments. *International Journal of Public Opinion Research*, *24*, 346–367.

Schwartz, J. (2005, April 4). Some at NASA say its culture is changing, but others say problems still run deep. *New York Times*, pp. 1–3.

Schwartz, J., & Wald, M. L. (2003, March 9). 'Group-think' is 30 years old, and still going strong. *New York Times,* pp. 4–5.

Seibold, D. R., & Myers, K. K. (2005). Communication as structuring. In G. J. Shepherd, J. St. John, & T. Striphas (Eds.), *Communication as . . . Perspectives on theory* (pp. 143–152). Thousand Oaks, CA: Sage.

Seibold, D., & Myers, R. (2007). Group argument. *Small Group Research Journal, 38,* 312–336.

Selby, G. (2000). The limits of accommodation: Frederick Douglas and the Garrisonian abolitionists. *Southern Communication Journal, 66,* 52–66.

Semlak, J. L., & Pearson, J. C. (2011). Big Macs/Peanut butter and jelly: An exploration of dialectical contradictions experienced by the sandwich generation. *Communication Research Reports, 28*(4), 296–307.

Sevenans, J., Walgrave, S., & Vos, D. (2015). Political elites' media responsiveness and their individual political goals: A study of national politicians in Belgium. *Research & Politics, 2,* 1–7.

Shanahan, J., & Jones, V. (1999). Cultivation and social control. In D. Demers & K. Viswanath (Eds.), *Mass media, social control and social change* (pp. 35–61). Ames, IA: Iowa State Press.

Shanahan, J., & Morgan, M. (1999). *Television and its viewers: Cultivation theory and research.* Cambridge: Cambridge University Press.

Shannon, C., & Weaver, W. (1949). *The mathematical theory of communication.* Urbana, IL: University of Illinois Press.

Shaw, M. E. (1981). *Group dynamics: The psychology of small group behavior.* New York, NY: McGraw-Hill.

Sheckels, T. F. (2009). The rhetorical success of Thabo Mbeki's 1996 "I am an African" address. *Communication Quarterly, 57*(3), 319–333.

Sheriff, R. E. (2000). Exposing silence as cultural censorship: A Brazilian case. *American Anthropologist, 102,* 114–132.

Sherry, J. L. (2010). The value of communication science. *Journal of Applied Communication Research, 38*(3), 302–306.

Sherry, J. L., Lucas, K., Rechtsteiner, S., Brooks, C., & Wilson, B. (2001, May). *Video game uses and gratifications as predictors of use and game preference.* Paper presented at the annual meeting of the International Communication Association, Washington, DC.

Shimanoff, S. (1980). *Communication rules: Theory and research.* Beverly Hills, CA: Sage.

Shimanoff, S. (2009). Facework theories. In S. W. Littlejohn & K. A Foss (Eds.), *Encyclopedia of communication theory* (pp. 374–377). Thousand Oaks, CA: Sage.

Shin, D. (2011). Understanding e-book users: Uses and gratification expectancy model. *New Media & Society, 13*(2), 260–278.

Shinnar, R. S., Young, C. A., & Meana, M. (2004). The motivations for and outcomes of employee referrals. *Journal of Business Psychology, 19,* 271–283.

Short, J. A., Williams, E., & Christie, B. (1976). *The social psychology of telecommunications.* London: Wiley.

Shutiva, C. (2011). Native American culture and communication through humor. In A. Gonzalez, M. Huston, & V. Chen (Eds.), *Our voices: Essays in culture, ethnicity, and communication* (pp. 188–203). New York, NY: Oxford.

Sicafuse, L. L. & Miller, M. K. (2010). Social psychological influences on the popularity of amber alerts. *Criminal Justice and Behavior, 37*(11), 1237.

Signorielli, N. (1990). Television's mean and dangerous worlds: A continuation of the cultural indicators perspective. In N. Signorielli & M. Morgan (Eds.), *Cultivation analysis: New directions in media effects research* (pp. 85–106). Newbury Park, CA: Sage.

Simmons, V. N., Webb, M. S., & Brandon, T. H. (2004). College-student smoking: An initial test of an experiential dissonance-enhancing intervention. *Addictive Behaviors, 29,* 1129–1141.

Simpson, C. (1996). Elisabeth Noelle-Neumann's "spiral of silence" and the historical context of communication theory. *Journal of Communication, 46,* 149–173.

Small, T. A. (2011). What's the hashtag? A content analysis of Canadian politics on Twitter. *Information, Communication and Society, 14,* 872–895.

Smith, P. (2011). *The renewal of cultural studies.* Philadelphia, PA: Temple University Press.

Smudde, P. M. (2004). Implications on the practice and study of Kenneth Burke's idea of a "public relations counsel with a heart." *Communication Quarterly, 52,* 420–432.

Snyder, J. L., & Cistulli, M. D. (2011). The relationship between workplace e-mail privacy and psychological contract violation, and their influence on trust in top management and affective commitment. *Communication Research Reports, 28*(2), 121–129.

Snyder, M. (1979). Self-monitoring processes. In L. Berkowitz (Ed.), *Advances in experimental social psychology* (pp. 86–131). New York, NY: Academic Press.

Soar, M. (2000). Encoding advertisements: Ideology and meaning in advertising production. *Mass Communication & Society*, *3*, 415–437.

Sonja Utz, Camiel J. Beukeboom, Walther, J. B., DeAndrea, D. C., & Tong, S. T. (2010). Computer-mediated communication versus vocal communication in the attenuation of pre-interaction impressions. *Media Psychology*, *13*, 364–386.

Sosulski, M. R. (2009). Developing a standpoint practice method with cases: Authority, subjectivity, reflection. *Affilia: Journal of Women & Social Work*, *24*(3), 226–243.

Sparks, G. G., & Greene, J. O. (1992). On the validity of nonverbal indicators as measures of physiological arousal: A response to Burgoon, Kelley, Newton, and Keeley-Dyreson. *Human Communication Research*, *18*, 445–471.

Sparks, G. G., & Ogles, R. M. (1990). The difference between fear of victimization and probability of being victimized: Implication for cultivation. *Journal of Broadcasting & Electronic Media*, 34, 351–358.

Speer, R. B., Giles, H., & Denes, A. (2013). Investigating stepparent-stepchild interactions: The role of communication accommodation. *Journal of Family Communication*, *13*, 218–241.

Spencer, A. T., Croucher, S. M., & McKee, C. (2012). Barack Obama: Examining the climate of opinion of spiral of silence. *Journal of Communication, Speech & Theater Association of North Dakota*, *24*, 27–34.

Stafford, L. (2008). Social exchange theories. In L. A. Baxter & D. O. Braithwaite (Eds.), *Engaging theories in interpersonal communication: Multiple perspectives* (pp. 377–389). Thousand Oaks, CA: Sage.

Stanley, J. (2011). The ways of silencing. *The New York Times online*. Retrieved from http://opinionator.blogs.nytimes.com/2011/06/25/the-ways-of-silencing/. Accessed on November 3, 2011.

Stapleton, K., & Wilson, J. (2009). Discourse and dissonance: Making sense of socio-political change in Northern Ireland. *Journal of Pragmatics*, *41*(7), 1358–1375.

Steele, C. M. (1988). The psychology of self-affirmation: Sustaining the integrity of the self. In L. Berkowitz (Ed.), *Advances in experimental social psychology* (Vol. 21, pp. 261–302). San Diego, CA: Academic Press.

Steele, C. M., Spencer, S. J., & Lynch, M. (1993). Self-image, resilience, and dissonance: The role of affirmational resources. *Journal of Personality and Social Psychology*, *64*, 885–896.

Stein, I. F. (2012). Levels of contact in professional coach-client communication. In C. Creede, B. Fisher-Yoshida, & P. V. Gallegos (Eds.), *The reflective, facilitative, and interpretive practice of the Coordinated Management of Meaning* (pp. 65–76). Madison, NJ: Farleigh Dickinson University Press.

Steiner, L. (1988, August). *Oppositional decoding as an act of resistance*. Paper presented at the annual meeting of the Association for Education in Journalism and Mass Communication, Norman, OK.

Steiner, M. A. (2009). Reconceptualizing Christian public engagement: "Faithful Witness" and the American evangelical tradition. *Journal of Communication & Religion*, *32*(2), 289–318.

Sternberg, J. (2011). President's address: Space, place, and the media ecology association. *Proceedings of the Media Ecology Association*, *11*, 107–112.

Stewart, J. B. (2012). *Tangled webs: How false statements are undermining America: From Martha Stewart to Bernie Madoff*. New York, NY: Penguin.

Stockstill, C. J., & Roach, D. (2007). Communication apprehension in high school athletes. *Texas Speech Communication Journal*, *32*, 53–64.

Stones, R. (2005). *Structuration theory*. New York, NY: Palgrave MacMillan.

Stoycheff, E. (2016). Under surveillance examining Facebook's Spiral of Silence effects in the wake of NSA internet monitoring. *Journalism & Mass Communication Quarterly*, *93*, 296–311.

Strate, L. (2004). A media ecology review. *Communication Research Trends*, *23*, 1–48.

Strate, L., & Wachtel, E. (2005). *The legacy of McLuhan*. Cresskill, NJ: Hampton Press.

Street, R. L. (1991). Information-giving in medical consultations: The influence of patients' communicative styles and personal characteristics. *Social Science and Medicine*, *32*, 541–548.

Street, R. L., & Giles, H. (1982). Speech accommodation theory: A social cognitive approach to language and speech behavior. In M. E. Roloff & C. R. Berger (Eds.), *Social cognition and communication* (pp. 193–226). Beverly Hills, CA: Sage.

Strine, M. S. (1992). Understanding how things work: Sexual harassment and academic culture. *Journal of Applied Communication Research*, *20*, 391–400.

Strömbäck, J., & Kiousis, S. (2010). A new look at agenda-setting effects—Comparing the predictive power of overall political news consumption and specific news media consumption across different media channels and media types. *Journal of Communication, 60*(2), 271–292.

Stroud, S. R. (2001). Technology and mythic narrative: *The Matrix* as technological hero-quest. *Western Journal of Communication, 65,* 416–441.

Such, J. M., Espinoza, A., Garcia-Fornes, A., & Sierra, C. (2012). Self-disclosure decision making based on intimacy and privacy. *Information Sciences, 211,* 93–111.

Sullivan, P. A., & Turner, L. H. (2009). Heaping hostility on Hillary: Isms in the 2008 presidential race. In E. L. Kirby & M. C. McBride (Eds.), *Gender actualized: Cases in communicatively constructing realities* (pp. 25–32). Dubuque, IA: Kendall Hunt.

Sun, C. F., & Scharrer, E. (2004). Staying true to Disney: College students' resistance to criticism of *The Little Mermaid. The Communication Review, 7,* 35–55.

Sunnafrank, M. (1986). Predicted outcome value during initial interactions: A reformulation of uncertainty reduction theory. *Human Communication Research, 13,* 191–210.

Surber, J. P. (1998). *Culture and critique: An introduction to the critical discourses of cultural studies.* Boulder, CO: Westview Press.

Suter, E. A. (2008). Discursive negotiation of family identity: A study of U.S. families with adopted children from China. *Journal of Family Communication, 8,* 126–147.

't Hart, P. (1990). *Groupthink in government: A study of small groups and policy failure.* Amsterdam: Swets and Zeitlinger.

't Hart, P. (1998). Preventing groupthink revisited: Evaluating and reforming groups in government. *Organizational Behavior and Human Decision Processes, 73,* 306–313.

Tajeddin, G., Safayeni, F. Connelly, C. E., & Tasa, T. (2012). The influence of emergent expertise on group decision processes. *Small Group Research, 43,* 50–74.

Tajfel, H., & Turner, J. C. (1986). The social identity theory of intergroup behavior. In S. Worchel & W. Austin (Eds.), *The psychology of intergroup relations* (pp. 7–24). Chicago, IL: Nelson Hall.

Takeshita, T. (2006). Current critical problems in agenda-setting research. *International Journal of Public Opinion Research, 18*(3), 11–32.

Tan, A. S. (1982). Television use and social stereotypes. *Journalism Quarterly, 59,* 119–122.

Tan, Y., & Weaver, D. H. (2010). Media bias, public opinion, and policy liberalism from 1956 to 2004: A second-level agenda-setting study. *Mass Communication and Society, 13*(4), 412–434.

Tang, J. H., & Wang, C. C. (2012). Self-disclosure among bloggers: Re-examination of social penetration theory. *Cyberpsychology, Behavior, and Social Networking, 15*(5), 245–250.

Tanno, D. V., & Gonzalez, A. (1998). Sites of identity in communication and culture. In D. V. Tanno & A. Gonzalez (Eds.), *Communication and identity across cultures* (pp. 3–7). Thousand Oaks, CA: Sage.

Taylor, A., & Hardman, M. J. (2000). Introduction: The meaning of voice. In A. Taylor & M. J. Hardman (Eds.), *Hearing many voices* (pp. 1–27). Cresskill, NJ: Hampton Press.

Taylor, D. A., & Altman, I. (1987). Communication in interpersonal relationships: Social penetration processes. In M. E. Roloff & G. R. Miller (Eds.), *Interpersonal processes: New directions in communication research* (pp. 257–277). Newbury Park, CA: Sage.

Taylor, J. R., & Van Every, E. J. (2000). *The emergent organization: Communication as its site and surface.* Mahwah, NJ: Erlbaum.

Tell, D. (2010). Stanton's "Solitude of Self" as public confession. *Communication Studies, 61*(2), 172–183.

Templin, P. (2012). A failure of culture. *Industrial Engineer, 44,* 1.

Terrell, M. (2011, September 20). The bytes and the bees: Love can transcend anything (even Facebook). *USA Today,* p. 4A.

Thaler, P. (2006). The legacy of Neil Postman, and the coming of age of media ecology. *Review of Communication, 6,* 369–373.

Thatcher, M. S. (2011). Negotiating the tension between the discourses of Christianity and spiritual pluralism in Alcoholics Anonymous. *Journal of Applied Communication Research, 39*(4), 389–405.

The critical role of teams. Retrieved from http://www .kenblanchard.com/img/pub/pdf_critical_role_teams.pdf

The Neil Postman Information Page. Retrieved from http:// neilpostman.org

Theiss, J. A., & Solomon, D. H. (2006). A relational turbulence model of communication about irritations in romantic relationships. *Communication Research, 33,* 391–418.

Theye, K. (2008). Shoot, I'm sorry: An examination of narrative functions and effectiveness within Dick Cheney's hunting accident apologia. *Southern Communication Journal, 73,* 160–177.

Thibaut, J., & Kelley, H. (1959). *The social psychology of groups*. New York, NY: Wiley.

Thompson, J., Petronio, S., & Braithwaite, D. O. (2012). An examination of privacy rules for academic advisors and college student-athletes: A communication privacy management perspective. *Communication Studies*, *63*(1), 54–76.

Tidwell, L. C., & Walther, J. B. (2002). Computer-mediated communication effects on disclosure, impressions, and interpersonal evaluations: Getting to know one another a bit at a time. *Human Communication Research*, *28*, 317–348.

Tilley, E. (2010). Ethics and gender at the point of decision making: An exploration of intervention and kinship. *Prism*, *7*(4). Retrieved from http://www.prismjournal.org/fileadmin/Praxis/Files/Gender/Tilley.pdf

Timmer, S. G., Sedlar, G., & Urquiza, A. J. (2004). Challenging children in kin versus nonkin foster care: Perceived costs and benefits to caregivers. *Child Maltreatment*, *9*, 251–262.

Ting-Toomey, S. (1988). Intercultural conflict styles: A face negotiation theory. In Y. Y. Kim & W. B. Gudykunst (Eds.), *Theories in intercultural communication* (pp. 213–238). Newbury Park, CA: Sage.

Ting-Toomey, S. (1991). Intimacy expression in three cultures: France, Japan, and the United States. *International Journal of Intercultural Relations*, *15*, 29–46.

Ting-Toomey, S. (1993). Communicative resourcefulness: An identity negotiation perspective. In R. Wiseman & J. Koester (Eds.), *Intercultural communication competence* (pp. 72–111). Newbury Park, CA: Sage.

Ting-Toomey, S. (1994a). Face and facework: An introduction. In S. Ting-Toomey (Ed.), *The challenge of facework* (pp. 1–14). Albany, NY: SUNY Press.

Ting-Toomey, S. (1994b). Managing intercultural conflicts effectively. In L. A. Samovar & R. E. Porter (Eds.), *Intercultural communication: A reader* (pp. 360–372). Belmont, CA: Wadsworth.

Ting-Toomey, S. (2004). Translating conflict face-negotiation theory into practice. In D. Landis, J. Bennett, & M. Bennett (Eds.), *Handbook of intercultural training* (pp. 215–240). Thousand Oaks, CA: Sage.

Ting-Toomey, S. (2007). Intercultural conflict training: Theory-practice approaches and research challenges. *Journal of Intercultural Communication Research*, *36*, 255–271.

Ting-Toomey, S. (2009). Intercultural conflict competence as a facet of intercultural competence development: Multiple conceptual approaches. In D. Deardoff (Ed.), *Sage handbook of intercultural competence* (pp. 100–121). Thousand Oaks, CA: Sage.

Ting-Toomey, S. (2010). Applying dimensional values in understanding intercultural communication. *Communication Monographs*, *77*, 169–180.

Ting-Toomey, S., & Chung, L. C. (2005). *Understanding intercultural communication*. Los Angeles, CA: Roxbury.

Ting-Toomey, S., & Cocroft, B. A. (1994). Face and facework: Theoretical and research interests. In S. Ting-Toomey (Ed.), *The challenge of facework* (pp. 307–340). Albany, NY: SUNY.

Ting-Toomey, S., & Cole, M. (1990). Intergroup diplomatic communication: A face-negotiation perspective. In F. Korzenny & S. Ting-Toomey (Eds.), *Communication for peace: Diplomacy and negotiation* (pp. 77–95). Newbury Park, CA: Sage.

Ting-Toomey, S., & Oetzel, J. (2001). *Managing intercultural conflict effectively*. Thousand Oaks, CA: Sage.

Ting-Toomey, S., Gao, G., Trubisky, P., Yang, Z., Kim, H. S., Lin, S., & Nishida, T. (1991). Culture, face maintenance, and styles of handling interpersonal conflict: A study in five cultures. *The International Journal of Conflict Management*, *2*, 275–296.

Toller, P. W. (2005). Negotiation of dialectical contradictions by parents who have experienced the death of a child. *Journal of Applied Communication Research*, *33*, 46–66.

Toller, P. W., & Braithwaite, D. O. (2009). Grieving together and apart: Bereaved parents' contradictions of marital interaction. *Journal of Applied Communication Research*, *37*(3), 257–277.

Toma, C., & Hancock, J. T. (2011). A new twist on love's labor: Self-presentation in online dating profiles. In K. Wright & L. Webb (Eds.), *Computer-mediated communication in personal relationships* (pp. 21–40). New York, NY: Peter Lang.

Tong, S. T., & Walther, J. B. (2011). Just say "No Thanks": Romantic rejection in computer-mediated communication. *Journal of Social and Personal Relationships*, *28*, 488–506.

Turnage, A. K. (2007). Email flaming behaviors and organizational conflict. *Journal of Computer-Mediated Communication*, *13*, 43–59.

Turow, J. (2013). *Media today: Mass communication in a converging world*. New York, NY: Routledge.

Underation, S. (2009). *How to love the recession: Seven easy steps to find new customers in tough times and ethically steal the ones your competitors ignored.* Minneapolis, MN: S2 Enterprises Press.

Waldron, V. R., & Lavitt, M. R. (2009). "Welfare-to-work": Assessing communication competencies and client outcomes in a job training program. *Southern Communication Journal, 75,* 1–15.

Walker, L. (1984). *The battered woman syndrome.* New York, NY: Springer.

Walther, J. B., Anderson, D. K., & Park, D. W. (1994). Interpersonal effects in computer-mediated communication: A meta-analysis of social and antisocial communication. *Communication Research, 21,* 460–487.

Walther, J. B., Van Der Heide, B., Kim, S., Westerman, D., & Tong, S. (2008). The role of friends' appearance and behavior on evaluations of individuals on Facebook: Are we known by the company we keep? *Human Communication Research, 34,* 28–49.

Watzlawick, P., Beavin, J. B., & Jackson, D. D. (1967). *Pragmatics of human communication: A study of interactional patterns, pathologies, and paradoxes.* New York, NY: W.W. Norton.

Weaver, D. H., Graber, D. A., McCombs, M. E., & Eyal, C. H. (1981). *Media agenda-setting in a presidential campaign. Issues, images and interest.* New York, NY: Praeger.

White, N., & Lauritsen, J. L. (2012). *Violent crimes against youth—1994-2010.* Washington, DC: U.S. Department of Justice.

Whorf, B. L. (1956). *Language, thought, and reality.* Cambridge, MA: MIT Press.

Wiggins, B. E., & Bowers, G. B. (2014). Memes as genre: A structurational analysis of the memescape. *New Media & Society, 17,* 1886–1906.

Wilson, B. J., Martins, N., & Marske, A. L. (2007). Children's and parents' fright reactions to kidnapping stories in the news. *Communication Monographs, 74,* 46–74.

Winzenburg, S. (2012). In the Facebook era, students tell you everything. *Chronicle of Higher Education, 58,* A26.

Wolf, M. A., Meyer, T. P., & White, C. (2009). A rules-based study of television's role in the construction of social reality. *Journal of Broadcasting & Electronic Media, 43,* 813–829.

Wood, J. T. (1992). *Spinning the symbolic web: Human communication as symbolic interaction.* Amsterdam, Netherlands: Ablex Publishing.

Wood, J. T. (2004). Monsters and victims: Male felons' accounts of intimate partner violence. *Journal of Social and Personal Relationships, 21,* 555–576.

Wood, J. T. (2008). Critical feminist theories. In L. A. Baxter & D. O. Braithwaite (Eds.), *Engaging theories in interpersonal communication* (pp. 323–334). Thousand Oaks, CA: Sage.

Worchel, S., Rothgerber, H., Day, E. A., Hart, D., & Butemeyer, J. (1998). Social identity and individual productivity within groups. *British Journal of Social Psychology, 37,* 389–413.

Zeng, L. (2011). More than audio on the go: Uses and gratifications of MP3 players. *Communication Research Reports, 28,* 97–108.

Zhang, P., & McLuhan, E. (2016). The interological turn in media ecology. *Canadian Journal of Communication, 41,* 207–225.

Zhou, S., Kim, Y., & Kim, Y. (2015). *Theoretical and methodological trends of Agenda Setting Theory: A thematic meta-analysis of the last five decades.* Paper presented at the annual meeting of the Association for Education in Journalism and Mass Communication, San Francisco, CA.

词汇表

　　本词汇表对全书出现的关键术语做了汇总，标注页码为英文原书页码，即本书边码。读者按照页码提示，即可在当页找到此术语，并在邻近页查到中文释义。读者需要留意的是，同一术语可能有不止一种解释，对于特定的理论，该理论的提出者根据上下文给出不同的释义。遇到不止一种释义的情形时，将收录该术语两次，分别列出对应不同页码的不同释义。

abstract symbol symbol representing an idea or thought (p. 7)

accommodation adjusting, modifying, or regulating behavior in response to others (p. 478)

accuracy the ability to see more than what's available to one's own specific social location (p. 520)

act communication behaviors indicating a person's ambiguity in receiving a message (Ch. 17) (p. 297)

act one prong of the pentad; that which is done by a person (Ch. 19) (p. 331)

actions activities based on intentional choice responses (p. 52)

the active audience, a variable concept focused on an audience engaging with the media on a voluntary basis, motivated by their needs and goals (p. 396)

active strategies reducing uncertainties by means other than direct contact (p. 144)

activeness refers to how much freedom the audience really has in the face of mass media (p. 397)

activity refers to what the media consumer does (p. 397)

actual self the attributes a person possesses (p. 220)

adjustment organizational responses to equivocality (p. 297)

affective exchange stage stage of social penetration that is spontaneous and quite comfortable for relational partners (p. 182)

affiliative constraints when members withhold their input rather than face rejection from the group (p. 241)

agency behaviors or activities used in social environments (Ch. 15) (p. 262)

agency one prong of the pentad; the means used to perform the act (Ch. 19) (p. 331)

agenda a list of the most important issues of the day as decided by an entity, such as the media (p. 360)

agent a person engaging in behaviors or activities in social environments (Ch. 15) (p. 262)

agent one prong of the pentad; the person performing the act (Ch. 19) (p. 331)

alienation perception that one has little control over his or her future (p. 423)

allocative resources material assistance used to help groups accomplish their goals (p. 264)

applied research research to solve a problem or create a policy (p. 59)

approbation facework focusing less on the negative aspects and more on the positive aspects of another (p. 464)

arousal increased interest or attention when deviations from expectations occur (p. 127)

arrangement a canon of rhetoric that pertains to a speaker's ability to organize a speech (p. 314)

asynchronous communication a process that occurs when both sender and receiver are online at different times, owing to time constraints (p. 223)

attitude a later addition to the pentad; the manner in which the agent positions himself or herself relative to others (p. 332)

audience analysis an assessment and evaluation of listeners (p. 310)

authoritative resources interpersonal assistance used to help groups accomplish their goals (p. 264)

autonomy and connection an important relational tension that shows our conflicting desires to be close and to be separate (p. 192)

attributions evaluations and judgments we make based on the actions or behaviors of others (p. 228)

avoiding staying away from disagreements (p. 470)

axiology the study of what it means to be human, which shapes the background understanding for theorizing about human communication (p. 48)

axioms truisms drawn from past research and common sense (p. 140)

behavior control the power to change another's behavior (p. 163)

behavioral sequences a series of actions designed to achieve a goal (p. 163)

behavioral uncertainty degree of uncertainty related to behaviors (p. 137)

belief in the inherent morality of the group assumption that the group members are thoughtful and good; therefore the decisions they make will be good (p. 247)

bias of communication Harold Innis's contention that technology has the power to shape society (p. 439)

body part of an organizational strategy in a speech that includes arguments, examples, and important details to make a point (p. 314)

boundaries a property of systems theory stating that systems construct structures specifying their outer limits (p. 54)

boundary coordination one of the processes in the privacy rule management system; describes how we manage private information that is co-owned (p. 212)

boundary linkage the connections forming boundary alliances between people (p. 212)

boundary ownership rights and privileges accruing to co-owners of private information (p. 213)

boundary permeability the extent to which information is able to pass through a boundary (p. 214)

boundary turbulence conflicts about boundary expectations and regulation (p. 214)

breadth the number of topics discussed in a relationship (p. 176)

breadth time amount of time spent by relational partners discussing various topics (p. 176)

buyer's remorse post-decision dissonance related to a purchase (p. 113)

calibration a property of systems theory stating that systems periodically check the scale of allowable behaviors and reset the system (p. 55)

catalyst criteria one of the criteria related to the reasons why privacy rules may shift (p. 211)

causal argument an assertion of cause and effect, including the direction of the causality (p. 404)

cause an antecedent condition that determines an effect (p. 51)

channel pathway to communication (p. 9)

characterological coherence a type of coherence referring to the believability of the characters in the story (p. 346)

charmed loop rules of meaning are consistent throughout the loop (p. 93)

chronemic cues cues related to how people perceive, use, or respond to time (p. 225)

civic spaces a metaphor suggesting that speakers have "locations" where the opportunity to persuade others exists (p. 313)

closed-mindedness a group's willingness to ignore differences in people and warnings about poor group decisions (p. 247)

co-cultures groups of individuals who are part of the same larger culture, but who can be classified around various identities (e.g., race, sex, age, etc.) (p. 39)

code converting raw data to a category system (p. 59)

coercive power perception that another person has the ability to punish you (p. 265)

cognitions ways of knowing, beliefs, judgments, and thoughts (p. 105)

cognitive arousal mental awareness of deviations from expectations (p. 127)

cognitive dissonance feeling of discomfort resulting from inconsistent attitudes, thoughts, and behaviors (p. 105)

cognitive uncertainty degree of uncertainty related to cognitions (p. 137)

coherence a principle of narrative rationality related to the internal consistency of a story (p. 345)

cohesiveness a cultural value that places emphasis on the group over the individual (Ch. 14) (p. 240)

cohesiveness the degree of togetherness between and among communicators (Ch. 2) (p. 33)

collective boundary a boundary around private information that includes more than one person (p. 212)

collective rationalization situation in which group members ignore warnings about their decisions (p. 247)

collectivism a cultural value that prioritizes group needs or values over the needs or values of an individual (we-identity) (Ch. 5) (p. 92)

collectivism a cultural value that places emphasis on the group over the individual (Ch. 27) (p. 469)

communication a social process in which individuals employ symbols to establish and interpret meaning in their environment (p. 5)

communication apprehension a generalized fear or anxiety regarding communicating in front of others (p. 37)

communicator reward valence the sum of the positive and negative characteristics of a person and the potential for him or her to carry out rewards or punishments (p. 129)

comparison level (CL) a standard for what a person thinks he or she should get in a relationship (p. 161)

comparison level for alternatives (CLalt) how people evaluate a relationship based on what their alternatives to the relationship are (p. 161)

compromising a behavior that employs give-and-take to achieve a middle-road resolution (p. 470)

computer-mediated communication (CMC) process in which people perceive, interpret, and exchange information via large networked telecommunications systems (p. 223)

concepts labels for the most important elements in a theory (p. 45)

conclusion part of an organizational strategy in a speech that is aimed at summarizing a speaker's main points and arousing emotions in an audience (p. 314)

concrete symbol symbol representing an object (p. 7)

concurrence seeking efforts to search out group consensus (p. 245)

confirmatory bias occurs when people selectively pay attention to information that is consistent with previously held beliefs (p. 112)

conscientious objectors group members who refuse to participate because it would violate personal conscience (p. 251)

consonance the belief that all media are similar in attitudes, beliefs, and values (p. 378)

consonant relationship two elements in equilibrium with each other (p. 106)

constitutive rules rules that organize behavior and help us to understand how meaning should be interpreted (p. 97)

consubstantiation when appeals are made to increase overlap between people (p. 329)

content the conversion of raw data into meaning (p. 89)

contexts environments in which communication takes place (p. 30)

contextual dialectics tensions resulting from the place of the relationship within the culture (p. 195)

contradiction a central feature of the dialectic approach; refers to oppositions (p. 191)

control direction over the important concepts in a theory (p. 47)

convergence strategy used to adapt to another's behavior (p. 483)

cool media low-definition communication that demands active involvement from a viewer, listener, or reader (p. 446)

coordination trying to make sense of message sequencing (p. 95)

core criteria one of the criteria used for developing privacy rules that are more resilient and often function in the background (p. 211)

correlation the way that media direct our attention to certain issues through communicating them to the public and to policymakers (p. 357)

costs elements of relational life with negative value (p. 156)

counter-hegemony when, at times, people use hegemonic behaviors to challenge the domination in their lives (p. 429)

covering law approach a guideline for creating theory suggesting that theories conform to a general law that is universal and invariant (p. 51)

critical approach an approach stressing the researcher's responsibility to change the inequities in the status quo (p. 47)

cues filtered-out theories theories that address the lack of nonverbal cues as being detrimental to online relationship development (p. 221)

cultivation differential the percentage of difference in response between light and heavy television viewers (p. 410)

cultural communication communication between and among individuals whose cultural backgrounds vary (p. 38)

cultural patterns images of the world and a person's relationship to it (p. 92)

culture a community of meaning with, among other things, a shared body of knowledge (p. 38)

culture wars cultural struggles over meaning, identity, and influence (p. 425)

cumulativeness the belief that media repeat themselves (p. 377)

cycles series of communication behaviors that serve to reduce equivocality (p. 297)

cyclic alternation a coping response to dialectical tensions; refers to changes over time (p. 199)

data the raw materials collected by the researcher to answer the questions posed in the research or to test a hypothesis (p. 59)

decoding receiving and comparing messages (p. 431)

deductive logic moving from the general (the theory) to the specific (the observations) (p. 59)

deliberative rhetoric a type of rhetoric that determines an audience's course of action (p. 317)

delivery a canon of rhetoric that refers to the nonverbal presentation of a speaker's ideas (p. 316)

dependency overaccommodation a behavior that occurs when speakers place listeners in a lower-status role (p. 489)

depenetrate slow deterioration of relationship (p. 173)

depth degree of intimacy guiding topic discussion (p. 176)

dialectic approach an approach framing contradiction as both/and (p. 188)

dialectical unity the way people use communication to make sense of contradictions in their relationships (p. 190)

direct exchange an exchange where two people reciprocate costs and rewards (p. 165)

discursive consciousness a person's ability to articulate personal goals or behaviors (p. 262)

disinhibition searching a passive strategy involving watching a person's natural or uninhibited behavior in an informal environment (p. 145)

dispositional matrix the beliefs you have about relationships (p. 164)

disqualifying a substrategy of integration; refers to exempting certain issues from the general pattern (p. 199)

dissonance ratio a factor in determining magnitude of dissonance; the amount of consonant cognitions relative to the dissonant ones (p. 110)

dissonant relationship two elements in disequilibrium with each other (p. 106)

divergence strategy used to accentuate the verbal and nonverbal differences between communicators (p. 487)

diversion a category of gratifications coming from media use; involves escaping from routines and problems (p. 389)

division when two people fail to have overlap in their substances (p. 328)

dominant group the group that holds the power in a given culture (p. 498)

dominant-hegemonic position operating within a code that allows one person to have control over another (p. 432)

dominating using influence or authority to make decisions (p. 470)

double-interact loops cycles of an organization (e.g., interviews, meetings) to reduce equivocality (p. 297)

dual climates of opinion difference between the population's perception of a public issue and the way the media report on the issue (p. 379)

dualisms organizing things around pairs of opposites (p. 524)

dualistic approach an approach framing contradiction as two separate entities (p. 188)

duality of structure rules and resources used to guide organizational decisions about behaviors or actions (p. 263)

duration organizational rule stating that decisions regarding equivocality should be made in the least amount of time (p. 295)

dyadic uniqueness distinctive relationship qualities (p. 183)

ecology the study of environments and their influence upon people (p. 438)

effect a condition that inevitably follows a causative condition (p. 51)

effective matrix the transformations you are able to make to your given matrix, by learning a new skill, for example (p. 164)

effort organizational rule stating that decisions regarding equivocality should be made with the least amount of work (p. 297)

electronic era age in which electronic media pervades our senses, allowing for people across the world to be connected (p. 444)

enactment interpretation of the information received by the organization (p. 299)

enculturation performances organizational behaviors that assist employees in discovering what it means to be a member of an organization (p. 283)

enhancement law that states media amplify or strengthen society (p. 448)

enmeshment the extent to which partners identify themselves as part of a system (p. 91)

entry phase the beginning stage of an interaction between strangers (p. 139)

environment situation or context in which communication occurs (p. 8)

epideictic rhetoric a type of rhetoric that pertains to praising or blaming (p. 317)

episodes communication routines that have recognized beginnings, middles, and endings (p. 90)

epistemology the nature, scope, and limits of human knowledge (p. 48)

epoch era or historical age (p. 441)

equifinality a property of systems theory stating that systems can achieve the same goals through different means (p. 55)

equivocality the extent to which organizational messages are uncertain, ambiguous, and/or unpredictable (p. 293)

essentialism the belief that all women are essentially the same, all men are essentially the same, and the two differ from each other (p. 522)

ethics perceived rightness or wrongness of an action or behavior (p. 14)

ethos the perceived character, intelligence, and goodwill of a speaker (p. 310)

evaluation process of judging a conversation (p. 481)

exit phase the stage in a relationship when people decide whether to continue or leave (p. 139)

expectancies thoughts and behaviors anticipated in conversations (p. 124)

expert power perception that another person has the ability to exert influence because of special knowledge or expertise (p. 266)

explanation the ability to interpret the meaning of behavioral choices (p. 136)

exploratory affective exchange stage stage of social penetration that results in the emergence of our personality to others (p. 181)

extractive strategy an active information-seeking strategy involving online searches to obtain information about a specific person (p. 148)

face a metaphor for the public image people display (p. 461)

face concern interest in maintaining one's face or the face of others (p. 462)

face management the protection of one's face (p. 469)

face need desire to be associated or disassociated with others (p. 462)

face restoration strategy used to preserve autonomy and avoid loss of face (p. 466)

face-saving efforts to avoid embarrassment or vulnerability (p. 465)

facework actions used to deal with face needs/wants of self and others (p. 463)

false consciousness Gramsci's belief that people are unaware of the domination in their lives (p. 427)

fate control the ability to affect a partner's outcomes (p. 163)

feedback a subprocess of calibration; information allowing for change in the system (Ch. 3) (p. 55)

feedback communication given to the source by the receiver to indicate understanding (Ch. 1) (p. 11)

feedback the behavioral confirmation behaviors of senders and receivers (Ch. 13) (p. 229)

feminism an ideology and a movement focusing on women's social position and desiring to end oppression based on gender and sex (p. 512)

fidelity a principle of narrative rationality judging the credibility of a story (p. 346)

field journal personal log to record feelings about communicating with people in a different culture from one's own (p. 280)

field of experience overlap of sender's and receiver's culture, experiences, and heredity in communication (p. 11)

first order effects a method for cultivation to occur; refers to learning facts from the media (p. 411)

forensic rhetoric a type of rhetoric that pertains to speakers prompting feelings of guilt or innocence from an audience (p. 317)

fraction of selection Schramm's idea of how media choices are made; the expectation of reward divided by the effort required (p. 392)

Frankfurt School theorists a group of scholars who believed that the media were more concerned with making money than with presenting news (p. 424)

fresh act something new developed from action or behavior (p. 259)

gender social category consisting of the learned behaviors that constitute masculinity and femininity for a given culture (p. 499)

gender polarization lens viewing men and women as polar opposites (p. 500)

generalized exchange an exchange where reciprocation involves the social network and isn't confined to two individuals (p. 165)

generalized other the attitude of the whole community (p. 79)

given matrix the constraints on your choices due to the environment and/or your own skill levels (p. 163)

global village the notion that humans can no longer live in isolation, but rather will always be connected by continuous and instantaneous electronic media (p. 441)

glosses outdated words in a speech (p. 315)

good reasons a set of values for accepting a story as true and worthy of acceptance; provides a method for assessing fidelity (p. 347)

group insulation a group's ability to remain unaffected by outside influences (p. 244)

groupthink a way of group deliberation that minimizes conflict and emphasizes the need for unanimity (p. 238)

guilt tension, embarrassment, shame, disgust, or other unpleasant feelings (p. 329)

habitual rules nonnegotiable rules that are usually created by an authority figure (p. 53)

hard core group(s) at the end of the spiral willing to speak out at any cost (p. 380)

Hawthorne experiments a set of investigations that ushered in a human relations approach to organizations (p. 35)

hegemony the domination of one group over another, usually weaker, group (p. 426)

heurism a criterion for evaluating theories; refers to the amount of research and new thinking stimulated by the theory (p. 57)

hierarchy a property of systems theory stating that systems consist of multiple levels (Ch. 3) (p. 54)

hierarchy an organizing principle whereby things or people are ranked one above the other (Ch. 2) (p. 35)

high-context cultures cultures, like Japan, where the meaning of a message is in the context or internalized in listeners (p. 149)

homeostatic a term for a stable system that isn't changing (p. 55)

homogeneity group similarity (p. 242)

hot media high-definition communication that demands little involvement from a viewer, listener, or reader (p. 445)

hyperpersonal perspective an extension of Social Information Processing theory that suggests people are able to develop more intimate relationships than those that are FtF (p. 227)

hypotheses testable predictions of relationships between concepts that follow the general predictions made by a theory (p. 52)

I the spontaneous, impulsive, creative self (p. 78)

ice age analogy a position stating that television doesn't have to have a single major impact, but influences viewers through steady limited effects (p. 409)

ideal self the attributes a person ideally possesses (p. 220)

identification when two people have overlap in their substances (p. 328)

ideology framework used to make sense of our existence (p. 424)

illusion of invulnerability belief that the group is special enough to overcome obstacles (p. 246)

illusion of unanimity belief that silence equals agreement (p. 248)

imperviousness to influence refers to audience members constructing their own meaning from media content (p. 396)

importance a factor in determining magnitude of dissonance; refers to how significant the issue is (p. 109)

impression management the strategic or unconscious effort to influence (p. 220)

in-groups groups in which a person feels he or she belongs (p. 479)

indirect stereotyping imposing outdated and rigid assumptions of a cultural group upon that group (p. 485)

Individual Differences Perspective a specific approach to the idea of limited effects; concentrates on the limits posed by personal characteristics (p. 388)

individualism prioritizing personal needs or values over the needs or values of a group (I-identity) (Ch. 5) (p. 92)

individualism a cultural value that places emphasis on the individual over the group (Ch. 27) (p. 468)

inductive logic moving from the specific (the observations) to the general (the theory) (p. 59)

information environment the availability of all stimuli in an organization (p. 294)

integrating collaborating with others to find solutions (p. 470)

integration a coping response to dialectical tensions; refers to synthesizing the opposition; composed of three substrategies (p. 199)

intentionality a cognitive behavior that occurs when people's prior motives determine use of media (p. 396)

interactional dialectics tensions resulting from and constructed by communication (p. 195)

interactional expectations an individual's ability to carry out the interaction (p. 125)

interactional model of communication view of communication as the sharing of meaning with feedback that links source and receiver (p. 10)

interactive strategies reducing uncertainties by engaging in conversation (p. 144)

interdependence a property of systems theory stating that the elements of a system affect one another (p. 54)

intergroup overaccommodation a behavior that occurs when speakers place listeners in cultural groups without acknowledging individual uniqueness (p. 489)

internal and external stress pressure exerted on the group by issues and events both inside and outside of the group (p. 245)

interpersonal communication face-to-face communication between people (p. 32)

interpersonal meaning the result when two people agree on each other's interpretations of an interaction (p. 88)

interpretive approach an approach viewing truth as subjective and stressing the participation of the researcher in the research process (p. 47)

intimate distance very close spatial zone spanning 0–18 inches, usually reserved for those whom we share personal feelings (p. 122)

intrapersonal communication communication with oneself (p. 30)

introduction part of an organizational strategy in a speech that includes gaining the audience's attention, connecting with the audience, and providing an overview of the speaker's purpose (p. 314)

invention a canon of rhetoric that pertains to the construction or development of an argument related to a particular speech (p. 312)

irrelevant relationship two elements that have no meaningful relation to each other (p. 106)

lack of decision-making procedures failure to provide norms for solving group issues (p. 244)

lack of impartial leadership groups led by individuals who put their personal agendas first (p. 244)

language a shared system of verbal and nonverbal symbols (p. 76)

last-minute swing jumping on the bandwagon of popular opinion after opinions have been expressed (p. 380)

laws of media further expansion of Media Ecology Theory with focus on the impact of technology on society (p. 447)

legitimate power perception that another person has the ability to exert influence because of title or position (p. 266)

life scripts clusters of past or present episodes that create a system of manageable meanings with others (p. 91)

limited effects the perspective replacing Mass Society Theory; holds that media effects are limited by aspects of the audience's personal and social lives (p. 388)

linear model of communication one-way view of communication that assumes a message is sent by a source to a receiver through a channel (p. 9)

literate era age when written communication flourished and the eye became the dominant sense organ (p. 443)

logical consistency a criterion for evaluating theories; refers to the internal logic in the theoretical statements (p. 56)

logos logical proof; the use of arguments and evidence in a speech (p. 310)

looking-glass self our ability to see ourselves as another sees us (p. 77)

loop the reflexiveness of levels in the hierarchy of meaning (p. 93)

low-context cultures cultures, as in the United States, where most of the meaning is in the code or message (p. 149)

macrotheory a theory with extensive boundaries (p. 206)

magnitude of dissonance the quantitative amount of discomfort felt (p. 109)

mainstreaming the tendency for heavy viewers to perceive a similar culturally dominant reality to that pictured on the media although this differs from actual reality (p. 410)

mass communication communication to a large audience via various channels (e.g., radio, Internet, television, etc.) (p. 37)

mass media channels or delivery modes for mass messages (p. 37)

Mass Society Theory the idea that average people are the victims of the powerful forces of mass media (p. 388)

material coherence a type of coherence referring to the congruence between one story and other related stories (p. 346)

me the reflective, socially aware self (p. 79)

meaning what people extract from a message (p. 7)

media agenda the priority placed on issues discussed in mediated sources (p. 361)

media ecology the study of how media and communication processes affect human perception, feeling, emotion, and value (p. 438)

media framing how media depictions of events influence and constrain the way consumers can interpret the events (p. 361)

Media Richness Theory a theory that advances the notion that communication can be classified according to message complexity (p. 222)

the medium is the message phrase referring to the power and influence of the medium—not the content—on a society (p. 444)

memory a canon of rhetoric that refers to a speaker's effort in storing information for a speech (p. 316)

message words, sounds, actions, or gestures in an interaction (p. 9)

metaphor a figure of speech that helps to make the unclear more understandable (p. 315)

microtheory a theory with limited boundaries (p. 206)

mind the ability to use symbols with common social meanings (p. 76)

minimal justification offering the least amount of incentive necessary to obtain compliance (p. 112)

models simplified representations of the communication process (p. 8)

monologic approach an approach framing contradiction as either/or (p. 188)

morphogenic a process that occurs when a system recalibrates (or changes) (p. 55)

mortification one method of purging guilt, by blaming ourselves (p. 330)

motion the processual nature of relationships (p. 191)

movements activities based on stimulus-response (p. 52)

narration an account to which listeners assign meaning (p. 344)

narrative rationality a standard for judging which stories to believe and which to disregard (p. 345)

negative face desire to be autonomous and free from others (p. 462)

negotiated position accepting dominant ideologies, but allowing for cultural exceptions (p. 432)

neo-Marxist limited embracement of Marxism (p. 424)

networks communication patterns through which information flows (p. 34)

neutralizing a substrategy of integration; refers to compromising between the oppositions (p. 199)

new media computer-related technology (p. 37)

noise distortion in channel not intended by the source (p. 9)

nominal concepts concepts that are not directly observable (p. 45)

norms expectations of behavior in conversations (p. 482)

novelty and predictability an important relational tension that shows our conflicting desires to have both stability and change (p. 194)

obliging satisfying the needs of others (p. 470)

observations focused examination within a context of interest; may be guided by hypotheses or research questions (p. 59)

obsolescence law that states media eventually render something obsolete or out of date (p. 448)

ontology the study of what it means to be human, which shapes the background understanding for theorizing about human communication (p. 48)

openness the acknowledgment that within all human systems the boundaries are permeable (p. 54)

openness and protection an important relational tension that shows our conflicting desires to tell our secrets and to keep them hidden (p. 194)

operationalize making an abstract idea measurable and observable (p. 59)

opinion expression of attitude (p. 372)

oppositional position substituting alternative messages presented by the media (p. 432)

order or hierarchy a ranking that exists in society primarily because of our ability to use language (p. 329)

organizational communication communication within and among large, extended environments (p. 34)

organizational culture the essence of organizational life (p. 275)

organizational rituals routines that pertain to the organization overall (p. 282)

orientation stage stage of social penetration that includes revealing small parts of ourselves (p. 180)

ought self the attributes a person should possess (p. 220)

out-group stereotypes stereotyped perceptions of group enemies or competitors (p. 247)

out-groups groups in which a person feels he or she does not belong (p. 479)

outcome whether people continue in a relationship or terminate it (p. 157)

outsider within a person in a normally marginalized social position who has gained access to a more privileged location (p. 520)

overaccommodation attempt to overdo efforts in regulating, modifying, or responding to others (p. 488)

overestimation of the group erroneous belief that the group is more than it is (p. 246)

pack journalism the phenomenon of journalists having their agendas influenced by other journalists (p. 365)

paradigm shift a significant change in the way most people see the world and its meanings (p. 340)

parametric rules rules that are set by an authority figure but are subject to some negotiation (p. 53)

parasocial interaction the relationship we feel we have with people we know only through the media (p. 393)

parsimony a criterion for evaluating theories; refers to the simplicity of the explanation provided by the theory (p. 56)

partial recognition that no one has a complete view of the social hierarchy (p. 520)

particular others individuals who are significant to us (p. 79)

passion performances organizational stories that employees share with one another (p. 282)

passive strategies reducing uncertainties by unobtrusive observation (p. 144)

pathos emotional proof; emotions drawn from audience members (p. 311)

pentad Burke's method for applying Dramatism (p. 331)

pentadic (or dramatisic) ratios the proportions of one element of the pentad relative to another element (p. 332)

perception process of attending to and interpreting a message (p. 481)

performance metaphor suggesting that organizational life is like a theatrical presentation (p. 281)

personal boundary a boundary around private information that includes just one person (p. 212)

personal distance spatial zone of 18 inches to 4 feet, reserved for family and friends (p. 122)

personal identity a category of gratifications coming from media use; involves ways to reinforce individual values (p. 389)

personal idioms private, intimate expressions stated in a relationship (p. 182)

personal meaning the meaning achieved when a person brings his or her unique experiences to an interaction (p. 87)

personal phase the stage in a relationship when people begin to communicate more spontaneously and personally (p. 139)

personal relationships a category of gratifications coming from media use; involves substituting media for companionship (p. 389)

personal rituals routines done at the workplace each day (p. 282)

personal space individual's variable use of space and distance (p. 121)

personnel organizational rule stating the most knowledgeable workers should resolve equivocality (p. 296)

phenomenology a personal interpretation of everyday life and activities (p. 27)

physical arousal bodily changes as a result of deviations from expectations (p. 127)

physical (external) noise bodily influences on reception of message (p. 10)

physiological noise biological influences on reception of message (p. 10)

pluralistic ignorance mistaken observation of how most people feel (p. 376)

policy agenda the result of the public agenda interacting with what policy makers think (p. 361)

political performances organizational behaviors that demonstrate power or control (p. 283)

positive face desire to be liked and admired by others (p. 462)

positivistic/empirical approach an approach assuming the existence of objective reality and value-neutral research (p. 47)

power imposition of personal will on others (Ch. 15) (p. 261)

power the degree of dependence a person has on another for outcomes (Ch. 9) (p. 163)

practical consciousness a person's inability to articulate personal goals or behaviors (p. 262)

praxis refers to the choice-making capacity of humans (p. 192)

prediction the ability to forecast one's own and others' behavioral choices (p. 136)

pre-interactional expectations the knowledge or skills a communicator brings to an interaction (p. 125)

pressure toward uniformity occurs when group members go along to get along (p. 248)

pressures on dissenters direct influence on group members who provide thoughts contrary to the group's (p. 248)

primary territories signal a person's exclusive domain over an area or object (p. 123)

priming a cognitive process whereby what the media present temporarily, at least, influences what people think about afterwards in processing additional information (p. 361)

print era the age when gaining information through the printed word was customary, and seeing continued as the dominant sense (p. 443)

privacy rule attributes one of the features of privacy rules; they refer to the ways people acquire rules and the properties of the rules (p. 212)

private boundaries the demarcation between private information and public information (p. 210)

private disclosures the process of communicating private information to another (p. 208)

private information information about things that matter deeply to a person (p. 208)

problem-solving groups sets of individuals whose main task is to make decisions and provide policy recommendations (p. 240)

process ongoing, dynamic, and unending occurrence (p. 5)

productive exchange an exchange where both partners incur costs and benefits simultaneously (p. 165)

proxemics study of a person's use of space (p. 121)

psychological noise cognitive influences on reception of message (p. 10)

public legal, social, and social-psychological concerns of people (p. 372)

public agenda the result of the media agenda interacting with what the public thinks (p. 361)

public and private dialectic a contextual dialectic resulting from a private relationship and public life (p. 195)

public communication the dissemination of information from one person to many others (audience) (p. 36)

public distance spatial zone of 12 feet and beyond, reserved for very formal discussions such as between professor and students in class (p. 123)

public image outer layer of a person; what is available to others (p. 175)

public opinion attitudes and behaviors expressed in public in order to avoid isolation (p. 372)

public territories locations that signal open spaces for everyone, including beaches and parks (p. 123)

punctuation process of identifying when an episode begins or ends (p. 90)

pure research research to generate knowledge (p. 59)

purpose one prong of the pentad; the goal the agent had for the act (p. 332)

Pygmalion effect living up to or down to another's expectations of us (p. 78)

quasi-statistical sense personal estimation of the strength of opposing sides on a public issue (p. 375)

ratio of the senses phrase referring to the way people adapt to their environment (p. 444)

rational world paradigm a system of logic employed by many researchers and professionals (p. 340)

rationale a factor in determining magnitude of dissonance; refers to the reasoning employed to explain the inconsistency (p. 110)

reactivity searching a passive strategy involving watching a person doing something (p. 145)

real and ideal dialectic a contextual dialectic resulting from the difference between idealized relationships and lived relationships (p. 195)

real concepts concepts that are directly observable (p. 45)

receiver recipient of a message (p. 9)

reciprocity the return of openness from one person to another (Ch. 10) (p. 175)

redemption a rejection of the unclean and a return to a new order after guilt has been temporarily purged (p. 330)

referent power perception that another person has the ability to achieve compliance because of established personal relationships (p. 266)

reflexivity a person's ability to monitor his or her actions or behaviors (p. 262)

reframing a substrategy of integration; refers to transforming the oppositions (p. 199)

regulative rules guidelines for people's behavior (p. 98)

relational uncertainty a lack of certainty about the future and status of a relationship (p. 147)

relationship agreement and understanding between two people (p. 91)

relationships the ways in which the concepts of a theory relate to one another (p. 45)

relevance a factor explaining why people seek guidance from the media agenda. It refers to how personally affected they feel by an issue (p. 363)

reliability the stability and predictability of an observation (p. 62)

resonance a behavior that occurs when a viewer's lived reality coincides with the reality pictured in the media (p. 411)

resources attributes or material goods that can be used to exert power in an organization (Ch. 15) (p. 264)

resources stories, symbols, and images that people use to make sense of their world (Ch. 5) (p. 96)

response reaction to equivocality (p. 297)

retention collective memory allowing people to accomplish goals (p. 301)

retrieval law that states media restore something that was once lost (p. 448)

reversal law that states media will—when pushed to their limit—produce or become something else (p. 449)

reward power perception that another person has the ability to provide positive outcomes (p. 264)

reward-cost ratio balance between positive and negative relationship experiences (p. 177)

rewards elements of relational life with positive value (p. 156)

rhetoric a speaker's available means of persuasion (p. 36)

ritual performances regular and recurring presentations in the workplace (p. 282)

ritual perspective a position depicting the media as representers of shared beliefs (p. 405)

role taking the ability to put oneself in another's place (p. 77)

roles positions of group members and their relationship to the group (p. 34)

rule development one of the features of privacy rule characteristics; describes how rules come to be decided (p. 211)

rules approach a guideline for creating theory that builds human choice into explanations (p. 51)

rules general routines that the organization or group follows in accomplishing goals (Ch. 15) (p. 263)

rules guidelines in organizations as they review responses to equivocal information (Ch. 17) (p. 295)

salience the degree to which an agenda issue is perceived as important relative to the other issues on the agenda (p. 362)

scapegoating one method of purging guilt, by blaming others (p. 330)

scene one prong of the pentad; the context surrounding the act (p. 331)

scientific method the traditional method for doing research involving controlled observations and analysis to test the principles of a theory (p. 59)

scope a criterion for evaluating theories; refers to the breadth of communication behaviors covered in the theory (p. 56)

second order effects a method for cultivation to occur; refers to learning values and assumptions from the media (p. 411)

second shift the phenomenon of working women putting in eight hours on the job and another day's work at home (p. 500)

secondary territories locations that signal a person's affiliation with an area or object (p. 123)

segmentation a coping response to dialectical tensions; refers to changes due to context (p. 199)

selection a coping response to dialectical tensions; refers to prioritizing oppositions (Ch. 11) (p. 199)

selection choosing the best method for obtaining information (Ch. 17) (p. 300)

selective attention a method for reducing dissonance by paying attention to information that is consonant with current beliefs and actions (p. 111)

selective exposure a method for reducing dissonance by seeking information that is consonant with current beliefs and actions (p. 111)

selective interpretation a method for reducing dissonance by interpreting ambiguous information so that it becomes consistent with current beliefs and actions (p. 111)

selective retention a method for reducing dissonance by remembering information that is consonant with current beliefs and actions (p. 111)

selectivity audience members' use of media reflects their existing interests (p. 396)

self imagining how we look to another person (p. 77)

self-appointed mindguards individuals who protect the group from adverse information (p. 248)

self-censorship group members minimize personal doubts and counterarguments (p. 248)

self-concept a relatively stable set of perceptions people hold about themselves (p. 73)

self-disclosure personal messages about the self disclosed to another (p. 137)

self-esteem the degree of positive orientation people have about themselves (p. 32)

self-fulfilling prophecy a prediction about yourself causing you to behave in such a way that it comes true (p. 74)

self-identity personal attributes of an individual (p. 464)

semantic noise linguistic influences on reception of message (p. 9)

semiotics the study of signs (p. 27)

sensemaking creating awareness and understanding in situations that are complex or uncertain (p. 299)

sensory overaccommodation overly adapting to others who are perceived as limited in their abilities (physical, linguistic, or other) (p. 489)

sex biological category divided into male and female (p. 499)

sexual division of labor allocation of work on the basis of sex (p. 521)

significant symbols symbols whose meaning is generally agreed upon by many people (p. 76)

situated knowledges what anyone knows is grounded in context and circumstance (p. 520)

situational contexts environments that are limited by such factors as the number of people present, the feedback, the space between communicators, among others (p. 30)

small group communication communication among at least three individuals (p. 33)

social the notion that people and interactions are part of the communication process (p. 5)

Social Categories Model a specific approach to the idea of limited effects; concentrates on the limits posed by group membership (p. 388)

social constructionism belief that people co-construct their social reality in conversations (p. 86)

social distance spatial zone of 4–12 feet, reserved for more formal relationships such as those with coworkers (p. 122)

Social Identity Theory a theory that proposes a person's identity is shaped by both personal and social characteristics (p. 479)

social integration reciprocity of communication behaviors in interaction (p. 267)

social penetration process of bonding that moves a relationship from superficial to more intimate (p. 171)

social performances organizational behaviors intended to demonstrate cooperation and politeness with others (p. 283)

Social Presence Theory a theory that posits the extent to which people are aware of each other via various communication media (p. 222)

social reality a person's beliefs about how meaning and action fit within an interpersonal interaction (p. 87)

social rituals routines that involve relationships with others in the workplace (p. 282)

society the web of social relationships humans create and respond to (p. 79)

solidarity facework accepting another as a member of an in-group (p. 463)

Sophists teachers of public speaking (rhetoric) in ancient Greece (p. 309)

source originator of a message (p. 9)

speech act action we perform by speaking (e.g., questioning, complimenting, or threatening) (p. 90)

stable exchange stage stage of social penetration that results in complete openness and spontaneity for relational partners (p. 183)

standpoint an achieved position based on a social location that lends an interpretative aspect to a person's life (p. 519)

strange loop rules of meaning change within the loop (p. 94)

stranger-on-the-train the event that occurs when strangers reveal personal information to others in public places (p. 174)

structural coherence a type of coherence referring to the flow of the story (p. 345)

structuration the production, reproduction, and transformation of social environments through rules and resources in relationships (p. 258)

structure the rules and resources used to sustain a group or organization (p. 257)

style a canon of rhetoric that includes the use of language to express ideas in a speech (p. 315)

substance the general nature of something (p. 328)

subsystems smaller systems that are embedded in larger ones (p. 54)

success organizational rule stating that a successful plan of the past will be used to reduce current equivocality (p. 296)

suprasystems larger systems that hold smaller ones within them (p. 54)

surveillance the process of newspeople scanning the information that is in the environment and deciding which of the many events that are occurring deserve attention in their news outlets (Ch. 21) (p. 357)

surveillance a category of gratifications coming from media use; involves collecting needed information (Ch. 23) (p. 389)

syllogism a set of propositions that are related to one another and draw a conclusion from the major and minor premises (p. 311)

symbol arbitrary label given to a phenomenon (p. 7)

synchronous communication a process that occurs when both sender and receiver are online simultaneously (p. 223)

synergy the intersection of multiple perspectives in a small group (p. 34)

system a group or organization and the behaviors that the group engages in to pursue its goals (p. 257)

systems approach a guideline for creating theory that acknowledges human choice and the constraints of the systems involved (p. 51)

tact facework extent to which a person respects another's autonomy (p. 463)

tactical rules unstated rules used to achieve a personal or interpersonal goal (p. 53)

task rituals routines associated with a particular job in the workplace (p. 282)

task-oriented groups sets of individuals whose main goal is to work toward completing jobs assigned to them (p. 240)

technopoly a term coined by Postman that means we live in a society dominated by technology (p. 451)

territoriality person's ownership of an area or object (p. 123)

test of time a criterion for evaluating theories; refers to the theory's durability over time (p. 57)

testability a criterion for evaluating theories; refers to our ability to test the accuracy of a theory's claims (p. 57)

tetrad organizing concept to understand the laws of media (p. 447)

the negative rejecting one's place in the social order; exhibiting resistance (p. 330)

theater of struggle competition of various cultural ideologies (p. 428)

theorems theoretical statements derived from axioms, positing a relationship between two concepts (p. 142)

theory an abstract system of concepts and their relationships that help us to understand a phenomenon (p. 44)

theory of sociocultural evolution Darwin's belief that only the fittest can survive challenging surroundings (p. 291)

thick boundaries closed boundaries allowing little or no information to pass through (p. 214)

thick description explanation of the layers of meaning in a culture (p. 280)

thin boundaries open boundaries allowing all information to pass through (p. 214)

thought an inner conversation (p. 77)

threat threshold tolerance for distance violations (p. 127)

topics an aid to invention that refers to the arguments a speaker uses (p. 313)

totality acknowledges the interdependence of people in a relationship (p. 191)

train test an experiment used to assess the extent to which people will speak out (p. 379)

trajectory pathway to closeness (p. 171)

transactional model of communication view of communication as the simultaneous sending and receiving of messages (p. 12)

transgression a violation of relational rules, practices, and expectations (p. 173)

transmissional perspective a position depicting the media as senders of messages across space (p. 405)

tribal era age when oral tradition was embraced and hearing was the paramount sense (p. 442)

ubiquity the belief that media are everywhere (p. 377)

uncertainty a factor explaining why people seek guidance from the media agenda. It refers to how much information a person believes they already possess about an issue (p. 363)

uncertainty avoidance an attempt to avoid ambiguous situations (p. 149)

unwanted repetitive patterns (URPs) recurring, undesirable conflicts in a relationship (p. 98)

utility a criterion for evaluating theories; refers to the theory's usefulness or practical value (Ch. 3) (p. 56)

utility using the media to accomplish specific tasks (Ch. 23) (p. 396)

validity the truth value of an observation (p. 63)

victimage the way we attempt to purge the guilt we feel as part of being human (p. 330)

violation valence perceived negative or positive assessment of an unexpected behavior (p. 128)

violence index a yearly content analysis of prime-time network programming to assess the amount of violence represented (p. 406)

warranting the perceived legitimacy and validity of information about another person that one may receive or observe online (p. 230)

whistle-blowing process in which individuals report unethical or illegal behaviors or practices to others (p. 250)

wholeness a fundamental property of systems theory stating that systems are more than the sum of their individual parts (p. 54)

人名索引

（所注页码为英文原书页码，即本书边码）

主题词索引

图书在版编目（CIP）数据

传播理论导引：分析与应用：第 6 版/（美）理查
德·韦斯特（Richard West），（美）林恩·H. 特纳
（Lynn H. Turner）著；刘海龙，于瀛译 . -- 北京：中
国人民大学出版社，2022.3
（新闻与传播学译丛）
书名原文：Introducing Communication Theory:
Analysis and Application 6th edition
ISBN 978-7-300-30290-4

Ⅰ.①传… Ⅱ.①理… ②林… ③刘… ④于… Ⅲ.
①传播学-研究 Ⅳ.①G206

中国版本图书馆 CIP 数据核字（2022）第 029451 号

新闻与传播学译丛
传播理论导引（第 6 版）
分析与应用

［美］ 理查德·韦斯特（Richard West）
　　　 林恩·H. 特纳（Lynn H. Turner）著
刘海龙　于　瀛　译
Chuanbo Lilun Daoyin

出版发行	中国人民大学出版社			
社　　址	北京中关村大街 31 号		**邮政编码**	100080
电　　话	010 - 62511242（总编室）		010 - 62511770（质管部）	
	010 - 82501766（邮购部）		010 - 62514148（门市部）	
	010 - 62515195（发行公司）		010 - 62515275（盗版举报）	
网　　址	http://www.crup.com.cn			
经　　销	新华书店			
印　　刷	涿州市星河印刷有限公司			
规　　格	185 mm×260 mm　16 开本		**版　　次**	2022 年 3 月第 1 版
印　　张	36 插页 2		**印　　次**	2022 年 7 月第 2 次印刷
字　　数	885 000		**定　　价**	149.00 元

版权所有　侵权必究　　印装差错　负责调换